Alfred Schneider

Rechts- und Berufskunde für die Fachberufe im Gesundheitswesen

Handbuch für Unterricht und Praxis

4., vollständig überarbeitete und erweiterte Auflage

Mit einem separaten Beiheft „Prüfungsfragen"

Springer-Verlag
Berlin Heidelberg New York
London Paris Tokyo
Hong Kong Barcelona
Budapest

Dr. Alfred Schneider
Poststraße 1
D-75172 Pforzheim

ISBN 3-540-58125-1 Springer-Verlag Berlin Heidelberg New York

ISBN 3-540-52164-X 3. Auflage Springer-Verlag Berlin Heidelberg New York
ISBN 0-387-52164-X 3rd Edition Springer-Verlag New York Berlin Heidelberg

ISBN 3-540-11066-6 2. Auflage Springer-Verlag Berlin Heidelberg New York
ISBN 0-387-11066-6 2nd Edition Springer-Verlag New York Berlin Heidelberg

Erste Auflage erschienen im H. Luchterhand Verlag 1976

Die Deutsche Bibliothek – CIP-Einheitsaufnahme
Schneider, Alfred: Rechts- und Berufskunde für die Fachberufe im Gesundheitswesen / Alfred Schneider. –
4., vollst. überarb. und erw. Aufl. – Berlin; Heidelberg; New York; London; Paris; Tokyo; Hong Kong;
Barcelona; Budapest: Springer, 1994
  (MedR, Schriftenreihe Medizinrecht)
  3. Aufl. u. d. T.: Schneider, Alfred: Rechts- und Berufskunde für medizinische Assistenzberufe
  ISBN 3-540-58125-1

Dieses Werk ist urheberrechtlich geschützt. Die dadurch begründeten Rechte, insbesondere die der Übersetzung, des Nachdrucks, des Vortrags, der Entnahme von Abbildungen und Tabellen, der Funksendung, der Mikroverfilmung oder der Vervielfältigung auf anderen Wegen und der Speicherung in Datenverarbeitungsanlagen, bleiben, auch bei nur auszugsweiser Verwertung, vorbehalten. Eine Vervielfältigung dieses Werkes oder von Teilen dieses Werkes ist auch im Einzelfall nur in den Grenzen der gesetzlichen Bestimmungen des Urheberrechtsgesetzes der Bundesrepublik Deutschland vom 9. September 1965 in der jeweils geltenden Fassung zulässig. Sie ist grundsätzlich vergütungspflichtig. Zuwiderhandlungen unterliegen den Strafbestimmungen des Urheberrechtsgesetzes.

© Springer-Verlag Berlin Heidelberg 1982, 1990, 1994
Printed in Germany

Die Wiedergabe von Gebrauchsnamen, Handelsnamen, Warenbezeichnungen usw. in diesem Werk berechtigt auch ohne besondere Kennzeichnung nicht zu der Annahme, daß solche Namen im Sinne der Warenzeichen- und Markenschutzgesetzgebung als frei zu betrachten wären und daher von jedermann benutzt werden dürften.

Produkthaftung: Für Angaben über Dosierungsanweisungen und Applikationsformen kann vom Verlag keine Gewähr übernommen werden. Derartige Angaben müssen vom jeweiligen Anwender im Einzelfall anhand anderer Literaturstellen auf ihre Richtigkeit überprüft werden.

Umschlaggestaltung: Struve & Partner, Heidelberg
Satzherstellung: Elsner & Behrens GmbH, Oftersheim
Herstellung: PRO EDIT GmbH, Heidelberg
SPIN: 10130051   23/3130-5 4 3 2 1 0 – Gedruckt auf säurefreiem Papier

Vorwort zur 4. Auflage

Ein Lehrbuch für Rechts- und Berufskunde ist in besonderem Maße ständigen Neuerungen unterworfen. Sie werden bedingt durch neue Gesetzesvorschriften ebenso wie durch eine Vielzahl praxisrelevanter Gerichtsurteile. Auch Fragen aus dem beruflichen Alltag führen zu Ergänzungen und Vertiefungen einzelner Themenbereiche.

Das nunmehr in 4. Auflage erscheinende Lehrbuch trägt den seit der vorangegangenen Auflage eingetretenen Gesetzesänderungen weitgehend Rechnung. Dies gilt in gleichem Maße für beabsichtigte neue Gesetze, die zum Zeitpunkt der Manuskripterstellung noch nicht verabschiedet waren, wie etwa das Arbeitszeitrechtsgesetz oder das Medizinproduktegesetz. Mehr und mehr sind die gesetzlichen Neuerungen beeinflußt durch Gemeinschaftsrecht, vornehmlich Richtlinien der Europäischen Union. So wird mit dem Heilberufsänderungsgesetz zum einen entsprechenden EU-Richtlinien genüge getan, zum anderen werden zugleich erforderliche Anpassungen der Berufsbilder nach dem Einigungsvertrag vorgenommen.

Eine Vielzahl neuerer Urteile, vornehmlich zu Haftungs- und Arbeitsrechtsfragen, vervollständigen die jetzt vorliegende Auflage, in der Hoffnung, dem Anspruch der Leser wiederum gerecht zu werden.

Nach vielen Gesprächen mit Angehörigen der Berufe im Gesundheitswesen habe ich mich – gemeinsam mit dem Verlag – entschlossen, ab der 4. Auflage einen neuen Buchtitel zu wählen. Ich bin zu der Überzeugung gelangt, daß die Bezeichnung „Fachberufe im Gesundheitswesen" heutzutage dem Selbstverständnis der Berufsangehörigen näherkommt als die Bezeichnung „medizinische Assistenzberufe", auch wenn der Gesetzgeber in Abgrenzung zum Arztberuf nach wie vor von den „anderen Heilberufen" spricht.

Pforzheim, im Herbst 1994   Alfred Schneider

Vorwort zur 3. Auflage

Die nunmehr 3. Auflage bedurfte wieder einer umfassenden Überarbeitung. Anlaß dazu gaben nicht nur zahlreiche Gesetzesänderungen im Bereich des Berufsrechts (zum Beispiel Krankenpflegegesetz, Hebammengesetz, Rettungsassistentengesetz etc.), des Sozialversicherungsrechts (zum Beispiel Gesundheitsreformgesetz mit Sozialgesetzbuch V), des Arbeitsrechts (z. B. Mutterschutzgesetz nebst Bundeserziehungsgeldgesetz) und des Gesundheitsrechts (zum Beispiel Betäubungsmittelgesetz, Arzneimittelgesetz). Auch die fortschreitende Rechtsprechung trug zur Aufnahme neuer Problemfelder bei, wie etwa das der Pflegedokumentation und des Hygienerechts einschließlich der Aids-Problematik in den unterschiedlichsten Facetten.

Die Verwirklichung des EG-Binnenmarktes ab 1993 mit freiem Dienstleistungsverkehr gab Anstoß für die Aufnahme eines Überblicks über die Europäische Gemeinschaft im Rahmen der Staatsbürgerkunde.

Die Vielfalt der behandelten Themenkreise deckt nicht nur die Staatsbürger-, Berufs- und Gesetzeskunde in der Ausbildung zu den medizinischen Assistenzberufen weitgehend ab; auch den Bedürfnissen der Fort- und Weiterbildung trägt das Lehrbuch in der jetzigen Fassung vermehrt Rechnung.

Pforzheim, 1990   Alfred Schneider

Vorwort zur 2. Auflage

Seit Erscheinen der 1. Auflage sind zahlreiche neue Gesetze verabschiedet worden, die es bei der Neuauflage zu berücksichtigen galt. Sie betreffen die Bereiche des Gesundheitswesens ebenso wie die des Sozialversicherungsrechts als auch des Arbeitsrechts. Teilweise wurden umfassende Neudarstellungen notwendig.

Die Neuregelung des Betäubungsmittelrechts, die am 1. 1. 1982 in Kraft tritt, konnte leider noch nicht berücksichtigt werden, da sie erst nach Manuskripterstellung im Bundesgesetzblatt verkündet wurde und die entsprechenden Rechtsverordnungen bei Satzlegung noch nicht verabschiedet waren.

Anregungen aus der Leserschaft habe ich gerne entgegengenommen und – soweit möglich – auch verwertet.

Bedanken möchte ich mich beim Springer-Verlag, der das Erscheinen der Neuauflage so unkompliziert ermöglichte.

Mein Dank gilt ebenso Frau B. Eitelgörge, Unterrichtsschwester, die mir bei der Erstellung des Manuskripts mit Rat und Tat behilflich war.

Freudenberg/Pforzheim, 1981　　　　　　　　　　　　　　　　　　　　Alfred Schneider

Inhaltsverzeichnis

1	**Staatsbürgerkunde**	1
1.1	Staatsbürgerkunde und politische Bildung	1
1.2	**Begriff des Rechts**	2
1.2.1	Recht im Sprachgebrauch	2
1.2.2	Recht als juristischer Begriff	2
1.2.3	Ordnungsfunktion des Rechts	4
1.3	**Recht und Gerechtigkeit**	4
1.3.1	Gerechtigkeit	4
1.3.2	Sittlichkeit	4
1.3.3	Billigkeit	5
1.4	**Rechtsquellen**	6
1.4.1	Gesetzesrecht	6
1.4.2	Gewohnheitsrecht – Observanz	8
1.5	**Gruppierung des positiven Rechts**	8
1.5.1	Bürgerliches Recht	9
1.5.2	Öffentliches Recht	9
1.6	**Entstehung der Bundesrepublik Deutschland**	10
1.7	**Entstehung des Grundgesetzes für die Bundesrepublik Deutschland**	13
1.8	**Konstituierung der ersten Bundesorgane**	14
1.9	**Rechtsfragen**	15
1.9.1	Fortbestand des Reiches	15
1.9.2	Grundgesetz als Verfassung	15
1.9.3	Grundgesetz und Einigungsvertrag	16
1.9.4	Auswirkungen des Einigungsvertrages	17
1.10	**Grundgesetz für die Bundesrepublik Deutschland**	18
1.10.1	Organisatorischer Teil des Grundgesetzes	18
1.10.1.1	Staatsaufbau der Bundesrepublik Deutschland	18
1.10.1.2	Die Parteien	22
1.10.1.3	Die Verbände	24
1.10.1.4	Wahl der Bundestagsabgeordneten	27
1.10.1.5	Rechtstellung der Bundestagsabgeordneten	29
1.10.1.6	Die obersten Bundesorgane	30
1.10.1.7	Gesetzgebung des Bundes	36
1.10.1.8	Gemeinde und Gemeindeverbände	39
1.10.2	Die Grundrechte – ein Überblick	42
1.10.2.1	Funktion der Grundrechte	43

1.10.2.2	Die Grundrechte im einzelnen	43
1.11	**Die Europäische Union**	**48**
1.11.1	Entstehungsgeschichte	48
1.11.2	Organe der Europäischen Union	49
1.11.2.1	Die Europäische Kommission	51
1.11.2.2	Der Rat der Europäischen Union	51
1.11.2.3	Der Europäische Rat	52
1.11.2.4	Das Europäische Parlament	52
1.11.3	Rechtsetzung in der Europäischen Union	53
1.12	**Der Europäische Gerichtshof**	**54**
1.13	**Der Europarat**	**54**
2	**Gesetzeskunde**	**57**
2.1	**Zivilrechtliche Vorschriften**	**57**
2.1.1	Rechtsfähigkeit	57
2.1.1.1	Meldepflicht	59
2.1.1.2	Namensrecht	60
2.1.1.3	Wohnsitz	61
2.1.1.4	Parteifähigkeit	61
2.1.2	Handlungsfähigkeit	61
2.1.2.1	Geschäftsfähigkeit	61
2.1.2.1.1	Betreuung	62
2.1.2.1.2	Vormundschaft und Pflegschaft	65
2.1.2.2	Deliktsfähigkeit	65
2.1.2.3	Strafmündigkeit	66
2.1.3	Altersstufen und ihre rechtliche Bedeutung	66
2.1.4	Ehemündigkeit	67
2.1.5	Testamentserrichtung	69
2.1.6	Das zivilrechtliche Haftungssystem	73
2.1.6.1	Die vertragliche Haftung	73
2.1.6.2	Die deliktische Haftung	77
2.1.6.3	Die Haftung wegen Organisationsverschuldens	79
2.1.6.4	Die Organhaftung	80
2.1.6.5	Aufsichts- und Verkehrssicherungspflicht	81
2.1.6.6	Die Haftung für Suizid(-versuch) im Krankenhaus	82
2.1.6.7	Haftung bei Delegation ärztlicher Aufgaben, insbesondere Injektion, Infusion und Blutentnahme	83
2.1.6.8	Die Beweislastverteilung	89
2.1.7	Dokumentation im Krankenhaus	90
2.1.7.1	Entwicklung in der Rechtsprechung	90
2.1.7.2	Grundsätze der Dokumentation	91
2.1.7.3	Dokumentationspflicht des Pflegepersonals	92
2.1.7.4	Auswirkung der Dokumentationspflicht	93
2.2	**Strafrechtliche Bestimmungen**	**94**
2.2.1	Tatbestandsmäßigkeit	94
2.2.2	Rechtswidrigkeit	95

2.2.3	Schuld	100
2.2.4	Täterschaft und Teilnahme	102
2.2.5	Versuchte Straftat	103
2.2.6	Ausgewählte Strafrechtsvorschriften	103
2.2.6.1	Körperverletzung	103
2.2.6.2	Unterlassene Hilfeleistung	104
2.2.6.3	Verlassen in hilfloser Lage	105
2.2.6.4	Fahrlässige Tötung	106
2.2.6.5	Abbruch einer Schwangerschaft	106
2.2.6.6	Sterbehilfe (Euthanasie)	109
2.2.6.7	Andere Straftatbestände	117
2.2.6.8	Schweigepflicht und Datenschutz	117
2.2.6.9	Recht der Zeugnisverweigerung	126
2.2.6.10	Entnahme von Blutproben	127
2.3	**Arbeitsrechtliche Bestimmungen**	127
2.3.1	Begriff des Arbeitsrechts	127
2.3.2	Rechtsquellen des Arbeitsrechts	128
2.3.3	Kollektives Arbeitsrecht	129
2.3.4	Individuelles Arbeitsrecht	130
2.3.4.1	Zustandekommen eines Arbeitsverhältnisses	130
2.3.4.2	Arten von Arbeitsverhältnissen	131
2.3.4.3	Die wesentlichen Pflichten der Arbeitsvertragspartner	133
2.3.4.4	Beendigung des Arbeitsverhältnisses	136
2.3.5	Arbeitnehmerschutzrecht	141
2.3.5.1	Gefahrenschutz	141
2.3.5.1.1	Gewerbeordnung	141
2.3.5.1.2	Arbeitsstättenverordnung	142
2.3.5.1.3	Verordnung über die Sicherheit medizinisch-technischer Geräte	142
2.3.5.1.4	Entwurf eines Medizinproduktegesetzes	148
2.3.5.1.5	Gesetz zum Schutz vor gefährlichen Stoffen und Verordnung über gefährliche Stoffe	151
2.3.5.1.6	Strahlenschutzverordnung	151
2.3.5.1.7	Röntgenverordnung	154
2.3.5.1.8	Unfallverhütungsvorschriften	155
2.3.5.2	Arbeitsschutz	156
2.3.5.3	Beabsichtigte Neugestaltung des Arbeitszeitschutzes	159
2.3.5.4	Schutz der erwerbstätigen Mutter	162
2.3.5.5	Erziehungsgeld und Erziehungsurlaub	168
2.3.5.6	Jugendarbeitsschutzrecht	170
2.3.5.7	Sonstige Arbeitnehmerschutzgesetze	172
2.3.6	Durchführung und Überwachung des Arbeitnehmerschutzrechts	173
2.4	**Sozialversicherungsrecht**	174
2.4.1	Entwicklung der deutschen Sozialversicherung	174
2.4.2	Das Sozialgesetzbuch	174
2.4.3	Aufgaben der Sozialversicherung im allgemeinen	176
2.4.4	Die Versicherungsarten im einzelnen	176
2.4.4.1	Krankenversicherung	176

2.4.4.2	Unfallversicherung	178
2.4.4.3	Rentenversicherung	181
2.4.4.4	Pflegeversicherung	182
2.4.4.5	Arbeitslosenversicherung	183
2.5	**Bundessozialhilfegesetz – ein Überblick**	**184**
2.5.1	Allgemeines	185
2.5.2	Arten der Sozialhilfe	185
2.5.2.1	Hilfe zum Lebensunterhalt	186
2.5.2.2	Hilfe in besonderen Lebenslagen	186
2.5.2.3	Träger der Sozialhilfe	187
2.6	**Verhütung und Bekämpfung übertragbarer Krankheiten**	**187**
2.6.1	Bundesseuchengesetz	187
2.6.1.1	Schutzimpfungen	191
2.6.1.2	Tätigkeits- und Beschäftigungsverbote beim Verkehr mit Lebensmitteln	192
2.6.1.3	Arbeiten und Verkehr mit Krankheitserregern	193
2.6.1.4	Bekämpfung übertragbarer Krankheiten	193
2.6.1.5	Schutz vor Verbreitung übertragbarer Krankheiten	195
2.6.2	Laborberichtsverordnung	196
2.6.3	Gesetz zur Bekämpfung der Geschlechtskrankheiten	196
2.6.4	Internationale Gesundheitsvorschriften	200
2.6.5	Hygienerecht	201
2.6.5.1	Zuordnung hygienerechtlicher Vorschriften	201
2.6.5.2	Zuständigkeiten nach den Richtlinien des Bundesgesundheitsamtes	204
2.6.5.3	Verhütung der Übertragung von HIV	205
2.7	**Arznei- und Betäubungsmittelrecht**	**206**
2.7.1	Arzneimittelrecht	206
2.7.1.1	Gesetzessystematik	207
2.7.1.2	Begriffsbestimmungen	207
2.7.1.3	Anforderungen an die Arzneimittel	209
2.7.1.4	Herstellung von Arzneimitteln (Erlaubniszwang)	210
2.7.1.5	Zulassung von Arzneimitteln (Zulassungspflicht)	211
2.7.1.6	Homöopathische Arzneimittel (Registrierung)	212
2.7.1.7	Schutz des Menschen bei der klinischen Prüfung	212
2.7.1.8	Abgabe von Arzneimitteln	212
2.7.1.9	Sicherung, Qualitätskontrolle und Überwachung	214
2.7.1.10	Beobachtung, Sammlung und Auswertung von Arzneimittelrisiken	215
2.7.1.11	Haftung für Arzneimittelschäden	215
2.7.1.12	Wiederaufbereitung von Einmalartikeln	216
2.7.1.13	Arzneimittel-Warnhinweisverordnung	220
2.7.1.14	Arzneimittelgesetz und zukünftiges Medizinproduktegesetz	220
2.7.2	Betäubungsmittelgesetz nebst Rechtsverordnungen	221
2.7.2.1	Begriffsbestimmungen	221
2.7.2.2	Erlaubnispflicht	222
2.7.2.3	Melde- und Empfangsbescheinigungspflicht	222
2.7.2.4	Verschreibungspflicht	223
2.7.2.5	Betäubungsmittelrezept	224

2.7.2.6	Abgabe von Betäubungsmitteln	224
2.7.2.7	Nachweis über den Verbleib und Bestand der Betäubungsmittel	225
2.7.3	Gesetz über das Apothekenwesen	225
2.8	**Lebensmittelrecht**	**227**
2.8.1	Lebensmittel	227
2.8.2	Tabakerzeugnisse	228
2.8.3	Kosmetika	228
2.8.4	Bedarfsgegenstände	228
2.8.5	Zusatzstoffe	229
2.8.6	Verkehr mit Lebensmitteln	229
2.8.7	Verkehr mit Tabakerzeugnissen	230
2.8.8	Verkehr mit Kosmetika	230
2.8.9	Verkehr mit Bedarfsgegenständen	230
2.9	**Gesundheitsrecht und Gesundheitsdienst**	**231**
2.9.1	Gesundheitsrecht	231
2.9.2	Gesundheitsdienst	232
2.9.2.1	Gesundheitsdienst auf Kreisebene	232
2.9.2.2	Gesundheitsdienst auf Landesebene	237
2.9.2.3	Gesundheitsdienst auf Bundesebene	238
2.9.2.4	Gesundheitsdienst auf internationaler Ebene	240
3	**Berufskunde**	**241**
3.1	**Geschichtliche Entwicklung der Krankenpflege**	**241**
3.1.1	Pflege in Hospitälern	241
3.1.2	Die Vincentinerinnen	242
3.1.3	Theodor Fliedner	242
3.1.4	Florence Nightingale	243
3.1.5	Henri Dunant und das Rote Kreuz	243
3.1.6	Agnes Karll	243
3.1.7	Vereinheitlichung der Ausbildung	244
3.1.8	Europäische Regelungen	245
3.2	**Rechtsgrundlagen der Berufsausbildung**	**246**
3.2.1	Gesetz über die Berufe in der Krankenpflege	247
3.2.1.1	Gesetzessystematik	247
3.2.1.2	Grundzüge der Ausbildung in den Berufen der Krankenpflege	248
3.2.1.3	Sachliche Inhalte des Ausbildungsverhältnisses	252
3.2.1.4	Ausschluß des Berufsbildungsgesetzes	253
3.2.1.5	Erlaubnisverfahren	254
3.2.2	Ausbildungs- und Prüfungsverordnung für die Berufe der Krankenpflege	255
3.2.2.1	Ausbildungsinhalte	256
3.2.2.2	Prüfungsverfahren	257
3.2.3	Weiterbildungsmöglichkeiten	260
3.2.4	Gesetz über den Beruf der Hebamme und des Entbindungspflegers	261
3.2.4.1	Gesetzessystematik	261

3.2.4.2	Grundzüge der Ausbildung in den Berufen der Hebamme und des Entbindungspflegers	262
3.2.4.3	Erlaubnis zur Führung der Berufsbezeichnung und Niederlassungserlaubnis	264
3.2.4.4	Vorbehaltene Tätigkeiten	264
3.2.5	Ausbildungs- und Prüfungsverordnung für Hebammen und Entbindungspflegers	265
3.2.5.1	Ausbildungsinhalte	265
3.2.5.2	Prüfungsverfahren	266
3.2.6	Gesetz über technische Assistenten in der Medizin	268
3.2.6.1	Erlaubnispflicht	268
3.2.6.2	Grundzüge der Ausbildung technischer Assistenten in der Medizin	269
3.2.6.3	Vorbehaltene Tätigkeiten	270
3.2.6.4	Anwendbarkeit des Berufsbildungsgesetzes	272
3.2.6.5	Ausbildungs- und Prüfungsverordnung für technische Assistenten in der Medizin	272
3.2.7	Gesetz über den Beruf des pharmazeutisch-technischen Assistenten	274
3.2.7.1	Erlaubnispflicht	274
3.2.7.2	Lehrgangsinhalt	274
3.2.7.3	Prüfungsvorschriften	274
3.2.8	Gesetz über den Beruf der Diätassistentin und des Diätassistenten	275
3.2.8.1	Erlaubnispflicht	275
3.2.8.2	Ausbildungsinhalte und Prüfung	276
3.2.9	Gesetz über den Beruf der Rettungsassistentin und des Rettungsassistenten	276
3.2.9.1	Erlaubnispflicht	277
3.2.9.2	Zugang zur Ausbildung	277
3.2.9.3	Ausbildungs- und Prüfungsverordnung für Rettungsassistenten	278
3.2.10	Beruf der Orthoptistin und des Orthoptisten	279
3.2.10.1	Voraussetzungen der Erlaubniserteilung	279
3.2.10.2	Ausbildungs- und Prüfungsverordnung	280
3.2.11	Gesetz über den Beruf der/des Beschäftigungs- und Arbeitstherapeutin/en	281
3.2.11.1	Erlaubnispflicht	282
3.2.11.2	Ausbildungs- und Prüfungsordnung	282
3.2.12	Gesetz über die Berufe in der Physiotherapie	283
3.2.12.1	Erlaubnispflicht	284
3.2.12.2	Übergangsvorschriften	286
3.2.12.3	Ausbildungs- und Prüfungsverordnung	286
3.2.13	Gesetz über den Beruf des/der Logopädin/en	286
3.2.13.1	Erlaubnispflicht	287
3.2.13.2	Ausbildungs- und Prüfungsordnung	287
3.2.14	Arzthelfer/in-Ausbildungsverordnung	289
3.2.15	Entwurf eines Altenpflegegesetzes	290
3.2.16	Heimpersonalverordnung	291
3.2.17	Sonstige Berufe im Gesundheitswesen	291
3.3	**Persönlichkeiten in der Medizin**	292

Anhang 295

A: Muster eines Nottestaments 295

B: Stellungnahme der Arbeitsgemeinschaft Deutscher Schwesternverbände (ADS) und des Deutschen Berufsverbandes für Krankenpflege e. V. (DBfK) zur Vornahme von Injektionen, Infusionen, Transfusionen und Blutentnahmen durch das Krankenpflegepersonal 297

C: Richtlinien für die Sterbehilfe (Bundesärztekammer) 303

D: „Aids und HIV-Infektion" – Informationen für Mitarbeiter/innen im Gesundheitsbereich (aus: Broschüre des Bundesgesundheitsministeriums) ... 307

E: Patiententestament 310

F: Richtlinien zur Aufklärung der Krankenhauspatienten über vorgesehene ärztliche Maßnahmen (aus: Deutsche Krankenhaus Gesellschaft) 312

Literatur 317

Sachverzeichnis 319

Beiheft
Prüfungsfragen zur Rechts- und Berufskunde für die Fachberufe im Gesundheitswesen

Abkürzungsverzeichnis

aaO	am angeführten Ort
Abs	Absatz
ADS	Arbeitsgemeinschaft Deutscher Schwesternverbände
AFG	Arbeitsförderungsgesetz
AG	Amtsgericht
AltPflG	Altenpflegegesetz (Entwurf)
AMG	Gesetz über den Verkehr mit Arzneimitteln (Arzneimittelgesetz)
ApG	Gesetz über das Apothekerwesen
Arb	Arbeitsgericht
ArbplSCHG	Arbeitsplatzschutzgesetz
ArbZRG	Arbeitzeitgesetz
Art	Artikel
ArztHAusbV	Arzthelfer-Ausbildungsverordnung
ASiG	Arbeitssicherheitsgesetz
AVoPStG	Verordnung zur Ausführung des Personenstandsgesetzes
AVR	Richtlinien für Arbeitsverträge in den Einrichtungen des Deutschen Caritasverbandes
AZO	Arbeitszeitordnung
BAG	Bundesarbeitsgericht
BAT	Bundesangestelltentarifvertrag
BB	Betriebsberater (Zeitschrift für Arbeitsrecht)
BBiG	Berufsbildungsgesetz
BDA	Bundesverband der Deutschen Arbeitgeberverbände
BDI	Bundesverband der Deutschen Industrie
BDSG	Bundesdatenschutzgesetz
BeArbThG	Beschäftigungs- und Arbeitstherapeutengesetz
BeArbTAPrO	Ausbildungs- und Prüfungsordnung für Beschäftigungs- und Arbeitstherapeuten
BetrVG	Betriebsverfassungsgesetz
BeurkG	Beurkundungsgesetz
BErzGG	Gesetz über die Gewährung von Erziehungsgeld und Erziehungsurlaub
BGA	Bundesgesundheitsamt
BGB	Bürgerliches Gesetzbuch
BGBl	Bundesgesetzblatt
BGH	Bundesgerichtshof
BKGG	Bundeskindergeldgesetz
BMG	Bundesministerium für Gesundheit
BPflV	Bundespflegesatzverordnung
BR	Bundesrat
BSeuchG	Gesetz zur Verhütung und Bekämpfung übertragbarer Krankheiten beim Menschen (Bundesseuchengesetz)
BSHG	Bundessozialhilfegesetz
BT	Bundestag
BtG	Betreuungsgesetz
BtMG	Betäubungsmittelgesetz
BtMVV	Betäubungsmittelverschreibungsverordnung

Abkürzungsverzeichnis

BurkG	Beurkundungsgesetz
BUrlG	Bundesurlaubsgesetz
BVerfG	Bundesverfassungsgericht
BVerwG	Bundesverwaltungsgericht
ChemG	Chemikaliengesetz
DAG	Deutsche Angestellten-Gewerkschaft
DB	Der Betrieb (Zeitschrift für Arbeitsrecht)
DBfK	Deutscher Berufsverband für Krankenpflege
DDR	Deutsche Demokratische Republik
DGB	Deutscher Gewerkschaftsbund
d. h.	das heißt
DiätAssAPrO	Ausbildungs- und Prüfungsverordnung für Diätassistenten
DiätAssG	Gesetz über den Beruf der Diätassistentin und des Diätassistenten
DIHT	Deutscher Industrie- und Handelstag
DKG	Deutsche Krankenhausgesellschaft
DRK	Deutsches Rotes Kreuz
DVO	Durchführungsverordnung
E	Entwurf
EG	Europäische Gemeinschaft
EheG	Ehegesetz
EKD	Evangelische Kirche Deutschland
EP	Europäisches Parlament
EPZ	Europäische Politische Zusammenarbeit
EU	Europäische Union
EWG	Europäische Wirtschaftsgemeinschaft
EWR	Europäischer Wirtschaftsraum
FAZ	Frankfurter Allgemeine Zeitung
GATT	General Agreement on Tariffs and Trade/ Allgemeines Zoll- und Handelsabkommen
GefStoffV	Verordnung über gefährliche Stoffe
GesGKr	Gesetz zur Bekämpfung und Verhütung von Geschlechtskrankheiten
GewO	Gewerbeordnung
GG	Grundgesetz
GLP	Grundsätze einer guten Laborpraxis
GRG	Gesetz zur Strukturreform im Gesundheitswesen (Gesundheitsreformgesetz)
GSG	Gesundheitsstrukturgesetz
GschBT	Geschäftsordnung des Bundestages
HebAPrV	Ausbildungs- und Prüfungsverordnung für Hebammen und Entbindungspfleger
HebG	Gesetz über den Beruf der Hebamme und des Entbindungspflegers (Hebammengesetz)
HeilBÄndG	Heilberufsänderungsgesetz
HeilprG	Gesetz über die Ausübung der Heilkunde ohne Bestallung (Heilpraktikergesetz)
HeimG	Heimgesetz
HeimPersV	Heimpersonalverordnung
HGB	Handelsgesetzbuch
Hyg + Med	Hygiene und Medizin (Zeitschrift)
ICN	International Council of Nurses
i.d.F.	in der Fassung
IGV	Internationale Gesundheitsvorschriften
JArbSchG	Jugendarbeitsschutzgesetz
JGG	Jugendgerichtsgesetz
JSchG	Gesetz zum Schutz der Jugend in der Öffentlichkeit (Jugendschutzgesetz)
JWG	Gesetz für Jugendwohlfahrt
KrAZO	Verordnung über die Arbeitszeit in Krankenpflegeanstalten
KrPflAPrV	Ausbildungs- und Prüfungsverordnung für die Berufe in der Krankenpflege

KrPflG	Gesetz über die Berufe in der Krankenpflege
KSchG	Kündigungsschutzgesetz
LAG	Landesarbeitsgericht
LG	Landgericht
LMBG	Gesetz über den Verkehr mit Lebensmitteln, Tabakerzeugnissen, kosmetischen Mitteln und sonstigen Bedarfsgegenständen (Lebensmittel- und Bedarfsgegenständegesetz)
LogG	Gesetz über den Beruf des Logopäden und der Logopädin
LogAPrO	Ausbildungs- und Prüfungsordnung für Logopäden
MedGV	Verordnung über die Sicherheit medizinisch-technischer Geräte (Medizingeräteverordnung)
MedR	Medizinrecht (Zeitschrift)
MPG	Medizinproduktegesetz
MPhG	Masseur- und Physiotherapeutengesetz
MTAG	Gesetz über technische Assitenten in der Medizin
MTA-APrV	Ausbildungs- und Prüfungsverordnung für technische Assistenten in der Medizin
MuSchG	Mutterschutzgesetz
NATO	North Atlantic Treaty Organisation
NJW	Neue Juristische Wochenschrift
NZA	Neue Zeitschrift für Arbeitsrecht
OLG	Oberlandesgericht
OrthoptG	Orthoptistengesetz
OrthoptAPrV	Ausbildungs- und Prüfungsverordnung für Orthoptisten
OVG	Oberverwaltungsgericht
PStG	Personenstandsgesetz
PTA	Pharmazeutisch-technischer Assistent
RettAssG	Gesetz über den Beruf der Rettungsassistentin und des Rettungsassistenten (Rettungsassistentengesetz)
RGW	Rat für gegenseitige Wirtschaftshilfe
RöV	Verordnung über den Schutz vor Schäden durch Röntgenstrahlen
RVO	Reichsversicherungsordnung
SchwbG	Gesetz zur Sicherung der Eingliederung Schwerbehinderter in Arbeit, Beruf und Gesellschaft (Schwerbehindertengesetz)
SED	Sozialistische Einheitspartei Deutschlands
SGB	Sozialgesetzbuch
StGB	Strafgesetzbuch
StPO	Strafprozeßordnung
TSG	Gesetz über die Änderung der Vornamen und die Feststellung der Geschlechtszugehörigkeit in besonderen Fällen (Transsexuellengesetz)
TVG	Tarifvertragsgesetz
UdSSR	Union der Sozialistischen Sowjetrepubliken
UNO	Organisation der Vereinten Nationen
VA	Vermittlungsausschuß
VersR	Zeitschrift für Versicherungsrecht
VGH	Verwaltungsgerichtshof
vH	von Hundert
VwGO	Verwaltungsgerichtsordnung
WHO	Weltgesundheitsorganisation (Word Health Organisation)
Ziff.	Ziffer
ZPO	Zivilprozeßordnung

1 Staatsbürgerkunde

Zu den Gesundheits- oder Gesundheitsfachberufen zählen zunächst die Heilberufe im Sinne der konkurrierenden Gesetzgebungskompetenz des Bundes nach Artikel 74 Nr. 19 Grundgesetz (GG), wonach der Bund den Zugang zu diesen Berufen regeln kann. Von dieser Regelungskompetenz hat der Bund Gebrauch gemacht mit dem Krankenpflegegesetz, dem Hebammengesetz, dem Rettungsassistentengesetz, dem Orthoptistengesetz, sowie den jeweiligen Gesetzen über die Berufe der technischen Assistenten in der Medizin, der Diätassistenten, der pharmazeutisch-technischen Assistenten, der Beschäftigungs- und Arbeitstherapeuten, der Logopäden und die Berufe in der Physiotherapie (demnächst) mit den jeweiligen Ausbildungs- und Prüfungsverordnungen.

Des weiteren gehören zu den Berufen im Gesundheitswesen die sonstigen Gesundheitsberufe, die auf der Grundlage des Berufsbildungsgesetzes geregelt sind, vornehmlich durch Verordnungen zur Berufsausbildung zum/zur (Zahn-/Tier-)arzthelfer(-in) oder auch zum/zur pharmazeutisch-kaufmännischen Angestellten.

Von den genannten Gesundheitsberufen unterscheiden sich die sozialpflegerischen Berufe wie beispielsweise der Beruf des Altenpflegers/der Altenpflegerin und andere (zum Beispiel Sozialarbeiter, Heilpädagoge) hauptsächlich dadurch, daß deren Berufsbild, obwohl durchaus teilweise auch mit therapeutischen Inhalten versehen, grundsätzlich auf den gesunden Menschen ausgerichtet ist.

Für alle gesundheits- und sozialpflegerischen Berufe, die auf bundesgesetzlicher Grundlage geregelt sind, ist als Grundbildungselement in der Ausbildung die Berufs-, Gesetzes- und Staatsbürgerkunde vorgeschrieben.

1.1 Staatsbürgerkunde und politische Bildung

Vom Wortlaut her ist die Staatsbürgerkunde als Kunde vom Staat zu verstehen. Diese Vermittlung stellt sich zugleich als ein Teil der politischen Bildung dar. Denn die Mitwirkung des Bürgers an politischen Entscheidungsprozessen setzt Kenntnisse über die staatsbürgerlichen Rechte und Pflichten des einzelnen ebenso voraus wie das Wissen um die Rechte und Pflichten des Staatswesens, in dem sich der Bürger befindet. Dieses Wissen befähigt den einzelnen in Kommunikation zu anderen zu treten, seine Urteilsfähigkeit zu fördern, Möglichkeiten zum eigenen Handeln zu finden und sich damit im und dem Staate nützlich zu machen. Nicht zuletzt wird der Staatsbürger durch politische Bildung und somit auch durch die Staatsbürgerkunde in die Lage versetzt, in geeigneter Form auf die Ausübung der Staatsgewalt Einfluß zu nehmen, von der Artikel 20 Abs. 1 des Grundgesetzes (GG) sagt, daß sie vom Volke ausgehen soll.

Die Vermittlung der Wechselbeziehung zwischen Staat und Bürger sowie der daraus resultierenden Rechte und Pflichten geht zweckmäßigerweise von einer Darstellung des Verfassungsrechts und seiner Stellung in der Gesamtrechtsordnung aus.

1.2 Begriff des Rechts

Bei diesem Vorgehen wird gleich die Frage aktuell, was denn überhaupt unter dem Begriff des Rechts zu verstehen ist.

Eine umfassende und allgemeinverbindliche Begriffsbestimmung des Rechts wird man nicht geben können. Dies macht schon ein Blick in verschiedene juristische Wörterbücher deutlich, die teils widersprüchliche, teils sich ergänzende Begriffsdefinitionen des Rechts enthalten.

1.2.1 Recht im Sprachgebrauch

Auch interessiert in diesem Zusammenhang nicht die nichtjuristische Bedeutung, wenn wir in unserer Sprache das Wort Recht verwenden, sei es in seiner räumlichen Wortbedeutung, indem wir rechts von links unterscheiden, sei es auch in seiner moralischen Bedeutung, wenn wir von jemanden als von einem rechten (= guten) Menschen sprechen.

1.2.2 Recht als juristischer Begriff

Vielmehr bedarf es zur Beantwortung der aufgeworfenen Frage einer Besinnung auf das Wort Recht als juristischem Begriff. Aber auch hier stellen wir fest, daß ebenso wie im allgemeinen Sprachgebrauch dem Wort Recht eine mehrfache Bedeutung zukommt.

> So ist unter Recht in seiner objektiven Bedeutung die gesamte geltende Rechtsordnung sowie das einzelne Gesetz zu verstehen. Das objektive Recht enthält Gebote und Verbote, die zur Regelung der Belange des Staates und der Allgemeinheit erlassen sind.

Hierzu zählen etwa die Vorschriften des Strafrechts und des Bürgerlichen Rechts, das Verwaltungsrecht sowie die Bestimmungen der Prozeßordnungen, um nur einige Regelungen zu nennen.

Von dieser objektiven Bedeutung des Rechts ist die subjektive Bedeutung zu unterscheiden. Das subjektive Recht gibt dem einzelnen eine bestimmte Rechtsmacht; Recht in diesem subjektiven Sinn ist als Berechtigung des einzelnen oder mehrerer zu verstehen. Es bedeutet letztlich die Innehabung eines Anspruchs auf Leistung oder Duldung gegen eine andere, dritte Person, möglicherweise auch gegen den Staat.

Ein Recht in dieser – subjektiven – Bedeutung hat zum Beispiel der Käufer gegenüber dem Verkäufer auf Übereignung der gekauften Ware, aber auch der Verkäufer gegenüber dem Käufer auf Bezahlung des Kaufgegenstandes. Dem gleichzustellen ist das subjektive Recht des Bürgers dem Staat gegenüber auf Beachtung und Nichtverletzung der Grundrechte. Diesen subjektiven Rechten entspricht auf der anderen Seite die Rechtspflicht.

Sie trifft den Käufer, indem er den Kaufpreis für die Ware zu entrichten hat ebenso wie den Verkäufer, der zur Übereignung des gekauften Gegenstandes verpflichtet ist. Dem Staat obliegt die Pflicht zur Achtung der Grundrechte des einzelnen Bürgers.

Die Unterschiedlichkeit des Begriffs Recht im juristischen Sinn wird an Hand weiterer Einteilungen im Rahmen des Rechts im subjektiven Sinn (= Berechtigung) noch deutlicher.

In diesem Bereich gibt es Rechte, die als *absolute* Rechte bezeichnet werden. Ihr Wesen zeigt sich darin, daß sie dem Berechtigten eine ausschließliche Herrschaft für einen bestimmten Rechtskreis gewähren.

So wirken zum Beispiel Eigentumsrechte, Namensrechte oder andere Persönlichkeitsrechte wie das Recht auf Leben, Freiheit und Gesundheit gegenüber jedermann; jedermann hat diese Rechte zu beachten und gegenüber jedermann können sie vom Berechtigten geltend gemacht werden.

Die Herrschaft des Berechtigten kann aber auch darauf beschränkt sein, daß eine bestimmte Person – Personengruppe – dem Berechtigten gegenüber zu einem gewissen Verhalten verpflichtet ist. Man spricht dann von den sogenannten relativen Rechten. Diese zeigen nur eine begrenzte Wirkung, nämlich zwischen bestimmten Personen

Die wichtigsten *relativen Rechte* sind zum Beispiel die Forderungsrechte. Das Forderungsrecht ist das Recht, von einem anderen ein positives Tun oder ein Unterlassen zu fordern; der Berechtigte ist der Gläubiger, der Verpflichtete der Schuldner. Auf diese Personen beschränkt sich das relative Forderungsrecht.

Neben den aufgezeigten Unterscheidungen können weitere genannt werden, wie etwa die Gestaltungsrechte, zu denen das Kündigungs- und Anfechtungsrecht zählen, und auch die sogenannten unvollkommenen Rechte, die erst auf einer Vorstufe zum Vollrecht stehen, aber bereits eigene Rechtswirkungen erzeugen, wie etwa befristete oder schwebend wirksame Rechte.

Die Bedeutungsverschiedenheit des Wortes Recht mag schließlich noch die Unterscheidung in *übertragbare* und *nicht übertragbare* (= höchstpersönliche) Rechte darstellen.

So ist die elterlich Gewalt wie grundsätzlich jedes Recht aus dem Familienverhältnis nicht übertragbar und damit *höchstpersönlich*, ebenso wie die bereits genannten Persönlichkeitsrechte. Es besteht nur die Möglichkeit, die Ausübung auf eine dritte Person zu übertragen oder auf die Ausübung zu verzichten, wie etwa bei persönlichen Mitgliedschaften oder dem höchstpersönlichen Nießbrauch.

Mit Ausnahme der höchstpersönlichen Rechte und Berechtigungen sind die sonstigen Rechte in der Regel *frei übertragbar;* der Eigentümer einer Sache kann jederzeit das Eigentum übertragen; der Mieter kann – mit Zustimmung des Vermieters – die Mietsache untervermieten.

Die dargestellten vielfältigen Inhalte des Begriffs Recht unterstreichen die oben aufgestellte Behauptung, daß es eine allgemeinverbindliche Begriffbestimmung des Rechts nicht geben kann.

1.2.3. Ordnungsfunktion des Rechts

Wenn trotz der unterschiedlichsten Rechtsinhalte dennoch eine – übereinstimmende – Definition des Rechts immer wiederkehrt, so rührt dies aus der Besinnung auf die Ordnungsfunktion des Rechts her. Das Recht hat die Aufgabe, das Zusammenleben der Menschen in einer Gemeinschaft zu ordnen, die Ordnung zu sichern und zu bewahren. Denken wir etwa an die Ordnungsfunktion der Meldeämter oder der Personenstandsregister, die mit der Geburt jeden Menschen erfassen. Ordnende Funktion hat auch das Straßenverkehrsrecht, wie auch – in besonderem Maße – jede Verfahrensordnung: die Zivilprozeß-, Strafprozeß- und Verwaltungsgerichtsordnung.

> Unter diesem Gesichtspunkt wird Recht übereinstimmend als Inbegriff der Normen (Vorschriften) verstanden, die das menschliche Zusammenleben, die Befugnisse und Pflichten der Allgemeinheit und des einzelnen verbindlich regeln.

So bestimmt das Recht das Verhalten des Menschen in der Gemeinschaft und zu anderen Mitgliedern, indem es das äußere Zusammenleben der Menschen regelt. Es trägt dazu bei, daß das gesellschaftliche Leben fortbesteht und sich weiterentwickelt. Ferner gehört zum Recht die Ordnung der Beziehungen des Staates und der zu ihm bestehenden öffentlichen Gebilde (zum Beispiel der Städte, Gemeinden und Kreise) zu den Staatsbürgern und umgekehrt, schließlich auch die Ordnung der staatlichen Beziehungen untereinander. Die Ordnung wird erreicht durch das Fordern oder Untersagen eines bestimmten Verhaltens. Dadurch erhält das Recht normativen Charakter; es gebietet und verbietet.

1.3 Recht und Gerechtigkeit

1.3.1 Gerechtigkeit

Maßstab, an dem das Recht gemessen wird, ist die Gerechtigkeit, die als übergeordnete Rechtsidee, als sittlicher Grundwert der zwischenmenschlichen Beziehungen zu verstehen ist. Wenn nun das Recht auch am Prinzip der Gerechtigkeit orientiert ist, so heißt das nicht, daß Recht und Gerechtigkeit immer identisch sind.

So ist es möglich, daß in einem Staat – wie etwa während der nationalsozialistischen Zeit – zwar das Recht äußerlich in Ordnung ist, weil die Gesetze im vorgeschriebenen Verfahren erlassen und mit Hilfe der Staatsgewalt durchgesetzt werden, daß aber durch Gefährdung der Freiheit und Menschlichkeit die Staatsgewalt ungerecht ausgeübt wird. Als weiteres Beispiel mögen die Änderungen von Gesetzen angeführt werden, die ja letztlich auch dem Zweck dienen, durch Überalterung ungerecht gewordene Vorschriften durch gerechte Bestimmungen zu ersetzen.

1.3.2 Sittlichkeit

Der Gerechtigkeit nahe verwandt ist die Sittlichkeit. Während die Gerechtigkeit als Rechtsidee etwas Absolutes darstellt, kann man die Sittlichkeit – gemessen an der Gerechtigkeit – als relativ bezeichnen.

Im Gegensatz zur Gerechtigkeit kann beispielsweise die sittliche Anschauung innerhalb der gleichen Rechtsordnung auf Grund örtlicher Unterschiede durchaus verschiedenartig oder innerhalb kürzester Zeiträume Veränderungen unterworfen sein.

Ein weiterer Unterschied zwischen Gerechtigkeit und Sittlichkeit liegt darin begründet, daß die Sittlichkeit allein auf eine innere Haltung, die Gesinnung des Menschen abzielt, während es die Gerechtigkeit darüber hinaus auch mit Fragen des täglichen Lebens zu tun hat, wobei manchmal die innere Haltung notwendigerweise zugunsten objektiver, äußerer Kriterien zurücktreten muß. Daraus resultiert ein nächster Gegensatz von Gerechtigkeit und Sittlichkeit. Indem sich die Gerechtigkeit mit der Lebenswirklichkeit beschäftigt und die praktischen Folgen menschlichen Handelns in die Beurteilung von gerecht und ungerecht einbezieht, gehört zur Gerechtigkeit die Erzwingbarkeit. Demgegenüber ist die Sittlichkeit als reine Angelegenheit der inneren Haltung und des menschlichen Gewissens niemals erzwingbar.

Trotz dieser grundsätzlichen Unerzwingbarkeit des sogenannten Sittengesetzes hat unsere geltende Rechtsordnung in verschiedenen Vorschriften und Bestimmungen dennoch an Verstöße gegen das Sittengesetz Rechtsfolgen geknüpft, womit sich unter anderem der Versuch zeigt, als gerechtes Recht auch den sittlichen Anforderungen weitgehend Rechnung zu tragen.

So wird in § 138 Bürgerliches Gesetzbuch (BGB) bestimmt, daß ein gegen die guten Sitten verstoßendes Rechtsgeschäft nichtig ist; und derjenige, der einem anderen in einer gegen die guten Sitten verstoßenden Weise vorsätzlich einen Schaden zufügt, ist diesem zum Ersatz verpflichtet (§ 826 BGB). Auch einige Strafvorschriften beziehen sich auf die guten Sitten, wenn beispielsweise nach § 226a Strafgesetzbuch (StGB) eine Körperverletzung rechtswidrig ist, wenn die Tat – trotz der Einwilligung – gegen die guten Sitten verstößt. Schließlich wird auch vom Grundgesetz das Sittengesetz erwähnt, indem es in Art. 2 Abs. 1 GG feststellt, daß das Recht auf freie Entfaltung der Persönlichkeit nicht gegen das Sittengesetz verstoßen darf.

1.3.3 Billigkeit

Weiterhin von der Gerechtigkeit zu unterscheiden ist die Billigkeit.

Macht jemand eine Forderung geltend, die ihm aus einem Rechtsgeschäft mit einer anderen Person zusteht, so macht er eine gerechte Forderung geltend, obschon sie unbillig sein mag, weil der Schuldner etwa unverschuldeterweise in Not geraten ist und die Forderung nicht erfüllen kann.

Billigkeitserwägungen durchziehen die gesamte geltende Rechtsordnung. Sie kommen vor allem darin zum Ausdruck, daß bestimmte Rechtssätze elastisch formuliert sind und sich so den wechselnden Lebensvorgängen anzupassen vermögen.

Dies ist zum Beispiel der Fall, wenn von einer angemessenen – billigen – Entschädigung die Rede ist, ebenso wie bei der Einräumung einer angemessenen Frist. Ausdrücklich formuliert ist der Billigkeitsgedanke auch in § 829 BGB, wonach in bestimmten Situationen ein Schaden insoweit zu ersetzen ist, als die Billigkeit nach den Umständen eine Schadloshaltung erfordert. Ebenso haben Billigkeitserwägungen in den familienrechtlichen Vorschriften Eingang gefunden, wenn beispielsweise im Falle einer geschiedenen Ehe der Unterhaltsanspruch ausgeschlossen wird, weil die Ehe nur von kurzer Dauer war und deshalb die Inanspruchnahme des Verpflichteten grob unbillig wäre (§ 1579, Abs. 1, Ziff. 1 BGB).

Mit der Rücksichtnahme auf Billigkeitserwägungen ist gewährleistet, daß unsere Rechtsordnung nicht zu einem rein schematischen Recht erstarrt und damit ebenso ungerecht sein könnte wie ein allzu individualisierendes Recht, das auf Kosten der Rechtssicherheit gehen würde.

1.4 Rechtsquellen

Nachdem die Beziehungen zwischen den Begriffen der Sittlichkeit und Billigkeit sowie der Gerechtigkeit und des Rechts dargestellt sind, soll im folgenden der Frage nach den Quellen des Rechts nachgegangen werden.

Das Recht kann einmal auf einer staatlichen Rechtssetzung beruhen. Wir sprechen dann vom sogenannten Gesetzesrecht. Das Recht kann sich aber auch aus der Rechtsüberzeugung eines Volkes heraus gebildet haben; dieses Recht wird allgemein als Gewohnheitsrecht bezeichnet.

1.4.1 Gesetzesrecht

Das Gesetzesrecht, also jenes Recht, das durch staatlichen Rechtsetzungsakt geschaffen wird, wird in erster Linie danach unterschieden, von welchem Träger der öffentlichen Staatsgewalt es erlassen wird.

Staatliche Rechtsetzungsakte können zum Beispiel vom Parlament oder auch von der öffentlichen Verwaltung ausgehen.

Ist ein Gesetz im Gesetzgebungsverfahren vom Parlament erlassen worden, so handelt es sich um ein förmliches oder auch formell-materielles Gesetz.

Formell-materielle Gesetze sind also generelle Regelungen, die im förmlichen Gesetzgebungsverfahren vom Parlament erlassen worden sind.

Ein derartiges Gesetz ist beispielsweise das Gesetz über die Berufe in der Krankenpflege (Krankenpflegegesetz – KrPflG) vom 04.06.1985 (BGBl I, 893ff. mit späteren Anmerkungen).

Hiervon zu unterscheiden sind die *rein formellen* Gesetze. Darunter sind die in Gesetzesform ergehenden Regierungsakte zu verstehen.

Als Beispiele können angeführt werden der Haushaltsplan, Kriegserklärungen und Friedensschlüsse.

Der Unterschied zu den formell-materiellen Gesetzen liegt darin, daß die Rechtssphäre des Bürgers in Hinblick auf herzuleitende Ansprüche nur mittelbar tangiert wird.

Neben den formell-materiellen und rein formellen Gesetzen sind von Bedeutung die *rein materiellen Gesetze*, auch *Rechtsverordnungen* genannt.

Die Rechtsverordnungen sind generelle Rechtssätze der Verwaltung, die auf der Grundlage von Parlamentsgesetzen ergehen und in die Rechtssphäre des Bürgers eingreifen.

Gegenüber den formell-materiellen Gesetzen werden also Rechtsverordnungen nicht vom ordentlichen Gesetzgeber, sondern von einer Verwaltungsstelle erlassen. Allerdings bedarf der Erlaß einer Rechtsverordnung einer gesetzlichen Ermächtigung.

Die Voraussetzungen für den Erlaß von Rechtsverordnungen des Bundes regelt

Art. 80 GG. Danach müssen grundsätzlich in dem ermächtigenden Gesetz Inhalt, Zweck und Ausmaß der erteilten Ermächtigung bestimmt sein. Durch diese Regelung soll vermieden werden, daß die Ermächtigung falsch gebraucht wird.

Da die Wirksamkeit einer Rechtsverordnung von dem ermächtigenden Gesetz abhängig und beschränkt ist, handelt es sich bei der Rechtsverordnung um eine dem Gesetz nachgeordnete Art der Rechtssetzung.

Am häufigsten finden wir Rechtsverordnungen in Form von Ausführungs- und Durchführungsverordnungen. Auf diese Weise werden oft allgemeine Vorschriften durch nähere Ausführungen konkretisiert.

Zum Beispiel handelt es sich bei der Ausbildung- und Prüfungsverordnung für die Berufe in der Krankenpflege vom 16. 10. 1985 (BGBl I, 1973ff.) um eine Rechtsverordnung. Ermächtigungsgrundlage dafür ist § 11 des Krankenpflegegesetzes vom 04. 06. 1985 als Bundesgesetz.

Hingewiesen werden soll noch darauf, daß die Endung auf -ordnung nicht immer den Schluß auf das Vorliegen einer Rechtsverordnung zuläßt. So sind etwa die Zivilprozeßordnung (ZPO) ebenso wie die Strafprozeßordnung (StPO) und die Verwaltungsgerichtsordnung (VwGO) keine Rechtsverordnungen, sondern formell-materielle Gesetze, die im ordentlichen Gesetzgebungsverfahren ergangen sind.

Ebenso wie die Rechtsverordnungen stehen die **Satzungen** im Rang unter dem Gesetz. Bei den Satzungen handelt es sich um abstrakte generelle Regelungen, die von eigenständigen, dem Staat eingegliederten Verbänden erlassen werden. Derartige satzungsberechtigte Verbände sind beispielsweise die rechtsfähigen öffentlich-rechtlichen Körperschaften (zum Beispiel Gemeinden, Landkreise, Landschaftsverbände) sowie die Anstalten (zum Beispiel Rundfunkanstalten, Sparkassen) und Stiftungen (zum Beispiel Stiftung Preußischer Kulturbesitz) des öffentlichen Rechts. Nach den Gemeindeordnungen der Länder sind die Gemeinden befugt, ihre Angelegenheiten durch Satzungen zu regeln. Sie machen von dieser Befugnis zum Beispiel dadurch Gebrauch, daß sie durch Satzung den Anschluß- und Benutzungszwang an die gemeindliche Kanalisation vorschreiben. Das Satzungsrecht gibt der Gemeinde schlechthin die Möglichkeit, die Benutzung ihrer Einrichtungen zu regeln.

> Von den Rechtsverordnungen unterscheiden sich die Satzungen dadurch, daß sie nicht – wie die Verordnungen – einer Einzelermächtigung bedürfen, sondern ihre Grundlage in der Satzungsautonomie haben, die den Verbänden vom Staat eingeräumt worden ist.

Die Satzungsautonomie der Gemeinden ist Ausfluß des Rechts der Selbstverwaltung, das den Gemeinden nach Art. 28 GG in Verbindung mit den Verfassungen und Gemeindeordnungen der Länder verliehen ist.

Nicht zu verwechseln mit den Satzungen öffentlich-rechtlicher Verbände sind die privatrechtlichen Satzungen von Vereinen. Hier handelt es sich nur um die schriftlich niedergelegte Grundordnung eines rechtlichen Zusammenschlusses (Verein, Aktiengesellschaft), in der Einrichtung und Zweck des Zusammenschlusses als auch Beginn und Beendigung einer Mitgliedschaft geregelt ist.

> Wie bereits in der Darstellung der Rechtsquellen angeklungen ist, stehen die einzelnen Erscheinungsformen des Gesetzesrechts in einem Rangverhältnis zueinander.

Während Rechtsverordnungen ebenso wie Satzungen unter dem Gesetz stehen, ist dem Gesetz wiederum die Verfassung übergeordnet. Demnach enthält oberste Regelungen die Verfassung (das Grundgesetz sowie die Landesverfassungen der Länder), es folgen Gesetz, Rechtsverordnungen und Satzungen. Dieses Rangverhältnis hat zur Folge, daß bei einem Verstoß gegen eine höherrangige Norm die untergeordnete Regelung nichtig ist.

1.4.2 Gewohnheitsrecht - Observanz

Neben das Gesetzesrecht tritt als weitere Rechtsquelle das Gewohnheitsrecht.

Das Gewohnheitsrecht setzt voraus eine gleichmäßige Übung der Beteiligten und deren Überzeugung, daß das Geübte rechtens ist. Im Geltungsrang steht das Gewohnheitsrecht dem Gesetzesrecht gleich und kann unter Umständen das Gesetzesrecht beseitigen; in diesem Fall spricht man von der derogatorischen Kraft des Gewohnheitsrechts. Gewohnheitsrecht gilt im gesamten Recht. Auf kleinere Rechtskreise begrenztes Gewohnheitsrecht nennt man Observanz, der heute vor allem im Wege- und Straßenrecht noch Bedeutung zukommt, wie teilweise bei der Straßenreinigung durch den Anlieger, soweit nicht schon gesetzlich geregelt.

1.5 Gruppierung des positiven Rechts

Neben der Einordnung der Rechtsnormen nach ihrem Ursprung und ihrem Rang bedarf es einer Zuordnung des Rechts nach Rechtsgebieten.

Das staatliche Recht wird herkömmlich in die beiden großen Gruppen des *bürgerlichen Rechts* (= Zivilrecht) und des *öffentlichen Rechts* eingeteilt. Praktische Bedeutung kann die Unterscheidung zum Beispiel für die Frage haben, ob für die Entscheidung eines Rechtsstreits das ordentliche Gericht (zum Beispiel Amtsgericht) oder das Verwaltungsgericht zuständig ist.

Neben die ordentliche Gerichtsbarkeit und Verwaltungsgerichtsbarkeit tritt gemäß Artikel 95 GG die Finanz-, die Arbeits- und die Sozialgerichtsbarkeit.

Die *ordentliche Gerichtsbarkeit* wird ausgeübt von Amtsgerichten, Landgerichten, Oberlandesgerichten und dem Bundesgerichtshof in Karlsruhe. Vor diese Gerichte gehören alle, nicht besonderen Gerichten zugewiesenen bürgerlich-rechtlichen Streitigkeiten sowie die Strafsachen und die Angelegenheiten der (nicht streitigen) freiwilligen Gerichtsbarkeit.

Die *Verwaltungsgerichtsbarkeit,* vor die in erster Linie öffentlich-rechtliche Streitigkeiten gehören, wird ausgeübt durch die Verwaltungs- und Oberverwaltungsgerichte der Länder und als oberste Instanz durch das Bundesverwaltungsgericht in Berlin.

Die *Arbeitsgerichtsbarkeit* wird durch die Arbeits- und Landesarbeitsgerichte der Länder und in der obersten Instanz durch das Bundesarbeitsgericht in Kassel gehandhabt; vor die Arbeitsgerichte gehören insbesondere Rechtsstreitigkeiten aus Arbeitsverhältnissen.

In der *Sozialgerichtsbarkeit* werden die von den Ländern eingerichteten Sozial- und Landessozialgerichte und in letzter Instanz das Bundessozialgericht in Kassel tätig; die

Sozialgerichtsbarkeit entscheidet vor allem in Streitigkeiten auf dem Gebiet des Sozialversicherungsrechts, etwa bei Auseinandersetzungen mit Krankenkassen.

Die *Finanzgerichtsbarkeit* wird wahrgenommen von den Finanzgerichten der Länder und dem Bundesfinanzhof in München; sie ist zuständig für Klagen insbesondere gegen Entscheidungen der Finanzbehörden.

Neben den genannten Gerichtszweigen sind abschließend noch zu nennen die *Patentgerichtsbarkeit* und die *Disziplinargerichtsbarkeit* (Art. 96 Abs. 1 und 4 GG).

Neben den obersten Gerichtshöfen des Bundes, nämlich dem Bundesgerichtshof, dem Bundesverwaltungsgericht, dem Bundesfinanzhof, dem Bundesarbeitsgericht, dem Bundessozialgericht und dem Bundespatentgericht steht das Bundesverfassungsgericht. Die Zuständigkeiten dieses obersten Gerichts sind in Artikel 93 GG sowie dem Gesetz über das Bundesverfassungsgericht im einzelnen geregelt. Vor allem wird das Bundesverfassungsgericht bei Verfassungsbeschwerden tätig, die von jedermann mit der Behauptung erhoben werden können, durch die öffentliche Gewalt in einem seiner Grundrechte verletzt zu sein (Art. 39 Abs. 1 Ziff. 4a GG).

1.5.1 Bürgerliches Recht

> Das bürgerliche Recht, auch Privat- oder Zivilrecht genannt, ordnet das alltägliche Zusammenleben, indem es die wechselseitigen Beziehungen der einzelnen Rechtspersönlichkeiten als gleichberechtigte Partner regelt.

Dazu gehören zum Beispiel die Regelung der Beziehungen zwischen Familienangehörigen ebenso wie die von Vertragspartnern eines Kaufs-, Miet- oder Werkvertrages. Das Privatrecht legt die gegenseitigen Rechte und Pflichten fest, die sich aus Verträgen ergeben und regelt die Folgen, die vertragliche Pflichtverletzungen nach sich ziehen. Außerdem werden die Beziehungen der Menschen zu Sachen in Form des Eigentumsrechts, des Besitzrechts und so weiter geregelt.

Ein Teilgebiet des Privatrechts ist das Bürgerliche Gesetzbuch (BGB). Daneben enthalten andere Gesetze Bestimmungen, die nur engere Personenkreise berühren oder speziellere Rechtsverhältnisse regeln.

> So gehört zum Privatrecht neben dem Bürgerlichen Gesetzbuch das Handelsgesetzbuch (HGB), das das Recht der Kaufleute, das Handelsrecht, enthält.

Ein wesentlicher Gesichtspunkt, in dem sich das bürgerliche von dem öffentlichen Recht unterscheidet, ist der *Grundsatz der Koordination*, d. h. daß im Bereich des Privatrechts die Partner gleichberechtigt sind.

1.5.2 Öffentliches Recht

Das öffentliche Recht regelt sowohl die Rechtsverhältnisse des Staates und der Träger öffentlicher Gewalt untereinander als auch zu dem einzelnen Bürger.

> Zum öffentlichen Recht zählen das Völkerrecht, das Staatsrecht, das Kirchenrecht, das Verwaltungsrecht, das Strafrecht sowie das gesamte Prozeßrecht.

Im Gegensatz zum Privatrecht beruht das öffentliche Recht im wesentlichen auf dem **Grundsatz der Subordination**, d. h. daß der Einzelne dem Verwaltungsträger gegenüber untergeordnet ist und ihm nicht gleichberechtigt gegenübersteht. Dies rührt daher, daß das öffentliche Recht in erster Linie die Herstellung und Sicherung der äußeren Ordnung zum Ziele hat.

Dazu gehört etwa auch die Registrierung von Geburt, Eheschließung und Tod nach dem Personenstandsgesetz (PStG), die Meldepflicht bei bestimmten ansteckenden Krankheiten, die Schulpflicht und anderes mehr.

Wenn oben der Grundsatz der Subordination angesprochen wurde, so ist allerdings zu berücksichtigen, daß dieser im Verhältnis vom Staat zum Bürger gilt. Daneben ist es auch durchaus möglich, daß ein Träger öffentlicher Gewalt privatrechtliche (also gleichberechtigte) Rechtsbeziehungen schafft.

Dies ist etwa der Fall, wenn die Gemeinde für ihre gemeindlichen Einrichtungen – beispielsweise ein Heim – von einem Privatunternehmen Öl zum Heizen bezieht. Die Gemeinde schließt dann einen Kaufvertrag, der dem Gebiet des Privatrechts angehört.

Zum Privatrecht zählt ebenso ein Vertrag zwischen einer juristischen Person, etwa einem eingetragenen Verein, und der Kommune als staatliche juristische Institution über die Einrichtung und den Betrieb eines Krankenhauses, Schwesternheims und Altenheimes (Urteil des OLG Münster, unveröffentlicht).

Der Überblick über Inhalte und Funktion des Rechts gibt nunmehr die Möglichkeit, die Stellung des Staatsrechts in der Gesamtrechtsordnung zu benennen. Geht man von der oben angeführten Begriffsbestimmung des öffentlichen Rechts aus, so ist das Staatsrecht diesem Gebiet des positiven (= gesetzten) Rechts zuzuordnen, denn es befaßt sich im wesentlichen mit der Beziehung des Bürgers zum Staat, den Rechtsverhältnissen der Träger öffentlicher Gewalt untereinander sowie dem Staatsaufbau schlechthin.

Da die grundlegenden Regelungen des Staatsaufbaus und damit korrespondierend das Verständnis vom Verhältnis zwischen Staat und Bürger dem Grundgesetz zu entnehmen sind, soll im folgenden das Grundgesetz und seine Entstehungsgeschichte Inhalt der Erörterung sein.

1.6 Entstehung der Bundesrepublik Deutschland

Die *Verkündung des Grundgesetzes am 23. 05. 1949* war ein entscheidender Schritt auf dem Weg der Wiedererstehung der deutschen Staatlichkeit nach Kriegsende.

Nach der bedingungslosen Kapitulation vom 08. 05. 1945 übten zunächst die Besatzungsmächte die Staatsgewalt aus. Auf der Potsdamer Konferenz (Juli/August 1945) teilten sie Deutschland in die vier Besatzungszonen ein, die britische, die amerikanische, die französische und die sowjetische.

In diesen Besatzungszonen entwickelte sich nur schwerlich und auch zeitlich unterschiedlich der Aufbau einer eigenen deutschen Verwaltung, die immer wieder gehemmt wurde von dem Besatzungsapparat, der von den Siegermächten zur Verwaltung Deutschlands eingesetzt war. Dort, wo sich deutsche Initiative entfaltete, war ihre Durchführung kaum ohne Steuerung durch die alliierten Behörden denkbar.

Dennoch gewannen im Laufe der Zeit eigene staatliche Gebilde und Gemeinschaften wieder an Leben. Diese Entwicklung ging den Weg von unten nach oben, d. h. sie begann auf gemeindlicher Ebene und setzte sich später über die Kreis- und die Landesebene bis hin auf die Zonenebene fort.

Die so gestaltete – und gesteuerte – Wiederentfaltung staatlichen Lebens entsprach den politischen Vorstellungen und Zielen der Siegermächte, die mit dem Aufbau eines neuen deutschen Staates von unten nach oben verhindern wollten, daß nicht ein neuer, die Freiheit gefährdender Machtstaat entstand.

Die Möglichkeit eines eigenen – wenn auch beschränkten – staatlichen Tätigwerdens war zuerst in der amerikanischen Besatzungszone gegeben.

So wurde zum Beispiel in Bayern bereits am 28.05.1945 unter Anknüpfung an die überkommene Regierungsbildung ein Ministerpräsident (Schäffler) ernannt und beauftragt, Ministerien für Finanzen, Wirtschaft, Kultur etc. zu errichten. Letzte Entscheidungsbefugnisse behielt sich die amerikanische Besatzungsmacht jedoch vor, so daß nur ein sehr begrenzter Spielraum selbständigen Handelns verblieb. Beachtlich aber bleibt, daß in den in der amerikanischen Besatzungszone gebildeten Ländern bereits ab dem Februar 1946 Landesverfassungen in Kraft traten.

Das Wachsen staalicher Eigenständigkeit begann demgegenüber im britischen Besatzungsgebiet später. Hier hatte sich die Verwaltungsarbeit zunächst auf die gemeindliche und Kreisebene beschränkt, ehe im Jahre 1946 die Neugliederung der britischen Besatzungszone in Länder vorgenommen wurde.

Das Ergebnis der Neubildung waren die Länder Schleswig-Holstein (Kiel), Niedersachsen (Hannover), Nordrhein-Westfalen (Düsseldorf) und der Stadtstaat Hamburg. Verfassungen gaben sich diese Länder aber erst wesentlich später, wie etwa Nordrhein-Westfalen 1950 und Hamburg 1952.

Früher als in der britischen, aber später als in der amerikanischen Besatzungszone entstand im französischen Besatzungsgebiet eine eigene deutsche staatliche Verwaltungszuständigkeit.

Ergebnis der Übertragung hoheitlicher Zuständigkeiten auf deutsche Stellen war die Bildung der drei Länder Baden, Württemberg-Hohenzollern und Rheinland-Pfalz. Durch Volksabstimmungen vom 18.05.1947 wurden in den drei Ländern die Landesverfassungen herbeigeführt.

> In den bislang angesprochenen Besatzungsgebieten fand das eigene deutsche Wirken unter anderem darin seinen Ausdruck, daß die neugeschaffenen Länder in begrenztem Maße Gesetze und Verordnungen erlassen durften, soweit sie nicht bestehenden Besatzungsvorschriften widersprachen.

Im Bereich der sowjetisch besetzten Zone bestand von vornherein nicht die Absicht, noch vorhandenen staatlichen Gebilden Eigenstaatlichkeit zuzugestehen. Zwar wurden aus den drei bestehenden Ländern Thüringen, Sachsen und Mecklenburg sowie den fünf ehemaligen Provinzen Brandenburg, Halle-Merseburg, Magdeburg, Pommern und Schlesien fünf neue Länder gebildet: Thüringen (Weimar), Sachsen (Dresden), Sachsen-Anhalt (Halle), Brandenburg (Potsdam) und Mecklenburg (Schwerin); diese Länder verabschiedeten auch von Dezember 1946 bis Februar 1947 Landesverfassungen. Im Ergebnis übten die fünf neugeschaffenen Länder aber nur die Funktion hochentwickelter Selbstverwaltungskörperschaften aus, so daß in der sowjetisch besetzten Zone letztlich trotz unterschiedlicher Länder mit unterschiedlichen Landesverfassungen ein zentralregiertes Verwaltungsgebiet errichtet wurde.

Das in groben Zügen dargestellte Wiedererwachen deutscher Staatlichkeit auf Gemeinde-, Kreis- und Landesebene war naturgemäß beeinflußt durch den Apparat der Besatzungsmächte, wie etwa den Kontrollrat als kollegiales Organ der vier Zonenbefehlshaber oder die späteren Hohen Kommissare eines Besatzungsgebietes, die an die Stelle der Zonenbefehlshaber traten. Dies führte im Ergebnis zu dem sogenannten *Besatzungsstatut*, in dem die drei westlichen Besatzungsmächte die Grundregelung des Besatzungsrechts im Gebiet der späteren Bundesrepublik Deutschland festlegten. Sie behielten sich zwar die oberste Gewalt vor, räumten aber den Ländern die volle gesetzgebende, vollziehende und rechtsprechende Gewalt ein.

Über das Entstehen deutscher Staatlichkeit auf Landesebene hinaus ist die Entwicklung auf Zonenebene zu beachten. Sie begann mit der Schaffung gemeinsamer Einrichtungen für die Länder einer Zone. Zu erwähnen sind der Länderrat im Bereich der amerikanischen Zone, die Deutschen Zentralverwaltungen für die sowjetische Besatzungszone sowie der Zonenbeirat im britischen Besatzungsgebiet. In der französisch besetzten Zone entstanden keine zoneneinheitlichen Einrichtungen, sondern nur einzelne, mehr technische Sonderbehörden. Die französische Besatzungsmacht war es auch, die einem zunächst nur wirtschaftlichen Zusammenschluß der drei Westzonen ablehnend gegenüberstand. So einigten sich die beiden anderen Westmächte auf die Schaffung gemeinsamer Einrichtungen, der sogenannten bizonalen Behörde für die amerikanische und britische Zone. Als parlamentsähnliche Körperschaft, deren Mitglieder von den acht Landtagen der Bizonen gewählt wurden, ist der Wirtschaftsrat zu nennen, dem der Exekutivrat des Vereinigten Wirtschaftsgebietes zur Seite stand. Die französische Zone wurde erst später mit einbezogen. Alle Zoneneinrichtungen verloren ihre Bedeutung mit der Bildung der Bundesrepublik; einige wurden als Bundesbehörden weitergeführt (vergleiche Art. 133 GG für die Verwaltung des Vereinigten Wirtschaftsgebietes), andere wurden völlig aufgelöst.

Auf dem sowjetisch besetzten Gebiet wurde mit der Einrichtung der ständigen Wirtschaftskommission eine dem Wirtschaftsrat der Bizone im Hinblick auf die Aufgabenstellung ähnliche Institution geschaffen. Sie wurde am 09.02.1948 in „Deutsche Wirtschaftskommission" umbenannt und umfaßte als übergeordnete Behörde die nichtwirtschaftlichen Zentralverwaltungen der Sowjetzone.

> Allgemein wird die „Deutsche Wirtschaftskommission" als Vorläuferin der Regierung der ehemaligen Deutschen Demokratischen Republik, DDR, angesehen, während der Wirtschaftsrat der Bizone als Entwicklungskern der späteren Bundesrepublik Deutschland bezeichnet wird.

Die vorstehende Darstellung des Wiedererstehens staatlichen Lebens im besetzten Deutschland kann nur ein Abriß und keine umfassende Wiedergabe sein. Dennoch wird zweierlei deutlich: zum einen, wie sich hier und da alte und neue Gebilde entwickelten; zum anderen, wie sich infolge der gegensätzlichen Anschauungen zwischen den Westmächten und der damaligen UdSSR allmählich die Trennung der drei westlichen Besatzungszonen von der sowjetischen Zone vollzog.

1.7 Entstehung des Grundgesetzes für die Bundesrepublik Deutschland

Diese unterschiedlichen Auffassungen zeigten sich auch auf der Londoner Außenministerkonferenz im November/Dezember 1947, in der die vier alliierten Großmächte über das weitere Schicksal Deutschlands keine Einigung erzielen konnten.

Das Scheitern dieser Konferenz führte dann ebenfalls in London zu einer Sechsmächtebesprechung zwischen den Vertretern der USA, Frankreichs, Großbritanniens und den Vertretern der BENELUXLÄNDER, die an die Stelle der damaligen UdSSR getreten waren. Ergebnis der Besprechung war die Ausarbeitung der sogenannten *Frankfurter Dokumente*, die den elf Ministerpräsidenten der drei westlichen Besatzungszonen im Juli 1948 übergeben wurden.

> **Dokument I** sah die Einberufung einer verfassungsgebenden Nationalversammlung bis spätestens zum 01.09.1948 vor.
>
> **Dokument II** beauftragte die Ministerpräsidenten mit der Überprüfung der bestehenden innerdeutschen Ländergrenzen.
>
> **Dokument III** enthielt Leitsätze für ein zu erlassendes Besatzungsstatut.

Zu Dokument II nahmen die Ministerpräsidenten in der Weise Stellung, daß sie eine Überprüfung der Ländergrenzen kurzfristig nicht für durchführbar hielten, sie aber dennoch für empfehlenswert erachteten. Dokument III beantworteten sie mit Gegenvorschlägen. Das später in Kraft getretene *Besatzungsstatut* regelte das Verhältnis der Westmächte zu den deutschen Stellen, bis es am 05.05.1955 aufgehoben wurde.

> Am Bedeutsamsten für die Entstehung des Grundgesetzes war das Dokument I. Es führte zuerst zur Bildung eines Sachverständigenausschusses, dessen Mitglieder auf Initiative der Ministerpräsidentenkonferenz von den Landesvertretungen entsandt wurden. Obwohl die Aufgabe dieses Gremiums zunächst nur in einer begutachtenden Funktion für die Formulierung eines Grundgesetzes bestehen sollte, entwarf der Ausschuß einen vollkommenen Text für das Grundgesetz eines aus den elf Ländern zu bildenden Bundesstaates. Der Ausschuß wurde daher später Verfassungskonvent und sein Entwurf eines Grundgesetzes nach der Tagungsstätte, in der er vom 10.08.–23.08.1948 verhandelt hatte, „Herrenchiemseer Entwurf" genannt.

Die Arbeiten des Verfassungskonvents waren rechtzeitig abgeschlossen, so daß entsprechend dem Inhalt des Dokuments I fristgerecht am 01.09.1948 eine verfassungsgebende Versammlung zusammentreten konnte.

Die elf westdeutschen Landtage wählten im August 1948 die 65 Abgeordneten des Parlamentarischen Rates, zu denen fünf Westberliner Abgeordnete mit nur beratender Stimme hinzukamen. Dieser *Parlamentarische Rat* kam am 01.09.1948 in Bonn unter Vorsitz seines Präsidenten Dr. Konrad Adenauer erstmalig zusammen. In seinen bis Mai 1949 dauernden Tagungen und Verhandlungen beriet der Parlamentarische Rat das Grundgesetz. Die Grundlage für diese Arbeit bildete der „Herrenchiemseer

Entwurf" des Verfassungskonvents. Wenn auch der Parlamentarische Rat in seiner Arbeit von Weisungen unabhängig war, so ist doch festzustellen, daß die Militärgouverneure der Besatzungsmächte mehrmals intervenierten und vor allem die stärkere Ausarbeitung des föderativen Elements im Bund-Länder-Verhältnis empfahlen. Zeitweilig geschah das Eingreifen so massiv, daß die Arbeit des Parlamentarischen Rates sogar zu scheitern drohte. Durch Verhandlungen wurde jedoch dann eine Verständigung herbeigeführt, die der Auffassung des Parlamentarischen Rates im wesentlichen Rechnung trug.

> In der Schlußabstimmung über das Grundgesetz am 08.05.1949 wurde das Grundgesetz im Parlamentarischen Rat mit 53 gegen 12 Stimmen angenommen. Wenige Tage später, am 12.05.1949 erteilten auch die Besatzungsmächte mit Vorbehalten zu einigen Artikeln, darunter solche bezüglich der Stellung Berlins, ihre Genehmigung.

Damit aber war das Grundgesetz noch nicht wirksam. Vielmehr bedurfte es entsprechend der Weisung der Besatzungsmächte zum Wirksamwerden des Grundgesetzes seiner Annahme mit 2/3 Mehrheit der deutschen Länder. In zehn von den elf Bundesländern, in denen in den Wochen nach Genehmigung durch die Besatzungsmächte über das Grundgesetz abgestimmt wurde, fand das Grundgesetz Zustimmung; nur der Landtag von Bayern lehnte den Grundgesetzentwurf ab, betonte jedoch gleichzeitig die Zugehörigkeit Bayerns zur Bundesrepublik. Mit der Zustimmung der zehn Länder war die geforderte Mehrheit erreicht, so daß das Grundgesetz auch von den Ländern angenommen war. In Nr. 1 des neu herausgegebenen Bundesgesetzblattes wurde das Grundgesetz am 23.05.1949 verkündet und trat einen Tag später, am 24.05.1949 in Kraft (Art. 145 Abs. 2 GG), soweit nicht in Einzelfällen ein späterer Zeitpunkt bestimmt war (vergleiche zum Beispiel Art. 117 Abs. 1, Art. 122 GG).

1.8 Konstituierung der ersten Bundesorgane

Damit das neugeschaffene Staatsgebilde Bundesrepublik Deutschland auch funktionsfähig wurde, war es erforderlich, die im Grundgesetz vorgesehenen Organe der Exekutive und Legislative zu bilden. Dies geschah, indem die Wahlberechtigten der Bundesrepublik am 14.08.1949 auf Grund des vom Parlamentarischen Rat beschlossenen Wahlgesetzes den ersten Bundestag wählten, der am 07.09.1949 seine erste Sitzung in Bonn abhielt. Am gleichen Tag kam auch der Bundesrat zusammen.
  Nach den Vorschriften des Grundgesetzes (Art. 54 GG) wurde ebenfalls im September 1949 von der Bundesversammlung der Bundespräsident gewählt (Th. Heuss). Am 15.09.1949 wählte der Bundestag Dr. K. Adenauer zum ersten Bundeskanzler, der am 20.09.1949 die dreizehn Bundesminister der ersten Bundesregierung vorstellte. Damit war an diesem Tag die Konstituierung der entscheidenden Bundesorgane abgeschlossen, so daß von nun an vom Bestehen der Bundesrepublik Deutschland gesprochen werden konnte.

1.9 Rechtsfragen

1.9.1 Fortbestand des Reiches

Mit dem Bestehen der Bundesrepublik und der früheren Deutschen Demokratischen Republik auf dem Boden des ehemaligen Deutschen Reiches hat sich die Frage gestellt, wer den alten deutschen Staat, falls er noch bestand, fortsetzt.

> Der Fortbestand des im Jahre 1867 gegründeten und seit 1871 „Deutsches Reich" genannten Staates wird überwiegend bejaht, wenn er auch infolge des Wegfalls seiner Organe handlungsunfähig geworden war. Die Frage, wer diesen Staat nunmehr fortsetzte, die Bundesrepublik Deutschland oder die ehemalige Deutsche Demokratische Republik, wurde unterschiedlich beantwortet.

Nach offizieller DDR-Auffassung war das Deutsche Reich, die „einheitliche deutsche kapitalistische Nation", untergegangen; als Ergebnis der von der Bundesrepublik Deutschland betriebenen Spaltung und Gründung eines Separatstaates kapitalistischer deutscher Nation sowie als Folge der sozialistischen Revolution und des Aufbaus einer sozialistischen Gesellschaft in der DDR sei die sozialistische deutsche Nation entstanden. Diese Ansicht wurde als sogenannte ***Zweistaatentheorie*** bezeichnet.

Demgegenüber besagte die sogenannte ***Identitätstheorie***, daß das Deutsche Reich nicht untergangen ist, sondern in der Bundesrepublik Deutschland fortbestand, mit ihm identisch war.

Schließlich wurde die Ansicht vertreten, daß die Bundesrepublik Deutschland und die Deutsche Demokratische Republik als Teilordnungen in einem noch vorhandenen Reichsrahmen fortbestehen; danach sind die Länder in zwei Republiken zusammengeschlossen, diese wiederum im „Reich" (sogenannte ***„Teilordnungslehre"***).

Das Bundesverfassungsgericht (BVerfG), das sich in einer Entscheidung über die Verfassungsmäßigkeit des Grundlagenvertrages vom 21. Dezember 1972 mit dem Rechtsstatus der Bundesrepublik auseinandergesetzt hat, neigte der letzteren Auffassung zu (vergleiche BVerfG, NJW 1973, 1539f.). Die aufgeworfenen Fragen waren nicht nur theoretischer Natur; sie waren auch von praktischer Bedeutung etwa in der Frage der Nachfolge in Vermögen und Schulden des früheren Deutschen Reiches.

1.9.2 Grundgesetz als Verfassung

Neben der Rechtsfrage nach dem Status der „alten" Bundesrepublik Deutschland, die auch infolge der innerdeutschen politischen Entwicklung interessiert, soll noch in Kürze die Frage beantwortet werden, ob denn das Grundgesetz der Bundesrepublik Deutschland als Verfassung bezeichnet werden kann.

Der Begriff „Verfassung" ist mehrdeutig. Als ***Verfassung im formellen Sinn*** ist unter ihr die Kodifizierung in einer Verfassungsurkunde zu verstehen. ***Verfassung im materiellen Sinn*** dagegen meint die rechtliche Grundordnung eines Staates.

Der Verfassungsbegriff im ersten Sinn (geschriebene Verfassungsurkunde) kann den Inhalt einer Verfassung allein nicht ausmachen. Dies zeigt schon ein Vergleich mit anderen Staaten. So verfügt etwa Großbritannien nicht über eine geschriebene

Verfassung, dennoch ist unbestritten, daß Großbritannien nicht in einem verfassungslosen Zustand lebt.

Bedenken, das Grundgesetz als Verfassung im materiellen Sinn anzusehen, ergeben sich daraus, daß das Grundgesetz nicht vom Volk oder einer gewählten Volksvertretung angenommen worden ist, sondern vom Parlamentarischen Rat, der nicht Träger der verfassungsgebenden Gewalt („pouvoir constituant") war. Darunter wird die Befugnis verstanden, die politischen Grundentscheidungen eines Volkes zu treffen.

Da das Grundgesetz jedoch durch die überwiegende Zahl der Ländervertretungen der „alten" Bundesrepublik ähnlich der Verfassung der Vereinigten Staaten von Amerika sanktioniert worden ist (nämlich durch Billigung des Entwurfs mit Zweidrittelmehrheit der Gliedstaaten), ist heute unumstritten, daß dem Grundgesetz der Bundesrepublik Deutschland Verfassungsrang zukommt.

Wenn die „Väter" des Bonner Grundgesetzes selbst nicht den Begriff „Verfassung" gewählt haben, so deshalb, um dem Willen Ausdruck zu verleihen, keinen „westdeutschen" Staat zu begründen, sondern nur ein zeitliches und räumliches Provisorium bis zur Errichtung einer (gesamt)deutschen Bundesrepublik zu schaffen. Dieser Wiedervereinigungswille wurde beispielsweise deutlich, wenn Art. 146 GG (alter Fassung) vorsah, daß das Grundgesetz seine Gültigkeit an dem Tag verliert, an dem eine Verfassung in Kraft tritt, die vom deutschen Volk in freier Entscheidung beschlossen worden ist.

1.9.3 Grundgesetz und Einigungsvertrag

> Das Wiedervereinigungsgebot wurde mit dem Vertrag zwischen der Bundesrepublik Deutschland und der Deutschen Demokratischen Republik über die Herstellung der Einheit Deutschlands erfüllt.

Der Unterzeichnung dieses Einigungsvertrags am 31. 08. 1990 durch die Verhandlungsführer Bundesinnenminister Schäuble (für die Bundesrepublik) und DDR-Staatssekretär Krause (für die Deutsche Demokratische Republik) gingen umwälzende Veränderungen auf dem Gebiet der ehemaligen DDR voraus. So kam es vor allem in Leipzig zum 40. Jahrestag der DDR-Staatsgründung (07. 10. 1949) zu Massenprotesten („Wir sind das Volk"). Erich Honecker trat als Staats- und Parteichef zurück, sein Nachfolger wurde Egon Krenz. Wenige Monate später trat die gesamte DDR-Regierung unter Ministerpräsident Willi Stoph ebenfalls zurück; Hans Modrow wurde neuer Ministerpräsident. In der Nacht zum 10. 10. 1989 öffnete die neue DDR-Führung die Grenzen zur Bundesrepublik und nach Westberlin. Im Dezember legte – unter dem Druck des Volkes – die gesamte SED-Parteiführung mit Egon Krenz ihre Ämter nieder. Erstmals nach vierzig Jahren fanden in der DDR am 18. 03. 1990 wieder freie Wahlen zur Volkskammer statt. Zum Ministerpräsidenten wurde Lothar de Maiziere gewählt. Mit ihm vereinbarte die Bundesregierung am 18. 05. 1990 den ersten **Staatsvertrag über eine Wirtschafts-, Währungs- und Sozialunion** zum 01. 07. 1990, nachdem deutlich geworden war, daß eine ökonomische Grundlage zur Fortsetzung einer staatlichen Eigenexistenz der DDR nicht mehr vorhanden war und sich die Mehrzahl der DDR-Bürger für den Beitritt zur Bundesrepublik entschieden hatte. Wenig später beschloß die Volkskammer, daß mit der Wahl der Landtage im Oktober 1990 die vierzehn Verwaltungsbezirke wieder in die fünf ehemaligen Länder der DDR, nämlich Brandenburg, Mecklenburg-Vorpommern, Sachsen, Sachsen-Anhalt und Thüringen zurückgeführt werden sollten.

Am 23. August schließlich folgte die Volkskammer dem Beschluß zur Wiedervereinigung mit der Bundesrepublik zum 03.10.1990.

Die Einigungsabsichten zwischen der Bundesrepublik und der DDR tangierten natürlich gewachsene Strukturen. Voraussetzung der Fortführung des Einigungsprozesses war daher die Zusicherung der Bundesregierung, bestehende Grenzen – beispielsweise zu Polen – nicht in Frage zu stellen, ebenso wie die Zusage, daß die Bundesrepublik in der NATO verbleibe, aber deren Strukturen vorerst nicht auf das Gebiet der Ex-DDR auszudehnen. Mit letzterem sollte vor allem dem sicherheitspolitischen Gleichgewicht zum damals noch existierenden Warschauer Pakt Rechnung getragen werden. Unter dieser Prämisse gab im Juli 1990 auch der sowjetische Präsident Gorbatschow – wie schon zuvor die westlichen Staats- und Regierungschefs der Siegermächte des zweiten Weltkrieges – den beiden deutschen Staaten freie Hand in Bezug auf die erstrebte Einheit Deutschlands. Bei den sogenannten zwei-plus-vier-Gesprächen zwischen den USA, der Sowjetunion, Großbritannien und Frankreich einerseits sowie der Bundesrepublik und der DDR andereseits wurde auch über den äußeren Aspekt der deutschen Einheit Einvernehmen gefunden: die Sowjetunion nahm Abstand von einer ihrer Hauptforderungen, nämlich dem Abschluß eines Friedensvertrages mit zwei deutschen Staaten. Der am 12.09.1990 unterzeichnete *zwei-plus-vier-Vertrag*, der neben einer endgültigen Grenzregelung in Europa, einem Verzicht des vereinten Deutschlands auf kriegerische Gewalt, Abzug der sowjetischen Truppen und Verpflichtung zu Abrüstungsmaßnahmen, und die Beendigung des Viermächtestatus vorsieht, wird zu recht als „Souveränitätsvertrag" bezeichnet. Mit diesem Vertrag zur Herstellung der vollen Souveränität des vereinten Deutschlands war der Weg zur Annahme des am 31.08.1990 unterzeichneten *zweiten Staatsvertrages* zwischen den beiden deutschen Staaten frei. Der Einigungsvertrag zwischen der Bundesrepublik Deutschland und der Deutschen Demokratischen Republik wurde am 20.09.1990 zeitgleich von der Volkskammer und dem Bundestag gebilligt. Am 03.10.1990 wurde der Beitritt vollzogen; dieser Tag wurde als „Tag der deutschen Einheit" zum gesetzlichen Feiertag. Erste gesamtdeutsche Wahlen nach dem Krieg fanden dann am 02.12.1991 statt.

1.9.4 Auswirkungen des Einigungsvertrages

Mit dem Wirksamwerden des Beitritts der Deutschen Demokratischen Republik zur Bundesrepublik Deutschland gemäß Art. 23 GG (alter Fassung) wurden die Länder Brandenburg, Mecklenburg-Vorpommern, Sachsen, Sachsen-Anhalt und Thüringen Länder der Bundesrepublik Deutschland. Von diesem Zeitpunkt an galt Kraft Einigungsvertrages für sie nicht nur das Grundgesetz, sondern das gesamte Rechtssystem einschließlich des Verwaltungsaufbaus der Bundesrepublik. Berlin wurde zur neuen Hauptstadt bestimmt.

Im Eingungsvertrag selbst wurden beitrittbedingte Grundgesetzänderungen vorgenommen. So wurde beispielsweise die Präambel ebenso wie Art. 146 GG der Tatsache der Wiedervereinigung angepaßt. Art. 23 GG, der die Beitrittsmöglichkeit anderer Teile Deutschlands vorsah, wurde aufgehoben, die Stimmenverteilung im Bundesrat, Art. 51 Abs. 2 GG, wurde geändert. In drei Anlagen sieht der Einigungsvertrag vor allem Übergangsregelungen zur Geltung des Bundesrechts beziehungsweise für zeitweilig noch fortgeltendes Recht der DDR vor.

In diesem Zusammenhang ist insbesondere auf den im Einigungsvertrag enthaltenden Auftrag an den Gesetzgeber hinzuweisen „eine verfassungskonforme Bewältigung von Konflikt-Situationen schwangerer Frauen zu gewährleisten". Dieser Auftrag war notwendig, weil in der Bundesrepublik beim Schwangerschaftsabbruch das Indikationsrecht und in der ehemaligen DDR die Fristenlösung galt. Zwar hat der Gesetzgeber ein entsprechendes Gesetz zeitgerecht verabschiedet; es wurde jedoch vom Bundesverfassungsgericht in Teilen für verfassungswidrig erklärt.

> Für die Berufe im Gesundheitswesen hatte der Einigungsvertrag im speziellen zur Folge, daß durch Änderung der maßgeblichen Gesetze eine Anerkennung der entsprechenden Berufsbilder in der ehemaligen DDR erfolgte, verbunden mit der Befugnis zur Führung der jeweiligen neuen Berufsbezeichnung.

Natürlich hat der Einigungsvertrag nebst Anlagen nicht alle Fragen einer Rechts- und Gesetzesanpassung im einzelnen regeln können. Hinsichtlich aufgetretener verfassungsrechtlicher Probleme wurde daher ein *Verfassungsausschuß* gebildet, der denkbare Grundgesetzergänzungen oder auch -änderungen erörtert. Aber nicht nur die Wiedervereinigung bestimmt dabei die Arbeit des Ausschusses, sondern in gleicher Weise Verfassungsfragen, die durch die Schaffung einer Europäischen Union (EU) aufgeworfen werden.

1.10 Grundgesetz für die Bundesrepublik Deutschland

Das nunmehr für das vereinte Deutschland geltende Grundgesetz für die Bundesrepublik Deutschland gliedert sich in zwei übergeordnete Abschnitte; das ist einmal der Abschnitt, in dem die Grundrechte manifestiert sind (Art. 1 bis Art. 19 GG), und zum anderen der organisatorische Teil des Grundgesetzes (Art. 20 GG bis Art. 146 GG). Vorangestellt ist die neugefaßte Präambel, in der die Bedeutung und Zielrichtung des Grundgesetzes niedergelegt ist.

1.10.1 Organisatorischer Teil des Grundgesetzes

Der organisatorische Teil des Grundgesetzes ist der umfangreichste Abschnitt und behandelt unter anderem das Verhältnis von Bund und Ländern sowie die einzelnen Bundesorgane, die Gesetzgebung des Bundes, die Bundesverwaltung, die Rechtsprechung und das Finanzwesen.

1.10.1.1 Staatsaufbau der Bundesrepublik Deutschland

Der Abschnitt beginnt mit der grundlegenden Verfassungsentscheidung für den Staatsaufbau der Bundesrepublik Deutschland, Art. 20 GG. Danach ist die Bundesrepublik Deutschland ein demokratischer und sozialer Bundesstaat.

Republik

Nach der in Art. 10 Abs. 1 GG vorgenommen Aussage ist als Staatsform die Republik gewählt. Die Republik ist im Unterschied zur Monarchie zu sehen.

> Während in der Monarchie das Staatsoberhaupt sein Amt in der Regel aufgrund familienrechtlicher Tradition oder Erbeinsetzung ausübt, nimmt das Staatsoberhaupt einer Republik sein Amt aufgrund von Wahlen wahr und ist grundsätzlich jederzeit abwählbar.

Erbmonarchien bestehen zum Beispiel in Großbritannien, den Niederlanden, Schweden, Norwegen, Dänemark, wobei es sich hier um sogenannte parlamentarische Monarchien handelt, in der die Regierung nicht dem Monarchen, sondern dem Parlament verantwortlich ist.

Republiken sind außer der Bundesrepublik Deutschland etwa Frankreich und die USA. Von dem Gegensatzpaar Republik – Monarchie sind die gegensätzlichen Staatsformen der Alleinherrschaft, der Herrschaft mehrerer und der Volksherrschaft zu unterscheiden, die sich nach dem Träger der Staatsgewalt bestimmen.

So ist zwar die Monarchie eine Art Alleinherrschaft, die sich jedoch nicht auf diese Staatsform beschränkt. Die Alleinherrschaft zeigt sich zum Beispiel auch in einer Diktatur, die von einem Diktator ausgeübt wird, wie etwa Mussolini, Hitler etc.

Bundesstaat

Nach der weiteren Aussage des Art. 20 Abs. 1 GG ist die Bundesrepublik ein Bundesstaat.

> Ein Bundesstaat entsteht durch den Zusammenschluß mehrerer Länder: es handelt sich dabei um eine sogenannte Staatenverbindung.

Als Staatenverbindungen werden herkömmlich die staatsrechtlichen von den völkerrechtlichen Vereinigungen von Staaten unterschieden.

Völkerrechtliche Staatenverbindungen sind der Staatenbund und der Staatenstaat.

Der Staatenbund wird als völkerrechtliche Verbindung von mehreren Staaten bezeichnet, die zwar nach außen hin einheitlich auftreten, ihre Staatlichkeit aber nicht aufgegeben, insbesondere die Ursprünglichkeit ihrer Herrschaftsgewalt und Entscheidungsfreiheit nicht verloren haben.

Ein Staatenbund war das Deutsche Reich von 1648–1806 sowie der Deutsche Bund von 1815–1866.

Selbst der Zusammenschluß von (noch) zwölf Mitgliedsstaaten in der Europäischen Gemeinschaft auf der Basis des sogenannten *Maastrichter Vertrages* zur Schaffung einer Europäischen Union ist als Staatenbund zu beurteilen (BVerfG, Urteil vom 12. 10. 1992), auch wenn staatliche Hoheitsrechte auf zwischenstaatliche Einrichtungen übertragen werden können (Art. 24 Abs. 1 GG).

Der Staatenstaat beruht auf einem völkerrechtlichen Unterwerfungsverhältnis eines oder mehrerer Unterstaaten unter einen herrschenden Oberstaat (= Suzeränität). Die Unterstaaten haben nach außen hin ihre staatliche Eigenständigkeit verloren, nur der

Oberstaat tritt nach außen für die Unterstaaten als Gesamtstaat auf; den Unterstaaten bleibt nur die innerstaatliche Selbständigkeit.

Das Staatenbündnis ist zwar auch eine – vertragliche – Staatenverbindung, ohne jedoch Einwirkungen auf innerstaatliche Angelegenheiten, insbesondere auf staatliche Rechtsnormen auszuüben.

Vereinbarungen dieser Art werden von den Staaten vornehmlich auf politischem, wirtschaftlichem und militärischem Gebiet abgeschlossen und haben zu Organisationen wie die UNO, dem GATT oder der NATO geführt.

Von diesen völkerrechtlichen Staatenverbindungen sind die *staatsrechtlichen Staatenverbindungen* zu unterscheiden.

Hierzu ist der Bundesstaat zu zählen. Der Bundesstaat ist eine staatsrechtliche Staatenverbindung von mehreren Staaten in der Weise, daß diese Staaten in ihrer Verbindung einen neuen Staat bilden (den Gesamtstaat = Bund), sie selbst aber Staaten bleiben (die Gliedstaaten = Länder).

Die im Bundesstaat verbundenen Länder sind Staaten mit eigener staatlicher Hoheitsmacht. Jedes Land besitzt für seinen Aufgabenbereich die höchste unabgeleitete Staatsgewalt, die sich allerdings im Rahmen der Verfassung des Gesamtstaates halten muß, in der Bundesrepublik Deutschland also im Rahmen des Grundgesetzes. Die Staatsgewalt beim Bundesstaat ist zwischen Gesamtstaat und Gliedstaaten aufgeteilt in der Weise, daß für jede Aufgabe nur ein Staat, der Gesamtstaat oder die Gliedstaaten zuständig ist. Die grundsätzliche Eigenstaatlichkeit der Länder zeigt sich beispielsweise in der Verabschiedung eigener Landesverfassungen, die zwischenzeitlich auch in den Ländern Brandenburg, Mecklenburg-Vorpommern, Sachsen, Sachsen-Anhalt und Thüringen abgeschlossen ist.

Die Staatsqualität des Gesamtstaates und die Staatsqualität der Gliedstaaten sind letztlich Ausdruck des föderalistischen Prinzips im Rahmen des bundesstaatlichen Systems.

Eine bundesstaatliche Ordnung findet sich außer in der Bundesrepublik Deutschland in den Vereinigten Staaten von Amerika und der Schweiz.

Der Gegensatz zum Bundesstaat ist der *Einheitsstaat*. Während der bundesstaatliche Aufbau unter anderem durch Teilung der Aufgaben zwischen Gliedstaaten (= Länder) und Gesamtstaat (= Bund) gekennzeichnet ist, übt der Einheitsstaat die höchste Gewalt ausschließlich durch einheitliche, für das gesamte Staatsgebiet zuständige Verwaltungsorgane aus.

Der Einheitsstaat wird deshalb als Staat verstanden, der keine Untergliederung in selbständige Staaten kennt; es besteht nur eine bei ihm liegende Staatshoheit, die Untergliederung erfolgt allein in Form von Verwaltungsbezirken oder kommunalen Körperschaften.

Beispiel aus der deutschen staatsrechtlichen Geschichte für einen Einheitsstaat war die ehemaligen DDR.

Demokratie

Nach Art. 20 Abs. 1 GG ist die Bundesrepublik Deutschland ein demokratischer Bundesstaat.

Demokratie bedeutet Volksherrschaft. Von dieser Bedeutung sind wohl auch die Verfasser des Grundgesetzes ausgegangen, wenn es in Art. 10 Abs. 2 GG heißt: „Alle

Staatsgewalt geht vom Volke aus". Damit wird zum Ausdruck gebracht, daß das Volk Ursprung der staatlichen Macht und zugleich Träger der Staatsgewalt ist.

> Zu den grundlegenden Merkmalen der Demokratie gehört die Gleichheit der Bürger vor dem Recht, worunter in diesem Zusammenhang vor allem die politische Gleichheit, insbesondere die Wahlgleichheit zu verstehen ist. Neben dem Gleichheitsgrundsatz gilt in der Demokratie aber auch das Prinzip der Mehrheitsentscheidung. Das bedeutet, daß eine Herrschaft der jeweiligen Mehrheit besteht, soweit diese Mehrheit auf einer freien Abstimmung beruht. Weiterhin gehört zum Demokratieverständnis das Recht jedes einzelnen Bürgers, Zugang zu den öffentlichen Ämtern zu haben und aktiv seine staatsbürgerlichen Rechte wahrnehmen zu können; dies wiederum setzt voraus, daß die Meinung frei gebildet und geäußert werden darf; mithin gehört auch die Meinungsfreiheit zu den demokratischen Grundprinzipien.

Nach der Art der Ausübung der Staatsgewalt durch das Volk kann man die Demokratie als unmittelbare oder auch als mittelbare Demokratie bezeichnen.

Die **unmittelbare Demokratie** wird dadurch geprägt, daß die Bürgerschaft direkt an der Staatstätigkeit teilnimmt. Handelndes Organ ist das Volk, das den Staat unmittelbar mitgestaltet.

Demokratie in diesem Sinne finden wir zum Beispiel in schweizerischen Kantonen und Gemeinden, in denen die Versammlung der Bürgerschaft unmittelbar Entscheidungen trifft.

Demgegenüber tritt das Volk bei der **mittelbaren Demokratie** nur indirekt in Erscheinung, und zwar in der Weise, daß es Staatsgewalt durch die von ihm gewählten Vertreter ausübt. Die mittelbare Demokratie wird deshalb auch **repräsentative Demokratie** genannt.

Eine repräsentative Demokratie war die Weimarer Republik und ist heute außer der Bundesrepublik Deutschland zum Beispiel der französische Staat.

Neben den genannten Unterscheidungen wird zuweilen – zurückgehend auf marxistische Lehren – auch von der „bürgerlichen" Demokratie einerseits und der „Volksdemokratie" andererseits gesprochen.

Die „bürgerliche" Demokratie wird deshalb so bezeichnet, weil sie von der Ordnung des bürgerlichen Rechtsstaates das Gewaltenteilungsprinzip übernommen hat. Während die „bürgerliche" Demokratie also auf der Basis der Gewaltenteilung beruht, ist die „Volksdemokratie" eine Demokratie mit Gewaltenhäufung, die bei der Volksvertretung liegt.

Rechtsstaat

Mit der Bestimmung des Art. 20 Abs. 2 und Abs. 3 GG, worin das Gewaltenteilungsprinzip und der Gesetzmäßigkeitsgrundsatz Ausdruck gefunden haben, hat sich der Verfassungsgeber weiterhin für den Rechtsstaat entschieden, wenngleich der Begriff „Rechtsstaat" oder „Rechtsstaatlichkeit" in der grundlegenden Verfassungsnorm des Art. 20 GG nicht verwandt wird (anders in Art. 28 GG).

Die beiden wesentlichsten Rechtsstaatsprinzipien sind mit der Gewaltentrennung und dem Gesetzmäßigkeitsgrundsatz bereits genannt.

Gewaltentrennung bedeutet, daß die Ausübung der Staatsgewalt mehreren Gruppen staatlicher Organe zugeteilt ist. Es werden allgemein die drei Gewalten Gesetzgebung (Legislative), Verwaltung (Exekutive) und Rechtsprechung (Judikative) unterschieden. Sinn dieser Trennung war zunächst eine reine Funktionenteilung (ausgehend von Montesquieu, 1698–1755); heute jedoch liegt die Bedeutung der Gewaltenteilung in der politischen Machtverteilung, dem Ineinandergreifen der drei Gewalten und der daraus resultierenden Mäßigung der Staatsherrschaft.

Neben der Gewaltentrennung ist bedeutsam der ***Grundsatz der Gesetzmäßigkeit***. Dieser Grundsatz beruht darauf, daß sich jedes staatliche Handeln auf ein formell-materielles Gesetz zurückführen lassen muß. Damit soll ein unabdingbares Maß an Voraussehbarkeit und Vorausberechenbarkeit für den Bürger erreicht werden. Eng verbunden mit dem Gesetzmäßigkeitsgrundsatz ist das Prinzip des Vertrauensschutzes, das dem Schutz des Vertrauens jedes einzelnen Bürgers in die Rechtmäßigkeit staatlicher Maßnahmen dient.

Das Bekenntnis zur Rechtsstaatlichkeit ist Ausdruck einer liberalen Auffassung des Verfassunggebers, der die Staatsgewalt an die verfassungsmäßige Ordnung und damit insbesondere an die Grundrechte des einzelnen gebunden und somit den Menschen- und Freiheitsrechten den Vorrang eingeräumt hat.

Sozialstaat

Neben der Rechtsstaatlichkeit hat sich der Verfassungsgeber für die Sozialstaatlichkeit entschieden, in dem er dem Begriff des Bundesstaates das Attribut „sozial" hinzufügte (Art. 20 Abs. 1 GG). Damit sollte zum Ausdruck gebracht werden, daß der Staat nach den Grundsätzen sozialer Gerechtigkeit aufgebaut sein sollte. Das bedeutet konkret das Verbot, sozialstaatswidrige Gesetze zu erlassen, sowie das Gebot, gegen soziale Mißstände einzuschreiten. Es werden also alle staatlichen Gewalten zu einer sozialen Gestaltung des öffentlichen Lebens aufgefordert, das den einzelnen Bürgern ein angemessenes, menschenwürdiges Dasein gewährleistet, ohne daß jedoch der Bürger unmittelbar einen Rechtsanspruch daraus herleiten könnte. Insbesondere darf das Sozialstaatsprinzip nicht dazu führen, daß mit seiner Hilfe jede Einzelregelung, deren Anwendung in bestimmten Fällen zu Härten und Unbilligkeiten führt, modifiziert wird.

Praktische Bedeutung hat der Sozialstaatsgedanke im Bereich der sogenannten Daseinsvorsorge erfahren.

Hierzu gehören zum Beispiel die Versorgung der Bevölkerung mit Wasser, Gas, Elektrizität; die Schaffung von öffentlichen Verkehrsbetrieben; die Subventionierung hilfsbedürftiger Bevölkerungsteile; Verteilung von Medikamenten oder Lebensmitteln in Krisenzeiten.

1.10.1.2 Die Parteien

In einer mittelbaren oder auch repräsentativen Demokratie, wie sie das Grundgesetz für die Bundesrepublik Deutschland vorsieht, spielen die Parteien eine bedeutsame Rolle.

Zur Gründung politischer Parteien im heutigen Sinne kam es zuerst in England, nachdem zuvor Standes-, Berufs- und Interessensverbände die Vertretung des Volkes übernommen hatten. Die politische Partei war das Ergebnis zunehmender Demokratisierung. In ihr schloß und schließt sich auch heute jene Schicht von Staatsangehörigen zusammen, die unmittelbaren Einfluß auf das politische Geschehen zu nehmen sucht. Dabei sind die Ursachen der Parteienbildung durchaus vielfältig und können in unterschiedlicher wirtschaftlicher, sozialer, kultureller und religiöser Anschauung begründet sein.

Ohne die politische Partei ist das Funktionieren der mittelbaren Demokratie kaum denkbar. Der herausragenden Bedeutung der Parteien wird deshalb auch Art. 21 GG gerecht, wenn dort der Wesensgehalt der politischen Partei folgendermaßen formuliert wird: „Die Parteien wirken bei der Willensbildung des Volkes mit. Ihre Gründung ist frei; ihre innere Ordnung muß demokratischen Grundsätzen entsprechen. Sie müssen über die Herkunft ihrer Mittel öffentlich Rechnung ablegen".

Mit diesem Artikel gibt das Grundgesetz zu verstehen, daß die politischen Parteien von den sonstigen Vereinigungen, deren freie Gründung nach Art. 9 GG gewährleistet ist, artverschieden ist. Die politische Partei wird durch ihre Aufgabenstellung zu einer verfassungsmäßigen Institution erhoben und zum integrierenden Bestandteil des Verfassungsaufbaus und des verfassungsrechtlich geordneten politischen Lebens, ohne jedoch die Stellung eines Staatsorganes zu erhalten. Die Rechtsform der Partei bleibt die eines bürgerlich-rechtlichen Vereins.

Beachtung in der Formulierung des Art. 21 Abs. 1 GG muß finden, daß nicht von einer Partei, sondern von den Parteien die Rede ist. Nach dem Willen des Verfassungsgebers muß es also mindestens zwei Parteien geben. Dies erklärt sich aus dem dem Demokratieverständnis immanenten Prinzip der Mehrheitsentscheidung. Eine Mehrheitsentscheidung setzt schlechthin eine Wahlmöglichkeit voraus, die nur bei Bestehen zumindest zweier politischer Parteien gegeben ist.

Die Rechtstellung der Parteien ist heute im Gesetz über die politischen Parteien (Parteiengesetz) vom 31.01.1994 geregelt. Danach bedarf die Partei, wie bei einem bürgerlich-rechtlichen Verein, einer schriftlichen Satzung; notwendige Organe sind die Mitgliederversammlung und der Vorstand (§§ 6ff. Parteiengesetz).

Die Aufgabenstellung der Parteien, die in Art. 21 Abs. 1 GG als Mitwirkung bei der politischen Willensbildung des Volkes genannt wird, ist ebenfalls im Parteiengesetz konkretisiert.

Danach gehört zur **Mitwirkung an der Willensbildung** zum Beispiel:
- die Anregung und Vertiefung der politischen Bildung,
- die Förderung der aktiven Teilnahme der Bürger am politischen Leben,
- die Beteiligung an Wahlen in Bund, Ländern und Gemeinden durch Aufstellen von Bewerbern,
- die Einflußnahme auf die politische Entwicklung in Parlament und Regierung sowie
- die Sorge für eine ständige, lebendige Verbindung zwischen dem Volk und den Staatsorganen.

Herkömmlich werden die Parteien je nach ihrer Verantwortung in der Lenkung der Staatsgeschäfte bezeichnet, sei es als Regierungspartei, wenn eine oder mehrere Parteien (= Koalition) die Regierung bilden, sei es als Oppositionspartei, wenn sie in Gegensatz zu der regierenden Partei steht.

Außerhalb der etablierten Parteien gewinnen – unter anderem auf kommunaler Ebene – die sogenannten Bürgerinitiativen zunehmend an politischer Bedeutung. Hierbei handelt es sich um Zusammenschlüsse von Personen in Form von Vereinen oder Gesellschaften, die regional begrenzte Einzelmaßnahmen anstreben, in dem sie auf das Verwaltungsgeschehen Einfluß zu nehmen versuchen. Dies geschieht beispielsweise in Fragen des Umweltschutzes wie auch bei der Durchführung bestimmter staatlicher oder privater Bauvorhaben (Errichtung von Kernkraftwerken, Straßenbauten, Sondermülldeponien, etc.).

In aller Regel ist Ausgangspunkt zur Bildung von Bürgerinitiativen die Unzufriedenheit der Bürger mit parteipolitisch getragenen Entscheidungen.

1.10.1.3 Die Verbände

Ebenso wie die Parteien werden auch die Verbände teilweise als verfassungsrechtliche Institutionen bezeichnet, auch wenn eine dem Art. 21 GG vergleichbare Norm für die Verbände fehlt, die ihnen diesen Status ausdrücklich verleihen würde. Der Umgang der Exekutive mit den Verbänden in der heutigen staatlichen Praxis gibt dieser Bezeichnung recht, insbesondere wenn man bedenkt, daß die gemeinsame Geschäftsordnung der Bundesministerien in ihrem § 77 den Verkehr der Ministerien mit den Verbänden ausdrücklich vorsieht. Das kann zwar nicht für jedwede Vereinigung gelten, so aber doch für diejenigen organisierten Zusammenschlüsse, die nach ihrer Mächtigkeit, mag sie auf der Zahl oder der Art ihrer Mitglieder, auf ihrer Zielsetzung oder ihren Mitteln beruhen, öffentliche Bedeutung erlangt haben.

> Unter Verbänden versteht man diejenigen Zusammenschlüsse, die sich zur Wahrung gemeinsamer Interessen ihrer Mitglieder auf wirtschaftlichem und sozialem Gebiet gebildet haben.

Teils sind diese Organisationen staatlich angeordnet (= Zwangszusammenschlüsse), teils beruhen sie auf freiwilligen Zusammenschlüssen. Letztere finden sich in der Regel in der Rechtsform eines Vereins zusammen. In dieser Form stehen die Verbände wie jede Art von Verein unter dem Schutz des Grundgesetzes, wobei die Verbandsbedeutung noch durch Art. 9 Abs. 3 GG hervorgehoben wird, wenn es dort heißt: „Das Recht zur Wahrung und Förderung der Arbeits- und Wirtschaftsbedingungen Vereinigungen zu bilden, ist für jedermann und für alle Berufe gewährleistet".

Beispiele von Spitzenverbänden der gewerblichen Wirtschaft sind:

- Die Bundesvereinigung der Deutschen Arbeitgeberverbände (BDA); sie ist eine Arbeitsgemeinschaft der sozialpolitischen Organisationen der Arbeitgeber in der Bundesrepublik Deutschland. Ihre Mitglieder sind also keine natürlichen Personen, sondern ausschließlich Verbände der privaten Wirtschaft, zum Beispiel aus den Wirtschaftszweigen:
- Industrie,
- Handwerk,
- Landwirtschaft,
- Groß-, Außen- und Einzelhandel,
- privates Bankgewerbe,
- private Versicherung,
- Verkehrsgewerbe,
- sonstiges Gewerbe (zum Beispiel: Hotel- und Gaststättengewerbe).

Die Bundesvereinigung hat die Aufgabe, gemeinschaftliche, sozialpolitische Belange zu wahren, die über den Bereich eines Landes oder eines Wirtschaftszweiges hinausgehen. Sie ist selbst nicht Partner der Gewerkschaften bei der Vereinbarung von Löhnen und Arbeitsbedingungen durch Tarifverträge, wohl aber kann sie die Grundlage der Arbeitgeberpolitik festlegen und Empfehlungen geben. Über die traditionellen Gebiete des Arbeitsrechts, der Lohn- und Tarifpolitik, des Arbeitsmarktes und der Sozialversicherung hinaus, befaßt sich die Bundesvereinigung (BDA) in starkem Maße mit neuen sozialpolitischen Aufgaben der Unternehmerschaft, wie Öffentlichkeits- und Bildungsarbeit, Wirtschafts- und Sozialverfassung oder auch sozialer Betriebsgestaltung.

Das oben angesprochene Recht, Tarifverträge zu schließen, wird in der Regel von den regionalen Arbeitgeberverbänden und den ihnen entsprechenden Fachgewerkschaften ausgeübt. Diese sogenannte Tarifautonomie können die regionalen Organisationen von Arbeitgeberverbänden und Gewerkschaften allerdings auch auf die jeweiligen Landes- und Bundesorganisationen übertragen. Doch selbst wenn die Tarifhoheit delegiert wird, verbleibt den regionalen *Arbeitgeberverbänden* eine Vielzahl von Tätigkeitsbereichen; so betreuen sie zum Beispiel ihre Mitglieder in allen sozialpolitischen und arbeitsrechtlichen Fragen durch Informationen, Beratung und Vertretung.

- Der Deutsche Industrie- und Handelstag (DIHT) als Spitzenorganisation der regionalen Industrie- und Handelskammern (Zwangszusammenschlüsse durch Pflichtgemeinschaft), deren Aufgabe in der Wahrnehmung und Förderung der Gesamtinteressen der zugehörigen Gewerbetreibenden liegt. Die Kammern üben gutachterliche Tätigkeit für ihre Mitglieder aus und übernehmen staatliche Aufgaben auf dem Gebiet des Ausbildungs-, Prüfungs- und Zulassungswesens.
- Der Bundesverband der Deutschen Industrie (BDI); ihm gehören Fachverbände und -gemeinschaften an, die in Landesverbände oder -gruppen untergliedert sind; die Aufgabe besteht in der Wahrnehmung allgemein wirtschaftspolitischer Interessen.

Diesen Spitzenorganisationen der Arbeitgeber steht eine Vielzahl von **beruflichen Fachverbänden** der Arbeitnehmer gegenüber *(Arbeitnehmerverbände)*. Beispiele für derartige Spitzenverbände der Arbeitnehmer sind etwa:

- Der Deutsche Gewerkschaftsbund (DGB), der unter den Fachverbänden der Arbeitnehmer eine herausragende Stellung einnimmt. In ihm sind sechzehn Gewerkschaften und Industriegewerkschaften vereinigt. Seine Hauptaufgabe sieht der Deutsche Gewerkschaftsbund in der Wahrung und Förderung des sozialen Fortschritts seiner Mitglieder; sein Bemühen geht auf Anpassung der Löhne an das Preisniveau, um Steigerung der Produktivität, um Verwirklichung des Mitspracherechts der Arbeitnehmer (Mitbestimmung), um Ausbildungs- und Bildungsförderung.

Einzelziele zur Schaffung besserer Arbeits- und Lebensbedingungen für den Arbeitnehmer hat der Deutsche Gewerkschaftsbund in einem *Aktionsprogramm* formuliert; dazu zählen etwa:

- Recht auf Arbeit,
- gesicherte Arbeitsplätze,
- kürzere Arbeitszeit und längerer Urlaub,
- gerechte Vermögensverteilung,
- menschengerechte Arbeit,
- höhere soziale Sicherheit,
- bessere Alterssicherung,
- gleiche Bildungschancen,
- sichere Energieversorgung.

Bei den Lohntarifverhandlungen sind die *Gewerkschaften* Tarifpartner der Arbeitgeberverbände;

- Die Deutsche Angestellten-Gewerkschaft (DAG) mit dem Ziel, die Angestellten gesondert zu organisieren;
- Der Deutsche Beamtenbund, in dem sich auf berufständischer Basis Beamte, Beamtenanwärter etc. zusammenschlossen.

> Zu den Spitzenverbänden für Krankenpflegepersonen, die in diesem Zusammenhang der Erwähnung bedürfen, zählen beispielsweise auch der Deutsche Berufsverband für Krankenpflege (DBfK) sowie die Arbeitsgemeinschaft Deutscher Schwesternverbände (ADS). Während in der ADS weitere Verbände wie Mutterhausverbände, Schwesternschaften und Verbände im Diakonischen Werk der evangelischen Kirche Deutschlands (EKD) und der Verband der Schwesternschaften vom Deutschen Roten Kreuz e. V. zusammengefaßt sind, gliedert sich der DBfK Gesamtverband e. V. in sieben Regionalverbände.

Ihrerseits sind die beiden genannten Spitzenverbände wiederum Mitglieder internationaler Zusammenschlüsse, wie zum Beispiel der DBfK im Weltbund der Krankenschwestern und Krankenpfleger „International Council of Nurses (ICN)", Genf, der die internationalen Grundregeln zur Berufsethik in der Krankenpflege festgelegt hat.

Zu den Schwerpunkten ihrer Arbeit gehören unter anderem die Vertretung der Kranken- und Kinderkrankenpflege auf Länder- und Bundesebene ebenso wie im Ausland, die Mitarbeit in nationalen und internationalen Gremien, die Stellungnahmen in aktuellen Fragen der Kranken- und Kinderkrankenpflege, die Beratung und rechtliche Vertretung der Mitglieder in allen Berufsfragen, die Information durch Herausgabe von Fachliteratur sowie nicht zuletzt die Fort- und Weiterbildung der Mitglieder.

Alle Verbände, sowohl Arbeitnehmer- als auch Arbeitgeberverbände, versuchen durch ihre Interessenvertreter Einfluß auf die politischen Entscheidungen zugunsten der durch sie vertretenen Mitglieder zu nehmen. Damit werden die Verbände im Bereich des politischen Vorfeldes tätig und sind Mittler zwischen dem Einzelnen und dem Staat.

Der Einfluß der Verbände auf die parlamentarische Arbeit wird heutzutage besonders deutlich in der Frage der Mitbestimmung, in der die Gewerkschaft ihre Auffassung über die ihr nahestehende Partei durchzusetzen sucht. Andere Beispiele zeigen sich in der Bildungspolitik, in der zum Beispiel die Beruforganisationen der Angehörigen der Berufe im Gesundheitswesen ihre Stellung zu beabsichtigten Gesetzesneuregelungen oder zur einheitlichen Regelung der Weiterbildung beziehen.

> Grundsätzlich ist die Mitarbeit der etablierten Vereinigungen an politischen Entscheidungen unbedenklich. Es muß allerdings gewährleistet bleiben, daß die Einflußnahme der Verbände sich im Bereich des außerparlamentarischen Vorfeldes hält, damit nicht durch die Macht der Verbände der einzelne Volksvertreter oder auch das gesamte Parlament ausgeschaltet und die demokratische Grundordnung unseres Staates dadurch gefährdet wird, daß ein Funktionärsstaat entsteht, in dem die Verbände stärker sind als Regierung und Parlament.

1.10.1.4 Wahl der Bundestagsabgeordneten

In unmittelbaren Zusammenhang mit den politischen Parteien sind die Abgeordneten des Deutschen Bundestages zu sehen. Denn in der Regel erhält der Abgeordnete über die Mitgliedschaft in einer Partei sein Mandat im Bundestag. Für die Wahl der Abgeordneten des Deutschen Bundestages sieht Art. 38 Abs. 1 GG vor, daß die Volksvertreter in allgemeiner, unmittelbarer, freier, gleicher und geheimer Wahl gewählt werden. Wie bereits erwähnt, gehört das Wahlrecht als politisches Grundrecht zu den notwendigen demokratischen Grundprinzipien. Mit der Wahl nimmt der einzelne Bürger unmittelbaren Einfluß auf den staatlichen Aufbau und wirkt mittelbar bei Regierungsbildung und Wahl zur höchsten Gerichtsbarkeit mit.

Während Art. 38 Abs. 1 GG die Eigenschaften der Wahl (= Wahlvorgang) benennt, regelt das Bundeswahlgesetz in der Fassung vom 21.09.1990 das Wahlsystem in Ausführung zu Art. 38 Abs. 3 GG; die Bundeswahlordnung schließlich enthält Vorschriften über den organisatorischen Ablauf der Bundestagswahlen.

Nach Art. 38 Abs. 1 GG müssen die Wahlen sein:
- allgemein, d. h. die Wahl muß allen Staatsbürgern grundsätzlich offenstehen; keine Person darf aus politischen, wirtschaftlichen oder sozialen Gründen von der Wahl ausgeschlossen sein; damit ist die Entscheidung zur allgemeinen Wahl letztlich ein Anwendungsfall des Gleichheitsgrundsatzes (Art. 3 GG);
- unmittelbar; d. h. die Abgeordneten müssen ohne Zwischenschaltung von Wahlmännern vom Volk durch Stimmabgabe selbst gewählt werden;
- frei, d. h. weder von Seiten der öffentlichen Gewalt noch von privater Seite darf auf die Wähler ein Druck zur Stimmabgabe in bestimmter Richtung ausgeübt werden. Das bedeutet nicht, daß nur Parteien in den Wahlkampf eingreifen dürfen. Die Parteien wirken zwar nach Art. 21 Abs. 1 GG bei der politischen Willensbildung mit. Daraus folgt aber, daß sich nicht ausschließlich die Parteien in dieser Richtung betätigen. Mitwirken heißt, daß auch sonstige Gruppierungen an der politischen Willensbildung des Volkes mitarbeiten können. Allerdings verbietet die Freiheit der Wahlen jede Beeinflussung der Wähler durch Androhung von Nachteilen;
- gleich, d. h. jeder Stimmberechtigte hat die gleiche Stimmzahl wie die übrigen Stimmberechtigten; das bedeutet mithin das Verbot der Differenzierung des Stimmgewichts. Bei unserem modifizierten Verhältniswahlrecht (siehe unter Wahlsystem) ist jedoch der Zählwert von dem sogenannten Erfolgswert zu unterscheiden. Der Zählwert ist in jedem Fall gleich, während der Erfolgswert einer Stimme wegen der fünf Prozent-Klausel nicht gleich sein muß, weil im Falle des Scheiterns einer Partei an dieser Klausel der Erfolgswert einer Stimme gleich Null ist;
- geheim, d. h. die Stimmabgabe darf nicht öffentlich, sondern muß vielmehr im verschlossenen Umschlag und unter weiteren Sicherungen der Geheimhaltung erfolgen.

Um auch Wahlberechtigten in kleineren Krankenhäusern, Alten- und Pflegeheimen die Mitwirkung an der Wahl zu ermöglichen sieht die Bundeswahlordnung (§ 62) die Einrichtung von sogenannten beweglichen Wahlvorständen vor. Der bewegliche Wahlvorstand besteht aus dem Wahlvorsteher des zuständigen Wahlbezirks oder seinem Stellvertreter und zwei Beisitzern des Wahlvorstandes;er nimmt die Wahlscheine entgegen, nach dem die Krankenhaus- oder Heimleitung einen geeigneten Wahlraum bereit gestellt hat und sorgt auch sonst dafür, daß die Wahlen ordnungsgemäß verlaufen.

Das Wahlsystem ergibt sich aus der Summe der Vorschriften, die die Wahl regeln. Wahlberechtigt ist nach Art. 38 Abs. 2 GG in Verbindung mit den Vorschriften des Bundeswahlgesetzes jeder Deutsche, der das 18. Lebensjahr vollendet hat und seit mindestens drei Monaten vor dem Wahltag Wohnsitz oder dauernden Aufenthalt im Bundesgebiet hat (aktives Wahlrecht); wählbar ist, wer volljährig ist und seit mindestens einem Jahr die deutsche Staatsbürgerschaft besitzt (passives Wahlrecht). Der Bundestag besteht aus 656 Abgeordneten. Von diesen wird die eine Hälfte (328)in den Wahlkreisen nach Kreiswahlvorschlägen, die andere Hälfte nach Landeswahlvorschlägen (Landeslisten) gewählt. Jeder Wahlberechtigte hat nach dem Bundeswahlgesetz zwei Stimmen; die Erststimme für die Wahl eines Wahlkreisabgeordneten und eine Zweitstimme für die Wahl nach den Landeswahlvorschlägen einer zu den Wahlen zugelassenen Partei (Landeslisten). Die Zweitstimme muß der Wähler nicht zwangsläufig der Partei geben, dem der von ihm mit der Erststimme gewählte Wahlkreisbewerber angehört. Mit der Erststimme wird in jedem Wahlkreis ein Abgeordneter gewählt. Gewählt ist derjenige Bewerber, der die meisten Stimmen auf sich vereinigt, also die relative Mehrheit erhält (Direktmandat).

Mit den auf die Landeslisten abgegebenen Zweitstimmen wird das Zahlenverhältnis bestimmt, in welchem die Parteien im Bundestag vertreten sein werden; hier bestimmen also die Wähler mit Hilfe der Zweitstimme, welche Abgeordnetenzahl im Bundestag auf jede Partei fällt.

Für die Wahl nach Landeslisten werden für jede Partei die im Lande für sie abgegebenen Zweitstimmen addiert. Nicht berücksichtigt bleiben dabei die Zweitstimmen derjenigen Wähler, die für einen im Wahlkreis erfolgreichen parteilosen Kandidaten gestimmt haben. Von der Gesamtzahl der im Lande zu wählenden Abgeordneten werden die von den parteilosen Bewerbern in den Wahlkreisen errungenen Sitze abgezogen. Die verbleibenden Sitze wurden früher auf die Parteien im Verhältnis ihrer Zweitstimmen nach dem Höchstzahlenverfahren d'Hondt verteilt. Dieses System ist seit 1985 durch das Berechnungssystem nach Hare-Niemeyer ersetzt. Nach diesem System wird die Gesamtzahl der Abgeordnetensitze mit der Stimmenzahl der einzelnen Parteien multipliziert und das Produkt durch die Gesamtzahl der Stimmen aller in dem Bundestag gewählten Parteien geteilt. Jede Partei erhält dann soviele Sitze, wie ganze Zahlen sich aus dieser Proportion ergeben. Verbleibende Sitze werden in der Reihenfolge der höchsten Zahlenbruchteile vergeben. Von der für jede Partei ermittelten Abgeordnetenzahl wird die Zahl der von ihr in den Wahlkreisen unmittelbar errungenen Sitze abgezogen. Die ihr dann noch zustehenden Sitze werden aus ihrer Landesliste in der dort festgesetzten Reihenfolge besetzt. In den Wahlkreisen errungene Sitze (Direktmandate) verbleiben einer Partei auch dann, wenn sie die ihr nach dem Verhältniswahlrecht zustehende Mandatszahl übersteigen (sogenannte Überhangmandate). In diesem Fall erhöht sich die gesetzliche Zahl der Bundestagsabgeordneten von 656 um die Unterschiedszahl. Bei der Verteilung der Sitze auf die Landeslisten werden nur Parteien berücksichtigt, die mindestens fünf v. H. der im Bundesgebiet abgegebenen Zweitstimmen erhalten oder in wenigstens drei Wahlkreisen ein Direktmandat errungen haben (Sperrklausel). Für die erste Bundestagswahl nach der Wiedervereinigung wurde den Parteien auf dem Gebiet der ehemaligen DDR die Möglichkeit einer Listenverbindung als Ausgleich eingeräumt.

> Nach dem vorstehend beschriebenen Wahlsystem handelt es sich um eine Mischform von Personenwahl einerseits (durch die Erststimme) und Verhältniswahl (durch die Zweitstimme) andererseits. Diese Verbindung wird auch als modifiziertes oder personalisiertes Verhältniswahlrecht bezeichnet.

Sind die Abgeordneten des Bundestages gewählt, so können sie sich zu einer Fraktion zusammenschließen. Fraktionen sind nach § 10 der Geschäftsordnung des Bundestages Vereinigungen von mindestens fünf v. H. der Mitglieder des Bundestages, die derselben Partei angehören, die nicht gegeneinander konkurrieren; bei 656 Abgeordneten beträgt die Fraktionsstärke demnach 33 Abgeordnete. Die Rechtstellung der Fraktionen ist im Fraktionsgesetz vom 11. 03. 1994 geregelt.

Mitglied in einer Fraktion bedeutet unter anderem Rede- und Antragsrecht im Bundestag sowie Vertretung und Stimmrecht in den Ausschüssen. Allerdings gesteht das Bundesverfassungsgericht auch Gruppierungen fraktionsloser Abgeordneter eigene Rechte in Ausschüssen des Bundestages zu (BVerfG, NJW 1991, 2474). Diese Gruppierungen haben Anspruch auf eine angemessene Ausstattung mit sachlichen und personellen Mitteln; die Abgeordneten selbst haben in den Ausschüssen den gleichen rechtlichen Status wie die von den Fraktionen entsandten Mitglieder.

1.10.1.5 Rechtstellung der Bundestagsabgeordneten

Die Abgeordneten sind zwar Vertreter des Volkes nach Art. 38 Abs. 1 GG, aber nicht an Aufträge und Weisungen gebunden, sondern nur ihrem Gewissen unterworfen. Diese grundgesetzliche Regelung ist nicht ganz unproblematisch, wenn man bedenkt, daß die Abgeordneten in aller Regel ihr Mandat über die Zugehörigkeit zu einer Partei erhalten und von daher eine Beeinflussung nicht ausgeschlossen ist. Die Beeinflussung darf nach Art. 38 GG jedoch nicht so weit gehen, daß eine Bindung an das Programm einer Partei besteht, insbesondere nicht mit der Folge, daß ein Abgeordneter bei parteischädigendem Verhalten sein Mandat verliert. Zwar kann die Partei den Abgeordneten aus ihrer Mitte ausschließen, jedoch ohne Mandatsverlust für den Abgeordneten. Ein sogenannter Fraktionszwang würde Art. 38 Abs. 1 GG widersprechen. Eine Fraktionsdisziplin, der sich der Abgeordnete aus freien Stücken unterwirft, ist dagegen nicht zu beanstanden. Um größtmögliche Effektivität in der parlamentarischen Arbeit des Abgeordneten und damit zugleich eine ungestörte Funktionsfähigkeit der Volksvertretung zu erreichen, wird den Abgeordneten vom Grundgesetz Indemnität und Immunität eingeräumt (Art. 46 GG).

Indemnität ist die Unverantwortlichkeit des Abgeordneten für seine Amtshandlungen im Bundestag (Art. 46 Abs. 1 GG); sie dauert auch nach Beendigung des Abgeordnetenmandats fort. Ausgenommen von der Indemnität sind verleumderische Beleidigungen, wegen derer der Abgeordnete aber auch nur dann strafrechtlich verfolgt werden kann, wenn der Bundestag seine Genehmigung dazu erteilt (= Aufhebung der

Indemnität). Die Indemnität soll vor allem die Redefreiheit der Abgeordneten gewährleisten. Allerdings erstreckt sich die Indemnität nicht auf Reden bei Wahlversammlungen oder sonstigen politischen Reisen.

Die **Immunität** betrifft die dem Abgeordneten garantierte Unverletzlichkeit, insbesondere gegen Strafverfolgung. Im Gegensatz zur Indemnität handelt es sich bei der Immunität nur um eine zeitlich beschränkte Strafverfolgungsfreiheit. Der Kern der Immunität liegt darin, daß ein Abgeordneter wegen einer strafbaren Handlung irgendwelcher Art, auch wenn sie nicht zu seiner Abgeordnetenstellung in Beziehung steht, nicht zur Verantwortung gezogen oder verhaftet werden darf. Die Immunität dient neben dem Schutz des Abgeordneten in erster Linie der Funktionsfähigkeit und dem Ansehen des Parlaments. Diesem ist es daher auch überlassen, ob es die Immunität aufhebt und die Genehmigung zur Strafverfolgung erteilt, die sonst nur dann besteht, wenn der Abgeordnete bei Begehung der Tat oder im Laufe des folgendes Tages festgenommen wird (Art. 46 Abs. 2 GG).

1.10.1.6 Die obersten Bundesorgane

Das Grundgesetz kennt sieben oberste Bundesorgane: Bundesvolk, Bundestag, Bundesrat, Bundesversammlung, Bundespräsident, Bundesregierung und Bundeskanzler.

Bundesvolk

Das Bundesvolk ist mit Ausnahme weniger Vorschriften im Grundgesetz nicht weiter erwähnt, auch wenn nach Art. 20 Abs. 2 GG von ihm alle Staatsgewalt ausgeht. Dies darf aber deshalb nicht weiter verwundern, weil der Verfassungsgeber von der herausragenden Bedeutung des Volkes als Selbstverständlichkeit ausging. Nur so ist zu verstehen, warum das eigentlich zentralste Organ des Bundes keine nähere Ausgestaltung gefunden hat.

Bundestag

Das neben dem Bundesvolk wohl bedeutsamste Bundesorgan ist der Bundestag (BT; Art. 38 ff. GG). In ihm repräsentiert sich das Bundesvolk (deshalb auch „repräsentative Demokratie" = parlamentarische Demokratie). Der Bundestag ist die „Volksvertretung", seine Abgeordneten sind die „Volksvertreter". Wenn das Grundgesetz diese Bezeichnungen gebraucht, so darf nicht übersehen werden, daß zwischen Bundesvolk und Bundestag kein eigentliches Vertretungsverhältnis besteht.

Während nach zivilrechtlichen Bestimmungen der Vertreter in der Regel nach den Weisungen des Vertretenen handeln muß, ist der Abgeordnete als „Volksvertreter" an Weisungen nicht gebunden (Art. 38 GG). Beschlüsse des Bundestages sind – auch wenn sie dem Willen des Volkes widersprechen – wirksam. Auch durch Volksentscheidungen, Volksbegehren oder sonstige Volksabstimmungen kann das Volk auf Entscheidungen des Bundestages keinen Einfluß nehmen. (Ausnahmen: Art. 29, 118 GG, die bei Länderneugliederung ausdrücklich eine Volksabstimmung bzw. -befragung vorsehen).

Trotz der Beschränkung der Volksabstimmung im Grundgesetz ist es den Ländern allerdings nicht verwehrt, eine Volksbeteiligung durch Befragung, Abstimmung, Begehren und Entscheide im Länderbereich vorzusehen.

> Mit der Regelung, daß der Bundestag von niemanden Weisungen entgegenzunehmen hat, ist eng das Recht des Bundestages verknüpft, seine Angelegenheiten selbst zu ordnen.

Diese Autonomie wird insbesondere durch Art. 40 GG gewährleistet, wonach der Bundestag seinen Präsidenten, dessen Stellvertreter und die Schriftführer wählt und sich eine Geschäftsordnung gibt. Neben diesen sogenannten obligatorischen Organen, die einzurichten der Bundestag verpflichtet ist, hat er auch pflichtgemäß bestimmte Ausschüsse zu bestellen.

Um obligatorische Ausschüsse handelt es sich zum Beispiel bei dem Ausschuß für Angelegenheiten der Europäischen Union (Art. 45 GG) sowie bei dem Wehrbeauftragten (Art. 45b GG) und dem Ausschuß für auswärtige Angelegenheiten und für Verteidigung (Art. 45a GG).

Unter den Organen und Ausschüssen kennt das Grundgesetz auch solche, die nur bei Bedarf eingerichtet werden (fakultative Ausschüsse).

Ein solcher Ausschuß ist zum Beispiel der Untersuchungsausschuß nach Art. 44 GG, der auf Antrag eines Viertels der Bundestagsmitglieder zur Nachprüfung bestimmter Vorgänge eingesetzt wird.

Darüber hinaus sieht die Geschäftsordnung des Bundestages noch bestimmte Organe vor, wie etwa das Präsidium, den Vorstand und den Ältestenrat, dessen hauptsächliche Aufgabe in der Unterstützung des Bundestagspräsidenten liegt. Zu den autonomen Rechten des Bundestages gehört weiterhin die Befugnis, die Anwesenheit jedes Mitgliedes der Bundesregierung verlangen zu können (sogenanntes Zitierrecht, Art. 43 GG).

Ferner stehen dem Bundestag *Mitwirkungs- und Kontrollrechte* zu.

In erster Linie zu nennen ist die Mitwirkung bei der Regierungsbildung, indem der Bundestag den Bundeskanzler wählt. Art. 63 Abs. 1 GG, und zwar auf Vorschlag der jeweils stärksten Fraktion des Bundestages. Eine Kontrolle übt der Bundestag durch die sogenannten kleinen und großen Anfragen aus (geregelt in der Geschäftsordnung). Dazu gehört generell das Recht, von der Bundesregierung Auskünfte zu verlangen, sogenanntes Interpellationsrecht, Art. 43 GG. Auch mit dem sogenannten Enqueterecht, d. h. mit dem Recht, Untersuchungsausschüsse einzusetzen, hat der Bundestag ein Kontrollmittel in der Hand. In gewissem Umfang gehört hierzu auch das Petitionsüberweisungsrecht, d. h. die Befugnis, Petitionen an den zuständigen Ausschuß zu überweisen.

Noch bedeutsamer als die Mitwirkungs- und Kontrollrechte ist die Aufgabe, die dem Bundestag im Gesetzgebungsverfahren zukommt.

Hier steht dem Bundestag aus seiner Mitte das *Recht* zu, *Gesetzesvorlagen einzubringen* (sogenanntes Initiativrecht Art. 76 GG). Auch während des gesamten Gesetzgebungsverfahrens bis hin zum Beschluß und zur Verkündigung liegt ein wesentlicher Teil der Arbeit beim Bundestag und seinen Ausschüssen (vergleiche im einzelnen unter 1.10.1.7).

Große Bedeutung kommt weiterhin dem *Recht auf Feststellung des Haushaltsplanes* nach Art. 110 Abs. 2 GG zu. Mit diesem Recht nimmt der Bundestag wesentlich

Einfluß auf Art und Umfang der Regierungsarbeit, indem er die finanziellen Möglichkeiten eingrenzt.

Von den genannten Rechten und Aufgaben des Bundestages sind die seines Präsidenten zu unterscheiden.

Der **Bundestagspräsident** übt das Hausrecht und die Polizeigewalt im Gebäude des Bundestages aus, Art. 40 Abs. 2 GG mit Einzelregelungen in der Geschäftsordnung. Außerdem hat er die Befugnis, den Bundestag einzuberufen. Die Pflicht hierzu trifft ihn dann, wenn ein Drittel der Bundestagsmitglieder, der Bundespräsident oder der Bundeskanzler es verlangen, Art. 39 Abs. 3 GG.

Mit der Annahme des Vertrages von Maastricht (siehe 1.11.2) mußten die Befugnisse des Bundestages im Hinblick auf die Schaffung einer Europäischen Union neu geregelt werden. Durch eine demgemäße Verfassungsergänzung bestimmt Art. 23 Abs. 2 GG, daß der Bundestag in Angelegenheiten der Europäischen Union mitwirkt. Um an der Willensbildung des Bundes mitwirken zu können, wird dem Bundestag durch das Gesetz über die Zusammenarbeit von Bundesregierung und Deutschem Bundestag in Angelegenheiten der Europäischen Union vom 12.03.1993 unter anderem ein Unterrichtungsrecht durch die Bundesregierung eingeräumt; des weiteren hat der Bundestag das Recht, Stellungnahmen abzugeben, die die Bundesregierung ihren Verhandlungen bei allen Vorhaben im Rahmen der Europäischen Union zugrunde legen muß. Diese Stellungnahmen kann bei entstprechender Ermächtigung durch den Bundestag ein von ihm bestellter Ausschuß für Angelegenheiten der Europäischen Union abgeben.

Bundesrat

Nach Art. 50 GG wirken die Länder bei der Gesetzgebung und Verwaltung des Bundes durch den Bundesrat mit. Durch ihn soll die Mitwirkung der Länder an der Ausübung der Staatsgewalt des Bundes gesichert werden. Aus historischer Sicht ist der Bundesrat Nachfolger der Bundesrates der Verfassung des Deutschen Reiches von 1871 und des Reichsrates der Weimarer Reichsverfassung von 1919.

> Die staatsrechtliche Stellung des Bundesrates ist dadurch gekennzeichnet, daß er Ausdruck des föderativen Systems des Bundes ist. Er ist kein Länder-, sondern ein oberstes Bundesorgan und stellt als solches ein gewisses Gegengewicht zum Bundestag dar.

Der Bundesrat setzt sich zusammen aus den Mitgliedern der einzelnen Landesregierungen, die sie bestellen und abberufen, Art. 51 GG. Dieser sogenannten Bundesratslösung, für die sich das Grundgesetz ausspricht, steht die sogenannte Senatslösung gegenüber, wie sie in den USA praktiziert wird. Hier werden die Mitglieder des Senats – in etwa dem Bundesrat gleichzusetzen – nicht entsandt, sondern vom Landesvolk oder dem Landesparlament gewählt.

Jedes Land hat wenigstens drei Stimmen. Länder mit mehr als zwei Millionen Einwohnern haben vier, Länder mit mehr als sechs Millonen Einwohnern fünf Stimmen und Länder mit mehr als sieben Millonen Einwohnern haben sechs Stimmen. Nach der Stimmenzahl richtet sich auch die Zahl der zu entsendenden Mitglieder. Mit dieser Regelung wird die Vormachtstellung eines Landes unterbunden, wie sie etwa

Preußen zur Zeit der Bismarckschen Verfassung innehatte. Unter Berücksichtigung der mit dem Einigungsvertrag vorgenommenen Ergänzung des Art. 51 Abs. 2 GG verfügt der Bundesrat über insgesamt 68 stimmberechtigte Mitglieder.

Bei einer Stimmenabgabe können die Stimmen eines Landes nur einheitlich abgegeben werden, wobei die Länder gegenüber ihren Vertretern im Bundesrat ein Weisungsrecht ausüben dürfen. Die Einräumung dieses Rechts folgt daraus, daß die Mitglieder des Bundesrates die Ländervertreter, nicht die einzelnen Länder sind. Allerdings erlischt diese Mitgliedschaft automatisch mit dem Ausscheiden aus der Landesregierung.

> Bundesratsmitglieder sind also Ministerpräsidenten oder Landesminister, niemals Mitglieder des Landesparlaments.

Den Vorsitz im Bundesrat führt der Präsident, den der Bundesrat auf ein Jahr aus seiner Mitte wählt, Art. 52 Abs. 1 GG. Der Gewählte ist dann zugleich Stellvertreter des Bundespräsidenten, Art. 57 GG.

Wie bereits einleitend angeklungen ist, besteht die Hauptaufgabe des Bundesrates in der Mitwirkung bei Gesetzgebung und Verwaltung. Im Rahmen der Gesetzgebung steht dem Bundesrat das Initiativrecht zu, Art. 76 Abs. 1 GG. Außerdem bedarf es bei bestimmten Gesetzesarten seiner ausdrücklichen Zustimmung, während ihm sonst ein Einspruchsrecht und bei Gesetzesvorlagen der Regierung ein Anhörungsrecht zusteht, Art. 76 Abs. 2 GG (vergleiche 1.10.1.7).

Im Bereich der Verwaltung bedarf die Bundesregierung zum Erlaß allgemeiner Verwaltungsvorschriften der Zustimmung des Bundesrates, Art. 84 Abs. 2 GG. Weitere Aufgaben des Bundesrates bestehen im Rahmen der Bundesaufsicht, Art. 84 Abs. 3 und 4 GG; außerdem ist der Bundesrat befugt, den Bundespräsidenten wegen vorsätzlicher Verletzung des Grundgesetzes oder eines anderen Bundesgesetzes vor dem Bundesverfassungsgericht anzuklagen, Art. 61 GG.

Ähnlich wie bei den Rechten des Bundestages wurden im Hinblick auf die Schaffung einer Europäischen Union durch den Vertrag von Maastricht auch die Befugnisse des Bundesrats neu definiert. So wird dem Bundesrat das Recht eingeräumt, in Angelegenheiten der Europäischen Union die Interessen der Länder zu vertreten. Wie dem Bundestag steht auch dem Bundesrat ein frühzeitiges Unterrichtungsrecht durch die Bundesregierung und das Recht zur Abgabe von Stellungnahmen zu. In bestimmten Fällen muß die Bundesregierung Vertreter des Bundesrates an Beratungen zur Festlegung der Verhandlungsposition beteiligen, wobei zwischen Bund und Länder Einvernehmen anzustreben ist. Mit Zustimmung der Bundesregierung können einzelne Bundesländer sogar Hoheitsrechte auf grenznachbarschaftliche Einrichtungen übertragen, soweit die Länder für die Ausübung staatlicher Befugnisse und die Erfüllung der staatlichen Aufgabe zuständig sind (Art. 24 Abs. 1 a GG). Mit dieser Regelung wird die Möglichkeit des „Europas der Regionen" geschaffen. Schließlich sieht Art. 23 Abs. 6 GG vor, daß die Wahrnehmung von Rechten, die der Bundesrepublik Deutschland als Mitgliedsstaat der Europäischen Union zustehen, vom Bund auf einen vom Bundesrat benannten Vertreter der Länder übertragen werden soll, wenn etwa bei europäischen Vorhaben schwerpunktmäßig ausschließlich Gesetzgebungsbefugnisse der Länder betroffen sind.

Bundesversammlung

Die Bundesversammlung tritt in der Regel alle fünf Jahre zur Wahl des Bundespräsidenten zusammen. Sie besteht aus den Mitgliedern des Bundestages und einer gleichen Anzahl von Mitgliedern, die von den Volksvertretungen der Länder nach den Grundsätzen der Verhältniswahl gewählt werden (Art. 54 GG). Einberufen wird die Bundesversammlung vom Bundestagspräsidenten, der sie auch leitet; außerdem bestimmt er Ort und Zeit des Zusammentritts der Bundesversammlung.

> Andere Aufgaben als die Wahl des Bundespräsidenten hat die Bundesversammlung nicht.

Bundespräsident

> Der Bundespräsident steht nach überkommener Anschauung an der Spitze des Staates.

Nach Art. 54 GG wird der Bundespräsident ohne Aussprache von der Bundesversammlung auf fünf Jahre gewählt. Einmalige Wiederwahl ist zulässig. Wählbar ist jeder Deutsche, der das Wahlrecht zum deutschen Bundestag besitzt und das 40. Lebensjahr vollendet hat.

Im Gegensatz zur Wahl des Reichspräsidenten, der nach der Weimarer Verfassung vom Volke gewählt wurde (= plebiszitäre Wahl), wird der Bundespräsident also von der Volksvertretung gewählt. Auch ist die Amtszeit von sieben auf fünf Jahre heruntergesetzt, um die Stellung des Präsidenten nicht zu stark werden zu lassen. Der gleiche Grund gilt für die nur einmalige Wiederwahl, die nach der Weimarer Reichsfassung unbeschränkt zugelassen war.

Die Macht des Bundespräsidenten ist gegenüber derjenigen des ehemaligen Reichspräsidenten geringer geworden, wenngleich die Aufgaben nicht unbedeutender sind.

So kann der Bundespräsident keine Notverordnungen erlassen und sich nicht mehr auf eine bewaffnete Macht stützen, um seine Stellung zu halten, da die Befehls- und Kommandogewalt über die Streitkräfte dem Bundesminister für Verteidigung bzw. im Verteidigungsfall dem Bundeskanzler zusteht.

Die dem Bundespräsidenten zustehenden Befugnisse als Staatsoberhaupt lassen sich in zwei große Gruppen einteilen:

- Völkerrechtlich vertritt der Präsident die Bundesrepublik Deutschland. Er schließt im Namen des Bundes Verträge mit auswärtigen Staaten ab und empfängt und beglaubigt die Gesandten.
- Staatsrechtlich übt der Präsident sowohl auf die vollziehende als auch auf die gesetzgebende Gewalt Einfluß aus. Im Rahmen der vollziehenden Gewalt schlägt er unter anderem dem Bundestag den Bundeskanzler vor und ernennt ihn nach erfolgter Wahl; er ernennt und entläßt die Bundesminister auf Vorschlag des Kanzlers; er ernennt und entläßt die Bundesrichter und Bundesbeamten, die Offiziere und Unteroffiziere, wobei diese Aufgabe in der Regel auf die zuständigen Minister übertragen ist; schließlich übt er noch das Begnadigungsrecht für den Bund

aus. An der gesetzgebenden Gewalt nimmt der Präsident dadurch teil, daß er die Gesetze ausfertigt und im Bundesgesetzblatt verkündet; weiterhin hat er die Befugnis, den Bundestag einzuberufen; das Recht zur Auflösung des Bundestages hat er in zwei Fällen; einmal, wenn ein Kanzler auch im dritten Wahlgang mit relativer Mehrheit nicht gewählt wird, zum anderen, wenn dem Kanzler das Vertrauen verweigert wird und er einen entsprechenden Antrag stellt; allerdings steht im letzten Fall die Auflösung des Bundestages im Ermessen des Präsidenten, eine Pflicht trifft ihn nicht; schließlich kann der Bundespräsident auf Antrag der Bundesregierung mit Zustimmung des Bundesrates den Gesetzgebungsnotstand erklären und damit einen Gesetzesvorschlag der Regierung gegen den Willen des Bundestages in Kraft setzen.

Ein wesentliches Recht des Präsidenten liegt weiterhin in der Verkündigung des Verteidigungsfalles und dessen Beendigung.

Zu beachten aber bleibt, daß der Bundespräsident für fast alle seine Handlungen der Mitwirkung der Regierung bedarf, die bei Anordnungen und Verfügungen des Präsidenten in der Regel durch Gegenzeichnungen des Kanzlers erfolgt, Art. 58 GG. Hierin zeigt sich besonders die Unverantwortlichkeit des Bundespräsidenten für die Politik.

Die staatsrechtliche Stellung des Bundespräsidenten erschöpft sich jedoch nicht in den ihm durch das Grundgesetz auferlegten Aufgaben. Über den Wortlaut des Grundgesetzes hinaus ist der Bundespräsident vielmehr auch die ordnende, schlichtende und ausgleichende Person im Staat, der Schiedsrichter zwischen den politischen Strömungen, den man auch die „neutrale Kraft" nennt.

Bundesregierung und Bundeskanzler

Nach Art. 62 GG besteht die Bundesregierung aus dem Bundeskanzler und den Bundesministern. Herkömmlich bezeichnet man die Bundesregierung auch als Kabinett. Die Regierung ist die Spitze der Verwaltung, die naturgemäß im wesentlichen vom Politischen her bestimmt wird. Sie steht dem Parlament, also der sie tragenden Mehrheit und zugleich der Opposition, gegenüber. Bei ihr liegt der Schwerpunkt der Regierungsarbeit.

Die Bundesregierung ist nach ihrem Aufbau ein Kollegialorgan, in dem der Kanzler allerdings eine exponierte Stellung einnimmt (sogenanntes Kanzlerprinzip), da er die Richtlinien der Politik bestimmt und dafür auch die Verantwortung trägt, Art. 65 GG.

> Der Kanzler wird vom Bundestag auf Vorschlag des Bundespräsidenten gewählt. Zur Wahl ist die Mehrheit der Mitglieder des Bundestages erforderlich. Nach erfolgreicher Wahl muß der Präsident den Gewählten zum Kanzler ernennen. Mit der Ernennung beginnt die Amtszeit, die außer durch Tod, mit Rücktritt oder durch ein Mißtrauensvotum des Bundestages unter gleichzeitiger Wahl eines neuen Kanzlers enden kann.

Wenngleich der Bundeskanzler die Richtlinien der Politik bestimmt, so hat er doch nicht die Befugnis, Einzelweisungen an die Bundesminister zu erlassen. Meinungsverschiedenheiten werden durch Beschluß des Gesamtkabinettts entschieden, nicht durch Weisung. Können Streitigkeiten auf diesem Wege nicht beigelegt werden, muß der

Bundeskanzler notfalls die Entlassung des Ministers beim Bundespräsidenten beantragen. Hierin zeigt sich die weitgehende Eigenverantwortlichkeit der Minister für ihre Aufgabenbereiche (Ressorts), die jedoch durch die Richtlinienpolitik des Kanzlers beschränkt ist (eingeschränktes Ressortprinzip).

Die Bundesminister werden vom Kanzler vorgeschlagen und vom Präsidenten ernannt. Die Zahl der Minister und ihrer Ministerien ist grundgesetzlich nicht festgelegt; allerdings setzt der Haushaltsplan, der vom Bundestag beschlossen wird, hier natürliche Grenzen. Allerdings dürften die sogenannten klassischen Ministerien, Äußeres, Inneres, Finanzen, Verteidigung und Justiz niemals einer finanziellen Bereitstellung im Haushalt zum Opfer fallen.

Unter den Ministern haben eine hervorgehobene Stellung der vom Bundeskanzler zu seinem Stellvertreter bestimmte Vizekanzler, Art. 69 GG, sowie der Finanzminister, dem die Überwachung des Vollzugs des Haushaltsplanes auch gegenüber den übrigen Ministern obliegt.

Im Hinblick auf die Angelegenheiten der Europäischen Union – darauf wurde bereits hingewiesen – ist die Bundesregierung verpflichtet, Bundestag und Bundesrat in ihre Entscheidungsbefugnisse einzubeziehen. Sie hat die genannten Verfassungsorgane rechtzeitig zu unterrichten, Stellungnahmen zu berücksichtigen und gegebenenfalls an Beratungen zur Festlegung der eigenen Verhandlungspositionen zu beteiligen.

> Die Hauptaufgabe der Bundesregierung liegt außer in der Führung der Regierungs- und Verwaltungsgeschäfte in der Einbringung von Gesetzesvorlagen im Bundestag (Gesetzesinitiative). Erarbeitet werden diese Regierungsentwürfe in den Ministerien von dort arbeitenden Regierungsbeamten und -angestellten. Auf Beschluß des Kabinetts können derartige Referentenentwürfe jederzeit als Regierungsvorlagen im Bundestag eingebracht werden.

In ihrer Arbeit steht die Bundesregierung unter der Kontrolle des Parlaments. Dies geschieht einmal – wie bereits erwähnt – durch den Beschluß des von der Regierung vorgelegten Haushaltsplans durch den Bundestag. Zum anderen besteht eine Kontrolle darin, daß die Regierung als Spitze der Verwaltung nach Art. 20 GG an die Gesetze gebunden ist, die vom Parlament beschlossen wurden. Ein weiteres Kontrollmittel ist das Instrument des sogenannten konstruktiven Mißtrauensvotums, Art. 67 GG. Hierdurch wird es dem Parlament ermöglicht, dem Kanzler das Mißtrauen auszusprechen und ihn durch den Bundespräsidenten entlassen zu lassen; Voraussetzung allerdings ist, daß das Parlament mit der Mehrheit seiner gesetzlichen Mitglieder einen Nachfolger wählt und so keine „kanzlerfreie" Zeit entsteht; deshalb auch die Bezeichnung „konstruktives" Mißtrauensvotum.

1.10.1.7 *Gesetzgebung des Bundes*

In den voranstehenden Erörterungen wurde mehrfach das sogenannte Initiativrecht zur Einbringung von Gesetzesvorlagen durch oberste Bundesorgane erwähnt. Der Weg einer Gesetzesvorlage bis hin zur Ausfertigung und Verkündung soll nachstehend verfolgt werden.

Das macht es erforderlich, zunächst einmal die Zuständigkeiten für die Gesetzgebung aufzuzeigen.

Nach dem Grundgesetz liegt die *Gesetzgebungskompetenz* grundsätzlich bei den Ländern, soweit nicht ausdrücklich der Bund für zuständig erklärt ist, Art. 70 GG. Die Abgrenzung zwischen Landes- und Bundeszuständigkeit erfolgt nach den Vorschriften des Grundgesetzes über die ausschließliche und die konkurrierende Gesetzgebung, Art. 70 Abs. 2 GG.

Ausschließliche Gesetzgebung bedeutet, daß ausschließlich der Bund zuständig ist. Die Länder dürfen hier nur dann Gesetze erlassen, wenn ein Bundesgesetz eine Ermächtigung erhält, Art. 71 GG.

Der Bereich der ausschließlichen Gesetzgebung des Bundes ist in Art. 73 GG abgesteckt; ihm gehören beispielsweise an: die Regelung der Staatsangehörigkeit im Bund, das Währungs-, Geld- und Münzwesen, das Post- und Fernmeldewesen und einiges mehr. Insgesamt umfaßt der Katalog elf Punkte.

Diejenigen Aufgaben, die nicht zur ausschließlichen Zuständigkeit des Bundes zählen und auch nicht zur konkurrierenden Gesetzgebung gehören, fallen in die ausschließliche Gesetzgebungszuständigkeit der Länder.

Konkurrierende Gesetzgebung heißt, daß die Gesetzgebungsbefugnis bei den Ländern liegt, soweit nicht der Bund von seinem Gesetzgebungsrecht Gebrauch macht (Art. 72 GG). Dieses Gesetzesgebungsrecht besteht jedoch nur dann, wenn das Bedürfnis zu einer bundeseinheitlichen Regelung vorliegt.

Ein Bedürfnis dieser Art ist in den in Art. 72 Abs. 2 GG genannten Fällen zu bejahen, etwa zur Wahrung der Rechts- oder Wirtschaftseinheit. Gegenstände der konkurrierenden Gesetzgebung sind in Art. 74 GG aufgezählt.

Darunter fallen zum Beispiel das Personenstandswesen, die öffentliche Fürsorge, die Regelung der Ausbildungsbeihilfen, die Maßnahmen gegen gemeingefährliche und übertragbare Krankheiten bei Menschen und Tieren, die Zulassung zu ärztlichen und anderen Heilberufen und zum Heilgewerbe, den Verkehr mit Arzneien, Heil- und Betäubungsmitteln und Giften, sowie die wirtschaftliche Sicherung der Krankenhäuser und die Regelung der Krankenhauspflegesätze.

Sollte sich ergeben, daß ein Landesgesetz abweichende Regelungen zu einem Bundesgesetz enthält, insbesondere Landesrecht die Interessen der Gesamtheit beeinträchtigt, so gilt der in Art. 31 GG stehende Grundsatz „Bundesrecht bricht Landesrecht".

Schließlich kennt das Grundgesetz noch die *Rahmengesetzgebung,* Art. 75 GG. Darunter ist zu verstehen, daß den Ländern – wie bei der konkurrierenden Gesetzgebung – die Gesetzgebungskompetenz zusteht, soweit nicht der Bund die gleiche Materie regelt. Dies kann er allerdings auch nur dann, wenn wiederum ein Bedürfnis besteht. Aber selbst wenn ein solches bejaht wird, ist der Bund auf den Erlaß von Rahmenvorschriften beschränkt, die die Länder in eigener Zuständigkeit ausfüllen können.

Zu den Rahmenvorschriften zählen etwa das von dem Bund erlassene Beamtenrechtsrahmengesetz, das die Länder durch die Landesbeamtengesetze ausgefüllt haben, sowie das Hochschulrahmengesetz.

Wenn nun der Bund im Rahmen seiner Gesetzgebungsbefugnis tätig werden will, so bedarf es dazu eines Entwurfes. Wie bereits mehrfach erwähnt, steht das Recht zur Einbringung einer Gesetzesvorlage (Initiativrecht) nach Art. 76 Abs. 1 GG der Bundesregierung (als Kollegium, nicht dem einzelnen Mitglied), dem Bundesrat und einer Gruppe von Mitgliedern des Bundestages zu, wobei nach § 76 der Geschäftsordnung des Bundestages die Gruppenstärke der Fraktionsstärke entsprechen muß.

Da gegenwärtig die Fraktion mindestens aus 33 Abgeordneten bestehen muß (siehe 1.10.1.4 am Ende), muß auch eine Gesetzesvorlage aus der Mitte des Bundestages von mindestens 33 Abgeordneten getragen werden, wobei jedoch nicht erforderlich ist, daß diese Abgeordneten der gleichen Partei (Fraktion) angehören. Da die größte Zahl der Gesetzesentwürfe von der Bundesregierung vorgelegt wird, soll der Weg einer solchen Vorlage nachstehend verfolgt werden.

Vorlagen der Bundesregierung sind zunächst dem Bundesrat zuzuleiten, der innerhalb von sechs Wochen hierzu Stellung nehmen kann (sogenannter erster Durchgang). Mit möglichen Änderungsvorschlägen des Bundesrats geht der Entwurf an die Bundesregierung zurück, die zu den eventuellen Änderungswünschen des Bundesrates Stellung beziehen kann und dann den Vorschlag dem Bundestag zuleitet. Der Bundestag berät anschließend in drei Lesungen über den Vorschlag (§§ 78ff. GschBT), wobei der Entwurf zur Vorbereitung der Beratungen an Ausschüsse verwiesen werden kann. Am Schluß der dritten Beratung wird vom Bundestag über Annahme oder Ablehnung des Gesetzesentwurfs abgestimmt. Der am Ende der Beratungen stehende Gesetzgebungsbeschluß des Bundestages enthält zweierlei: die Feststellung des Gesetzesinhalts, d. h. den Ausspruch dessen, was Gesetz werden soll, und die Sanktion, mit der die bisherige Vorlage zum Gesetz erhoben wird.

Ist das Gesetz vom Bundestag angenommen, so ist es unverzüglich dem Bundesrat zuzuleiten (Art. 77 Abs. 1 GG).

Die Tätigkeit des Bundesrats im Gesetzgebungsverfahren richtet sich nunmehr danach. ob es sich bei dem Gesetz um ein sogenanntes *Einspruchsgesetz* oder um ein *Zustimmungsgesetz* handelt.

> Zustimmungsbedürftige Gesetze unterscheiden sich von den Einspruchsgesetzen dadurch, daß der Bundestag jenem seine ausdrückliche Zustimmung erteilen muß, während er bei den übrigen lediglich ein Einspruchsrecht hat (Art. 77 Abs. 3 GG).

Zustimmungsgesetze sind zum Beispiel alle verfassungsändernden Gesetze sowie diejenigen, die den föderativen Aufbau des Bundes betreffen.

Handelt es sich bei dem Gesetz um ein *Einspruchsgesetz* und verzichtet der Bundesrat auf die Anrufung des Vermittlungsausschusses oder unternimmt er zwei Wochen nichts, so ist das Bundesgesetz zustandegekommen (Art. 78 GG).

Der Bundesrat hat aber auch die Möglichkeit, den Vermittlungsausschuß anzurufen. Hiervon wird er in der Regel dann Gebrauch machen, wenn ein Änderungsvorschlag im sogenannten ersten Durchgang keinen Erfolg hatte.

Der Vermittlungsausschuß (Art. 77 Abs. 2 GG) wird aus der gleichen Anzahl von Mitgliedern des Bundestages und des Bundesrates gebildet. Der Ausschuß ist eine gemeinsame ständige Einrichtung der beiden genannten Körperschaften. Er ist in erster Linie ein politischer Ausschuß mit der Aufgabe der Herstellung einer Übereinkunft zwischen den Körperschaften; er ist kein Sachverständigengremium. An Weisungen sind die Mitglieder nicht gebunden (Art. 77 Abs. 2 GG). Die Beratungen des Vermittlungsausschusses können damit enden, daß er a) eine Änderung vorschlägt oder b) keine Änderung vorschlägt.

a) Schlägt er eine Änderung vor, geht das Gesetz zurück zum Bundestag. Dieser berät erneut und kann entweder die Änderung annehmen oder nicht annehmen, in jedem Fall geht das Gesetz an den Bundesrat zurück.
b) Schlägt der Vermittlungsausschuß keine Änderung vor, geht das Gesetz sofort an den Bundesrat zurück.

Nach Einschaltung des Vermittlungsausschusses hat der Bundesrat nunmehr die Möglichkeit, Einspruch zu erheben. Dies wird er dann tun, wenn der Vermittlungsausschuß die Änderung nicht vorgeschlagen (b) oder der Bundestag die vorgeschlagene Änderung nicht akzeptiert hat (2. Möglichkeit zu a).

Nach Einspruchseinlegung geht das Gesetz zurück an den Bundestag, der den Einspruch des Bundesrates überstimmen kann; ist dies der Fall, ist das Gesetz zustandegekommen. Überstimmt der Bundestag den Einspruch des Bundesrates nicht, ist das Gesetz gescheitert. Möglich ist allerdings auch, daß der Bundesrat keinen Einspruch mehr einlegt; in diesem Fall ist das Gesetz ebenfalls zustandegekommen.

> Wichtig zu merken ist bei Einspruchsgesetzen, daß der Einspruch des Bundesrates erst eingelegt werden kann, wenn der Vermittlungsausschuß tätig geworden ist.

Für *Zustimmungsgesetze* gilt im Prinzip das gleiche Gesetzgebungsverfahren. Abweichendes gilt jedoch für die letzte Phase des Verfahrens, in der sich das Gesetz beim Bundesrat befindet. Soll das Gesetz nicht scheitern, muß der Bundesrat ausdrücklich zustimmen; stimmt er nicht zu, ist das Gesetz gescheitert.

Hat das Gesetz das parlamentarische Verfahren erfolgreich durchlaufen, so bedarf es noch der Ausfertigung, d. h. der Gegenzeichnung durch den Bundespräsidenten, und der Verkündigung, d. h. die Bekanntgabe des Gesetzestextes durch Abdruck und Veröffentlichung im Bundesgesetzblatt. Danach kann das Gesetz in Kraft treten (Art. 82 GG).

Unter *verfassungsändernden Gesetzen* versteht man solche Gesetze, die den Wortlaut des Grundgesetzes ausdrücklich ändern oder ergänzen. Es handelt sich stets um zustimmungsbedürftige Gesetze. Die Besonderheit eines solchen Gesetzes besteht vor allem darin, daß es der Zustimmung von zwei Dritteln der Mitglieder des Bundestages und des Bundesrates bedarf (Art. 79 Abs. 2 GG).

> Zu beachten ist, daß eine Änderung des Grundgesetzes, durch welche die Gliederung des Bundes in Länder, die grundsätzliche Mitwirkung der Länder bei der Gesetzgebung oder die in den Artikeln 1 und 20 niedergelegten Grundsätze berührt werden, unzulässig ist (Art. 79 Abs. 3 GG).

Graphisch ergibt sich also folgendes Bild:
1. Gesetzgebungsbeschluß nach 3 Lesungen,
2. Zuleitung der Vorlage an den Bundesrat,
3. Tätigkeit des Bundesrates, zu unterscheiden nach: (siehe Schema Seite 40).

1.10.1.8 *Gemeinde und Gemeindeverbände*

Die Gesetzgebungs- und Verwaltungsaufgaben des Bundes und der Länder stehen im engen Zusammenhang mit der Verwaltungstätigkeit der Gemeinden und anderer kommunaler Körperschaften.

Die Gemeinde stellt die Unterstufe der allgemeinen Staatsgewalt dar. Nach dem Grundgesetz muß den Gemeinden das Recht gewährleistet sein, alle Angelegenheiten

1 Staatsbürgerkunde

Einspruchsgesetzen

- BR verzichtet auf Anrufung des Vermittlungsausschusses (VA): Gesetz zustandegekommen
- BR ruft VA an

Zustimmungsbedürftigen Gesetzen

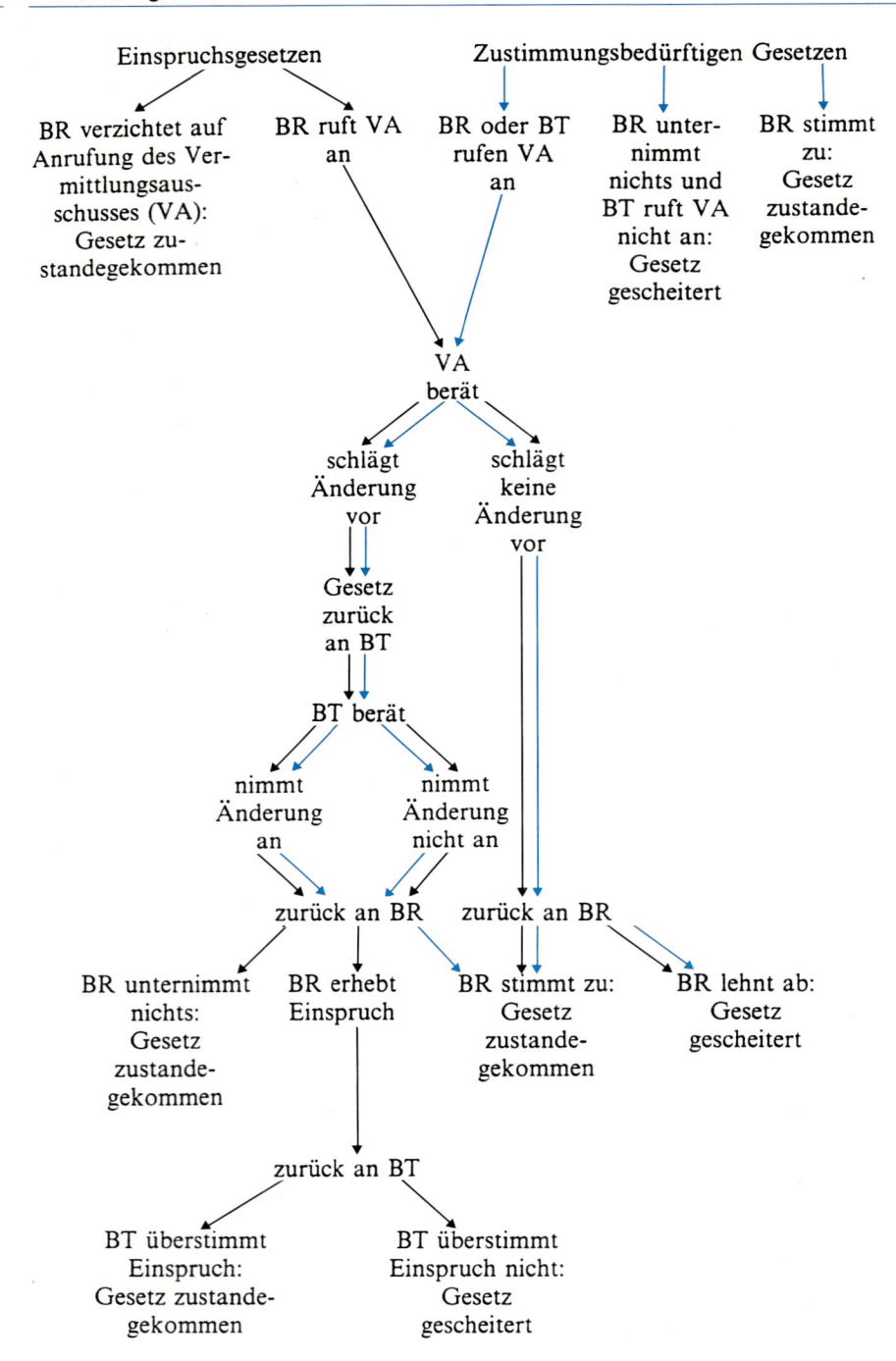

- BR oder BT rufen VA an
- BR unternimmt nichts und BT ruft VA nicht an: Gesetz gescheitert
- BR stimmt zu: Gesetz zustandegekommen

→ **VA berät**

- schlägt Änderung vor → Gesetz zurück an BT
- schlägt keine Änderung vor

BT berät
- nimmt Änderung an
- nimmt Änderung nicht an

→ **zurück an BR** / **zurück an BR**

- BR unternimmt nichts: Gesetz zustandegekommen
- BR erhebt Einspruch
- BR stimmt zu: Gesetz zustandegekommen
- BR lehnt ab: Gesetz gescheitert

→ **zurück an BT**

- BT überstimmt Einspruch: Gesetz zustandegekommen
- BT überstimmt Einspruch nicht: Gesetz gescheitert

Abb. 1. Gesetzgebungsverfahren. BT = Bundestag; BR = Bundesrat

der örtlichen Gemeinschaft im Rahmen des Gesetzes in eigener Verantwortung zu regeln (Art. 28 Abs. 1 GG). Damit wird das Recht der Selbstverwaltung ausgesprochen, das als fundamentales Prinzip Inhalt aller Gemeindeordnungen der Länder ist, wenngleich die Grundformen der Gemeindeverfassungen regional voneinander abweichen.

So herrscht zum Beispiel in Bayern die sogenannte Süddeutsche Ratsverfassung vor mit den Hauptorganen Gemeinderat und Bürgermeister; in Hessen dagegen existiert die sogenannte Magistratsverfassung, nach der die Gemeindevertretung, der Gemeindevorstand (Magistrat mit Bürgermeister und Beigeordneten) und der Bürgermeister die Hauptorgane sind; die sogenannte Bürgermeisterverfassung mit den Organen Gemeindevertretung und Bürgermeister besteht zum Beispiel in Rheinland-Pfalz und die sogenannte Norddeutsche Ratsverfassung mit den Hauptorganen Rat, Bürgermeister und Gemeindedirektor gibt es zum Beispiel in Nordrhein-Westfalen.

Die Aufgaben der Gemeinden, die sie im Bereich der örtlichen Gemeinschaft erfüllen, spiegeln sich in den *Selbstverwaltungsangelegenheiten* wider.

In erster Linie zählen hierzu die *freiwillig übernommenen* Selbstverwaltungsangelegenheiten.

Dazu gehören Einrichtungen wie Theater, Museen, Versorgungs- und Verkehrsbetriebe, aber auch die Einrichtung und Unterhaltung von Krankenanstalten.

Auf diesem Gebiet ist es den Gemeinden freigestellt, ob und wie sie die Aufgaben erfüllen wollen.

Zu den Selbstverwaltungsangelegenheiten gehören aber auch diejenigen, die den Gemeinden kraft Gesetzes aufgegeben sind, die sogenannten *gesetzlichen Pflichtaufgaben*. Hierzu sind zu rechnen die Errichtung und Unterhaltung von Volksschulen, die Durchführung von Kommunalwahlen, sowie das Sozialhilfewesen. Von den Selbstverwaltungsangelegenheiten sind die *Auftragsangelegenheiten* zu unterscheiden. Hierbei handelt es sich um staatliche Verwaltungsaufgaben, die den Gemeinden durch Gesetz vom Staat „im Auftrage" übertragen werden. Der Staat bedient sich zur Erfüllung seiner Aufgaben der Gemeinde, ohne daß dadurch diese Aufgaben zu Gemeindeangelegenheiten würden.

Beispiele hierfür sind die Aufgaben der Standes- und Meldeämter, sowie die Vorbereitung von Wahlen für den Bundes- und Landtag sowie das Europäische Parlament.

Schließlich kennen einige Landes- und Gemeindeverfassungen noch die sogenannten *Pflichtaufgaben nach Weisung.*

Hierzu zählen etwa die Bestimmungen des Ordnungsbehördengesetzes und die Ausführungen der Bauordnungen in Nordrhein-Westfalen.

Praktische Bedeutung kommt diesen unterschiedlichen Aufgaben vor allem in der Frage der Zuständigkeit der Aufsichtsbehörden zu.

Neben den Gemeinden sind zur Unterstufe der allgemeinen Staatsverwaltung noch die Landkreise und Landschaftsverbände als wichtige Verwaltungsträger zu nennen. Ein Landkreis umfaßt jeweils mehrere Gemeinden und nimmt unter anderem für sein Gebiet die überörtlichen Selbstverwaltungsangelegenheiten wahr, die über das finanzielle oder verwaltungstechnische Leistungsvermögen der Mitgliedsgemeinden hinausgehen.

So übernehmen wegen der steigenden Kosten in letzter Zeit immer mehr Landkreise Einrichtungen der Wohlfahrtspflege, wie etwa auch Krankenhäuser, deren Bau und Unterhaltung die finanziellen Möglichkeiten einer kleinen Gemeinde übersteigt.

Im Bereich der Wohlfahrts- und Gesundheitspflege sind auch – soweit in den Ländern vorhanden – die Landschaftsverbände tätig.

Derartige Verbände bestehen zum Beispiel in Nordrhein-Westfalen; ihnen entsprechen in Bayern die mit den Bezirksregierungen verbundenen Bezirksverbände. Im Rahmen der Gesundheitspflege können diese Verbände die Trägerschaft von Spezialkrankenhäusern und Heilstätten übernehmen.

Wenn bislang von der Unterstufe der allgemeinen Staatsverwaltung die Rede war, so soll noch kurz ein Blick auf die weiteren Behördenstufen geworfen werden.

Die Aufgaben der Mittel- und Oberstufe werden von Staatsbehörden und nicht von Selbstverwaltungskörperschaften wahrgenommen. Die Mittelstufe bilden die Regierungspräsidenten der Länder, während die Oberstufe der allgemeinen Staatsverwaltung von den Ministerien gebildet wird.

Die Darstellung des Staatsaufbaues in seinen wichtigsten Grundzügen ist damit abgeschlossen. Zur Beantwortung von Detailfragen muß, soweit vorstehend nicht angesprochen, die spezielle Literatur herangezogen werden. Dies gilt auch für die nachstehenden Erörterungen der Grundrechte, die sich nur auf das – auch für den Unterricht – Wesentliche beschränken müssen.

1.10.2 Die Grundrechte – ein Überblick

Im Gegensatz zur Weimarer Reichsverfassung, die den Grundrechten den zweiten Platz eingeräumt hatte, stehen die Grundrechte im Bonner Grundgesetz gleich im ersten Abschnitt vor dem organisatorischen Teil. Damit soll zum Ausdruck gebracht werden, daß die Grundrechte den organisatorischen Teil mit Sinngehalt erfüllen und daß ein Teil der Grundrechte vorstaatlicher Herkunft ist. Vorstaatlich heißt, daß bestimmte Grundrechte nicht vom Staat geschaffen sind, unabhängig von innerstaatlichen Verfassungsnormen jedermann zustehen und daher durch die Staatsverfassung weder entzogen noch eingeschränkt werden dürfen.

Diese Grundrechte des Menschen (Menschenrechte), wie Würde und Wert der menschlichen Persönlichkeit, die Gleichberechtigung von Mann und Frau und andere humanitäre Grundsätze wurden in die Charta der Vereinten Nationen aufgenommen und in der von der UNO verkündeten „Allgemeinen Erklärung der Menschenrechte" zum Gegenstand internationaler Vereinbarungen gemacht. Die Wahrung der Menschenrechte ist zudem Inhalt der „Konvention zum Schutz der Menschenrechte und Grundfreiheiten" des Europarats aus dem Jahre 1950. Im Streitfall kann von der Europäischen Kommission für Menschenrechte der Europäische Gerichtshof für Menschenrechte angerufen werden.

> Wenn in der Regel die Grundrechte allen Menschen, also jedermann, zustehen (Menschenrechte), so kennt der Bonner Grundrechtskatalog allerdings auch solche, die nur der „deutsche" Bürger in Anspruch nehmen kann (Bürgerrechte).

So hat jeder das Recht auf die freie Entfaltung der Persönlichkeit; doch nur alle Deutschen haben das Recht, Vereine und Gesellschaften zu bilden (siehe 1.10.2.2 Art. 9 GG).

1.10.2.1 Funktion der Grundrechte

> Die hauptsächliche Aufgabe der Grundrechte besteht in ihrer Abwehrfunktion gegenüber allen Formen der öffentlichen Gewalt. Dies folgt unter anderem aus Art. 1 Abs. 3 GG, wonach die Gesetzgebung, die vollziehende Gewalt und die Rechtsprechung an die Grundrechte als unmittelbar geltendes Recht gebunden sind. Umstritten ist, ob die Grundrechte außer im Verhältnis Staat – Bürger auch im Verhältnis Bürger – Bürger, also im privaten Bereich Rechtswirkung erzeugen (= Drittwirkung der Grundrechte); übereinstimmend sollen die Grundrechte im privaten Bereich jedenfalls dann Beachtung finden, wenn es um die Auslegung von Generalklauseln geht.

So kann zum Beispiel aus der Wertordnung des Grundgesetzes bestimmt werden, was „sittenwidrig" ist oder gegen „Treu und Glauben" verstößt.

Neben denjenigen Grundrechten, die im wesentlichen Abwehrfunktionen haben, kennt das Grundgesetz noch solche, die dem Staat eine Pflicht zum positiven Tätigwerden auferlegen.

Darunter fällt nach der Rechtsprechung des Bundesverfassungsgerichts etwa die Aufgabe des Staates, Ehe und Familie nicht nur vor Beeinträchtigungen zu schützen, sondern auch durch geeignete Maßnahmen zu fördern.

Schließlich ist noch die Gruppe der Grundrechte zu erwähnen, die bestimmte Einrichtungen verfassungsrechtlich gewährleisten, wobei zwischen der Verbürgung privatrechtlicher und öffentlich-rechtlicher Einrichtungen zu unterscheiden ist.

Zu den privatrechtlichen Einrichtungen zählen die Ehe und Familie, die elterliche Gewalt, das Privateigentum und das Erbrecht; zu den öffentlich-rechtlichen Einrichtungen gehören zum Beispiel die gemeindliche Selbstverwaltung sowie das Beamtentum.

1.10.2.2 Die Grundrechte im einzelnen

Dem Grundrechtskatalog ist mit *Art. 1 GG* das Bekenntnis zur Menschenwürde und zu den Menschenrechten sowie eine generelle Erklärung über die rechtliche Bedeutung und den Rechtsgehalt der nachfolgenden Artikel vorangestellt. Nach allgemeiner Auffassung ist Art. 1 GG selbst kein Grundrecht, aus dem der Einzelne ein Abwehrrecht herleiten könnte, sondern er wird als oberstes Verfassungsprinzip unserer Rechtsordnung verstanden. Das Bekenntnis zur Menschenwürde ist Grundlage für das gesamte Wertsystem; ihm entspricht in Art. 19 Abs. 2 GG das Verbot der Aushöhlung der Grundrechte durch staatliche Maßnahmen. *Art. 2 GG* enthält das Recht auf freie Entfaltung der Persönlichkeit und persönliche Freiheit sowie das Recht auf Leben und körperliche Unversehrtheit. Im inneren Zusammenhang mit diesem Grundrecht steht *Art. 104 GG,* der die Rechtsgarantie bei Freiheitsentziehungen enthält.

Das Recht der persönlichen Freiheit gilt nicht schrankenlos; es ist dort beschränkt, wo die Rechte anderer oder auch das Sittengesetz verletzt werden. Auch darf die persönliche Freiheit nur aufgrund eines förmlichen Gesetzes beschränkt werden.

Grundlagen für dererlei Eingriffe bestehen zum Beispiel auf dem Gebiet der Seuchenbekämpfung im Bundesseuchengesetz sowie dem Gesetz zur Bekämpfung der

Geschlechtskrankheiten; weitere Grundlagen geben die Landesgesetze über die Unterbringung von psychisch Kranken und Suchtkranken. Ausgeschlossen sind heute dagegen Eingriffe in die körperliche Unversehrtheit durch Zwangssterilisation oder Euthanasie (Sterbehilfe durch tödliche Arzneidosen). Besondere Bedeutung kommt dem Recht auf Leben bei der Reform des Schwangerschaftsabbruchs, § 218 StGB, zu. Nach einer Entscheidung des Bundesverfassungsgerichts (BVerfG, NJW 1975, 573) steht auch das sich im Mutterleib entwickelnde Leben bereits unter dem Schutz des *Art. 2 Abs. 2 GG* und hat damit ein Recht auf Leben.

Nach *Art. 3 GG* sind alle Menschen vor dem Gesetz gleich; niemand darf wegen seines Geschlechts, seiner Abstammung, seiner Rasse, seiner Sprache, seiner Heimat und Herkunft, seines Glaubens, seiner religiösen oder politischen Anschauungen benachteiligt oder bevorzugt werden.

Dieses Grundrecht gilt schrankenlos. Es verbietet Gleiches ungleich und Ungleiches gleich zu behandeln. Allerdings hat der Gesetzgeber einen Ermessensspielraum zur Bestimmung der Merkmale, die er als gleich ansehen will, soweit sich hierfür ein sachlich vertretbarer Gesichtspunkt anführen läßt. Gesetzgeberische Regelungen verstoßen gegen *Art. 3 GG* und sind nichtig, wenn sie willkürlich sind.

Unverletzlich ist nach *Art. 4 Abs. 1 GG* die Freiheit des Glaubens, des Gewissens und des religiösen und weltanschaulichen Bekenntnis. *Art. 4 Abs. 3 GG* bestimmt, daß niemand gegen sein Gewissen zum Kriegsdienst mit der Waffe gezwungen werden darf.

Allerdings kann die Gewissensentscheidung nicht von der Ableistung des zivilen Ersatzdienstes befreien (Art. 12 a Abs. 2 GG).

Zur freien Meinungsäußerung und -verbreitung in Wort, Schrift und Bild, *Art. 5 Abs. 1 GG*, gehört auch die Berichterstattung durch Presse, Rundfunk, Fernsehen.

Schranken findet dieses Recht zum Beispiel in den Strafgesetzen, insbesondere in den Bestimmungen über die Beleidigung, sowie in gesetzlichen Bestimmungen zum Jugendschutz.

Artikel 5 Abs. 3 GG garantiert die Freiheit von Kunst, Wissenschaft, Forschung und Lehre.

Kunstfreiheit gilt aber nicht schrankenlos. Als Teil des gesetzlichen Wertsystems ist die Kunstfreiheit insbesondere der in Art. 1 GG garantierten Würde des Menschen zugeordnet, die als oberster Wert das ganze grundrechtliche Wertsystem beherrscht.

Ehe und Familie stehen gemäß *Art. 6 Abs. 1 GG* unter dem besonderen Schutz der staatlichen Ordnung.

In diesem Satz ist nicht nur ein „klassisches Grundrecht" enthalten, sondern die verbindliche Wertentscheidung des Verfassungsgebers für den gesamten Bereich des die Ehe und Familie betreffenden privaten und öffentlichen Rechts. Mit dieser Bestimmung gewährt das Grundgesetz jedem Bürger das Recht gegen den Staat auf Eingehung der Ehe und Gründung einer Familie. Dies gilt beispielsweise auch für auf längere Zeit Inhaftierte. Entscheidend ist allerdings, daß der Strafgefangene seiner Pflicht zur Herstellung der ehelichen Lebensgemeinschaft überhaupt einmal nachkommen kann. Das ist nicht gegeben bei einem zur lebenslangen Haft Verurteilten.

In den Schutzbereich des Art. 6 GG fällt auch das Elternrecht, *Art. 6 Abs. 2, 3 GG*.

Das elterliche Erziehungsrecht hat den Vorrang vor dem des Staates, dem nur eine überwachende, unterstützende und ergänzende Funktion eingeräumt wird.

Die grundgesetzliche Regelung über das Schulwesen umfaßt die Schulaufsicht, den Religionsunterricht sowie das Privatschulwesen *Art. 7 GG*.

Wenn auch das Bestimmungsrecht zur Teilnahme der Schüler am Religionsunterricht bei den Erziehungsberechtigten liegt, soweit die Schüler nicht bereits das eigene Entscheidungsrecht erlangt haben, ist der Religionsunterricht als solcher ordentliches Lehrfach. Dies gilt aber nur für öffentliche Schulen, wie Volksschulen, Berufsschulen, nicht für Fachschulen oder Hochschulen. Sonderregelungen gelten für Bremen, Art. 141 GG.

Die Versammlungsfreiheit, *Art. 8 GG,* steht im engen Zusammenhang mit dem Recht auf freie Meinungsäußerung und -bildung.

Die Versammlungsfreiheit ist gewissermaßen die kollektive Erscheinungsform der Meinungsfreiheit. Sie gewährt jedem Deutschen das Recht, sich ohne Anmeldung oder Erlaubnis friedlich und ohne Waffen zu versammeln.

Für Versammlungen unter freiem Himmel beinhaltet das Gesetz über Versammlungen und Aufzüge nähere Bestimmungen. Das Versammlungsrecht kann entsprechend § 10 Abs. 4 Bundesseuchengesetz eine Einschränkung zur Abwendung drohender Gefahren für den Einzelnen oder die Allgemeinheit erfahren. Da dieses Grundrecht dem Wortlaut nach nur „allen Deutschen" zusteht, unterliegen Ausländer bestimmten Beschränkungen (Versammlungsrecht).

Die Vereinigungsfreiheit gewährleistet allen Deutschen das Recht, Vereine und Gesellschaften zu gründen, *Art. 9 GG.*

Verboten sind allerdings solche Vereinigungen, deren Tätigkeit den Strafgesetzen zuwiderlaufen, oder die sich gegen die verfassungsmäßige Ordnung richten. Einschränkungen der Versammlungsfreiheit können sich ebenfalls aus dem bereits erwähnten Bundesseuchengesetz (§ 10 Abs. 4) ergeben.

Auch hier trifft ein Gesetz (Vereinsgesetz) nähere Regelungen. Wie bereits angesprochen, leiten auch die Arbeitgeber- und Arbeitnehmerverbände ihre grundrechtliche Berechtigung aus diesem Grundrecht her, insbesondere aus *Art. 9 Abs. 3 GG* (Koalitionsrecht).

Die Unverletzlichkeit des Brief-, Post- und Fernmeldegeheimnisses ist in *Art. 10 GG* garantiert.

Beschränkungen des Postgeheimnisses können zwar durch Gesetz angeordnet werden, doch gilt dies nur unter ganz bestimmten Voraussetzungen (vergleiche das Gesetz zur Beschränkung des Brief-, Post- und Fernmeldegeheimnisses sowie das Gesetz zur Überwachung strafrechtlicher und anderer Verbringungsverbote). Ansonsten sieht zur Gefahrenabwendung auch das Bundesseuchengesetz eine Beschränkungsmöglichkeit vor.

Freizügigkeit, *Art. 11 GG,* bedeutet das Recht, ungehindert durch die deutsche Staatsgewalt an jedem Ort innerhalb des Bundesgebietes Aufenthalt und Wohnsitz zu nehmen.

Dieses Grundrecht steht allen Deutschen zu; für diese wird durch Art. 11 GG auch die Einreisefreiheit gewährleistet, während sich die Ausreisefreiheit aus Art. 2 GG herleitet. Beschränkungen der Freizügigkeit sind nach Art. 11 Abs. 2 GG zulässig; der Gesetzgeber hat zum Beispiel in § 34 Abs. 1 BSeuchG die Möglichkeit einer Beschränkung der Freizügigkeit ausgesprochen, um die Verbreitung übertragbarer Krankheiten zu verhindern.

Art. 12 Abs. 1 Satz 1 GG verbürgt allen Deutschen das Recht, Beruf, Arbeitsplatz und Ausbildungsstätte frei zu wählen. Die Berufsausübung kann durch das Gesetz geregelt werden, Art. 12 Abs. 1 Satz 2 GG.

Das Grundrecht der Berufsfreiheit umfaßt sowohl die Berufswahl als auch die Berufsausbildung. Auf beide Bereiche kann der Gesetzgeber Einfluß nehmen. Soweit vernünftige Erwägungen des Gemeinwohls es zweckmäßig erscheinen lassen, kann die Berufsausübung im Wege einer gesetzlichen Regelung eingeschränkt werden. Ebenso können für die Berufswahl bestimmte Zulassungsvoraussetzungen gefordert werden, wenn sie zum Schutze eines wichtigen Gemeinschaftsgutes erforderlich sind; ein derartiges Schutzgut ist zum Beispiel die Volksgesundheit. Dem Grundrecht auf Berufsfreiheit entspricht das grundsätzliche Verbot der Zwangsarbeit, die nur bei gerichtlich angeordnetem Freiheitsentzug zulässig ist.

Die Wohnung ist nach *Art. 13 Abs. 1 GG* unverletzlich. Allerdings dürfen Durchsuchungen durch den Richter angeordnet werden. Andere Organe dürfen Durchsuchungen nur bei Gefahr im Verzuge anordnen, soweit sie aufgrund eines förmlichen Gesetzes hierzu befugt sind.

Die Unverletzlichkeit bezieht sich nicht nur auf den privaten Wohnbereich, sondern auch auf gewerblich genutzte Räume. Dabei sind die Durchsuchungen vom Betreten und Besichtigen zu unterscheiden. Durchsuchung ist immer dann anzunehmen, wenn Zweck des Betretens die Suche nach Sachen oder Personen ist. Soweit es sich nicht um eine Durchsuchung handelt, ist aufgrund eines förmlichen Gesetzes ein Eingriff in die Unverletzlichkeit dann gestattet, wenn er aus ordnungsbehördlichen Gründen erforderlich ist, etwa um einer dringenden Gefahr für Sicherheit und Ordnung zu begegnen. Eine Einschränkung des Grundrechts der Unverletzlichkeit der Wohnung sieht in diesem Rahmen ausdrücklich § 10 Abs. 1 BSeuchG vor, wonach den Beauftragten der zuständigen Behörde und des Gesundheitsamts der Zutritt zu Grundstücken, Räumen und Einrichtungen gestattet ist, von denen die drohende Gefahr ansteckender Krankheiten ausgeht.

Nach *Art. 14 Abs. 1 GG* werden Eigentum und Erbrecht geschützt. Inhalt und Schranken werden durch Gesetze bestimmt.

Derartige Gesetze können insbesondere diejenigen sozialen Verpflichtungen näher bestimmen, die im Grundgesetz nur allgemein angesprochen sind, wenn es in Art. 14 Abs. 2 GG heißt: „Eigentum verpflichtet. Sein Gebrauch soll zugleich dem Wohl der Allgemeinheit dienen".

Geht ein staatlicher Eingriff über die soziale Bindung des Eigentums hinaus und wird dem einzelnen ein besonderes Opfer zugunsten der Gemeinschaft abverlangt, so spricht man von einer Enteignung.

Eine Enteignung ist nur zum Wohle der Allgemeinheit zulässig und darf nur durch Gesetz oder aufgrund eines Gesetzes erfolgen, das zugleich Art und Ausmaß der Entschädigung regelt, Art. 14 Abs. 3 GG. Ein derartiges Gesetz ist zum Beispiel das Bundesbaugesetz.

Grund und Boden, Naturschätze und Produktionsmittel können nach *Art. 15 GG* zum Zwecke der Vergesellschaftung durch ein Gesetz in Gemeineigentum überführt werden.

Diese Bestimmung bedeutet für den Landes- bzw. Bundesgesetzgeber (= konkurrierende Gesetzgebung Art. 74 Ziff. 15 GG) nur die Möglichkeit, nicht aber die Verpflichtung, die Überführung dieser Wirtschaftsgüter in Gemeineigentum oder andere Formen der Gemeinwirtschaft unmittelbar durch Gesetz auszusprechen.

Art. 16 Abs. 1 GG verbietet den Entzug der deutschen Staatsangehörigkeit. Aus anderem Grunde darf der Verlust der Staatsangehörigkeit nur eintreten, wenn der Betroffene nicht staatenlos wird.

Art. 16 Abs. 1 GG regelt damit nur den Verlust der deutschen Staatsangehörigkeit, während der Erwerb im Reichs- und Staatsangehörigkeitsgesetz vom 22. 07. 1913 in der jeweils geltenden Fassung geregelt ist. Danach wird die deutsche Staatsangehörigkeit grundsätzlich durch Geburt erworben. So erwirbt eine eheliches Kind mit der Geburt die deutsche Staatsangehörigkeit, wenn ein Elternteil Deutscher ist. Das nichteheliche Kind erwirbt die deutsche Staatsangehörigkeit, wenn die Mutter Deutsche ist. Findelkinder, die im Bundesgebiet gefunden wurden, gelten als deutsche Staatsangehörige, bis das Gegenteil bewiesen ist.

Weiterhin kann die deutsche Staatsangehörigkeit von Ausländern unter bestimmten Voraussetzungen durch Einbürgerung erworben werden.

Mit der Staatsangehörigkeit sind Rechte und Pflichten verbunden. Zu den Pflichten zählen beispielsweise die Schul-, Steuer- und Wehrpflicht; zu den Rechten gehören zum Beispiel die Zulassung zu öffentlichen Ämtern und das Wahlrecht.

Mit einer Ergänzung des Art. 28 GG wurde nach langer politischer Diskussion Staatsangehörigen eines Mitgliedsstaates der Europäischen Union das aktive und passive Wahlrecht bei Wahlen in Kreisen und Gemeinden ermöglicht.

Das Asylrecht, *Art. 16 Abs. 2 Satz 2 GG* schützt politisch verfolgte Ausländer vor Auslieferung und Ausweisung. Nähere Regelungen trifft das politisch heftig diskutierte Asylverfahrensgesetz vom 26. 06. 1992.

Deutsche dürfen an das Ausland nicht ausgeliefert werden, Art. 16 Abs. 1 Satz 1 GG.

Das Petitionsrecht, *Art. 17 GG,* bedeutet das Recht, sich mit Bitten oder Beschwerden an die zuständigen Stellen oder an die Volksvertretung zu wenden.

Die angesprochenen Stellen sind verpflichtet, den Eingaben nachzugehen, sie zu prüfen und zu beantworten und gegebenenfalls an die zuständigen Stellen weiterzuleiten. Sowohl das Grundgesetz als auch die Länderverfassungen geben die Möglichkeit zur Bildung von Petitionsausschüssen.

Für bestimmte Personenkreise ist das Petitionsrecht eingeschränkt, *Art. 17a GG.* Dies gilt für Soldaten und Ersatzdienstleistende; weitere Einschränkungen können sich für diese Gruppe auf die Grundrechte der Meinungsfreiheit und der Versammlungsfreibeit beziehen.

Bestimmte Grundrechte können vom Bundesverfassungsgericht demjenigen entzogen werden, der sie zum Kampf gegen die demokratische Grundordnung mißbraucht, *Art. 18 GG.* Das Grundgesetz spricht von Verwirkung der Grundrechte.

Verwirkung bedeutet, daß das Grundrecht dem Mißbrauchenden keinen Schutz mehr gewährt,er sich vor allem Behörden gegenüber nicht mehr auf die Grundrechte berufen kann. Verwirkbar sind die Meinungsäußerungs-, Presse-, Lehr-, Versammlungs- und Vereinigungsfreiheit sowie das Brief-, Post- und Fernmeldegeheimnis, das Eigentums- und das Asylrecht.

Um weitere Grundrechte, auch wenn sie nicht im eigentlichen Grundrechtskatalog aufgeführt sind, handelt es sich auch bei der Gewährung des gesetzlichen Richters und der Einräumung des rechtlichen Gehörs.

Niemand darf seinem gesetzlichen Richter entzogen werden, *Art. 101 Abs. 1 Satz 2 GG.*

Der gesetzliche Richter wird bestimmt durch das Gerichtsverfassungsgesetz, die Verfahrensordnungen sowie die Geschäftsverteilungspläne, die vor Beginn des Geschäftsjahres bindend festgelegt sein müssen. Damit soll der Gefahr vorgebeugt werden, daß die Justiz durch eine Manipulierung der rechtsprechenden Organe sachfremden Einflüssen ausgesetzt wird, insbesondere, daß im Einzelfall die Auswahl der zur Entscheidung berufenen Richter eigens für diesen Zweck das Ergebnis der Entscheidung beeinflußt.

Vor Gericht hat jedermann Anspruch auf rechtliches Gehör, *Art. 103 Abs. 1 GG*. Die wesentliche Bedeutung dieses Grundrechts besteht in der Sicherung und Durchsetzung der bislang behandelten Grundrechte. Es soll gewährleistet sein, daß das Gericht seiner Entscheidung nur solche Tatsachen und Beweise zugrundelegt, zu denen Stellung zu nehmen dem Betroffenen zuvor Gelegenheit gegeben war.

Wenn in Art. 103 Abs. 1 GG nur das Gerichtsverfahren erwähnt ist, so gilt der Grundsatz des rechtlichen Gehörs doch auch im Verwaltungsverfahren, soweit eine Anhörung zweckdienlich ist.

Die vorstehende Skizzierung der Grundrechte kann nicht den Anspruch einer erschöpfenden Darstellung erheben, insofern muß auf weiterführende Literatur verwiesen werden.

1.11 Die Europäische Union

> In den zurückliegenden Jahren haben die politischen Absichten eines gemeinsamen Europas mehr und mehr an Konturen gewonnen. Der einheitliche europäische Binnenmarkt, ein Markt also, in dem der freie Verkehr von Gütern, Personen, Dienstleistungen und Kapital gewährleistet ist, wurde ab dem 01.01.1993 formal verwirklicht. In vielen Bereichen hat sich die Vollendung des EU-Binnenmarktes ebenso wie des ab 01.01.1994 existierenden Europäischen Wirtschaftsraums (EWR), bestehend aus den Ländern der Europäischen Union und der EFTA (Europäischen Freihandelszone), für jeden Bürger eines Mitgliedsstaates der Europäischen Union mehr noch als bisher bemerkbar gemacht. Nachstehend soll die Entstehungsgeschichte und Organisation der Europäischen Union in kurzen Zügen dargestellt werden.

1.11.1 Entstehungsgeschichte

Seit ihrer Entstehung verfolgt die Bundesrepublik Deutschland das Ziel einer europäischen Einigung. Gemeinsam mit Frankreich, Italien, Belgien, Luxemburg und den Niederlanden gründete sie zunächst 1952 die Europäische Gemeinschaft für Kohle und Stahl (Montanunion); es folgte 1957 zwischen den gleichen Ländern die Gründung der Europäischen Wirtschaftsgemeinschaft (EWG) sowie die Europäische Atomgemeinschaft (Euratom) in Rom (sogenannte Römische Verträge). Alle drei Gemeinschaften werden heute zumeist als Europäische Gemeinschaft (EG) bezeichnet. Im Jahre 1970 wurde die Europäische Politische Zusammenarbeit (EPZ) begonnen, die inzwischen zum Kernstück der Aussenpolitik der Mitgliedsstaaten und zu einer zweiten Säule des europäischen Einigungswerkes geworden ist. Durch den Beitritt von Dänemark, Irland und Großbritannien (1973), Griechenland (1981) sowie Portugal und Spanien (1986) wurde die Gemeinschaft auf zwölf Mitgliedstaaten erweitert.

Ab 01.01.1995 werden voraussichtlich Österreich, Schweden, Finnland und Norwegen beitreten.

Die vertraglichen Grundlagen von Rom wurden am 28.02.1986 entscheidend durch die Verabschiedung der „einheitlichen Europäischen Akte" auf der Grundlage des sogenannten „Weißbuches" der EG-Kommission reformiert.

> Die Akte war die Grundlage
> - für die Vollendung des Binnenmarktes in der Gemeinschaft bis Ende 1992,
> - für die Schaffung einer Technologie- und Forschungsgemeinschaft,
> - für die Zusammenarbeit bei der Erhaltung und Verbesserung der natürlichen Lebensgrundlagen,
> - für die institutionelle Weiterentwicklung der Gemeinschaft und,
> - für den Ausbau der Europäischen Politischen Zusammenarbeit zu einer europäischen Außen- und Sicherheitspolitik.

Zugleich wurden mit der Akte die Rechte des Europäischen Parlaments und der EG-Kommission entscheidend gestärkt und das bisherige Einstimmigkeitsprinzip weitgehend durch Mehrheitsentscheidungen ersetzt.

1.11.2 Organe der Europäischen Union

Nach den Gründungsverträgen in den Jahren 1952 (Montanunion) und 1957 (EWG, Euratom) verfügten die drei Gemeinschaften noch über jeweils eigene Organe. Durch einen sogenannten Fusionsvertrag (1965) wurden an Stelle der Organe der einzelnen Gemeinschaften als zukünftige Gemeinschaftsorgane der gemeinsame Rat und die gemeinsame Kommission eingesetzt; bereits 1962 hatte sich die gemeinsame Versammlung in das Europäische Parlament umbenannt; durch die „Einheitliche Europäische Akte" wurde der Europäische Rat gemeinschaftsrechtlich festgeschrieben.

Im Dezember 1991 schließlich vereinbarten die Staats- und Regierungschefs der Mitgliedsländer der Europäischen Gemeinschaft in Maastricht die Gründung einer Europäischen Union (sogenannter Maastrichter Vertrag), die am 01.11.1993 mit dieser neuen Bezeichnung in Kraft trat (Abb. 2: So funktioniert die EU).

> Die Beschlüsse von Maastricht sehen schwerpunktmäßig vor:
> - Gründung der Europäischen Union mit föderalem Aufbau.
> - Beginn einer gemeinsamen Aussen- und Sicherheitspolitik mit dem Ziel einer gemeinsamen Verteidigung.
> - Enge Zusammenarbeit in der Justiz und der Innenpolitk, vor allem im Asylrecht, bei der Einwanderungspolitik, in der Bekämpfung des Terrorismus und des Drogenhandels.
> - Gründung einer Wirtschafts- und Währungsunion mit dem Ziel einer einheitlichen Gemeinschaftswährung.
> - Einstieg in eine Sozialunion.
> - Erweiterte Rechte und Zuständigkeiten des Europäischen Parlaments mit neuen Verfahren der EU-Gesetzgebung, wobei jedoch das Subsidiaritätsprinzip gelten soll.
> - Einführung einer Unionsbürgerschaft neben der jeweiligen Staatsangehörigkeit.
> - Wahlrecht jedes EU-Bürgers bei Kommunal- und Europawahlen an seinem Wohnsitz innerhalb der EU, unabhängig von seiner Staatsangehörigkeit.

So funktioniert die EU

Die wichtigsten Organe – Stand Mitte 1994

KOMMISSION – „Regierung" der EU, ausführendes Organ
17 Mitglieder
D, E, F, GB, I je 2
B, DK, IRL, L, NL, GR, P je 1

EUROPÄISCHER RAT – Grundsatzentscheidungen
Die 12 Regierungschefs

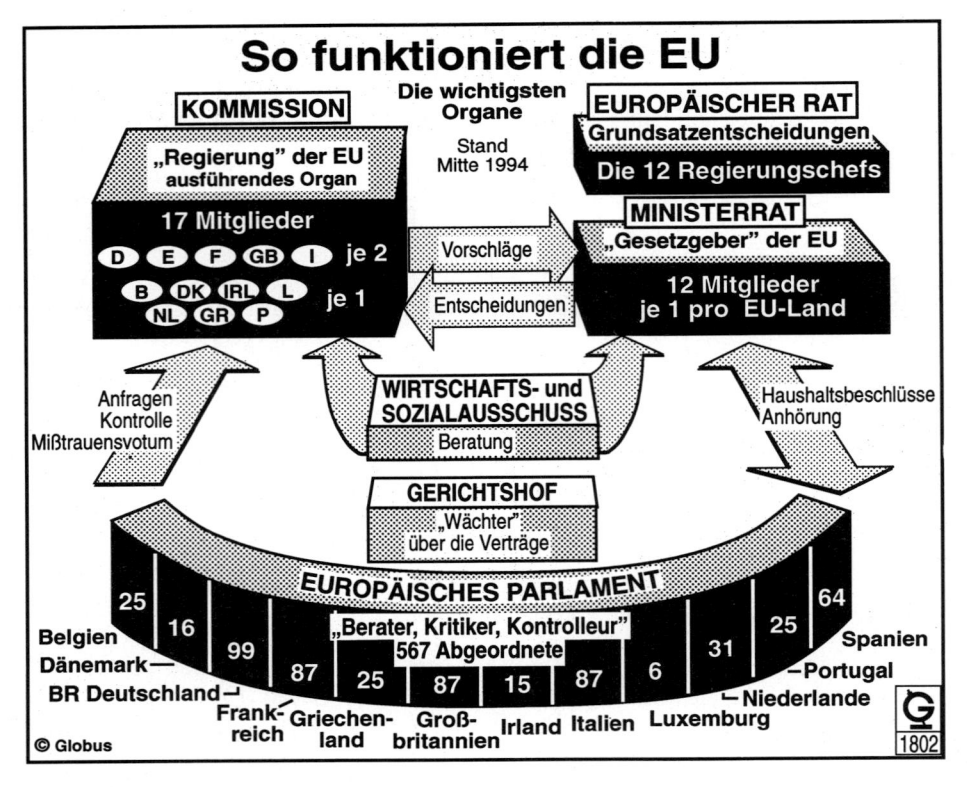

MINISTERRAT – „Gesetzgeber" der EU
12 Mitglieder je 1 pro EU-Land

Vorschläge / Entscheidungen
Anfragen, Kontrolle, Mißtrauensvotum
Haushaltsbeschlüsse, Anhörung

WIRTSCHAFTS- und SOZIALAUSSCHUSS – Beratung

GERICHTSHOF – „Wächter" über die Verträge

EUROPÄISCHES PARLAMENT – „Berater, Kritiker, Kontrolleur", 567 Abgeordnete

Belgien	Dänemark	BR Deutschland	Frankreich	Griechenland	Großbritannien	Irland	Italien	Luxemburg	Niederlande	Portugal	Spanien
25	16	99	87	25	87	15	87	6	31	25	64

© Globus 1802

Abb. 2

Nach der Unterzeichnung des „Vertrages über die Europäische Union am 07. 02. 1992 begann in den Staaten der EU eine leidenschaftliche Diskussion um die vorstehenden Beschlüsse. In der Bundesrepublik mußte sich das Bundesverfassungsgericht mit dem Vertrag von Maastricht befassen. Seine Entscheidung vom Oktober 1993 gab zwar den Weg zur Ratifizierung des Vertrages frei, setzte aber der Interpretation des Vertrages enge Grenzen. Von wesentlicher Bedeutung innerhalb der Entscheidungsgründe ist die Feststellung des Gerichts, daß die Europäische Union ein Bund souveräner Staaten (siehe 1.10.1.1) bleibt und mit dem Vertrag kein Bundesstaat wird. Die Europäische Union ist eine „Supranational organisierte zwischenstaatliche Gemeinschaft" (BVerfG), die auch insoweit, wie sie Hoheitsbefugnisse ausübt, dies nicht aus eigenem Recht tut, sondern lediglich Kraft Übertragung durch die nationalen Parlamente der Mitgliedsstaaten. Die ihr übertragenen Kompetenzen – die sich im wesentlichen auf Tätigkeiten einer „Wirtschaftsgemeinschaft" beschränken –, darf die Europäische Union nicht ausweiten; auch ermächtigt der Vertrag die Union nicht, sich aus eigener Macht Finanzmittel zu beschaffen, die sie zur Erfüllung ihrer Zwecke für erforderlich erachtet. Schließlich wird mit dem Urteil zum Ausdruck gebracht, daß die deutsche Staats- und Rechtsordnung nicht in einem europäischen Oberstaat aufgehen darf. Aus diesem Grunde behalten sich die Verfassungsrichter auch vor, für europäische Entscheidungen die letzte Instanz zu sein, sofern sie das deutsche Hoheitsgebiet betreffen.

Ob unter diesen Einschränkungen Absichten insbesondere der EU-Kommission im Bereich der Gesundheitspolitik zum Tragen kommen, dürfte eher zweifelhaft sein. Zu denken ist hier beispielsweise an die europäische Diskussion um die Selbstverwaltung in der deutschen gesetzlichen Krankenversicherung, die seitens der EU lieber ersetzt würde durch Gremien aus Verbraucher- und Patientenvertretern; gleiches dürfte sicherlich auch für das Dauerthema einer EU-Dienstleistungshaftungsrichtlinie gelten: nicht mehr der Patient soll beweisen müssen, daß ein anläßlich der Behandlung entstandener Schaden vom Arzt/nicht ärztlichem Personal verschuldet wurde; vielmehr soll der Arzt den Entlastungsbeweis führen müssen, daßer seinen Sorgfaltspflichten lückenlos nachgekommen ist.

1.11.2.1 Die Europäische Kommission

Das Hauptorgan der Europäischen Union ist die Europäische Kommission. Sie wirkt insbesondere durch ihr Initiativ- und Vorschlagsrecht an der Gemeinschaftsrechtsetzung mit und führt, soweit die Vorschläge zu rechtskräftigen Beschlüssen werden, diese auch aus. Gemeinhin wird die EU-Kommission als die „Regierung" der Union und die „Hüterin der Verträge" bezeichnet.

Die Kommission setzt sich aus siebzehn unabhängigen Mitgliedern (Kommissionen) zusammen. Jedes Land der Europäischen Union entsendet mindestens einen Kommissar, höchstens zwei, wie etwa die Bundesrepublik. Ab 1995 gilt ein verändertes Ernennungsverfahren: Die Regierungen der Länder der EU werden dann, nach Anhörung des Europäischen Parlaments (EP), den Präsidenten und in Abstimmung mit ihm die übrigen Kommissare zunächst nur benennen. Erst nach Zustimmung des Europäischen Parlaments können die Benannten dann von den Regierungen ernannt werden. Bei Bedarf kann der Rat die Zahl der Kommissionsmitglieder verändern. Während ihrer Amtszeit (bisher vier Jahre, ab 1995 fünf Jahre) sind die Kommissare weder dem Rat der Europäischen Union noch ihren heimatlichen Regierungen verantwortlich, dürfen also von diesen auch keine Anweisungen entgegennehmen.

Ein EU-Kommisssar allein kann keine Entscheidungen treffen. Beschlüsse darf die Kommission nur als Gremium der siebzehn Kommissare fassen mit der Stimmenmehrheit der Mitglieder. Für seinen Aufgabenbereich jedoch ist der Kommissar eigenverantwortlich zuständig.

Die Verwaltung ist in 23 Generaldirektionen gegliedert, etwa vergleichbar den Ministerien eines Landes.

1.11.2.2 Der Rat der Europäischen Union

Der „Rat" in der Europäischen Union setzt sich immer aus je einem Minister jedes Mitgliedsstaates zusammen, also aus derzeit zwölf Personen. Bislang mußten diese stets Mitglieder der jeweiligen Zentralregierungen sein, für die Bundesrepublik also Bundesminister. Seit dem Maastrichter Vertrag können auch Minister der Länder im Rat vertreten sein. Gewöhnlich ist mit „Rat" die Zusammenkunft der Außenminister gemeint; aber auch andere Minister können den „Rat" bilden, je nachdem, welche

Fachfragen anstehen, beispielsweise der Rat der Gesundheitsminister. Im Rat vertreten die einzelnen Staaten ihre nationalen Interessen, hier muß der Kompromiß gefunden werden zwischen dem europäischen Entwurf der Kommission und den unterschiedlichen Interessen der zwölf Länder.

Der Rat wirkt mit der Kommission an der Rechtsprechung der Union mit; nur er kann Rechtsakte mit Gesetzeskraft erlassen (legislative Gewalt). Tätig wird der Rat, wenn ihm ein Gesetzesentwurf (Vorschlag) der Kommission vorliegt. In einigen – genau festgelegten – Fällen kann der Rat ein Gesetz sofort verabschieden, in anderen Fällen muß er zunächst einen „gemeinsamen Standpunkt" formulieren, der dem Europäischen Parlament zur zweiten Lesung zugeleitet wird. Beschlüsse kann der Rat auf dreierlei Weise fassen: Mit einfacher Mehrheit, mit qualifizierter Mehrheit oder einstimmig. Bei Beschlüssen mit qualifizierter Mehrheit haben die Länder ein unterschiedliches, ihrer Größe entsprechendes Gewicht, – die Bundesrepublik verfügt dann über zehn Stimmen. Bei sonstigen Abstimmungen hat jedes Land eine Stimme.

1.11.2.3 Der Europäische Rat

Seit 1975 trafen sich die Staats- und Regierungschefs jährlich mehrmals im sogenannten „Europäischen Rat", um Grundsatzfragen zu erörtern. Aus diesen Treffen resultierte dann 1985 die Institutionalisierung zum „Europäischen Rat", der nunmehr über dem Rat der Europäischen Union angesiedelt ist. Der Europäische Rat faßt keine verbindlichen Beschlüsse, gibt aber die allgemeinen Leitlinien für die weitere politische Einigung Europas vor.

1.11.2.4 Das Europäische Parlament

Das Europäische Parlament besteht aus derzeit 567 Abgeordneten. Die für fünf Jahre gewählten Abgeordneten sind Vertreter der in der Union verbundenen Mitgliedsländer; sie dürfen weder der Regierung eines Mitgliedsstaates noch einem leitenden Organ der Union angehören. Die Europaabgeordneten werden in den zwölf Mitgliedsstaaten nach zwölf verschiedenen Wahlgesetzen gewählt. In der Bundesrepublik Deutschland erfolgt die Wahl zum Europäischen Parlament mit nur einer Stimme nach den Grundsätzen der Verhältniswahl mit Listenwahlvorschlägen (also abweichend vom Wahlsystem bei der Bundestagswahl, wo die modifizierte Verhältniswahl gilt; siehe 1.10.1.4).

Die Bundesrepublik ist mit 99 Abgeordneten im Europäischen Parlament vertreten, die in allgemeiner, unmittelbarer, gleicher, freier und geheimer Wahl gewählt werden (§ 1 Europawahlgesetz). Wie bei der Bundestagswahl gilt bei der Europawahl die Fünfprozentklausel (Sperrklausel) und das Berechnungsverfahren nach Hare-Niemeyer.

Die Rechtsstellung der Abgeordneten aus der Bundesrepublik Deutschland (Immunität, Indemnität) ist im Europaabgeordnetengesetz geregelt; sie gleicht weitgehend der Rechtsstellung der Bundestagsabgeordneten.

Das Europäische Parlament übt im wesentlichen ein Kontrollrecht gegenüber der Kommission aus und kann diese durch ein Mißtrauensvotum auch zum Rücktritt zwingen, wenn sich dafür eine Zweidrittelmehrheit findet. Weiterhin kann das

Europäische Parlament bei Haushaltsfragen mitwirken und mitbestimmen; ohne Zustimmung des Parlaments kann der EU-Haushaltsplan nicht in Kraft treten. Im Rahmen der Binnenmarktgesetzgebung wurde im Vertrag über die Europäische Union (Maastrichter Vertrag) die Stellung des Europäischen Parlaments gegenüber dem Rat und der Kommission durch eine Ausweitung seiner Befugnisse gestaltet. Grundsätzlich wird das Recht der legislativen Mitentscheidung (Kodezission) des Parlaments anerkannt. Diese Gesetzgebungsbefugnis ist allerdings, vorbehaltlich späterer Vertragsreformen, zunächst auf Teilbereiche wie Niederlassungsrecht, Dienstleistungen und Rechtsangleichung im Binnenmarkt sowie das Gesundheitswesen beschränkt. Um Themen fachkundig behandeln zu können, werden sie von den Abgeordneten in Ausschüssen für die Plenarsitzungen des Parlaments vorbereitet. Derzeit gibt es neunzehn Ausschüsse, unter anderem den Ausschuß für Recht und Bürgerrechte, den Ausschuß für soziale Angelegenheiten, den Ausschuß für Umweltfragen, Volksgesundheit und Verbraucherschutz sowie den Ausschuß für Rechte der Frau und den Petitionsausschuß.

> Mit dem Maastrichter Vertrag wurde für das Gesetzgebungsverfahren ein Vermittlungsausschuß vorgesehen, der aus den Ratsmitgliedern und einer gleichen Anzahl von Parlamentariern besteht. Durch Schaffung dieses Vermittlungsausschusses wurde dem Parlament die Möglichkeit der positiven Mitgestaltung von Rechtsakten eingeräumt, jedoch nur dann, wenn der Rat den Forderungen der Abgeordneten zustimmt. Ansonsten bleibt dem Europäischen Parlament die Einflußnahme durch sein Vetorecht, mit dem es einen Rechtsakt gänzlich verhindern kann.

1.11.3 Rechtsetzung der Europäischen Union

Das Verfahren der Europäischen Union zum Erlaß eines Rechtsaktes ist nicht immer leicht nachvollziehbar. Vereinfacht läßt sich das Rechtsetzungsverfahren, für das seit dem Maastrichter Vertrag das Verfahren der Mitentscheidung gilt, wie folgt beschreiben:

- Die Kommission (die sowohl eine administrative wie ausführende Rolle spielt), gibt den Anstoß zu einem Vorschlag, arbeitet diesen aus und legt ihn dem Rat vor.
- Das Europäische Parlament und, je nach Angelegenheit, der Wirtschafts- und Sozialausschuß (Vertreter von Arbeitgebern, Gewerkschaften und anderen Interessengruppen) sonstige Ausschüsse oder der Ausschuß der Regionen (Vertreter der regionalen und lokalen Gebietskörperschaften) beraten und kommentieren den Vorschlag, wobei der Ausschuß der Regionen vor allem zu Fragen aus dem Bereich des Gesundheitswesens gehört werden muß.
- Will das Parlament den sogenannten gemeinsamen Standpunkt des Rats ablehnen, kann dieser den Vermittlungsausschuß anrufen. Lehnt danach das Parlament weiterhin ab oder schlägt Abänderungen vor, tritt der Vermittlungsausschuß erneut in Aktion. Gelingt dann eine Einigung, so müssen ihr der Rat mit qualifizierter Mehrheit und das Parlament mit der absoluten Mehrheit der abgegebenen Stimmen zustimmen. Ist dies der Fall, ist der Rechtsakt zustandegekommen. Nimmt eines der Organe den Rechtsakt nicht an, so gilt er als nicht angenommen. Kommt es nicht zu

einer Einigung, kann der Rat seinen Standpunkt mit qualifizierter Mehrheit bestätigen. In diesem Fall ist der Rechtsakt endgültig erlassen, falls ihn nicht das Parlament mit der absoluten Mehrheit seiner Mitglieder ablehnt und damit endgültig zu Fall bringt.

Rechtsakte und andere Maßnahmen können sein:

Verordnungen

Eine Verordnung ist ein allgemein verbindlicher Rechtsakt, der in allen Mitgliedsstaaten unmittelbar anzuwenden ist, ohne zuvor in nationales Recht umgesetzt werden zu müssen. Sowohl Rat als auch Kommission können Verordnungen erlassen.

Richtlinien

Eine Richtlinie ist ein Gemeinschaftsgesetz, das die Mitgliedsstaaten zur Verwirklichung eines bestimmten Ziels verpflichtet, wobei jedoch die Wahl der Methode jedem einzelnen Mitglied überlassen wird. In der Praxis sind in der Regel nationale Rechtsvorschriften zur Umsetzung erforderlich.
So basieren beispielsweise die Rechtsgrundlagen zahlreicher Berufe im Gesundheitswesen auf Richtlinien der Europäischen Union.

Empfehlungen

Eine Empfehlung ist nicht verbindlich (also kein Gesetz). Sowohl der Rat als auch die Kommission können Empfehlungen abgeben.

1.12 Der Europäische Gerichtshof

Kein eigentliches Organ der Union ist der Europäische Gerichtshof. Diese Einrichtung geht auf die „Römischen Verträge" von 1957 zurück. Der Gerichtshof mit Sitz in Luxemburg hat die Aufgabe, die Wahrung des Rechts bei der Auslegung und Anwendung der Gemeinschafts-/Unionsverträge sowie der von Rat oder Kommission erlassenen Vorschriften zu sichern. Vor allem ist der Gerichtshof zuständig für Entscheidungen über Streitigkeiten zwischen den Mitgliedsstaaten und entscheidet über Rechte des einzelnen gegen Akte der europäischen Gewalt.

1.13 Der Europarat

Obwohl häufig mit der Europäischen Union in Zusammenhang gebracht, hat der Europarat nichts mit der Union zu tun. Der Europarat wurde 1949 gegründet, besteht derzeit aus 27 Mitgliedsstaaten und ist eine Institution der europäischen zwischenstaatlichen Zusammenarbeit. Abkommen oder Konventionen des Europarates erlangen in den Ländern, die die Abkommen ratifizieren, Gesetzeskraft. Zu den wichtigsten Konventionen zählen: Die Europäische Konvention zum Schutz der Menschenrechte und Grundfreiheiten (1950), die Europäische Sozialcharta (1961) und die Europäische Konvention zur Verhütung von Folter und menschenunwürdiger Behandlung oder Bestrafung (1987). Wichtige Einrichtugen des Europarats sind die Europäische Kommission für Menschenrechte und der Europäische Gerichtshof für Menschenrechte.

2 Gesetzeskunde

Die Gesetzeskunde will vornehmlich diejenigen gesetzlichen Bestimmungen zur Kenntnis bringen und erörtern, die für die Berufe im Gesundheitswesen von Interesse und Bedeutung sein können.

2.1 Zivilrechtliche Vorschriften

Die zivilrechtlichen Bestimmungen, die im Bürgerlichen Gesetzbuch (BGB) zu finden sind, geben Antwort unter anderem auf Fragen der Rechtsfähigkeit, Geschäftsfähigkeit, der Testierfähigkeit als auch der Haftung beispielsweise von Angehörigen der Berufe im Gesundheitswesen.

2.1.1 Rechtsfähigkeit

Rechtsfähig sein bedeutet, Träger von Rechten und Pflichten sein zu können. Träger derartiger Rechte und Pflichten kann die Einzelperson (natürliche Person) oder aber auch eine Personenvereinigung (juristische Person, zum Beispiel der Verein) sein.

Jeder Mensch ist nach § 1 BGB mit der Vollendung der Geburt rechtsfähig. Vollendet ist eine Geburt, wenn das Kind in seinem ganzen Umfang den Mutterleib verlassen hat; dabei braucht die Nabelschnur jedoch noch nicht abgetrennt sein. Gegenüber der Vollendung der Geburt ist im Strafrecht der Beginn der Geburt der entscheidende Augenblick (vergleiche § 217 StGB, Kindestötung). Darunter ist das Einsetzen der Geburtswehen zu verstehen. Überhaupt ist strafrechtlich bereits die Leibesfrucht geschützt. Dies gilt nach der Entscheidung des Bundesverfassungsgerichts über das Reformgesetz des Schwangerschaftsabbruchs bereits für das keimende Leben in den ersten Wochen nach der Empfängnis. Entscheidender Gesichtspunkt ist das Recht auf Leben nach Art. 2 Abs. 2 GG.

Damit das geborene Kind Rechtsträger sein kann, muß es notwendig eine **Lebendgeburt** sein.

Eine Lebendgeburt liegt nach § 29 der Verordnung zur Ausführung des Personenstandsgesetzes (AVoPStG) vor, wenn bei dem Geborenen nach der Scheidung vom Mutterleib entweder das Herz geschlagen oder die Nabelschnur pulsiert oder die natürliche Lungenatmung eingesetzt hat. Die Lebensfähigkeit ist, wenn es sich um eine Lebendgeburt handelt, nicht entscheidend.

Eine Lebendgeburt wird als *Frühgeburt* bezeichnet, wenn das Neugeborene, bei Mehrlingsgeburten das schwerste der Kinder, ein Geburtsgewicht unter 2500 g hat; gleichgestellt wird eine Entbindung, bei der das Kind trotz höherem Geburtsgewicht wegen noch nicht voll ausgebildeter Reifezeichen (an Rumpf, Haupt, Fettpolster, Nägel, Haaren oder äußeren Geschlechtsmerkmalen) oder wegen verfrühter Beendigung der Schwangerschaft einer wesentlich erweiterten Pflege bedarf.

Auch wenn ein Kind alsbald nach der Geburt gestorben ist, hat es Rechtsfähigkeit erworben und ist unter Umständen erbberechtigt geworden. Auch Mißgeburten sind rechtsfähig, mögen sie sich vom Durchschnitt auch noch so sehr unterscheiden. Im Gegensatz zu früheren Rechtsordnungen fehlt es an Bestimmungen über Zwitter, also jene Personen, die zweigeschlechtlich geboren werden; die bestehende Rechtsordnung kennt nur das männliche und weibliche Geschlecht; in Zweifelsfällen soll das überwiegende Geschlecht entscheiden.

Die von der Rechtsprechung bislang angenommene Unwandelbarkeit des Geschlechts hat eine bedeutsame Ausnahme für den Personenkreis der sogenannten Transsexuellen gefunden. Unter Transsexuellen sind Menschen zu verstehen, die in der Annahme leben, eigentlich dem Gegengeschlecht anzugehören. Transsexualismus ist eines der wichtigsten Erscheinungsbilder psychisch-sexueller Fehlentwicklungen, deren Ursachen (Ätiologie) noch nicht endgültig geklärt sind. Der Gesetzgeber hat den medizinischen Erkenntnissen insoweit Rechnung getragen, als seit dem 01.01.1981 Transsexuelle ihr äußeres Geschlecht durch eine genitalverändernde Operation dem nicht korrigierbaren psychischen Empfingen anpassen können. Nach einer solchen Maßnahme richten sich dann alle Rechte und Pflichten nach dem neuen Geschlecht [Gesetz zur Änderung des Vornamens sowie der Feststellung des Geschlechts in gewissen Fällen (Transsexuellengesetz – TSG)].

In bestimmten Sonderfällen trägt der Gesetzgeber den Interessen der Leibesfrucht, die selbst noch nicht rechtsfähig ist, Rechnung, ja sogar schon dann, wenn die Leibesfrucht noch nicht erzeugt ist. So werden zum Beispiel Unterhaltsrechte der bereits gezeugten, aber noch nicht geborenen Leibesfrucht gesichert (§ 844 BGB); ein Vermächtnis kann der Erblasser zugunsten eines im Zeitpunkt des Erbfalls noch nicht Erzeugten anordnen.

Während der Mensch, die sogenannte natürliche Person, mit der Vollendung der Geburt rechtsfähig wird, beginnt die Rechtsfähigkeit juristischer Personen (Personenvereinigungen) mit dem Zeitpunkt des Abschlusses ihrer Entstehung, bei Vereinen in der Regel mit der Eintragung im Vereinsregister.

Die Rechtsfähigkeit des Menschen endet mit dem Tod.

Zu welchem Zeitpunkt der Tod eintritt, Herztod oder Gehirntod, ist in erster Linie eine medizinische Frage. Der Zeitpunkt des Todes im Rechtssinne ist jedoch der Hirntod, (AG Hersbruck, MedR 1993, 111) d. h. der irreversible und vollständige Funktionsausfall des Gesamthirns (Hirnrinde und Hirnstamm – zu den Kriterien des Hirntodes vergleiche Bundesärztekammer, 29.06.1991).

Medizinrechtlich gilt der Todeseintritt zum einen als (späteste) Grenze der ärztlichen Behandlungspflicht, zum anderen als Voraussetzung für die Entnahme lebenswichtiger Organe zu Transplantationszwecken. Bei letzterem ist weiterhin die Frage nach der Einstellung des Organspenders von Bedeutung: Sollen Organe von Toten immer schon dann entnommen werden dürfen, wenn der Verstorbene der Entnahme zu Lebzeiten nicht widersprochen hat (sogenannte Widerspruchslösung) oder ist eine Organentnahme nur dann zulässig, wenn der Verstorbene selbst zu

Lebzeiten – oder nach seinem Tode seine Angehörigen – einem solchen Eingriff ausdrücklich zugestimmt hat (sogenannte Einwilligungs- oder Zustimmungslösung)? Bislang konnte über diese Frage keine Einigung erzielt und dementsprechend ein Transplantationsgesetz nicht verabschiedet werden. Auch die sogenannte Informationslösung konnte den Meinungsstreit nicht beilegen; sie stellt eine Art Kompromißvorschlag dar: in erster Linie soll der zu Lebzeiten geäußerte oder den Umständen nach zu vermutende Wille des Verstorbenen selbst maßgeblich sein; ist eine Feststellung nicht möglich, sollen die Angehörigen über eine beabsichtigte Organentnahme informiert werden, es wird jedoch nicht deren ausdrückliche Zustimmung gefordert; bleibt ein Widerspruch aus, soll die Entnahme zulässig sein.

Im Unterschied zur Organtransplantation besteht dagegen bei der klinischen Sektion, die mit wenigen Ausnahmen bezüglich der Leichenöffnung im Rahmen eines gerichtlichen, staatsanwaltlichen oder (gesundheits-)behördlichen Verfahrens ebenfalls nicht gesetzlich geregelt ist, Einigkeit darüber, daß sie nur bei vorliegender Einwilligung des Verstorbenen oder der totensorgeberechtigten Angehörigen zulässig ist.

Eine Todeserklärung beendet die Rechtsfähigkeit nicht; sie begründet nur eine Vermutung, die mit Auftauchen des für tot Erklärten widerlegt ist.

Die Rechtsfähigkeit der juristischen Person endet mit dem Abschluß des Liquidationsverfahren.

2.1.1.1 Meldepflicht

Sowohl die Geburt als auch der Tod eines Menschen bedürfen der Mitteilung an den zuständigen Standesbeamten (im einzelnem geregelt im Personenstandsgesetz). Zuständig ist derjenige Standesbeamte, in dessen Bezirk die Geburt erfolgt oder der Tod eingetreten ist.

Die *Geburtsanzeigepflicht* trifft in der nachstehenden Reihenfolge:

1. den ehelichen Vater,
2. die Hebamme, die bei der Geburt zugegen war,
3. den Arzt, der dabei zugegen war,
4. jede andere Person, die dabei zugegen war oder von der Geburt aus eigener Wissenschaft unterrichtet ist,
5. die Mutter, sobald sie dazu imstande ist.

Bei Geburten in öffentlichen Anstalten trifft die Verpflichtung zur Anzeige ausschließlich den Anstaltsleiter oder den von der zuständigen Behörde ermächtigten Beamten oder Angestellten; ausreichend ist eine schriftliche Anzeige in amtlicher Form (Formblätter). Die Geburtsanzeige, die binnen einer Woche zu erfolgen hat, muß enthalten: die Vor- und Familiennamen der Eltern, ihren Beruf und Wohnort, gegebenenfalls die Religionszugehörigkeit, Ort, Tag und Stunde der Geburt, Geschlecht des Kindes und einen Vornamen, der allerdings noch binnen Monatsfrist später angezeigt werden kann. Außerdem muß der Anzeigende Vor- und Familienname sowie Beruf und Wohnort angeben.

Ist ein Kind totgeboren oder in der Geburt verstorben, so muß die Anzeige spätestens am folgenden Werktag erstattet werden. Eine *Fehlgeburt* braucht nicht angezeigt zu werden.

Von einer *Totgeburt* spricht der Gesetzgeber (§ 29 Abs. 2A VoPStG), wenn nach der Trennung vom Mutterleib weder das Herz geschlagen, noch die Nabelschnur pulsiert hat, noch die natürliche Lungenatmung eingesetzt hat, und das Gewicht der Leibesfrucht mindestens 500 g beträgt. Beträgt das Gewicht einer totgeborenen oder in der Geburt verstorbenen Frucht weniger als 500 g, so ist die Geburt eine Fehlgeburt (§ 29 Abs. 3 AVoPStG). Die Unterscheidung zwischen Totgeburt und Fehlgeburt ist unter anderem im Bereich des Mutterschutzgesetzes bedeutsam. Fehlgeburten sind anders als Totgeburten keine Entbindungen im Sinne des Mutterschutzgesetzes. Ist also eine Frau infolge einer Fehlgeburt arbeitsunfähig und krank, beurteilen sich die Rechtsfolgen nach den Vorschriften über eine Arbeitsverhinderung infolge Erkrankung; demgegenüber wird bezüglich des Mutterschutzes nicht zwischen Lebend- und Totgeburt differenziert (siehe 2.3.5.4).

Anenzephale Neugeborene sind, soweit ein funktionstüchtiger Hirnstamm vorhanden ist, keine Totgeburten; ihre Verwendung als Organspender kommt somit nicht schon aufgrund diagnostizierter Anenzephalie, sondern allenfalls nach gesicherter Todesfeststellung unter den oben genannten Voraussetzungen in Betracht.

Der Tod eines Menschen muß dem Standesbeamten, in dessen Bezirk er gestorben ist, spätestens am folgenden Werktag angezeigt werden.

Die Pflicht zur – mündlichen – Anzeige des Todes trifft:

1. das Familienoberhaupt,
2. denjenigen, in dessen Wohnung sich der Sterbefall ereignet hat,
3. jede Person, die bei dem Tod zugegen war oder von dem Sterbefall aus eigener Wissenschaft unterrichtet war.

Für die Anzeige von Todesfällen in öffentlichen Anstalten (Krankenanstalten) ist der Anstaltsleiter oder der von der zuständigen Behörde ermächtigte Beamte oder Angestellte zuständig.

2.1.1.2 Namensrecht

Mit der Geburt erhält das eheliche Kind den Ehenamen seiner Eltern als Geburtsnamen (§ 1616 BGB). Führen die Eltern keinen gemeinsamen Familiennamen (siehe 2.1.4) so bestimmen sie durch Erklärung gegenüber dem Standesbeamten den Namen zum Geburtsnamen des Kindes, den entweder der Vater oder die Mutter zur Zeit der Erklärung führt. Diese Bestimmung der Eltern gilt dann auch für weitere gemeinsame Kinder (§ 1616 Abs. 2 BGB).

Treffen die Eltern innerhalb eines Monats nach der Geburt des Kindes keine Bestimmung, wird das Bestimmungsrecht einem Elternteil durch das Vormundschaftsgericht übertragen. Wird auch in einer vom Vormundschaftsgericht gesetzten Frist das Bestimmungsrecht nicht ausgeübt, so erhält das Kind den Namen des Elternteils, dem das Bestimmungsrecht übertragen wurde.

Bestimmen die Eltern einen Ehenamen, nachdem das Kind das fünfte Lebensjahr vollendet hat, so erstreckt sich der Ehename auf den Geburtsnamen des Kindes nur dann, wenn es sich der Namensänderung anschließt (§ 1616a BGB).

Den Vornamen bekommt das Kind durch Beilegung seitens der Personensorgeberechtigten; das sind entweder die Eltern oder ist die Mutter bei nichtehelichen Kindern, gegebenenfalls auch ein Vormund. Der Vorname muß grundsätzlich dem Geschlecht entsprechen, so daß Knaben einen männlichen und Mädchen einen weiblichen Vornamen erhalten müssen; eine Ausnahme gilt für den Vornamen „Maria", der als Zweitname einem männlichen Vornamen beigegeben werden darf. Eine weitere Ausnahme enthält das Gesetz über die Änderung der Vornamen und die Feststellung der Geschlechtszugehörigkeit in besonderen Fällen (Transsexuellengesetz). Vorname wie Familienname können auf Antrag unter bestimmten Voraussetzungen geändert werden.

Zum Erwerb der Staatsangehörigkeit siehe unter Art. 16 GG (siehe 1.10.2.2).

2.1.1.3 Wohnsitz

Minderjährige teilen den Wohnsitz der Eltern, § 11 BGB. Unter Wohnsitz ist der räumliche Mittelpunkt der Lebensinteressen einer Person zu verstehen. Mit einem Wohnsitzwechsel ist eine Meldepflicht bei der örtlichen Ordnungsbehörde verbunden. Ein Wohnsitz kann auch an mehreren Orten begründet werden.

2.1.1.4 Parteifähigkeit

Der Rechtsfähigkeit des bürgerlichen Rechts entspricht im wesentlichen die Parteifähigkeit der Zivilprozeßordnung. Die Parteifähigkeit, § 50 ZPO, ist die Fähigkeit, in einem Rechtsstreit Partei zu sein.

Als Partei wird in der Regel der Kläger oder Beklagte, der Antragsteller oder Antragsgegner bezeichnet, also derjenige, von dem oder gegen den Rechtsschutz gesucht wird.

2.1.2 Handlungsfähigkeit

Der (mehr passiven) Rechtsfähigkeit steht die (aktive) Handlungsfähigkeit gegenüber.

> Bei der Handlungsfähigkeit kommt es darauf an, ob der Mensch für sein Handeln verantwortlich gemacht werden kann. Dies ist letztlich eine Frage der Einsichts- und Willensfähigkeit.

Einem kleinen Kind fehlt noch die *Einsichtsfähigkeit*. Aus diesem Grund handeln die gesetzlichen Vertreter, also in der Regel die Eltern, aber auch eventuell ein Vormund, für das Kind, das wegen fehlender Einsichts- und Willensfähigkeit noch nicht handlungsfähig ist.

Die Handlungsfähigkeit wird deshalb allgemein bestimmt als die Fähigkeit, durch eigenes Handeln Rechtswirkungen hervorrufen zu können. Sie gliedert sich in die *Geschäftsfähigkeit* und die *Deliktsfähigkeit*.

2.1.2.1 Geschäftsfähigkeit

> Unter Geschäftsfähigkeit versteht das Gesetz die Fähigkeit, durch eigene Willenserklärungen Rechte und Pflichten erwerben zu können.

Bezüglich der Geschäftsfähigkeit gibt es drei Stufen: die Geschäftsunfähigkeit, die beschränkte Geschäftsfähigkeit und die volle Geschäftsfähigkeit. Die drei Stufen entsprechen der Entwicklung des Menschen: bis zum 7. Lebensjahr ist der Mensch **geschäftsunfähig** (§ 104 BGB), seine Willenserklärungen sind nichtig, er kann zum Beispiel keinen Kauf- oder Arztvertrag abschließen; gleiches gilt für denjenigen, der sich in einem die freie Willensbestimmung ausschließenden Zustande krankhafter Störung der Geistestätigkeit befindet, sofern nicht der Zustand seiner Natur nach vorübergehend ist. Bis zum 18. Lebensjahr ist der Mensch **beschränkt geschäftsfähig** („minderjährig") (§ 106 BGB), seine Willenserklärung kann wirksam sein, muß aber nicht; jedenfalls kann der gesetzliche Vertreter die Rechtsgeschäfte des Minderjährigen genehmigen. Im Grundsatz gilt, daß Geschäfte, die dem Minderjährigen lediglich einen rechtlichen Vorteil bringen, gültig sind. Gleiches gilt für die sogenannten „Bargeschäfte". Auf Grund des „Taschengeldparagraphen" (§ 110 BGB) gelten Verträge, die ein Minderjähriger ohne Zustimmung seines gesetzlichen Vertreters geschlossen hat, als von Anfang an wirksam, wenn der Minderjährige die vertragsgemäße Leistung mit Mitteln bewirkt, die ihm zu diesem Zweck oder zur freien Verfügung überlassen worden sind.

Ab dem 18. Lebensjahr ist der Mensch voll geschäftsfähig (§ 2 BGB).
Ab diesem Zeitpunkt gelten Willenserklärungen des Volljährigen für und gegen ihn. Er kann wirksam Verträge abschließen, die ihn berechtigen, aber in der Regel auch verpflichten.

2.1.2.1.1 Betreuung

Einer volljährigen Person kann unter bestimmten Voraussetzungen ein Betreuer zur Seite gestellt werden.

Mit der Einführung der Betreuung durch das Betreuungsgesetz (BtG vom 12. 09. 1990) hat der Gesetzgeber die früher bestehenden Institutionen der Entmündigung und Gebrechlichkeitspflegschaft aufgehoben.

Für einen Volljährigen bestellt das Vormundschaftsgericht auf dessen Antrag oder von Amts wegen einen Betreuer, wenn er seine Angelegenheiten ganz oder teilweise infolge einer psychischen Krankheit oder einer körperlichen, geistigen oder seelischen Behinderung nicht besorgen kann (§ 1896 Abs. 1 BGB). Voraussetzung für eine Betreuung ist demnach zunächst die Volljährigkeit des Betroffenen. Problematisch ist, ob auch für eine hirntode Schwangere ein Betreuer bestellt werden kann, wenn der Leibesfrucht eine reale Lebenschance eingeräumt wird. Obgleich „ein Volljähriger" im Sinne von § 1986 BGB nur ein lebender Mensch sein kann und damit das Betreuungsrecht grundsätzlich nicht auf Verstorbene anzuwenden ist, wurde in einem Fall die Betreuung angeordnet (AG Hersbruck, MedR 1993, 111). Das Gericht nahm eine Güterabwegung zwischen dem potentiellen Persönlichkeitsschutz der toten Frau und dem selbständigen Lebensrecht des ungeborenen Kindes zu dessen Gunsten vor. Es stellte nicht vorrangig auf den hirntoten Körper eines Menschen ab, sondern darauf, daß dieser Körper die notwendige, weil einzig mögliche lebenserhaltende Schutzhülle für eine lebende Leibesfrucht war. Auch wurde ein mutmaßlicher Wille der Toten bezüglich der medizinisch-technischen Aufrechterhaltung der Vitalfunktionen angenommen. Diesem Willen entspreche die Bestellung eines Betreuers, so das Gericht, da die Betroffene selbst nicht mehr in der Lage sei, zu handeln.

Ist der Betroffene minderjährig, wird er von seinen Eltern oder einem Vormund betreut. Allerdings kann auch schon für einen 17jährigen vorsorglich ein Betreuer bestellt werden, wenn sich zeigt, daß er bei Volljährigkeit einen Betreuer brauchen wird (§ 1908a BGB). Weiterhin setzt die Betreuung voraus, daß das Nichtbesorgen können der eigenen Angelegenheiten bestimmte medizinische Ursachen hat. Zu den psychischen Krankheiten zählen etwa körperlich nicht begründbare, endogene Psychosen ebenso wie körperlich begründbare, exogene Psychosen, Neurosen und Persönlichkeitsstörungen wie ebenfalls Abhängigkeitskrankheiten, soweit der psychische Zustand auf die Sucht zurückführbar ist (BayObLG, NJW 1990, 775).

Unter die vom Gesetzgeber genannten geistigen Behinderungen fällt sowohl eine angeborene oder durch Hirnschädigung erworbene Intelligenzschwäche als auch zum Beispiel alters bedingte geistige Behinderungen.

Unter seelischen Behinderungen sind psychische Beeinträchtigungen als Folge von psychischen Erkrankungen zu verstehen. Blindheit und Taubheit zählen zu den körperlichen Behinderungen; hier darf ein Betreuer jedoch nur auf Antrag des Betroffenen bestellt werden. Keine Rolle spielt, ob der Betroffene infolge seiner Behinderung geschäftsfähig oder geschäftsunfähig ist.

> Grundsätzlich gilt, daß ein Betreuer nur bestellt werden darf, wenn dies erforderlich ist, also andere Möglichkeiten der Hilfe, etwa durch Familienangehörige oder einen vom Betroffenen Bevollmächtigten, ausscheiden. Zum Betreuer bestellt das Vormundschaftsgericht eine geeignete natürliche Person (§ 1897 Abs. 1 BGB), wobei Wünsche des Volljährigen zu berücksichtigen sind. Allerdings können auch Vereinsbetreuer, Behördenbetreuer oder hilfsweise ein Betreuungsverein bestellt werden.

Der Betreuer darf vom Vormundschaftsgericht nur für die Aufgabenkreise bestellt werden, in denen die Betreuung erforderlich ist. Im Einzelfall kann die Feststellung schwierig sein, welchen Umfang ein Aufgabenkreis hat. So ist etwa zweifelhaft, ob der Betreuer, dem das Aufenthaltsbestimmungsrecht übertragen ist, auch den Heimvertrag mit dem Altenheim schließen kann, oder ob dafür angesichts der hohen Kosten eine Betreuung auch mit dem Aufgabenkreis „Vermögenssorge" erforderlich ist. Wird vom Vormundschaftsgericht der Aufgabenkreis „alle Angelegenheiten des Betroffenen" angegeben, so klammert das Gesetz gewisse Bereiche aus, wie etwa die Entscheidung über den Fernmeldeverkehr des Betreuten (§ 1896 Abs. 4 BGB) oder die Einwilligung zu einer Sterilisation (§ 1899 Abs. 2 BGB). Der Betreute, für den ein Betreuer zur Besorgung aller seiner Angelegenheiten bestellt ist, verfügt nicht mehr über das aktive und passive Wahlrecht sowohl für die Bundestagswahlen (§ 12 BundeswahlG), die Europa-, Landtags- und Kommunalwahlen.

Demgegenüber bleibt die Testierfähigkeit und die Ehemündigkeit von der Betreuerbestellung unberührt. Die Wirksamkeit der Willenserklärungen des Betreuten hängen jeweils davon ab, ob er geschäftsfähig, d. h. im konkreten Fall testier- oder ehefähig war. Dies ist eine Folge der Tatsache, daß grundsätzlich die Bestellung eines Betreuers die Geschäftsfähigkeit des Betreuten – soweit vorhanden – nicht tangiert. Allerdings kann das Vormundschaftsgericht zur Abwendung einer erheblichen Gefahr für den Betreuten anordnen, daß der Betreuer zu einer Willenserklärung, die den Aufgabenkreis des Betreuers betrifft, dessen Einwilligung bedarf (§ 1903 BGB), sogenannter Einwilligungsvorbehalt.

Der Betreuer hat für seinen Aufgabenbereich die Stellung eines gesetzlichen Vertreters des Betreuten (§ 1902 BGB);er hat die Angelegenheiten des Betreuten so zu besorgen, wie es dessen Wohl entspricht (§ 1901 Abs. 2 BGB). Wichtig ist deshalb stets auch die richtige Beschreibung des Aufgabenkreises des Betreuers. So kann sich der Betreuer zum Beispiel um die ärztliche Behandlung des Betroffenen nur kümmern, wenn er einen entsprechenden Aufgabenkreis hat. Würde etwa der Aufgabenkreis nur lauten „Zustimmung zur Heilbehandlung" wäre eine kosmetische Operation nicht einbezogen, da sie keine „Heilbehandlung" darstellt. Problematisch ist auch die Beurteilung der Einwilligungsfähigkeit des Betreuten in ärztliche Eingriffe, Untersuchungen und Verabreichungen von Medikamenten, die nach der Rechtsprechung Körperverletzungen darstellen (siehe 2.2.6.1). Ist der Betreute einwilligungsfähig (nicht notwendigerweise volljährig) kann der Betreuer nicht an dessen Stelle für ihn einwilligen; ist der volljährige Betroffene einwilligungsunfähig, kann der Betreuer bei entsprechendem Aufgabenkreis als gesetzlicher Vertreter die Einwilligung erteilen. Ist die Einwilligungsfähigkeit zweifelhaft, bleibt es grundsätzlich das Risiko des behandelnden Arztes, ob sein Eingriff widerrechtlich oder durch eine Einwilligung gerechtfertigt ist. Sinnvollerweise holt sich der Arzt in diesem Fall die Einwilligung des Betroffenen wie die des Betreuers ein. Willigt der eine ein, widerspricht jedoch der andere, kommt es schlußendlich auf die Einsichtsfähigkeit des Betroffenen an. In bestimmten Fällen ärztlicher Maßnahmen (§ 1904 BGB), die mit Todesgefahr oder dem Risiko eines dauernden Gesundheitsschadens verbunden sind, bedarf es bei Einwilligungsunfähigkeit des volljährigen Betreuten der vormundschaftsgerichtlichen Genehmigung, damit die Einwilligung des Betreuers wirksam wird; dabei hat der Richter den Betroffenen zuvor persönlich anzuhören.

Die Genehmigung des Vormundschaftsgerichts dürfte erforderlich sein bei chirurgischen Maßnahmen, Legen eines Blasendauerkatheters, einer Arthroskopie, einer Herzkatheterisierung und einer Liquorentnahme. Ähnliches ist anzunehmen bei einer medikamentösen Heilbehandlung – vor allem bei langfristiger Einnahme –, wenn erhebliche gesundheitsschädigende Einflüsse nicht ausgeschlossen sind.

Weitere Einzelheiten des Betreuungsrechts sind in den §§ 1896 bis 1908i BGB geregelt; dazu zählen auch Regelungen über Probleme der Sterilisation des Betreuten, der Wohnungsauflösung und der freiheitsentziehenden zivilrechtlichen Unterbringung des Betreuten. Freiheitsentziehende Maßnahmen können sein: Bettgitter, Fixierung der Arme und Beine, Schutzdecken, Leibgurte am Bett oder Stuhl, Abschließen des Zimmers, der Station, des Hauses, aber auch sedierende Medikamente, die in erster Linie die Ruhigstellung des Betroffenen bezwecken. Diese sind nur zulässig, solange sie zum Wohl des Betreuten erforderlich sind, weil aufgrund einer psychischen Krankheit oder geistigen oder seelischen Behinderung des Betreuten die Gefahr besteht, daß er sich selbst tötet oder erheblichen gesundheitlichen Schaden zufügt, oder weil eine Untersuchung, eine Heilbehandlung oder ein ärztlicher Eingriff ohne Unterbringung des kranken Betreuten nicht durchgeführt werden kann (§ 1906 BGB). Eine derartige Unterbringung ist grundsätzlich nur mit Genehmigung des Vormundschaftsgericht zulässig. Soll dem Betreuten durch mechanische Vorrichtungen für einen längeren Zeitraum oder regelmäßig zusätzlich die Freiheit entzogen werden, ist eine weitere gerichtliche Genehmigung erforderlich (BayOLG, Beschluß vom 06.05.1993).

2.1.2.1.2 Vormundschaft und Pflegschaft

Von der Betreuung ist die Vormundschaft zu unterscheiden. Einen Vormund erhält ein Minderjähriger, wenn er nicht unter elterlicher Gewalt steht oder die Eltern nicht sorgeberechtigt sind (§ 1773 BGB); in diesem Fall spricht man von einem Mündel. Die Vormundschaft wird vom Vormundschaftsgericht angeordnet. Zum Vormund kann nicht bestellt werden, wer geschäftsunfähig oder selbst entmündigt ist. Wer minderjährig ist oder unter vorläufiger Vormundschaft steht oder zur Besorgung seiner Vermögensangelegenheiten einen Pfleger erhalten hat, soll nicht zum Vormund bestellt werden. Wird jemand trotz Vorliegens dieser Voraussetzungen zum Vormund bestellt, so ist die Bestellung, anders als bei bestehender Geschäftsunfähigkeit, dennoch wirksam. Wird ein Vormund bestellt, weil etwa die Eltern des Minderjährigen nicht sorgeberechtigt sind, so hat das Vormundschaftsgericht das Jugendamt anzuhören.

Ist ein Vormund oder der Inhaber der elterlichen Gewalt an der Besorgung einzelner Angelegenheiten für das Mündel oder Kind verhindert, kann eine Pflegschaft angeordnet werden (§ 1909 BGB). Während die Vormundschaft alle Angelegenheiten umfaßt, ist die Pflegschaft eine gerichtlich angeordnete Fürsorgetätigkeit für einen vorgegebenen Aufgabenbereich. Von dieser Ergänzungspflegschaft ist die Abwesenheitspflegschaft für die Vermögensverhältnisse eines abwesenden Volljährigen (§ 1911 BGB) und die Pflegschaft für eine Leibesfrucht (§ 1912 BGB) zu unterscheiden; letztere kann vom Jugendamt oder der werdenden Mutter beantragt werden, wenn anzunehmen ist, daß das Kind nicht ehelich geboren wird. Diese Pflegschaft endet mit der Geburt des Kindes (§ 1918 Abs. 2 BGB). Wird ein Pfleger bestellt, so ist dieser in der Regel nicht wie ein Vormund der gesetzliche Vertreter des Pflegings.

Die Anordnung einer Vormundschaft oder Pflegschaft bedarf der Mitwirkung des Jugendamts. Das Jugendamt ist der örtliche Träger der öffentlichen Jugendhilfe. Seine Aufgaben sind im Sozialgesetzbuch (SGB VIII) definiert, das die Regelungen über die Kinder- und Jugendhilfe enthält. Die öffentlichen Träger der Jugendhilfe sollen mit den freien Trägern (Jugendverbände, Kirchen, Religionsgemeinschaften) zusammenarbeiten und deren Tätigkeit fördern. Ziel der Kinder- und Jugendhilfe ist die Unterstützung der elterlichen Erziehungsaufgabe, um dadurch die Erziehungssituation von Kindern und Jugendlichen zu verbessern. Im Sinne des Gesetzes ist Kind, wer noch nicht 14 Jahre alt ist (§ 7 Abs. 1 SGB VIII), Jugendlicher, wer 14, aber noch nicht 18 Jahre alt ist, und junger Volljähriger, wer 18, aber noch nicht 27 Jahre alt ist. Zu den Leistungen und Aufgaben der Jugendhilfe zählen Angebote der Jugendarbeit (zum Beispiel Bildungs- und Erholungsangebote), der Jugendsozialarbeit (zum Beispiel sozialpädagogisch begleitete Ausbildungs- und Beschäftigungsmaßnahmen) und des erzieherischen Kinder- und Jugendschutzes. Einzelheiten über die Leistungen sind landesrechtlich geregelt.

2.1.2.2 Deliktsfähigkeit

> Die Deliktsfähigkeit ist die Fähigkeit, durch unerlaubte Handlungen privatrechtlich verpflichtet werden zu können.

Schießt zum Beispiel jemand mit dem Ball absichtlich die Schaufensterscheibe eines Ladens ein, so ist er dem Ladenbesitzer zum Schadensersatz verpflichtet.

Auch für die Deliktsfähigkeit (Verantwortlichkeit für unerlaubtes Handeln) ist das Alter entscheidend: bis zum 7. Lebensjahr ist der Mensch deliktsunfähig; vom 7. bis zum 18.Lebensjahr beschränkt deliktsfähig, d. h.er ist nur dann verantwortlich, wenn die zur Erkenntnis der Verantwortlichkeit erforderliche Einsicht vorhanden war, und ab dem 18. Lebensjahr ist der Mensch voll verantwortlich.

Dem deliktsunfähigen Kind ist der Geisteskranke gleichgestellt. Trifft das Kind keine Haftung, so ist jedoch immer an eine mögliche Haftung der Aufsichtspflichtigen zu denken.

2.1.2.3 Strafmündigkeit

Von der Deliktsfähigkeit ist zu unterscheiden die Strafmündigkeit, die die strafrechtliche Verantwortlichkeit meint.

> Strafrechtlich ist nicht verantwortlich, wer zur Tatzeit noch nicht 14 Jahre alt ist (§ 1 Abs. 2 JGG; § 10 StGB).

Mit dem 14. Lebensjahr beginnt die bedingte Strafmündigkeit als Jugendlicher, wenn er zur Zeit der Tat nach seiner sittlichen und geistigen Entwicklung reif genug ist, das Unrecht der Tat einzusehen und nach dieser Einsicht zu handeln. Mit dem 18. Lebensjahr beginnt die Strafmündigkeit als Heranwachsender und mit Vollendung des 21. Lebensjahres beginnt die volle strafrechtliche Verantwortlichkeit als Erwachsener.

2.1.3 Altersstufen und ihre rechtliche Bedeutung

Die rechtliche Bedeutung des Lebensalters und die mit seinem Fortschreiten wachsenden Befugnisse und Verantwortlichkeiten zeigt folgende Übersicht:

```
 6 Jahre:  Beginn der Schulpflicht.
 7 Jahre:  beschränkte Geschäfts- (§§ 106 ff. BGB), und Deliktsfähigkeit (§ 828 BGB).
14 Jahre:  bedingte Straffähigkeit (§ 1 Abs. 2 JGG), volle Religionsmündigkeit.
16 Jahre:  Personalausweispflicht, Fähigkeit der Ablegung eines Zeugeneides (§§ 393, 455
           Abs. 2 ZPO; § 60 Nr. 1 StPO), beschränkte Testierfähigkeit (§§ 2229 Abs. 1, 2247 Abs.
           4 BGB), Ehefähigkeit (§ 1 Abs. 2 EheG).
18 Jahre:  Wahlrecht zum Bundestag (aktives und passives Wahlrecht), Volljährigkeit mit voller
           Geschäfts- und Testierfähigkeit (§§ 2, 2229 BGB), Ehemündigkeit des Mannes und der
           Frau, § 1 EheG, volle Deliktsfähigkeit (§ 828 BGB), Straffähigkeit als Heranwachsen-
           der (§ 1, 105, 106 JGG), Beginn der Wehrpflicht.
21 Jahre:  volle Straffähigkeit als Erwachsener (§ 1 Abs. 2 JGG).
40 Jahre:  Befähigung zum Amt des Bundespräsidenten (Art. 54 GG).
```

2.1.4 Ehemündigkeit

Mit der Neuregelung des Volljährigkeitsalters geht zusammen die Bestimmung der Ehemündigkeit. Mit Wirkung vom 01.01.1975 ist das Ehemündigkeitsalter für Mann und Frau auf 18 Jahre herabgesetzt, wenn es in § 1 EheG heißt: „Eine Ehe soll nicht vor Eintritt der Volljährigkeit eingegangen werden". Allerdings ist auf Antrag Befreiung durch das Vormundschaftsgericht möglich, wenn der Antragsteller das 16. Lebensjahr vollendet hat (Ehefähigkeit) und sein künftiger Ehegatte volljährig ist. In diesen Fällen ist allerdings vor einer Entscheidung das Jugendamt zu hören.

> Nach ständiger Rechtsprechung bezieht sich der Begriff „Ehe" auf Lebensgemeinschaften von Mann und Frau. Das Bundesverfassungsgericht hat daher auch in seinem Beschluß vom 04.10.1993 die Frage nach der Eheschließungfreiheit von homosexuellen oder lesbischen Paaren als für „nicht klärungsbedürftig" gehalten. Offengelassen hat das Gericht allerdings, ob der Gesetzgeber eventuell betroffene Grundrechte (Persönlichkeitsrecht, Gleichheitsgrundsatz) anders schützen könne, als durch Eröffnung „des Zugangs zur Ehe".

Der Eheschließung geht in der Regel die Verlobung voraus, die das Versprechen enthält, künftig die Ehe miteinander einzugehen. Die Verlobung ist nicht an eine bestimmte Form gebunden, es soll jedoch der ernstliche Wille von Mann und Frau nach außen in Erscheinung treten. Ein Rücktritt vom Verlöbnis ist jederzeit möglich, löst aber gegebenenfalls Ersatzansprüche aus. Auf Eingehung der Ehe kann aus dem Verlöbnis nicht geklagt werden, § 1297 BGB.

Die Ehe wird vor einem Standesbeamten geschlossen; die standesamtliche Eheschließung hat notwendig der kirchlichen Trauung vorauszugehen, anderenfalls liegt eine Ordnungswidrigkeit vor, § 67 PStG. Der Eheschließung soll ein Aufgebot vorausgehen; dies dient dem Zweck, mögliche Eheverbote bekannt werden zu lassen, bei deren Vorliegen eine Ehe nicht geschlossen werden darf. Von der Aufgebotsbestellung kann Befreiung erteilt werden.

Wird die Ehe vor dem Standesbeamten geschlossen, so sind die Ehegatten einander zur ehelichen Lebensgemeinschaft verpflichtet (§ 1353 Abs. 1 BGB).

Durch die Heirat wird der Familienname erworben; er ergibt sich mithin aus familienrechtlichen Vorgängen (§ 1355 BGB). Er entsteht als Ehenamen bei der Eheschließung durch Erklärung der zukünftigen Eheleute gegenüber dem Standesbeamten. Grundsätzlich sollen die Ehegatten einen gemeinsamen Familiennamen (Ehenamen) bestimmen; das kann der Geburtsname des Mannes oder der Frau sein. Nicht zum Ehenamen gewählt werden darf ein Name, den einer der Eheleute bereits bei einer früheren Eheschließung angenommen hatte. Erfolgt jedoch keine Bestimmung, so führen die Ehegatten ihren zur Zeit der Eheschließung geführten Namen auch nach der Eheschließung fort (zum Namensrecht des Kindes siehe 2.1.1.2). Die Erklärung über die Bestimmung des Ehenamens kann binnen fünf Jahren nach der Eheschließung nachgeholt werden.

Derjenige Ehegatte, dessen Geburtsname nicht Ehename wird, kann dem Ehenamen seinen Geburtsnamen oder den zur Zeit der Erklärung über die Bestimmung des Ehenamens geführten Namen voranstellen oder anfügen. Dies gilt nicht, wenn der Ehename aus mehreren Namen besteht; in diesem Fall kann nur einer dieser Namen hinzugefügt werden (§ 1355 Abs. 4 BGB). Der so beigefügte Name (Beiname) gilt nicht als Familienname (§ 1617 Abs. 1 Satz 2 BGB).

> Mit der Neuregelung des Eherechts war auch die Aufhebung des gesetzlichen Leitbilds der Hausfrauenehe verbunden. Während früher die Haushaltsführung allein der Ehefrau oblag, geht der Gesetzgeber heute davon aus, daß die Ehegatten die Haushaltsführung im gegenseitigen Einvernehmen regeln (§ 1356 BGB). Ist die Haushaltsführung einem der Ehegatten überlassen, so leitet dieser den Haushalt in eigener Verantwortung. Beide Ehegatten sind berechtigt, erwerbstätig zu sein, wobei jedoch auf die Belange des anderen Ehegatten und der Familie Rücksicht zu nehmen ist.

Jeder Ehegatte ist berechtigt, Geschäfte zur angemessenen Deckung des Lebensbedarfs der Familie mit Wirkung auch für den anderen Ehegatten zu besorgen (§ 1357 BGB). Durch solche Geschäfte werden grundsätzlich beide Ehegatten berechtigt und verpflichtet. Diese Regelung dehnt also die Verpflichtungsbefugnis – aber auch die Berechtigungsbefugnis – auf beide Ehegatten aus und stellt nicht mehr – wie früher – auf den häuslichen Wirkungskreis ab, sondern auf den angemessenen Lebensbedarf der Familie. Hierzu zählen in erster Linie die Haushaltsgeschäfte, aber auch sowohl die Zuziehung eines Arztes zur Behandlung etwa der Kinder, des Hauspersonals als auch seine Inanspruchnahme durch den haushaltsführenden Ehegatten selbst (strittig). Die Wirkung dieser gesetzlichen Regelung der Schlüsselgewalt besteht darin, daß durch Geschäfte, die in diesem Rahmen von einem Ehegatten abgeschlossen werden, beide Ehegatten berechtigt und verpflichtet werden; dagegen bedeutet die Bestimmung des § 1357 BGB nicht die Begründung einer Vertretereigenschaft des einen Ehegatten für den anderen.

Folge dieser gesetzlichen Regelung ist, daß im Todesfall eines unversicherten Ehegatten nach einer ärztlichen Behandlung, der hinterbliebene Partner prinzipiell zur Zahlung der Arztkosten verpflichtet ist. Nur wenn die Kosten unverhältnismäßig hoch sind und die finanziellen Möglichkeiten des Hinterbliebenen deutlich übersteigen, entfällt eine Haftung (BGH, NJW 1992, 989). Will ein Ehegatte beim Abschluß eines Arztvertrages im Namen des anderen handeln und damit die Eigenwirkung des § 1357 Abs. 1, Satz 2 BGB ausschließen, muß er dies unmißverständlich und eindeutig zum Ausdruck bringen.

Gehen aus der Ehe Kinder hervor, so obliegt den Eltern die elterliche Gewalt, die die Personen- und Vermögenssorge zum Wohle des Kindes enthält. Die Personen- und Vermögenssorge umfaßt ihrerseits neben der Erziehungs- und Beaufsichtigungspflicht das Vertretungsrecht, das in der Regel bei beiden Elternteilen gemeinsam liegt. Inwieweit ein Arzt, dem ein Elternteil die Zustimmung für einen Heileingriff bei einem minderjährigen Kind erteilt, auf dessen Ermächtigung zum Handeln auch für den anderen, nicht anwesenden Elternteil vertrauen darf, entscheiden die jeweiligen Umstände (BGH, NJW 1988, 2964). So kann etwa für Eil- und Notmaßnahmen und für Geschäfte des Alltags und Besorgungen minderer Bedeutung aufgrund einer elterlichen Aufgabenverteilung die Entscheidungsbefugnis einem Elternteil allein zustehen. Bei schwierigen Entscheidungen über die Behandlung des Kindes, die mit erheblichen Risiken verbunden ist, darf der Arzt in der Regel nicht darauf vertrauen, daß der abwesende Elternteil die Einwilligung auf den anderen Elternteil delegiert hat. Der

Arzt muß sich hier die Gewißheit verschaffen, daß der nicht erschienene Elternteil mit der vorgesehenen Behandlung des Kindes einverstanden ist. Dies gilt um so mehr, wenn sich zuvor beide Elternteile um die Behandlung des Kindes bemüht hatten. Wird von einem Behandlungsplan, der mit beiden Elternteilen abgesprochen ist, erheblich abgewichen, so reicht die Einwilligung nur eines Elternteil jedenfalls nicht aus. In bestimmten Fällen kann die elterliche Gewalt beschränkt werden, insbesondere, wenn das Wohl des Kindes gefährdet ist.

Neben der Nichtigkeitserklärung und Aufhebung einer Ehe durch richterliches Urteil bei Vorliegen bestimmter Voraussetzungen ist die Ehescheidung die übliche vorzeitige Lösung der ehelichen Lebensgemeinschaft. Die Voraussetzungen, unter denen eine Scheidung begehrt werden kann, ergeben sich aus den Vorschriften der §§ 1564 ff. BGB. Danach gilt nicht mehr – wie früher – das Verschuldungsprinzip, sondern das sogenannte Zerrüttungsprinzip; dies besagt, daß eine Ehe geschieden werden kann, wenn sie gescheitert ist. Nach Annahme des Gesetzgebers ist eine Ehe gescheitert, wenn die Lebensgemeinschaft nicht mehr besteht, und nicht erwartet werden kann, daß die Ehegatten sie wiederherstellen (§ 1565 Abs. 1 BGB). Als Indiz für Zerrüttungsursachen kann angesehen werden, wenn etwa der Mann gegen den Willen der Frau einen Abbruch der Schwangerschaft vornehmen lassen will oder eine ansteckende oder ekelerregende Krankheit (zum Beispiel Syphilis) besteht. Als unwiderlegbar wird ein Scheitern der Ehe vermutet, wenn die Ehegatten seit einem Jahr getrennt leben und beide Ehegatten die Scheidung beantragen oder der Antragsgegner der Scheidung zustimmt. Trotz Zerrüttung soll eine Ehe nicht geschieden werden, wenn ihre Aufrechterhaltung im Interesse minderjähriger Kinder aus der Ehe besteht oder wenn die Scheidung für den ablehnenden Ehegatten eine besondere Härte darstellt.

2.1.5 Testamentserrichtung

> Ein Testament ist die einseitige, im allgemeinen jederzeit widerrufliche Erklärung des Erblassers, in der er über seinen Nachlaß verfügt (§§ 2064 ff. BGB).

Die Errichtung eines Testaments hat in der Regel den Zweck, von der im Bürgerlichen Gesetzbuch vorgesehenen Erbfolge (gesetzliche Erbfolge) abzuweichen, wonach der Kreis der Erben in Ordnungen nach der Stufe der Verwandtschaft eingeteilt ist.

> Erben erster Ordnung sind beispielsweise die Abkömmlinge des Erblassers, also Kinder, Enkel, Urenkel; Erben zweiter Ordnung sind die Eltern des Erblassers und deren Abkömmlinge; Erben dritter Ordnung sind die Großeltern des Erblassers und deren Abkömmlinge.

Ist nur ein Verwandter einer vorhergehenden Ordnung vorhanden, scheiden alle nachfolgenden Ordnungen aus der Erbfolge aus.

Ehegatten haben, da sie nicht miteinander verwandt sind, ein eigenes gesetzliches Erbrecht (§§ 1931 ff. BGB), und zwar dergestalt, daß der überlebende Ehegatte des Erblassers neben den Verwandten der ersten Ordnung zu einem Vierteile, neben den Verwandten der zweiten Ordnung oder neben den Großeltern zur Hälfte der Erbschaft als gesetzliche Erben berufen ist. Sind weder Verwandte der ersten oder zweiten Ordnung noch Großeltern vorhanden, so erhält der überlebende Ehegatte die gesamte Erbschaft. Außer dem gesetzlichen Erbteil – neben Verwandten erster Ordnung oder zweiter Ordnung – gebührt dem überlebenden Ehegatten der sogenannte Voraus (§ 1932 BGB), das sind Gegenstände, die zum ehelichen Haushalt gehören, sowie Hochzeitsgeschenke.

Wer von der gesetzlichen Erbfolge abweichen und Streitereien unter den Erben vermeiden will, trifft zweckmäßigerweise eine letztwillige Verfügung in Form eines Testaments oder Erbvertrages (gewillkürte Erbfolge).

Bei den Testamenten sind die *ordentlichen* von den *außerordentlichen* Testamenten zu unterscheiden. Zu den ordentlichen Testamenten zählen die öffentlichen und die eigenhändigen Testamente. Das *öffentliche Testament* wird zur Niederschrift eines Notars errichtet, indem der Erblasser dem Notar seinen letzten Willen mündlich erklärt oder ihm eine Schrift mit der Erklärung übergibt, daß die Schrift seinen letzten Willen enthalte (§ 2232 BGB). Die Schrift braucht nicht vom Erblasser geschrieben sein.

Bedeutsamer als das öffentliche Testament ist in der Regel die Kenntnis über die Errichtung eines *eigenhändigen Testaments*. Denn es ist nicht auszuschließen, daß etwa ein Schwerkranker im Krankenhaus oder einem Alten- oder Pflegeheim seinen letzten Willen in Form eines eigenhändigen Testaments kundtun möchte. In diesem Fall sollten mögliche Fragen – die Errichtung des Testaments betreffend – beantwortet werden können, damit der letzte Wille des Betroffenen auch wirksam wird. Ist nämlich unter pflichtwidriger Mitwirkung ein formunwirksames Testament errichtet worden, so kann das Personal verpflichtet sein, die dadurch geschaffene Gefahrenlage durch geeignete und zumutbare Maßnahmen, etwa durch Einwirkung auf den Betroffenen, ein wirksames Testament zu errichten, wieder zu beseitigen (BGH, NJW 1989, 2945ff.).

> Die Einhaltung einer bestimmten Form ist das wichtigste bei der Errichtung eines eigenhändigen Testaments. Und zwar schreibt das Gesetz vor, daß das eigenhändige Testament vom Erblasser selbst geschrieben und unterschrieben sein muß, § 2247 BGB.

Das eigenhändige Testament ist also dann unwirksam, wenn beispielsweise die Krankenschwester den letzten Willen des Patienten auf Diktat geschrieben und etwa noch im Auftrage unterschrieben hat, weil dem Kranken dazu die Kraft fehlte.

Entscheidend für die Wirksamkeit des eigenhändigen Testaments ist daher die eigenhändige Schrift und Unterschrift. Für die Unterschrift ist ausreichend, daß aufgrund der Unterzeichnung die Urheberschaft des Erblassers festgestellt werden kann; die Unterschrift mit Vor- und Familienname ist lediglich eine Sollvorschrift (§ 2247 Abs. 3 BGB), ebenso wie die Angaben von Zeit und Ort der Niederschrift des letzten Willens.

Ein unwirksames Testament liegt auch dann vor, wenn der Patient einem bereits mit der Schreibmaschine geschriebenen Testament einen handschriftlichen Zusatz hinzufügen will, um das Testament wirksam zu machen. Hier sollte von Seiten des Krankenpflegepersonals darauf hingewiesen werden, daß das Testament zu seiner Wirksamkeit der schriftlichen Form und Unterschrift bedarf.

Ein Problem könnte für das Pflegepersonal auftauchen, wenn ein blinder Patient im Krankenhaus seinen letzten Willen kundtun und ihn in Blindenschrift niederschreiben möchte. Auch hier sollte das Pflegepersonal den Blinden darauf aufmerksam machen, daß ein solches Testament nicht wirksam sein würde, weil – wie bei einem schreibmaschinengeschriebenen Testament – kein Rückschluß auf den Schreiber möglich ist. In diesem Fall ist es angebracht, ein öffentliches Testament zu errichten.

Für die Erbeinsetzung eines Altenheimträgers gilt, daß die letztwillige Verfügung wegen eines Verstoßes gegen das Annahmeverbot von Leistungen nach § 14 Abs. 1 HeimG grundsätzlich nichtig ist, wenn ein Heimbewohner in einem Testament den Träger des Altenheims als Erben einsetzt und die Erbeinsetzung dem Heimträger zu Lebzeiten des Erblassers mit dessen Wissen bekannt war und eine Ausnahmegenehmigung fehlt (BayOLG, NJW 1993, 1143).

In bestimmten Fällen läßt es sich auch nicht vermeiden, ein *außerordentliches Testament* zu errichten. Hierzu zählen die als Nottestamente anerkannten Bürgermeister-, Dreizeugen- und Seetestamente.

Das *Bürgermeistertestament* ist nur bei Besorgnis des vorzeitigen Ablebens des Erblassers zulässig. Das Bürgermeistertestament ist ein öffentliches Testament, wobei der Bürgermeister an die Stelle des Notars tritt; er ist verpflichtet, zwei Zeugen bei Errichtung hinzuzuziehen.

Ähnlich, allerdings ohne Notwendigkeit des Vorliegens einer Notlage, verhält es sich beim sogenannten *Seetestament*; wer sich während einer Seereise an Bord eines deutschen Schiffes ausserhalb eines inländischen Hafens befindet, kann ein Testament errichten.

Für die Angehörigen der Gesundheitsberufe wiederum bedeutsamer ist das *Dreizeugentestament*, § 2250 BGB.

> Das Dreizeugentestament kann dann errichtet werden, wenn der Erblasser derart abgesperrt ist, daß ein öffentliches Testament vor dem Notar nicht oder nur mit erheblichen Schwierigkeiten errichtet werden kann, oder wenn er sich in so naher Todesgefahr befindet, daß auch ein Bürgermeistertestament nicht mehr möglich ist.

Liegt eine dieser Situationen vor, so kann der Erblasser das Testament durch mündliche Erklärung vor drei Zeugen errichten. In diesem Fall muß jedoch eine Niederschrift über die mündliche Erklärung aufgenommen werden. Ergibt sich für die Angehörigen der Berufe im Gesundheitswesen, vor allem die Kranken- und Altenpflegekräfte, die Notwendigkeit der Errichtung eines Dreizeugentestaments, so sollten in der Niederschrift folgende Punkte angesprochen sein; einmal die Besorgnis naher Todesgefahr, zum anderen die Feststellung der Testierfähigkeit des Erblassers, daß dieser also in einer Bewußtseinslage ist, die die Errichtung eines Testaments nicht hindert; weiterhin sollte ein Hinweis auf die Verfasser sowie auf die Unterschriftsfähigkeit oder -unfähigkeit des Erblassers enthalten sein; schließlich sollte zum Ausdruck kommen, daß es sich um den letzten Willen des Patienten handelt. Ist die Niederschrift abgeschlossen, muß sie vorgelesen, genehmigt und vom Erblasser – soweit fähig – unterschrieben werden; zuletzt folgt die Unterschrift der drei Zeugen (Muster eines Dreizeugentestaments ist im Anhang abgedruckt).

Als *Zeugen* eines Dreizeugentestaments gelten nur solche Personen, die zur Mitwirkung ausdrücklich herangezogen worden sind; dies bedeutet, daß die nur zufällige Anwesenheit eines sonst unbeteiligten Dritten als Zeugen für die Wahrung der Form zur Gültigkeit des Dreizeugentestaments nicht genügt. Weiterhin müssen die drei Zeugen während des gesamten Vorganges der Testamentserrichtung anwesend sein, also nicht nur bei der Erklärung des Erblassers über seinen letzten Willen, sondern ebenfalls bei der Vorlesung der aufzunehmenden Niederschrift und bei der Genehmigung der Niederschrift durch den Erblasser. Verstöße gegen die genannten Voraussetzungen machen das Testament ungültig.

Schließlich vermag nicht jede Person Zeuge sein. Der Gesetzgeber hat für bestimmte Zeugen sogenannte *Ausschließungsgründe* und *Mitwirkungsverbote* aufgestellt. So ist als Zeuge grundsätzlich ausgeschlossen der Ehegatte des Erblassers sowie jede Person, die mit ihm in gerader Linie verwandt ist oder war. Eine Mitwirkung von Zeugen, bei denen diese Voraussetzungen vorliegen, machen die Beurkundung unwirksam (§ 6 BeurkG). Zur Teilunwirksamkeit führt die Mitwirkung eines Zeugen, der von dem Erblasser im Dreizeugentestament bedacht wird. (§§ 7, 27 BeurkG). Neben diesen Ausschließungsgründen sind die Mitwirkungsverbote zu nennen, die jedoch nur Sollvorschriften sind, also nicht zwangsläufig bei Nichtbeachtung zur (Teil-) Unwirksamkeit des Nottestaments führen. So sollen zum Beispiel als Zeugen nicht hinzugezogen werden Personen, die minderjährig sind, die nicht hinreichend zu hören, zu sprechen, oder zu sehen vermögen oder die nicht schreiben können (§ 26 Abs. 2 BeurkG).

Auch die Mitwirkung einer geistesschwachen Person an der Errichtung eines Nottestaments führt nicht zu dessen Unwirksamkeit, weil der entsprechende Ausschlußgrund (§ 26 Abs. 2, Nr. 3 BeurkG) lediglich als Sollvorschrift ausgestattet ist.

Wird das Testament eines Patienten von der Verwaltung des Krankenhauses oder auf Bitten des Patienten von einer Krankenpflegeperson aufbewahrt, so ist der Aufbewahrende verpflichtet, das Testament unverzüglich nach Kenntnis vom Tode des Erblassers dem Nachlaßgericht (Amtsgericht) abzuliefern (§ 2259 BGB).

> Für alle Nottestamente gilt, daß sie grundsätzlich unwirksam werden, wenn der Erblasser drei Monate nach Errichtung noch lebt (§ 2252 Abs. 1 BGB).

Beginn und Lauf dieser Dreimonatsfrist sind jedoch gehemmt, solange der Erblasser ausserstande ist, ein Testament vor dem Notar zu errichten. Dies gilt insbesondere in den Fällen, in denen der Erblasser, der ein Dreizeugentestament errichtet hat, zwar nach Ablauf von drei Monaten noch lebt, aber ohne Bewußtsein ist.

> Ein Testament kann vom Erblasser nur persönlich errichtet werden; Stellvertretung ist ausgeschlossen (§ 2064 BGB).

Voll testierfähig ist der Volljährige; dies gilt grundsätzlich auch für den unter Betreuung Stehenden (siehe: 2.1.2.1.1). Die volle Testierfähigkeit zeigt sich darin, daß die Wahl zwischen der Errichtung eines öffentlichen oder eines eigenhändigen Testaments gegeben ist. Testierunfähigkeit kann bestehen bei Geistes- oder Bewußtseinsstörung (§ 2229 Abs. 4 BGB). Beschränkt testierfähig ist der Minderjährige, wenn er das 16. Lebensjahr vollendet hat. Die Beschränkung kommt darin zum Ausdruck, daß nur

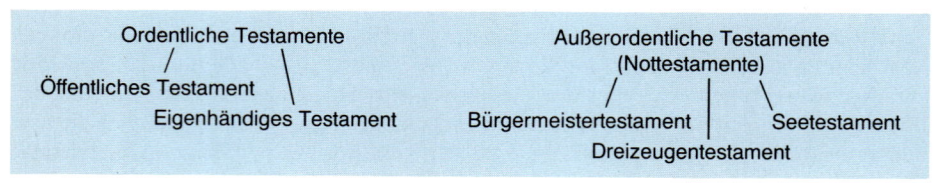

```
        Ordentliche Testamente              Außerordentliche Testamente
             /        \                           (Nottestamente)
  Öffentliches Testament    \                      /      |      \
              Eigenhändiges Testament    Bürgermeistertestament  |  Seetestament
                                              Dreizeugentestament
```

Abb. 3. Testamentsarten

ein öffentliches Testament errichtet werden kann (§§ 2229, 2247 Abs. 4 BGB). Allerdings ist die Zustimmung des gesetzlichen Vertreters nicht erforderlich.

Zum Abschluß mag ein Schema (Abb. 3) über die Arten der Testamente zur Veranschaulichung und besseren Einprägung dienen.

2.1.6 Das zivilrechtliche Haftungssystem

> Die zivilrechtliche Haftung behandelt die Fragen, wer für den Eintritt eines Schadens Ersatz zu leisten hat und in welchem Umfang der Ersatz zu besorgen ist. Die Verpflichtung zum Ersatz eines Schadens kann unterschiedliche Ursachen haben. In den weitaus häufigsten Fällen gründet sie sich auf Verletzungen von Vertragspflichten oder auf unerlaubte Handlungen.

So bestimmt § 823 BGB, daß derjenige, der vorsätzlich oder fahrlässig das Leben, die Gesundheit, die Freiheit, das Eigentum oder ein sonstiges Recht eines anderen widerrechtlich verletzt, zum Ersatz des dem anderen daraus entstehenden Schadens verpflichtet ist. Eine Schadensersatzpflicht tritt auch dann ein, wenn jemand in Ausübung eines ihm anvertrauten öffentlichen Amtes seine Pflichten verletzt; in diesem Fall übernimmt jedoch in der Regel der Staat oder die Körperschaft, in deren Dienst der Schadensverursacher steht, die Ersatzpflicht, wobei jedoch Regreßansprüche gegen den Schadensstifter nicht ausgeschlossen sind (§ 839 BGB, Art. 34 GG).

Die Unterscheidung nach *vertraglicher Haftung* oder *Haftung wegen unerlaubter Handlung* (deliktische Haftung) ist nicht nur theoretischer Natur. Sie hat zum Beispiel Bedeutung für die Frage, wer im Einzelfall einen Schaden zu ersetzen hat oder auch, ob ein Schadensersatzanspruch Schmerzensgeld mit umfaßt oder nicht.

Ebenso bestehen unterschiedliche Verjährungsfristen: in der Regel dreißig Jahre bei vertraglicher Haftung und drei Jahre ab Kenntnis von Schaden und Person des Ersatzpflichtigen bei deliktischer Haftung. Auch hinsichtlich des Einstehenmüssens für Hilfspersonen gelten unterschiedliche Regeln.

Nachstehend sollen die Grundzüge der zivilrechtlichen Haftung beispielhaft für den Krankenhausbereich dargestellt werden. Die Ausführungen gelten jeweils entsprechend ähnlich für die sonstigen Angehörigen im Gesundheitswesen.

2.1.6.1 Die vertragliche Haftung

Regelmäßig wird im Falle einer stationären Behandlung im Krankenhaus ein Vertrag geschlossen, der dem Bereich des bürgerlichen Rechts (= Zivilrecht) zuzuordnen ist. Anders verhält es sich bei den Rechtsbeziehungen zwischen einem psychiatrischen Landeskrankenhaus und dem Patienten; sie gehören ihrer Natur nach dem öffentlichen Recht an. Dies gilt nicht nur für diejenigen Fälle, in denen eine behandlungsbedürftige Person aufgrund eines Unterbringungsgesetzes zwangsweise in das Krankenhaus eingewiesen wird, sondern auch dann, wenn sie sich ohne behördliche Anordnung selbst mit der Aufnahme einverstanden erklärt hat (VGH Mannheim, NJW 1991, 2985).

Im Rahmen eines dem Zivilrecht zugehörigen Vertrages können die vertragsschließenden Parteien – und damit die bzw. der Anspruchsgegner des rechtswidrig geschädigten Patienten – jeweils unterschiedlich sein.

Bei vertraglich begründeten Ersatzansprüchen aus einer fehlerhaften Behandlung im Krankenhaus ist deshalb zu klären, wer Vertragspartner des Patienten ist.

Der totale Krankenhausaufnahmevertrag

Beim sogenannten totalen Krankenhausaufnahmevertrag schließen der Krankenhausträger auf der einen Seite und der Patient oder dessen Versicherung (zugunsten des Patienten, § 328 BGB; BGH, NJW 1992, 756) auf der anderen Seite einen Vertrag ab, der vorherschend dienstvertragliche aber auch miet- und werkvertragliche Elemente enthält. Auf Grund dieses Vertrages schuldet der Krankenhausträger dem Patienten ärztliche Versorgung, pflegerische Betreuung und sonstige „administrative" Leistungen wie Unterbringung und Versorgung. Zur Erfüllung seiner Leistungspflicht bedient sich der Krankenhausträger der in der Regel bei ihm angestellten Ärzte, Pflegekräfte, technischen Assistenten, Diätassistenten, Desinfektoren, aber auch zum Beispiel des Reinigungspersonals.

Diesen Kreis zählt der Gesetzgeber zu den Erfüllungsgehilfen (§ 278 BGB). Da sie selbst nicht Vertragspartner des Patienten sind, richten sich vertragliche Ersatzansprüche wegen Vertragsverletzungen nicht gegen sie, sondern ausschließlich gegen den Krankenhausträger als vertragsschließende Partei. Jedoch gilt, daß der Träger des Krankenhauses, etwa die Kommune, der Kreis, das Land, caritative Organisationen, kirchliche Orden, gemeinnützige Vereine oder Stiftungen für ein Verschulden der Personen, deren er sich zur Erfüllung seiner Verbindlichkeiten bedient (Fremdverschulden), in gleichem Umfang einzustehen hat, wie für eigenes Verschulden (§ 278 BGB).

> Unter Verschulden ist Vorsatz und Fahrlässigkeit zu verstehen. Vorsätzlich handelt, wer bewußt und gewollt eine Vertragsverletzung begeht. Fahrlässig handelt, wer die im Verkehr erforderliche Sorgfalt außer acht läßt (§ 276 Abs. 1 BGB).

Mit dieser Formulierung hat der Gesetzgeber zweierlei ausgedrückt: in dem er für den Fahrlässigkeitsbegriff die „erforderliche" Sorgfalt fordert, stellt er objektive Anforderungen dergestalt auf, daß ohne Rücksicht auf Gewohnheiten oder etwa eingerissenen Schlendrian das Mögliche zu tun ist; andererseits wird mit den Worten „im Verkehr" ein Übermaß an Anforderungen ausgeschaltet und damit die Sorgfalt sozial bezogen gemacht, d. h. *die Sorgfalt wird auf das erwartete Verhalten der männlichen und weiblichen Angehörigen der Gesundheitsberufe bezogen.*

So kann etwa von den Pflegekräften auf Grund ihrer Garantenstellung (wie auch dem Krankenhausträger) für die übernommene Behandlungsaufgabe erwartet werden, daß ein Sturz des Patienten bei einem Bewegungs- oder einer Transportmaßnahme in einer Klinik ausgeschlossen ist. Dies gilt sowohl beim Heben und Transportieren einer 60 kg schweren körperbehinderten Patientin vom Nachtstuhl auf die Bettkante durch eine Pflegeperson ohne weitere Hilfskraft (BGH, NJW 1991, 1540) wie auch dann, wenn das Pflegepersonal dem Patienten die Sturzgefahr aus einem Duschstuhl nach dem Baden nicht hinreichend deutlich macht (BGH, NJW 1991, 2960). Ebenso gehört zu den Sorgfaltspflichten die Beachtung hygienischer Standards, etwa die der Haut- und Händedesinfektion vor Injektionen (OLG Düsseldorf, NJW 1988, 2307). Der Vorwurf mangelnder Sorgfalt kann auch demjenigen Pflegepersonal gemacht werden, das entgegen der ihm bekannten Weisung der ärztlichen Leitung einen Patienten ohne vorherige schriftliche Anordnung des diensthabenden Arztes teilfixiert und es darüberhinaus unterläßt, den Arzt sofort von dieser Maßnahme zu unterrichten und dessen weitere Entschließung abzuwarten (OLG Köln, MedR 1993, 235). Hierdurch handelt das Pflegepersonal pflichtwidrig, weil es nicht über die erforderliche Sachkompetenz verfügt, Behandlungsmaßnahmen im weitesten Sinn zu ergreifen, die im Interesse des Heilerfolgs und der Sicherheit des Patienten dem Arzt vorbehalten sind.

> Grundsätzlich also gilt, daß beim Eintreten von Komplikationen Angehörige des nachgeordneten nichtärztlichen Personals den zuständigen Arzt zu verständigen und bis zu seinem Eintreffen eigene weitere Bemühungen einzustellen haben, wenn der Patient nicht akut gefährdet ist (LG Dortmund, MedR 1985, 291).

Einer **Hebamme** schließlich obliegt im Rahmen ihrer Sorgfaltspflicht die eigenverantwortliche Prüfung, wenn die Weisung des Geburtshelfers nur telefonisch gegeben wird und überdies die Kontrolle des kindlichen Kreislaufs durch das CTG-Gerät wegen dessen Ausfalls nicht möglich ist (OLG Frankfurt, MedR 1991, 207). Zwar ist nicht zu verkennen, daß eine Hebamme in der Regel „nur als eine Hilfskraft des Arztes angesehen werden kann, die Anordnungen des Arztes grundsätzlich nicht in Frage stellen braucht" (OLG aaO). In begründeten Zweifelsfällen aber müße sie dem Arzt entsprechende Vorhalte machen. Ähnliches gilt für den gesamten nachgeordneten nichtärztlichen Dienst.

Zu den Sorgfaltspflichten des Pflegepersonals kann es weiterhin je nach den Umständen des Einzelfalls zählen, Patienten auf die Möglichkeit – oder gar Notwendigkeit – der Verwahrung von Wertsachen aufmerksam zu machen, selbst wenn es „durch seine hauptsächliche pflegerische Tätigkeit noch so belastet ist" (Hanseatisches OLG Hamburg, MedR 1991, 39; LG Bochum, MedR 1993, 147).

Wenn eingangs ausgeführt wurde, daß die Sorgfaltsanforderungen auf das erwartete Verhalten der Angehörigen der Gesundheitsberufe bezogen werden, so hat dies Auswirkungen auch auf die Sorgfaltspflichten der sogenannten Funktionsdienste.

So wird etwa von einer Pflegekraft auf der **Intensivstation** zu erwarten sein, daß sie bei einem Risikopatienten ohne gesonderte Anweisungen aus eigener Verantwortung häufigere Kontrollen durchführt (LG Göttingen, VersR 1983, 1188). Zu den Sorgfaltspflichten einer Anästhesiepflegekraft zählt, den Arzt auf Veränderungen von Blutdruck und Kreislauf aufmerksam zu machen. Besondere Sorgfaltsanforderungen werden wiederum an den Anwender von medizinisch-technischen Geräten nach der Medizingeräteverordnung (siehe 2.3.5.1.3) gestellt: vor Anwendung des Gerätes hat sich der Anwender von der Funktionssicherheit und dem ordnungsgemäßen Zustand des Gerätes zu überzeugen. Das dies durch eine beteiligte und zuverlässige Pflegekraft geschehen ist, davon kann in der Regel der behandelnde Anäthesiearzt ausgehen (BGH, VersR 1975, 952).

> Zusammenfassend ist festzustellen, daß der Krankenhausträger nebst seinen Erfüllungsgehilfen immer verpflichtet ist, die größtmögliche Sorgfalt walten zu lassen und beste Vorkehrungen zum Schutz und zur Heilung des Patienten zu treffen.

Leistungen der Erfüllungsgehilfen, die unterhalb des anerkannten Standards liegen, führen zum Vorwurf einer Sorgfaltspflichtverletzung und können nach den Umständen des Einzelfalls zu einer Schadenshaftung des Krankenhausträgers als Vertragspartner des Patienten führen.

Der aufgespaltene Krankenhausaufnahmevertrag

Gegenüber dem totalen Krankenhausaufnahmevertrag unterscheidet sich die Haftung insbesondere bei Fehlverhalten des im Krankenhaus tätigen Personals im Rahmen eines sogenannten aufgespaltenen Krankenhausaufnahmevertrages.

Bei diesem Vertragstyp schließt der Patient zwei Verträge, nämlich zum einen mit dem behandelnden Arzt und zum anderen mit dem Krankenhausträger. Die vertraglich zu erbringenden Leistungen sind gespalten und folgender Natur: der Träger des Krankenhauses verpflichtet sich zur Gestellung der Unterkunft, der Verpflegung, der pflegerischen Betreuung; der Arzt dagegen übernimmt die volle ärztliche Behandlungspflicht.

Derartige Verträge kommen in aller Regel dann in Betracht, wenn der Kranke bereits vor der Aufnahme ins Krankenhaus in der Behandlung eines Belegarztes stand, der nunmehr die Therapie stationär im Krankenhaus fortsetzt.

Das Haftungsproblem bei diesem Typ des aufgespaltenen Krankenhausaufnahmevertrages ist je nach Situation unterschiedlich zu behandeln. Unterläuft beispielsweise einer vom Krankenhausträger angestellten Krankenschwester im Rahmen ihrer pflegerischen Tätigkeit ein den Patienten schädigender Fehler infolge mangelnder Sorgfaltsbeachtung, so gilt grundsätzlich das zum totalen Krankenhausaufnahmevertrag ausgeführte: eine vertragliche Eigenhaftung der Schwester scheidet aus, da sie nicht Vertragspartner des Patienten ist. Vielmehr haftet für sie der Krankenhausträger, als dessen Erfüllungsgehilfin die Schwester gehandelt hat. Das Verschulden der Schwester hat der Krankenhausträger in gleichem Umfang zu vertreten wie ein Selbstverschulden. Wie aber steht es mit der Haftungszuweisung, wenn einer vom Krankenhausträger angestellten Pflegeperson bei der Assistenz während der Operation des Belegarztes ein Fehler unterläuft?

Zunächst scheidet auch hier eine vertragliche Eigenhaftung der Pflegeperson aus. Es stellt sich demnach die Frage, als wessen Erfüllungsgehilfe die Pflegeperson gehandelt hat und wer demgemäß für ihr Fehlverhalten einzustehen hat (§ 278 BGB). Die Antworten hierauf sind unterschiedlich: Die einen wollen eine Haftung des Belegarztes bejahen, in desssen Pflichtenkreis die Pflegeperson tätig wurde (so OLG Düsseldorf, MedR 1993, 233 mit Hinweis auf § 2 BPflV, allerdings bezogen auf die Hinzuziehung ärztlichen Personals), die anderen ziehen das Einstehen des Krankenhausträgers als Anstellungskörperschaft der Pflegekraft vor; andere wiederum befürworten eine gemeinsame (= gesamtschuldnerische) Haftung des Arztes und des Krankenhausträgers.

Richtig wird wohl sein, generell die Haftungsfrage daran zu orientieren, in welchem Pflichtenkreis die Pflegeperson tätig geworden ist. Ist aber im Einzelfall wegen des komplexen Zusammenwirkens der Einzelleistungen als Hilfsverrichtungen sowohl für den Arzt als auch für den Krankenhausträger eine Einordnung nach Pflichtenkreisen nur gekünstelt, so ist meines Erachtens einer gesamtschuldnerischen Haftung von Arzt und Krankenhausträger der Vorzug zu geben. Deshalb spricht die Komplexität eines Operationsvorganges für die gesamtschuldnerische Haftung von Arzt und Krankenhausträger bei einem Fehlverhalten der vom Träger angestellten und dem Belegarzt assistierenden Operationsschwester.

Der totale Krankenhausaufnahmevertrag mit Arztzusatzvertrag

Im Ausgangspunkt gelten hier die gleichen Haftungsgrundsätze wie beim totalen Krankenhausaufnahmevertrag. Jedoch bringt der Arztzusatzvertrag eine doppelte Verpflichtung hinsichtlich der ärztlichen Leistung mit sich; zugunsten des geschädigten Patienten kommen damit Ansprüche sowohl gegenüber dem Träger als auch gegenüber dem Arzt in Frage, der im übrigen auch für seine Assistenzpersonen haftet.

2.1.6.2 Die deliktische Haftung

Während sich im Rahmen der vertraglichen Haftung ein Schadensersatzanspruch des Patienten ausschließlich gegen den Vertragspartner richten kann und nur den materiellen Schaden umfaßt, zielt bei der deliktischen Haftung der Anspruch unmittelbar gegen den Schädiger, der nicht notwendigerweise der Vertragspartner sein muß. Überdies wird auch Ersatz des immateriellen Schadens, d. h. Schmerzensgeld (§ 847 BGB) gewährt. Unter Schmerzensgeld versteht der Gesetzgeber eine Entschädigung in Geld für einen Schaden, der nicht Vermögensschaden ist und auf eine Verletzung des Körpers oder der Gesundheit zurückzuführen ist. Die Beeinträchtigung muß nicht notwendigerweise rein körperlich, sie kann auch geistig-seelischer Art (zum Beispiel Schock) sein. Auch die Verlängerung eines Leidens, zum Beispiel infolge eines unterbliebenden Hausbesuchs durch den Bereitschaftsarzt, kann einen Schmerzensgeldanspruch begründen (AG Jever, NJW 1991, 760). Anspruchsgrundlage ist § 823 BGB. Jeder Angehörige eines Berufs im Gesundheitswesen kann also – auch wenn er Erfüllungsgehilfe im vertraglichen Sinne ist – von dem Geschädigten auf Schadenseratz in Anspruch genommen werden, wenn er als deliktsfähige Person schuldhaft das Leben, den Körper, die Gesundheit oder das Eigentum eines anderen widerrechtlich verletzt hat (Eigenhaftung). Das Einstehenmüssen für einen infolge Körperverletzung, Eigentumsverletzung oder Gesundheitsbeeinträchtigung entstandenen Schaden setzt neben dem Tatbestand der Verletzungshandlung, der Versursachung und dem eingetretenen Schaden weiter die schuldhafte und widerrechtliche Verwirklichung der Verletzungshandlung voraus.

> Eine Verletzungshandlung kann dabei nicht nur in einem aktiven Handeln zu sehen sein, sondern auch in einem Unterlassen bestehen, etwa in einer fehlenden Desinfektion der Einstichstelle mit der Folge eines Injektionsabzeßes oder in einer mangelhaften Prophylaxe mit Dekubitusfolge.

Weiterhin ist erforderlich, daß die Verletzungshandlung schuldhaft erfolgt. Der Begriff des Verschuldens ist im Bürgerlichen Gesetzbuch nicht definiert. Wohl aber wird von den beiden Schuldarten „Vorsatz" und „Fahrlässigkeit" gesprochen (zum Beispiel § 276 BGB). Unter Vorsatz ist das bewußte und gewollte Verwirklichen des rechtswidrigen Erfolges zu verstehen; fahrlässig handelt – wie schon ausgeführt (siehe 2.1.6.1) – wer die im Verkehr erforderliche Sorgfalt außer acht läßt.

Neben einem schuldhaften Handeln oder Unterlassen setzt der deliktische Schadensersatzanspruch die Widerrechtlichkeit der Verletzungshandlung voraus.

Der Begriff der Widerrechtlichkeit – häufig ist von Rechtswidrigkeit die Rede – meint, daß die Widerrechtlichkeit (Rechtswidrigkeit) eines Handelns die Verletzung eines Rechts oder Rechtsgutes darstellt, ohne hierzu ein Recht in Anspruch nehmen zu können.

> Widerrechtlich ist mithin jede Rechtsgutverletzung, es sei denn, dem Schädiger steht ausnahmsweise ein sogenannter Rechtfertigungsgrund zur Seite.

Zu den wichtigsten **Rechtfertigungsgründen** zählen die Einwilligung des Verletzten in die Verletzungshandlung sowie die Notwehr. Notwehr ist diejenige Verteidigung, die erforderlich ist, um einen gegenwärtigen rechtswidrigen Angriff von sich abzuwehren. Auf eine Notwehrsituation kann sich möglicherweise das Pflegepersonal berufen, wenn die Schädigung eines Patienten durch die Abwehr eines Angriffs auf das Pflegepersonal hervorgerufen wurde. In einem derartigen Fall wäre die Widerrechtlichkeit der Verletzungshandlung durch den Rechtfertigungsgrund der Notwehr ausgeschlossen, eine Ersatzpflicht für den verursachten Schaden bestünde nicht. Die Beurteilung der Notwehrsituation ist aber nicht immer leicht zu treffen; so muß beispielsweise das in einer Anstalt für psychisch Kranke tätige Pflegepersonal durchaus Angriffe auf sich nehmen, weil es zum Aufgabenbereich gehört, gewisse Gefahren hinzunehmen. Nur in äußerster Not ist es in einem solchen Fall gestattet, sich gegenüber dem Angriff eines geistig Kranken auf den Rechtfertigungsgrund der Notwehr zu berufen.

Sind die vorgenannten Voraussetzungen, also schadensstiftendes Ereignis (Verletzungshandlung), Schaden (Sachschaden und/oder Körperschaden) Ursachenzusammenhang zwischen Verletzungshandlung und eingetretenem Schaden, Schuld und Rechtswidrigkeit erfüllt, tritt grundsätzlich eine Eigenhaftung der Angehörigen der Gesundheitsberufe ein.

> Ist allerdings der Schadensverursacher als sogenannter Verrichtungsgehilfe (§ 831 Abs. 1 BGB) tätig geworden, so kann nach den Umständen des Einzelfalls wiederum eine Eigenhaftung zu Lasten des Geschäftsherrn ausgeschlossen sein.

Als Verrichtungsgehilfe wird diejenige Person bezeichnet, der von einem anderen (Geschäftsherrn) eine Tätigkeit übertragen worden ist, in dessen Einflußbereich er allgemein oder im konkreten Fall steht und zu dem eine gewisse Abhängigkeit gegeben ist. Dies trifft für einen großen Teil der Gesundheitsberufe zu, soweit sie nicht selbständig ausgeübt werden. Gemäß § 831 Abs. 1 BGB ist derjenige (zum Beispiel Krankenhausträger) der einen anderen (zum Beispiel Pflegekraft, Hebamme, MTA etc.) zu einer Verrichtung bestellt, zum Ersatz des Schadens verpflichtet, den der andere in Ausführung der Verrichtung einem Dritten (zum Beispiel Patient) widerrechtlich zufügt. Allerdings tritt die Ersatzpflicht nicht ein, wenn der Geschäftsherr (zum Beispiel Krankenhausträger) bei der Auswahl der bestellten Person (zum Beispiel Pflegekraft etc.) die im Verkehr erforderliche Sorgfalt beachtet hat oder wenn der Schaden auch bei Anwendung dieser Sorgfalt entstanden wäre (§ 831 Abs. 1 Satz 2 BGB, sogenannter Entlastungsbeweis).

> An die Führung des Entlastungsbeweises hat die Rechtsprechung erhöhte Anforderungen gestellt.

Genügte bis vor Jahren der Beweis, daß die Anstellungskörperschaft sich bei der Einstellung von Verrichtungsgehilfen zum Beispiel auf die Approbation oder sonstige

Zeugnisse (Examina) verlassen konnte und daß die in Frage kommenden Personen ihre Tätigkeit über Jahre ohne Pflichtversäumnisse ausgeübt hatten, so erstreckt sich heute die Sorgfaltspflicht des Krankenhausträgers nicht nur auf die ordnungsgemäße Auswahl seiner Angestellten, sondern auch auf deren ausreichende Überwachung. So werden von den Gerichten Schadensersatzansprüche auch dann geschädigten Patienten zugesprochen, wenn den Krankenhausträgern bei der Auswahl des Personals keine Sorgfaltspflichtverletzung traf, aber entsprechende Kontroll- und Überwachungsmechanismen fehlten, also Organisationsmängel vorlagen oder Fehler bei der Anleitung des Personals unterliefen (BGH, NJW 1978, 1683).

Gelingt dem Krankenhausträger der Entlastungsbeweis, so bleibt dem Patienten in aller Regel der Schadensersatzanspruch gegen den Verrichtungsgehilfen, wobei zu prüfen ist, ob dieser über eine Haftpflichtversicherung verfügt. Der Verrichtungsgehilfe (zum Beispiel die Pflegekraft) kann seinem Geschäftsherrn (zum Beispiel Krankenhausträger) gegenüber allerdings auch einen Anspruch auf die Freistellung unter dem Gesichtspunkt der Fürsorgepflicht des Arbeitgebers haben.

Ist der Schädiger Beamter, so haftet dieser nicht nach § 823 BGB, sondern nach § 839 BGB; bei lediglich fahrlässiger Schädigung haftet er dem Patienten gegenüber nur subsidiär, soweit dieser nicht auf andere Weise Ersatz verlangen kann (§ 839 Abs. 1 Satz 2 BGB).

2.1.6.3 Die Haftung wegen Organsiationsverschuldens

Im Rahmen der deliktischen Haftung wurde von der Rechtsprechung die Haftung wegen Organisationsverschuldens entwickelt. Sie gründet sich auf die grundsätzliche Rechtspflicht, im allgemeinen Verkehr Rücksicht auf die Gefährdung anderer zu nehmen und beruht auf dem Gedanken, daß jeder, der eine Gefahrenquelle schafft, die notwendigen Vorkehrungen zum Schutz Dritter zu treffen hat. Hierzu gehört vornehmlich, durch ausreichende Anordnungen dafür zu sorgen, daß durch die betrieblichen Vorgänge und Arbeitsabläufe Dritte nicht geschädigt werden. Werden diese Pflichten verletzt, ist eine Haftung wegen Organisationsverschuldens nach § 823 BGB nicht ausgeschlossen.

> An die Sorgfalt im organisatorischen Bereich eines Krankenhauses stellt die Rechtsprechung sehr hohe Anforderungen: Der Krankenhausträger hat in den von ihm voll beherrschbaren Bereichen alles Erforderliche zu tun, daß jede vermeidbare Gefährdung der Patienten ausgeschlossen ist.

So sind von ihm geeignete organisatorische Maßnahmen zu treffen, um zu verhindern, daß zur Krankenbehandlung bestimmte Chemikalien zufällig mit anderen sie zersetzenden Stoffen vermischt werden (BGH, NJW 1978, 1683). Ist in einem Krankenhaus nicht durch entsprechende Regelungen gewährleistet, daß bakterielle Verseuchungen der Infusionslösungen ausgeschlossen sind, liegt ein Organisationsverschulden vor: der Organisationsbereich, in dem die Verseuchung entsteht, wird von dem Krankenhaus beherrscht, so daß alle erforderlichen Maßnahmen zu treffen sind, um solche Fehler zu vermeiden (BGH, NJW 1982, 699). Ein Organisationsfehler kann auch darin liegen, daß die Krankenhausleitung nicht verhindert, daß dritte Personen Zutritt zu Räumen haben, die gerade desinfiziert wurden (BGH, NJW 1991, 97). An anderer Stelle (siehe

2.1.5) wurde bereits erwähnt, daß der Krankenhausträger entsprechende Organisationsmaßnahmen für den Fall einer Testamentserrichtung vorsehen sollte (BGH, NJW 1989, 2945). Entspricht die Art und Weise der Nachtdienstorganisation den Anforderungen nicht, liegt gegebenenfalls ein haftungsbegründender Organisationsmangel vor (OLG Stuttgart, VersR 1977, 846). Weiterhin gehört es zu den Pflichten des Krankenhausträgers, durch geeignete organisatorische Maßnahmen sicher zu stellen, daß keine durch einen anstrengenden Nachtdienst übermüdeten Ärzte zur Operation eingeteilt werden (BGH, NJW 1986, 776).

> Grundsätzlich wird zu gelten haben, daß der Krankenhausträger im Rahmen seiner Organisationspflicht dafür zu sorgen hat, daß das ärztliche wie nichtärztliche Personal körperlich und geistig in der Lage ist, mit der im Einzelfall erforderlichen Konzentration und Sorgfalt zu arbeiten. Sofern eine ausreichende personelle Besetzung nicht gewährleistet ist, muß der Krankenhausträger nach Ausschöpfung der jeweils vorhandenen Kapazität notfalls auf die Erbringung bestimmter Leistungen verzichten und die Patienten an andere Krankenhäuser verweisen (BGH, NJW 1985, 2189). Unterbleibt dies, so ist zumindest von einem Organisations-, unter Umständen aber auch von einem Übernahmeverschulden (siehe 2.1.6.7) auszugehen (BGH, NJW 1988, 763).

Seiner Organisationspflicht kommt der Krankenhausträger im Bereich der pflegerischen Betreuung mit Hilfe der Pflegedienstleitung nach, die unter anderem die Pflicht hat, den Krankenhausträger auf Unzulänglichkeiten in der personellen Ausstattung hinzuweisen und auf Abhilfe zu drängen. Unterstützt wird die Pflegedienstleitung hierbei durch die Stationsleitungen, die diese über Gefahren zu informieren haben, die durch Mängel in der sachlichen und personellen Ausstattung ihrer Stationen resultieren können. Zu Beweiszwecken empfiehlt es sich, auf die bestehenden Mißstände, etwa auf einen Personalmangel während des Nachtdienstes, unter gleichzeitiger Forderung nach Abhilfe *schriftlich* hinzuweisen. Bleibt der Krankenhausträger hierauf untätig, so ist das Pflegepersonal von einer zivilrechtlichen Haftung und gegebenenfalls auch strafrechtlichen Verantwortlichkeit in der Regel freigestellt. Kommt es im Einzelfall dennoch zur Verurteilung einer Pflegekraft, ist diese im Innenverhältnis vom Krankenhausträger von der Haftung freizustellen (§ 426 BGB).

> Im Interesse des Krankenhausträgers, der Ärzte wie des nichtärztlichen Personals muß es demnach liegen, auf klare Dienstanweisungen zu achten, auf eindeutige Verantwortungsbereiche Bedacht zu nehmen, für ausreichende Anweisungs- und Anleitungsrichtlinien zu sorgen, den personellen Einsatz an den Fähigkeiten, Fertigkeiten und Kenntnissen der Betroffenen auszurichten und Sorge für entsprechende Kontroll- und Überwachungsmechanismen zu tragen.

2.1.6.4 Die Organhaftung

Von der Haftung des Krankenhausträgers für Organisationsmängel und Personalverschulden gemäß § 823 BGB ist seine Haftung für schuldhafte Pflichtverletzungen seiner Organe ohne Entlastungsmöglichkeit zu unterscheiden. Die sogenannte Organhaftung des Krankenhausträgers ist eine Haftung für eigenes Verschulden und folgt aus den §§ 31, 89 BGB. Nach § 31 BGB ist ein rechtsfähiger Verein für den Schaden verantwortlich, den ein verfassungsgemäß berufener Vertreter durch eine in Ausführung der ihm zustehenden Verrichtung begangene, zum Schadensersatz verpflichtende Handlung einem Dritten zufügt. Diese Vorschrift findet gemäß § 89 BGB auch Anwendung auf Körperschaften, Stiftungen und Anstalten des öffentlichen Rechts und damit ebenfalls auf Krankenanstalten.

Die genannten Vorschriften greifen jedoch nur ein, wenn ein verfassungsgemäß berufener Vertreter (Organ) eine zum Schadensersatz verpflichtende Handlung (Vertragspflichtverletzung oder unerlaubte Handlung) begangen hat: nur in diesem Fall übernimmt der Anstaltsträger die Haftung.

Unter verfassungsmäßig berufenen Vertretern versteht man solche Personen, deren Bestellung in der Satzung oder bei öffentlich-rechtlichen Körperschaften in der Organisationsgrundlage vorgesehen ist und die in der Regel selbständige Verantwortungsträger sind. Dies trifft beispielsweise für den Leiter einer Landesklinik für Kinder- und Jugendpsychiatrie zu, da die Klinik für die schuldhafte Verletzung von Aufsichtspflichten (siehe 2.1.6.5) einzustehen hat (BGH, NJW 1985, 677).

Im Krankenhausbereich sind als solche „Organe" der leitende Krankenhausarzt (ärztlicher Direktor), der Verwaltungsleiter und die leitende Pflegekraft (Pflegedienstleitung) anzusehen. Ein Chefarzt ist wie auch in der Regel der Belegarzt (OLG Koblenz, MedR 1990, 155) nicht notwendigerweise Organ im Sinne der §§ 31, 89 BGB, ebensowenig wie ein Oberarzt oder gar ein Assistenzarzt oder das nichtärztliche Personal; für diesen Personenkreis greift also die sogenannte Organhaftung des Krankenhausträgers nicht ein.

Schließlich kann eine Haftung des Anstaltsträgers dann begründet sein, wenn für einen bestimmten Geschäfts- und Pflichtenkreis kein verfassungsmäßig berufener Vertreter bestellt ist, dieser aber hätte bestellt sein sollen oder müssen.

2.1.6.5 Aufsichts- und Verkehrssicherungspflicht

Eine Haftung des Anstaltsträgers kann weiterhin dann begründet sein, wenn einem Dritten, beispielsweise einem Mitpatienten oder Besucher, ein Schaden zugefügt wird und zwar unter dem Gesichtspunkt der Verletzung einer Aufsichts- und Verkehrssicherungspflicht.

> Nach § 832 BGB ist derjenige, der kraft Gesetzes zur Führung der Aufsicht über eine Person verpflichtet ist, die wegen Minderjährigkeit oder wegen ihres geistigen oder körperlichen Zustandes der Beaufsichtigung bedarf, zum Ersatz desjenigen Schadens verpflichtet, den diese Person einem Dritten widerrechtlich zufügt.

Eine solche Pflicht trifft auch denjenigen, der die Aufsichtspflicht durch Vertrag übernommen hat. Dies ist in aller Regel bei Kinderkrankenhäusern der Fall, wenn die Eltern ihrer Aufsichtspflicht nicht nachkommen können und das Krankenhaus die Aufsichtspflicht über das minderjährige Kind übernimmt.

Eine Pflicht zur Beaufsichtigung besteht gleichfalls denjenigen Patienten gegenüber, die sich freiwillig oder im Einverständnis ihrer gesetzlichen Vertreter in einer psychiatrischen Klinik befinden. Dabei richten sich die Anforderungen an den

Aufsichtspflichtigen vor allem nach den körperlichen und geistigen Eigenarten der zu beaufsichtigenden Person. So ist etwa in einer Klinik für Kinder- und Jugendpsychiatrie bei Minderjährigen, die zu üblen Streichen oder Straftaten neigen, eine erhöhte Aufsichtspflicht geboten. Andererseits sind der Überwachung etwa bei älteren Jugendlichen naturgemäß Grenzen gesetzt; wird die konkret zu fordernde Aufsichtspflicht schuldhaft verletzt, tritt eine Haftung nach § 832 BGB ein (BGH, NJW 1985, 677).

In aller Kürze soll noch das Haftungsproblem der Verkehrssicherungspflicht im Krankenhaus angesprochen werden. Für die allgemeine Verkehrssicherungspflicht gilt, daß jeder, der im Verkehr eine Gefahrenquelle schafft, diejenigen Vorkehrungen zu treffen hat, die Dritte vor möglichen Gefahren schützen.

Die Gefahrenquellen im Krankenhaus sind vielfältig. So kann beispielsweise der zu glatt gebohnerte Fußboden Unfallursache sein, nicht nur für Besucher, sondern auch für den Patienten. Den gefahrträchtigen Zustand eines Bodenbelages hat grundsätzlich der Krankenhausträger im Rahmen seiner Verkehrssicherungspflicht zu verantworten. Etwas anderes könnte allenfalls gelten, wenn die Bodenreinigung auf eine Reinigungsfirma übertragen wurde und im Reinigungsvertrag die Verantwortung der Verkehrssicherung ausdrücklich der Reinigungsfirma mit entsprechend klarer Absprache geregelt wurde. Ist das nicht der Fall, obliegt es dem Krankenhausträger, durch seine Organe in dem notwendigen Umfang sicherzustellen, daß der erhöhte Reinigungsbedarf in dem von ihm betriebenen Krankenhaus ohne Gefährdung des Publikums und des Personals durchgeführt werden kann. Dies kann – je nach Einzelfall – durch Teilabsperrung geschehen oder durch Anordnung, zu bestimmten Zeiten dort nicht zu gehen, wo und solange Böden von der Reinigung noch feucht sind. Ob das Aufstellen von Warnhinweisschildern ausreicht, kann zweifelhaft sein (OLG Düsseldorf, NJW 1992, 2972).

Wird die Verkehrssicherungspflicht durch ein schuldhaftes Verhalten des sogenannten nachgeordneten nichtärztlichen Dienstes verletzt, so gilt das bisher Gesagte.

Im Rahmen eines Vertrages haftet der Anstaltsträger für das Verschulden des Erfüllungsgehilfen (§ 278 BGB); im Bereich der deliktischen Haftung übernimmt der Krankenhausträger die Ersatzpflicht für den Verrichtungsgehilfen nur, wenn er den Entlastungsbeweis nicht führen kann (§ 831 Abs. 1 BGB).

> Wer auch immer zum Schadenersatz verpflichtet ist, hat den Zustand wiederherzustellen, der ohne das zum Schadensersatz verpflichtende Ereignis bestehen würde. Bei Verletzungen einer Person oder wegen Beschädigungen an Sachen sowie in anderen Fällen, in denen eine Herstellung des früheren Zustandes nicht möglich oder ausreichend ist, kann Schadensersatz in Geld verlangt werden (§ 249 ff., 842 BGB), Schmerzensgeld jedenfalls nur bei deliktischer Haftung (§ 847 BGB).

2.1.6.6 Die Haftung für Suizid(-versuch) im Krankenhaus

Kommt es im Krankenhaus zu einem Suizid oder Suizidversuch eines Patienten, so stellen sich im Rahmen möglicher zivilrechtlicher Ansprüche des Patienten oder seiner Angehörigen spezielle Probleme. Ein Schwerpunkt bei der möglichen Haftung der an der Behandlung des Patienten beteiligten Personen oder des Krankenhausträgers ist die Frage, ob ein grober Behandlungsfehler begangen wurde und/oder der Krankenhausträger die Abläufe im Krankenhaus nachlässig organisiert hat.

2.1 Zivilrechtliche Vorschriften

> Ein Behandlungsfehler bei Suizidgefährdeten kann zunächst in der fehlerhaften Einschätzung der Suizidalität durch den behandelnden Arzt gesehen werden, wenn sich die Gefährdung des Patienten doch durch eine Selbsttötungshandlung verwirklicht. Keinen Schuldvorwurf trifft allerdings den Arzt, wenn er zu der vertretbaren Ansicht gelangt, die Gefährdung sei abgeklungen und Schutzmaßnahmen zugunsten des Patienten hätten nicht ergriffen werden müssen. Die Frage der Vertretbarkeit ist nach den Erkenntnissen der medizinischen Wissenschaft zu beurteilen.

Aber auch in Fällen erkannter Suizidalität des Patienten kann ein Behandlungsfehler zu bejahen sein, wenn nicht gewährleistet wird, daß eine Selbsttötungshandlung unterbleibt, da insoweit die dem Patienten geschuldete Behandlung seines Grundleidens die Bewahrung vor der eigenen Selbstgefährdung mit umfaßt. Jedoch sind den Sicherungs- und Bewahrungspflichten Grenzen gesetzt. Diese ergeben sich auf der einen Seite aus der Achtung der Menschenwürde (Art. 1 GG) und dem Persönlichkeitsrecht (Art. 2 GG) des Patienten, auf der anderen Seite aus dem ärztlichen Auftrag, der Erhaltung und Wiederherstellung der Gesundheit des Patienten zu dienen. Unter dem Anspekt des Grundsatzes der Verhältnismäßigkeit dürfen deshalb nur Maßnahmen derjenigen Sicherungsstufe angeordnet werden, deren Anwendung zum Schutz des Patienten erforderlich sind. Drei Stufen können unterschieden werden: erstens: therapeutische Gespräche, regelmäßige Kontrolle; zweitens: zusätzliche Verlegung in Zimmer im Erdgeschoß, Abschließen und Sichern von Fenstern und Türen, Sitzwachen, Entfernen von zur Strangulation geeigneter Mittel und drittens: zusätzliche räumliche Fixierung, lückenlose Überwachung, medikamentöse Herstellung der Handlungsunfähigkeit. Derartige Maßnahmen zur Verhinderung der Selbsttötung dürfen immer nur als Teil der Gesamtbehandlung verstanden werden, d. h. es ist abzuwägen, inwieweit sie sich auf die Gesundheitssituation des Patienten auswirken. Je wahrscheinlicher und höher der negative Einfluß einer bestimmten Sicherungsmaßnahme ist, desto eher ist die Entscheidung eines Arztes, hiervon abzusehen und eine solche einer niedrigeren Stufe zu wählen, therapeutisch vertretbar und damit pflichtgemäß, auch wenn sich später herausstellt, daß die Therapieentscheidung den Suizid begünstigt hat. Anordnungen des Arztes, die sich auf vorstehenden Voraussetzungen gründen, sind vom Pflegepersonal zu befolgen. Zu Beweiszwecken empfiehlt sich in jedem Fall eine minutiöse Dokumentation, um dem Einwand zu begegnen, das eine oder andere nicht berücksichtigt zu haben. Der Krankenhausträger ist gut beraten, im Wege einer allgemeinen Dienstanweisung generelle Regelungen für die Behandlung suizidgefährdeter Patienten aufzustellen. So sollten die organisatorischen Vorkehrungen geregelt sein für den Fall, daß der Arzt eine Unterbringung auf einer geschlossenen Station anordnet, damit der Patient die Klinik nicht verlassen kann; gleiches gilt bei Anordnung einer Dauerbeobachtung des Patienten, für die Abstellung geeigneten Personals oder der Vorhaltung eines Behandlungszimmers, dessen Fenster abschließbar und bruchsicher sind.

2.1.6.7 Haftung bei Delegation ärztlicher Aufgaben, insbesondere Injektion, Infusion und Blutentnahme

Ein im Haftungsbereich immer wieder auftauchendes Problem ist die Haftung von Angehörigen der Berufe im Gesundheitswesen, vor allem des Pflegepersonals, bei fehlerhaften Injektionen; schlußendlich geht es um die Fragen der Zulässigkeit von Delegationen ärztlicher Tätigkeiten auf das nachgeordnete nichtärztliche Personal. Die Problematik wird nicht nur in der medizinischen und juristischen Literatur erörtert; sie ist in der Vergangenheit ebenso Gegenstand gerichtlicher Entscheidungen gewesen und hat sowohl Berufsverbände der Krankenpflegepersonen als auch die Deutsche Krankenhausgesellschaft (DKG) zu Stellungnahmen und Empfehlungen bewogen. (Die gemeinsame Stellungnahme der Berufsverbände DBfK und ADS ist im Anhang abgedruckt.)

Kern der Diskussion ist die Frage nach der Zulässigkeit der Durchführung von Injektionen, Infusionen und Blutentnahmen durch Pflegekräfte, Arzthelferinnen, technische Assistenten in der Medizin und andere Berufsangehörige im Gesundheitswesen.

Nach wie vor besteht in diesem Bereich eine gewisse Rechtsunsicherheit, die vor allem darauf zurückzuführen ist, daß es an einer abschließenden gesetzlichen Regelung der Kompetenzfrage ebenso fehlt wie an einer gefestigten höchstrichterlichen Rechtsprechung. Hinzu kommt, daß sich das Problem vielschichtig darstellt, sich also nicht auf die zivilrechtliche Haftung beschränkt, sondern Auswirkungen auch auf die strafrechtlichen und arbeitsrechtlichen Ebenen zeigt.

Sucht man zu der aufgeworfenen Frage nach Abgrenzungskriterien insbesondere zwischen ärztlicher und pflegerischer Leistung, so bietet sich aus der Sicht des Pflegepersonals zuerst das Krankenpflegegesetz an. Nach § 4 KrPflG soll die Ausbildung in den Krankenpflegeberufen Kenntnisse, Fähigkeiten und Fertigkeiten zur verantwortlichen Mitwirkung bei der Verhütung, Erkennung und Heilung von Krankheiten vermitteln. Soweit es Maßnahmen der Diagnostik und Therapie betrifft, soll die Ausbildung auch auf die gewissenhafte Vorbereitung, Assistenz und Nachbereitung dieser Maßnahmen gerichtet sein. Im Kontext zu dieser Bestimmung ist der Anhang zur Ausbildungs- und Prüfungsverordnung für die Berufe in der Krankenpflege (KrPflAPrV) zu lesen, in dem im Rahmen des theoretischen und praktischen Unterrichts im Bereich der Pflegetechniken auch die Injektionen, Vorbereitungen von Venenpunktionen, Infusionen und Transfusionen (für die Krankenpflegehilfe die Mithilfe für Injektionen, Sondierungen und Spülungen) genannt sind.

> Auch wenn damit erstmals in einer Ausbildungsverordnung die Unterrichtung in den Injektionstechniken vorgeschrieben ist, so kann daraus dennoch nicht zwingend der Schluß hergeleitet werden, daß die Durchführung von Injektionen dem Kompetenzbereich des Pflegepersonals zuzuordnen ist. Dieser Annahme steht wohl auch der Wortlaut des § 4 KrPflG entgegen, der von Vorbereitung, Assistenz und Nachbereitung therapeutischer Maßnahmen spricht. Darüber hinaus enthält das Krankenpflegegesetz keine Ausführungen zur Berufsausübung, sondern zeigt lediglich die Voraussetzungen auf, die erfüllt werden müssen, um die Berufsbezeichnung des entsprechenden Krankenpflegeberufes zu erwerben. Nicht die Ausübung des Berufes der (Kinder-)krankenschwester bzw. (Kinder-)krankenpflegers wird durch das Gesetz geschützt, sondern die Berufsbezeichnung. Trotz Änderung des Krankenpflegegesetzes nebst Ausbildung- und Prüfungsverordnung im Jahre 1985 bleibt festzuhalten, daß sich aus den gesetzlichen Bestimmungen zum Berufsrecht der Pflegepersonen einschließlich der Pflege-Personalregelung vom 21.12.1992 keinerlei Anhaltspunkte für eindeutige Abgrenzungen ergeben; ähnliches gilt für das Berufsrecht anderer Berufe im Gesundheitswesen. Auch dem Heilpraktikergesetz ist

> keine abschließende Kompetenzverteilung zu entnehmen, wenngleich diese Auffassung teilweise im Schrifttum anzutreffen ist. Die Diskussion aller mit der Streitfrage Befaßten läuft schließlich auf die Frage nach dem durch Aus- und Weiterbildung erworbenen Wissensstand des nachgeordneten nichtärztlichen Personals beispielsweise in der Injektions- und Infusionstechnik hinaus.

Ausgangspunkt dieser Entwicklung war der Beschluß der Bundesärztekammer vom 16. 02. 1974, in dem es wörtlich heißt: „Injektionen, Infusionen und Blutentnahmen sind Eingriffe, die zum Verantwortungsbereich des Arztes gehören. Der Arzt kann mit der Durchführung dieser von ihm angeordneten Maßnahme sein medizinisches Assistenzpersonal beauftragen, soweit nicht die Art des Eingriffs sein persönliches Handeln erfordert. Da Injektionen, Infusionen und Blutentnahmen nicht zum üblichen Aufgabenbereich des ausgebildeten Assistenzpersonals gehören, bleibt der Arzt in jedem Fall für die Anordnung und ordnungsgemäße Durchführung der Eingriffe sowie für die Auswahl und Überwachung der Hilfskraft verantwortlich. Der Arzt darf daher die Durchführung nur solchen Hilfskräften übertragen, die in der Punktions- und Injektionstechnik besonders ausgebildet sind und von deren Können und Erfahrung er sich selbst überzeugt hat. Die Durchführung von Injektionen, Infusionen und Blutentnahmen außerhalb des ärztlichen Versorgungsbereichs ist nur in Notfällen vertretbar, in denen ein Arzt nicht erreichbar ist." Dieser Beschluß wurde 1980 modifiziert (abgedruckt im Anhang B als Anmerkung 2 zur Stellungnahme der Arbeitsgemeinschaft Deutscher Schwesternverbände (ADS) und des Deutschen Berufsverbandes für Krankenpflege e. V. (DBfK) zur Vornahme von Injektionen, Infusionen, Transfusionen und Blutentnahmen durch das Krankenpflegepersonal).

Die Rechtsprechung hat sich dieser Ansicht – ohne sich ihr gänzlich anzuschließen, wozu bislang keine Notwendigkeit bestand – nicht unaufgeschlossen gezeigt.

So hat bereits im Jahre 1959 der Bundesgerichtshof ausgesprochen, daß einer approbierten, also voll ausgebildeten und geprüften Krankenschwester intramuskuläre Injektionen nur überlassen werden dürfen, wenn sich der leitende Arzt vergewissert hat, daß sie ihren Aufgaben gewachsen ist, und wenn daneben für ihre Überwachung und Beaufsichtigung durch die vorhandenen Ärzte Sorge getragen wird. Nach einer Entscheidung aus dem Jahre 1979 (BGH, NJW 1979, 1935) soll „vieles dafür sprechen, daß auch heute noch die Verabreichung von Injektionen von ausgebildeten Krankenpflegehelferinnen, die immerhin eine mehrjährige Lehrzeit zu absolvieren haben, nicht geduldet werden darf, weil die fehlerhafte Ausführung von Injektionen zu typischen schwerwiegenden Schäden führen kann". Nach der Stellungnahme der Berufsverbände (siehe Anhang B) und der Bundesärztekammer dürfen Kinder-, Krankenpflegeschüler/-innen nur zum Zwecke der Ausbildung unter unmittelbarer Aufsicht und Anleitung des Arztes oder einer entsprechend qualifizierten Krankenpflegeperson subcutane und intramuskuläre Injektionen vornehmen. Famuli, also kurz vor der Abschlußprüfung stehende Medizinstudenten, die sowohl das Physikum als auch einen zweimonatigen Krankenpflegedienst bereits hinter sich haben, dürfen mangels ausreichender Erfahrung und Qualifikation keine intramuskulären Injektionen verabfolgen (OLG Köln, MedR 1987, 192). Werden einer nach ihrem Ausbildungs- und Erfahrungsstand zur Vornahme bestimmter Eingriffe in die körperliche Integrität eines Patienten nicht befugten Person solche Eingriffe dennoch übertragen und von ihr ausgeführt, so liegt nach der Rechtsprechung ein Behandlungsfehler vor.

Tendenziell ergibt sich daher aus Stellungnahmen, insbesondere auch der Berufsverbände zu Tätigkeitsmerkmalen für das Pflegepersonal, Hinweisen in der Literatur und der Rechtsprechung zu den Voraussetzungen einer zulässigen Delegation ärztlicher Tätigkeiten folgende Situation:

> Grundsätzlich ist davon auszugehen, daß Injektionen – intramuskuläre, subcutane und intravenöse – ebenso wie Infusionen und Blutentnahmen zum Aufgaben- und Verantwortungsbereich des Arztes gehören. Eine Delegation dieser Aufgaben auf das nachgeordnete nichtärztliche Personal wird jedoch herrschend als prinzipiell zulässig erachtet.

Dabei wird nicht zwischen den einzelnen Berufsgruppen wie Pflegekräften, Arzthelfer/-innen, technischen Assistenten in der Medizin und anderen unterschieden.

> An die Zulässigkeit der Übertragung werden allerdings in mehrfacher Hinsicht Vorbedingungen gestellt.

Wie bei jeder Heilbehandlung muß der Patient in die Maßnahme einwilligen. Des weiteren hat der Arzt zu prüfen, ob die Maßnahme aus ärztlicher Sicht überhaupt delegierbar ist oder nicht von ihm persönlich durchgeführt werden muß. Im Rahmen dieser Entscheidungsfindung spielt etwa der Umstand eine Rolle, daß das zu injizierende Medikament wegen schädigender Nebenwirkung besonders gefährlich oder möglicherweise mit Komplikationen beim Patienten zu rechnen ist. Diese erste Beurteilung kann bereits zu dem Ergebnis führen, daß eine Übertragung entweder gänzlich unzulässig ist, weil die eigenhändige Verabreichung des Medikaments durch den Arzt erforderlich oder zumindest dessen Anwesenheit angezeigt ist. Im Fall der Delegation hat ausnahmslos eine sorgfältige Prüfung dahingehend zu erfolgen, ob die Person, auf die die eigentlich ärztliche Maßnahme übertragen werden soll, die entsprechende Qualifikation mitbringt. Je geringer die Qualifikation der beauftragten Person ist, umso höher sind die Anforderungen an die Kontroll- und Überwachungspflichten des Arztes. Dabei hat sich der Arzt grundsätzlich im Einzelfall – also nicht nur generell – über die Qualifikation des von ihm mit der Durchführung der ärztlichen Maßnahme Beauftragten zu vergewissern. Als Qualifikationsnachweis reicht die Erlaubnis zur Führung der Berufsbezeichnung alleine nicht aus, wie umgekehrt bestimmten Angehörigen des nachgeordneten nichtärztlichen Dienstes eine qualifizierte Befähigung nicht von vorne herein abgesprochen werden kann. Entscheidend ist stets das Wissen und Können zum Beispiel der mit der Injektion beauftragten Pflegekraft, Arzthelferin oder technischen Assistentin in der Medizin im jeweiligen Einzelfall. Im Rahmen dieser Prüfung ist etwa zu berücksichtigen, daß die Durchführung intravenöser Injektionen mit Punktion der Vene nach der Ausbildungs- und Prüfungsordnung für die Berufe in der Krankenpflege nicht zur Ausbildung gehört – im Gegensatz zu intramuskulärer und subcutaner Injektion; neben Injektionen wird lediglich die Vorbereitung von Venenpunktionen im Ausbildungskatalog genannt. Häufig reicht zur Übertragung auch die Kenntnis nur der technischen Voraussetzungen nicht aus, beispielsweise für intravenöse Injektionen über liegende Verweilkanülen, über einen zentralen Zugang oder über einen intravenös liegenden Infusionsschlauch. Es entfällt zwar hier die Gefährlichkeit des technischen Eingriffs; es bleibt jedoch das sich aus der schnelleren Wirksamkeit des Infusionsmittels für den Patienten ergebende

Risiko, das durch nichtärztliche Mitarbeiter, deren Kenntnis- und Erfahrungsstand beispielsweise unter dem einer examinierten Krankenpflegekraft liegt, nicht genügend beherrscht werden kann.

> Andererseits können die Angehörigen der Berufe im Gesundheitswesen eine erforderliche besondere Qualifikation auf der Basis des durch die vorgeschriebene Ausbildung vermittelten Wissens durch Weiter- und Fortbildung unter ärztlicher Aufsicht und Anleitung, erworben haben; über das Vorliegen dieser Voraussetzungen muß sich der Arzt vor einer Delegation Klarheit verschaffen; auch muß er von Fall zu Fall die Befähigung überprüfen.

Überträgt nunmehr der Arzt nach ordnungsgemäßer Vorprüfung im vorstehenden Sinn eine ärztliche Maßnahme auf das nachgeordnete nichtärztliche Personal, so trifft ihn die sogenannte ***Anordnungsverantwortung***; darunter ist die Verantwortung für die fehlerhafte Auswahl des Mitarbeiters ebenso zu verstehen wie für die Richtigkeit des Anordnungsinhalts selbst und für eine gegebenenfalls notwendige Überwachung des Mitarbeiters. Gibt beispielsweise der diensthabende Arzt einer Nachtschwester, die er persönlich nicht kennt, telefonische Anweisungen, so sind die Sorgfaltsanforderungen im Rahmen der Anordnungsverantwortung deutlich höher.

Grundsätzlich sollte die ärztliche Anordnung schriftlich festgehalten und vom Arzt abgezeichnet werden. Im Falle einer Injektion sollte der Patient namentlich benannt sowie das zu verabreichende Medikament, dessen Menge, Art und Zeitpunkt der Verabreichung bestimmt sein (siehe Anhang B, Anmerkung 2, Beschluß der Bundesärztekammer).

Mit der Übernahme der angeordneten Maßnahme übernimmt der Betroffene damit zugleich die ***Durchführungsverantwortung***; darunter ist die Verantwortung für die sachgerechte Ausführung der Anordnung zu verstehen.

> Zwischen der anweisenden und durchführenden Person gilt der Vertrauensgrundsatz, wonach jeder in seinem Arbeitsbereich für die ihm anvertraute Aufgabe primär selbst verantwortlich ist.

Jedoch infolge der Pflichten des Delegierenden, nämlich sorgfältige Auswahl, Überwachung und Überprüfung der fachlichen und persönlichen Qualifikation des nichtärztlichen Mitarbeiters, sind die Grenzen naturgemäß für den Anweisenden enger gesteckt. Erfüllt allerdings der delegierende Arzt seine sogenannten sekundären Sorgfaltspflichten, so kann ihm ein Fehler seines nichtärztlichen Mitarbeiters in der Regel nicht angelastet werden.

Überschätzt der Mitarbeiter dagegen mit der Übernahme der Aufgabe seine Fähigkeiten, so kann daraus der Vorwurf eines ***Übernahmeverschuldens*** resultieren. Dies ist etwa der Fall, wenn eine Schülerin im dritten Ausbildungsjahr unter – auch für sie erkennbaren – unzulänglichen Sichtbedingungen, zum Beispiel fast dunkler Röntgenraum, einen Kontrasteinlauf vornimmt und das Darmrohr versehentlich in die Scheide der Patientin einführt.

Dem Vorwurf des Übernahmeverschuldens kann jedoch dadurch entgangen werden, daß der Angewiesene die Übernahme ablehnt, weil er sich zu einer regelgerechten Durchführung der Tätigkeit subjektiv nicht in der Lage sieht. Dieser von mir an anderer Stelle bereits vertretenen Auffassung entspricht eine Stellungnahme der

Bundesärztekammer vom 27.04.1978, in der es heißt, „daß Hilfspersonal die Befolgung von Anforderungen stets dann verweigern muß, wenn es fachlich nicht ausreichend qualifiziert ist oder sich fachlich nicht qualifiziert fühlt und die Durchführung von intravenösen Injektionen grundsätzlich ablehnen kann". Es ist deshalb den Angehörigen der Berufe im Gesundheitswesen anzuraten, den anweisenden Arzt auf eine möglicherweise vorhandene unzureichende Kenntnis zur Ausführung der angewiesenen Tätigkeit hinzuweisen. Dies gilt prinzipiell auch für Personal in den Funktionsdiensten, beispielsweise der Intensivpflege, im Dialysebereich oder der Endoskopie. Allerdings wird ein Verweigerungsrecht hier nur ausnahmsweise in besonderen Situationen in Frage kommen. So dürfte in der Regel das Personal, das über einen längeren Zeitraum unbeanstandet intravenöse Injektionen durchgeführt hat, etwa als Intensivpflegekraft, nicht ohne weiteres diese Tätigkeit verweigern können, es sei denn, besondere Umstände lassen eine andere Beurteilung zu. Arbeitsrechtliche Konsequenzen, zum Beispiel eine Kündigung, sind bei einer berechtigten Verweigerung ausgeschlossen (siehe 2.3.4.4).

Eine abschließende Ausführung soll noch dem sogenannten **Spritzenschein** gelten.

Auf der Grundlage der oben geschilderten, derzeitigen Haftungssituation ist abschließend noch auf folgendes hinzuweisen: Wie immer man zur Frage der Zulässigkeit eine Injektion etc. durch das nachgeordnete nichtärztliche Pflegepersonal steht, so ist daran festzuhalten, daß ausnahmslos der Arzt zur Durchführung der Maßnahme verpflichtet ist, wenn dies der Patient verlangt. In einem solchen Fall ist das Pflegepersonal, die Arzthelferin oder auch die medizinisch-technische Assistentin nicht berechtigt, trotz des entgegenstehenden Patientenwillens zu injizieren; die Erfüllung des rechtswidrigen Straftatbestandes der Körperverletzung (§ 223 StGB) wäre die Folge. Daran ändert auch der sogenannte „Spritzenschein" nichts, mit dem der jeweilige Arzt versucht, den Aufgabenbereich des Krankenpflegepersonals auf die Verabreichung von Injektionen zu erweitern; denn der staatliche Strafanspruch kann nicht einzelvertraglich abbedungen werden, er ist zwingend.

Zweifelhaft erscheint mir auch die Möglichkeit, mit dem sogenannten Spritzenschein zugunsten der Pflegekräfte die zivilrechtliche Haftung auszuschließen und auf den Arzt bzw. Krankenhausträger zu übertragen, wie dies vielfach in der Literatur vertreten wird. Die Aufsichtspflicht des Arztes besteht in jedem Einzelfall, der sich sehr unterschiedlich gestalten kann. Dementsprechend sind auch an die Qualifikation desjenigen, der als Beauftragter die Injektion durchführt, unterschiedliche Anforderungen zu stellen. Diesem Erfordernis steht meines Erachtens der Spritzenschein als Globalnachweis entgegen.

Um das Haftungsrisiko des Arztes, des nichtärztlichen Personals aber auch des Krankenhausträgers zu verringern, ist empfehlenswert, im Wege einer Dienstanweisung die Anforderungen an die Delegation zu konkretisieren. Die Stellungnahmen der Berufsverbände und der Deutschen Krankenhausgesellschaft können hierbei dienlich sein. Aber auch bei vorhandenen Dienstanweisungen gilt, daß die Beteiligten im Einzelfall von der Beachtung der Sorgfaltspflichten nicht entbunden sind.

2.1.6.8 Die Beweislastverteilung

> Für zivilrechtliche Schadensersatzansprüche gilt grundsätzlich, daß der Geschädigte in einem Verfahren nachzuweisen hat, daß ein Schaden vorliegt, der ursächlich auf eine bestimmte Handlung (ein bestimmtes Unterlassen) eines bestimmten Menschen zurückführbar ist, daß weiter diese Handlung (dieses Unterlassen) eine Pflichtverletzung darstellt und letztlich diese Pflichtverletzung vom Schädiger zu vertreten ist; der Anspruchsteller muß also die anspruchsbegründenden Umstände darlegen und beweisen.

Dieser Rechtsgrundatz führt bei der Rechtsverfolgung durch einen geschädigten Patienten häufig zu erheblichen Erschwernissen.

In Ansehung dieser Schwierigkeiten hat die Rechtsprechung in gewissem Umfang eine Beweiserleichterung bishin zur Beweislastumkehr zugelassen. Unter Berufung auf den Grundsatz der „Waffengleichheit" im Rechtsverhältnis zwischen Patient und Arzt (Krankenhaus) wurden Instrumentarien entwickelt, die gegebenenfalls der unterlegenen Position des Patienten Rechnung tragen. So muß der Patient einen Behandlungsfehler nicht in allen Einzelheiten darlegen, es genügt vielmehr die Aufführung von konkreten Verdachtsgründen; das Gericht hat dann von Amts wegen ein Sachverständigengutachten einzuholen und die Krankenunterlagen beizuziehen. Ebenso reicht es aus, wenn der Patient den seiner Ansicht nach einschlägigen medizinischen Sachverhalt in den wesentlichen Grundzügen darlegen und unter Beweis stellen kann; an die Substantisierungspflichten des Patienten dürfen keine übertriebenen Anforderungen gestellt werden.

Angesichts des in der Regel größeren Informationsvorsprungs des Arztes haben sich weitere Modifizierungen des Beweisrechts zugunsten des Patienten entwickelt. So soll eine **Beweislastumkehr** vor allem dann einsetzen, wenn ein grober Behandlungsfehler festgestellt ist.

> Ein grober Behandlungsfehler wird von der Rechtsprechung dann angenommen, wenn ein Fehlverhalten vorliegt, das aus objektiver ärztlicher Sicht nicht mehr verständlich erscheint, weil ein derartiges Fehlverhalten dem behandelnden Arzt „schlechterdings" nicht unterlaufen darf; entscheidend für die Beurteilung eines Behandlungsfehlers als grober Fehler ist, daß das ärztliche Verhalten eindeutig gegen gesicherte und bewährte medizinische Erkenntnisse und Erfahrungen verstößt (BGH, MedR 1992, 214).

Die Umkehr der Beweislast bedeutet, daß nicht der geschädigte Patient nachweisen muß, daß – bei Vorliegen eines groben Behandlungsfehlers – ein ärztliches Fehlverhalten ursächlich für die Schädigung war, sondern der Arzt muß die fehlende Schadensursächlichkeit beweisen, indem er zur Überzeugung des Gerichts darlegt, daß die Schädigung auch ohne das vorgeworfene Verhalten eingetreten wäre.

Diese Ausnahme vom Grundsatz der Beweislast dürfte auch dann eingreifen, wenn beispielsweise dem nachgeordneten nichtärztlichen Personal grobe Pflege-, Hygiene- und Desinfektionsfehler unterlaufen sind, die zu einer Gesundheitsschädigung des Patienten geführt haben.

Auch bei unrichtiger oder unzulänglicher ärztlicher Dokumentation sowie bei groben Verstößen gegen die Pflicht zur Befundsicherung kann sich die Beweislast umkehren, sofern dem Patienten wegen des aus dem Verantwortungsbereich des Arztes stammenden Aufklärungshindernisses die Beweislast nicht mehr zugemutet werden kann.

Ähnliches gilt hinsichtlich des Nachweises eines objektiven Pflichtenverstoßes im Organisationsbereich des Krankenhausträgers. Für Risiken des Krankenhausbetriebes, die vom Träger des Hauses und dem dort tätigen Personal voll beherrscht werden können, trifft in der Regel den Krankenhausträger die Beweislast. Dies gilt in Bezug auf die Organisation und Koordination des Behandlungsgeschehens ebenso wie auf den Zustand der dazu benötigten Geräte und Materialien.

Auch die Risikosphäre des Pflegedienstes umfaßt die Zuweisung der Beweislast an den Krankenhausträger, jedenfalls dann, wenn das Pflegepersonal in seinem eigentlichen Aufgabenbereich tätig wird und nicht Assistenzdienste im Kernbereich des ärztlichen Handelns leistet. Aus diesem Grunde hat beispielsweise der Krankenhausträger aufzuzeigen und nachzuweisen, daß der Sturz eines Patienten bei einer Bewegungs- und Transportmaßnahme nicht auf einem pflichtwidrigen Verhalten der Krankenschwester beruht (BGH, NJW 1991, 1540).

Neben der Beweislastumkehr dient auch der sogenannte *Anscheinsbeweis* der Beweiserleichterung zugunsten des Patienten. Der Beweis des ersten Anscheins wird nur bei sogenannten typischen Geschehensabläufen angenommen, d. h., wenn ein Sachverhalt feststeht, der nach der Lebenserfahrung oder nach Erfahrungssätzen der medizinischen Wissenschaft auf einen bestimmten Geschehensablauf hinweist.

Schlußendlich ist die Umkehr der Beweislast nicht zu verwechseln mit dem sogenannten Entlastungsbeweis nach § 831 Abs. 1 Satz 2 BGB (siehe 2.1.6.2).

2.1.7 Dokumentation im Krankenhaus

Im zivilrechtlichen Haftungsprozeß hat in den letzten Jahren die Problematik der Dokumentation in den Krankenhäusern eine zunehmende Bedeutung erfahren.

2.1.7.1 Entwicklung in der Rechtsprechung

Bis Mitte der 70er Jahre bewertete die Rechtsprechung ärztliche Aufzeichnungen als interne Gedächtnisstützen, auf die der Patient auch keinerlei Recht auf Einsicht hatte. Eine endgültige Abkehr von dieser Auffassung erfolgte durch ein Urteil des Bundesgerichtshofes im Jahre 1978 (BGH, NJW 1978, 2337). Spätestens seit diesem Zeitpunkt ist anerkannt, daß die Dokumentation von Patientendaten zu den vertraglichen Nebenpflichten aus dem Behandlungsvertrag bzw. dem Krankenhausaufnahmevertrag zählt. In der Folgezeit haben die Gerichte häufig unter dem Gesichtspunkt der Beweislastverteilung immer wieder Orientierungspunkte für die Dokumentationspflichten gesetzt, wobei sämtliche Entscheidungen durch ärztliche Sachverständige mitgeprägt wurden. Deren Anschauungen zur Dokumentation wurden und werden durch die Gerichte einer Überprüfung unterzogen, die insbesondere den Schutzrechten des Patienten einerseits und den Alltagsbelastungen des Krankenhauspersonals andererseits Rechnung trägt.

Diese, auf Einzelfallentscheidungen zurückgehenden Orientierungspunkte lassen nachstehende Feststellungen zu:

2.1.7.2 Grundsätze der Dokumentation

> Grundsätzlich sind die wichtigsten diagnostischen und therapeutischen Maßnahmen zu dokumentieren. Aus den Krankenhausunterlagen müssen sich alle bedeutsamen Punkte der Anamnese, Diagnose, Therapie und alle sonstigen Behandlungsmaßnahmen ergeben; dabei reicht eine Beschreibung mit schlagwortartigen Abkürzungen oder zeichnerischen Darstellungen – etwa bei der Patientenlagerung auf dem Operationstisch (BGH, NJW 1984, 1403) – völlig aus. Routinemaßnahmen müssen nicht dokumentiert werden (OLG Oldenburg, MedR 1991, 203), ebensowenig nebensächliche und unerhebliche Sachverhalte (BGH, NJW 1972, 1520). So ist beispielsweise bei gesunden Säuglingen eine Kontrolle und Dokumentation von Körpertemperatur sowie Atemfrequenz überhaupt entbehrlich (OLG Karlsruhe, VersR 1986, 45). Auch Bagatelluntersuchungen in der Notfallambulanz obliegen in der Regel keiner Dokumentationspflicht.

Bestehen für eine Vielzahl von stets wiederkehrenden Behandlungssituationen schriftliche Dienstanweisungen, ist die Dokumentationspflicht ebenfalls eingeschränkt. So darf – etwa im Fall eines Dekubitus-Risikos – von der Dokumentation einer angeordneten Pflegemaßnahme dann abgesehen werden, wenn eine allgemeine schriftliche Anweisung besteht, die deutlich aussagt, welche einzelnen prophylaktischen Maßnahmen in den Fällen des Dekubitus-Risikos unbedingt durchzuführen sind (BGH, MedR 1986, 324). Eine weitere Grenze der Aufzeichnungspflicht ist auch dann anzunehmen, wenn – in der Nachbetrachtung – vom Arzt im Zeitpunkt der Behandlung eine Dokumentationsnotwendigkeit nicht erkennbar war (BGH, NJW 1973, 1520).

Die Abfassung der Aufzeichnungen haben so zu erfolgen, daß der Aufzeichnende selbst oder ein nach ihm mit dem Fall befaßter Fachmann (Arzt, Sachverständiger) die Dokumentation sinnvoll verwerten kann (BGH, NJW 1984, 1403). Es kommt also nicht in erster Linie darauf an, daß der Patient selbst oder ein Jurist als medizinischer Laie die Aufzeichnungen verstehen kann. Entscheidend ist die medizinische, am Wohl des Patienten orientiert Betrachtungsweise dahingehend, daß nach vollzogen werden kann, ob die Behandlung als vertretbar oder unvertretbar einzuschätzen ist (BGH, NJW 1985, 2193).

Die Dokumentation – und sei es auch nur ein kurzer handschriftlicher Vermerk – sollte unverzüglich erfolgen, also unmittelbar in einem zeitlich nahen Bezug zum Vorgang stehen. Für zulässig erachtet wird in der Literatur in diesem Zusammenhang die „Reinschrift eines Entwurfs oder sonstiger persönlicher Kürzel innerhalb eines Zeitraumes von etwa einer Woche".

Da sich die Dokumentation stets am Patienten zu orientieren hat, kann es sich empfehlen – je nach Besonderheit des Falles – etwa bei Risikopatienten, oder auch besonders schwierigen Patienten (sogenannte Querulanten) mit erhöhter Sorgfalt den Behandlungsverlauf zu dokumentieren. Dies gilt auch, wenn es sich um Tätigkeiten von (ärztlichen) Berufsanfängern handelt, weil insoweit der Dokumentation die Zweckrichtung einer Kontrolle „im Interesse der Ausbildung" beigemessen wird (BGH, MedR 1986, 39).

In bestimmten Fällen besteht eine gesetzliche Aufzeichnungspflicht, beispielsweise nach der Röntgenverordnung, der Strahlenschutzverordnung, der Medizingeräteverordnung oder dem Geschlechtskrankheitengesetz.

> Diagnostische Maßnahmen sind lückenlos zu dokumentieren (BGH, NJW 1986, 2365). So gehören in die Krankenakte Laborberichte, das EEG/EKG, etwaige Patientenfotos, Tonbandaufnahmen und die Ergebnisse bildgebender Verfahren.

2.1.7.3 Dokumentationspflicht des Pflegepersonals

Die Dokumentationspflicht im Krankenhaus wirft zwangsläufig die Frage nach der Verantwortlichkeit auch des Pflegepersonals auf. In diesem Zusammenhang trifft man verschiedentlich die Auffassung an, daß für die allgemeine Pflege (früher: Grundpflege) das Pflegepersonal ausschließlich zuständig sei und für den Bereich der speziellen Pflege (früher: Behandlungspflege) eine autonome „Pflegedokumentation" der ärztlichen Dokumentation gegenüberstehe.

Dieser Meinung kann nicht gefolgt werden. Unter dem Begriff „allgemeine Pflege" (so die Pflege-Personalregelung, während § 37 SGB X weiterhin von „Grundpflege" spricht) werden alle Maßnahmen zusammengefaßt, die der unmittelbaren körperlichen Pflege und Versorgung des Patienten dienen, aber auch seine menschlich-psychologische Betreuung sowie die damit unmittelbar verbundene Patientenbeobachtung und -überwachung. Unter „spezieller Pflege" (so die Pflege-Personalregelung, während § 37 SGB X weiterhin von „Behandlungspflege" spricht) werden diejenigen Maßnahmen zusammengefaßt, die aufgrund ärztlicher Anordnung der Behandlung des Patienten dienen und nicht vom Arzt höchstpersönlich ausgeführt werden müssen; hierzu zählt beispielsweise die Tablettengabe ebenso wie die Bedienung des Respirators in der Intensivmedizin.

> Da die Maßnahmen im Rahmen der „speziellen Pflege" Weisungs- und Kontrollpflichten des für die Behandlung zuständigen Arztes unterliegen, sind die entsprechenden Aufzeichnungen notwendigerweise Teil der ärztlichen Dokumentation.

Für den Bereich der „allgemeinen Pflege" gilt ähnliches. Zwar sind die Maßnahmen hier in der Regel weit weniger durch ärztliche Einzelanordnungen bestimmt als Maßnahmen der „speziellen Pflege". Gleichwohl gibt es keinen Bereich der Krankenversorgung, der der ärztlichen Aufsichts- und Weisungspflicht gänzlich entzogen wäre. Würde ein Arzt pflegerische Mängel zum Nachteil des Patienten übersehen, würde er sich dem Vorwurf eines ärztlichen Sorgfaltsmangels aussetzen; er könnte sich nicht mit dem Einwand enthaften, die allgemein pflegerische Versorgung des Patienten falle nicht in seinen Verwantwortungsbereich. Stationäre Krankenversorgung läßt sich zwar in verschiedene Arbeitsbereiche gliedern, dennoch stellt sie in ihrer Gesamtheit eine besonders intensive Art der ärztlichen Behandlung dar, die in allen ihren Teilen letztlich der ärztlichen Zuständigkeit und Verantwortung unterworfen ist. Daß dieser Grundsatz auch für die Dokumentation im Krankenhaus gilt, wird deshalb zurecht vertreten. Soweit das Pflegepersonal Maßnahmen sowohl der allgemeinen wie speziellen Pflege durchführt, obliegt ihm auch die damit verbundene Dokumentation.

> Die Organisation der Pflegedokumentation obliegt der Pflegedienstleitung in enger Abstimmung mit dem ärztlichen Dienst.

Auch hier gilt, daß die Behandlungspflege lückenlos nachgewiesen werden muß: Medikation und deren Wirkung, Fieber-, Puls-, Blutdruck- und sonstige Kontrollen, gleichfalls Aufzeichnungen von besonderen Hygienemaßnahmen unmittelbar nach Erkennen von Auffälligkeiten auf der Station und beim Patienten. Besondere Pflegebedürfnisse, gerade bei der Gefahr eines Durchliegegeschwürs, gehören ebenso zu den Dokumentationsinhalten einer Krankenakte wie – aus dem Bereich der allgemeinen Pflege – Ermahnungen an die Patienten, die ärztliche Anweisungen wie Bettruhe, Diät etc., nicht einhalten.

Soweit im Krankenhaus allgemeine schriftliche Anordnungen nicht vorhanden sind, müssen in jedem Fall die ärztlichen Anordnungen durchzuführender besonderer Pflegemaßnahmen im Krankenblatt enthalten sein. Hierzu gehören die Medikation, die Injektionen, die Vorbereitung und Überwachung von Infusionen, das Anlegen von Verbänden, Bestrahlungen und auch medizinische Bäder. Bei der Delegation dieser oder ähnlicher Aufgaben muß der Arzt eine sorgfältige Auswahl der beauftragten Person treffen, seinen vorbeugenden Hinweis- und laufenden Kontrollpflichten nachkommen; dies hat er zu dokumentieren beziehungsweise die delegierte Dokumentation zu überwachen.

2.1.7.4 Auswirkung der Dokumentationspflicht

> Mit der vertraglich begründeten Nebenpflicht zur Dokumentation von Patientendaten geht die Notwendigkeit einer Aufbewahrung einher.

Infolge der zivilrechtlichen Verjährungsfristen empfiehlt sich für den Krankenhausträger eine Aufbewahrungszeit von 30 Jahren, wie sie im übrigen teilweise gesetzlich vorgeschrieben ist, zum Beispiel durch die Strahlenschutz- und Röntgenverordnung. Desweiteren sind die Dokumentationsunterlagen vertraulich zu behandeln, daß heißt, daß unter Beachtung der Schweigepflicht nach § 203 StGB nur solchen Personen Einsicht gewährt werden darf, die mit der Patientenbehandlung befaßt sind. Der Patient selbst hat nach der Rechtsprechung grundsätzlich den Anspruch, in seine Krankenunterlagen Einsicht zu nehmen. Im Rahmen einer *psychiatrischen Behandlung* ist dieses Recht, abgesehen von bestimmten objektiven Befunden, jedoch eingeschränkt. So wird die Ansicht vertreten, die Verweigerung der von einem psychiatrischen Patienten begehrten uneingeschränkten Einsichtsnahme in die ihn betreffenden Krankenunterlagen in Form von Kopien sei nicht unverhältnismäßig, wenn aus ärztlicher Sicht eine unkontrollierte Beschäftigung des Patienten mit seiner Krankheit nicht zu vertreten sei (BVerfG, MedR 1993, 232). Nach pflichtgemäßer Abwägung zwischen dem *Selbstbestimmungsrecht* einerseits und dem *therapeutischen Interesse* andererseits kann die Einsichtnahme demnach verweigert werden. In diesem Fall muß der Arzt die einer Einsichtnahme entgegenstehenden therapeutischen Gründe nach Art und Richtung näher bezeichnen, ohne allerdings ins Detail gehen zu müssen (BGH, MedR 1989, 145ff.). Liegen allerdings aus ärztlicher Sicht keine nennenswerte Gründe gegen die Vorenthaltung der Krankenunterlagen über die psychiatrische Behandlung vor, muß auch in sie volle Einsicht gewährt werden (BGH, MedR 1985, 164ff.). Dies gilt grundsätzlich auch für das Akteneinsichtsrecht eines aus psychiatrischen Gründen öffentlich-rechtlich Untergebrachten. Allerdings soll in diesem Fall der Gesichtspunkt, daß durch die Einsichtnahme beim ehemaligen Untergebrachten der krankhafte Zustand wieder herbeigeführt wird, der zusammen mit anderen Umständen Anlaß für die Unterbringung war (Selbstgefährdung), nicht ausreichen, um die Einsicht zu verweigern (BVerwG, MedR 1989, 336ff.). Staatliche Behörden sollen nicht die Befugnis haben, dem Bürger vorzuschreiben, was er im Interesse seines Eigenschutzes zu tun hat. Insoweit weicht also die Wertung des öffentlich-rechtlichen Anspruchs auf Akteneinsicht von der des zivilrechtlichen Anspruchs ab, gleichwohl für beide Ansprüche auf das Selbstbestimmungrecht und die personale Würde des Betroffenen abgestellt wird.

Ein Recht auf Herausgabe der Krankenhausunterlagen besteht für den Patienten nur insoweit, als er – auf seine Kosten – Fotokopien der Originale verlangen kann.

Eine besondere Bedeutung erhielt die Begründung der Dokumentationspflicht durch die Rechtsprechung im Hinblick auf die Beweislastverteilung. Mangelhafte oder fehlende Dokumentation kann – je nach Einzelfall – zugunsten des Patienten eine Beweiserleichterung bishin zur Beweislastumkehr zur Folge haben (BGH, MedR 1988, 96), „wenn die gebotene ärztliche Dokumentation lückenhaft bzw. untauglich ist und deswegen für den Patienten im Falle einer Schädigung die Aufklärung des Sachverhaltes unzumutbar erschwert wird" (BGH, MedR 1986, 324).

> Mit der Rechtsprechung zur Dokumentation von Patientendaten wurde zweifellos unmittelbar in die Organisation der Krankenhäuser eingegriffen. Zutreffenderweise sollte die Dokumentation aber auch als willkommenes Kommunikationsmittel und als präventive Qualitätssicherung im Krankenhaus verstanden werden.

2.2 Strafrechtliche Bestimmungen

> Von der zivilrechtlichen Haftung ist die strafrechtliche Verantwortlichkeit zu trennen. Während im Haftungsprozeß geregelt wird, wer für einen Schaden einzustehen hat, geht es im Strafprozeß um die Frage, ob ein Strafanspruch des Staates begründet ist, weil jemand bestehende Strafvorschriften erfüllt und wegen eines begangenen Unrechts einzustehen hat.

Strafrechtsnormen, die sowohl für den Arzt als auch für den gesamten nachgeordneten nichtärztlichen Dienst von Bedeutung sein können, sind hauptsächlich im Strafgesetzbuch (StGB), aber auch in anderen Gesetzen enthalten. Die Beurteilung, ob eine strafbare Handlung gegeben ist, hängt von dem Vorliegen von drei Voraussetzungen ab. Es ist zu prüfen, ob ein Täter den vom Gesetzgeber aufgestellten Straftatbestand erfüllt hat (Frage nach der sogenannten Tatbestandsmäßigkeit), ob der Straftäter rechtswidrig gehandelt hat (Frage nach der sogenannten Rechtswidrigkeit) und ob er schließlich schuldhaft gehandelt hat (Frage nach der Schuld).

2.2.1 Tatbestandsmäßigkeit

Von der Tatbestandsmäßigkeit wird gesprochen, wenn ein Täter die einzelnen Merkmale einer Vorschrift verwirklicht, mit der der Gesetzgeber ein bestimmtes Handeln unter Strafe gestellt hat. Der Tatbestand des Diebstahls (§ 242 StGB) etwa wird dadurch verwirklicht, daß jemand einem anderen eine fremde bewegliche Sache in der Absicht rechtswidriger Zueignung wegnimmt. Die den Tatbestand dieser Strafvorschrift ausmachenden Merkmale sind demnach unter anderem wie folgt zu bezeichnen: Es muß eine Sache weggenommen worden sein, Diebstahl an einer Forderung (weil nicht gegenständlich) ist folglich grundsätzlich ausgeschlossen. Die Sache muß weiterhin fremd sein, darf also nicht im Eigentum des Diebstahlstäters stehen. Schließlich muß die Sache beweglich sein, unbewegliche Sachen (zum Beispiel Immobilien, Grundstücke) können nicht Gegenstand des Diebstahls werden.

Strafbar kann weiterhin immer nur ein menschliches Verhalten sein. Dies ist aber nur dann im strafrechtlichen Sinn vorwerfbar, wenn eine sogenannte Handlung vorliegt. Diese wiederum kann in einem aktiven Tun, aber auch in einem Unterlassen bestehen. In aller Regel werden Strafvorschriften durch aktives Tun erfüllt, man spricht dann von Begehungsdelikten. Hierzu zählt zum Beispiel die Körperverletzung, die dadurch begangen wird, daß der Täter eine andere Person körperlich mißhandelt. Es gibt aber auch sogenannte Unterlassungsdelikte, die dadurch erfüllt werden, daß der Täter ein von ihm gefordertes Handeln zur Abwendung des strafrechtlich mißbilligten Erfolges unterläßt (§ 13 StGB). Der typische Fall eines Unterlassungsdeliktes ist die unterlassene Hilfeleistung. Von diesen echten Unterlassungsdelikten, bei denen der Gesetzgeber das Unterlassen mit Strafe belegt hat, werden die sogenannten unechten Unterlassungsdelikte unterschieden. Beim unechten Unterlassungsdelikt wird vom Gesetz an sich ein aktives Tun unter Strafe gestellt, zum Beispiel das Töten. Eine Bestrafung kann jedoch dann erfolgen, wenn im konkreten Einzelfall das Unterlassen einem aktiven Tun gleichkommt; dies wäre etwa dann der Fall, wenn ein ausgebildeter Rettungsschwimmer auf Grund seiner Garantenstellung einen anderen Menschen ertrinken läßt.

Ein Handeln (aktives Tun oder Unterlassen) ist aber nur dann strafrechtlich von Bedeutung, wenn es für den Eintritt eines strafrechtlich relevanten Erfolges ursächlich (kausal) ist. Daraus folgt, daß bei Fehlen eines Kausalzusammenhanges zwischen Handlung und Erfolg in der Regel – von Ausnahmen abgesehen – das Handeln strafrechtlich irrelevant ist.

2.2.2 Rechtswidrigkeit

> Da der Gesetzgeber mit den Strafvorschriften zum Ausdruck gebracht hat, daß er bestimmte Handlungen mißbilligt, und sie deshalb mit Strafe belegt, ist jedes tatbestandsmäßige Handeln regelmäßig rechtswidrig; der Täter hat zu seinem Handeln kein Recht.

Etwas anderes gilt nur, wenn dem Täter ein sogenannter Rechtfertigungsgrund zur Seite steht; das Vorliegen eines Rechtfertigungsgrundes läßt die Rechtswidrigkeit entfallen.
Bereits früher (im Bereich der deliktischen Haftung) wurde kurz auf zwei Rechtfertigungsgründe eingegangen: die Notwehr und die Einwilligung. Daneben gibt es weitere Rechtfertigungsgründe, wie beispielsweise den rechtfertigenden (übergesetzlichen) Notstand oder auch gegebenenfalls das Züchtigungsrecht.
Der Rechtfertigungsgrund der **Einwilligung** spielt vor allem im täglichen medizinischen Bereich eine nicht zu unterschätzende Rolle. Dies hängt damit zusammen, daß auch bei einem ärztlichen oder pflegerischen Heileingriff am Patienten von der Realisierung eines Körperverletzungstatbestandes auszugehen ist (ständige Rechtsprechung; siehe 2.2.6.1).

Die Einwilligung des Patienten rechtfertigt jedoch die Körperverletzung. Damit eine wirksame Einwilligung vorliegt, sind nachfolgende Grundsätze zu beachten:

- Die Einwilligung muß grundsätzlich *vor* dem Heileingriff erklärt werden. Ist ein Patient hierzu nicht in der Lage – etwa der bewußtlose Patient – so kann die mutmaßliche Einwilligung ausreichend sein, wenn der Eingriff in seinem Interesse erfolgt; der Arzt oder die Pflegeperson handelt in einem solchen Fall als Geschäftsführer ohne Auftrag (Argument aus § 677 BGB). Bei medizinisch indizierten ärztlichen Eingriffen, insbesondere bei der Operationserweiterung, ist die Zulässigkeit ärztlichen Handelns auf der Grundlage mutmaßlicher Einwilligung des Patienten nicht auf Fälle vitaler Indikation beschränkt (BGH, NJW 1988, 2310). Ärztliche Eingriffe, in die der Patient zwar nicht ausdrücklich oder konkludent eingewilligt hat, die aber seinem mutmaßlichen Willen entsprechen, dürfen nicht nur zur Beseitigung einer gegenwärtigen Lebensgefahr vorgenommen werden. Der (mutmaßliche) Wille des Patienten ist auch dann zu berücksichtigen, wenn der Arzt vor der Frage steht, ob er eine mit Zustimmung des Patienten begonnene Operation erweitern oder sie abbrechen und den Patienten dem Risiko einer neuen, unter Umständen mit größeren Gefahren verbundenen, jedenfalls aber weitere körperliche und seelische Beeinträchtigungen mit sich bringenden Operation aussetzen soll. Der Rechtfertigungsgrund der mutmaßlichen Einwilligung entfällt nicht bereits dann, wenn der Arzt es unterlassen hat, den Patienten über eine vorhersehbare, gebotene Operationserweiterung aufzuklären und dadurch die Möglichkeit, eine ausdrückliche Entscheidung des Patienten herbeizuführen, fahrlässig ungenutzt gelassen hat. Entscheidend ist allein, ob die Voraussetzungen der mutmaßlichen Einwilligung in dem Augenblick gegeben sind, in dem der Arzt vor der Frage steht, ob der von der ursprünglichen erteilten Einwilligung nicht mehr gedeckte weitere Eingriff vorgenommen werden soll oder nicht.
Im Hinblick auf den Vorrang des Selbstbestimmungsrechts des Patienten ist der Inhalt des mutmaßlichen Willens in erster Linie aus den persönlichen Umständen des Betroffenen, aus seinen individuellen Interessen, Wünschen, Bedürfnissen und Wertvorstellungen zu ermitteln.
Objektive Kriterien, insbesondere die Beurteilung einer Maßnahme als gemeinhin vernünftig und normal sowie den Interessen eines verständigen Patienten üblicherweise entsprechend, haben keine eigenständige Bedeutung, sondern dienen lediglich der Ermittlung des individuellen hypothetischen Willens. Liegen keine Anhaltspunkte dafür vor, daß sich der Patient anders entschieden hätte, wird allerdings davon auszugehen sein, daß sein (hypothetischer) Wille mit dem übereinstimmt, was gemeinhin als normal und vernünftig angesehen wird (BGH, NJW 1988, 2310). Etwas anderes kann allerdings dann gelten, wenn der Patient zuvor einen entgegenstehenden Willen geäußert hat und der den Heileingriff Durchführende (Arzt oder Pflegeperson) diesen Willen kennt.
- Die Einwilligung, die die Rechtswidrigkeit beispielsweise einer tatbestandsmäßigen Körperverletzung entfallen läßt, muß weiterhin von demjenigen erklärt werden, der Inhaber des verletzten Rechtsgutes und *verfügungsberechtigt* ist. Diese Feststellung wird vor allem schwierig zu treffen sein bei der Frage nach der Wirksamkeit der Einwilligung eines Minderjährigen. Die Verfügungsberechtigung minderjähriger Patienten wird in der Literatur und von der Rechtsprechung unabhängig von der im Zivilrecht für die Wirksamkeit von Willenserklärungen bedeutsamen Volljährigkeit

in aller Regel dann bejaht, „wenn der Minderjährige nach seiner geistigen und sittlichen Reife die Bedeutung eines Eingriffs und seiner Gestattung zu ermessen vermag" (BGH, NJW 1981, 1321). Bei einem fast 18jährigen Patienten ist hiervon im Normalfall auszugehen (BGH, NJW 1991, 2344). Mangelt es an der Einsicht, zum Beispiel bei jüngeren Patienten, so ist die Einwilligungserklärung des Minderjährigen unbeachtlich; es kommt auf die Einwilligung des gesetzlichen Vertreters, im Regelfall der Eltern, an. Inwieweit eine minderjährige Schwangere in einen Schwangerschaftsabbruch ohne Mitwirkung der Eltern einwilligen kann, hängt von den Umständen des Einzelfalls, insbesondere der geistigen Entwicklung der Minderjährigen ab. So hat etwa das Landgericht München entschieden, daß eine 16jährige nicht der Zustimmung ihrer gesetzlichen Vertreter zum Abbruch der Schwangerschaft aus sozialer Indikation bedarf, sofern sie die Tragweite ihrer Entscheidung erfaßt (LG München, NJW 1980, 646). Demgegenüber urteilte das Amtsgericht Celle in einem anderen Fall, daß eine 17jährige Schwangere im Regelfall nicht selbständig in einen Schwangerschaftsabbruch einwilligen könne (AG Celle, NJW 1987, 2307).

- Die Wirksamkeit der Einwilligung setzt nicht eine Schriftform voraus. Eine Einwilligung kann auch *mündlich* oder durch schlüssiges (=konkludentes) Verhalten wirksam erklärt werden.

Die zuvor erwähnte Tatsache, daß von einer wirksamen Einwilligung des Patienten nur dann auszugehen ist, wenn er die Bedeutung und Tragweite des Heileingriffs und seiner Gestattung ermessen kann, setzt eine entsprechende *Aufklärung* seitens des Arztes voraus, es sei denn, der Patient verzichtet auf eine Aufklärung (BGH, NJW 1974, 604). Ohne auf die vieldiskutierte Frage nach Umfang und Grenze der Aufklärungspflicht eingehen zu wollen, ist festzuhalten, daß nach ständiger Rechtsprechung der Arzt den Patienten vor einem Eingriff oder einer sonst invasiven Behandlung über Wesen, Bedeutung und Tragweite des Eingriffs so aufzuklären hat, daß dieser anschließend weiß, worum es bei dem Eingriff geht und wie er die Erfolgsaussichten und Gefahren einschätzen muß (BGH, MedR 1990, 264). Dazu gehört auch, daß die Aufklärung im richtigen Zeitpunkt und nicht erst unmittelbar vor dem Eingriff stattfindet. Bei einer langfristig planbaren Operation jedenfalls ist eine Aufklärung erst am Vortage der Operation verspätet (OLG Köln, MedR 1992, 40). Nach dem Gegenstand der Aufklärung sind verschiedene Formen der notwendigen Information des Patienten zu unterscheiden. Es gibt die Aufklärung über den Verlauf der Krankheit in behandelter und unbehandelter Form (Verlaufsaufklärung); die Aufklärung kann die Diagnose betreffen (Diagnoseaufklärung); die Aufklärung sollte auch jedes nicht unwesentliche Behandlungsrisiko umfassen (Risikoaufklärung), wobei stets solche Risiken von Gewicht mitzuteilen sind, die speziell dem geplanten Eingriff anhaften und von denen der Arzt nicht annehmen kann, daß der Patient mit ihnen rechnet und sie bei seiner Entscheidung zur Einwilligung berücksichtigt (BGH, MedR 1985, 173). Als notwendig angesehen wird im allgemeinen die Verlaufs- und Risikoaufklärung.

Über die Diagnose ist der Patient zu informieren, wenn er danach fragt. Es ist dem Patienten die Art der Erkrankung (zum Beispiel Karzinom) dann mitzuteilen, wenn er für seine Entscheidung, ob er einer bestimmten Behandlung (zum Beispiel Chemotherapie) zustimmen soll, darauf angewiesen ist. Im übrigen ist dem Patienten die Diagnose mitzuteilen, soweit dies für eine Behandlung der Krankheit unerläßlich ist.

Dies hat mit der gebotenen Schonung zu erfolgen, beispielsweise bei der Diagnose „Aids" (OLG Köln, NJW 1988, 2306).

Schließlich muß der Arzt auch über sich anbietende, erkennbar mit geringerem Risiko verbundene Alterativen, sei es in der Therapie, in der Person des Therapeuten, der Krankenanstalt oder auch der Art der Betäubung informieren (BGH, NJW 1992, 755).

Entscheidend ist dabei immer der Einzelfall. Bei Punktionen etwa genügt der Arzt seiner Aufklärungspflicht, wenn er den Patienten über die Natur des Eingriffs im großen und ganzen aufklärt. Eine besondere Risikoaufklärung kann entfallen, wenn der Arzt den Eingriff nicht etwa nur rein vorsorglich vornehmen will (OLG Bamberg, MedR 1987, 164).

In der Geburtshilfe dagegen muß der Arzt auch über die unterschiedlichen Risiken aufklären, die sich aus verschiedenen Methoden für Mutter und Kind ergeben. Ist beispielsweise eine Spontangeburt für das Kind risikobehafter als eine Schnittentbindung, verhält es sich für die Mutter aber gerade umgekehrt, obliegt dem Arzt eine entsprechende Risikoaufklärung, um der Mutter die Wahl zu lassen, für welche Methode sie sich entscheiden will (BGH, NJW 1992, 741).

Kommt es für den Arzt ernsthaft in Betracht, daß bei einem Patienten intra- oder postoperativ eine Bluttransfusion erforderlich werden kann, so ist der Patient über das Risiko einer Infektion mit Hepatitis und Aids durch eine Fremdbluttransfusion aufzuklären; darüberhinaus sind solche Patienten auf den Weg der Eigenblutspende als Alternative hinzuweisen, soweit für sie diese Möglichkeit besteht (BGH, NJW 1992, 743).

Im Zusammenhang mit der Aufklärung durch den Arzt ist nach wie vor die Frage in der Diskussion, ob vor einer Venenpunktion zum Zweck der Blutuntersuchung, die sich aus gegebener medizinischer Indikation auch auf eine Aids-Antikörperaustestung erstrecken soll, der Patient hierüber aufgeklärt werden soll, um eine rechtswirksame Einwilligung zu erlangen.

Grundsätzlich gilt, daß Blutentnahmen im Rahmen ärztlicher Untersuchungen keiner besonderen Einwilligung bedürfen, wenn ihnen der Patient durch schlüssiges Verhalten zustimmt. Mit dem Hinweis, daß ein positiver HIV-Test keine medizinischen Vorteile, sondern nur lebensverändernde Nachteile für den Patienten hätte und deshalb schließlich mit anderen Blutuntersuchungen nicht zu vergleichen wäre, wird jedoch abweichend vom vorstehenden Grundsatz teilweise die Ansicht vertreten, ein Patient müsse in jedem Falle vor einer beabsichtigten Aids-Austestung informiert werden. Die gegenteilige Meinung dagegen verweist einmal darauf, daß der einwilligungsrelevante Eingriff die Venenpunktion als solche sei, und zum anderen, daß beim Aids-Test ebenso wie bei anderen diagnostischen Maßnahmen und Blutuntersuchungen der Arzt verpflichtet sei, entsprechend seiner medizinischen Überlegungen alles zu tun, um seine diagnostischen Überlegungen zu verifizieren. Hingewiesen wird auch darauf, daß das indizierte und erforderliche ärztliche Vorgehen zur Erstellung der Diagnose im Rahmen eines bestehenden Behandlungsvertrages nicht Gegenstand des Selbstbestimmungsrechts des Patienten, sondern Sache der ärztlichen Verantwortung sei.

Die Rechtsprechung hat sich bislang in dieser Frage nicht abschließend geäußert. Es scheint deshalb zweckmäßig, wenn sich der Arzt vom Patienten bescheinigen läßt, er wäre neben anderen Untersuchungen des entnommenen Blutes auch mit einer Aids-Antikörperaustestung einverstanden.

Von der strafrechtlichen Problematik des sogenannten heimlichen Aids-Tests ist die zivilrechtliche Seite zu unterscheiden. Dabei geht es um mögliche Schmerzensgeldansprüche (§§ 823, 847 BGB), die dann gegeben sind, wenn ein schwerwiegender Eingriff

2.2 Strafrechtliche Bestimmungen

in Persönlichkeitsrechte des Anspruchsstellers vorliegen. Das Recht des einzelnen auf informationelle Selbstbestimmung ist als Konkretisierung des allgemeinen Persönlichkeitsrechts anerkannt (BVerfG, NJW 1984, 419). In dieses Recht greift der Arzt ein, wenn er sich Informationen über den Gesundheitszustand des Patienten ohne dessen Einwilligung verschafft. Bislang ist jedoch die Erheblichkeit des Eingriffs in das Persönlichkeitsrecht des Patienten bei sogenannten heimlichen Aids-Tests verneint worden (AG Mölln, MedR 1989, 42, nicht rechtskräftig).

> Jeder einzelne Heileingriff, sei es aus dem ärztlichen oder aus dem pflegerischen Bereich, ist mithin darauf zu überprüfen, ob er durch eine Einwilligung des Patienten nach vorausgegangener ärztlicher – grundsätzlich nicht durch das Pflegepersonal vorzunehmender – Aufklärung unterschiedlicher Intensität je nach Fallage gedeckt ist („Richtlinien zur Aufklärungspflicht" abgedruckt im Anhang F).

Dies gilt auch für die Heilbehandlung untergebrachter psychisch Kranker. Ist im Fall der Betreuung der Kranke in bezug auf die anstehende Heilmaßnahme einwilligungsfähig, so kommt es allein auf seine Einwilligung an. Ist er nicht mehr einwilligungsfähig, so erteilt der Betreuer – vorausgesetzt, der vom Gericht bestimmte Aufgabenbereich umfaßt die Heilbehandlung – die Einwilligung; für bestimmte schwerwiegende Eingriffe bedarf es der gerichtlichen Genehmigung (§ 1904 BGB). Für die Heilbehandlung der strafgerichtlich (§§ 63, 64 StGB) oder öffentlich-rechtlich (entsprechend landesgesetzlicher Regelung) untergebrachten psychisch Kranken hat der Gesetzgeber Sondervorschriften erlassen.

Ebenso wie die Einwilligung stellt die *Notwehr* einen Rechtfertigungsgrund dar. Nach der gesetzlichen Formulierung (§ 32 StGB) ist Notwehr diejenige Verteidigung, die erforderlich ist, um einen gegenwärtigen Angriff von sich oder einem anderen abzuwehren (siehe 2.1.6.2). Demnach setzt das Vorliegen einer Notwehrsituation einen gegenwärtigen, rechtswidrigen Angriff voraus. Als Angriff ist die von einem Menschen drohende Verletzung rechtlich geschützter Interessen zu verstehen. Wird ein Mensch von einem Tier angegriffen, so ist das Töten des Tieres unter dem Aspekt des Notstandes gerechtfertigt, es sei denn, das Tier wird von einem Menschen als Werkzeug benutzt. Gegenwärtig ist ein Angriff, wenn er unmittelbar bevorsteht, so daß auch durch das Hinausschieben der Abwehrhandlung deren Erfolg gefährdet würde.

Rechtswidrig ist jeder Angriff eines Menschen, der nicht durch die Rechtsordnung gedeckt ist (siehe 2.2.2). Ein rechtswidriger Angriff kann auch gegeben sein bei einer drohenden Verletzungshandlung eines psychisch Kranken oder Betrunkenen. Diesem gegenüber besteht jedoch kein unbeschränktes Notwehrrecht. „Wo der Angegriffene die Rechtsverletzung auf andere Weise abwenden kann, ohne seiner eigenen Ehre etwas zu vergeben oder sonst seine Belange zu verletzen, entfällt das Recht zur Verteidigung. Die durch das Recht zur Notwehr geschaffene Selbsthilfe ist nicht erforderlich, wo der Angegriffene dem Angriff ausweichen kann und ihm das auch zuzumuten ist. Es besteht allerdings keine Verpflichtung, durch „schimpfliche" Flucht auszuweichen" (BGH, ständige Rechtsprechung).

Liegt nach dem Vorstehenden ein gegenwärtiger, rechtswidriger Angriff vor, so ist von dem Angegriffenen die zur Abwehr erforderliche Verteidigung zu wählen. Erforderlich ist nur das Mittel, das den Angreifenden am wenigsten beeinträchtigt. Soweit mehrere Abwehrmöglichkeiten in Betracht kommen, muß das am wenigsten schädliche Mittel gewählt werden.

Auf das Vorliegen einer Notwehrsituation vermag sich derjenige nicht berufen, der den Angriff selbst provoziert hat; ihm fehlt als Provokateur der Verteidigungswille.

Von der Notwehr ist die **Nothilfe** zu unterscheiden. Diese liegt vor, wenn der Verteidiger nicht einen Angriff von sich, sondern von einem anderen abwendet. Grundsätzlich ist die Nothilfe im selben Umfang zulässig wie die Notwehr. Zu beachten ist nur, daß der Nothelfer nicht mehr Rechte geltend machen kann, als der Angegriffene selbst ausüben will. Will der Verletzte zum Beispiel einen Angriff nicht abwehren, fehlt ihm also der Verteidigungswille, so steht auch einem anderen nicht das Recht zu, seine Hilfe aufzudrängen und den Angegriffenen zu verteidigen. Einen weiteren Rechtfertigungsgrund stellt der sogenannte rechtfertigende Notstand (§ 34 StGB) dar. Danach handelt nicht rechtswidrig, „wer in einer gegenwärtigen, nicht anders abwendbaren Gefahr für Leben, Leib, Freiheit, Ehre, Eigentum oder ein anderes Rechtsgut eine Tat begeht, um die Gefahr von sich oder einem anderen abzuwenden, wenn bei Abwägung der widerstreitenden Interessen, namentlich der betroffenen Rechtsgüter und des Grades der ihn drohenden Gefahr, das geschützte Interesse das beeinträchtigte wesentlich überwiegt. Dies gilt jedoch nur, soweit die Tat ein angemessenes Mittel ist, die Gefahr abzuwenden."

Mit dieser Vorschrift sind durch die Gesetzgebung die von der Rechtsprechung entwickelten Grundsätze des sogenannten übergesetzlichen Notstandes konkretisiert worden. Gerechtfertigt ist nach dieser Strafvorschrift ein Verhalten des Täters, wenn durch Verletzung eines niederwertigen Rechtsgutes ein höherwertiges Rechtsgut bewahrt bleiben kann und die Abwendung der Gefahr nicht anders möglich war.

Als Rechtfertigungsgrund kommt schließlich noch das **Züchtigungsrecht** in Betracht.

Die körperliche Züchtigung verwirklicht in jedem Fall den Tatbestand der Körperverletzung. Sie kann allerdings durch das Bejahen eines Züchtigungsrechts gerechtfertigt sein. Das Züchtigungsrecht wird allgemein als Inhalt des elterlichen Personensorgerechts verstanden. Die Ausübung darf aber nicht zu gesundheitlichen Schäden führen. Da dem Pflegepersonal, hier insbesondere den Kinderkrankenschwestern, nicht das Sorgerecht über die ihnen anvertrauten Kinder überantwortet ist, steht dem Pflegepersonal auch kein Züchtigungsrecht zu. Somit entfällt für den genannten Personenkreis dieser Rechtfertigungsgrund.

2.2.3 Schuld

Ist eine Strafrechtsvorschrift tatbestandsmäßig und rechtswidrig verwirklicht, so ist weiter zu prüfen, ob der Täter auch schuldhaft gehandelt hat.

■ Schuldhaft ist eine Handlung dann, wenn sie vorwerfbar ist.

Beim Schuldbegriff sind folgende Elemente zu unterscheiden: Die Schuldfähigkeit (Zurechnungsfähigkeit), die Schuldformen Vorsatz und Fahrlässigkeit, das Nichtbestehen von Schuldausschließungsgründen und das Unrechtsbewußtsein.

Die **Schuldfähigkeit** setzt zweierlei voraus; erstens muß ein Täter in der Lage sein, das Unerlaubte seiner Tat einzusehen (intellektueller Faktor); zweitens muß der Täter seinen Willen nach dieser Einsicht bestimmen können (voluntativer Faktor).

Daraus folgert, daß aufgrund intellektueller Gründe und bedingt durch Willensmangel die Schuldfähigkeit vermindert oder ganz ausgeschlossen sein kann. Schuldunfähig und damit strafrechtlich nicht verantwortlich ist, wer bei Begehung der Tat noch nicht 14 Jahre alt ist (§ 19 StGB). Ohne Schuld handelt, wer bei Begehung der Tat wegen krankhafter seelischer Störung, wegen einer tiefgreifenden Bewußtseinsstörung oder wegen Schwachsinns oder einer anderen schweren seelischen Abartigkeit unfähig ist, das Unrechte seiner Tat einzusehen oder nach dieser Einsicht zu handeln (§ 20 StGB). Ist die Fähigkeit des Täters, das Unrecht der Tat einzusehen oder nach dieser Einsicht zu handeln, aus einem der vorgenannten Gründe bei Tatbegehung erheblich vermindert, so spricht der Gesetzgeber von verminderter Schuldfähigkeit (§ 21 StGB); die Minderung wirkt sich im Bereich der Strafzumessung aus.

Besteht bei einem Täter die Schuldfähigkeit, so ist weiterhin danach zu fragen, ob der Täter vorsätzlich oder fahrlässig gehandelt hat (Schuldformen), denn strafbar ist nur vorsätzliches Handeln, wenn nicht das Gesetz fahrlässiges Handeln ausdrücklich mit Strafe bedroht.

Beispielsweise ist eine Sachbeschädigung (§ 303 StGB) nur als vorsätzliche Straftat strafbar, eine fahrlässige Sachbeschädigung ist nicht unter Strafe gestellt. Demgegenüber ist die Körperverletzung sowohl als vorsätzliche (§ 223 StGB) als auch als fahrlässige Tat (§ 230 StGB) strafbar.

> Unter **Vorsatz** ist die bewußte und gewollte Verwirklichung des Tatbestandes zu verstehen.

Handelt der Täter in der Überzeugung, daß er die Tatbestandsmerkmale einer Strafvorschrift verwirklicht, spricht man von direktem Vorsatz. Hiervon unterscheidet sich der bedingte Vorsatz, der dann zu bejahen ist, wenn der Täter zwar mit der Tatbestandsverwirklichung rechnet, ohne aber davon überzeugt zu sein, im Falle ihrer Verwirklichung jedoch den Erfolg billigt.

Grundsätzlich reicht das Vorhandensein des bedingten Vorsatzes aus; nur ausnahmsweise ist der direkte Vorsatz erforderlich, zum Beispiel, wenn der Gesetzgeber eine Tatbegehung „wider besseres Wissen" verlangt (§ 187 StGB, Verleumdung) oder eine „absichtliche" Tat fordert (§ 288 StGB, Vereitelung der Zwangsvollstreckung).

> **Fahrlässig** handelt ein Täter, wenn er trotz Voraussehbarkeit einer Rechtsverletzung einen gesetzlichen Tatbestand in pflichtwidriger Weise verwirklicht.

Diese Definition weicht von der im Zivilrecht gebräuchlichen ab (siehe 2.1.6.1).

Die Begründung liegt darin, daß es im Zivilrecht um die objektive Zurechnung eines Schadens, im Strafrecht dagegen um die subjektive Zurechnung der Schuld geht.

Neben der Schuldfähigkeit und den Schuldformen des Vorsatzes bzw. der Fahrlässigkeit setzt eine strafbare Handlung im Bereich der Schuld überdies voraus, daß der Täter im Bewußtsein gehandelt hat, Unrecht zu tun. Dieses sogenannte **Unrechtsbewußtsein** bedeutet allerdings nicht, daß ein Täter notwendig Kenntnis von der Strafbarkeit oder gar Kenntnis von der das Verbot enthaltenden Strafvorschrift hat. Ausreichend ist, daß er nach den Umständen des Einzelfalls und nach seinem Lebens- und Berufskreis das Unrechtmäßige der Tat erkennt oder bei gehöriger Gewissensanspannung hätte erkennen können.

Ist nach den genannten Merkmalen die Schuld eines Täters festgestellt, steht damit nicht zugleich fest, daß er auch zu bestrafen ist. Ebenso wie im Bereich der Rechtswidrigkeit diese durch Rechtfertigungsgründe entfallen kann, können sogenannte Schuldausschließungsgründe die Schuld beseitigen. So handelt ohne Schuld, „wer in einer gegenwärtigen, nicht anders abwendbaren Gefahr für Leben, Leib oder Freiheit eine rechtswidrige Tat begeht, um die Gefahr von sich, einem Angehörigen oder einer anderen ihm nahestehenden Person abzuwenden" (§ 35 StGB). Allerdings gilt dies nicht, soweit dem Täter nach den Umständen – namentlich weil er die Gefahr selbst verursacht hat oder weil er in einem besonderen Rechtsverhältnis stand – zugemutet werden konnte, die Gefahr hinzunehmen.

2.2.4 Täterschaft und Teilnahme

Als Straftäter, der eine Strafvorschrift tatbestandsmäßig, rechtswidrig und schuldhaft erfüllt, wird nicht nur derjenige bestraft, der die Tat selbst begeht (§ 25 StGB).

> Neben der Täterschaft – oder auch der Mittäterschaft, wenn mehrere eine Straftat gemeinschaftlich begehen – ist strafbar auch die Anstiftung, Beihilfe und mittelbare Täterschaft.

Als *Anstifter* macht sich derjenige wie ein Täter strafbar, der vorsätzlich einen anderen zu dessen vorsätzlich begangener rechtswidriger Tat bestimmt (§ 26 StGB). Aus dieser Formulierung des Gesetzgebers folgt, daß eine Anstiftung zu einer fahrlässigen Tat nicht möglich ist. Wohl aber ist jemand als Anstifter dann zu bestrafen, wenn der Täter zwar schuldunfähig ist – etwa mangels Zurechnungsfähigkeit –, er aber bewußt und gewollt, d. h. vorsätzlich, eine Straftat begeht.

Ähnlich ist die Situation bei der *Beihilfe*. Als Gehilfe wird bestraft, wer vorsätzlich einen anderen zu dessen vorsätzlich begangener rechtswidriger Tat Hilfe leistet (§ 27 StGB). Auch hier erfordert der Gesetzgeber ein vorsätzliches Handeln des Täters, ohne daß er notwendig auch vorwerfbar (schuldhaft) handelt. Die Beihilfe kann durch Rat und Tat ausgeübt werden; es reicht ebenso aus die Bestärkung des Täters zu einem bereits gefaßten Entschluß.

Als Anstifter oder Gehilfe kann – ohne Rücksicht auf die Lauterkeit der Motive – allerdings nicht bestraft werden, wer sich an einer Selbsttötung beteiligt, da nach geltendem Recht die eigenverantwortlich gewollte und verwirklichte Selbsttötung nicht den Tatbestand eines Tötungsdeliktes erfüllt. Problematisch allerdings ist die Abgrenzung der straflosen Beihilfe zur Selbsttötung von der strafbaren Tötung auf Verlangen (siehe 2.2.6.6). Zutreffenderweise wird darauf abgestellt, wer das zum Tode führende Geschehen tatsächlich beherrscht. Im Einzelfall ist dafür entscheidend die Art und Weise, wie der Tote über sein Schicksal verfügt hat. Hat er sich in die Hand des anderen begeben, weil er duldend von ihm den Tod entgegennehmen wollte, dann hatte dieser – der Helfer – die Tatherrschaft. Behielte dafür der Tote dagegen bis zuletzt die freie Entscheidung über sein Schicksal, dann tötete er sich selbst, wenn auch mit fremder – nicht strafbarer – Hilfe (OLG München, NJW 1987, 2940ff., Fall Hackethal).

Von den beiden Teilnahmeformen der Anstiftung und Beihilfe ist die sogenannte mittelbare Täterschaft zu unterscheiden. Eine *mittelbare Täterschaft* ist ebenso wie die Mittäterschaft eine Form der Täterschaft; sie liegt dann vor, wenn jemand zwar die Tat nicht selbst als Person begeht, sondern sich zur Begehung der Tat einer anderen Person bedient (§ 25 StGB). Der mittelbare Täter wird – auch wenn er die Tat nicht selbst verwirklicht – als Täter bestraft.

2.2.5 Versuchte Straftat

Der Strafgesetzgeber hat nicht nur solche Handlungen mit Strafe belegt, die vollendet werden, sondern auch solche, die im Versuchsstadium bleiben. Wegen einer versuchten Straftat ist strafbar, wer nach seiner Vorstellung von der Tat zur Verwirklichung eines Straftatbestandes unmittelbar ansetzt (§ 22 StGB). Diese Regelung gilt ausnahmslos für Verbrechen, für Vergehen nur dann, wenn das Strafgesetzbuch es ausdrücklich bestimmt (§ 23 StGB). Die Unterscheidung von Verbrechen und Vergehen trifft § 12 StGB: „Verbrechen sind rechtswidrige Taten, die im Mindestmaß mit Freiheitstrafe von einem Jahr oder darüber bedroht sind; Vergehen sind rechtswidrige Taten, die im Mindestmaß mit einer geringeren Freiheitsstrafe oder mit Geldstrafe bedroht sind."

Ein Beispiel soll das Vorstehende verdeutlichen.

Der Totschlag (§ 212 StGB) ist ein Verbrechen, da der Gesetzgeber bestimmt, daß der Totschläger mit einer Freiheitsstrafe nicht unter fünf Jahren zu bestrafen ist. Daraus folgt, daß in jedem Fall auch der versuchte Totschlag strafbar ist. Der Diebstahl (§ 242 StGB) ist grundsätzlich ein Vergehen, da der Gesetzgeber als Strafe eine Freiheitsstrafe bis zu fünf Jahren (also auch unter einem Jahr) oder Geldstrafe verhängt hat. Um auch den Versuch strafbar zu gestalten, mußte der versuchte Diebstahl ausdrücklich unter Strafe gestellt werden (§ 242 Abs. 2 StGB).

2.2.6 Ausgewählte Strafrechtsvorschriften

2.2.6.1 Körperverletzung

Eine Vorschrift, die in ihrer Anwendung auf den ärztlichen Eingriff in besonderem Maße zwischen Juristen und Medizinern diskutiert wird, ist die Körperverletzung (§ 223 StGB).

> Eine Körperverletzung begeht, wer einen anderen körperlich mißhandelt oder an dessen Gesundheit schädigt. Die Strafe ist Freiheitsstrafe bis zu drei Jahren oder Geldstrafe. Die Strafe kann höher sein, wenn die Körperverletzung mittels eines gefährlichen Werkzeuges begangen worden ist (§ 223a StGB), eine besonders schwere Verletzung (§ 224 StGB) oder gar den Tod zur Folge hatte (§ 226 StGB). Unter Strafe gestellt ist sowohl die vorsätzliche wie die fahrlässige Körperverletzung (§ 230 StGB).

Das Vorliegen des Tatbestandes einer Körperverletzung wird von der Rechtsprechung selbst dann für den ärztlichen Eingriff bejaht, wenn er zu Heilzwecken, kunstgerecht und mit Erfolg durchgeführt wird.

Der Arzt also, der bei einem Kranken einen Eingriff, sei er chirurgischer, medikamentöser, elektrischer, thermischer, radioaktiver oder sonstiger Art, vornimmt, begeht nach dieser Auffassung eine Körperverletzung. Diese Ansicht ist jedoch nicht unwidersprochen geblieben und ein großer Teil des Schrifttums lehnt die Auffassung der Rechtsprechung ab, deren Ursprung darin liegt, daß das geltende Recht einen Tatbestand der eigenmächtigen Heilbehandlung nicht kennt.

Die bestehenden Meinungsverschiedenheiten in der Bewertung des ärztlichen Eingriffs als tatbestandsmäßige Körperverletzung wiegen jedoch letztlich in der Praxis nicht so schwer, da die Annahme einer strafbaren Körperverletzung in der Regel wegen der Einwilligung des Patienten ausscheidet, die die Rechtswidrigkeit der Handlung ausschließt.

> An dieser Stelle sei nochmals darauf hingewiesen, daß auch die Injektion, Infusion oder Blutentnahme tatbestandsmäßig eine Körperverletzung darstellt, die nur durch die Einwilligung des Patienten ihre Rechtfertigung findet (siehe 2.2.2).

In einer ersten und deshalb zugleich als Grundsatzurteil zu bewertenden Entscheidung hat der Bundesgerichtshof auch die Ansteckung eines anderen mit dem die Immunschwächekrankheit Aids hervorrufenden humanen Immunmangelvirus (HIV) als Erfüllung des objektiven Tatbestands einer Körperverletzung angesehen. Als Gesundheitsbeschädigung im Sinne der §§ 223 ff. StGB – so der BGH – ist jedes Hervorrufen oder Steigern eines vom Normalzustand der körperlichen Funktionen des Opfers nachteilig abweichenden Zustandes anzusehen, gleichgültig auf welche Art und Weise die Beeinträchtigung erfolgt; mit einer Schmerzempfindung braucht sie nicht verbunden sein. Es ist anerkannt, daß auch die Ansteckung eines anderen mit einer nicht ganz unerheblichen Krankheit – auch und insbesondere mit einer Geschlechtskrankheit – eine Verschlechterung der Gesundheit darstellt. In Anbetracht dessen, daß ein HIV-Infizierter mit dem Eintritt des Virus in den Organismus seinerseits infektiös wird und dies für die gesamte Dauer seines weiteren Lebens bleibt, muß dies in gleicher Weise und erst recht für die Ansteckung mit der – bislang nicht heilbaren und bei Ausbruch regelmäßig tödlich verlaufenden – Immunschwächekrankheit Aids gelten. Dabei tritt – wie bei anderen gefährlichen Infektionen – diese Schädigung der Gesundheit und damit die Körperverletzung bereits mit der bloßen Infizierung als solcher ein, da diese – objektiv – den körperlichen Normalzustand des Opfers tiefgreifend verändert (BGH, NJW 1989, 781 f.).

Eine Körperverletzungshandlung kann schließlich auch durch Unterlassen begangen werden, etwa dann, wenn der Arzt einem medizinisch angezeigten Hausbesuch nicht nachkommt (OLG Köln, NJW 1991, 764) oder nachgeordnetes nichtärztliches Personal Hygienestandards nicht berücksichtigt.

2.2.6.2 Unterlassene Hilfeleistung

Neben dem Körperverletzungstatbestand ist bedeutsam die unterlassene Hilfeleistung (§ 323c StGB) als echtes Unterlassungsdelikt.

> Diese begeht, wer bei Unglücksfällen oder gemeiner Gefahr oder Not nicht Hilfe leistet, obwohl dies erforderlich und ihm den Umständen nach zuzumuten, insbesondere ohne erhebliche eigene Gefahr und ohne Verletzung anderer wichtiger Pflichten möglich ist. Die Strafe ist auch hier Freiheitsstrafe bis zu einem Jahr oder Geldstrafe.

Ein Unglücksfall im Sinne dieser Vorschrift ist ein plötzlich eintretendes Ereignis, das erhebliche Gefahr für Menschen oder Sachen mit sich bringt.

Dazu zählt nicht eine schwere Krankheit, so daß auch der Nichtbesuch eines Schwerkranken für den Arzt nicht notwendig eine Strafbarkeit nach § 323c StGB zur Folge hat. Allerdings kann die plötzliche Wendung einer Krankheit ein Unglücksfall sein, der die Pflicht zur unaufschiebbaren Operation begründet. So hat beispielsweise der Bundesgerichtshof die Gefahr einer Ruptur des Eileiters bei einer Eileiterschwangerschaft mit der Folge eines baldigen Verblutens als Unglücksfall angesehen (BGH, MedR 1983, 29). Eine Pflicht wird auch für den diensthabenden Arzt begründet, den alsbald nach einem Unfall zu dem Krankenhaus Hingefahrenen auf die Hilfsbedürftigkeit und Transportfähigkeit zu untersuchen, und zwar auch dann, wenn kein Bett mehr frei ist.

Voraussetzung für jede Hilfspflicht ist, daß die Möglichkeit zur Hilfe besteht und auch eine gewisse räumliche Nähe zum Unglücksfall gegeben ist. Sie darf bei Ärzten nicht zu weit ausgelegt werden.

Verzichtet der durch den Unglücksfall Betroffene auf Hilfe, so beseitigt dieser Verzicht die Rechtswidrigkeit des Unterlassens. Im Verhältnis Arzt zu Patient wird in diesem Zusammenhang das Selbstbestimmungsrecht des Patienten bedeutsam. Zwar ist der Arzt verpflichtet, dem Kranken zu helfen, aber nicht gegen dessen Willen. Das Selbstbestimmungsrecht des Patienten ist – anders als der Wille zur Selbsttötung (siehe 2.2.6.1) – stets zu achten. Das folgt aus Art. 2 Abs. 2 GG, der jedem das Recht auf körperliche Unversehrtheit gewährleistet. Selbst wenn der Patientenwille als „unverständlich" erscheint und bei Behandlungsverweigerung zum Tode führen könnte, ist er vom Arzt zu respektieren. Der Kranke braucht keinen körperlichen Eingriff gegen seinen Willen an sich vornehmen zu lassen, ebensowenig darf der Arzt ihm eine sonstige lebensrettende Maßnahme aufzwingen. Bleibt demnach ein Arzt oder ein Angehöriger der Gesundheitsfachberufe gegenüber einem behandlungsunwilligen Patienten untätig, kann eine unterlassene Hilfeleistung nicht vorliegen (anders allerdings der BGH im Selbsttötungsfall).

2.2.6.3 Verlassen in hilfloser Lage

> Mit einer Strafe von drei Monaten bis zu fünf Jahren bestraft wird, wer eine wegen jugendlichen Alters, Gebrechlichkeit oder Krankheit hilflose Person aussetzt, oder wer eine solche Person, wenn sie unter seiner Obhut steht oder wenn er für ihre Unterbringung, Fortschaffung oder Aufnahme zu sorgen hat, in hilfloser Lage verläßt (§ 221 StGB).

Krankheit wird hier nicht nur im engen medizinischen Sinne verstanden; so fällt darunter zum Beispiel auch schwere Trunkenheit oder der Zustand während der Geburt, nicht aber die Schwangerschaft als solche.

> Das Verlassen in hilfloser Lage setzt eine räumliche Trennung des Schutzpflichtigen von dem an seinem Ort bleibenden Schützling voraus.

Bleibt zum Beispiel eine Krankenpflegeperson untätig am Bett eines Patienten sitzen, so liegt darin nach der Rechtsprechung kein Verlassen im Sinne des § 221 StGB vor. Es ist wohl einleuchtend, wenn hierzu bemerkt wird, daß diese Auslegung nicht befriedigt.

> Kümmert sich eine Krankenschwester nicht um den Kranken, so kann es keinen Unterschied machen, ob sie das Zimmer verläßt oder – im Zimmer bleibend – nur keine Hilfe leistet.

2.2.6.4 Fahrlässige Tötung

Nach § 222 StGB wird mit Freiheitsstrafe bis zu fünf Jahren oder mit Geldstrafe bestraft, wer durch Fahrlässigkeit den Tod eines Menschen verursacht.

Fahrlässig handelt derjenige, der trotz Voraussehbarkeit einer Rechtsverletzung einen gesetzlichen Straftatbestand in pflichtwidriger Weise verwirklicht.

Ob eine Handlung pflichtwidrig ist, richtet sich nach den objektiven Umständen, insbesondere dem Vorliegen einer Sorgfaltspflicht, sowie nach persönlichen Fähigkeiten und Kenntnissen.

Eine besondere Sorgfaltspflicht ergibt sich für Arzt und nachgeordnetes nichtärztliches Personal aus der beruflichen Ausbildung.

So verletzt ein Arzt seine Sorgfaltspflicht und handelt in der Regel fahrlässig, wenn er gegen allgemein anerkannte Regeln der ärztlichen Wissenschaft verstößt. Fahrlässig handelt auch, wer Eingriffe ohne eigene Diagnose vornimmt oder die von ihm hinzugezogenen Hilfskräfte ungenügend überwacht. In diesen Fällen handelt es sich um ärztliche Behandlungsfehler, die regelmäßig Fahrlässigkeit begründen, es sei denn, daß wegen eines außergewöhnlichen Geschehensablaufs die Voraussehbarkeit entfällt.

So kann auch eine ärztliche Anordnung, die für den Arzt einen Behandlungsfehler darstellt, seine Krankenschwester entlasten.

Für die Anwendung des Fahrlässigkeitsbegriffs auf den nachgeordneten nichtärztlichen Dienst gilt, daß die bei bestandenem Examen und hierauf beruhender Berufsausbildung in diesem Beruf erforderlichen Mindestkenntnisse vorauszusetzen sind. Aus diesem Grunde ist Fahrlässigkeit in dem Falle zu bejahen, in dem eine Krankenschwester auf Anordnung des Stationsarztes eine Koffeinlösung zu einer fraktionierten Magenaushebung im Labor besorgen sollte, sie aber eine Koffeinlösung zur Bilirubinbestimmung holt und dabei die Aufschrift „Äußerlich" ausser acht läßt, die ihr Hinweis gegeben hätte, daß die Flüssigkeit zur Gallenfarbstoffbestimmung, nicht zum innerkörperlichen Gebrauch verwendet und somit auch nicht in die Flasche umgefüllt werden durfte, die eine andere Aufschrift enthielt.

2.2.6.5 Abbruch einer Schwangerschaft

Mit dem Einigungsvertrag wurde eine Neuregelung der mit dem Schwangerschaftsabbruch zusammenhängenden Fragen veranlaßt. Zum Zeitpunkt der Wiedervereinigung galt auf bundesdeutschem Gebiet die sogenannte Indikationslösung (§§ 218ff. StGB, alte Fassung), wonach der Abbruch einer Schwangerschaft bei vorhergehender Beratung in vier Fällen grundsätzlich zulässig war: 1. Während der gesamten Schwangerschaftszeit zur Abwendung einer Lebensgefahr oder einer schweren Gesundheitsschädigung der Schwangeren (medizinische Indikation); 2. Innerhalb von 22 Wochen seit der Empfängnis zur Verhütung erbkranker und daher unzumutbaren Nachwuchses (eugenische oder embryopathische Indikation); 3. Binnen 12 Wochen seit Empfängnis nach erfolgter schwerer Sexualstraftat (ethische oder kriminologische Indikation); 4. Innerhalb von 12 Wochen seit Empfängnis zur Abwendung einer sonst nicht zu beseitigenden, unzumutbaren Notlage der Schwangeren infolge außergewöhnlicher Belastung (soziale oder Notlagen-Indikation). Demgegenüber enthielt das Strafgesetzbuch der ehemaligen DDR die sogenannte Fristenlösung (§§ 153ff. StGB-

DDR), wonach eine Schwangere auch ohne Vorliegen eines Indikationsgrundes die Schwangerschaft innerhalb von 12 Wochen nach Empfängnis ohne vorherige Beratung durch einen ärztlichen Eingriff unterbrechen lassen konnte.

Eine reine Fristenlösung hatte das Bundesverfassungsgericht bereits im Jahre 1975 (BVerfG, NJW 1975, 573) unter Hinweis auf die Artikel 1, 2 GG abgelehnt. Es hatte damals unter anderem ausgeführt, daß der Lebensschutz der Leibesfrucht grundsätzlich für die gesamte Dauer der Schwangerschaft den Vorrang vor dem Selbstbestimmungsrecht der Schwangeren genießt und nicht für eine bestimmte Frist in Frage gestellt werden darf.

In Ansehung dieser Entscheidung wurde dem gesamtdeutschen Gesetzgeber im Einigungsvertrag (Art. 31 Abs. 4) die Aufgabe gestellt, „spätestens bis 31. 12. 1992 eine Regelung zu treffen, die den Schutz vorgeburtlichen Lebens und die verfassungskonforme Bewältigung von Konfliktsituationen schwangerer Frauen vor allem durch rechtlich gesicherte Ansprüche für Frauen, insbesondere auf Beratung und soziale Hilfen, besser gewährleistet, als dies in beiden Teilen Deutschlands derzeit der Fall ist".

Das Schwangeren- und Familienhilfegesetz

Mit dem Gesetz zum Schutz des vorgeburtlichen/werdenden Lebens, zur Förderung einer kinderfreundlicheren Gesellschaft, für Hilfen im Schwangerschaftskonflikt und zur Regelung des Schwangerschaftsabbruchs (Schwangeren- und Familienhilfegesetz vom 27.07.1993) wollte der Gesetzgeber dem Auftrag aus dem Einigungsvertrag nachkommen. Das Gesetz sah unter anderem eine entsprechende Änderung der Strafrechtsvorschriften zum Schwangerschaftsabbruch vor (§§ 218–219 b StGB). Grundsätzlich sollte der Abbruch der Schwangerschaft strafbar sein.

> Unter dem Schwangerschaftsabbruch versteht der Gesetzgeber menschliche Eingriffe während der Schwangerschaft, durch die das werdende Leben getötet wird.

Handlungen, deren Wirkung vor Abschluß der Einnistung (Nidation) des befruchteten Eies in der Gebärmutter eintritt, gelten nicht als Abbruch der Schwangerschaft (§ 218 Abs. 1 StGB, neue Fassung). Mit dieser Formulierung hat der Gesetzgeber zweierlei deutlich gemacht: Zum einen, daß der strafrechtliche Schutz des werdenden Lebens erst nach der Nidation einsetzt; zum anderen, daß er es offen läßt, ob vorbeugende Handlungen mit der genannten Wirkung nicht doch medizinisch oder ethisch bereits einen Abbruch der Schwangerschaft darstellen. So gelten die Einnahme der Pille, insbesondere der Morning-after-Pille, das Einsetzen der Spirale oder auch die rein vorsorglich vor der Nidation vorgenommene Ausschabung nicht als Schwangerschaftsabbruch im tatbestandlichen strafrechtlichen Sinne.

Zur Rechtswidrigkeit des Schwangerschaftsabbruches führte das Gericht aus, daß diese nicht vorliegen soll, wenn die Schwangere den Abbruch verlangt, den Nachweis erbringt, daß sie sich mindestens drei Tage vor dem Eingriff einer Beratung in einer Not- und Konfliktlage (§ 219 StGB, neue Fassung) unterzogen hat, der Schwangerschaftsabbruch von einem Arzt vorgenommen wird und seit der Empfängnis nicht mehr als zwölf Wochen vergangen sind (Fristenlösung § 218a StGB, neue Fassung).

> Mit dieser – im einzelnen noch weiter konkretisierten – Neuregelung des Schwangerschaftsabbruchs ging der Gesetzgeber ab von der reinen Indikationlösung, und wählte

> als ein neues Schutzkonzept zugunsten des werdenden Lebens den Weg einer Beratungsregelung in der Frühphase der Schwangerschaft.

Das Urteil des Bundesverfassungsgerichts

Mit der Neuregelung des Schwangerschaftsabbruchs infolge des Schwangeren- und Familienhilfegesetzes mußte sich infolge mehrerer Beanstandungen das Bundesverfassungsgericht auseinandersetzen (BVerfG, NJW 1993, 1751 ff.). Grundsätzlich billigt das Gericht in seinen Entscheidungsgründen das vom Gesetzgeber gewählte Beratungskonzept; es sei ihm nicht verwehrt, für den Schutz des ungeborenen Lebens zu einem Konzept überzugehen, das in der Frühphase der Schwangerschaft in Schwangerschaftskonflikten den Schwerpunkt „auf die Beratung der schwangeren Frau legt, um sie für das Austragen des Kindes zu gewinnen und dabei auf eine indikationsbestimmte Strafdrohung und die Feststellung von Indikationstatbeständen durch einen Dritten verzichtet".

In Anknüpfung an das Urteil aus dem Jahre 1975 gegen die damalig geplante Fristenregelung bestätigt das Gericht die Pflicht des Staates, auch das ungeborene menschliche Leben zu schützen. Dieser Schutz gebühre dem Ungeborenen auch gegenüber seiner Mutter; er sei nur möglich, wenn der Gesetzgeber einen Schwangerschaftsabbruch grundsätzlich verbiete und der Mutter die grundsätzliche Rechtspflicht auferlege, das Kind auszutragen. Der Schwangerschaftsabbruch müsse für die gesamte Dauer der Schwangerschaft grundsätzlich als Unrecht angesehen und demgemäß rechtlich verboten sein. Zur Erfüllung seiner Schutzpflicht müsse der Staat ausreichende Maßnahmen ergreifen, die dazu führen, daß – unter Berücksichtigung entgegenstehender Interessen – ein angemessener und als solches wirksamer Schutz erreicht wird (sogenanntes Untermaßverbot). Das Untermaßverbot läßt es nicht zu, auf den Einsatz auch des Strafrechts und die davon ausgehende Schutzwirkung für das menschliche Leben frei zu verzichten. Auch Grundrechte der Frau tragen nach Meinung des Gerichts nicht soweit, daß die Rechtspflicht zum Austragen des Kindes – auch nur für eine bestimmte Zeit – generell aufgehoben wäre. Die Grundrechtspositionen der Frau können allerdings dazu führen, daß es in Ausnahmelagen zulässig, in manchen Fällen womöglich geboten ist, eine solche Rechtspflicht nicht aufzuerlegen. Solche Ausnahmetatbestände sind nach dem Kriterium der Unzumutbarkeit zu bestimmen. Es müssen Belastungen gegeben sein, die ein solches Maß an Aufopferung eigener Lebenswerte verlangen, daß dies von der Frau nicht erwartet werden kann. Unter diesem Aspekt kann im Einzelfall ein Schwangerschaftsabbruch rechtmäßig sein, der nach festgestellter „embryophatischer" Indikation vorgenommen wird, also dann, wenn mit hinreichender Sicherheit ein schwer geschädigtes Kind zur Welt kommt, sowie bei der „klassischen medizinischen" und auch „kriminologischen" Indikation. In keinem Fall aber ist der Gesetzgeber frei – so das Gericht weiter – „den Schwangerschaftsabbruch über verfassungsrechtlich unbedenkliche Ausnahmetatbestände hinaus als nicht rechtswidrig, also erlaubt, anzusehen".

> Aus diesem Grunde sei die Fristenabtreibung, die in § 218a StGB für „nicht rechtswidrig" erklärt werde, verfassungswidrig, und damit für nichtig zu erklären. Eine Nichtzuordnung zur Strafbarkeit hält das Gericht allerdings grundsätzlich für zulässig.

Unter dem Aspekt, daß der Gesetzgeber zwar den neuen Weg eines Beratungskonzepts in der Frühphase der Schwangerschaft wählen kann, die Rechtmäßigkeit der Fristenabtreibung verfassungswidrig ist, die Schaffung eines Tatbestandes der „Straflosigkeit" der Fristenabtreibung unter gleichzeitiger Verschärfung der Beratungsregelung jedoch verfassungsrechtlich möglich erscheint, hat das Bundesverfassungsgericht eine den vorstehenden Kriterien entsprechende Übergangsregelung mit Schwerpunktsetzung auf die Beratungsregelung bis zu einer gesetzlichen Neuregelung angeordnet.

> Hiernach gilt die Fristenregelung, allerdings mit einem dogmatischen Vorbehalt: „Das grundsätzliche Verbot des Schwangerschaftsabbruchs bleibt auch in diesen Fällen unberührt". Weiter heißt es: „Die Beratung vor einem Fristenabbruch hat eindeutig dem Schutz des ungeborenen Lebens zu dienen". Der Frau muß erklärt werden, daß ein Schwangerschaftsabbruch nur in Frage kommt, wenn die Belastung durch die Schwangerschaft „so schwer und außergewöhnlich ist, daß sie die zumutbare Opfergrenze übersteigt".

Der vollständige Wortlaut der Anordnung des Bundesverfassungsgerichts dürfte dem Gesetzgeber Leitlinie für seine Neuregelung des Rechts des Schwangerschaftsabbruchs sein.

Dies gilt auch für den Anspruch auf Leistungen aus der gesetzlichen Krankenversicherung, deren Gewährung nach Auffassung des Bundesverfassungsgerichts für die Vornahme eines Schwangerschaftsabbruchs, dessen Rechtmäßigkeit nicht festgestellt ist, gegen das Grundgesetz verstößt.

Mitwirkungsverweigerung beim Schwangerschaftsabbruch

> Grundsätzlich ist niemand verpflichtet, an einem Abbruch der Schwangerschaft mitzuwirken.

Von diesem Grundsatz ist allerdings abzurücken, wenn die Mitwirkung notwendig ist, um von der Schwangeren eine anders nicht abwendbare Gefahr des Todes oder einer schweren Gesundheitsschädigung abzuwenden (Artikel 2, fünftes Gesetz zur Reform des Strafrechts; siehe 2.3.4.4). Schließlich bleibt darauf hinzuweisen, daß ein Schwangerschaftsabbruch nur in einem Krankenhaus oder einer hierfür zugelassenen Einrichtung vorgenommen werden darf.

2.2.6.6 Sterbehilfe (Euthanasie)

Über die Sterbehilfe ist in der Vergangenheit in allen Kreisen der Bevölkerung – nicht nur in der Bundesrepublik Deutschland – vermehrt nachgedacht und diskutiert worden. Hier ist vor allem auch auf die Deutsche Gesellschaft für Humanes Sterben hinzuweisen, die engagiert für ein menschenwürdiges Sterben durch „Tötung auf Verlangen" eintritt, wenn der Tod nach menschenmöglichem Ermessen eine Erlösung für den Kranken bedeutet.

Die Vielfalt der Meinungen aus medizinischer, theologischer und juristischer Sicht läßt ein einheitliches Bild nicht aufzeichnen. Einem derartigen Versuch soll auch hier widerstanden und nur ein Überblick über die rechtlichen Aspekte zur Sterbehilfe gegeben werden, die ihrerseits wiederum weder in Schrifttum noch Rechtsprechung einheitlich sind.

Wortbedeutung

Begrifflich besteht das Wort „Euthanasie" aus zwei altgriechischen Bestandteilen und wird wohl am besten mit „Sterbewohltat" oder „Sterbehilfe" übersetzt. Das Wort war bereits in der Antike bekannt, wenngleich in einem anderen Sinn als dem, den wir heutzutage damit verbinden. Man verstand darunter die Erleichterung des Sterbens, etwa durch Zuspruch und Aufmunterung. Sicherlich wird auch dieser Sinngehalt, der mit dem Wort weit über die Antike hinaus verbunden blieb, von der Sprachlogik gedeckt. Dasselbe gilt aber leider auch für die Auslegung, die das Dritte Reich dem Begriff „Euthanasie" beigelegt hat und darunter die „Vernichtung lebensunwerten Lebens" verstanden wissen wollte. Es ist nicht zu verkennen, daß sich die nationalsozialistische Auslegung teilweise bis heute erhalten hat. Deshalb sollte bei heutigem Verständnis zutreffenderweise nicht mehr von „Euthanasie", sondern von „Sterbehilfe" gesprochen und diese als Hilfe im Sterben verstanden werden. So ist auf die menschliche Zuwendung nicht nur des Arztes und der Pflegekräfte, sondern auch der Angehörigen im Rahmen der Sterbebegleitung allergrößter Wert zu legen. Die Hilfeleistungspflicht des Arztes besteht bis zum Tode des Patienten; dessen Los muß durch die Hilfe erleichtert werden. Gleiches gilt für das Pflegepersonal. Die allgemein pflegerischen und hygienischen Maßnahmen als Basispflege sind selbstverständlich bis zum Tod durchzuführen. Ist der Patient nicht spontan dazu in der Lage, sind Blase und Mastdarm regelmäßig zu entleeren, Dekubitus durch regelmäßiges Drehen des Patienten zu vermeiden und möglichem Erbrechen oder Verdursten durch geeignete Maßnahmen vorzubeugen.

Rechtliche Aspekte

Im geltenden Strafrecht der Bundesrepublik Deutschland hat der Gesetzgeber zu der Frage der Sterbehilfe nicht ausdrücklich Stellung genommen. Es existiert also keine spezielle strafrechtliche Vorschrift, die ein Verbot der Sterbehilfe ausspräche. Da mit dem Problem der Sterbehilfe die Frage nach der Straftätigkeit oder Strafbarkeit einer Lebensverkürzung einhergeht, ist in der rechtlichen Auseinandersetzung zurückzugreifen auf diejenigen Bestimmungen, die den Schutz des menschlichen Lebens zum Inhalt haben. Neben dem Grundgesetz ist hier vor allem auf das Strafgesetzbuch zurückzugreifen, durch dessen Vorschriften (§§ 211 ff. StGB) die vorsätzliche oder fahrlässige Tötung anderer Menschen grundsätzlich unter Strafe gestellt wird. Die Strafbarkeit besteht sogar dann, wenn ein Täter „durch das ausdrückliche und ernstliche Verlangen des Getöteten zur Tötung bestimmt worden ist" (§ 216 StGB). Das Tötungsverlangen des Opfers ist für den Gesetzgeber lediglich ein mildernder Umstand zugunsten des Täters, beseitigt jedoch nicht dessen Strafbarkeit. Andererseits ist die Selbsttötung ebenso wie der mißlungene Versuch der Selbsttötung straffrei. Dies ist zwar im Strafgesetzbuch nicht ausdrücklich klargestellt, ergibt sich aber daraus, daß es bei der durch § 212 StGB verbotenen Tötung eines „Menschen" nicht um die Selbsttötung, sondern die Tötung eines anderen geht.

Diese zunächst klar anmutende Regelung birgt allerdings im Bereich zwischen Leben und Tod zahlreiche, vielschichtige Komplikationen, die auch nach geltendem Recht häufig keine eindeutige Grenzziehung erfahren.

Zur Darstellung dieser Komplikationen im strafrechtlichen Raum soll von nachfolgender Einteilung ausgegangen werden, die sich nach Durchsicht der Literatur als üblich zeigt.

- Sterbehilfe durch Schmerzlinderung ohne Lebensverkürzung
- Sterbehilfe durch Schmerzlinderung mit lebensverkürzender Nebenwirkung
- Sterbehilfe durch Verzicht auf lebensverlängernde Therapie (passive Euthanasie)
- Sterbehilfe durch gezielte Lebensverkürzung (aktive Euthanasie)

Sterbehilfe durch Schmerzlinderung ohne Lebensverkürzung

Juristisch gesehen ist die Sterbehilfe durch Schmerzlinderung ohne Lebensverkürzung, auch „reine Euthanasie" genannt, unter dem Aspekt des Tötungsdelikts letztlich ohne Bedeutung, da sie für den Tod des Patienten nicht ursächlich ist.

Dennoch wäre es falsch, diese Form der Sterbehilfe durch Schmerzlinderung als rechtlich unproblematisch anzusehen. Komplizierte Rechtsprobleme tauchen nämlich im Bereich der strafrechtlichen Körperverletzungstatbestände oder auch der unterlassenen Hilfeleistung auf. Zu den Aufgaben eines Arztes – und damit zu den Rechtspflichten gegenüber dem Patienten – gehört nicht nur die Heilung, sondern auch die Schmerzlinderung. „Mit Übernahme der Behandlung", so der Bundesgerichtshof, „entsteht die Verpflichtung des Arztes, dem Kranken nach Möglichkeit zu helfen. Ist die Wiederherstellung der Gesundheit unmöglich, so besteht jedenfalls die Pflicht, die Schmerzen des Patienten im Rahmen des Möglichen zu lindern." Vernachlässigt ein Arzt – oder als sein Erfüllungsgehilfe die Pflegekraft – diese Pflicht, so kann die Folge eine Strafbarkeit wegen unterlassener Hilfeleistung, aber auch wegen Körperverletzung sein, weil diese auch am Kranken oder Todkranken anerkanntermaßen möglich ist.

Nun sind aber Maßnahmen zur Schmerzlinderung in aller Regel mit Eingriffen in die körperliche Integrität verbunden, sei es durch Injektionen oder Operationen, oder auch nur durch orale Medikamentierung. Wie bereits früher dargestellt (siehe 2.2.6.1), bedarf ein derartiger Eingriff grundsätzlich der Einwilligung des Patienten und zwar wegen der Beachtung seines Selbstbestimmungsrechts. Fehlt diese, so liegt eine eigenmächtige Heilbehandlung vor, die als Körperverletzung anzusehen ist. Die Einwilligung als Zulässigkeitsvoraussetzung für schmerzlindernde Maßnahmen setzt aber wiederum eine entsprechende Aufklärung seitens des Arztes voraus. Wie aber soll diese Aufklärung gerade von Todkranken und Sterbenden aussehen? Häufig genug ist der Patient zur Erteilung einer rechtswirksamen Einwilligung in dem Stadium, in dem die Schmerzlinderung notwendig ist, nicht einmal fähig.

Teilweise wird für solche Situationen die Bestellung eines Pflegers gefordert. Richtiger dürfte jedoch die Auffassung sein, die auf die sogenannte mutmaßliche Einwilligung des Patienten abstellt und damit die Entscheidung dem Arzt überläßt, der sein Handeln am vermuteten Interesse des Patienten orientiert. Bei der Feststellung dieses Interesses wird sich der Arzt regelmäßig mit den Angehörigen des Patienten besprechen, deren Wünsche für ihn allerdings ohne Rechtsverbindlichkeit sind – was vielfach übersehen wird –, da die Angehörigen keine gesetzlichen Vertreter des Patienten darstellen.

Sterbehilfe durch Schmerzlinderung mit lebensverkürzender Nebenwirkung

Im Gegensatz zur Sterbehilfe ohne Lebensverkürzung stellt die Sterbehilfe durch Schmerzlinderung mit lebensverkürzender Nebenwirkung, bisweilen auch als „indirekte Euthanasie" bezeichnet, durchaus ein Problem aus dem Bereich der Tötungsdelikte dar. Denn letztlich geht es um die juristisch äußerst schwierige Frage, die Straflosigkeit einer Handlung zu begründen, bei der der Arzt in Kauf nimmt, oder nicht ausschließen kann, daß sie – früher oder später – den Tod des Patienten herbeiführt, der Arzt also an und für sich wegen einer vorsätzlichen (bedingter Vorsatz ist ausreichend; siehe 2.2.3) bzw. fahrlässigen Tötungsdelikts strafbar wäre.

So wird auch die strenge Auffassung vertreten, jedwede Form der Schmerzlinderung, die ein Tötungsrisiko berge, sei unzulässig; allerdings befindet sich diese Meinung in der Minderheit. Aber auch die überwiegende Ansicht der Literatur, die für eine Straffreiheit dieser Art der Sterbehilfe eintritt, ist in ihrer Begründung nicht einheitlich. Vieles spricht dafür, das ärztliche Handeln in Notstandssituationen – sei es rechtfertigender oder schuldausschließender Art – zu billigen (siehe 2.2.2).

Der Arzt befindet sich in einer „Pflichtenkollision": Einerseits hat er alles zu tun, das Leben des Patienten zu erhalten („in dubio pro vita"), andererseits ist er verpflichtet, die Schmerzen zu lindern. In diesem Konflikt hat, wenn nicht der Wille des Patienten entgegensteht, die Schmerzlinderung jedenfalls dann den Vorrang, wenn dadurch unerträgliche Qualen von dem tödlich Erkrankten abgewendet werden können; denn allein Schmerzlinderung ist es, mit deren Hilfe der Arzt dem Lebenden dann noch dienen kann.

> Welche Maßnahmen zu Leidenslinderung, insbesondere bei mehreren in Betracht kommenden und in jeder Hinsicht gleichermaßen erfolgversprechenden und mit einem gleich hohen Risiko behafteten Behandlungsalternativen in Frage kommen, unterliegt grundsätzlich der ärztlichen Entscheidung.

Auch wenn aus dem Gebot der Achtung der Menschenwürde (Art. 1 GG) folgt, daß der Patient nicht zum Objekt ärztlicher Fremdbestimmung bei der Heilbehandlung werden darf, folgt daraus noch nicht, daß dem Patienten unter allen Umständen die Wahl der Behandlungsmethode abschließend vorbehalten wäre und sich der Arzt hiernach zu richten hätte. Allerdings braucht sich der Patient der vom Arzt gewählten Behandlungsmethode nicht zu unterziehen; dies wäre mit der Menschenwürde des Patienten nicht vereinbar. Er kann vielmehr die beabsichtigte Behandlung – auch teilweise – ablehnen. Der Arzt hat sich dann dieser Entscheidung des Patienten zu beugen. Unter diesen Aspekten wurde der Anspruch eines im Sterben liegenden Patienten mit Bronchialkarzinom auf Anschließung an ein Beatmungsgerät verneint, nachdem sich der Arzt zu gleichermaßen erfolgversprechenden Maßnahmen entschlossen hatte, nämlich Absaugen von Flüssigkeit aus den Atemwegen und die Verabreichung von bewußtseinsdämpfenden Mitteln (LG Karlsruhe, NJW 1992, 756).

Auch in diesem Zusammenhang bleibt problematisch wiederum die Einwilligung des Patienten, wobei die Einwilligung in die Schmerzlinderung, nicht in die Tötung gemeint ist. Für den nicht mehr einwilligungsfähigen Patienten dürfte ebenso wie zuvor auf den mutmaßlichen Willen des Patienten abzustellen sein.

Sterbehilfe durch Verzicht auf lebensverlängernde Therapie (passive Euthanasie)

In unmittelbarem Zusammenhang mit der Sterbehilfe durch Schmerzlinderung steht in der Praxis die Frage, ob eine lebensverlängernde Therapie abgebrochen werden darf oder überhaupt nicht mehr aufgenommen werden soll, weil eine durch sie bewirkte Lebensverlängerung – so Hanack – „keinen Sinn mehr hat".

Die Straflosigkeit der „passiven Euthanasie" wird in der juristischen Literatur, wenngleich mit unterschiedlicher Begründung, überwiegend angenommen.

Dieses Ergebnis mag zunächst überraschen. Da der Gesetzgeber die „aktive Euthanasie" so eindeutig unter Strafe gestellt hat (§ 216 StGB, Tötung auf Verlangen), dürfte für den ersten Blick für die passive Euthanasie, also die Euthanasie durch Unterlassen der Lebensverlängerung, nichts anderes gelten. Diese Konsequenz müßte aus § 13 StGB gezogen werden, wonach derjenige strafbar ist, der es unterläßt, einen zum gesetzlichen Tatbestand gehörenden Erfolg abzuwenden, wenn er rechtlich dafür einzustehen hat (Garantenstellung), daß der Erfolg nicht eintritt. Das Problem, um das es geht, ist danach die Frage, ob die Pflicht des Arztes zur lebensverlängernden Behandlung in allen Fällen und als „Kampf bis zum letzten Atemzug" (Hanack) besteht. Teilweise wird die Ansicht vertreten, dem Arzt sei „die Anwendung analeptischer Mittel ebenso unerbittlich geboten, wie ihm die tödliche Injektion verboten ist" (Bockelmann). Geht man andererseits von der ständigen Rechtsprechung der Zivil- und Strafsenate des Bundesgerichtshofes aus, so ist festzustellen, daß es verboten und strafbar ist, eine Behandlung ohne oder gar gegen den Willen des Patienten zu beginnen oder fortzuführen. Daraus resultiert:

> Fordert der noch einsichtsfähige Patient den Behandlungsabbruch oder verweigert er die Behandlung, so muß diesem Verlangen entsprochen werden, auch wenn die Erkenntnisse der Medizin eine (Weiter-)Behandlung durchaus sinnvoll erscheinen lassen.

Das eigentlich strafbarkeitsbegründende Merkmal, die aus der Garantenstellung resultierende Behandlungspflicht, wird hier zurückgedrängt durch eine stärke Norm, die Pflicht zur Respektierung des Patientenwillens. Ein gleiches Ergebnis gilt, wenn der Patient nicht mehr einwilligungsfähig ist; hier ist zur mutmaßlichen Einwilligung überzugehen. Mangels anderer Anhaltspunkte für den mutmaßlichen Willen des bewußtlosen, nicht einwilligungsfähigen Patienten ist darauf abzustellen, ob die Lebensverlängerung nach den Erkenntnissen der medizinischen Wissenschaft sinnvoll erscheint oder nicht.

Nur so kann zum Beispiel auch das Problem zur Pflicht der Verhinderung von Selbsttötungen einigermaßen beantwortet werden, das ansonsten für Ärzte zu ganz unerträglichen Konflikten führen muß. Auf der einen Seite etwa betont der Bundesgerichtshof ständig, daß der Arzt den Patientenwillen stets zu respektieren habe; auf der anderen Seite aber legt der Bundesgerichtshof jedermann, also auch dem Arzt, die Verpflichtung auf, dem Willen zur Selbsttötung entgegenzutreten. Vertritt man den hier wiedergegebenen Standpunkt, ist aus den dargelegten Gründen der Patientenwille zu respektieren. Ein Arzt, der einen „Suizidpatienten", der zu ihm gebracht wird und an seinem Todesverlangen festhält, sterben läßt, würde sich demnach nicht strafbar machen.

Diesem Gedanken folgt jedoch der Bundesgerichtshof in einer Entscheidung aus dem Jahre 1984 (Fall Dr. Wittig, BGH, MedR 1984, 2639) nicht. In der Urteilsbegründung wird einerseits – allen neueren Forderungen nach verstärkter Respektierung des Patientenwillens zum Trotz – der Sterbewille des Suizidenten pauschal für unbeachtlich erklärt und festgestellt, daß strafbare Tötung (auf Verlangen) durch Unterlassen vorliegt, wenn ein Garant (zum Beispiel der Arzt) nichts zur Rettung eines Selbstmörders unternimmt. Andererseits taucht das Selbstbestimmungsrecht des Patienten zwar in anderem Zusammenhang wieder auf, dieses aber nur als einer unter anderen Abwägungsfaktoren innerhalb der eigenverantwortlichen ärztlichen Entscheidung. Über den entschiedenen Fall hinaus kann das Urteil für den Gesamtbereich der sogenannten „passiven Sterbehilfe" von weiterreichender Bedeutung sein.

> Der Bundesgerichtshof führt unter anderem aus, daß es keine Rechtsverpflichtung zur Erhaltung eines erlöschenden Lebens um jeden Preis gibt, daß nicht alles technisch Mögliche zu geschehen hat, daß nicht die Effizienz der Apparatur die Grenze ärztlicher Behandlungspflicht bestimmt, sondern die an der Achtung des Lebens und der Menschenwürde ausgerichtete Entscheidung des Arztes im Einzelfall.

Da im vorliegenden Fall der Arzt davon ausging, daß die Patientin im Falle ihrer Rettung schwere Dauerschäden davon tragen würde, und da er wußte, daß sie eine Einweisung in ein Pflegeheim, ein Krankenhaus, eine Intensivstation sowie die Anwendung lebensverlängernder Maßnahmen ablehnte, habe er sich – so der Bundesgerichtshof – in einem Konflikt zwischen seiner Hilfeleistungspflicht und dem Selbstbestimmungsrecht der Patientin befunden; wenn er in dieser Situation auf Rettungsmaßnahmen verzichtet habe, sei dies eine vertretbare Entscheidung.

Sterbehilfe durch gezielte Lebensverkürzung (aktive Euthanasie)

Die bewußte und gewollte Tötung eines Todkranken oder Sterbenden ist nach übereinstimmender Auffassung, nicht nur im juristischen, sondern auch im theologischen und medizinischen Schrifttum unter allen Umständen strafbar. Nach geltendem Recht ist die „aktive Euthanasie" ein strafbares Tötungsdelikt, das je nach den Umständen regelmäßig als Töten auf Verlangen (§ 216 StGB) oder als Totschlag (§§ 212, 213 StGB) zu ahnden ist. Damit stellt sich das Abgrenzungsproblem zur Sterbehilfe durch Schmerzlinderung mit dem Risiko einer möglichen Lebensverkürzung. Hierzu Hanack: „Man muß erkennen, daß hier eine Einschränkung des Tötungsverbots vorliegt, die sich aus dem Erfordernis der notwendigen Schmerzlinderung ableitet und von daher auch ihre Begrenzung empfängt. Diese Begrenzung fordert, daß der Arzt nicht mehr tut als zur Schmerzlinderung erforderlich ist; und erforderlich im strengen Sinne ist die sofortige und unmittelbare Tötung zum Zwecke der Linderung von Schmerzen nie." Deswegen ist der Arzt strafbar, der „gezielt" und „absichtlich" tötet, aber auch derjenige Arzt, der den Tod eines Patienten vorsätzlich oder fahrlässig durch eine Überdosis schmerzlindernder Mittel herbeiführt.

Demgegenüber hat das Landgericht Ravensburg den Ehemann freigesprochen, der auf Wunsch seiner an einer unheilbaren im Endstadium begriffenen Krankheit leidenden Frau das Beatmungsgerät abgeschaltet hat. Das Gericht hat sich in seiner Urteilsbegründung auf den Standpunkt gestellt, daß ein im Sterben liegender Mensch, der aus eigener Kraft nicht mehr weiterleben und dessen Tod nur noch mit Hilfe technischer Geräte hinausgezögert werden kann, verlangen kann, daß solche Maßnahmen unterbleiben oder abgebrochen werden. Jemand, der diesem Verlangen nachkommt, gleichgültig, ob durch Unterlassen oder durch aktives Tun, tötet nicht (auf Verlangen, § 216 StGB), sondern leistet Beistand im Sterben (LG Ravensburg, MedR 1987, 196f.). Freispruch für aktive Sterbehilfe erfolgte auch in den Niederlanden für einen Arzt, der eine 95 Jahre alte Patientin auf deren ausdrücklichen, ernsthaften und wiederholt geäußerten Wunsch hin durch Injektionen von ihrem Leiden erlöste (FAZ vom 16.05.1983).

Der sogenannte „Patientenbrief"

Aus dem Vorstehenden wird deutlich, daß auch juristisch die Diskussion um die Sterbehilfe nicht einheitlich verläuft und manche Fragen offenbleiben. An konkreten Versuchen, das Recht auf einen menschenwürdigen Tod durch Anwendung der verschiedenen Formen der Sterbehilfe zu verwirklichen, hat es nicht gefehlt. Einen dieser Versuche stellt der sogenannte „Patientenbrief" dar. Damit soll sichergestellt werden, daß bereits heute durch den Verzicht auf alle unnötigen lebens- und lebensverlängernden Maßnahmen in einem Patiententestament der Arzt zu Handlungen der Sterbehilfe ermächtigt sein soll. Die im „Patientenbrief" niedergelegte Erklärung soll den Ärzten und Krankenhausträgern das Recht einräumen, von „heroischen" Wiederbelebungs- bzw. Lebenserhaltungsmaßnahmen bei unheilbarer Erkrankung Abstand zu nehmen.
    Gesetzlich ist der „Patientenbrief" nicht verankert. Die rechtliche Bedeutung des „Patientenbriefs" rührt letztlich daher, daß der Wille des urteils- und einsichtsfähigen Patienten – wie bereits mehrfach betont – gegenüber der ärztlichen Hilfs- und Behandlungspflicht den Vorrang hat. Dennoch wird die grundsätzliche Gültigkeit eines „Patientenbriefes" durch folgende Überlegung stark eingeschränkt: Der Gesunde entscheidet in aller Regel anders als der Kranke; und während der Krankheit wird häufig anders entschieden als in der Stunde des Todes (Muster eines Patientenbriefes im Anhang E).

Abschließende Hinweise

Eine erste gesetzliche Regelung des Rechts auf einen natürlichen Tod wurde 1976 in Kalifornien getroffen, als Gouverneur Brown den „Natural Death Act" unterzeichnete. Das Gesetz regelt das Recht des Patienten, durch eine schriftliche Anweisung (Direktive) die Anwendung lebenserhaltender Therapie zu untersagen, sofern der Patient sich im letzten Stadium einer Krankheit oder Verletzung befindet, bei der alle Maßnahmen nur den Zeitpunkt des Todes des Patienten hinausschieben.
    Die Anweisung kann nur von einer geistig gesunden Person über 18 Jahren ausgestellt werden. Es sind zwei erwachsene Zeugen hinzuzuziehen, die nicht mit dem Anweisenden verheiratet oder verwandt und ebensowenig erbberechtigt sein dürfen.

Liegt der Anweisende im Krankenhaus, ist das Personal als Zeuge ausgeschlossen; befindet er sich im Pflegeheim, muß ein Zeuge ein „Patientenanwalt" oder ein Ombudsmann (Schiedsrichter) sein. Die Anweisung soll zu den Krankenpapieren genommen werden. Sie ist jederzeit widerruflich und fünf Jahre wirksam. Neben diesen formellen Voraussetzungen enthält das Gesetz Bestimmungen über die Wirkungen der Anweisungen auch auf die Haftbarkeit des Arztes, wenn er die Anweisung nicht befolgt. Als Motive nennt das „Kalifornische Gesetz" den Schutz der Individualautonomie, die Verhinderung eines mit der Lebensverlängerung unter diesen Umständen verbundenen Verlusts der Menschenwürde sowie das Vermeiden von weiteren Schmerzen und Leiden.

Das „Kalifornische Gesetz" stellt ein Experiment dar. Seine Gelegenheiten können genutzt oder zurückgewiesen werden. In jedem Fall aber dient es der Rechtssicherheit.

Auch in den Niederlanden ist seit 1993 ein Gesetz über die Sterbehilfe in Kraft.

Mit der Regelung der Sterbehilfe hat sich weiterhin auch der Europarat auf seiner 27. außerordentlichen Sitzung befaßt und bereits 1979 eine Resolution (Nr. 613) über die Rechte der Kranken und Sterbenden formuliert. Darin heißt es wie folgt:

Die Versammlung

1. glaubt aufgrund ihrer Empfehlung über die Rechte der Kranken und des Berichts des Ausschusses für Sozial- und Gesundheitsfragen, daß den wahren Interessen der Kranken nicht immer am besten gedient ist durch eifrige Anwendung der modernen Techniken der Lebensverlängerung;

2. ist überzeugt, daß der größte Wunsch sterbender Patienten ein Tod in Würde und Frieden ist, wenn möglich im angenehmen Rahmen und Beisein ihrer Familien und Freunde;

3. ist beunruhigt, daß unnötige Sorge hervorgerufen werden könnte über die Auswahl der richtigen Kriterien zur Bestimmung des Todes;

4. besteht darauf, daß keinen anderen Interessen Rechnung getragen wird in der Festsetzung des Todeszeitpunktes als denjenigen des Sterbenden;

5. ermutigt die verantwortlichen Kapazitäten der Medizin in den Mitgliedsstaaten zur kritischen Prüfung der Kriterien, auf denen gegenwärtig Entscheidungen basieren, im Hinblick auf zu ergreifende Maßnahmen zur Einleitung von Wiederbelebungsmaßnahmen, und die Einweisung von Patienten zur Langzeitpflege, die Maßnahmen zur künstlichen Lebenserhaltung erfordert;

6. lädt das europäische Büro der Weltgesundheitsorganisation zur Prüfung der Kriterien zur Bestimmung des Todes ein, die in den verschiedenen europäischen Ländern gegenwärtig nach neuesten medizinischen Erkenntnissen angewandt werden, sowie Vorschläge zu machen, zur Harmonisierung dieser Kriterien so, daß sie universell anwendbar sind, nicht nur in Krankenhäusern, sondern auch in genereller medizinischer Praxis.

Abschließend bleibt noch hinzuweisen auf die „Richtlinien für die Sterbehilfe", die der Vorstand der Bundesärztekammer mit einem entsprechenden Kommentar verabschiedet hat. Beides ist in Übereinstimmung mit den Richtlinien der Schweizerischen Akademie der medizinischen Wissenschaften zur Sterbehilfe formuliert worden (Richtlinien und Kommentar sind im Anhang C abgedruckt).

2.2.6.7 Andere Straftatbestände

Neben den vorstehenden sind noch folgende Strafrechtsnormen zu beachten:

> 1. die Straftaten gegen die sexuelle Selbstbestimmung, §§ 174 ff. StGB; so wird mit Freiheitsstrafe bis zu fünf Jahre oder mit Geldstrafe bestraft, wer den Insassen einer Anstalt für Kranke oder Hilfsbedürftige, der ihm zur Beaufsichtigung oder Betreuung anvertraut ist, dadurch mißbraucht, daß er unter Ausnutzung der Krankheit oder Hilfsbedürftigkeit sexuelle Handlungen an ihm vornimmt, oder an sich von dem Insassen vornehmen läßt, § 174a Abs. 2 StGB. In Betracht kommen Ärzte, Krankenpfleger, Maseure, medizinische Bademeister etc.
> 2. das Fälschen von Gesundheitszeugnissen oder das Ausstellen unrichtiger Zeugnisse über den Gesundheitszustand eines Menschen zum Gebrauch bei einer Behörde oder Versicherungsgesellschaft wider besseren Wissens durch einen Arzt oder eine andere approbierte Medizinalperson – und der Gebrauch derartiger Zeugnisse in der Absicht, eine Behörde oder Versicherungsgesellschaft zu täuschen, §§ 277 ff. StGB.
> 3. die Personenstandsfälschung, § 169 StGB, die das Unterschieben sowie die vorsätzliche Verwechslung oder Veränderung oder Unterdrückung des Personenstandes eines anderen unter Strafe stellt.

Die ehemaligen Strafrechtsvorschriften über die Beiseiteschaffung von Leichen, die Überlassung von Giften ohne polizeiliche Erlaubnis und die Verletzung von Absperrungsmaßnahmen zur Verhütung des Verbreitens ansteckender Krankheiten sind nach der Strafrechtsreform im Strafgesetzbuch nicht mehr enthalten.

Entsprechende Vorschriften sind im Arzneimittelgesetz, dem Geschlechtskrankheitengesetz, dem Fleischbeschaugesetz und dem Viehseuchengesetz zu finden.

2.2.6.8 Schweigepflicht und Datenschutz

Medizinische Daten zählen zu den sensibelsten Daten schlechthin. Deshalb gilt für den Umgang mit Patientendaten eine Vielzahl gesetzlicher sich ergänzender Vorschriften. Dazu gehören das Bundesdatenschutzgesetz, die Datenschutzgesetze der Länder, kirchliche Datenschutzbestimmungen, Krankenhausdatenschutzgesetze (wie etwa im Bundesland Bremen), Regelungen in den Krankenhausgesetzen der Länder ebenso wie im Bundessozialgesetzbuch, arbeitsrechtliche Vorschriften zur Verschwiegenheitspflicht und nicht zuletzt die strafrechtliche Schweigepflicht.

So ist in § 203 StGB das unbefugte Offenbaren von Privatgeheimnissen unter Strafe gestellt.

Die Strafvorschrift ist in den hier interessierenden Teilen wie folgt formuliert: § 203 StGB (Verletzung von Privatgeheimnissen)

> (1) Wer unbefugt ein fremdes Geheimnis, namentlich ein zum persönlichen Lebensbereich gehörendes Geheimnis oder ein Betriebs- oder Geschäftsgeheimnis offenbart, das ihm als:
>
> (2) Arzt, Zahnarzt, Apotheker ... oder Angehörigen eines anderen Heilberufs, der für die Berufsausübung oder die Führung der Berufsbezeichnung eine staatlich geregelte Ausbildung erfordert, anvertraut worden oder sonst bekannt geworden ist, wird mit Freiheitsstrafe bis zu einem Jahr oder mit Geldstrafe bestraft.

> (3) Den in Abs. 1 Genannten stehen ihre berufsmäßig tätigen Gehilfen und die Personen gleich, die bei ihnen zur Vorbereitung auf den Beruf tätig sind. Den in Abs. 1 und den in Satz 1 Genannten steht nach dem Tode des zur Wahrung des Geheimnisses Verpflichteten ferner gleich, wer das Geheimnis von dem Verstorbenen oder aus dessen Nachlaß erlangt hat.
>
> (4) Die Absätze 1 und 3 sind auch anzuwenden, wenn der Täter das fremde Geheimnis nach dem Tode des Betroffenen unbefugt offenbart.

Soweit auszugsweise der gesetzliche Wortlaut.

Das von § 203 StGB geschützte Rechtsgut

In der Vergangenheit und auch teilweise heute noch wurde bzw. wird die Auffassung vertreten, das von § 203 StGB geschützte Rechtsgut sei in erster Linie das Individualinteresse an der Geheimhaltung bestimmter Tatsachen. In Ansehung der Verabschiedung der Datenschutzgesetze liegt jedoch meines Erachtens die Bedeutung der Strafvorschrift des § 203 StGB vorrangig in einer mehr sozialrechtlichen Funktion. Schutzgut ist hauptsächlich das allgemeine Vertrauen in die Verschwiegenheit der Angehörigen bestimmter Berufe, ohne daß diese ihre im Interesse der Allgemeinheit liegenden Aufgaben nicht oder nur unvollkommen erfüllen könnten. So gilt zum Beispiel der strafrechtliche Schutz des ärztlichen Berufsgeheimnisses letztlich dem allgemeinen Interesse an der funktionsfähigen ärztlichen Gesundheitspflege, die ohne ein vertrauensvolles Verhältnis zwischen Arzt und Patient nicht möglich ist.

> Wer sich in ärztliche Behandlung begibt, muß und darf erwarten, daß alles, was der Arzt im Rahmen seiner Berufsausübung über die gesundheitliche Verfassung des Patienten erfährt, geheim bleibt und nicht zur Kenntnis Unberufener gelangt. Nur so kann zwischen Patient und Arzt jenes Vertrauen entstehen, daß zu den Grundvoraussetzungen ärztlichen Wirkens zählt, weil es die Chancen der Heilung vergrößert und damit – im Ganzen gesehen – der Aufrechterhaltung einer leistungsfähigen Gesundheitsfürsorge dient (BVerfG, NJW 1972, 1123).

Der von § 203 StGB erfaßte Täterkreis

Nach § 203 Abs. 1 Ziff. 1 StGB unterliegen der Schweigepflicht Ärzte, Apotheker sowie Angehörige eines anderen Heilberufs, der für die Berufsausübung oder die Führung der Berufsbezeichnung eine staatlich geregelte Ausbildung erfordert. Hierzu zählen (Kinder-)krankenschwestern, (Kinder-)krankenpfleger, (Kinder-)krankenpflegehelfer/in, Hebammen, Entbindungspfleger, Krankengymnasten, Masseure und medizinische Bademeister, Physiotherapeuten, technische Assistenten in der Medizin, Diätassistenten, Rettungsassistenten, pharmazeutisch-technische Assistenten, Arbeits- und Beschäftigungstherapeuten, Logopäden, (Zahn-)arzthelfer sowie die übrigen Angehörigen des Gesundheitswesens. Nicht erfaßt werden Heilpraktiker, da für diese Berufsgruppe eine staatliche Berufsausbildung zur Zeit noch nicht gefordert ist.

Darüber hinaus bezieht sich die Verpflichtung zur Verschwiegenheit nach § 203 Abs. 3 StGB auch auf die berufsmäßig tätigen Gehilfen der Angehörigen von

Heilberufen und die Personen, die bei ihnen zur Vorbereitung auf den Beruf tätig sind.

Hierunter fallen zum Beispiel Sprechstundenhilfen, Sekretärinnen, Zivildienstleistende sowie die in einer Ausbildung für einen Beruf im Gesundheitswesen stehenden Personen, nicht aber das Reinigungspersonal, wohl aber das Personal an der Pforte. Strittig ist, inwieweit zu den ärztlichen Gehilfen auch die mit der verwaltungstechnischen Abwicklung des Behandlungsgeschehens Befaßten zählen, wie etwa der Verwaltungsdirektor (dies bejahend das OLG Oldenburg, NJW 1992, 2615) oder die Mitarbeiter der Krankenhausverwaltung, die mit der Abrechnung der im Krankenhaus erbrachten Leistungen befaßt sind (dies bejahend das OVG Münster, Urteil 05. 10. 1982, unveröffentlicht).

Die von § 203 StGB unter Strafe gestellte Tathandlung

Der vorgenannte Personenkreis kann sich nach § 203 StGB dann strafbar machen, wenn er ein fremdes Geheimnis, namentlich ein zum persönlichen Lebensbereich gehörendes Geheimnis oder ein Betriebs- oder Geschäftsgeheimnis, das ihm in seiner beruflichen Eigenschaft anvertraut oder sonst bekannt geworden ist, unbefugt offenbart.

Geheimnisbegriff

> Nach herrschender Auffassung sind Geheimnisse im Sinne des § 203 StGB Tatsachen, die nur einem beschränkten Personenkreis bekannt sind und an deren Geheimhaltung der Betroffene ein schutzwürdiges Interesse hat.

Nach dieser Definition sind geheimnispflichtig solche Tatsachen, die zum persönlichen Lebensbereich gehören und solche, die dem persönlichen Geheimnisbereich eines Patienten zuzuordnen sind.

Bezogen auf den Personenkreis der oben aufgezählten Berufe im Gesundheitswesen wird man diejenigen geheimnisgeschützten Tatsachen unterscheiden können, die den medizinischen Bereich betreffen und diejenigen, die den außermedizinischen Bereich umfassen.

Als Geheimnis, an deren Verschweigung der Patient ein schutzwürdiges Interesse hat, sind beispielsweise anzusehen die Aufzeichnungen des Arztes, schriftliche Mitteilungen des Patienten, Röntgenaufnahmen sowie sonstige Untersuchungsbefunde wie etwa Anäthesieprotokolle und Korrespondenzen. Je nach den Umständen kann schon der Name eines Patienten sowie die Tatsache seiner Behandlung ein Geheimnis sein. So wird etwa die ärztliche Behandlung eines Politikers durch einen Psychiater der Schweigepflicht unterliegen, da sich bei Bekanntwerden dieser Tatsache erhebliche Nachteile für den Patienten ergeben können. Schließlich stellt auch ein bei einer Untersuchung zufällig festgestelltes Krankheitsbild ein Geheimnis dar. Arzt, Arzthelfer/in und Krankenpflegepersonal müssen also hierüber Verschwiegenheit bewahren. Dies gilt auch für die Diagnose „Aids" beim HIV-Infizierten.

Das gleiche gilt für Tatsachen, die dem Arzt bzw. seinen Gehilfen aus dem persönlichen, außermedizinischen Bereich bekannt bzw. anvertraut werden.

Hierzu zählen etwa die persönlichen und wirtschaftlichen Verhältnisse des Patienten. Es handelt sich insoweit um Tatsachen, die dem persönlichen Geheimnisbereich unterliegen. So ist der Arzt ebenso wie das gesamte nachgeordnete nichtärztliche Personal nicht berechtigt, die ihnen bekanntgewordene Tatsache weiterzugeben, daß der Patient als bekannter Unternehmer vor dem wirtschaftlichen Ruin steht.

Nicht unter den Geheimnisbegriff allerdings fällt die Geheimniskrämerei mit Bagatellsachen.

Zweifel bestanden bislang an der Zulässigkeit von Auskünften von Bediensteten der Krankenhäuser an Polizeibehörden zu Ermittlungszwecken. Das Oberlandesgericht Bremen hat klargestellt, daß auch die Tatsache einer ambulanten ärztlichen Behandlung im Krankenhaus wie auch die Personalien und die Anschrift des Patienten ein Geheimnis im Sinne des § 203 StGB darstellen (OLG Bremen, MedR 1984, 112f.). Von der ambulanten Behandlung ist jedoch die stationäre Behandlung zu unterscheiden. Nach den einschlägigen Meldegesetzen der Länder ist der Krankenhausträger verpflichtet, ein Verzeichnis der stationär aufgenommenen Patienten zu führen. In dieses Verzeichnis haben Melde- und Polizeibehörden unter bestimmten, näheren Umständen das Recht auf Einsicht.

Anvertrauen und Bekanntwerden eines Geheimnisses

Das Geheimnis muß den Personen der Fachberufe im Gesundheitswesen in ihrer Berufseigenschaft anvertraut oder sonst bekannt geworden sein. *Anvertrauen* ist das Einweihen in ein Geheimnis unter Umständen, aus denen sich eine Pflicht zur Verschwiegenheit ergibt. Dies ist beispielsweise dann der Fall, wenn das Geheimnis dem Arzt oder einem Gehilfen in innerem Zusammenhang mit der Ausübung des Berufs mündlich, schriftlich oder auf sonstigem Wege bewußt mitgeteilt wird. Es ist dabei nicht unbedingt erforderlich, daß die Mitteilung zum Beispiel während der Sprechstunden erfolgt; auch wer den Arzt bzw. seine Gehilfen bei anderer Gelegenheit – sei es auch gegen dessen Willen – in seiner beruflichen Eigenschaft in Anspruch nimmt, vertraut ihm etwas an.

Bekanntgeworden in seiner Eigenschaft als Arzt oder Gehilfe ist dem Täter jedes Geheimnis, das er auf sonstige Weise erfährt. Ein *Bekanntwerden* ist etwa anzunehmen, wenn der Arzt eine dem Patienten unbekannte Krankheit diagnostiziert oder ein bewußtloses Unfallopfer untersucht. Auch Beobachtungen, die ein Arzt bei einem Hausbesuch macht, sowie Gespräche der Familienangehörigen, die eine Pflegeperson in Ausübung ihres Berufes auf der Station mitanhört, unterliegen der Schweigepflicht.

Unbefugtes Offenbaren

> Offenbart ist ein Geheimnis, wenn sowohl die geheime Tatsache als auch die Person des Geheimnisgeschützten einem anderen mitgeteilt worden sind; allerdings erfüllen Mitteilungen, aus denen die Person des Betroffenen nicht ersichtlich ist, den Tatbestand der Schweigepflichtverletzung nicht.

Diese Feststellung ist bedeutsam etwa für die Anfertigung von Pflegeberichten der Lernenden in den Krankenpflegeberufen. Der Pflegebericht, der die Person, auf die sich der Bericht bezieht, nur mit dem Anfangsbuchstaben des Familiennamens erwähnt, stellt demnach keinen Verstoß gegen die Schweigepflicht dar.

Das Offenbaren kann weiterhin auch in einem Unterlassen liegen, so beispielsweise, wenn der Arzt oder sein Gehilfe eine Einsichtnahme in die Krankenblätter oder gar deren Mitnahme nicht verhindert.

Schließlich muß das Offenbaren des Geheimnisses in dem dargelegten Sinn „unbefugt" geschehen.

Grundsätzlich geschieht ein Offenbaren dann unbefugt, wenn die Geheimnismitteilung ohne Zustimmung des Verfügungsberechtigten und ohne ein Recht zur Mitteilung erfolgt. „Unbefugt" im Sinne der Strafvorschrift heißt letztlich so viel wie „ohne Rechtfertigung", wobei eine entscheidende Rolle die Einstellung des Geheimnisgeschützten zur Mitteilung des Geheimnisses spielt. Eine Rechtfertigung für eine Offenbarung ist demzufolge im wesentlichen anzunehmen bei Vorliegen einer Einwilligung zum Offenbaren, bei gesetzlichen Anzeigepflichten, sowie im Falle der Verteidigung eigener Rechte.

Einwilligung zum Offenbaren

Die Einwilligung in die Offenbarung liegt immer dann vor, wenn das Offenbaren mit Zustimmung des Verfügungsberechtigten erfolgt. Mit der Zustimmung entbindet der Patient den Arzt oder die Angehörigen der Berufe im Gesundheitswesen von ihrer Schweigepflicht, die Zustimmung des Verfügungsberechtigten führt also dann zu einem „befugten" Offenbaren. Soweit ein Patient volljährig, also das 18. Lebensjahr vollendet hat, ergeben sich hinsichtlich der Einwilligung des Verfügungsberechtigten in der Regel keinerlei Probleme. Anders stellt sich die Situation bei minderjährigen Patienten dar. Hier kommt es auf deren Einwilligungsfähigkeit an. Zu berücksichtigen ist in diesem Zusammenhang, daß die Einwilligungserklärung nicht ohne weiteres gleichzusetzen ist mit der Wirksamkeit einer Willenserklärung im zivilrechtlichen Sinne. Abzustellen sein wird zum einen auf die Einsichtsfähigkeit des Minderjährigen, zum anderen auf die zu erwartenden Nachwirkungen der ärztlichen Behandlung. Ein kurz vor Vollendung des 18. Lebensjahr stehender Patient wird wirksam eine Einwilligung geben bzw. verweigern können. Verweigert dieser Patient als Verfügungsberechtigter die Einwilligung in die Offenbarung, so gilt dies für den Arzt und seine Gehilfen auch gegenüber den Erziehungsberechtigten. Bei Minderjährigen bis zum 14. Lebensjahr dagegen ist in aller Regel vom Fehlen der erforderlichen Einsichtsfähigkeit für die Einwilligung auszugehen mit der Folge, daß das Personensorgerecht der Erziehungsberechtigten dem Einwilligungsrecht des Minderjährigen vorgeht. Die Mitteilungen des Arztes bzw. der Angehörigen der Berufe im Gesundheitswesen an die Erziehungsberechtigten würden in einem solchen Fall den Tatbestand der Schweigepflichtverletzung ausschließen.

Kritisch ist häufig die Frage nach der Einwilligungsfähigkeit von Patienten zwischen dem 14. und dem 17. Lebensjahr. Ob eine Schweigepflichtverletzung bei entsprechender Offenbarung an die Erziehungsberechtigten vorliegt, wird aus dem Bestehen bzw. Nichtbestehen von Nachwirkungen der Behandlung zu entscheiden sein.

Diese Problematik stellt sich vor allem beim Schwangerschaftsabbruch bei minderjährigen Frauen.

Anzumerken ist schließlich noch, daß die Einwilligungserklärung jederzeit widerrufen oder auf bestimmte Tatsachen beschränkt werden kann. Unter diesem Gesichtspunkt ist auch die datenrechtlich relevante Einwilligung des Patienten zu beurteilen. Die datenrechtlich vom Patienten abgeforderte Einwilligung kann sich auch immer nur auf den jeweiligen datenrechtlichen Zweck erstrecken. Sie kann keinen Freibrief zur Umgehung der Schweigepflicht darstellen.

Problematisch – auch unter datenschutzrechtlichem Aspekt – ist die Beschriftung der Zimmertür oder des Krankenbettes mit dem Namen des Patienten.

Einerseits vermeidet eine Beschriftung der Zimmertür ein ständiges Nachfragen von Besuchern und erleichtert damit den Arbeitsablauf für die (nicht-)ärztlichen Mitarbeiter. Andererseits können dritte Personen auf diesem Wege Kenntnisse über den Patienten erlangen, gegebenenfalls in Verbindung mit der Abteilungsbezeichnung unter Umständen auch über die Art seiner Erkrankung, die der Patient nicht weiter verbreitet sehen möchte. Datenschutzrechtlich zu empfehlen ist die Beschriftung mit Einwilligung des Patienten, in dem er seinen Namen entweder selbst auf genormte Türschildchen schreibt, oder ihn schreiben läßt. So ist auch strafrechtlich sicher gestellt, daß mit dem Einverständnis für die Beschriftung der Zimmertür von einer Einwilligung zum Offenbaren auszugehen ist.

Ähnlich verhält es sich mit der Beschriftung des Krankenbettes. Der Grundsatz der Verhältnismäßigkeit erfordert es allerdings, die Namensschilder so diskret anzubringen, daß nicht jeder Besucher die Identität des jeweiligen Patienten erfährt.

Mutmaßliche Einwilligung zum Offenbaren

Wie vorstehend dargelegt, erfordert die Wirksamkeit der Zustimmung lediglich die natürliche Einsichtsfähigkeit des Verfügungsberechtigten in die Bedeutung und Tragweite der Entscheidung. Dabei muß der zustimmende Wille nicht ausdrücklich erklärt sein, er kann auch durch sogenanntes „schlüssiges Verhalten" ausgedrückt werden. Ein derartig erteiltes Einverständnis zum Offenbaren wird zum Beispiel in der Regel hinsichtlich derjenigen Mitteilungen vorliegen, die der Arzt üblicherweise seinem nachgeordneten nichtärztlichen Personal macht; dies gilt vor allem für die Weitergabe von Kenntnissen über den Patienten, um eine möglichst wirkungsvolle Behandlung und Pflege zu gewährleisten. In der Regel ist von einer Einwilligung durch schlüssiges Verhalten auch beim Arzt-Patientengespräch am Krankenbett in einem Mehrbettzimmer auszugehen, jedenfalls solange, als der Patient dem nicht ausdrücklich widerspricht. Anders kann die Beurteilung dagegen für Gespräche ausfallen, die von dritter Seite ohne Wissen des Patienten mitgehört werden beispielsweise in der Ambulanz. In einem derartigen Fall ist das Vorliegen einer Einwilligung – auch durch schlüssiges Verhalten – in der Regel ausgeschlossen.

Nicht ohne weiteres ist von einer mutmaßlichen Einwilligung zur Mitteilung bei Ehegatten auszugehen. Dies gilt nach meinem Dafürhalten auch dann nicht, wenn zum Beispiel Familienangehörige den Patienten regelmäßig besuchen. Aus dieser Tatsache ist nicht auf den mutmaßlichen Einwilligungswillen zum Offenbaren von Krankheitsbefunden des Patienten an die ihn besuchenden Familienangehörigen zu schließen. Es empfiehlt sich hier vielmehr, den Patienten nach seinem Willen zu fragen. Überhaupt gilt, daß der mutmaßliche Wille nur Geltung haben kann, wenn der wirkliche Wille des Patienten nicht erforschbar ist, wie etwa bei einem bewußtlosen Unfallverletzten. Informiert der Arzt bzw. sein Gehilfe in diesem Fall die Angehörigen, so geschieht dies gerechtfertigt, weil dieses Verhalten in der Regel dem mutmaßlichen Willen des Unfallopfers entspricht. Teilweise enthalten die Krankenhausgesetze der Länder (zum Beispiel Berlin, Hessen, Rheinland-Pfalz, Saarland) Regelungen, die eine Auskunftserteilung an Angehörige ausdrücklich zulassen, sofern der Patient keinen gegenteiligen Willen äußert.

Wird an der Krankenhauspforte oder telefonisch angefragt, ob sich eine bestimmte Person zur Behandlung im Krankenhaus befindet, so ist zu differenzieren.

Grundsätzlich muß auch die Pforte im Krankenhaus die Schweigepflicht beachten. Eine Auskunft ist danach nur zulässig, wenn sie vom Zweck des Behandlungsvertrages gedeckt ist, eine Rechtsvorschrift oder ein Rechtfertigungsgrund die Verletzung der Schweigepflicht erlaubt. Allgemein wird angenommen, daß der mit dem Patienten geschlossene Behandlungsvertrag eine „Auskunft" an der Pforte deckt solange kein entgegenstehender Wille des Patienten zu erkennen ist; das Krankenhaus kann davon ausgehen, daß der Patient die Auskunftspraxis stillschweigend akzeptiert. Ist allerdings für den an der Pforte Tätigen erkennbar, daß es dem Anfragenden nicht um eine gewöhnliche Kontaktaufnahme geht (etwa bei Vertreterbesuchen), so ist durch Anfrage beim Patienten zu klären, ob er den Besuch zu empfangen wünscht.

Inwieweit eine stillschweigende Einwilligung anzunehmen ist, hängt schließlich auch vom Grad des Schutzbedürfnisses des Patienten ab, beispielsweise bei Aufnahme in einer psychiatrischen Klinik.

Entbindung von der Schweigepflicht aufgrund gesetzlicher Vorschriften

Eine Rechtfertigung für eine Offenbarung ist neben dem Vorhandensein des erklärten oder mutmaßlichen Willens auch das Vorliegen gesetzlicher Anzeige- bzw. Offenbarungspflichten. Eine gesetzliche Offenbarungspflicht für den Arzt besteht etwa aufgrund des Gesetzes zur Bekämpfung von Geschlechtskrankheiten (§§ 12, 13) ebenso wie nach den Vorschriften des Bundesseuchengesetzes (§§ 3ff.). Des weiteren hat ein Arzt nach § 5 der Berufskrankheitenverordnung der Berufsgenossenschaft und dem staatlichen Gewerbearzt Anzeige zu erstatten, wenn er bei der Untersuchung begründeten Verdacht auf das Bestehen einer Berufskrankheit schöpft. Darüber hinaus sehen auch landesgesetzliche Vorschriften Meldepflichten vor.

Eine Schweigepflicht besteht ferner auch in den Fällen nicht, in denen das Gesetz zur Anzeige geplanter Verbrechen verpflichtet (§ 138 StGB).

Hierunter fallen etwa Straftaten wie Mord, Totschlag, Raub, räuberische Erpressung und andere ähnliche strafbare Handlungen. Der Arzt bzw. der Angehörige der Gesundheitsberufe ist zur Anzeige dann verpflichtet, wenn er glaubhaft von der Straftat zu einer Zeit erfährt, zu der die Ausführung oder der Erfolg noch abgewendet werden kann. Ein bloßes Gerücht zwingt jedoch nicht zur Anzeige, so daß demgemäß bei Mitteilung eine Schweigepflichtverletzung anzunehmen wäre.

Für den Arzt entfällt andererseits gemäß § 139 Abs. 3 StGB eine Anzeigepflicht, abgesehen von Mord, Totschlag, Völkermord, Geiselnahme und ähnlichem, wenn ihm der Patient das geplante Verbrechen anvertraut und sich der Arzt ernsthaft bemüht hat, den Patienten von der Tat abzuhalten oder den Erfolg abzuwenden. Für das Krankenpflegepersonal gilt allerdings diese Sonderregelung nicht. Dieser Personenkreis muß in jedem Falle, also auch dann Anzeige erstatten, wenn der Patient ihm das geplante Verbrechen anvertraut hat.

Das Bestehen einer Schweigepflicht entfällt weiterhin bei Vorliegen eines rechtfertigenden Notstandes. So liegt ein unbefugtes Offenbaren fremder Geheimnisse in dem Fall nicht vor, in dem eigene berechtigte Interessen des zur Verschwiegenheit Verpflichteten diejenigen des Patienten übertreffen, wie etwa bei der Verteidigung in einem strafrechtlichen Verfahren oder bei Durchsetzung berechtigter Interessen im Zivilprozeß. Die Wahrung eigener, erheblicher Interessen ist in der Regel höherwertig anzusehen, als der Schutz des Geheimnisgeschützten, weil sich der Arzt bzw. der Angehörige des Gesundheitsberufes nur auf diese Weise sachgemäß verteidigen kann.

Problematisch ist die Frage nach dem Bestehen einer Schweigepflicht in denjenigen Fällen, in denen der Arzt oder sein Gehilfe Kenntnis von einer Straftat erhält, die nicht nach § 138 StGB anzeigepflichtig ist. Ausgangspunkt der Beantwortung dieser Frage ist die Bejahung bzw. Verneinung eines rechtfertigenden Notstandes gemäß § 34 StGB. Danach handelt nicht rechtswidrig, „wer in einer gegenwärtigen, nicht anders abwendbaren Gefahr für Leben, Leib, Freiheit, Ehre, Eigentum oder ein anderes Rechtsgut eine Tat begeht, um die Gefahr von sich oder einem anderen abzuwenden, wenn bei Abwägung der widerstreitenden Interessen namentlich der betroffenen Rechtsgüter und des Grades der ihnen drohenden Gefahren, das geschützte Interesse das beeinträchtigte wesentlich überwiegt. Dies gilt jedoch nur, soweit die Tat ein angemessenes Mittel ist, die Gefahr abzuwenden."

Ob ein unbefugtes oder befugtes Offenbaren vorliegt, ist demnach zu beurteilen aufgrund einer Abwägung widerstreitender Pflichten oder Interessen. Keinesfalls aber wird bei Bejahung eines rechtfertigenden Notstandes eine Anzeigepflicht zu folgern sein.

Aus dem vorstehend zum unbefugten Offenbaren Dargelegten wird schließlich deutlich, daß auch eine Mitteilung von Arzt zu Arzt oder vom Arzt zu einem sonstigen Angehörigen der Gesundheitsberufe im Grundsatz strafbar ist. Der Umstand, daß die unter Verschwiegenheit fallende Person einer anderen, ebenfalls der Verschwiegenheitspflicht unterliegenden Person, eine Mitteilung macht, stellt keinen Rechtfertigungsgrund dar. Dieser Grundsatz wird allerdings in dem Moment unterbrochen, in dem die Mitteilung Therapie-, Heilungs- und Pflegezwecken dient.

Hinzuweisen bleibt weiterhin darauf, daß eine Verletzung von Privatgeheimnissen grundsätzlich nur auf Antrag verfolgt wird (§ 205 Abs. 1 StGB); stirbt der Verletzte, so geht das Antragsrecht auf die Angehörigen über.

Strafmaß bei Verletzung der Schweigepflicht

Wer den Tatbestand der Verletzung von Privatgeheimnissen rechtswidrig und schuldhaft verletzt, wird mit Freiheitsstrafe bis zu einem Jahr oder mit Geldstrafe bestraft.

Diese Strafzumessung erhöht sich auf bis zu zwei Jahre, wenn der Täter gegen Entgelt oder in der Absicht handelt, sich oder einen anderen zu bereichern oder einen anderen zu schädigen (§ 203 Abs. 5 StGB). Dasselbe Strafmaß spricht der Gesetzgeber für denjenigen aus, der unbefugt ein fremdes Geheimnis verwertet, obwohl er zu dessen Geheimhaltung nach den oben genannten Grundsätzen verpflichtet ist (§ 204 StGB).

Nicht nur die Höhe des Strafmaßes, sondern in erster Linie die selbstverständliche Achtung der Intimsphäre des Patienten, die aufgrund des Vertrauensverhältnisses im Arzt-Patienten-Verhältnis besonders schutzwürdig ist, sollte jeden Angehörigen der Berufe im Gesundheitswesen im Umgang mit Daten und Angaben zur Person des Patienten in besonderem Maße Vorsicht walten lassen.

Datenschutzrechliche Hinweise

Auch wenn die Verwendung von Patientendaten zur Umsetzung gesetzlicher Vorgaben unumgänglich ist, muß gewährleistet sein, daß mit personenbezogenen Daten des Patienten kein Mißbrauch getrieben wird.

Zu den personenbezogenen Daten gehören beispielsweise Namen, Personalnummern, Sozialversicherungsdaten, Personalausweisnummern, aber auch Einkommensverhältnisse, Familienstand, Geburtsdaten, Staatsangehörigkeit und Berufsbezeichnung. Ebenso sind datenschutzrechtlich relevant Anamneseerhebungen, Untersuchungsbefunde und Aufzeichnungen über Behandlungsgespräche. Deshalb dürfen Personen, die in das Behandlungsgeschehen nicht eingebunden sind, nicht über Art und Grund einer Erkrankung Kenntnis erlangen ebensowenig wie über Therapiemaßnahmen.

Das Bundesdatenschutzgesetz (BDSG) vom 20. 10. 1990 stellt deshalb ein grundsätzliches Datenverarbeitungsverbot auf (§ 4 BDSG). Es enthält einen Verbotsgrundsatz mit Erlaubnisvorbehalten, d. h., die Verarbeitung von Personeninformationen ist nur zulässig im Rahmen der Datenschutzerlaubnisse, weitergehender und vorrangiger Rechtsvorschriften sowie bei Einwilligung des Betroffenen. Zu den Erlaubnisvorbehalten zählt die Datenverarbeitung, also das Speichern, Übermitteln und Verändern im Rahmen der Zweckbestimmung eines Vertragsverhältnisses (§ 28 Abs. 1 Ziff. 1 BDSG), etwa eines Krankenhausaufnahmevertrages, worüber der Patient in der Regel in Kenntnis gesetzt wird.

Ist eine Datenverarbeitung vom Vertragszweck nicht mehr gedeckt und fehlt es an einer gesetzlichen Erlaubnis, so bedarf es einer *schriftlichen* Einwilligung des Betroffenen, soweit nicht wegen besonderer Umstände eine andere Form angemessen ist (§ 4 Abs. 2 BDSG).

> Um den Umgang mit den zu seiner Person erhobenen Daten selbst zu kontrollieren, räumt das Bundesdatenschutzgesetz dem Betroffenen vier fundamentale Rechte ein, die nicht ausgeschlossen oder beschränkt werden können (§ 6 BDSG): das Recht auf Auskunft, Berichtigung, Löschung und Sperrung.

Um den Schutz personenbezogener Daten über die genannten individuellen Kontrollrechte hinaus noch effektiver zu gestalten, hat der Gesetzgeber zusätzlich externe Überwachungseinrichtungen geschaffen. Zu nennen sind hier insbesondere der Bundesbeauftragte für Datenschutz (§ 22 BDSG), die öffentlichen Stellen, die für die Kontrolle der Einhaltung der Vorschriften über den Datenschutz in den Ländern zuständig sind, sowie der innerbetriebliche Datenschutzbeauftragte, der für die Sicherstellung der Ausführung des Bundesdatenschutzgesetzes und anderer Vorschriften des Datenschutzes verantwortlich ist (§§ 36, 37 BDSG).

Schlußendlich räumt das Bundesdatenschutzgesetz demjenigen, der durch eine unzulässige oder unrichtige automatisierte Verarbeitung seiner personenbezogenen Daten einen Schaden erlitten hat, einen Schadensersatzanspruch ein (§ 7 BDSG). Ein derartiger Ersatzanspruch bezieht auch Nichtvermögensschäden (= immatrielle Schäden) mit ein, soweit eine schwere Verletzung der Persönlichkeitsrechte vorliegt. Richtet sich der Anspruch gegen eine öffentliche Stelle, zum Beispiel ein kommunales Krankenhaus, Alten- oder Pflegeheim, so tritt die Schadensersatzpflicht unabhängig vom Verschulden ein; ist der Anspruch gegen eine nicht-öffentliche Stelle, etwa ein

Krankenhaus im privatrechtlichem Betrieb, gerichtet, kann eine Beweislastumkehr eintreten (§ 8 BDSG).

Ärztliches Berufsgeheimnis des Betriebsarztes und seines Hilfspersonals

Für den Betriebsarzt und dessen Assistenzpersonal gilt grundsätzlich das Vorstehende. Allerdings ist die besondere Stellung dieser Personengruppe im Verhältnis zu Arbeitgeber und Arbeitnehmer zu berücksichtigen. Inwieweit hieraus zu differenzierende Folgerungen hinsichtlich der Schweigepflicht zu ziehen sind, kann an dieser Stelle nicht erörtert werden; insoweit ist auf das hierzu einschlägige Schrifttum zu verweisen.

2.2.6.9 Recht der Zeugnisverweigerung

Der Pflicht zur Verschwiegenheit entspricht ein Recht zur Zeugnisverweigerung. Dieses Recht geben die Verfahrensordnungen, in denen der Ablauf eines Verfahren geregelt ist.

Das Zeugnisverweigerungsrecht ist beispielsweise für Strafverfahren in den §§ 53, 53 a Strafprozeßordnung (StPO) und für das Zivilverfahren in den §§ 383 ff. Zivilprozeßordnung (ZPO) enthalten.

Nach §§ 53, 53 a StPO steht das Zeugnisverweigerungsrecht unter anderem Ärzten, Apothekern und Hebammen zu, sowie deren Gehilfen und Personen, die zur Vorbereitung auf den Beruf an der berufsmäßigen Tätigkeit der Genannten teilnehmen.

Ob ein geltend gemachtes Zeugnisverweigerungsrecht der Sachlage nach besteht, entscheidet das Gericht.

Es besteht beispielsweise nicht, wenn der Verweigerungsberechtigte von der Verpflichtung zur Verschwiegenheit entbunden ist, §§ 53 Abs. 2, 53 a Abs. 2 StPO.

Eine solche Entbindung geht nicht mit dem Tod des Geheimnisträgers einher. So dauert die Schweigepflicht des Arztes auch nach dem Tod des Verstorbenen an. Er darf nur dann als Zeuge vernommen werden, wenn davon auszugehen ist, daß der Verstorbene die Aussagegenehmigung erteilt hätte. Es ist in diesem Falle also auf den – in der Regel mutmaßlichen – Willen des Verstorbenen nicht auf den der Hinterbliebenen abzustellen (LG Düsseldorf, NJW 1990, 2327).

Umstritten ist allerdings, ob allein die Berufsausübung als Voraussetzung des Zeugnisverweigerungsrechts ausreicht oder ob zusätzlich eine Vertrauensbeziehung oder eine typischerweise auf Vertrauen beruhende Sonderbeziehung zwischen Arzt, berufsmäßig tätigem Gehilfen und Patienten erforderlich ist.

Jedenfalls steht der Bundesgerichtshof auf dem Standpunkt, daß sich die Vertrauensbeziehung zwischen Arzt und Patient auch schon auf die Anbahnung des Beratungs- und Behandlungsverhältnisses erstreckt und daß demzufolge die Befugnis des Arztes zur Zeugnisverweigerung nicht nur die Identität des Patienten, der ihn zum Zweck der Beratung und Behandlung aufgesucht hat, umfaßt, sondern sich auch auf solche Einzelheiten und näheren Begleitumstände ärztlicher Inanspruchnahme bezieht, die Anhaltspunkte für die Identifizierung des Patienten sein könnten. Zu diesen geheimzuhaltenden Tatsachen gehört auch, mit welchem Personenkraftwagen und in wessen

Begleitung der Patient im Krankenhaus erschienen ist, um sich behandeln zu lassen. Das Zeugnisverweigerungsrecht erstreckt sich folglich auch auf Personen, die an der Krankenhauseinlieferung nur als Dritte beteiligt waren, selbst aber keine ärztliche Beratung oder Behandlung in Anspruch nehmen (BGH, MedR 1985, 166ff.).

Für die Berufshelfer, also auch für die Angehörigen der Berufe im Gesundheitswesen, ist folgende Besonderheit zu beachten:

Das Zeugnisverweigerungsrecht der Berufshelfer ist abgeleitet vom Recht des Hauptgeheimnisträgers. Dieser entscheidet daher allein darüber, ob der Gehilfe von seinem Zeugnisverweigerungsrecht Gebrauch machen darf. Will also im Strafverfahren eine Pflegeperson das Zeugnis verweigern, so bedarf sie dazu der Zustimmung des Arztes. Kann dessen Entscheidung nicht in absehbarer Zeit herbeigeführt werden, etwa wegen längerer Abwesenheit, so muß die Pflegeperson allerdings selbständig entscheiden.

2.2.6.10 Entnahme von Blutproben

Ebenso wie das Zeugnis verweigert werden darf, können vom Zeugen auch körperliche Untersuchungen und Entnahmen von Blutproben verweigert werden, §81c Abs. 3 StPO.

> Die Entnahme von Blutproben darf grundsätzlich nur von einem Arzt vorgenommen werden.

Wird jemand nach einem Verkehrsunfall mit dem Verdacht auf Trunkenheit von der Polizei ins Krankenhaus zur Entnahme einer Blutprobe gebracht, so darf nur der approbierte Arzt die Entnahme durchführen. Ein Medizinalassistent, der noch nicht Arzt ist, darf die Entnahme sowie jeden körperlichen Untersuchungseingriff nur unter Anleitung, Aufsicht und Verantwortung eines Arztes vornehmen. Auch eine Krankenschwester ist nicht befugt, die Blutprobe allein zu entnehmen, selbst wenn sie innerbetrieblich dazu befugt wäre.

2.3 Arbeitsrechtliche Bestimmungen

2.3.1 Begriff des Arbeitsrechts

Das Arbeitsrecht regelt als Sonderrecht die Rechtsverhältnisse der am Arbeitsverhältnis unmittelbar beteiligten Personen, insbesondere der Arbeitnehmer und Arbeitgeber.

Arbeitnehmer sind in ihrer Arbeit unselbständig. Sie stehen aufgrund eines privatrechtlichen Vertrages oder eines ihm gleichgestellten Rechtsverhältnisses im Dienste eines anderen (des Arbeitgebers) und sind diesem zur Arbeit nach bestimmten Weisungen verpflichtet. In aller Regel stehen sie auch in einem wirtschaftlichen und sozialen Abhängigkeitsverhältnis zum Arbeitgeber. Demgegenüber sind zwar auch zum Beispiel der Arzt oder Rechtsanwalt in ihrer Arbeit in gewissem Umfang an die Weisungen, etwa den Auftrag des „Kunden", gebunden. Dafür tragen sie aber auch das Risiko ihrer Arbeit, insbesondere dafür, daß sie Aufträge bekommen und arbeiten können, während dem Arbeitnehmer dieses Risiko abgenommen ist.

Während die rechtlichen Regeln der selbständigen Arbeit beispielsweise im bürgerlichen Recht und Handelsrecht zu finden sind, betrifft das Arbeitsrecht dagegen nur die unselbständige Arbeit.

Das Arbeitsrecht ist (noch) nicht in einem einheitlichen Gesetz niedergelegt, es gibt also kein Arbeitsgesetzbuch. Soweit gesetzliche Regelungen bestehen, befinden sie sich in einer Vielzahl von Einzelgesetzen (siehe 2.3.2). Die überwiegende Zahl einzelgesetzlicher arbeitsrechtlicher Bestimmungen gehören dem Zivilrecht an; das gilt vor allem für die Regeln, die das Verhältnis zwischen Arbeitnehmer und Arbeitgeber bestimmen. Hier handelt es sich um Rechtsbeziehungen zwischen grundsätzlich gleichgestellten Personen.

Eine Reihe von Bestimmungen im Arbeitsrecht zählt auch zum öffentlichen Recht; das sind vor allem solche Vorschriften, die dem Arbeitgeber besondere Pflichten auferlegen, deren Einhaltung von staatlichen Behörden (zum Beispiel den Gewerbeaufsichtsämtern) überwacht wird. In aller Regel handelt es sich um Schutzbestimmungen zugunsten der Arbeitnehmer, wozu etwa das Mutterschutzgesetz, Jugendarbeitsschutzgesetz, Schwerbehindertengesetz und die Arbeitszeitordnung (zukünftig: Arbeitszeitgesetz) zählen. Die Gesamtheit dieser Vorschriften bezeichnet man herkömmlich als „Arbeitnehmerschutzrecht".

2.3.2 Rechtsquellen des Arbeitsrechts

Es wurde angesprochen, daß das Arbeitsrecht nicht in einem Gesetzbuch niedergeschrieben ist, sondern sich aus einer Vielzahl einzelgesetzlicher Regelungen zusammensetzt. Hinzu kommt, daß einige wenige Rechtssätze überhaupt nicht festgehalten, sondern „ungeschriebenes Recht" sind. Dazu treten dann noch die Bestimmungen, die auch Kollektivregelungen – Tarifverträge oder Betriebsvereinbarungen (siehe 2.3.3) – oder durch Einzelabmachungen zwischen Arbeitgeber und Arbeitnehmer vereinbart sind. Darüber hinaus beeinflussen die Entwicklung des Arbeitsrechts Auslegungen bestehender Rechtssätze durch die Arbeitsgerichte und die Rechtslehre. Eine schematische Darstellung der Rechtsquellen zeigt Abb. 4.

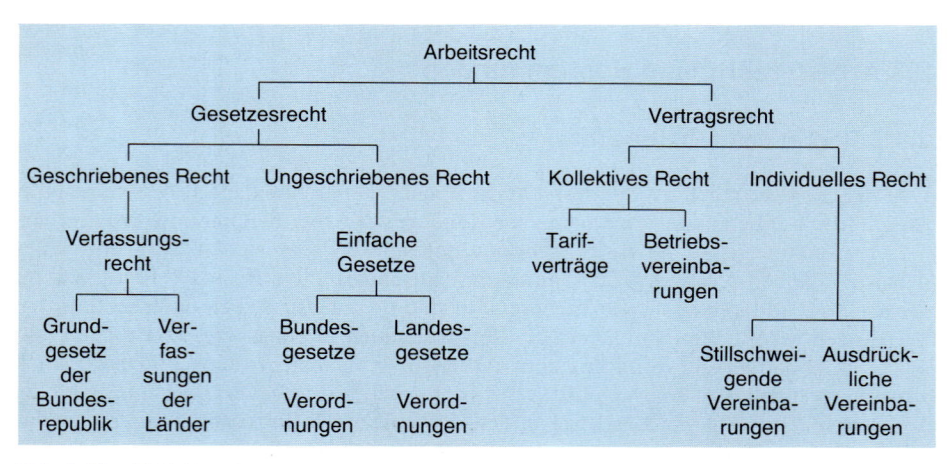

Abb. 4. Überblick über die Rechtsquellen

Zur Rangfolge läßt sich folgendes sagen:
Gesetzesrecht geht grundsätzlich Vertragsrecht vor, es sei denn, das Gesetz läßt eine andere vertragliche Regelung zu. Regelmäßig gilt dann, daß der Arbeitnehmer vertraglich zwar besser, nicht aber schlechter gestellt werden kann, als das Gesetz es vorsieht. So kann zum Beispiel für einen Arbeitnehmer der Urlaub nicht unter 24 Werktagen pro Jahr vereinbart werden, da diese Urlaubsdauer zwingend im Bundesurlaubsgesetz vorgeschrieben ist; eine längere Urlaubsdauer kann dagegen abgesprochen werden. Im Bereich des Gesetzesrechts geht das Verfassungsrecht den einfachen Gesetzen vor. Dabei geht Bundesrecht dem Landesrecht vor. Auf dem Gebiet des Arbeitsrechts steht dem Bundestag im Verhältnis zu den Ländern die konkurrierende Gesetzgebung zu. Das bedeutet, daß den Ländern die Befugnis zur arbeitsrechtlichen Gesetzgebung nur dann zusteht, solange und soweit der Bund von seinem Gesetzgebungsrecht keinen Gebrauch macht (Art. 72, 74 GG).

2.3.3 Kollektives Arbeitsrecht

> Unter kollektivem Arbeitsrecht wird derjenige Teil des Arbeitsrechts verstanden, der sich mit dem Recht der Sozial- und Betriebspartner im Beruf und im Betrieb befaßt und die Gesamtvereinbarungen sowie das Arbeitskampfrecht regelt.

Als *Sozialpartner* bezeichnet man die Gewerkschaften und Arbeitgeberverbände, als Interessenvertretungen der Arbeitnehmer und Arbeitgeber, denen in unserem staatlichen Gemeinwesen bestimmte Ordnungsfunktionen zukommen (siehe 1.10.1.3). Der Staat hat diesen Interessenverbänden einen Teil seiner Gesetzgebungsbefugnis delegiert.
Diese Befugnis nehmen die Sozialpartner mit dem Abschluß von Tarifverträgen wahr, die zu einem Teil mit Gesetzeskraft ausgestaltet sind; insoweit spricht man von der normativen Wirkung eines Tarifvertrages.
Mit dem *normativen* Teil eines Tarifvertrages werden Rechtsnormen gesetzt, die den Inhalt, den Abschluß oder die Beendigung von Arbeitsverhältnissen oder betriebliche oder betriebsverfassungsrechtliche Fragen oder gemeinsame Einrichtungen der Vertragspartner betreffen. So setzt zum Beispiel ein Lohn-Gehalts-Tarifvertrag zwingend die Höhe der tariflichen Löhne/Gehälter aber auch Zuschläge und Mehrarbeitsvergütungen fest; ein Manteltarifvertrag bestimmt zum Beispiel die Dauer der Kündigungsfristen, im öffentlichen Dienst auch Tätigkeitsmerkmale und Urlaubsregelungen.
Vom normativen Teil eines Tarifvertrages ist der *obligatorische* Teil zu unterscheiden; hier werden die Rechte und Pflichten der Sozialpartner untereinander festgelegt. Dazu gehören die Pflicht der Tarifparteien zur Durchführung eines Tarifvertrages, die sogenannte Friedenspflicht für die Laufdauer des Tarifvertrages, mit der in dieser Zeit Arbeitskampfmaßnahmen ausgeschlossen werden, und ferner die Regelungen über die Kündigung des Tarifvertrages.
Hinsichtlich der Inhalte kann unterschieden werden zwischen Einzeltarifverträgen und Rahmen- oder Manteltarifverträgen.
Für das Krankenpflegepersonal und Angehörige zahlreicher anderer Berufe im Gesundheitswesen gilt – etwa wenn sie in öffentlich-rechtlichen Krankenhäusern tätig sind – der *Bundesangestelltentarifvertrag* (BAT), der die Arbeitsbedingungen der Angestellten in Bund, Ländern und Gemeinden regelt (in caritativen Häusern gelten in

aller Regel die „Richtlinien für Arbeitsverträge in den Einrichtungen des Deutschen Caritasverbandes" – AVR). Die Vergütungen werden demgegenüber in gesonderten **Tarifverträgen** ausgehandelt. Die Regelungen des normativen Teils eines Tarifvertrages gelten – im Rahmen der Tarifgebundenheit – unmittelbar und zwingend. Sie sind unabdingbar. Abweichende Vereinbarungen zwischen Arbeitgeber und Arbeitnehmer sind nur zugunsten des Arbeitnehmers zulässig. Dies folgt aus dem Tarifvertragsgesetz.

Während die Sozialpartner überbetrieblich fungieren, wird das gemeinsame Interesse innerhalb des Betriebes von den Betriebspartnern verfolgt. **Betriebspartner** sind auf der einen Seite der Arbeitgeber, auf der anderen Seite der Betriebsrat, der Personalrat oder die Mitarbeitervertretung. Bei den letztgenannten Gremien handelt es sich um die Interessenvertretung der Arbeitnehmer auf betrieblicher Ebene. Dies ist im gewerblichen, industriellen Bereich der Betriebsrat, im öffentlich-rechtlichen Bereich, zum Beispiel in gemeindlichen Krankenhäusern oder Krankenanstalten des Landes, der Personalrat und häufig – in caritativen Einrichtungen – die Mitarbeitervertretung. Rechtsstellung und Rechte ergeben sich für den Betriebsrat wie ebenso für die Mitarbeitervertretung aus dem Betriebsverfassungsgesetz und für den Personalrat aus dem Bundespersonalvertretungsgesetz sowie den Personalvertretungsgesetzen der Länder. Allerdings ist das Betriebsverfassungsgesetz und Personalvertretungsgesetz für Religionsgemeinschaften sowie in den von Kirchen betriebenen caritativen Einrichtungen nur beschränkt anwendbar, beispielsweise im Falle der Mitbestimmung in Arbeitszeitfragen gemäß § 87 Abs. 1 Nr. 2 BetrVG (LAG Berlin, MedR 1990, 228).

Zur Regelung bestimmter innerbetrieblicher Fragen können die Betriebspartner durch vertragliche Vereinbarungen, die sogenannten Betriebsvereinbarungen, in gewissem Rahmen „Betriebsgesetze" aufstellen, also Rechtsnormen, die für jedermann im Betrieb wie ein Gesetz gelten.

Diese Betriebsvereinbarungen und Tarifverträge nennt man zusammengefaßt „Gesamtvereinbarungen".

2.3.4 Individuelles Arbeitsrecht

> Dem individuellen Arbeitsrecht ist der Teil des Arbeitsrechts zuzuteilen, der nicht dem kollektiven Arbeitsrecht zuzurechnen ist. Insbesondere gehört dazu der Einzelarbeitsvertrag sowie die sich aus ihm ergebenden Rechte und Pflichten des Arbeitnehmers und Arbeitgebers, aber auch die Aufhebung des Arbeitsverhältnisses.

2.3.4.1 Zustandekommen eines Arbeitsverhältnisses

Nach heute herrschender Auffassung ist ein Arbeitsverhältnis ein Rechtsverhältnis, das zwischen dem einzelnen Arbeitnehmer und dem Arbeitgeber aufgrund eines Arbeitsvertrages entsteht.

Der Arbeitsvertrag ist grundsätzlich formfrei. Er kommt in der Regel durch Angebot und vorbehaltlose Annahme des Angebots zustande, die Vereinbarung kann auch stillschweigend getroffen werden. Zweckmäßigerweise sollte jedoch stets ein schriftlicher Arbeitsvertrag angestrebt werden.

> Bei Abschluß des Arbeitsvertrages gilt der Grundsatz der Vertragsfreiheit, der aus Art. 2 GG hergeleitet wird (freie Entfaltung der Persönlichkeit), wobei allerdings

bestehende Gesetze sowie kollektivrechtliche Normen (Tarifvertrag und Betriebsvereinbarung) zu beachten sind.

Als an dem Arbeitsverhältnis beteiligte Personen wurden der Arbeitgeber und Arbeitnehmer genannt. Arbeitgeber ist dabei entweder eine natürliche oder juristische Person, die einen anderen in abhängiger Arbeit beschäftigt und der somit das sogenannte Weisungsrecht zusteht. Demgegenüber ist Arbeitnehmer jeder, der aufgrund eines Arbeitsvertrages abhängige Arbeit leistet, wobei die Entgeltlichkeit der Arbeitsleistung nicht entscheidend ist. Herkömmlich wird die Gruppe der Arbeitnehmer unterschieden in *Arbeiter* und *Angestellte*. Nach der Verkehrsauffassung ist derjenige Angestellter, der kaufmännische, büromäßige oder sonst überwiegend geistige Arbeit verrichtet, Arbeiter derjenige, dessen Tätigkeit überwiegend von körperlicher Arbeit bestimmt ist. Nach diesen Unterscheidungskriterien sind die Angehörigen der Gesundsheitsberufe Angestellte.

Ob die oben beschriebene Einteilung noch zeitgemäß ist, ist zweifelhaft. Sie wird nicht ganz zu Unrecht mit Kritik bedacht. Zur Zeit ist allerdings auch nach dem Sozialgesetzbuch noch von ihr auszugehen.

In diesem Zusammenhang bereitet Schwierigkeiten die Einordnung derjenigen Personen, die mit ihrer Berufsausübung vorwiegend caritative und religiöse Zwecke verfolgen; hierzu zählen vor allen die Ordensschwestern, Diakonissen, Caritasschwestern und DRK-Schwester.

In ständiger Rechtsprechung steht das Bundesarbeitsgericht (BAG) hinsichtlich der Rechtsstellung einer DRK-Schwester auf dem Standpunkt, daß zumindest diejenige Rot-Kreuz-Schwester, die in einem von ihrer Schwesternschaft selbst betriebenen Krankenhaus tätig ist, keine Arbeitnehmereigenschaft besitze, da sich die Rechtsbeziehung zwischen der Schwester und dem Verband ausschließlich nach vereinsrechtlichen Grundsätzen regelt. Gleiches wird man – auch ohne diesbezügliche Rechtsprechung – zur Rechtsstellung von Ordensschwestern, Caritasschwestern und Diakonissen sagen müssen. Da ein besonderer Arbeitsvertrag zwischen Verband und Schwester nicht geschlossen wird, liegt kein Arbeitsverhältnis vor.

Häufig werden die genannten Schwestern auf Grund von sogenannten *Gestellungsverträgen* tätig. Darunter versteht man eine Art Leihverhältnis, in dem sich die Schwesternschaft gegenüber einem Krankenhausträger zur Leistungserbringung der Krankenpflege gegen Vergütung verpflichtet und zur Erfüllung dieser Pflicht dem Krankenhausträger Schwestern zur Verfügung stellt (ausleiht). Arbeitnehmereigenschaft erhalten die Schwestern allein aufgrund eines derartigen Gestellungsvertrages noch nicht (BAG, NJW 1986, 2906). Dies ist erst dann der Fall, wenn die Schwestern ihrerseits mit dem Krankenhausträger Arbeitsverträge abschließen – eine heutzutage regelmäßig geübte Gepflogenheit.

2.3.4.2 Arten von Arbeitsverhältnissen

Um festzustellen, ob sich ein Arbeitnehmer tatsächlich für die Arbeit eignet, für die er eingestellt wurde, wird in aller Regel eine gewisse *Probezeit* vereinbart. Während einer vereinbarten Probezeit bis zu längstens sechs Wochen beträgt die gesetzliche Kündigungsfrist zwei Wochen (§ 622 Abs. 3 BGB). Von dieser gesetzlichen Frist kann jedoch durch Tarifverträge abgewichen werden.

Vom Probearbeitsverhältnis ist das *Aushilfsarbeitsverhältnis* zu unterscheiden. Ein solches Arbeitsverhältnis liegt vor, wenn ein Arbeitnehmer nicht auf unbestimmte Zeit, sondern nur vorübergehend zur Aushilfe eingestellt werden soll. Für das Arbeitsverhältnis gelten – je nach Dauer – Besonderheiten für die Kündigungsfristen, die Lohnfortzahlung im Krankheitsfall sowie für die Urlaubsgewährung.

Das Aushilfsarbeitsverhältnis wird zweckmäßigerweise ebenso wie das Probearbeitsverhältnis befristet ausgestaltet. Die Befristung kann sich zum einen aus einem bestimmten Endtermin als auch aus der Beschaffenheit und dem Zweck der geschuldeten Arbeitsleistung ergeben. Bei einer Befristung muß immer ein sachlicher Grund gegeben sein, vor allem dann, wenn es sich nicht um ein Aushilfs- oder Probezeitverhältnis handelt. Ein sachlicher Grund ist etwa dann gegeben, wenn ein Arbeitgeber in der Zeit, in der eine Beschäftigte wegen Gewährung des Erziehungsurlaubs ausfällt, einen Arbeitnehmer befristet einstellt.

Ein so befristet abgeschlossenes Arbeitsverhältnis läuft automatisch, d. h. ohne Kündigung zum vereinbarten Zeitpunkt ab.

Eine eigene Art des Arbeitsverhältnisses stellt das *Berufsausbildungsverhältnis* dar. Gesetzliche Grundlage der Berufsausbildung ist das Berufsbildungsgesetz (BBiG). Ein Ausbildungsverhältnis wird nach diesem Gesetz durch den Abschluß eines schriftlichen Berufsausbildungsvertrages begründet. Das Berufsausbildungsverhältnis beginnt mit einer Probezeit, die mindestens einen Monat und höchstens drei Monate betragen darf (§ 13 BBiG). Während der Probezeit können sich beide Parteien jederzeit ohne Einhaltung einer Kündigungsfrist voneinander trennen (§ 15 BBiG). Nach der Probezeit kann der Ausbildende das Arbeitsverhältnis nur noch durch eine fristlose Kündigung beenden, wenn hierzu ein wichtiger Grund besteht. Der Auszubildende kann allerdings auch mit einer Kündigungsfrist von vier Wochen das Ausbildungsverhältnis beenden, wenn er die Berufsausbildung aufgeben will. Den Inhalt eines Berufsausbildungsvertrages bestimmt das Gesetz ebenfalls (§ 4 BBiG); so muß zum Beispiel die Art der Ausbildung, Beginn, Dauer und Ziel der Ausbildung, Dauer der Probezeit, Zahlung und Höhe der Vergütung, Dauer des Urlaubs und ähnliches mehr geregelt sein. Während der Ausbildung hat der Ausbildende dafür zu sorgen, daß dem Auszubildenden die Fertigkeiten und Kenntnisse vermittelt werden, die zur Erreichung des Ausbildungsziels erforderlich sind. Auch hat der Ausbildende dem Auszubildenden die betrieblichen Ausbildungsmittel zur Verfügung zu stellen, die zur Berufsausbildung oder zum Ablegen der Prüfung notwendig sind. Besteht ein Auszubildender die Prüfung nicht, so verlängert sich das Ausbildungsverhältnis auf sein Verlangen bis zur nächstmöglichen Wiederholungsprüfung, höchstens jedoch um ein Jahr (§ 14 BBiG). Besteht der Auszubildende die geforderte Prüfung bereits vor Ablauf der vorgesehenen Ausbildungszeit, so endet es mit bestandener Prüfung.

Soll im Anschluß an die Ausbildungszeit ein Arbeitsverhältnis begründet werden, so müssen hierüber rechtzeitig vor dem Ende des Ausbildungsverhältnisses klare und eindeutige Abmachungen getroffen werden. Ist eine ausdrückliche Vereinbarung nicht getroffen, beschäftigt der Arbeitgeber den Auszubildenden im Anschluß an das Ausbildungsverhältnis aber tatsächlich weiter, so unterstellt das Gesetz, daß ein Arbeitsverhältnis auf unbestimmte Dauer begründet werden sollte (§ 17 BBiG).

Nach altem Recht war umstritten, inwieweit das Berufsbildungsgesetz auf die Ausbildung in der (Kinder-) Krankenpflege Anwendung findet. Mit Inkrafttreten des Krankenpflegegesetzes am 01. 09. 1985 ist diese Streitfrage gesetzlich gelöst worden:

gemäß § 26 KrPflG findet das Berufsbildungsgesetz für die Ausbildung zu den Berufen nach dem Krankenpflegegesetz keine Anwendung (siehe 3.2).

2.3.4.3 Die wesentlichen Pflichten der Arbeitsvertragspartner

Ein Arbeitsvertrag verpflichtet wie jeder andere gegenseitige Vertrag die Vertragspartner zur Erfüllung der sich aus dem Vertrag ergebenden Pflichten.

Aus der Besonderheit des Arbeitsvertrages, die vor allem durch die personenrechtliche Beziehung von Arbeitnehmer und Arbeitgeber geprägt ist, ergeben sich – im Gegensatz etwa zu anderen gesetzlichen Vertragstypen wie Kaufvertrag, Mietvertrag, Werkvertrag – neben den sogenannten *Hauptpflichten* der Vertragspartner auch spezifische *Nebenpflichten*.

Pflichten des Arbeitnehmers

Die *Hauptpflicht* des Arbeitnehmers liegt in der Pflicht zur Erbringung seiner Arbeitsleistung, denn um ihretwillen wird das Arbeitsverhältnis seitens des Arbeitgebers geschlossen. Der Inhalt der Arbeitsleistung besteht darin, daß der Arbeitnehmer die Tätigkeiten auszuführen hat, die seiner vertraglich übernommenen Stellung im Betrieb entsprechen. Neben den vertraglichen Einzelabreden gelten oftmals hinsichtlich der Arbeitsleistung gleichfalls tarifliche Bestimmungen. Es ist schon angesprochen worden, daß Angehörige der Gesundheitsberufe, soweit sie in einem gemeindlichen Krankenhaus oder in einer Krankenanstalt des Landes tätig sind, zum Krankenhausträger in aller Regel in einem Angestelltenverhältnis stehen. Dementsprechend gilt für diesen Personenkreis bei einer Beschäftigung beim Bund, bei den Ländern oder Kommunen der Bundesangestelltentarifvertrag, der mit Sonderregelungen für Angestellte in Kranken-, Heil-, Pflege- und Entbindungsanstalten, betreffend Arbeitszeit, Überstunden, Bereitschaftsdienst etc., den Eigenheiten dieses Bereiches Rechnung trägt. Ähnliches gilt für die Lernkräfte in der Krankenpflegeausbildung, für die ein entsprechender Tarifvertrag für Lernschwestern und Lernpfleger existiert. Bei der Beschäftigung in caritativen Einrichtungen wird häufig Bezug genommen auf die im öffentlichen Dienst geltenden Tarifverträge.

Im Zweifel ist jeder Arbeitnehmer verpflichtet, die versprochenen Tätigkeiten in Person zu erbringen (§ 613 BGB). Soweit also nicht ausdrücklich etwas anderes bestimmt ist, darf der Arbeitnehmer keinen „Ersatzmann" stellen; die Pflicht zur Arbeitsleistung ist „höchstpersönlich". So kann eine Stationsschwester, die zur Frühschicht eingeteilt ist, nicht mit einer Kollegin, die Spätschicht hat, die Schicht tauschen. Sie kann dies nur, wenn der Arbeitgeber oder dessen Beauftragter (Pflegedienstleitung) damit einverstanden ist. Dagegen kann sie dies nicht gegen den Willen des Arbeitgebers oder ohne diesen überhaupt zu fragen, tun, mit dem Hinweis, es sei sowohl in der Frühschicht als auch in der Spätschicht „jemand" für die Arbeit dagewesen. Denn die Stationsschwester ist höchstpersönlich zur Arbeitsleistung zur richtigen Zeit verpflichtet.

Die Pflicht der Leistungserbringung entfällt nur in wenigen Fällen, etwa in der Urlaubszeit, im Krankenfall des Arbeitnehmers, bei berechtigter Leistungsverweigerung, etwa im Falle unzulässiger Delegation ärztlicher Aufgaben auf das nachgeordnete nichtärztliche Personal, oder auch, wenn der Arbeitgeber gar nicht in der Lage ist, die angebotene Arbeitsleistung in Anspruch zu nehmen.

Von der Erbringung der Arbeitsleistung als Hauptpflicht sind die **Nebenpflichten** des Arbeitnehmers zu unterscheiden. Zu diesen Nebenpflichten zählen etwa die Gehorsamspflicht, die Pflicht zur Unterlassung betriebsschädigender Handlungen sowie die Pflicht zur pfleglichen Behandlung der Arbeitsgegenstände. Für Angestellte, die dem Bundesangestelltentarifvertrag (BAT) unterliegen, gilt in besonderem Maße die Verschwiegenheitspflicht (§ 9 BAT), wobei für Angestellte in Krankenanstalten und Bundeswehrkrankenhäusern bezüglich der Schweigepflicht noch Sonderregeln gelten. Die genannten Einzelverpflichtungen werden durch die **Treuepflicht** des Arbeitnehmers als Nebenverpflichtung aus dem Arbeitsverhältnis begründet.

Haftung des Arbeitnehmers

Erfüllt der Arbeitnehmer seine Arbeitspflicht nicht oder nicht ordnungsgemäß oder kommt er seinen arbeitsvertraglichen Nebenpflichten nicht nach, so kann dies hauptsächlich die Kündigung nach sich ziehen (siehe 2.3.4.4); aber auch Gehaltskürzungen oder Schadensersatzleistungen sind im Einzelfall denkbar, wenn dem Vermögen des Arbeitgebers ein Schaden zugefügt wird.

Grundsätzlich haftet der Arbeitnehmer für jeden Schaden, der dem Arbeitgeber durch schuldhaftes Verletzen arbeitsvertraglicher Pflichten entsteht. In Fällen sogenannter Schaden- oder gefahrgeneigter Tätigkeit wurde bis vor kurzem jedoch zu Gunsten des Arbeitnehmers wie auch des Auszubildenden eine Haftungsbeschränkung angenommen. Das Kriterium der „Gefahrgeneigtheit" als selbständiger Voraussetzung für die Einschränkung der Arbeitnehmerhaftung wurde allerdings durch Beschluß des Gemeinsamen Senats der Obersten Gerichtshöfe des Bundes Ende des Jahres 1993 aufgegeben. Nach diesem Beschluß verbleibt es weiterhin bei der Dreiteilung der Schuld, wobei der Aspekt der „Gefahrgeneigtheit" bei der Bestimmung des Fahrlässigkeitsgrades jedoch nach wie vor zu berücksichtigen ist.

Danach haftet der Arbeitnehmer voll für Vorsatz und grobe Fahrlässigkeit, nicht jedoch für geringe Schuld, also leichteste Fahrlässigkeit. Bei mittlerer oder normaler Fahrlässigkeit wird der Schaden in der Regel quotenmäßig aufgeteilt, wobei die Gesamtumstände von Schadensanlaß und Schadensfolge nach Billigkeitsgrundsätzen und Zumutbarkeitsaspekten gegeneinander abzuwägen sind (BAG, BB 1988, 1601ff.). Bei grober Fahrlässigkeit, die in der Regel zu einer vollen Arbeitnehmerhaftung führt, können allerdings auch besondere Umstände zu einer Haftungsbeschränkung führen (BAG, NJW 1990, 468ff.), etwa bei vom Arbeitgeber gesetzten gefahrgeneigten Momenten, wie Übermüdung durch angeordnete permanente Arbeitszeitüberschreitung oder Überlastung angesichts dauernder personeller Unterbesetzung.

Unter dem Gesichtspunkt des Mitverschuldens (§ 254 BGB) kann es unter Umständen zu einer Alleinhaftung des Arbeitgebers kommen; deshalb ist insbesondere in Ausbildungsverhältnissen darauf zu achten, daß die Einweisungs- und Aufsichtspflichten genauestens erfüllt werden.

Fügt der Arbeitnehmer im Rahmen seines Arbeitsverhältnisses einem Dritten, beispielsweise einem Patienten, einen Schaden zu, so gelten auch hier die allgemeinen Haftungsgrundsätze. Auf eine Beschränkung der Haftung im Innenverhältnis zwischen Arbeitgeber und Arbeitnehmer kann sich letzterer gegenüber dem Dritten, zum Beispiel dem Patienten, nicht berufen (BGH, NJW 1994, 852). Gegebenenfalls hat der Arbeitnehmer einen Freistellungsanspruch gegenüber seinem Arbeitgeber. Hat der Arbeitnehmer einen Schadensersatzanspruch des Dritten bereits erfüllt, so kann er vom Arbeitgeber unter Umständen entsprechenden Ersatz verlangen (Rückgriffsanspruch).

Pflichten des Arbeitgebers

Den aufgeführten Haupt- und Nebenpflichten des Arbeitnehmers stehen entsprechende Verpflichtungen des Arbeitgebers gegenüber. Der Verpflichtung zur Leistungserbringung durch den Arbeitnehmer entspricht dabei die *Pflicht zur Entgeltzahlung* auf Seiten des Arbeitgebers. Der Treuepflicht des Arbeitnehmers steht auf der Arbeitgeberseite als arbeitsvertragliche Nebenpflicht die sogenannte *Fürsorgepflicht* gegenüber. Hierzu zählt beispielsweise die Pflicht, vom Arbeitnehmer Gefahren abzuwenden, soweit sie im Arbeitsverhältnis begründet sind. Diese Pflicht findet ihre Grenze in der Zumutbarkeit für den Arbeitgeber. Unter anderem deshalb, aber auch wegen anderer Gründe ist die Forderung nach HIV-Testung aller Krankenhauspatienten zum Schutz vor Infektionen des Krankenhauspersonals unsachgemäß (strittig).

Wenn zuvor im Rahmen der Nebenpflichten des Arbeitnehmers von der Gehorsamspflicht gesprochen wurde, so entspricht dies einem Weisungsrecht des Arbeitgebers. Für bestimmte Arbeitnehmergruppen ist die Pflicht, die Tätigkeit nach Weisung des Arbeitgebers auszuführen, gesetzlich ausdrücklich geregelt. Für alle anderen Arbeitnehmer ergibt sich die Weisungsgebundenheit oder Gehorsamspflicht aus allgemeinen arbeitsrechtlichen Grundsätzen. Das Gegenstück, die Weisungsbefugnis oder auch das *Direktionsrecht* des Arbeitgebers beinhaltet das Recht, dem Arbeitnehmer Weisungen zu erteilen, denen dieser nachkommen muß. Allerdings besteht das Direktionsrecht nur dort, wo nicht bereits durch Gesetz, Kollektiv- oder einzelvertragliche Vereinbarung, die näheren Einzelheiten der Arbeitsleistung festgelegt sind. Daraus resultiert, daß sich der Arbeitgeber unter Berufung auf das „Direktionsrecht" weder über ein Gesetz noch über die tarifvertraglichen oder in Betriebsvereinbarungen getroffenen Regelungen hinwegsetzen kann. Gleiches gilt für vertragliche Abmachungen, die ebenfalls nicht durch einseitige Anordnung des Arbeitgebers beseitigt werden können; dies wäre allenfalls durch eine Änderungskündigung möglich, da auch im Arbeitsrecht der Grundsatz gilt, daß sich jede Partei an die getroffenen Vereinbarungen halten muß.

Ist die Pflicht zum Beispiel des Krankenpflegepersonals zur zusätzlichen Ableistung von Bereitschaftsdiensten vertraglich nur rahmenmäßig umschrieben, so kann der Arbeitgeber aufgrund seines Weisungsrechts einseitig diese Pflicht zeitlich höher bestimmen. Allerdings darf das Direktionsrechts gemäß § 315 BGB nur nach billigem Ermessen ausgeübt werden; eine derartige Leistungsbestimmung muß sich deshalb auch an den Sollvorschriften des § 1 Abs. 1 Satz 2 KrAZO ausrichten (BAG, DB 1990, 2026).

2.3.4.4 Beendigung des Arbeitsverhältnisses

Die Beendigung eines Arbeitsverhältnisses ist in den unterschiedlichsten Formen denkbar. Im folgenden sollen nur die wichtigsten angesprochen werden.

Zunächst einmal kann das Arbeitsverhältnis dadurch beendet werden, daß der Arbeitsvertrag im gegenseitigen Einvernehmen aufgehoben wird; man spricht dann von einem sogenannten *Aufhebungsvertrag*, der zweckmäßigerweise, nicht notwendigerweise schriftlich niedergelegt werden sollte. Voraussetzung dafür ist, daß sich Arbeitgeber und Arbeitnehmer eindeutig darüber einig sind, daß das Arbeitsverhältnis mit sofortiger Wirkung oder von einem bestimmten Tag an beendet sein soll. Ein derartiger Vertrag stellt keine Kündigung dar, so daß auch Kündigungsvorschriften nicht zum Zuge kommen und demnach auch Kündigungsfristen nicht eingehalten werden müssen. Da es sich bei dem Aufhebungsvertrag um einen Vertrag handelt, können Minderjährige, also Personen unter 18 Jahren, eine Aufhebungsvereinbarung rechtswirksam nur dann treffen, wenn die Zustimmung der gesetzlichen Vertreter, das sind in der Regel die Eltern, vorliegt.

Weiterhin endet ein Arbeitsverhältnis, wenn es nur für eine bestimmte Zeit eingegangen wurde (siehe 2.3.4.2), mit Ablauf dieser Zeit (§ 620 BGB). Voraussetzung hierfür ist, daß die Befristung ausdrücklich und eindeutig vereinbart und nicht rechtsmißbräuchlich war. Während der Befristung kann das Arbeitsverhältnis nur durch Kündigung beendet werden und dies auch nur dann, wenn eine solche Möglichkeit vereinbart war. Allerdings ist eine fristlose Kündigung nie ausgeschlossen.

Entgegen einer weitverbreiteten Auffassung ist die Erreichung des Pensionsalter grundsätzlich kein Beendigungsgrund (§ 41 Abs. 4 Satz 1 SGB VI). Selbst eine Vereinbarung, wonach ein Arbeitsverhältnis zu einem Zeitpunkt enden soll, in dem der Arbeitnehmer Anspruch auf eine Rente wegen Alters hat, ist nur wirksam, wenn die Vereinbarung innerhalb der letzten drei Jahre vor diesem Zeitpunkt geschlossen oder von dem Arbeitnehmer bestätigt worden ist (§ 41 Abs. 4 Satz 3 SGB VI). Als derartige Vereinbarung ist nicht eine entsprechende Tarifvorschrift anzusehen. Sieht ein Arbeitsvertrag die Beendigung mit Erreichen der Altersgrenze vor, so ist eine solche individualrechtliche Vereinbarung nur wirksam, wenn sie vom Arbeitnehmer innerhalb der drei Jahresfrist bestätigt wurde. (Diese Vorschrift soll allerdings demnächst modifiziert werden.)

Ebensowenig wie die Altersgrenze ist die bloße Unmöglichkeit der weiteren Erfüllung der Arbeitsleistung grundsätzlich kein Endigungsgrund. Wird also ein Arbeitnehmer berufs- oder gar erwerbsunfähig und erhält eine Rente aus der Sozialversicherung, so endet damit nicht notwendigerweise das Arbeitsverhältnis. Aber auch hier treffen Tarifverträge (zum Beispiel BAT) teilweise eine abweichende Regelung.

Schließlich beendet auch der Tod des Arbeitgebers nicht ohne weiteres das Arbeitsverhältnis, es sei denn, es ist etwas Entsprechendes im Arbeitsvertrag geregelt. Demgegenüber löst der Tod des Arbeitnehmers das Arbeitsverhältnis auf, da ja die Arbeitsleistung vom Arbeitnehmer höchstpersönlich erbracht werden muß.

Nicht vereinbarungsfähig ist die sogenannte Zölibatsklausel, d.h. die Festlegung, daß ein Arbeitsverhältnis im Falle der Eheschließung eines Arbeitnehmers endet. Eine solche Vereinbarung verstößt gegen Art. 6 Abs. 1 GG und ist nichtig. Gleiches gilt für die Vereinbarung, daß ein Arbeitsverhältnis mit Feststellung einer Schwangerschaft enden soll.

Die vorstehend genannten Beendigungsgründe werden – gemessen an ihrer Häufigkeit – zurückgedrängt durch die Beendigung eines Arbeitsverhältnisses infolge einer Kündigung. Die *Kündigung* ist die häufigste Form der Beendigung des Arbeitsverhältnisses durch den Arbeitgeber oder den Arbeitnehmer.

> Begrifflich ist die Kündigung eine einseitige, nicht annahmebedürftige Willenserklärung, die wirksam wird, wenn sie dem Vertragsgegner zugeht. Zugegangen ist eine Kündigung, wenn der Empfänger die Möglichkeit der Kenntnisnahme hat.

An bestimmte gesetzliche Formvorschriften ist die Kündigung eines Arbeitsverhältnisses nicht gebunden, so daß die mündliche Erklärung in aller Regel genügend ist.

Etwas anderes gilt allerdings, wenn Schriftlichkeit der Kündigungserklärung entweder einzelvertraglich vereinbart oder tariflich vorgesehen ist. Fehlt in einem solchen Fall die Schriftform, ist die Kündigung unwirksam. Gesetzlich vorgeschrieben ist die Schriftform bei einer Kündigung eines Berufsausbildungsverhältnisses. Unzulässig ist auch, die Kündigung unter eine Bedingung zu stellen, weil hiermit der Kündigungsempfänger in eine ungewisse Situation versetzt wird. Die Kündigungserklärung muß also unbedingt sein.

> Kündigungen können in verschiedenen Arten vorkommen. Es sind zu unterscheiden: die ordentliche (fristgerechte) Kündigung und die außerordentliche (fristlose) Kündigung; darüber hinaus kennt man noch die Änderungskündigung als Unterschied zur Beendigungskündigung.

Von einer *Änderungskündigung* wird dann gesprochen, wenn nicht die Entlassung eines Arbeitnehmers, sondern nur die Änderung der Arbeitsbedingungen angestrebt wird. Dies geht in der Art vor sich, daß dem Arbeitnehmer im Zusammenhang mit der Kündigung zugleich der Fortsetzung des Arbeitsverhältnisses zu den beabsichtigten geänderten Bedingungen angeboten wird. Nimmt der Arbeitnehmer die angebotene Vertragsänderung an, gilt diese nach Ablauf der Kündigungsfrist. Wird das Angebot abgelehnt, endet das Arbeitsverhältnis mit Ablauf der Kündigungsfrist. Der Arbeitnehmer kann allerdings das Angebot auch zunächst annehmen, jedoch unter dem Vorbehalt, daß die Änderung der Arbeitsbedingungen nicht sozial gerechtfertigt ist. Diesen Vorbehalt muß der Arbeitnehmer dem Arbeitgeber gegenüber erklären und Kündigungsschutzklage vor dem Arbeitsgericht erheben. Stellt dann das Gericht fest, daß die Änderung der Arbeitsbedingungen sozial ungerechtfertigt ist, ist die Kündigung von Anfang an unwirksam. Erhebt der Arbeitnehmer innerhalb der gesetzlich vorgeschriebenen Frist von drei Wochen keine Kündigungsschutzklage, so bleibt es bei den geänderten Vertragsbedingungen.

Von der Änderungskündigung unterscheidet sich die *(Beendigungs-)Kündigung* dadurch, daß mit ihr von vornherein die Entlassung des Arbeitnehmers und damit die Beendigung des Arbeitsverhältnisses als Ganzes bezweckt wird. Dabei ist die *außerordentliche* (fristlose) *Kündigung* von der *ordentlichen* (fristgemäßen) *Kündigung* zu trennen.

> Die Zulässigkeit einer außerordentlichen, nicht an eine Frist gebundene Kündigung folgt aus § 626 BGB. Danach kann ein Dienstverhältnis von jedem Vertragsteil aus wichtigem Grund ohne Einhaltung einer Kündigungsfrist gekündigt werden, wenn Tat-

> sachen vorliegen, auf Grund derer dem Kündigenden unter Berücksichtigung aller Umstände des Einzelfalles und unter Abwägung der Interessen beider Vertragsteile die Fortsetzung des Dienstverhältnisses bis zum Ablauf der Kündigungsfrist oder bis zu der vereinbarten Beendigung des Dienstverhältnisses nicht zugemutet werden kann.

Die außerordentliche fristlose Kündigung aus wichtigem Grund kann nur innerhalb von zwei Wochen erfolgen. Die Frist beginnt mit dem Zeitpunkt, in dem der Kündigungsberechtigte von den für die Kündigung maßgebenden Tatsachen Kenntnis erlangt. Der Kündigende muß dem anderen Teil auf Verlangen den Kündigungsgrund unverzüglich mitteilen.

Was sind nun solche wichtigen Gründe, die zu einer fristlosen Kündigung berechtigten? Da sind zum einen die strafbaren Handlungen zu nennen. Wer beispielsweise einen Diebstahl begeht oder seinen Arbeitgeber betrügt, setzt ebenso wie derjenige, der sich eines Delikts nach dem Betäubungsmittelgesetz strafbar macht, einen wichtigen Grund zu einer fristlosen Kündigung. Häufig kann auch schon der begründete Verdacht einer strafbaren Handlung zu einer fristlosen Kündigung führen; bestätigt sich im nachhinein dieser Verdacht nicht, so kann der Arbeitnehmer einen Anspruch auf Wiedereinstellung geltend machen.

Die Frage, ob im Einzelfall ein wichtiger Grund zu einer fristlosen Entlassung vorliegt, hängt von den jeweiligen tatsächlichen Umständen ab. Dementsprechend umfangreich ist auch die Rechtsprechung der Arbeitsgerichte. Generell kann jedoch gesagt werden, daß eine schwere Vertragspflichtverletzung vorliegen muß, um einen wichtigen Grund für eine fristlose Kündigung anzunehmen. Solche schweren Pflichtverstöße können etwa auch gegeben sein, wenn der Arbeitnehmer wiederholt unentschuldigt fehlt oder seine Arbeitszeit nicht einhält, wenn er beharrlich seine Arbeit verweigert, wenn er durch wiederholten Streit mit Arbeitskollegen den Betriebsfrieden stört, aber auch im Falle der Trunkenheit am Arbeitsplatz. In den zuletzt genannten Situationen muß allerdings der fristlosen Kündigung in aller Regel eine *Abmahnung* vorausgegangen sein. Eine derartige Maßnahme dient dem Zweck, dem Arbeitnehmer deutlich zu machen, daß der Arbeitgeber die Pflichtverstöße nicht duldet und der Arbeitnehmer im Wiederholungsfall mit der Entlassung zu rechnen habe.

Hält ein Arbeitnehmer eine fristlose Kündigung nicht für gerechtfertigt, so muß er ihre Rechtswirksamkeit durch eine Klage vor dem Arbeitsgericht binnen drei Wochen nach Zugang der Kündigung geltend machen; versäumt er diese Frist, so ist die Kündigung in der Regel nicht mehr angreifbar.

Von der außerordentlichen fristlosen Kündigung unterscheidet sich die **ordentliche fristgemäße Kündigung** dadurch, daß sie die Innehaltung einer Kündigungsfrist voraussetzt.

> Nach § 622 Abs. 1 BGB kann das Arbeitsverhältnis eines Arbeiters oder eines Angestellten mit einer Frist von vier Wochen zum Fünfzehnten oder zum Ende eines Kalendermonats gekündigt werden.

Kürzere Fristen können unter anderem einzelvertraglich unter der Voraussetzung vereinbart werden, daß der Arbeitnehmer vorübergehend und nicht länger als drei Monate zur Aushilfe angestellt wird; eine Verlängerung der Fristen ist einzelvertraglich jederzeit möglich. Je nach Beschäftigungsdauer verlängern sich die gesetzlichen Kündigungsfristen für den Arbeitgeber (§ 622 Abs. 2 BGB) bis zu sieben Monaten zum Ende eines Kalendermonats bei zwanzigjährigem Arbeitsverhältnis. Abweichende

Regelungen sind durch Tarifvertrag möglich; jedoch darf die Kündigungsfrist für den Arbeitnehmer nicht länger sein als die Frist zur Kündigung durch den Arbeitgeber (§ 622 Abs. 6 BGB).

Als Gründe, die eine ordentliche fristgerechte Kündigung rechtfertigen können, kommen die im Kündigungsschutzgesetz genannten in Betracht.

Danach ist eine Kündigung möglich durch Gründe, die in der Person oder in dem Verhalten eines Arbeitnehmers liegen oder die durch dringende betriebliche Erfordernisse bedingt sind, die einer Weiterbeschäftigung des Arbeitnehmers im Betrieb entgegenstehen.

Demgemäß werden die Kündigungsgründe als

- personenbedingte
- verhaltensbedingte
- betriebsbedingte

Gründe bezeichnet.

Zu den *personenbedingten Kündigungsgründen* zählen zum Beispiel auch solche, die den Arbeitnehmer langfristig oder häufiger kurzfristig infolge Krankheit an der Leistungserbringung hindern. Krankheit schützt also – entgegen einer vielfach anzutreffenden Meinung – nicht vor Kündigung, allerdings stellt die Rechtsprechung verschärfte Anforderungen an eine durch Krankheit hervorgerufene personenbedingte Kündigung.

Mit dem Auftreten der Aids-Erkrankungen wurden auch die Arbeitsgerichte mit der kündigungsrechtlichen Problematik konfrontiert. Zu unterscheiden ist dabei die Aids-Infizierung einerseits und die Aids-Erkrankung andererseits. Eine vom Arzt festgestellte Aids-Erkrankung kann arbeitsrechtlich erst dann bedeutsam werden, wenn sie den Arbeitnehmer hindert, die von ihm geschuldete Arbeitsleistung zu erbringen. Will der Arbeitgeber kündigen, so müssen die von der Rechtsprechung für krankheitsbedingte Kündigungen entwickelten Grundsätze beachtet werden, insbesondere nicht unerhebliche krankheitsbedingte Fehlzeiten in der Vergangenheit, eine ungünstige Zukunftsprognose und unzumutbare Störungen im Betriebsablauf.

Die Tatsache einer Aids-Infizierung ist bislang nicht als Kündigungsgrund anerkannt, da nach dem bisherigen Wissensstand bei der Erfüllung arbeitsvertraglicher Pflichten in der Regel keine Gefahr der Ansteckung anderer besteht (Sonderfälle sind allerdings denkbar, zum Beispiel, daß ein infizierter Arbeitnehmer anderen mit Ansteckung droht). Auch für Arbeitnehmer, deren Tätigkeit mit einer Infektionsgefahr für andere oder sich selbst verbunden ist (zum Beispiel Krankenhauspersonal), ist nach herrschender Meinung eine Ansteckungsgefahr ausgeschlossen, wenn die erforderlichen Hygiene- und Schutzmaßnahmen beachtet werden (vergleiche „Aids und HIV-Infektion" – Information für Mitarbeiter/innen im Gesundheitsbereich; Anhang D).

Den *verhaltensbedingten Kündigungsgründen* sind alle diejenigen zuzurechnen, die sich aus dem Handeln und Verhalten des Arbeitnehmers am Arbeitsplatz – teilweise auch außerhalb – ergeben. Dazu gehört zum Beispiel Bummelei, Schlägerei im Betrieb, Beleidigungen des Arbeitgebers, also letztlich ähnliche Tatsachen wie bei der außerordentlichen fristlosen Kündigung, wobei die Vertragsverletzung nicht so schwer wiegt, daß auf die Einhaltung der Frist verzichtet werden könnte. Schließlich ist in diesem Zusammenhang als Kündigungsgrund auch die Arbeitsverweigerung zu nennen. Dieser Kündigungsgrund führt zur Rückbesinnung auf das im Rahmen des Schwangerschaftsabbruchs als auch der Durchführungskompetenz bei Injektionen, Infusionen und Blutentnahmen Gesagte.

Gemäß Art. 2 Abs. 1 des 5. Gesetzes zur Reform des Strafrechts (5. StrRG) ist niemand verpflichtet, an einem Schwangerschaftsabbruch mitzuwirken. Eine Ausnahme regelt Art. 2 Abs. 2 5. StrRG, wonach Abs. 1 nicht gilt, wenn die Mitwirkung notwendig ist, um von der Frau eine anders nicht abwendbare Gefahr des Todes oder einer schweren Gesundheitsschädigung abzuwenden. Aus dieser Regelung folgt, daß grundsätzlich dem Pflegepersonal, das eine Mitwirkung beim Schwangerschaftsabbruch – gleich aus welchem Grund – verweigert, keinerlei Rechtsnachteile, insbesondere nicht durch eine Kündigung entstehen können, es sei denn, die Voraussetzungen des Art. 2 Abs. 2 5. StrRG lägen vor. Selbst für den Fall, daß eine kleine Privatklinik sich ausschließlich auf Schwangerschaftsabbrüche spezialisieren wollte und darum tatsächlich für das nicht mitwirkungsbereite Personal keine Verwendung hat, wird die Möglichkeit einer Kündigung, zumindest aus wichtigem Grund, also eine fristlose Entlassung, auszuschließen sein. Eine ordentliche fristgemäße Kündigung wäre nur als letzte Alternative in Ausnahmefällen wirksam durchführbar (BAG, DB 1989, 1191). Hat sich dagegen beispielsweise eine Pflegekraft bei Einstellung bereiterklärt, an durchzuführenden Schwangerschaftsabbrüchen mitzuwirken, rückt sie aber hiervon im konkreten Fall durch Verweigerung ab, so wird man dem Krankenhausträger (Arbeitgeber) das Recht zur Kündigung wegen Vertragsverletzung in letzter Konsequenz, allerdings als äußerste Maßnahme, nicht versagen können.

Hinsichtlich der Verweigerung der Durchführung von Injektionen, Infusionen oder Blutentnahmen ist bereits früher der Standpunkt vertreten worden (siehe 2.1.6.7), daß das nachgeordnete nichtärztliche Personal durchaus berechtigt ist, die Übernahme abzulehnen. Aus dieser Ansicht kann nur resultieren, daß die Verweigerung arbeitsrechtlich, vor allem im Hinblick auf Kündigung, ohne Folgen bleiben muß.

Schließlich ist noch auf den dritten Kündigungsgrund, den **betriebsbedingten** einzugehen. Ein solcher liegt vor, wenn zum Beispiel durch Umorganisation, Umstrukturierung, Arbeitsmangel und ähnliches ein Arbeitsplatz wegfällt. Im Krankenhausbereich ist etwa an die Aufgabe bestimmter Stationen zu denken. Ist hier eine sinnvolle Weiterbeschäftigung des Arbeitnehmers nicht möglich, kann eine betriebsbedingte Kündigung in Frage kommen. Eine derartige Kündigung ist jedoch nur wirksam, wenn der Arbeitgeber zuvor eine sogenannte Sozialauswahl getroffen hat. Danach ist der Kündigende gehalten, nur dem sozial weniger schutzwürdigen Arbeitnehmer unter mehreren vergleichbaren Kräften zu kündigen. In diese Auswahl gehen etwa Überlegungen wie Beschäftigungsdauer, Lebensalter, Familienstand etc. ein.

Hält ein Arbeitnehmer die ihm ausgesprochene Kündigung für sozial ungerechtfertigt, hat er die Möglichkeit, Kündigungsschutzklage vor dem Arbeitsgericht zu erheben und zwar – wie bereits erwähnt – innerhalb drei Wochen nach Zugang der Kündigung. Dazu bedarf es keiner Vertretung durch einen Rechtsanwalt. Der Arbeitnehmer kann sich selbst vertreten oder, wenn er einer Gewerkschaft angehört, sich von dieser vertreten lassen. Ist nach Ablauf der dreiwöchigen Frist keine Klage eingereicht, ist die Kündigung im Regelfall wirksam.

Die Besonderheiten des Kündigungsschutzes Schwangerer und Schwerbehinderter werden beim Mutterschutzrecht sowie im Rahmen des Schwerbehindertengesetzes aufgezeigt.

Ist ein Arbeitsverhältnis beendet worden, so sind dem Arbeitnehmer die von ihm bei der Einstellung übergebenen Arbeitspapiere sowie Lohnsteuerkarte des laufenden

Jahres und Versicherungsnachweisheft zurückzugeben. Darüberhinaus hat der Arbeitnehmer Anspruch auf Erteilung eines schriftlichen Zeugnisses über die Art und Dauer der Beschäftigung sowie – bei Verlangen – über Führung und Leistung. Die Formulierung des Zeugnisses ist Angelegenheit des Arbeitgebers. Er ist in seiner Entscheidung darüber frei, welche positiven oder negativen Leistungen und Eigenschaften des Arbeitnehmers er mehr hervorheben will als andere. Der Inhalt des Zeugnisses muß jedoch in jedem Fall der Wahrheit entsprechen, anderenfalls läuft der Arbeitgeber Gefahr, sich schadensersatzpflichtig zu machen. Die teilweise vorzufindende Ansicht, ein Zeugnis dürfte nur für den Arbeitnehmer günstige Punkte enthalten, ist daher nicht richtig. Die Beurteilung muß allerdings über das Verhalten des Arbeitnehmers während der gesamten Vertragsdauer gehen. Einmalige und für das Verhalten des Arbeitnehmers nicht typische Verhaltensweisen dürfen nicht als Charakteristika herausgehoben werden.

2.3.5 Arbeitnehmerschutzrecht

Jede Arbeit hat ihre besonderen Gefahrenquellen. Dem Arbeitnehmer können infolge seiner Eingliederung in den Betrieb des Arbeitgebers unmittelbar Gefahren für Leib, Leben, Gesundheit und Eigentum erwachsen. Der Beseitigung oder Minderung der von der Arbeit ausgehenden Gefahren dient das Arbeitnehmerschutzrecht.
Grundsätzlich gehören die Vorschriften des Arbeitnehmerschutzes dem öffentlichen Recht an. Die sich aus ihm ergebenden Pflichten obliegen dem Arbeitgeber gegenüber dem Staat. Der Arbeitnehmer kann also regelmäßig nicht auf Erfüllung der dem Arbeitgeber obliegenden Pflichten klagen; allerdings konkretisieren die Vorschriften des Arbeitnehmerschutzrechtes die allgemeine Fürsorgepflicht des Arbeitgebers.

> Herkömmlich wird das Arbeitnehmerschutzrecht nach seinem Inhalt und nach dem Kreis der geschützten Personen gegliedert. Nach dem Inhalt unterscheidet man wiederum den Gefahrenschutz von dem Arbeitsschutzrecht, nach dem persönlichen Geltungsbereich wird der allgemeine von dem besonderen Arbeitnehmerschutz unterschieden.

Wie die Bezeichnung schon sagt, gilt – von Beschränkungen im Einzelfall abgesehen – der allgemeine Arbeitnehmerschutz für alle Arbeitnehmer schlechthin; der besondere Arbeitnehmerschutz zerfällt in den für bestimmte Arbeitnehmergruppen so wie den für Frauen und Jugendlichen.

2.3.5.1 Gefahrenschutz

2.3.5.1.1 Gewerbeordnung

Gesetzliche Vorschriften zum Gefahrenschutz finden sich in § 618 BGB, wonach der Arbeitgeber verpflichtet ist, für Schutz von Leben und Gesundheit des Arbeitnehmers Sorge zu tragen, weiterhin vor allem in den Bestimmungen der Gewerbeordnung (GewO), in denen allgemeine und besondere Regelungen für den Arbeitgeber aufgestellt sind, den Betrieb, die Betriebsräume und das Arbeitsgerät unfallfrei zu gestalten. Die Gewerbeordnung gilt für die Ausübung der ärztlichen und anderen Heilberufe allerdings nur beschränkt, wie sich aus § 6 GewO ergibt. Anwendung finden aber diejenigen Vorschriften, die bestimmte Mindestanforderungen an Gemeinschaftsräume, sanitäre Anlagen, Küchenräume, Tagesunterkünfte stellen und zwar in Bezug auf ausreichende Grundfläche, lichte Höhe und geeignete Lage, ausreichende Beleuchtung und dergleichen mehr (§ 120c GewO).

2.3.5.1.2 Arbeitsstättenverordnung

Weitere, den Gefahrenschutz betreffende Regeln befinden sich in der – auch für Krankenhäuser, Alten- und Pflegeheime geltenden – Arbeitsstättenverordnung, die verbindliche Anforderungen an die Beschaffenheit und Ausstattung von Arbeitsräumen, Pausen-, Bereitschafts- und Sanitärräume aufstellt.

2.3.5.1.3 Verordnung über die Sicherheit medizinisch-technischer Geräte

Die Technik, die zur Unterstützung von Diagnose und Therapie in Krankenhaus und Arztpraxis Einzug gehalten hat, ist trotz teilweiser vehementer Kritik aus der modernen Medizin nicht mehr wegzudenken. Die geäußerte Kritik läßt sich zum einen auf die mit einer fortschreitenden Technisierung befürchteten Gefahr der Anonymität im Arzt-Patienten-Verhältnis zurückführen – Schlagworte wie „Apparate-Medizin" und „Meßdatenpatient" geben diese wider –, die Kritik wird aber auch ebenso durch das Risikopotential einer von Technik zunehmend beeinflußten Medizin hervorgerufen. So ergab beispielsweise eine im Jahre 1976 im Auftrag des Arbeitsministeriums Nordrhein-Westfalen durchgeführte Marktkontrolle, daß von 282 elektromedizinischen Geräten 193 Geräte insgesamt 625 Mängel aufwiesen, die so schwerwiegend waren, daß sie zu einer lebensbedrohenden Gefährdung von Patienten und Bedienungspersonal hätten führen können. Als Gefahrenquellen wurden festgestellt: mangelnde Gerätekonstruktion, fehlerhafte Wartung, unzureichende Bedienungsanleitung, fehlende Kenntnisse des Geräteanwenders ebenso wie nachlässige Überwachung des Gerätebetreibers. Diese Gefahrenquellen wollte der Gesetzgeber mit Verabschiedung der am 01.01.1986 in Kraft getreten Verordnung über die Sicherheit medizinisch-technischer Geräte (Medizingeräteverordnung – MedGV) begegnen und damit zu mehr Sicherheit im medizinisch-technischen Bereich beitragen.

1. Medizingeräteverordnung im Überblick

Die Medizingeräteverordnung gliedert sich in sechs Abschnitte; angefügt ist eine Anlage. Der 1. Abschnitt (§§ 1, 2) enthält allgemeine Vorschriften, insbesondere eine Einteilung der medizinisch-technischen Geräte, die ergänzt wird durch die genannte Anlage. Vorschriften für das Inverkehrbringen und Aufstellen der Geräte enthält der 2. Abschnitt (§§ 3–5). Das Errichten und Betreiben medizinisch-technischer Geräte regelt der 3. Abschnitt (§§ 6–16). Der 4. Abschnitt (§§ 17–19) befaßt sich mit Prüfungs- und Aufsichtsorganen; der 5. Abschnitt (§§ 20, 21) enthält einen Sanktionskatalog; Übergangs- und Schlußvorschriften finden sich im 6. Abschnitt (§§ 22–24).

2.3 Arbeitsrechtliche Bestimmungen

2. Adressatenkreis nach der Medizingeräteverordnung

Aus der vorstehenden Gliederung der Medizingeräteverordnung ergibt sich, daß folgende Adressaten vom Gesetzgeber angesprochen sind: zum einen die Hersteller und Einführer medizinisch-technischer Geräte, weiterhin deren Betreiber, also etwa Krankenhäuser und (Zahn-)ärzte, sowie schließlich deren Anwender, also diejenigen, die das medizinisch-technische Gerät tatsächlich bedienen, etwa der Arzt, das Pflegepersonal, das medizinisch-technische Assistenzpersonal etc.

3. Von der Medizingeräteverordnung erfaßte Geräte

Der Pflichtumfang für die genannten Adressatenkreise ist in verschiedener Hinsicht abhängig von der Art der medizinisch-technischen Geräte in ihrer typischen Gefahrenquelle. Die Medizingeräteverordnung gibt daher in den Eingangsvorschriften (§§ 1, 2) nebst Anlage zunächst einen Überblick über diejenigen Geräte, auf die sich die Verordnung bezieht.

Generell gilt, daß unter die Medizingeräteverordnung alle medizinisch-technischen Geräte einschließlich Laborgeräte und Gerätekombinationen fallen, die zur Verwendung in der (Zahn-)heilkunde bei der Untersuchung und Behandlung von Menschen bestimmt sind. Wie die Einbeziehung der Laborgeräte zeigt, sind damit also auch solche Geräte gemeint, deren Einsatz nicht unmittelbar eine Gefährdung für den Patienten bedeuten. Zu den medizinisch-technischen Geräten gehören demnach Blutanalysegeräte oder Blutkörperzählgeräte. Darüber hinaus gilt, daß nur solche Geräte gemeint sind, die zur Untersuchung und Behandlung von Menschen – also nicht Tieren – bestimmungsgemäß eingesetzt werden. Geht man davon aus, daß die Medizingeräteverordnung neben dem Schutz des Patienten zumindest auch diejenigen des Anwenders technischer Geräte bezweckt, so liegt meines Erachtens insoweit eine Gesetzeslücke für Anwender im veterinärmedizinischen Bereich vor.

Abgestellt auf den Gefährdungsgrad folgt nach der allgemeinen Aussage in § 1 MedGV eine Gruppenaufteilung der medizinisch-technischen Geräte in § 2 MedGV mit Anlage. *Gruppe* 1 umfaßt energetisch betriebene medizinisch-technische Geräte, die abschließend in der Anlage aufgeführt sind:

1. Elektro- und Phonokardiographen, intrakardinal,
2. Blutdruckmesser, intrakardinal,
3. Blutflußmesser, magnetisch,
4. Defibrillatoren,
5. Geräte zur Stimulation von Nerven und Muskeln für Diagnose und Therapie,
6. Geräte zur Elektrokrampfbehandlung,
7. Hochfrequenzchirugiegeräte,
8. Impulsgeräte zur Lithotripsie,
9. Photo- und Laserkoagulatoren,
10. Hochdruckinjektionsspritzen,
11. Kryochirugiegeräte (Heizteile),
12. Infusionspumpen,
13. Infusionsspritzenpumpen,
14. Perfusionspumpen,
15. Beatmungsgeräte (nicht manuell),

16. Inhalationsnarkosegeräte,
17. Inkubatoren, stationär und transportabel,
18. Druckkammern für hyperbare Therapie,
19. Dialysegeräte,
20. Hypothermiegeräte (Steuerung),
21. Herz-Lungen-Maschinen,
22. Laserchirurgiegeräte,
23. Blutfiltrationsgeräte,
24. externe Herzschrittmacher,
25. Kernspintomographen.

Bei diesen Geräten handelt es sich um solche mit dem höchsten Gefährdungsgrad. Diese Geräte dürfen nur zur Verwendung kommen, wenn sie der Bauart nach zugelassen sind (§ 5 Abs. 1 MedGV). Letzteres gilt ebenfalls für medizinisch-technische Geräte der *Gruppe 2:*

- implantapierbare Herzschrittmacher und sonstige energetisch betriebene medizinisch-technische Implantate.
  Zu derartigen Geräten zählen beispielsweise Blasenstimmulatoren sowie implantierbare Insulinpumpen.

Zu *Gruppe 3* gehören:

- energetisch betriebene medizinisch-technische Geräte, die nicht in der Anlage 1 aufgeführt und nicht der Gruppe 2 zuzuordnen sind.
  Zu denken ist unter anderem an Absaugpumpen, Bestrahlungslampen, Ergometer, Spirometer, OP-Tische, Patientenschleusen, Patientenüberwachungsapparate, energetisch betriebene Laborgeräte, letztlich alle durch Fremdkraft wie Elektrizität, Gas, Vakuum oder Druckluft betriebene medizinisch-technische Geräte.

Die *Gruppe 4* umfaßt schließlich:

Alle sonstigen medizinisch-technischen Geräte, beispielsweise Einwegspritzen, chirurgische Bestecke, Nadeln, Scheren, Infusionsgeräte.

4. Pflichten der Gesetzesadressaten

Als Adressaten der Medizingeräteverordnung wurden bereits genannt (siehe oben unter 2.): Hersteller, Betreiber und Anwender medizinisch-technischer Geräte. Deren Pflichten sollen nachfolgend anhand des Gesetzes dargestellt werden.

Pflichten des Herstellers
Die allgemeinen Anforderungen an den Hersteller medizinisch-technischer Geräte regelt § 3 MedVG. Es wird vorgeschrieben, daß medizinisch-technische Geräte nur in den Verkehr gebracht oder aufgestellt werden dürfen, wenn sie den allgemein

anerkannten Regeln der Technik sowie den Arbeitsschutz- und Unfallverhütungsvorschriften entsprechen. Dabei soll sichergestellt sein, daß Patienten, Beschäftigte oder Dritte bei bestimmungsgemäßer Verwendung der Geräte gegen Gefahren für Leben und Gesundheit soweit geschützt sind, wie es die Art der bestimmungsgemäßen Verwendung gestattet. Darüber hinaus müssen medizinisch-technische Geräte der Gruppe 1 und 3 (siehe oben unter 3.), die zur dosierten Anwendung von Energie oder Arzneimitteln zum Einsatz kommen, mit einer Warneinrichtung für den Fall einer gerätebedingten Fehldosierung ausgerüstet sein.

Der gesetzliche Pflichtenumfang des Herstellers medizinisch-technischer Geräte bezieht sich weiterhin auf Bestimmungen zur Kennzeichnung der Geräte mit Name und Firma des Herstellers sowie Typ und Fabriknummer (§ 3 Abs. 3, § 4 Abs. 2 MedGV), zusätzlich auch auf die Mitlieferung einer in deutscher Sprache abgefaßten Gebrauchsanweisung mit Angaben über Verwendungszweck, Funktionsweise, Kombinationsmöglichkeiten mit anderen Geräten, Reinigung, Desinfektion, Sterilisation, Zusammenbau, Funktionsprüfung und schließlich auf die Gerätewartung (§ 4 Abs. 1 MedGV), jedenfalls für medizinisch-technische Geräte der Gruppe 1 bis 3.

Vor Inbetriebnahme von medizinisch-technischen Geräten der Gruppe 1 muß der Hersteller (oder Lieferant) das Gerät am Betriebsort einer Funktionsprüfung unterziehen und den für den Betrieb des Gerätes Verantwortlichen anhand der Gebrauchsanweisung in die Handhabung des Gerätes einweisen (§ 9 MedGV).

Schließlich bestimmt § 5 MedGV, daß alle Geräte der Gruppen 1 und 2 nach der Medizingeräteverordnung einer Bauartzulassung bedürfen; die für die Zulassung zuständige Behörde legt zugleich Umfang und Fristen für notwendig werdende wiederkehrende Sicherheitskontrollen fest.

Pflichten des Betreibers
Die Grundregeln für den Betreiber medizinisch-technischer Geräte stellt § 6 Abs. 1 MedGV auf. Danach dürfen medizinisch-technische Geräte der Gruppen 1, 3 und 4 nur bestimmungsgemäß nach den Vorschriften der Verordnung, den allgemein anerkannten Regeln der Technik sowie den Arbeitsschutz- und Unfallverhütungsvorschriften errichtet und betrieben werden. Diese Vorschrift korrespondiert mit der allgemeinen Anforderung an die Pflichten des Herstellers. Geräte der Gruppe 1 bedürfen zusätzlich vor ihrer Inbetriebnahme einer Bauartzulassung.

Über die Grundregeln hinaus werden in § 6 Abs. 2–4 MedGV allgemeine Anforderungen für den Betrieb medizinisch-technischer Geräte festgelegt. So darf der Betreiber beispielsweise medizinisch-technischer Geräte der Gruppen 1, 3 und 4 nur von Personen anwenden lassen, die aufgrund ihrer Ausbildung oder ihrer Kenntnisse und praktischen Erfahrungen Gewähr für eine sachliche Handhabung bieten. Weiterhin darf der Betreiber ein medizinisch-technisches Gerät der Gruppe 1 erst nach Funktionsprüfung am Betriebsort und Anweisung des Verantwortlichen durch den Hersteller (oder Lieferanten) in Betrieb nehmen.

Schließlich obliegen dem Betreiber im Rahmen sicherheitstechnischer Kontrollen folgende, in § 11 MedVG festgelegten Pflichten: Der Betreiber eines medizinisch-technischen Gerätes der Gruppe 1 muß die bei der Bauartzulassung festgelegten sicherheitstechnischen Kontrollen im vorgeschriebenen Umfang fristgerecht durchführen lassen. Bei Dialysegeräten, die mit ortsfesten Versorgungs- und Aufbereitungseinrichtungen verbunden sind, ist die sicherheitstechnische Kontrolle auch auf diese Einrichtungen zu erstrecken. Werden im Kontrollfalle Sicherheitsmängel festgestellt, durch die Patienten, Beschäftigte oder Dritte gefährdet werden, so hat der Betreiber die zuständige Behörde unverzüglich zu unterrichten (§ 11 Abs. 3). Haben Funktionsausfälle oder -störungen an medizinisch-technischen Geräten der Gruppen 1 und 3 zu Personenschäden geführt, so ist der Betreiber zur unverzüglichen Meldung an die zuständige Behörde verpflichtet (§ 15). Auf Verlangen der Behörde muß der Betreiber das angezeigte und zum Schaden führende Ereignis durch einen Sachverständigen auf seine Kosten beurteilen lassen und das Ergebnis schriftlich vorlegen.

Letztendlich obliegen dem Betreiber noch verschiedene Dokumentationspflichten, die in §§ 12–14 MedGV geregelt sind. So hat der Betreiber für Geräte der Gruppe 1 und 3 ein Bestandsverzeichnis zu führen, in dem Name oder Firma des Herstellers, Typ, Fabriknummer und Anschaffungsjahr, Gerätegruppe und Standort oder betriebliche Zuordnung festgehalten sind.

Für Geräte der Gruppe 1 ist vom Betreiber ein Gerätebuch zu führen, in dem unter anderem Zeitpunkt der Funktionsprüfung vor der erstmaligen Inbetriebnahme des Gerätes, Zeitpunkt der Einweisungen sowie Namen der eingewiesenen Personen, Zeitpunkt sicherheitstechnischer Kontrollen, Zeitpunkt, Art und Folgen von Funktionsstörungen und ähnliches eingetragen sind.

> Gerätebücher und Gebrauchsanweisungen für Geräte der Gruppe 1 sind so aufzubewahren, daß sie den mit der Anwendung beauftragten Personen jederzeit zugänglich sind.

Pflichten des Anwenders
Anders als für den Hersteller und Betreiber enthält die Medizingeräteverordnung für den Anwender, also diejenigen Personen, die die medizinisch-technischen Geräte tatsächlich bedienen, keine auf sie speziell abzielende Verhaltensregeln.

Allerdings sind den Einzelvorschriften der Verordnung Hinweise auf Voraussetzungen zu entnehmen, die an den Anwender medizinisch-technischer Geräte gestellt werden.

> Als Grundsatz gilt, daß medizinisch-technische Geräte nur von solchen Personen tatsächlich angewendet werden dürfen, die aufgrund ihrer Ausbildung oder ihrer Kenntnisse und praktischen Erfahrungen die Gewähr für eine sachgerechte Handhabung bieten (§ 6 Abs. 3).

Neben dieser Grundvoraussetzung für die Person des Anwenders ist zwingend dessen Einweisung vor der Geräteanwendung vorgeschrieben (§ 10 Abs. 1). Dabei darf der Einweisende seinerseits wiederum nur eine Person sein, die aufgrund ihrer Kenntnis und praktischen Erfahrung für die Einweisung in die Gerätehandhabung geeignet ist (§ 10 Abs. 1, Satz 2). Liegen die von der Verordnung geforderten persönlichen Voraussetzungen des Anwenders sowie eine durch eine geeignete Person vorgenommene Geräteeinweisung vor, so ist es Pflicht des Anwenders, sich vor jeder Anwendung des medizinisch-technischen Gerätes von dessen Funktionsfähigkeit und dem ordnungsgemäßen Zustand des Gerätes zu überzeugen (§ 6 Abs. 4).

5. Folgen für Personal und Krankenhaus

Für die Angehörigen der Berufe im Gesundheitswesen dürften in erster Linie die Vorschriften der Medizingeräteverordnung über die personellen Anforderungen an den Anwender medizinisch-technischer Geräte interessant sein.

Die Medizingeräteverordnung verlangt nicht, daß der Anwender Arzt ist. Auch technische Assistenten in der Medizin, (Kinder-)Krankenschwestern, Krankenpfleger und Krankenpflegehelfer dürfen nach der Medizingeräteverordnung medizinisch-technische Geräte anwenden, wenn sie die Voraussetzungen nach § 6 Abs. 3 MedGV (siehe oben unter 4.) erfüllen.

Zur Beurteilung der Sachkunde wird es jeweils immer auf den Einzelfall ankommen, insbesondere auch auf die Anforderungen, die das medizinisch-technische Gerät an den Anwender stellt. Als Orientierungshilfen zur Beurteilung der Sachkunde eines Anwenders können beispielsweise dienen:

- die Stellungnahme der Bundesärztkammer zur Vornahme von Injektionen, Infusionen und Blutentnahmen durch Angehörige der Berufe im Gesundheitswesen,
- die Richtlinien der Bundesärztekammer zur Blutgruppenbestimmung und Bluttransfusion (Deutsches Ärzteblatt 1979, 277),
- die Stellungnahme der Deutschen Krankenhausgesellschaft zur Durchführung von Injektionen, Infusionen und Blutentnahmen durch das Krankenpflegepersonal,
- die Richtlinien der kassenärztlichen Bundesvereinigung für Radiologie und Nuklearmedizin vom 08. 12. 1979 in der Fassung vom 08. 12. 1984 (siehe auch § 20 RöV); danach dürfen Röntgenstrahlen auf Menschen neben dem Arzt nur Personen anwenden, die ihre Ausbildung als technische Assistenten in der Medizin bzw. Radiologieassistenten abgeschlossen haben, sowie Hilfskräfte unter Aufsicht und Verantwortung von Ärzten bzw. Zahnärzten, wenn sie die erforderlichen Kenntnisse im Strahlenschutz besitzen;
- die Empfehlung der Deutschen Gesellschaft für Anästhesie und Intensivmedizin (DGAI) zur Sicherheit medizinisch-technischer Geräte beim Einsatz in der Anästhesiologie.

Festzuhalten ist schließlich, daß die Medizingeräteverordnung die Anforderungen aus dem Recht der Gesundheitsfachberufe unberührt läßt, d. h., daß die Angehörigen der Gesundheitsberufe zur Ausübung der Heilkunde ohne konkludente oder ausdrückliche Anweisung eines Arztes nicht tätig werden dürfen.

Wichtig scheint schließlich noch, daß die Medizingeräteverordnung auch für die Haftung von Arzt und nachgeordnetem nichtärztlichen Personal Änderungen mit sich bringt, insbesondere hinsichtlich der Beweislast. Die Einhaltung der durch die Medizingeräteverordnung vorgeschriebenen Sorgfaltsanforderungen wird um so wichtiger sein, als davon auszugehen ist, daß im Falle eines durch Medizingeräteeinsatz verursachten Personenschadens Betreiber und Anwender die volle Beweislast bezüglich der Einhaltung der erforderlichen Sorgfalt trifft.

Unter anderem sollte diese Situation für das Krankenhaus als Betreiber medizinisch-technischer Geräte Veranlassung sein, die erforderlichen organisatorischen Maßnahmen zu treffen. Dabei ist von dem Grundsatz auszugehen, daß das Krankenhaus als Besitzer der medizinisch-technischen Geräte für die Einhaltung der Medizingeräteverordnung verantwortlich ist. Aus dieser Verantwortlichkeit resultiert:

> Der Betreiber hat dafür zu sorgen, daß
> - die Geräte nur von Personen angewendet werden, die aufgrund ihrer Ausbildung oder ihrer Kenntnisse und praktischen Erfahrungen die Gewähr für eine sachgerechte Handhabung bieten (§ 6 Abs. 3). Anwender ist, wer tatsächlich das Gerät bedient;
> - soweit es sich um medizinisch-technische Geräte der Gruppen 1 und 3 handelt, besonders fachkundige Personen vorhanden sind, die den vorgesehenen Anwender unter Berücksichtigung der Gebrauchsanweisung in die sachgerechte Handhabung einweisen können und der Anwender auch von diesen Personen eingewiesen wird (§ 10); dies können Ingenieure, Techniker, auch fachkundige Ärzte, insbesondere bei Geräten der Gruppe 3 auch Schwestern sein;
> - der Anwender sich vor jedem Einsatz des Gerätes von der Funktionssicherheit und dem ordnungsgemäßen Zustand des Gerätes überzeugt (§ 6 Abs. 4);
> - soweit es sich um medizinisch-technische Geräte der Gruppe 1 handelt, ein für den Betrieb des Gerätes Verantwortlicher bestellt wird, wenn der Hersteller oder Lieferant
>   a) das Gerät am Betriebsort einer Funktionsprüfung unterzogen hat und
>   b) den für den Betrieb des Gerätes Verantwortlichen anhand der Gebrauchsanweisung in die Handhabung des Gerätes eingewiesen hat (§ 9).

Zur Erfüllung der einzelnen Verpflichtungen sollte das Krankenhaus einen Gesamtverantwortlichen bestellen. In der Regel kann dies der ärztliche Leiter sein; Delegation auf Leiter der Krankenhausabteilungen ist möglich. Inhalt und Umfang der Aufgaben sind zweckmäßigerweise durch Stellenbeschreibung, Pflichtenkatalog oder schriftliche Aufgabenzuteilung festzulegen.

2.3.5.1.4 Entwurf eines Medizinproduktegesetzes

Mit dem 01. 01. 1995 soll ein Gesetz zur Neuordnung des Rechts mit Medizinprodukten (Medizinproduktegesetz – MPG) in Kraft treten. Der Gesetzesentwurf, der zur Zeit diskutiert wird, sieht die Umsetzung entsprechender EU-Richtlinien in innerdeutsches Recht vor, und wird maßgeblich die noch geltende Medizingeräteverordnung, das Arzneimittelgesetz, das Lebensmittel- und Bedarfgegenständegesetz, aber auch die Röntgenverordnung und die Strahlenschutzverordnung beeinflussen.

Neben dem Ziel der Angleichung der Rechtsvorschriften in den EU-Mitgliedsstaaten und eines freien Warenverkehrs verfolgt das Gesetz den Zweck, für eine ordnungsgemäße Medizinproduktversorgung, für die Sicherheit und Leistung von Medizinprodukten und für den mit Medizinprodukten verbundenen Schutz von Patienten, Anwendern und Dritten zu sorgen (Entwurf (E) § 1 MPG).

Mit dieser Zielsetzung verfolgt das Gesetz die Forderung an eine hohe Produktsicherheit und hat sowohl den Patienten-, wie den Anwenderschutz im Auge.

Adressat des Gesetzgebers ist der Hersteller, der Verteiler und der Anwender von Medizinprodukten (E § 2 MPG).

Als Medizinprodukte sind bestimmt (E § 3 MPG) alle Instrumente, Apparate, Vorrichtungen, Stoffe und Zubereitungen aus Stoffen oder anderen Gegenständen einschließlich der für ein einwandfreies Funktionieren des Medizinproduktes eingesetzten Software, die einzeln oder miteinander verbunden angewendet werden können, und die vom Hersteller zur Anwendung für Menschen zu folgenden Zwecken bestimmt sind:

2.3 Arbeitsrechtliche Bestimmungen

- Erkennung, Verhütung, Überwachung, Behandlung oder Linderung von Krankheiten,
- Erkennung, Verhütung, Behandlung, Linderung oder Kompensierung von Verletzungen oder Behinderungen,
- Untersuchung, Ersatz oder Veränderung des Aufbaus oder eines physiologischen Vorgangs,
- Empfängnisverhütung, mit deren bestimmungsgemäße Hauptwirkung im oder am menschlichen Körper weder durch pharmakologische oder immunologische Mittel noch metabolisch erreicht wird, deren Wirkungsweise aber auch durch solche Mittel unterstützt werden kann.

Aus dieser Formulierung resultiert beispielsweise, daß pharmakologische Mittel nach wie vor dem Arzneimittelgesetz unterliegen. Kritisch kann die Beurteilung bei Handschuhen sein: Handschuhe für den operierenden Chirurgen dürften unter das Medizinproduktegesetz fallen, da hier unter hygienischen Gesichtspunkten der Patientenschutz im Vordergrund steht; Handschuhe für den Gebrauch im Labor dagegen dienen hauptsächlich dem Träger und sind damit wohl der persönlichen Schutzausrüstung zuzuordnen mit dem Ergebnis, das sie nicht dem Geltungsbereich des Medizinproduktegesetzes, sondern den Vorschriften des Arbeitsschutzes zuzuordnen sind.

Medizinprodukte im Sinne des Gesetzes sind weiterhin alle aktiven Medizinprodukte, also solche, deren Betrieb auf eine elektrische Energiequelle angewiesen ist, ebenso wie implantierbare Medizinprodukte und In vitro-Diagnostika.

Das Vertreiben, die Inbetriebnahme und Anwendung von Medizinprodukten ist verboten (E § 4 MPG), wenn nach dem jeweiligen Stand der wissenschaftlichen Erkenntnisse der begründete Verdacht besteht, daß die Sicherheit und Gesundheit des Patienten, des Anwenders oder Dritter bei sachgemäßer Anwendung, Instandhaltung und ihrer Zweckbestimmung entsprechenden Verwendung über ein nach den wissenschaftlichen Erkenntnissen vertretbares Maß gefährdet oder wenn ihr Verfalldatum abgelaufen ist.

Von besonderer Bedeutung für den Betreiber und Anwender von Medizinprodukten, und damit auch für die Angehörigen der Berufe im Gesundheitswesen, sind die Vorschriften über das Errichten, Betreiben und Anwenden von Medizinprodukten (E §§ 19ff MPG). Dabei unterscheidet der Gesetzgeber zwischen energetisch (E §§ 19–28 MPG) und nicht energetisch (E §§ 29–32 MPG) betriebenen Medizinprodukten, zwischen Medizinprodukten mit Meßfunktion (E §§ 33, 34 MPG) und medizinisch-technischen Geräten (E § 35 MPG).

Energetisch betriebene Medizinprodukte

Für die energetisch betriebenen Medizinprodukte mit Ausnahme solcher, die der Strahlenschutzverordnung oder der Röntgenverordnung unterliegen, gilt, daß sie nur bestimmungsgemäß sowie unter Beachtung der Arbeitsschutz- und Unfallverhütungsvorschriften errichtet, betrieben und angewendet werden dürfen. Ein Verbot des Betriebs und der Anwendung besteht bei vorhandenen Mängeln, die eine Gefahr für den Patienten, die Beschäftigten oder Dritte in sich bergen.

Bei miteinander verbundenen Medizinprodukten muß die Verbindung sicherheitstechnisch unbedenklich sein.

Die Anwendung energetisch betriebener Medizinprodukte darf nur durch Personen erfolgen, die aufgrund ihrer Ausbildung oder ihrer Kenntnisse und praktischen Erfahrungen die Gewähr für eine sachgerechte Handhabung bieten.

Der Anwender muß sich vor der Anwendung von der Funktionsfähigkeit, der Betriebssicherheit und dem ordnungsgemäßen Zustand überzeugen und die Gebrauchsanweiung beachten.

Die zulässige Anwendung und Implantierung energetisch betriebener Medizinprodukte setzt eine fachgerechte Einweisung voraus. Diese Einweisung darf nur von Personen vorgenommen werden, die aufgrund ihrer Kenntnisse und praktischen Erfahrungen für die Einweisung in die Handhabung geeignet sind. Der für die Anwendung des Medizinproduktes Verantwortliche hat dem Eingewiesenen eine Bescheinigung über die Einweisung auszustellen.

Dem Betreiber werden sicherheitstechnische Kontrollen auferlegt,er hat ein Bestandsverzeichnis zu führen, in das die zuständige Behörde jederzeit Einsicht verlangen kann, und schließlich ist ein Gerätebuch zu führen, in dem unter anderem der für die Anwendung des Medizinproduktes Verantwortliche, der Zeitpunkt der Funktionsprüfung, Zeitpunkte der Einweisung, die Namen der eingewiesenen Personen sowie die Daten der sicherheitstechnischen Kontrollen aufgeführt sind. Vorschriften zur Aufbewahrung von Gebrauchsanweisungen und Gerätebüchern sowie zu Unfall- und Schadensanzeigen runden die Anforderungen für energetisch betriebene Medizinprodukte ab.

Nicht energetisch betriebene Medizinprodukte

Für die nicht energetisch betriebenen Medizinprodukte (sonstige Medizinprodukte) gelten weitgehend die vorstehenden Anforderungen mit Ausnahme der Vorschriften über das Führen eines Bestandsverzeichnisses und des Gerätebuches. An deren Stelle ist ein Medizinproduktebuch vorgesehen, dessen Inhaltsanforderungen denen des Gerätebuches ähneln. Damit dem Anwender jederzeit die erforderlichen Angaben zugänglich sind, sieht das Gesetz eine entsprechende Aufbewahrungsart der Gebrauchanweisungen und gegebenenfalls der Medizinproduktebücher vor.

Medizinprodukte mit Meßfunktion und medizinisch-technische Geräte

Medizinprodukte mit Meßfunktion unterliegen den gleichen Voraussetzungen wie die sonstigen Medizinprodukte; hinzu kommen Regeln für meßtechnische Kontrollen. Für medizinisch-technische Geräte sieht der Gesetzgeber Bestimmungen für den Hersteller unter sicherheitstechnischen Gesichtspunkten sowie den Vorschriften des Arbeitsschutzes und der Unfallverhütung vor.

Mit dem Inkrafttreten des Medizinproduktegesetzes ist unter anderem die Außerkraftsetzung der Vorschriften für aktive implantierbare Medizinprodukte im Rahmen des Arzneimittelgesetzes vorgesehen. Für alle medizinisch-technischen Geräte wird die Medizingeräteverordnung ihre Anwendbarkeit verlieren und zwar ab dem 14. 06. 1998; schlußendlich werden Röntgenverordnung und Strahlenschutzverordnung dem Medizinproduktegesetz angeglichen.

2.3.5.1.5 Gesetz zum Schutz vor gefährlichen Stoffen und Verordnung über gefährliche Stoffe

Zweck des Gesetzes zum Schutz vor gefährlichen Stoffen (Chemikaliengesetz – ChemG) vom 14. 03. 1990 ist es, den Menschen und die Umwelt vor schädlichen Einwirkungen gefährlicher Stoffe und Zubereitungen zu schützen, insbesondere sie erkennbar zu machen, sie abzuwenden und ihrem Entstehen vorzubeugen (§ 1 ChemG). Für nichtklinische experimentelle Prüfungen enthält das Gesetz nebst Anlagen Vorschriften über die Grundsätze einer Guten Laborpraxis (GLP). Eine Chemikalien-Verbotsverordnung vom 14. 10. 1993 regelt Verbote und Beschränkungen des Inverkehrbringens gefährlicher Stoffe, Zubereitungen und Erzeugnisse nach dem Chemikaliengesetz.

Des weiteren wurde auf der Grundlage des Chemikaliengesetzes (§ 19) insbesondere unter dem Aspekt arbeitsschutzrechtlicher Maßnahmen zu Gunsten von Beschäftigten die Verordnung über gefährliche Stoffe (Gefahrstoffverordnung – GefStoffV) vom 25. 09. 1991 mit späteren Änderungen erlassen.

Ziel dieser Verordnung ist es, durch besondere Regelungen über das Inverkehrbringen von gefährlichen Stoffen und Zubereitungen und über den Umgang mit Gefahrstoffen einschließlich ihrer Aufbewahrung, Lagerung und Vernichtung den Menschen vor arbeitsbedingten und sonstigen Gesundheitsgefahren und die Umwelt vor stoffbedingten Schädigungen zu schützen (§ 1 GefStoffV). Gefahrstoffe etwa sind gefährliche Stoffe im Sinne des Chemikaliengesetzes, aber auch Stoffe, Zubereitungen oder Erzeugnisse, die ihrer Art nach erfahrungsgemäß Krankheitserreger übertragen können, wie etwa menschliches Blut und Speichel (BVerwG, Hyg + Med 1994, 155). Für die Beschäftigung Jugendlicher mit Gefahrstoffen im Sinne der Gefahrstoffverordnung bestehen Einschränkungen (§ 26). So dürfen Jugendliche mit leichtentzündlichen, entzündlichen oder brandfördernden Gefahrstoffen nicht oder nur bei Beaufsichtigung durch einen Fachkundigen beschäftigt werden. Grundsätzlich darf ein Jugendlicher auch nicht mit hochentzündlichen Gefahrstoffen beschäftigt werden, es sei denn, der Umgang mit diesen Gefahrenstoffen dient der Erreichung des Ausbildungszieles, der Jugendliche ist mindestens 16 Jahre alt und wird von einem Fachkundigen beaufsichtigt. Ähnliches gilt für die Beschäftigung mit giftigen, ätzenden, reizenden, krebserzeugenden, fruchtschädigenden, erbgutverändernden Gefahrstoffen ebenso wie die Beschäftigung Jugendlicher mit Stoffen, Zubereitungen und Erzeugnissen, die ihrer Art nach erfahrungsgemäß Krankheitserreger übertragen können, wenn sie den Krankheitserregern ausgesetzt sind. Beschäftigungseinschränkungen betreffen gleichfalls werdende oder stillende Mütter (siehe 2.3.5.4) sowie gebährfähige Arbeitnehmerinnen.

2.3.5.1.6 Strahlenschutzverordnung

Zu den Regelungen des Gefahrenschutzes gehört weiterhin die Strahlenschutzverordnung vom 30. 06. 1989 mit späteren Änderungen. Grundlage dieser Verordnung ist das Atomgesetz.

Nach § 1 Abs. 1 gilt die Verordnung unter anderem für den Umgang mit radioaktiven Stoffen, die Errichtung und den Betrieb von Kernkraftwerken, sowie für die Einrichtung und den Betrieb von Anlagen zur Erzeugung ionisierender Strahlen, einschließlich den Betrieb von Röntgeneinrichtungen im Zusammenhang mit dem

Unterricht an Schulen. Dagegen wird der Anwendungsbereich der Röntgenverordnung ausdrücklich ausgenommen (§ 1 Abs. 2). Hiernach gilt die Strahlenschutzverordnung nicht für die Einrichtung und den Betrieb von Röntgeneinrichtungen und Störstrahlern, die der Röntgenverordnung unterliegen. Daraus resultiert, daß Röntgeneinrichtungen grundsätzlich unter die Röntgenverordnung fallen, während sich dagegen die sonstige Anwendung radioaktiver oder ionisierender Strahlen in der Medizin nach den Vorschriften der Strahlenschutzverordnung richtet.

Neben dem Anwendungsbereich der Strahlenschutzverordnung sind in den einführenden Verordnungsvorschriften die Voraussetzungen genannt, die für die Genehmigung mit dem Umgang von radioaktiven Stoffen bzw. für den Betrieb von Anlagen zur Erzeugung ionisierender Stoffe erforderlich sind (§§ 2, 27).

> Die eigentlichen Schutzvorschriften enthalten die Bestimmungen der §§ 28 ff. Die bedeutsamsten Strahlenschutzgrundsätze ergeben sich aus § 28 Abs. 1. Hiernach ist jede unnötige Strahlenexposition oder Kontamination von Personen, Sachgütern oder der Umwelt zu vermeiden bzw. unter Beachtung des Standes von Wissenschaft und Technik und unter Berücksichtigung aller Umstände des Einzelfalles so niedrig wie möglich zu halten.

Verantwortlich für den Strahlenschutz ist in der Regel der Arbeitgeber, der auch für die schriftliche Bestellung eines Strahlenschutzbeauftragten zu sorgen hat. Aus dieser Verantwortung folgt die Pflicht, zum Schutz einzelner und der Allgemeinheit vor Strahlenschäden an Leben, Gesundheit und Sachgütern geeignete Schutzmaßnahmen zu treffen, und zwar insbesondere durch Bereitstellung geeigneter Räume, Schutzvorrichtungen, Geräte und Schutzausrüstungen für Personen, weiter durch geeignete Regelung des Betriebsablaufs und durch Bereitstellung ausreichenden und geeigneten Personals zur Einhaltung der Strahlengrundsätze und der besonderen Schutzvorschriften. Des weiteren ist dafür Sorge zu tragen, daß bei Gefahr geeignete Maßnahmen zur Gefahrenabwendung getroffen werden.

Beim Umgang mit sonstigen radioaktiven Stoffen im Zusammenhang mit dem Unterricht in Schulen oder beim Betrieb von Röntgengeräten haben die Rechtsträger der Schule als Strahlenschutzverantwortliche dafür zu sorgen, daß diese Tätigkeiten nur von Lehrern ausgeübt werden, die zu Strahlenschutzbeauftragten benannt worden sind.

Anlagen, Geräte, Räume, Schutzbehälter und ähnliches, Sperrbereiche und Kontrollbereiche sind deutlich und dauerhaft zu kennzeichnen. Die Kennzeichnung muß – soweit wie möglich – die Worte „**Vorsicht Strahlung**", „**Radioaktivität**", „**Kernbrennstoff**" oder „**Kontamination**" enthalten. Zu den konkreten Schutzmaßnahmen zählt ebenso eine Belehrung des Personals; diese Belehrung ist schriftlich aufzuzeichnen und muß von den Belehrten unterzeichnet werden. Es besteht eine Aufbewahrungspflicht dieser Belehrungen von fünf bzw. einem Jahr. Schließlich ist dafür Sorge zu tragen, daß ein Abdruck der Strahlenschutzverordnung zur Einsicht ausliegt oder ausgehändigt wird (§ 40). Darüber hinaus ist dafür zu sorgen, daß sich Personen unter 18 Jahren sowie schwangere Frauen nicht im Kontrollbereich aufhalten, schwangere oder stillende Frauen nicht mit offenen radioaktiven Stoffen umgehen und stillende Frauen sich nicht in Kontrollbereichen aufhalten, in denen mit offenen radioaktiven Stoffen umgegangen wird (§ 56 Abs. 1). Die zuständige Behörde (in den Ländern unterschiedlich) kann gestatten, daß Personen im Alter zwischen 16 und 18 Jahren unter ständiger

Aufsicht und Anleitung Fachkundiger in Kontrollbereichen tätig werden, soweit dies zur Erreichung des Ausbildungszieles erforderlich ist (§ 26 Abs. 2). Sorge zu tragen ist dafür, daß Schüler beim Betrieb von Röntgenstrahlen in Schulen nur in Anwesenheit und unter Aufsicht eines Lehrers, der als Strahlenschutzbeauftragter bestellt ist, mitwirken.

Kontrollbereiche sind nach der Begriffsbestimmung Bereiche, in denen Personen infolge des Umgangs mit radioaktiven Stoffen oder des Betriebs von Anlagen zur Erzeugung ionisierender Strahlen durch äußere oder innere Strahlenexposition im Kalenderjahr höhere Körperdosen als die in einer Anlage zur Strahlenschutzverordnung aufgeführten Grenzwerte bei einem Aufenthalt von 40 Stunden je Woche und 50 Wochen im Kalenderjahr erhalten können. Kontrollbereiche sind sichtbar abzugrenzen und dauerhaft kenntlich zu machen, und zwar neben der obgenannten Kennzeichnung mit dem Zusatz „**Kontrollbereich**" (§ 58). Darüber hinaus dürfen nur bestimmten Personen der Zutritt zum Kontrollbereich erlaubt werden; zu diesen Personen zählen auch die, deren Ausbildung einen Aufenthalt in diesem Bereich erfordert. Von den Kontrollbereichen sind die Sperrbereiche zu unterscheiden. **Sperrbereiche** sind Teile des Kontrollbereichs, in denen die Ortsdosisleistung höher als 3 Millisievert/Stunde sein kann. Auch diese Bereiche sind zusätzlich zu kennzeichnen mit dem Hinweis „**Sperrbereich, kein Zutritt**" (§ 57).

Bestrahlungsräume müssen so bemessen sein, daß die erforderlichen Verrichtungen ohne Behinderung vorgenommen werden können. Die Bedienungsvorrichtungen müssen sich in einem Nebenraum außerhalb des Kontrollbereiches befinden. In Kontrollbereichen ist die Ortsdosis oder Ortsdosisleistung zu messen (§ 61). An Personen, die sich im Kontrollbereich aufhalten, sind die Körperdosen zu ermitteln. Die Ermittlung der Körperdosen kann auf unterschiedlichste Art vorgenommen werden. Auf Verlangen jedoch ist der zu überwachenden Person ein Dosimeter zur Verfügung zu stellen, mit dem die Personendosis jederzeit festgestellt werden kann. Die Ermittlungsergebnisse sind 30 Jahre aufzubewahren, auf Verlangen der zuständigen Behörde vorzulegen oder bei einer von ihr zu bestimmenden Stelle zu hinterlegen (§ 68).

Von der vorgenannten Aufbewahrungsfrist ist diejenige zu unterscheiden, die für Aufzeichnungen von Untersuchungen und Behandlungen über Patienten gilt. In Ausübung des ärztlichen oder zahnärztlichen Berufs dürfen radioaktive Stoffe oder ionisierende Stoffe unmittelbar am Menschen angewendet werden, wenn dies aus ärztlicher Indikation geboten ist. Die durch die ärztliche Untersuchung bedingte Strahlenexposition ist soweit wie möglich einzuschränken und muß den Erfordernissen der medizinischen Wissenschaft entsprechen. Bei einer Schwangerschaft sind alle Möglichkeiten der Herabsetzung der Strahlenexposition der Leibesfrucht auszuschöpfen. Geräte, Einrichtungen und Anlagen sind einer regelmäßigen Qualitätsüberwachung zu unterziehen. Die Aufzeichnungen hierüber müssen 10 Jahre aufbewahrt und auf Verlangen der zuständigen Behörde vorgelegt werden (§ 42). Die Patienten sind zuvor über frühere Anwendungen zu befragen (§ 43). Über Befragung, Untersuchung und Behandlung des Patienten sind Aufzeichnungen anzufertigen; auf Verlangen ist dem Patienten eine Abschrift zur Verfügung zu stellen. Für die *Aufzeichnung über die Untersuchung* gilt eine Aufbewahrungsfrist von 10 Jahren; die *Aufzeichnung einer Behandlung* ist 30 Jahre aufzubewahren, beginnend jeweils ab dem Zeitpunkt der letzten Untersuchung bzw. Behandlung.

2.3.5.1.7 Röntgenverordnung

Wie bereits einleitend zur Strahlenschutzverordnung dargestellt, gilt die Verordnung über den Schutz vor Schäden durch Röntgenstrahlen (Röntgenverordnung – RöV vom 08.01.1987 mit späteren Änderungen), für Röntgeneinrichtungen und Störstrahler, soweit diese nicht von der Strahlenschutzverordnung erfaßt werden (das sind Störstrahler, die zur Erzeugung ionisierender Teilchenstrahlung betrieben werden, § 1 Abs. 2).

Die Röntgenverordnung gliedert sich in sechs Abschnitte und fünf Anlagen. Anlage I enthält gemäß § 2 Begriffsbestimmungen für die Anwendung der Röntgenverordnung. Definiert sind zum Beispiel Begriffe wie Körperdosis, Ortdosis, Ortsdosisleistung, Personendosis, Röntgenbehandlung, Röntgeneinrichtung, Röntgenuntersuchung, Röntgenstrahler, Röntgennachweisheft sowie die beruflich strahlenexponierten Personen. Der 2. Abschnitt (§§ 3–12) regelt den Betrieb von Röntgeneinrichtungen und Störstrahlern, die Prüfung, Erprobung, Wartung und Instandsetzung sowie die Bauartzulassung. Grundsätzlich gilt, daß der Betreiber von Röntgeneinrichtungen und Störstrahlern der Genehmigung bedarf (§§ 3, 5); die Erteilung hängt von zahlreichen, im Gesetz aufgeführten Voraussetzungen ab.

Der 3. Abschnitt (§§ 13–16) befaßt sich mit den Vorschriften für den Betrieb.

Wer eine Röntgeneinrichtung oder einen Störstrahler, dessen Betrieb der Genehmigung bedarf, betreibt, ist Strahlenschutzverantwortlicher. Als solcher hat er einen oder mehrere Strahlenschutzbeauftragte schriftlich zu bestellen, soweit dies für den sicheren Betrieb notwendig ist. Beim Betrieb von Röntgeneinrichtungen im Zusammenhang mit dem Unterricht an Schulen dürfen nur Lehrer zu Strahlenschutzbeauftragten bestellt werden (§ 13 Abs. 5). Mit der Bestellung eines Strahlenschutzbeauftragten begibt sich der Strahlenschutzverantwortliche nicht seiner Pflichten, ihm bleibt insbesondere die Sorge dafür, daß jede unnötige Strahlenexposition von Menschen vermieden und im Falle einer Strahlenexposition diese so gering wie möglich gehalten wird und alle Schutzmaßnahmen nach der Röntgenverordnung eingehalten werden. Dazu zählt beispielsweise auch die Qualitätssicherung bei Röntgeneinrichtungen zur Behandlung von Menschen. Die zu erstellenden Aufzeichnungen, etwa über Meßergebnisse, der Dosisleistung, sind 30 Jahre aufzubewahren und bei Beendigung des Betriebes zu hinterlegen (§ 17).

Kontrollbereiche, das sind Bereiche, in denen Personen im Kalenderjahr höhere Körperdosen aus Ganzkörperexpositionen als 15 mSv erhalten können, sind abzugrenzen; während der Einschaltzeit müssen sie gekennzeichnet sein, mindesten mit den Worten „**Kein Zutritt – Röntgen**".

Vom Kontrollbereich unterscheidet sich der betriebliche *Überwachungsbereich;* das ist der Bereich, in dem Personen im Kalenderjahr höhere Körperdosen aus Ganzkörperexpositionen als 5 mSv erhalten können.

Der Schutz beruflich strahlenexponierter Personen vor Strahlen ist im Regelfall durch Dauereinrichtungen, insbesondere durch Abschirmung oder Abstandhaltung, sicherzustellen. Im Kontrollbereich muß grundsätzlich ausreichende Schutzkleidung getragen werden, es sei denn, eine Dauereinrichtung gewährleistet Schutz (§ 21). Der Zutritt zum Kontrollbereich darf schwangeren Frauen und Personen unter 18 Jahren nur zum Zweck der Behandlung oder Untersuchung erlaubt werden (§ 22). Eine Ausnahme gilt mit Erlaubnis der Behörde für jugendliche Auszubildende zwischen 16 und 18 Jahren; die Ausnahme darf sich nicht auf schwangere Frauen beziehen.

Die Anwendung von Röntgenstrahlen auf Menschen darf in Ausübung ihres Berufs unter anderem von Personen erfolgen, die zur Führung der Berufsbezeichnungen „medizinisch-technische(r) Radiologieassistent(in)" oder „medizinisch-technische(r) Assistent(in)", des weiteren von Personen, die bei entsprechendem Fachkundenachweis zur Ausübung des (zahn-)ärztlichen Berufs berechtigt sind als auch von Hilfskräften, soweit sie unter ständiger Aufsicht und Verantwortung einer sonst berechtigten Person stehen und über die erforderlichen Kenntnisse im Strahlenschutz verfügen (§ 23).

Als Anwendungsgrundsatz gilt, daß Röntgenstrahlen auf Menschen in Ausübung der (Zahn-)heilkunde nur angewendet werden dürfen, wenn dies ärztlicherseits indiziert ist (§ 25). Bei der Behandlung mit Röntgenstrahlen muß Dosis und Dosisverteilung den Erfordernissen der medizinischen Wissenschaft entsprechen. Bei einer Röntgenuntersuchung ist die Strahlenexposition so niedrig wie möglich zu halten.

Über jede Anwendung von Röntgenstrahlen sind Aufzeichnugnen zu fertigen, aus denen Zeitpunkt, Ort der Anwendung, untersuchte oder behandelte Körperregion sowie die Angaben hervorgehen, die zur Ermittlung der Körperdosen erforderlich sind. Auf Wunsch ist der behandelten oder untersuchten Person eine Abschrift oder Ablichtung dieser Aufzeichnung auszuhändigen (§ 28). Die Aufzeichnungen über Röntgenbehandlungen sind 30 Jahre nach der letzten Behandlung, Röntgenaufnahmen oder sonstige Aufzeichnungen über Röntgenuntersuchungen 10 Jahre nach der letzten Untersuchung aufzubewahren.

Die Dosiswerte für beruflich strahlenexponierte oder besonders schutzwürdige Personen (gebärfähige Frauen) sowie die Dosisgrenzwerte für andere Personen regeln die Vorschriften der §§ 31 ff. nebst Anlage IV.

Der 4. Abschnitt (§§ 37–42) der Röntgenverordnung befaßt sich mit der Pflicht zur ärztlichen Überwachung beruflich strahlenexponierter Personen, den Zeitabständen der Regeluntersuchungen und Sofortmaßnahmen bei Bestrahlung mit einer erhöhten Einzeldosis. Die beiden letzten Abschnitte (§§ 43–48) enthalten im wesentlichen Änderungs-, Übergangs- und Bußgeldvorschriften.

2.3.5.1.8 Unfallverhütungsvorschriften

Zu den Regeln des Gefahrenschutzes zählen ferner auch die Unfallverhütungsvorschriften. Diese werden zum Zwecke der Verhütung von Arbeitsunfällen und Berufskrankheiten von den Trägern der gesetzlichen Unfallversicherung erlassen. In ihnen sind im wesentlichen Bestimmungen über Einrichtungen und Verhalten am Arbeitsplatz enthalten; sie wenden sich an den Arbeitgeber und die Arbeitnehmer als Versicherte. Die von den Berufsgenossenschaften und staatlichen Eigenunfallversicherungsträgern erlassenen Unfallverhütungsvorschriften haben den Rechtscharakter einer Satzung, sie sind also – anders als die Richtlinien, Sicherheitsregeln und Merkblätter der Berufsgenossenschaften – autonome Rechtsnormen. Beschlossen werden die Vorschriften gemäß § 708 RVO von der Vertreterversammlung der einzelnen Berufsgenossenschaften, die sich je zur Hälfte aus Vertretern der Arbeitgeber und der Versicherten zusammensetzt. Bevor eine Unfallverhütungsvorschrift wirksam werden kann, bedarf sie der Genehmigung durch den Bundesminister für Arbeit und Sozialordnung (§ 709 RVO). Die Vorschriften zeigen typische Gefährdungsmöglichkeiten innerhalb eines Betriebes auf und verlangen vom Unternehmer (Arbeitgeber) und von den Versicherten (Arbeitnehmer), diese Gefahren durch die geforderten

Sicherheitsmaßnahmen auszuschalten. Sie lassen für ein abweichendes Ermessen der Arbeitgeber und Arbeitnehmer grundsätzlich keinen Raum, vielmehr stellen die Unfallverhütungsvorschriften „den von der zuständigen Behörde kraft öffentlicher Gewalt festgelegten Niederschlag der in einem Gewerbe gemachten Berufserfahrungen dar und sind von dem Unternehmer zu beachten" (BAG, Urteil vom 11. 02. 1953). Aber nicht nur für den Arbeitgeber sind die Unfallverhütungsvorschriften bindend. Sie konkretisieren zugleich arbeitsvertragliche Nebenpflichten des versicherten Arbeitnehmers. Nach den Unfallverhütungsvorschriften „Allgemeine Vorschriften" hat jeder Versicherte die Pflicht, die Unfallverhütungsvorschriften zu befolgen und unter gewissenhafter Beachtung der ihm zur Verhütung von Unfällen und Berufskrankheiten gegebenen besonderen Anweisungen und Belehrungen für seine und seiner Mitarbeiter Sicherheit zu sorgen. Er hat namentlich die vorgeschriebenen Einrichtungen zu benutzen und die vom Arbeitgeber getroffenen Anordnungen zu befolgen; dies gilt vor allem auch für die Nutzung der ihm vom Arbeitgeber zur Verfügung gestellten persönlichen Schutzausrüstungen.

Für die im Krankenhaus tätigen Personen hat der zuständige Träger der Unfallversicherung, die Berufsgenossenschaft für Gesundheitsdienst und Wohlfahrtspflege, außer den allgemein geltenden Unfallverhütungsvorschriften Sondervorschriften für besondere Tätigkeiten und Einrichtungen erarbeitet. Beispielsweise enthalten die Unfallverhütungsvorschriften für einen Teil der Gesundheitsfachberufe Bestimmungen über Arbeitskleidung, Sauberkeit, Desinfektion, Betriebseinrichtungen und Gebrauchsgegenstände. Besondere Vorschriften bestehen für den Einsatz in der Tuberkulose- und Hepatitispflege.

Im Krankenhaus ist immer wieder die Frage aktuell, ob vom Pflegepersonal Schmuck getragen werden darf. Die Unfallverhütungsvorschrift „Gesundheitsdienst" sagt dazu aus, daß „in Arbeitsbereichen mit erhöhter Infektionsgefährdung an Händen und Unterarmen keine Schmuckstücke, Uhren und Eheringe getragen werden dürfen". Verstöße hiergegen sind Ordnungswidrigkeiten und können mit einem Bußgeld belegt werden.

Die Unfallverhütungsvorschriften müssen, da sie sich an Arbeitgeber und versicherten Arbeitnehmer richten, für jeden im Betrieb (Krankenhaus) Beschäftigten sichtbar ausliegen, damit er sich mit ihnen bekannt machen kann.

Die Einhaltung und Durchführung der Unfallverhütungsvorschriften werden von technischen Aufsichtsbeamten der Berufsgenossenschaften überwacht. Sie sind im Einzelfall berechtigt, Anordnungen zu treffen, wenn die Vorschriften mißachtet werden. Mit den technischen Aufsichtsbeamten arbeitet häufig die Gewerbeaufsicht zusammen, die für die Durchführung der Bestimmungen über Mutterschutz, Arbeitszeit und Arbeitshygiene zuständig ist.

2.3.5.2 Arbeitsschutz

> Auch der Arbeitsschutz gehört zum Arbeitnehmerschutzrecht. Er gewährt dem Arbeitnehmer einen vierfachen Schutz; er setzt die Höchstdauer für die tägliche, unter Umständen die wöchentliche oder 14tägige Arbeitszeit fest, er regelt die zeitliche Lage der Arbeitszeit, er schreibt Arbeitspausen und Ruhezeiten vor und er beschränkt die Arbeit an Sonn- und Feiertagen.

2.3 Arbeitsrechtliche Bestimmungen

> Die Rechtsgrundlagen des Arbeitszeitschutzes sind vielfältig. Neben der Arbeitszeitordnung (AZO) und den Arbeitszeitregelungen für besondere Arbeitnehmergruppen etwa im Jugendarbeitsschutzgesetz, im Mutterschutzgesetz oder in der Verordnung über die Arbeitszeit in Krankenpflegeanstalten finden sich ebenso Regelungen in den einzelnen Tarifverträgen wie beispielsweise im Bundesangestelltentarifvertrag, dem Tarifvertrag für Lernschwestern und Lernpfleger als auch im Manteltarifvertrag für Arzthelferinnen.
> Im folgenden sollen daher nur Grundzüge über die wesentlichen Regelungen dargestellt werden; für Einzelprobleme wird auf weiterführende Literatur verwiesen. Die Höchstdauer der Arbeitszeit ist grundsätzlich für alle Arbeitnehmer in der Arbeitszeitordnung nebst Ausführungsverordnung geregelt, soweit nicht für besondere Arbeitnehmergruppen Sonderregelungen bestehen. Für Personen, die dem Geltungsbereich der Arbeitszeitordnung unterliegen, beträgt die regelmäßige Höchstarbeitszeit werktäglich acht Stunden. Dabei geht die Arbeitszeitordnung nicht schematisch vom Acht-Stunden-Tag aus. Vielmehr wird eine anderweitige Verteilung der Wochenarbeitszeit gestattet, wodurch die Arbeitszeit grundsätzlich nicht verlängert wird. Bei Über- oder Ausgleichsarbeitszeit darf jedoch die tägliche Arbeitszeit von zehn Stunden grundsätzlich nicht überschritten werden (§ 4 Abs. 3 AZO). Ausnahmen bestehen, wenn das Gewerbeaufsichtsamt eine Überschreitung der 10-Stunden-Grenze zuläßt (§ 10 AZO). Für alle Fälle von Über- oder Ausgleichsarbeitszeit trifft die Arbeitszeitordnung Verteilungsregeln.

Wegen der Vorschrift des § 1 Abs. 3 Satz 2 AZO gilt für das Pflegepersonal (derzeit, siehe aber 2.3.5.3) nicht die Arbeitszeitordnung, sondern die Verordnung über die Arbeitszeit in Krankenpflegeanstalten vom 13. 02. 1924 in der Fassung vom 02. 03. 1974 (KrAZO). Danach darf das Pflegepersonal in Krankenpflegeanstalten in der Woche einschließlich der Sonn- und Feiertage bis zu sechzig Stunden beschäftigt werden.

> Zum Pflegepersonal in Krankenpflegeanstalten im Sinne von § 1 Abs. 3 KrAZO gehören alle Arbeitnehmer, deren Dienstleistungen sich typischerweise zeitlich nach den Bedürfnissen der Kranken richten müssen; somit gehören auch Krankengymnasten, Masseure, Physiotherapeuten und vergleichbare Mitarbeiter in der Therapieabteilung zum Pflegepersonal (BAG, NZA 1993, 1094).

Gleiches gilt auch für Personen, die in einem Ausbildungsverhältnis stehen (für Jugendliche ist jedoch das Jugendarbeitsschutzgesetz zu berücksichtigen). Die Maximalarbeitswoche von 60 Stunden ist für das Krankenpflegepersonal jedoch nur als Höchstgrenze aktuell. Denn entsprechend den Sonderregelungen des Bundesangestelltentarifvertrages für Angestellte in Kranken-, Heil-, Pflege- und Entbindungsanstalten sowie in sonstigen Anstalten und Heimen, in denen die betreuten Personen in ärztlicher Behandlung stehen, beträgt die regelmäßige Arbeitszeit ausschließlich der Pausen innerhalb von 8 Wochen durchschnittlich 40 Stunden.

Die zeitliche Lage der Arbeitszeit ist grundsätzlich nicht geregelt; allerdings bestehen auch hier wieder Ausnahmebestimmungen. So bestimmt § 14 Abs. 1 Jugendarbeitsschutzgesetz (JArbSchG), daß Jugendliche nur in der Zeit von 7–20 Uhr beschäftigt werden dürfen, jedoch können unter bestimmten Voraussetzungen Ausnahmen Kraft aufsichtsbehördlicher Genehmigung gemacht werden. Wegen des höheren Freizeit- und Erholungswertes zweier Tage dürfen Jugendliche grundsätzlich nur an 5 Tagen in der Woche beschäftigt werden und im Regelfall nicht an Samstagen und Sonntagen arbeiten (§§ 15, 16, 17 JArbSchG). Soweit die Beschäftigung der Jugendlichen jedoch in Krankenanstalten, Alten-, Pflege- und Kinderheimen erfolgt, besteht das Vebot der Samstags- und Sonntagsarbeit nicht; in diesen Fällen haben die Jugendlichen aber Anspruch auf Arbeitsfreistellung an einem anderen Tag in der Woche, der auch ein betrieblicher Ruhetag sein kann.

Nicht nur die Festlegung von Höchstarbeitszeiten, sondern gleichfalls das Gebot von Mindestruhezeiten und Pausen dient dem Schutz des Arbeitnehmers vor Überanstrengungen.

Ruhezeiten sind Zeiten zwischen dem Ende der Arbeit und ihrem Wiederbeginn. Für alle der Arbeitszeitordnung unterliegenden Personen muß die Ruhezeit mindestens 11 Stunden betragen (§ 12 AZO). Nun unterliegt – wie dargestellt – das Pflegepersonal in Krankenhäusern nicht der Arbeitszeitordnung, sondern der entsprechenden Verordnungen über Arbeitszeiten in Krankenanstalten; diese aber enthält keine Regelung über die Ruhezeiten; es muß deshalb auf die Arbeitszeitordnung als allgemeine gesetzliche Grundlage zurückgegriffen werden, so daß § 12 AZO in diesem Fall auch auf das Krankenhauspflegepersonal anwendbar ist. Sondervorschriften gelten dagegen wieder für Jugendliche; deren Mindestruhezeit beträgt grundsätzlich 12 Stunden (§ 13 JArbSchG).

Von den Ruhezeiten sind die *Pausen* zu unterscheiden. Unter Rückgriff auf den allgemeinen Sprachgebrauch wird die Ruhepause als im voraus festliegende Unterbrechung der Arbeitszeit definiert, in der der Arbeitnehmer weder Arbeit zu leisten hat, noch sich dafür bereit zuhalten braucht, sondern freie Verfügung darüber hat, wo und wie er diese Ruhezeit verbringen will. Entscheidendes Kriterium für die Pause ist damit die Freistellung des Arbeitnehmers von jeder Dienstverpflichtung und auch von jeder Verpflichtung, sich zum Dienst bereit zu halten (BAG, DB 1990, 2026ff). Demnach gehört die Arbeitsbereitschaft und der Bereitschaftsdienst nicht zu den Ruhezeiten.

Pausen sollen der Erholung der Arbeitnehmer und der Einnahme von Mahlzeiten dienen. Deshalb bestimmt § 12 Abs. 2 AZO ebenso wie § 18 Abs. 3 AZO, daß nach Möglichkeit für den Aufenthalt während der Pausen besondere Aufenthaltsräume oder freie Plätze zur Verfügung zu stellen sind.

Für das Pflegepersonal trifft § 3 Abs. 1 KrAZO eine *Pausenregelung* dergestalt, daß die Anstaltsleitung die Dauer und Verteilung der Pausen sowie der wöchentlichen Freizeiten nach Anhörung der leitenden Ärzte und der Betriebsvertretung festgelegt; die Regelung ist durch Aushang an sichtbarer Stelle bekanntzugeben. Die Beteiligungsrechte der Betriebsvertretung nach der KrAZO schließen die weitergehenden Mitbestimmungsrechte des Betriebs-/Personalrats in Arbeitszeitfragen nach dem Betriebsverfassungsgesetz nicht aus. Dabei beziehen sich die Mitbestimmungsrechte des Betriebsrats nicht nur auf die Aufstellung von Dienstplänen für das Pflegepersonal, sondern auch auf die nachträgliche Veränderung. Dies gilt auch in sogenannten Tendenzbetrieben, also Krankenpflegeanstalten mit karitativer Zielsetzung und Trägerschaft (LAG Berlin, MedR 1990, 228).

Zur Dauer der Pausen enthält die Arbeitszeitordnung in Krankenanstalten keine definitive Bestimmung. In § 1 Abs. 1 KrAZO heißt es nur, daß die tägliche Arbeitszeit durch angemessene Pausen unterbrochen sein muß. Die Angemessenheit der Pausendauer wird man zweckmäßigerweise – mangels eines anderen Anhaltspunktes – an der Arbeitszeitordnung orientieren. Danach ist den männlichen Arbeitnehmern bei einer Arbeitszeit von mehr als sechs Stunden eine halbstündige Ruhepause oder zwei viertelstündige Ruhepausen zu gewähren (§ 12 Abs. 2 AZO). Weiblichen Arbeitnehmern ist bei einer Arbeitszeit von mehr als viereinhalb bis sechs Stunden mindestens zwanzig Minuten, von sechs bis acht Stunden eine halbe Stunde, bei acht bis neun Stunden eine dreiviertel Stunde und bei mehr als neun Stunden eine Stunde Ruhepause einzuräumen (§ 18 AZO). Jugendlichen ist bei einer Beschäftigung von viereinhalb bis sechs Stunden Arbeitszeit eine Pause von dreißig Minuten, bei mehr als sechs Stunden eine Stunde Ruhepause zu gewähren (§ 11 JArbSchG).

In einer Übersicht stellt sich die Pausenregelung wie folgt dar:

Pausen	Arbeitszeit
Männliche Arbeitnehmer	
– von mehr als 6 Stunden	30 Minuten oder 2 × 15 Minuten
Weibliche Arbeitnehmer	
– von mehr als 4½–6 Stunden	20 Minuten
– von mehr als 6–8 Stunden	30 Minuten
– von mehr als 8–9 Stunden	45 Minuten
– von mehr als 9 Stunden	60 Minuten
Jugendliche Arbeitnehmer	
– von mehr als 4½–6 Stunden	30 Minuten
– von mehr als 6 Stunden	60 Minuten

2.3.5.3 Beabsichtigte Neuregelung des Arbeitszeitschutzes

Im Einigungsvertrag (Art. 30) wurde der gesamtdeutsche Gesetzgeber beauftragt, das öffentlich-rechtliche Arbeitszeitrecht einschließlich der Zulässigkeit von Sonn- und Feiertagsarbeit und den besonderen Frauenarbeitsschutz möglichst bald einheitlich neu zu regeln. Mit dem Gesetzesentwurf (E) zur Vereinheitlichung und Flexibilisierung des Arbeitszeitrechts durch die Bundesregierung soll dieser Auftrag unter gleichzeitiger Berücksichtigung der Konzeption eines EG-Richtlinienentwurfs über bestimmte Aspekte der Arbeitszeitgestaltung erfüllt werden; es ist zu erwarten, daß das Gesetz im Laufe des Jahres 1994 in Kraft treten wird.

Die Neuregelung wird auch für die Angehörigen der Berufe im Gesundheitswesen Änderungen mit sich bringen, auf die nachfolgend kurz eingegangen werden soll.

Geltungsbereich

Mit dem Inkrafttreten des neuen Arbeitszeitrechtsgesetzes (ArbZRG) wird die Verordnung über die Arbeitszeit in Krankenpflegeanstalten außer Kraft treten. In Krankenhäusern und anderen Einrichtungen zur Behandlung, Pflege und Betreuung von Personen gilt dann ohne Einschränkung das Arbeitszeitgesetz; unter letztgenannter

Einrichtung versteht der Gesetzgeber insbesondere auch die ambulanten Pflegedienste, aber auch Alten- und Jugendheime ebenso wie Einrichtungen für Behinderte dürften gemeint sein.

Der Arbeitszeitschutz gilt demnach grundsätzlich für alle Beschäftigungsbereiche und für alle Arbeitnehmer einschließlich der zu ihrer Berufsbildung Beschäftigten mit Ausnahme der leitenden Angestellten.

Zielsetzung

Zweck des Gesetzes ist es, die Sicherheit und den Gesundheitsschutz der Arbeitnehmer bei der Arbeitszeitgestaltung zu gewährleisten und die Rahmenbedingungen für flexible Arbeitszeiten zu verbessern sowie den Sonntag und die staatlich anerkannten Feiertage als Tage der Arbeitsruhe der Arbeitnehmer zu schützen. Dies soll vor allem durch die Möglichkeit flexibler und individueller Arbeitszeitmodelle erreicht werden (E § 1).

Arbeitszeit

Die Arbeitszeit wird vom Gesetzgeber definiert als die Zeit von Beginn bis zum Ende der Arbeit ohne Ruhepause (E § 2). Es soll beim Grundsatz des Acht-Stunden-Tages verbleiben, der Spielraum für eine intelligentere Verteilung der Arbeitszeiten jedoch erweitert werden: die täglich Arbeitszeit kann auf bis zu zehn Stunden verlängert werden, sie ist allerdings innerhalb eines Ausgleichszeitraums von voraussichtlich sechs Monaten auf durchschnittlich 8 Stunden auszugleichen (E § 3).

Neben den Grenzen für die höchstzulässige tägliche Arbeitszeit werden im Gesetzentwurf gesundheitliche Mindestnormen für Ruhezeiten und Ruhepausen festgelegt.

Ruhepausen

> Ruhepausen müssen im voraus festgelegt sein; dies bedeutet, daß zu Beginn der täglichen Arbeitszeit zumindest ein bestimmter zeitlicher Rahmen feststehen muß, innerhalb dessen der Arbeitnehmer seine Ruhepause in Anspruch nehmen kann.

Die derzeitige unterschiedliche Pausenregelung für Frauen und Männer soll aus Gründen der Gleichbehandlung und zur Vermeidung von Schwierigkeiten in der betrieblichen Praxis vereinheitlicht werden. Bei einer Arbeitszeit von mehr als 6–9 Stunden ist eine 30minütige Pause, bei einer Arbeitszeit von mehr als 9 Stunden eine 45minütige Pause vorgesehen. Die Pausenzeit kann in Zeitabschnitten von jeweils mindestens 15 Minuten aufgeteilt werden (E § 4).

Ruhezeit

Nach Beendigung der täglichen Arbeitszeit muß dem Arbeitnehmer grundsätzlich eine ununterbrochene Ruhezeit von mindestens 11 Stunden eingeräumt werden (E § 5). Für

Krankenhäuser und andere Einrichtungen zur Behandlung, Pflege und Betreuung von Personen (Alten- und Pflegeheime, ambulante Pflegedienste) gelten allerdings gewisse Ausnahmen. Die Mindestruhezeit soll nur bis zu einer Stunde verkürzt werden können, wenn innerhalb eines Monats (bzw. zu 4 Wochen) die Verkürzung durch eine entsprechende Verlängerung der Ruhezeit ausgeglichen wird. Ein Ausgleich soll weiterhin möglich sein bei Kürzungen der Ruhezeit durch Inanspruchnahme während des Bereitschaftsdienstes oder der Rufbereitschaft, wenn diese nicht mehr als die Hälfte der Ruhezeit beträgt. Durch diese Regelung soll sicher gestellt werden, daß etwa in Krankenhäusern beschäftigte Personen (zum Beispiel Ärzte, Pflegepersonal und ähnliches) trotz Arbeitsleistung während des Bereitschaftsdienstes oder der Rufbereitschaft planmäßig im Anschluß an diese Dienste ihre Tätigkeit aufnehmen können, ohne daß im Anschluß an Arbeitsleistungen während des Dienstes eine erneute 10-stündige Ruhezeit erforderlich wird. Arbeitszeiten während des Bereitschaftsdienstes oder der Rufbereitschaft können daher zu anderen Zeiten ausgeglichen werden. Ein Zeitraum, innerhalb dessen der Ausgleich zu erfolgen hat, wird gesetzlich nicht festgelegt. Der Ausgleich kann auch während anderer Bereitschaftsdienste oder Rufbereitschaften erfolgen, soweit keine Arbeitsleistung während dieser Dienste erbracht wird.

Nachtarbeit und Schichtarbeit

Das Bundesverfassungsgericht hatte ein nach der Arbeitszeitordnung bestehendes Nachtarbeitsverbot für Arbeitnehmerinnen für verfassungswidrig erklärt (BVerG, NJW 1992, 2678). Daraus schließt der Gesetzgeber jedoch nicht eine Ausdehnung des Nachtarbeitsverbots auch für Männer. Vielmehr sieht er geschlechtsneutrale Schutzvorschriften für alle Arbeitnehmer vor, um dem objektiven Gehalt der Grundrechte, insbesondere des Rechts auf körperliche Unversehrtheit (Art. 2 Abs. 2 GG), Genüge zu tun. Es wird unter anderem bestimmt, daß in der Regel die werktägliche Arbeitszeit der Nachtarbeitnehmer acht Stunden nicht überschreiten darf; sie kann auf bis zu zehn Stunden verlängert werden, wenn innerhalb von einem Monat (bzw. vier Wochen) im Durchschnitt acht Stunden werktäglich nicht überschritten werden (E § 6 Abs. 2). Nachtarbeitnehmer im Sinne des Gesetzes sind Arbeitnehmer, die auf Grund ihrer Arbeitszeitgestaltung regelmäßig wiederkehrend in Wechselschicht Nachtarbeit zu leisten haben oder Nachtarbeit an mindestens 48 Tagen im Kalenderjahr leisten (E § 2 Abs. 5). Als Nachtarbeit wird jede Arbeit definiert, die mehr als 2 Stunden der Nachtzeit umfaßt; Nachtzeit ist die Zeit von 24 bis 6 Uhr.

Von den vorliegenden Regelungen kann allerdings unter bestimmten Voraussetzungen abgewichen werden.

Sofern der Gesundheitsschutz der Arbeitnehmer durch einen entsprechenden Zeitausgleich gewährleistet wird, kann – so der Gesetzesentwurf – in einem Tarifvertrag oder auf Grund eines Tarifvertrages in einer Betriebsvereinbarung unter anderem zugelassen werden, die Regelung der Arbeitszeit (E § 3), der Ruhepause (E § 4), der Ruhezeit (E § 5 Abs. 1) und der werktäglichen Nachtarbeitszeit (E § 6 Abs. 2) bei der Behandlung, Pflege und Betreuung von Personen der Eigenart dieser Tätigkeit und dem Wohl dieser Personen entsprechend anzupassen. Hiermit soll den Erfordernissen pflegerischer und betreuender Tätigkeit gerecht werden können. In der Heimerziehung kann durch entsprechende tarifvertragliche Regelungen der Kontinuität persönlicher

Beziehungen zwischen dem Erzieher und dem Minderjährigen Rechnung getragen werden.

Sonn- und Feiertagsruhe

> Grundsätzlich dürfen Arbeitnehmer an Sonn- und gesetzlichen Feiertagen von 0 bis 24 Uhr nicht beschäftigt werden (E § 9 Abs. 1); etwas anderes gilt jedoch für Arbeitnehmer in Krankenhäusern, Alten- und Pflegeheimen, Jugendheimen etc., sofern die Arbeiten nicht an Werktagen vorgenommen werden können (E § 10 Abs. 1 Nr. 3).

Die an Sonntagen beschäftigten Arbeitnehmer sind wenigstens an einem Sonntag im Monat von der Beschäftigung freizustellen (E § 11 Abs. 1). Für Beschäftigte in Krankenhäusern allerdings kann durch Tarifvertrag von dieser Vorschrift abgewichen werden (E § 12), wenn mindestens zehn Sonntage im Jahr beschäftigungsfrei bleiben.

Für die Beschäftigung an Sonn- und gesetzlichen Feiertagen ist ein Ersatzruhetag zu gewähren, der innerhalb eines den Beschäftigungstag einschließenden Zeitraums von zwei Wochen (bei Sonntagsarbeit) oder von acht Wochen (bei Feiertagsarbeit) zu gewähren ist.

2.3.5.4 Schutz der erwerbstätigen Mutter

Das Gesetz zum Schutze der erwerbstätigen Mutter (Mutterschutzgesetz – MuSchG) in der Fassung vom 18. 04. 1968 mit späteren Änderungen hat für alle Arbeitgeber Bedeutung, die Frauen beschäftigen.

> Grundgedanke des Mutterschutzgesetzes ist, den Konflikt zwischen den mutterschaftlichen Aufgaben der erwerbstätigen Frau und ihre Bindungen aus der Erwerbsarbeit und die daraus entstehenden etwaigen wirtschaftlichen und sozialen Probleme zu überbrücken.

So findet das Gesetz auch Anwendung auf ledige und verheiratete Frauen, die in einem Arbeitsverhältnis stehen sowie diejenigen, die sich in einem Ausbildungsverhältnis befinden.

Die gesetzlichen Bestimmungen des Mutterschutzes umfassen im wesentlichen drei Schutzbereiche:

- den *Gesundheitsschutz* durch Gebote zur Arbeitsplatzgestaltung und Verbote der Beschäftigung in bestimmten Zeiträumen und mit bestimmten Arbeiten sowie Gewährung von Stillzeiten;
- die *Sicherung der wirtschaftlichen Versorgung* durch Verdienstsicherung und Gewährung eines Mutterschaftsgeldes und Mutterschaftsgeldzuschusses;
- den *Kündigungsschutz* zur Sicherung des Arbeitsplatzes.

Das Mutterschutzgesetz hat sowohl öffentlich-rechtlichen als auch privat-rechtlichen Charakter. Der öffentlich-rechtliche Charakter wird dadurch bestimmt, daß dem Arbeitgeber Pflichten auferlegt werden, deren Einhaltung vom Gewerbeaufsichtsamt überwacht und deren Verletzung unter Strafe gestellt wird. Auch die Bestimmungen über die Leistungen der Krankenkassen gehören dem öffentlichen Recht an, nämlich dem Sozialversicherungsrecht. Darüber hinaus enthält das Mutterschutzgesetz aber auch Regeln über die Rechtsbeziehungen zwischen Arbeitgeber und Arbeitnehmerin und ist insoweit privatrechtlicher Natur.

Damit der Arbeitgeber den ihm obliegenden Pflichten nachkommen kann, muß er von der Schwangeren Mitteilung über die bestehende Schwangerschaft erhalten. Deshalb bestimmt das Gesetz, daß Schwangere, sobald ihnen ihr Zustand bekannt ist, dem Arbeitgeber ihre Schwangerschaft und den mutmaßlichen Tag der Entbindung mitteilen sollen. Der Arbeitgeber kann die Vorlage eines Attests begehren. Die Mitteilungspflicht (§ 5 Abs. 1 MuSchG) ist keine Rechtspflicht, sondern lediglich eine Empfehlung an die Schwangere im eigenen Interesse und dem ihres Kindes. Erhält der Arbeitgeber Kenntnis von der Schwangerschaft, darf er diese Mitteilung nicht unbedingt an Dritte weitergeben. Der Aufsichtsbehörde (in vielen Bundesländern das Gewerbeaufsichtsamt) ist jedoch unverzüglich Mitteilung zu machen (§ 5 Abs. 1 Satz 2 MuSchG). Sobald der Arbeitgeber Kenntnis von der Schwangerschaft hat, sind die mutterschutzrechtlichen Vorschriften einzuhalten. Dies gilt selbst dann, wenn die Schwangere den Nachweis durch ein ärztliches Attest verzögert. Für die Berechnung der Schutzfrist vor der Entbindung (§ 3 Abs. 2 MuSchG) ist das vorgelegte Zeugnis des Arztes oder der Hebamme maßgeblich.

Gesundheitsschutz

Wer eine werdende oder stillende Mutter beschäftigt, hat als Arbeitgeber den Arbeitsplatz so einzurichten und ihre Beschäftigung so zu regeln, daß sie und das werdende Kind vor Schädigungen an Leib und Gesundheit geschützt sind (§ 2 MuSchG). Insbesondere ist der Arbeitgeber verpflichtet, Sitzgelegenheiten zum kurzen Ausruhen bereitzustellen, wenn die werdende oder stillende Mutter mit Arbeiten beschäftigt wird, bei denen sie ständig stehen oder gehen muß. Die Aufsichtsbehörde kann im Einzelfall besondere Schutzanordnungen erlassen. Die Arbeitsstättenverordnung (§ 31) enthält das Gebot, werdenden oder stillenden Müttern zu ermöglichen, während der Pausen und unter Umständen auch während der Arbeitszeit in einem geeigneten Raum auf einer Liege auszuruhen.

Beschäftigungsverbote

> Die Beschäftigung werdender Mütter und Wöchnerinnen ist in einem bestimmten Umfang schlechthin verboten. Das Mutterschutzgesetz unterscheidet dabei generelle und individuelle Beschäftigungsverbote.

Zu den *generellen Beschäftigungsverboten,* die also für jede werdende Mutter oder Wöchnerin ohne Rücksicht auf ihren persönlichen Gesundheitszustand oder ihre körperliche Verfassung gelten, zählt das Beschäftigungsverbot vor sowie auch nach der Entbindung. Keine Entbindung im Sinne des Mutterschutzgesetzes ist die Fehlgeburt; demgegenüber wird zwischen Lebendgeburt und Totgeburt nicht unterschieden, beide Ereignisse begründen die Schutzfristen (siehe 2.1.1.1). Sechs Wochen vor der Entbindung dürfen Schwangere nicht beschäftigt werden, es sei denn, daß sie sich zur

Arbeitsleistung ausdrücklich bereiterklären; diese Erklärung kann jedoch jederzeit widerrufen werden. Bis zum Ablauf der achten Woche nach der Entbindung, bei Früh- und Mehrlingsgeburten bis zum Ablauf von zwölf Wochen nach der Entbindung dürfen Wöchnerinnen nicht beschäftigt werden. Für die Fristenberechnung ist maßgebend das Zeugnis des Arztes oder der Hebamme, das den mutmaßlichen Tag der Entbindung angeben soll. Irrt sich der Arzt oder die Hebamme über den Zeitpunkt der Entbindung, so verkürzt oder verlängert sich die Frist entsprechend. Weiterhin zählt zu den generellen Beschäftigungsverboten das Verbot der Beschäftigung mit bestimmten Tätigkeiten. Zu solchen Verrichtungen rechnet das Gesetz Arbeiten, bei denen regelmäßig Lasten von mehr als fünf Kilogramm Gewicht oder gelegentlich von mehr als zehn Kilogramm Gewicht ohne mechanische Hilfsmittel von Hand gehoben, bewegt oder befördert werden. Nach Ablauf des fünften Monats der Schwangerschaft gehören dazu Arbeiten, bei denen die Arbeitnehmerin ständig stehen muß, soweit die Beschäftigung täglich vier Stunden überschreitet. Weiterhin zählen dazu Arbeiten, bei denen sich die Schwangere häufig erheblich strecken oder beugen oder bei denen sie dauernd hocken oder sich gebückt halten muß und schließlich auch Arbeiten, bei denen sie Berufserkrankungen oder erhöhten Unfallgefahren ausgesetzt ist.

Darüberhinaus bestimmt die Gefahrstoffverordnung, daß werdende oder stillende Mütter nicht mit (sehr) giftigen, mindergiftigen oder in sonstiger Weise den Menschen chronisch schädigenden Gefahrstoffen (siehe 2.3.5.1.5) nicht beschäftigt werden dürfen, soweit die Auslöseschwelle überschritten wird (§ 26 Abs. 5 GefStoffV). Weiterhin wird dem Arbeitgeber untersagt, werdende oder stillende Mütter mit Stoffen, Zubereitungen oder Erzeugnissen, die ihrer Art nach erfahrungsgemäß Krankheitserreger übertragen können, zu beschäftigen, wenn sie den Krankheitserregern ausgesetzt sind. Für ein derartiges mutterschutzrechtliches Beschäftigungsverbot soll nach der Rechtsprechung bereits eine sehr geringe Infektionswahrscheinlichkeit genügen (BVerwG, Hyg + Med 1994, 155), etwa bei Arbeiten einer Schwangeren, bei denen die Gefahr besteht, daß die Schutzfunktion der verwendeten persönlichen Schutzausrüstung (wie Mundschutz, Schutzhandschuhe) zum Beispiel durch den Umgang mit möglicherweise infizierten spitzen, schneidenden, stechenden oder scharfen Gegenständen aufgehoben wird.

Grundsätzlich verboten ist die Mehr-, Nacht- und Sonntagsarbeit (§ 8 MuSchG), wobei jedoch für Berufe in der Krankenpflege und in Badeanstalten das Sonn- und Feiertagsbeschäftigungsverbot nicht gilt, wenn werdenden oder stillenden Müttern in jeder Woche einmal eine ununterbrochenene Ruhezeit von mindestens 24 Stunden im Anschluß an eine Nachtruhe gewährt wird (§ 8 Abs. 3 MuSchG). Diese Vorschrift gilt nicht nur für das Pflegepersonal, sondern auch für solche Arbeitskräfte in Krankenanstalten, deren Einsatz erforderlich ist, um den ordnungsgemäßen Betrieb im Interesse der Krankenversorgung durchführen zu können (BAG, NZA 1991, 505). Wird eine Arbeitnehmerin zum Beispiel wegen eines Sonntagsbeschäftigungsverbots nicht beschäftigt, so hat der Arbeitgeber gemäß § 11 Abs. 1 MuSchG den in bestimmter Weise zu errechnenden Durchschnittsverdienst weiterzugewähren.

Als *individuelles Beschäftigungsverbot* ist das Verbot zu bezeichnen, werdende Mütter dann nicht zu beschäftigen, soweit nach ärztlichem Attest Leben oder Gesundheit von Mutter oder Kind bei Fortdauer der Beschäftigung gefährdet sind (§ 3 Abs. 1 MuSchG). Frauen, die in den ersten Monaten nach der Entbindung nach ärztlichem Zeugnis nicht voll leistungsfähig sind, dürfen nicht zu einer ihrer Leistungsfähigkeit übersteigenden Arbeit herangezogen werden.

Anstelle einer generell oder individuell verbotenen Beschäftigung kann der Arbeitgeber der Arbeitnehmerin eine andere erlaubte Tätigkeit zuweisen. Die Arbeitnehmerin ist verpflichtet, diese Arbeiten zu verrichten, solange sie ihr zumutbar sind.

Stillenden Müttern ist auf ihr Verlangen die zum Stillen erforderliche Zeit, mindestens aber zweimal täglich eine halbe Stunde oder einmal täglich eine Stunde freizugeben. Bei einer zusammenhängenden Arbeitszeit von mehr als acht Stunden soll auf Verlangen zweimal eine Stillzeit von mindestens 45 Minuten oder wenn in der Nähe der Arbeitsstätte keine Stillgelegenheit vorhanden ist, einmal eine Stillzeit von 90 Minuten gewährt werden. Einen Verdienstausfall darf die Wöchnerin hierdurch nicht erleiden; auch darf die Stillzeit nicht auf die Ruhepausen angerechnet werden; sie ist ebensowenig vor- oder nachzuarbeiten.

Sicherung der wirtschaftlichen Versorgung

Setzt eine Frau wegen eines generellen oder individuellen Beschäftigungsverbots ganz oder teilweise mit der Arbeit aus, oder muß sie die Tätigkeit wechseln, so hat sie trotzdem keine finanziellen Nachteile zu befürchten; sie erhält den ihr entstehenden Verdienstausfall ersetzt. Der Verdienstausgleich muß wenigstens der Höhe des Durchschnittsverdienstes der letzten 13 Wochen – oder bei monatlicher Entlohnung der letzten 3 Monate – vor Eintritt der Schwangerschaft entsprechen. Der Arbeitgeber muß den Verdienstausgleich jedoch nicht gewähren, wenn er die Schwangere auf einen ihr zumutbaren Arbeitsplatz umsetzen kann. Ein Anspruch auf Mutterschutzlohn besteht weiterhin nicht, solange die Frau Mutterschaftsgeld nach den Vorschriften der Reichsversicherungsordnung (RVO) beziehen kann.

Mutterschaftsgeld erhalten alle erwerbstätigen Frauen für die Dauer der Schutzfristen (6 Wochen vor, 8–12 Wochen nach der Entbindung) und für den Entbindungstag. Der Anspruch setzt voraus, daß die Schwangere bei Beginn der Mutterschutzfrist vor der Entbindung in einem Arbeits- bzw. Ausbildungsverhältnis steht, oder daß ihr Arbeitsverhältnis während der Schwangerschaft vom Arbeitgeber zulässig aufgelöst wurde. Außerdem muß die schwangere Frau in der Zeit zwischen dem zehnten und vierten Monat einschließlich dieser Monate vor der Entbindung für mindestens zwölf Wochen in der gesetzlichen Krankenversicherung versichert gewesen sein oder in einem Arbeitsverhältnis gestanden haben. Auch solche Frauen, deren Arbeitsverhältnis während oder nach den Schutzfristen endet, erhalten Mutterschaftsgeld. Das gilt ebenso für Frauen, die bei Beginn der Schutzfrist vor der Entbindung Anspruch auf Arbeitslosengeld oder Arbeitslosenhilfe hatten.

Die Höhe des Mutterschaftsgeldes richtet sich nach den um die gesetzlichen Abzüge verminderten durchschnittlichen Arbeitsentgelte der letzten drei Monate vor dem Beginn der Schutzfrist vor der Entbindung. Es beträgt 25 DM für den Kalendertag. Übersteigt der durchschnittliche Nettolohn die Höchstsätze (je nach Länge des Monats 700 DM bis 775 DM), ist der Arbeitgeber verpflichtet, die Differenz als Zuschuß zum Mutterschaftsgeld zu zahlen (sogenannter Mutterschaftsgeldzuschuß, § 14 MuSchG). Der als Grundlage dienende Durchschnittsverdienst wird allerdings um den Betrag der gesetzlichen Abzüge vermindert. Der Anspruch auf den Mutterschaftsgeldzuschuß des Arbeitgebers besteht nur für die Zeit der Schutzfristen. Zur Verdeutlichung ein Beispiel:

Eine Frau hatte in den letzten drei Monaten vor der Schutzfrist vor der Entbindung einen gleichbleibenden monatlichen Bruttolohn von 1550 DM. Der monatliche Nettolohn betrug 1200 DM. Der monatliche Nettolohn der letzten drei Monate (1200 × 3 = 3600) wird auf den Kalendertag (drei Kalendermonate zu je 30 Tagen) umgerechnet (3600 DM : 90 = 40 DM pro Kalendertag). Der durchschnittliche kalendertägliche Nettolohn betrug also 40 DM. Während der Schutzfristen vor und nach der Entbindung erhält die Frau pro Kalendertag diese 40 DM und zwar 25 DM als Mutterschaftsgeld und 15 DM vom Arbeitgeber als Mutterschaftsgeldzuschuß.

Frauen, die in keinem Arbeitsverhältnis stehen und bei einer Krankenkasse mit Anspruch auf Krankengeld versichert sind, erhalten für die Zeit der Schutzfristen das Mutterschaftsgeld in Höhe des Krankengeldes. Gleiches gilt für werdende Mütter, die Arbeitslosengeld oder Arbeitslosenhilfe vom Arbeitsamt beziehen. Werdende Mütter, die ohne Anspruch auf Krankengeld bei ihrer Krankenkasse versichert sind, erhalten ein einmaliges Entbindungsgeld von 150 DM.

Das Mutterschaftsgeld wird den in der gesetzlichen Krankenversicherung versicherten Frauen von ihrer Krankenkasse gezahlt und muß auch dort beantragt werden. Frauen, die nicht in einer Pflichtkrankenkasse oder Ersatzkasse versichert sind, erhalten das Geld von der Bundesversicherungsanstalt Berlin, wo auch der Antrag zu stellen ist.

Neben dem Mutterschaftsgeld und Entbindungsgeld umfassen die Leistungen der Kassen bei Schwangerschaft und Mutterschaft gemäß § 195 RVO ärztliche Betreuung und Hebammenhilfe, Versorgung mit Arznei-, Verband- und Heilmitteln, stationäre Entbindung, häusliche Pflege und Haushaltshilfe. Wird die Schwangere zur Entbindung in ein Krankenhaus aufgenommen, hat sie für sich und das Neugeborene Anspruch auf Unterkunft, Pflege und Verpflegung für die Zeit nach der Entbindung, jedoch für längstens sechs Tage. Anspruch auf häusliche Pflege und Haushaltshilfe besteht nur in erforderlichen Fällen.

Für die Vorsorgeuntersuchungen hat der Arbeitgeber die Schwangere ohne Verdienstausfall freizustellen. Die Untersuchung kann bei einem Arzt der eigenen Wahl erfolgen, Voraussetzung ist ein sogenannter Mutterschaftsvorsorgeschein, den die Schwangere bei ihrer Krankenkasse erhält.

Kündigungsschutz Schwangerer

Die werdende Mutter steht – wie bereits angeklungen – unter einem besonderen Kündigungsschutz. So ist die Kündigung durch den Arbeitgeber während der Schwangerschaft und in den ersten vier Monaten nach der Entbindung unzulässig, wenn dem Arbeitgeber die Schwangerschaft oder Entbindung bekannt war oder ihm innerhalb von zwei Wochen nach Zugang der Kündigung mitgeteilt wurde.

> Das Überschreiten dieser Frist ist unschädlich, wenn es auf einem von der Frau nicht zu vertretenden Grund beruht und die Mitteilung unverzüglich nachgeholt wird (§ 9 Abs. 1 MuSchG).

Zu vertreten hat die Arbeitnehmerin Vorsatz und Fahrlässigkeit (§ 276 BGB). Ein fahrlässiges Fristversäumnis liegt vor, wenn es auf einem gröblichen Verstoß gegen das von einem verständigen Menschen im eigenen Interesse billigerweise zu erwartendem Verhalten beruht (BGH, NJW 1984, 1418). Dies ist beispielsweise der Fall, wenn die

Arbeitnehmerin in Kenntnis der Schwangerschaft die Mitteilung unterläßt, ohne daß sie durch andere Umstände verhindert war oder wenn sie nach der Kündigung keine Untersuchung zur Feststellung der Schwangerschaft durchführen läßt, obwohl sie zwingende Anhaltspunkte für eine Schwangerschaft hat.

Unverzügliche Mitteilung bedeutet, daß sie ohne schuldhaftes Verzögern (§ 121 BGB) nachgeholt wird. Das Kündigungsverbot nach § 9 MuSchG gilt auch dann, wenn der Arbeitgeber das Arbeitsverhältnis einer Schwangeren vor dessen Beginn fristgemäß kündigt (LAG Düsseldorf, NZA 1993, 1041).

Macht die Frau von der Möglichkeit der Inanspruchnahme des Erziehungsurlaubs (siehe 2.3.5.5) Gebrauch, so darf der Arbeitgeber das Arbeitsverhältnis ab dem Zeitpunkt, von dem an Erziehungsurlaub verlangt worden ist, höchstens jedoch sechs Wochen vor Beginn des Erziehungsurlaubs grundsätzlich nicht kündigen. Ausnahmsweise kann jedoch auf Antrag des Arbeitgebers mit Zustimmung der für den Arbeitsschutz zuständigen obersten Landesbehörde oder der von ihr bestimmten Stelle (in der Regel Gewerbeaufsichtsämter) gekündigt werden (§ 18 BErzGG). Diese Regelung gilt auch für den erziehungsurlaubsberechtigten Vater.

Die Behörde hat in einem solchen Fall die widerstreitenden Interessen der Arbeitnehmerin am Fortbestand des Arbeitsverhältnisses einerseits und des Arbeitgebers an dessen Beendigung andererseits zu prüfen. Unter welchen Umständen ein berechtigtes Interesse des Arbeitgebers an einer Kündigung vorliegen kann, regelt eine allgemeine Verwaltungsvorschrift zum Kündigungsschutz bei Erziehungsurlaub vom 02. 01. 1986. Zu derartigen Umständen zählt beispielsweise eine Existenzbedrohung des Betriebes des Arbeitgebers oder auch ein besonders schwerer Verstoß der Arbeitnehmerin gegen arbeitsvertragliche Pflichten. Dies gilt auch während des Berufsausbildungsverhältnisses (§ 8 der allgemeinen Verwaltungsvorschrift).

Wird einer schwangeren Frau verbotswidrig gekündigt, so sollte sie sich an die zuständige Aufsichtsbehörde – Gewerbeaufsichtsamt – wenden und vorsorglich Kündigungsschutzklage erheben. Beschäftigt der Arbeitgeber die Frau im Falle einer verbotswidrigen Kündigung nicht, so muß er das Arbeitsentgelt – mit Ausnahme der Schutzfristen, wo nur der Zuschuß zu zahlen ist – weiterzahlen.

Nur in wenigen gravierenden Fällen hat der Arbeitgeber das Recht zur außerordentlichen Kündigung, diese bedarf aber der vorherigen Zustimmung des Gewerbeaufsichtsamts. Kündigt der Arbeitgeber in zulässiger Weise, erhalten Frauen während der Schutzfristen Mutterschaftsgeld.

Ihrerseit kann jede Mutter frei entscheiden, ob sie das Arbeitsverhältnis beenden will. Sie hat das Recht, ihr Arbeitsverhältnis während der Schwangerschaft und während der Schutzfrist nach der Entbindung ohne Einhaltung einer Frist (fristlos) vom Ende der Schutzfrist an zukündigen. Bei Inanspruchnahme des Erziehungsurlaubs kann der/die Berechtigte das Arbeitsverhältnis unter Einhaltung einer Kündigungsfrist von drei Monaten zum Ende des Erziehungsurlaubs kündigen (§ 19 BErzGG).

Wird eine Frau innerhalb eines Jahres nach der Entbindung in ihrem alten Betrieb wiedereingestellt, gilt das Arbeitsverhältnis hinsichtlich der Betriebszugehörigkeit als nicht unterbrochen (§ 10 Abs. 2 MuSchG). Dies kann sich gegebenenfalls auf die betriebliche Altersversorgung auswirken.

2.3.5.5 Erziehungsgeld und Erziehungsurlaub

Mit dem Gesetz über die Gewährung von Erziehungsgeld und Erziehungsurlaub (Bundeserziehungsgeldgesetz – BErzGG – vom 06.12.1985 Neufassung vom 31.01.1994) wurde der Erziehungsurlaub eingeführt; gleichzeitig wurden die Vorschriften über den Mutterschaftsurlaub aufgehoben.

Durch das Erziehungsgeld und den Erziehungsurlaub soll die Betreuung und Erziehung des Kindes in der ersten Lebenshälfte gefördert werden. Das Erziehungsgeld soll es den Eltern erleichtern, im Anschluß an die Schutzfristen auf eine Erwerbstätigkeit zu verzichten.

> Der Anspruch auf Erziehungsurlaub ist ein privatrechtlicher Anspruch auf Freistellung von der Arbeit aus Anlaß der Geburt und Betreuung des Kindes. Der Anspruch besteht, wenn auch ein Erziehungsgeldanspruch gegeben ist.

Anspruchsberechtigt sind unter anderem Arbeitnehmer (§ 15 Abs. 1) und die zu ihrer Berufsbildung Beschäftigten (§ 20 Abs. 1); gleichgültig ist, ob das Arbeitsverhältnis auf Dauer, befristet oder als Teilzeitarbeitsverhältnis abgeschlossen ist.

Der Anspruch ist grundsätzlich abhängig vom Anspruch auf Erziehungsgeld. Dieser wiederum besteht regelmäßig für einen Arbeitnehmer, der seinen Wohnsitz im Inland hat, mit einem Kind in seinem Haushalt lebt, für das ihm die Personensorge obliegt, das er selbst betreut und erzieht und wenn er keine oder keine volle Erwerbstätigkeit ausübt (§ 1).

Für die Betreuung und Erziehung eines Kindes wird nur an eine Person Erziehungsgeld gewährt (§ 3 Abs. 1). Erfüllen beide Ehegatten die Anspruchsvoraussetzungen, so wird demjenigen das Erziehungsgeld gewährt, den sie zum Berechtigten bestimmen. Wird die Bestimmung nicht im Antrag auf Erziehungsgeld getroffen, ist die Ehefrau die Berechtigte. Die Bestimmung kann nur geändert werden, wenn die Betreuung und Erziehung des Kindes nicht mehr sichergestellt werden kann, etwa bei schwerer Erkrankung, nicht nur vorübergehender Abwesenheit (zum Beispiel Haft), natürlich bei Tod des Erziehungsgeldberechtigten. Ein Wechsel in der Anspruchsberechtigung wird mit Beginn des folgenden Lebensmonats des Kindes wirksam (§ 3 Abs. 4).

Eine Änderung in der Anspruchberechtigung hat der Arbeitnehmer dem Arbeitgeber unverzüglich mitzuteilen (§ 16 Abs. 5).

Spätestens vier Wochen vor dem Zeitpunkt, von dem ab der Erziehungsurlaub in Anspruch genommen werden soll, ist ein entsprechendes Verlangen an den Arbeitgeber zu richten; gleichzeitig ist zu erklären, für welche(n) Zeitraum oder Zeiträume der Erziehungsurlaub beansprucht wird (§ 16 Abs. 1). Ein Wechsel in der Inanspruchnahme ist unter den Berechtigten dreimal zulässig. Kann der Arbeitnehmer aus einem von ihm nicht zu vertretenden Grund einen sich unmittelbar an die Schonfrist nach der Geburt (§ 6 MuSchG) anschließenden Erziehungsurlaub nicht rechzeitig verlangen, kann er dies innerhalb einer Wochenfrist nach Wegfall des Grundes nachholen (§ 16 Abs. 2). Das Verlangen ist nicht an eine Form geknüpft, kann also mündlich wie schriftlich gestellt werden. Einer Zustimmung durch den Arbeitgeber bedarf es nicht. Andererseits ist das Urlaubsverlangen unwiderruflich.

Der Anspruch auf Erziehungsurlaub besteht nicht während der Zeiten eines Beschäftigungsverbots nach dem Mutterschutzgesetz oder wenn der mit dem Erzie-

hungsberechtigten in einem Haushalt lebende Ehegattte nicht erwerbstätig ist, es sei denn, der Ehegatte ist arbeitslos oder befindet sich in der Ausbildung (§ 15 Abs. 2).
Für Kinder, die nach dem 31. 12. 1992 geboren wurden, wird Erziehungsgeld bis zur Vollendung des zweiten Lebensjahres gewährt (§ 4). Die Höhe des Kindergeldes beträgt 600 DM monatlich. Von Beginn des siebten Lebensmonats des Kindes an kann sich je nach den Einkommensverhältnissen der Eltern die Höhe des Erziehungsgeldes verändern (§§ 5, 6). Laufend zu zahlendes Mutterschaftsgeld (siehe 2.3.5.4) wird auf das Erziehungsgeld angerechnet. Auszubildende erhalten Erziehungsgeld, auch wenn sie ihre Ausbildung unterbrechen. Bei Mehrlingsgeburten wird für jedes Kind Erziehungsgeld gezahlt.
Der Erziehungsurlaub beginnt nach Ablauf der Schutzfrist des § 6 Abs. 1 MuSchG und endet mit Vollendung des dritten Lebensjahres eines Kindes, das nach dem 31.12.91 geboren ist. Der Arbeitnehmer muß den Bezugszeitraum nicht voll ausschöpfen. Er kann unabhängig von der Zustimmung des Arbeitgebers von vornherein eine kürzere Zeitspanne bestimmen. Allerdings muß diese einen vollen Lebensmonat des Kindes umfassen. Stirbt das Kind während des Erziehungsurlaubs, so endet dieser drei Wochen nach dem Kindestod (§ 16 Abs. 4).
Mit Zustimmung des Arbeitgebers kann der Erziehungsurlaub, der grundsätzlich für den beanspruchten Zeitraum zu nehmen ist, ausnahmsweise vorzeitig beendet werden, ebenso kann er aus wichtigem Grund verlängert werden, wenn er anfangs nicht in vollem Umfange beantragt wurde oder ein vorgesehener Wechsel aus wichtigem Grund nicht vollzogen werden kann (§ 16 Abs. 3).
Für jeden vollen Kalendermonat, für den der Arbeitnehmer Erziehungsurlaub nimmt, kann der Arbeitgeber Erholungsurlaub, der dem Arbeitnehmer für das Urlaubsjahr aus dem Arbeitsverhältnis zusteht, um 1/12 kürzen (§ 17 Abs. 1). Endet das Arbeitsverhältnis während des Erziehungsurlaubs oder wird es danach nicht fortgesetzt, so ist noch ausstehender Urlaub abzugelten.
Auf Berufsbildungszeiten wird die Zeit des Erziehungsurlaubs nicht angerechnet (§ 20 Abs. 1). Die Berufsbildungszeit wird automatisch um den Erziehungsurlaub verlängert.
War der Bezieher von Erziehungsgeld in der gesetzlichen Krankenversicherung pflichtversichert, so wird die Pflichtversicherung während des Erziehungsurlaubs beitragsfrei aufrechterhalten (§§ 192 Abs. 1 Nr. 2, 224 SGB V). Im Falle der Erkrankung behält er seinen Anspruch auf Regelleistungen der Krankenkasse mit Ausnahme der Zahlung von Krankengeld.
Zeiten des Bezugs von Erziehungsgeld werden im Rahmen der Arbeitslosenversicherung beitragspflichtigen Beschäftigungszeiten gleichgestellt (§ 107 Satz 1 Nr. 5 AFG); derartigen Zeiten wirken also anwartschaftsbegründend. Der Bezug des Arbeitslosengeldes verhindert den Bezug des Erziehungsgeldes, da er der Erwerbstätigkeit gleichsteht. Allerdings kann neben dem Erziehungsgeld Arbeitslosengeld für eine Erwerbstätigkeit bis zu 19 Stunden bezogen werden, da insoweit eine Erwerbstätigkeit zugelassen ist (§ 2 Abs. 2). Arbeitslosenhilfe kann neben dem Erziehungsgeld bezogen werden.
Die rentenrechtlichen Fragen der Kindererziehungszeiten sind in § 56 SGB VI geregelt.

2.3.5.6 Jugendarbeitsschutzrecht

Im Zusammenhang mit dem Arbeitszeitschutz ist das Jugendarbeitsschutzgesetz (JArbSchG) schon mehrfach angesprochen worden. Das Jugendarbeitsschutzgesetz vom 12. 04. 1976 mit späteren Änderungen gilt nach seinem *persönlichen Geltungsbereich* für Personen, die noch nicht 18 Jahre alt sind. Nach den gesetzlichen Definitionen (§ 2 JArbSchG) sind Kinder entsprechend der heutigen Anschauung Personen, die das 14. Lebensjahr noch nicht vollendet haben, Jugendliche dagegen solche, die das 14., aber noch nicht das 18. Lebensjahr vollendet haben.

Bezogen auf die Ausbildungsvorschriften in den Berufen des Gesundheitswesens kann das Jugendarbeitsschutzgesetz unter anderem für folgende Personengruppen Anwendung finden:

- Berufe in der (Kinder-)krankenpflege (Ausbildungsbeginn mit Vollendung des 17. Lebensjahres möglich),
- Hebammen und Entbindungspfleger (Ausbildungsbeginn mit Vollendung des 17. Lebensjahres möglich),
- Diätassistenten (Ausbildungsbeginn wegen Realschulabschlußerfordernis in der Regel ab 17. Lebensjahr; grundsätzlich kein Mindestalter),
- Physiotherapeut (Ausbildungsbeginn mit Vollendung des 17. Lebensjahrs möglich),
- technische Assistenten in der Medizin (Ausbildungsbeginn wegen Realschulabschlußerfordernis in der Regel ab 17. Lebensjahr; grundsätzlich kein Mindestalter),
- pharmazeutisch-technische Assistenten (Ausbildungsbeginn wegen Realschulabschlußerfordernis in der Regel ab 17. Lebensjahr; grundsätzlich kein Mindestalter),
- Orthoptisten (Ausbildungsbeginn wegen Realschulabschlußerfordernis in der Regel ab 17. Lebensjahr; grundsätzlich kein Mindestalter),
- Arbeits- und Beschäftigungstherapeut (Ausbildungsbeginn wegen Realschulabschlußerfordernis in der Regel ab 17. Lebensjahr; grundsätzlich kein Mindestalter),
- Logopäde (Ausbildungsbeginn in der Regel mit Vollendung des 18. Lebensjahres, allerdings Ausnahmen möglich)
- Masseur und medizinischer Bademeister (Ausbildungsbeginn ab dem 16. Lebensjahr,
- Apothekenhelfer/-innen (Ausbildungsbeginn ab dem 14. bzw. 15. Lebensjahr möglich),
- Arzthelfer/-innen (Ausbildungsbeginn ab dem 14. bzw. 15. Lebensjahr möglich).

Vom persönlichen Geltungsbereich des Jugendarbeitsschutzgesetzes ist sein *sachlicher Geltungsbereich* zu unterscheiden. Danach gilt das Gesetz für jede Form der Beschäftigung von Jugendlichen und zwar in der betrieblichen Berufsausbildung (ausgenommen also der reine Schulunterricht), als Arbeitnehmer sowie in einem der Berufsausbildung ähnlichen Ausbildungsverhältnis. Unter Beschäftigung im Sinne des Gesetzes ist dabei jede Leistung abhängiger Arbeit zu verstehen. Zur Berufsausbildung gehört insbesondere die Ausbildung in einem Berufsausbildungsverhältnis, das mit dem Ziel einer späteren Verwendung als Beamter begründet wird, aber auch die betriebliche Ausbildung in Heil- und Heilhilfsberufen (§ 107 Abs. 1 BBiG).

Kinderarbeit, also Beschäftigung von Personen, die das 14. Lebensjahr noch nicht vollendet haben, ist grundsätzlich – von wenigen Ausnahmen abgesehen – verboten, auch wenn diese Beschäftigung während der Freizeit als Hobby ausgeführt wird, etwa um das Taschengeld aufzubessern.

Die Beschäftigung Jugendlicher unter 15 Jahren ist gemäß § 7 JArbSchG in der Regel ebenfalls verboten. Sind die Jugendlichen noch nicht 15 Jahre alt, unterliegen sie aber bei vorzeitiger Einschulung nicht mehr der Schulpflicht, so dürfen sie im Berufsausbildungsverhältnis und außerhalb eines solchen mit leichten und für sie geeigneten Tätigkeiten bis zu sieben Stunden täglich (35 Stunden wöchentlich) beschäftigt werden.

Neben den arbeitszeitrechtlichen Beschränkungen, die bereits beim Arbeitszeitschutz aufgezeigt wurden, bestehen weitere Beschäftigungsverbote und Beschränkungen für Jugendliche. So ist die Beschäftigung mit bestimmten, im Gesetz aufgezählten gefährlichen Arbeiten untersagt (§§ 22, 26, 27 JArbSchG). Unzulässig ist weiterhin die Beschäftigung von Jugendlichen mit Arbeiten, die ihre Leistungsfähigkeit übersteigt, die mit besonderen Unfallgefahren verbunden sind, mit Arbeiten unter besonderer Einwirkung der Umwelt (Hitze, Kälte, Lärm) und ähnliches.

Zum Schutze der Kinder und Jugendlichen treffen den Arbeitgeber eine Vielzahl von Fürsorgepflichten. Er muß beispielsweise bei der Einrichtung und Unterhaltung der Arbeitsstätte einschließlich der Arbeitsmittel und bei der Regelung der Beschäftigung die erforderlichen Maßnahmen zum Schutz von Leben, Gesundheit und Sittlichkeit treffen. Den Arbeitgeber trifft die Pflicht, die Jugendlichen vor der Aufnahme der Beschäftigung und in angemessenen Zeitabständen über Unfall- und Gesundheitsgefahren und die Vorkehrungsmaßnahmen zu belehren; des weiteren muß er sie vor körperlicher Züchtigung, Mißhandlung und sittlicher Gefährdung schützen. Der Arbeitgeber hat die Verabreichung alkoholischer Getränke und Tabakwaren an Jugendliche unter 16 Jahren sowie branntweinhaltige Genußmittel an Jugendliche überhaupt zu verhindern; und schließlich ist das Jugendarbeitsschutzgesetz, ebenso wie die Aufzeichnung über Beginn und Ende der regelmäßigen Arbeitszeit und Ruhepausen, auszuhängen.

Neben diesen besonderen Fürsorgepflichten besteht die Verpflichtung zur gesundheitlichen Betreuung der Jugendlichen (§§ 32–46 JArbSchG). Diese kommt darin zum Ausdruck, daß zwingende ärztliche Untersuchungen vorgesehen sind. Zu unterscheiden sind Erstuntersuchungen, Nachuntersuchungen und Ergänzungsuntersuchungen. Für die Erstuntersuchung (§ 32 JArbSchG) wird bestimmt, daß mit der tatsächlichen Beschäftigung eines Jugendlichen erst begonnen werden darf, wenn er innerhalb der letzten neun Monate von einem Arzt untersucht worden ist und eine von diesem ausgestellte Bescheinigung seinem Arbeitgeber vorlegt. Wird die Bescheinigung nicht vorgelegt, besteht ein absolutes Beschäftigungsverbot. Für die ärztliche Untersuchung gilt die freie Arztwahl. Für die Nachuntersuchung gilt, daß sich der Arbeitgeber vor Ablauf des ersten Beschäftigungsjahres (§ 33 JArbSchG) die Bescheinigung eines Arztes vorlegen lassen muß, daß der Jugendliche nachuntersucht wurde. Neun Monate nach Aufnahme der ersten Beschäftigung hat der Arbeitgeber den Arbeitnehmer nachdrücklich auf den Zeitpunkt hinzuweisen, bis zu dem die Bescheinigung der ersten Nachuntersuchung vorzuliegen hat, um den Jugendlichen dann zur Nachuntersuchung aufzufordern. Ein Jahr nach der Beschäftigungsaufnahme ist das Attest des Arztes vorzulegen.

Nach Ablauf jeden weiteren Jahres kann – in bestimmten Fällen muß – sich der Jugendliche erneut untersuchen lassen (sogenannte weitere Nachuntersuchungen). Sinn der Ergänzungsuntersuchungen (§ 38 JArbSchG) ist, daß der untersuchende Arzt eine zusätzliche Untersuchung bei einem anderen (Zahn-)Arzt veranlassen kann, wenn nur so der Gesundheits- und Entwicklungszustand des Jugendlichen zu beurteilen ist.

2.3.5.7 Sonstige Arbeitnehmerschutzgesetze

Neben den dargestellten Gesetzen zum Schutze der Arbeitnehmer ist in aller Kürze hinzuweisen auf das Schwerbehindertengesetz (SchwbG) und das Arbeitsplatzschutzgesetz (ArbplSchG).

Schwerbehindertengesetz

Zu den Schwerbehinderten rechnet das Gesetz Personen, die körperlich, geistig oder seelisch behindert und infolge ihrer Behinderung in ihrer Erwerbstätigkeit nicht nur vorübergehend um wenigstens 50% gemindert sind, sofern sie rechtmäßig im Geltungsbereich des Gesetzes wohnen, sich gewöhnlich aufhalten oder eine Beschäftigung als Arbeitnehmer ausüben (§ 1 SchwbG).
   Von den Schwerbehinderten sind die Gleichgestellten zu unterscheiden. Hierbei handelt es sich um Personen, die wenigstens um 30% in ihrer Erwerbsfähigkeit gemindert sind und auf entsprechenden Antrag vom Arbeitsamt den Schwerbehinderten gleichgestellt werden (§ 2 SchwbG).
   Der Schutz dieser beiden Arbeitnehmergruppen besteht vornehmlich in einem besonderen Kündigungsschutz sowie in der Gewährung eines Zusatzurlaubs.
   Der Kündigungsschutz liegt darin, daß die Kündigung des Arbeitsverhältnisses eines Schwerbehinderten durch den Arbeitgeber der vorherigen Zustimmung der Hauptfürsorgestelle bedarf (§ 15 SchwbG). In diesem Zustimmungsverfahren hat die Hauptfürsorgestelle eine Stellungnahme des zuständigen Arbeitsamtes, des Betriebs- oder Personalrats und des Vertrauensmannes der Schwerbehinderten einzuholen; ferner ist der Schwerbehinderte/Gleichgestellte zu hören. Dieses Verfahren gilt sowohl für eine beabsichtigte fristgemäße als auch für eine fristlose Kündigung.
   Schwerbehinderte – nicht Gleichgestellte – haben schließlich Anspruch auf einen bezahlten zusätzlichen Urlaub von fünf Arbeitstagen im Jahr (§ 47 SchwbG).

Arbeitsplatzschutzgesetz

Das Gesetz über den Schutz des Arbeitsplatzes bei Einberufung zum Wehrdienst (Arbeitsplatzschutzgesetz, ArbplSchG) ist hinsichtlich der Berufe im Gesundheitswesen vor allem für die männlichen Arbeitnehmer von Bedeutung. Inhalt dieses Gesetzes ist im wesentlichen, daß ein Arbeitsverhältnis so lange ruht, wie ein Arbeitnehmer zum Grundwehrdienst oder zu einer Wehrübung einberufen ist. Der wehrpflichtleistende Arbeitnehmer hat folglich nach dem Grundwehrdienst bzw. nach einer Wehrübung Anspruch auf Weiterbeschäftigung an seinem alten Arbeitsplatz. Ebensowenig darf der Arbeitgeber aus Anlaß der Einberufung kündigen, wohl aber aus anderen Gründen (siehe 2.3.4.4). Ein absolutes Kündigungsverbot besteht in der Zeit zwischen der Zustellung des Einberufungsbescheids bis zur Beendigung des Grundwehrdienstes sowie während einer Wehrübung (§ 2). Auf Grund einer Gesetzesnovellierung im Jahre 1977 gilt das Vorstehende nicht nur für Wehrpflichtige, sondern gleichfalls für Soldaten auf Zeit, sofern deren freiwillige Zeit nicht zwei Jahre übersteigt (§ 16a).

2.3.6 Durchführung und Überwachung des Arbeitnehmerschutzrechts

Das gesamte Arbeitnehmerschutzrecht wendet sich hauptsächlich an den Arbeitgeber. Demzufolge hat er die organisatorischen Voraussetzungen des Arbeitsschutzes zu schaffen, die sachlichen Arbeitsschutzmittel bereitzustellen und die Durchführung des Arbeitsschutzes zu überwachen. Den Arbeitnehmer dagegen trifft die Beachtung der Arbeitsschutzregeln als arbeitsvertragliche Nebenpflicht.

In vielen Fällen ist dem Arbeitgeber in seiner Überwachungsfunktion aufgegeben, Beauftragte zu bestellen, so etwa für den Datenschutz den Datenschutzbeauftragten, für den Strahlenschutz den Strahlenschutzbeauftragten oder für Schwerbehinderte den Beauftragten für Schwerbehinderte. Schließlich wird der Arbeitgeber unterstützt durch Sicherheitsfachkräfte und Sicherheitsbeauftragte nach dem Arbeitssicherheitsgesetz (ASiG) und der Reichsversicherungsordnung (RVO), aber auch durch Betriebsärzte und nicht zuletzt durch die Personalvertretung (Betriebs-/Personalrat), die ebenfalls die Einhaltung arbeitsschutzrechtlicher Vorschriften zu überwachen haben.

Staatliche Aufsichtsorgane sind die Gewerbeaufsicht, die staatlichen Gewerbeärzte, Ordnungs- und Polizeibehörden sowie Sonderaufsichtsbehörden.

> Die Gewerbeaufsicht stellt eine technische Sonderverwaltung dar, deren Einrichtung von den Ländern geregelt wird. Unterste Aufsichtsbehörde ist das Gewerbeaufsichtsamt, oberste Aufsichtsbehörde eines Landes ist in der Regel das Landesarbeitsministerium. Die Gewerbeaufsichtsämter sind zuständig für den gesamten Arbeitsschutz. Ihre Aufgaben ergeben sich nicht nur aus der Gewerbeordnung, sondern auch aus den Bestimmungen des Gefahrenschutzes, des Arbeitszeitschutzes, des Mutter- und Jugendarbeitsschutzes. Die Tätigkeiten des Gewerbeaufsichtsamtes bestehen in Kontrollen, Beratungen, Feststellungen von Mängeln und Verstößen sowie in Entscheidungen über Ausnahmeerteilungen auf dem Gebiet des Arbeitnehmerschutzes.

Die staatlichen *Gewerbeärzte* sind in den Bundesländern zumeist nicht in die Gewerbeaufsichtsämter eingegliedert, vielmehr sind sie häufig bei besonderen Instituten oder auch den Ministerien angesiedelt. Ihre Aufgabe besteht in der Überwachung gesundheitsgefährdender Betriebe, sie beraten die Gewerbeaufsichtsämter und wirken bei der Durchführung des Mutter- und Jugendarbeitsschutzes mit.

Zu den oben erwähnten Sonderaufsichtsbehörden sind neben anderen zu rechnen die Hauptfürsorgestellen für Schwerbehinderte; sie dienen dem Gefahrenschutz der Schwerbehinderten.

Neben der staatlichen Aufsicht besteht die berufsgenossenschaftliche Aufsicht. Als Träger der gesetzlichen Unfallversicherung läßt die Berufsgenossenschaft aufsichtsführende Tätigkeit durch technische Aufsichtsbeamte wahrnehmen. Diese Beamten haben in erster Linie die Durchführung der Arbeitsschutzbestimmungen, insbesondere der Unfallverhütung zu überwachen sowie die Mitglieder zu beraten; dabei arbeiten sie mit den Beamten der Gewerbeaufsicht zusammen. Bei Verstößen gegen Unfallverhütungsvorschriften können die Berufsgenossenschaften gegen die Arbeitgeber Ordnungsstrafen verhängen (siehe 2.3.5.1.8).

2.4 Sozialversicherungsrecht

In Art. 20 Abs. 1 GG hat sich der Verfassungsgeber zum Prinzip der Sozialstaatlichkeit bekannt. Wie ausgeführt, ist mit dieser Entscheidung die Verpflichtung der staatlichen Gewalten verknüpft, zu einer sozialen Gestaltung des öffentlichen Lebens beizutragen. Ein wesentlicher Beitrag ist die Ausgestaltung des Sozialversicherungswesens.

2.4.1 Entwicklung der deutschen Sozialversicherung

Die deutsche Sozialversicherung entstand als erste umfassende Gesetzgebung der Welt zur Sicherung der Arbeitnehmer.

Bevor der Gesetzgeber tätig wurde, war die Fürsorge für die wirtschaftlich schwache Bevölkerung allein auf cariative Armenpflege und private Hilfe beschränkt. Im Laufe der fortschreitenden Industrialisierung sahen sich die Arbeitnehmer gezwungen, sich durch Hilfskassen gegen Notlagen zu schützen. Die Sozialversicherungsgesetzgebung wurde dann im Jahre 1881 durch eine kaiserliche Botschaft eingeleitet und durch das Gesetz über die Krankenversicherung der Arbeiter (1883), das Unfallversicherungsgesetz (1884) und das Gesetz über die Invaliditäts- und Altersversicherung (1889) begründet. Diese drei Gesetze wurden 1911 zu einem einheitlichen Gesetzeswerk, der auch heute noch teilweise geltenden Reichsversicherungsordnung (RVO), zusammengefaßt. Im gleichen Jahr wurde das Angestelltenversicherungsgesetz erlassen. In dieser Gestalt hat die deutsche Sozialversicherung auch einen Einfluß auf die soziale Entwicklung in anderen Staaten ausüben können.

Nach dem ersten Weltkrieg folgten das Reichsknappschaftsgesetz (1923/1926) und das Gesetz über die Arbeitsvermittlung und Arbeitslosenversicherung (1927). In den folgenden Jahren ist bis heute durch Neuregelungs- und Anpassungsgesetze, zum Beispiel betreffend die Rentenanpassung, aber auch durch das Arbeitsförderungsgesetz, das Sozialversicherungswesen fortentwickelt und ausgebaut worden.

Hierzu sind auch zu zählen das Krankenversicherungs-Weiterentwicklungsgesetz vom 28.12.1976, das Änderungen im Kassenarztrecht mit sich brachte, sowie das Gesetz zur Kostendämpfung in der Krankenversicherung, dessen Inhalt im wesentlichen in einer beabsichtigten Strukturverbesserung zur Sicherung einer bedarfsgerechten kassenärztlichen Versorgung und einer ausgewogenen Lastenverteilung bestand. Dem gleichen Ziel diente das zum gleichen Zeitpunkt verabschiedete Gesetz zur wirtschaftlichen Sicherung der Krankenhäuser und zur Regelung der Krankenhauspflegesätze vom 23.12.1985 sowie das Gesetz zur Strukturreform im Gesundheitswesen (Gesundheitsreformgesetz – GRG vom 20.12.1988) und schließlich das Gesetz zur Sicherung und Strukturverbesserung der gesetzlichen Krankenversicherung (Gesundheitstrukturgesetz – GSG vom 21.12.1992). Ab dem Jahre 1995 wird das Sozialversicherungswesen um eine Pflegeversicherung erweitert.

2.4.2 Das Sozialgesetzbuch

In den Vorauflagen war bereits in einem Ausblick darauf aufmerksam gemacht worden, daß die Fülle der einzelgesetzlichen Regelungen im Sozialversicherungsrecht zu Überlegungen führte, die sozialrechtlichen Vorschriften in einem Gesetzeswerk zusammenzufassen. Diese Überlegungen haben zwischenzeitlich konkrete Formen in Gestalt eines Sozialgesetzbuches angenommen. Die Absicht des Gesetzgebers ist es, mit der Zusammenfassung des gesamten Sozialrechts dieses Rechtsgebiet für den Bürger, die Verwaltung und auch die Gerichte überschaubarer zu machen. Naturgemäß bedarf es für eine derartig umfassende Neuregelung nicht unerheblicher Zeit für den Gesetzgeber. So ist es nicht verwunderlich, wenn das Sozialgesetzbuch in Einzelvorschriften seine Fortschreibung findet. Es ist beabsichtigt, das Sozialgesetzbuch in voraussichtlich zehn einzelne Gesetzbücher zu gliedern, wobei nach dem Willen des Gesetzgebers jedes der einzelnen Gesetzbücher in sich abgeschlossen sein soll.

Verabschiedet hat der Gesetzgeber bislang fünf der zehn Bücher: das Sozialgesetzbuch – Allgemeiner Teil – (SGB I) datiert vom 11. 12. 1975, das Sozialgesetzbuch – Gemeinsame Vorschriften für die Sozialversicherung (SGB IV) ist am 23. 12. 1976 verabschiedet worden und das Sozialgesetzbuch – Verwaltungsvorschriften – (SGB X) datiert vom 18. 08. 1980 (bzw. 04. 11. 1992). Mit dem Gesundheitsgeformgesetz vom 20. 12. 1988 wurde zugleich das fünfte Buch des Sozialgesetzbuches – Gesetzliche Krankenversicherung – (SGB V) verabschiedet. Mit dem Rentenreformgesetz trat am 18. 12. 1989 das sechste Gesetzbuch des Sozialgesetzbuches – Gesetzliche Rentenversicherun – (SGB VI) in Kraft. In der Gesetzessystematik stellen der Allgemeine Teil des SGB das erste Buch, die gemeinsamen Vorschriften das zweite Buch, die Vorschriften über die gesetzliche Krankenversicherung das fünfte Buch, die Vorschriften über die Rentenversicherung das sechste Buch und das Verwaltungsverfahren des Sozialgesetzbuches das zehnte Buch dar. Die einzelnen Bücher sind durch römische Ziffern gekennzeichnet und in Kapitel, Abschnitte und Paragraphen untergliedert.

Der Allgemeine Teil des Sozialgesetzbuches enthält Grundsatz- und Rahmenvorschriften über die sozialen Rechte auf Bildungs- und Arbeitsförderung, Sozialversicherung und soziale Entschädigung bei Gesundheitsschäden, Sozialhilfe, Eingliederung Behinderter, Wohngeldzuschuß und Jugendhilfe. Ferner sind diesem Buch Verfahrensvorschriften über die Pflichten der Leistungsträger zu entnehmen, wie zum Beispiel Beratung und Auskunft, Leistungsarten und Leistungsverfahren, Rechtsansprüche und deren Erfüllung sowie Pfändungsgrenzen und Verjährungszeiten, wie etwa die Pflicht, sich Untersuchungen oder Heilbehandlungen zu unterziehen, wenn dies für die Gewährung von Sozialleistungen erforderlich ist. In den Übergangsvorschriften bestimmt der Allgemeine Teil des Sozialgesetzbuches dann weiter, welche Gesetze als besondere Teile des Sozialgesetzbuches weiter gelten, solange sie noch nicht in die Systematik des Sozialgesetzbuches eingeordnet sind; es handelt sich hierbei schwerpunktmäßig um folgende Gesetzesmaterien (die in Klammern gesetzten römischen Ziffern geben die Bücher eines später vollständigen Sozialgesetzbuches wieder):

- Ausbildungsförderung (III),
- Arbeitsförderung (III),
- Sozialversicherung (IV, bereits mit gemeinsamen Vorschriften teilweise verabschiedet),
- Rentenrecht (VI seit Anfang 1992 Teil des Sozialgesetzbuches),
- Wohngeldrecht (VII),
- Jugendhilfe (VIII seit Mai 1993 eingearbeitet),
- Sozialhilfe (X, bereits mit Verwaltungsverfahren und Schutz sozialer Daten verabschiedet).

Soweit der Überblick über den derzeitigen Stand im Gesetzgebungsverfahren zu einem umfassenden Sozialgesetzbuch.

2.4.3 Aufgaben der Sozialversicherung im allgemeinen

Die Sozialversicherung diente ursprünglich der Fürsorge bestimmter Berufsgruppen, die nicht imstande waren, für Zeiten der Arbeitsunfähigkeiten oder für den Fall des Todes zugunster der Hinterbliebenen genügend Mittel zurückzulegen. Die Sozialversicherung trat deshalb ein bei Minderung der Erwerbsfähigkeit infolge von Krankheit, Betriebsunfall, Berufs- und Erwerbsunfähigkeit sowie infolge Alters oder Todesfalls.

Über die ersten Bestrebungen, vor der nackten Not zu schützen, ist die Sozialversicherung hinausgewachsen. Sie beschränkt sich nach Art und Höhe der Leistungen nicht mehr auf das Ziel, die Not zu lindern, sondern will dem Versicherten und seinen Hinterbliebenen die erworbene Stellung im Sozialgefüge erhalten.

> Um möglichst alle in Betracht kommenden Bevölkerungsteile der Versicherung zuzuführen, wurde eine Versicherungspflicht eingeführt. Mit der Versicherungspflicht äußert sich als Hauptmerkmal der Zwangscharakter der Sozialversicherung.

Das bedeutet, daß gewisse gesetzlich bestimmte Personengruppen der Versicherung allein schon dadurch unterstehen, daß sie sich in einem bestimmten Arbeitsverhältnis befinden; auf den Willen des Pflichtversicherten kommt es nicht an.

Die Versicherungspflicht erfaßt allgemein die Arbeitnehmer, und zwar sowohl Arbeiter als auch Angestellte sowie Auszubildende.

2.4.4 Die Versicherungsarten im einzelen

Im folgenden soll ein kurzer Überblick über die Aufgaben der Versicherungen im einzelnen, sowie den berechtigten Personenkreis gegeben werden.

2.4.4.1 *Krankenversicherung*

Die Aufgabenstellung der Krankenversicherung (Rechtsgrundlagen unter anderem Sozialgesetzbuch fünftes Buch (V), Reichsversicherungsordnung, Mutterschutzgesetz, Entgeltfortzahlungsgesetz) wird in § 1 SGB V dahingehend beschrieben, „die Gesundheit der Versicherten zu erhalten, wiederherzustellen oder ihren Gesundheitszustand zu verbessern". Grundsätzlich geht der Gesetzgeber von der Eigenverantwortung der Versicherten für ihre Gesundheit aus. So sollen die Versicherten durch eine gesundheitsbewußte Lebensführung, durch frühzeitige Beteiligung an gesundheitlichen Vorsorgemaßnahmen sowie durch aktive Mitwirkung an Krankenbehandlung und Rehabilitation dazu beitragen, den Krankheitseintritt und die Behinderung zu vermeiden oder ihre Folgen zu überwinden. Die Krankenkassen unterstützen den Versicherten dabei durch Aufklärung, Beratung und materielle Leistungen.

Die Leistungen und sonstigen Ausgaben der Krankenkassen werden durch **Beiträge** finanziert, deren Höhe sich nach den beitragspflichtigen Einkommen der Versicherten richtet, und die – in der Regel – hälftig vom Arbeitnehmer und Arbeitgeber entrichtet werden. Der freiwillig Versicherte zahlt grundsätzlich den Beitrag allein. Für versicherte Familienangehörige werden Beiträge nicht erhoben.

2.4 Sozialversicherungsrecht

Eine Pflichtversicherung besteht gemäß § 5 Abs. 1 Nr. 1 SGB V unter anderem für Arbeiter, Angestellte und zu ihrer Berufsausbildung Beschäftigte, die gegen Arbeitsentgelt beschäftigt sind; dazu zählen in der Regel auch diejenigen Personen, die für die Berufe im Gesundheitswesen ausgebildet werden. Zu den Pflichtversicherten gehören aber auch Personen, die eine in Studien- oder Prüfungsordnungen vorgeschriebene berufspraktische Tätigkeit verrichten, sowie zu ihrer Berufsausbildung ohne Arbeitentgelt Beschäftigte. Nicht versicherungspflichtig ist, wer hauptberuflich selbständig erwerbstätig ist (§ 5 Abs. 1 Nr. 10 SGB V). Versicherungsfrei sind Arbeiter und Angestellte, deren Einkommen eine bestimmte Jahresarbeitsentgeltgrenze übersteigt (§ 6 Abs. 1 Nr. 1 SGB V). Frei von der Versicherungspflicht sind ebenfalls satzungsmäßige Mitglieder geistlicher Genossenschaften, Diakonissen und ähnliche Personen, wenn sie sich aus überwiegend religiösen oder sittlichen Beweggründen mit Krankenpflege, Unterricht oder anderen gemeinnützigen Tätigkeiten beschäftigen und nicht mehr als freien Unterhalt oder ein geringes Entgelt beziehen (§ 6 Abs. 1 Nr. 7 SGB V). Allerdings besteht unter gewissen Voraussetzungen die Möglichkeit einer freiwilligen Versicherung (§ 9 SGB V). Ehegatten und Kinder, die über kein eigenes Einkommen verfügen, können über den Versicherten in einer Familienversicherung versichert sein.

Träger der Krankenversicherung sind die Allgemeinen Ortskrankenkassen, Betriebskrankenkassen, Innungskrankenkassen, Seekrankenkassen, Landwirtschaftlichen Krankenkassen, die Bundesknappschaft und die Ersatzkrankenkassen (§ 4 Abs. 2 SGB V). Für die Versicherten besteht grundsätzlich ein Wahlrecht zwischen den Krankenkassen (§ 173 SGB V).

Der Versicherte hat Anspruch auf **Leistungen** zur Förderung der Gesundheit, zur Verhütung von Krankheiten, zur Früherkennung von Krankheiten, zur Behandlung einer Krankheit und Schwerpflegebedürftigkeit. Darüber hinaus besteht ein Anspruch auf Sterbegeld. Wird ein Versicherter stationär behandelt, so umfassen die Leistungen auch die Mitaufnahme einer Begleitperson, wenn dies aus medizinischen Gründen indiziert ist. Ausgeschlossen dagegen ist ein Leistungsanspruch gegen die Krankenkasse, wenn ein Arbeitsunfall oder eine Berufskrankheit die Leistungspflicht der Berufsgenossenschaft begründet (§ 11 SGB V).

Zu den Maßnahmen der Gesundheitsförderung und Krankheitsverhütung gehören eine Aufklärungs- und Beratungspflicht der Krankenkassen; dazu zählt auch die Mitwirkungsmöglichkeit bei Verhütung arbeitsbedingter Gesundheitsgefahren. Ebenso sind die medizinischen Vorsorgeleistungen diesem Bereich zuzuordnen, die dem Versicherten einen Anspruch auf ärztliche Behandlung und Versorgung mit Arznei-, Verband-, Heil- und Hilfsmitteln geben, wenn dadurch eine Schwächung der Gesundheit beseitigt werden kann, die in absehbarer Zeit voraussichtlich zu einer Krankheit führen würde, oder wenn generell Pflegebedürftigkeit vermieden werden kann. Auch Vorsorgekuren für Mütter in einer Einrichtung des Müttergenesungswerkes zählen hierzu.

Auf Leistungen zur Früherkennung von Krankheiten, insbesondere Herz-, Kreislauf- und Nierenerkrankungen sowie Zuckerkrankheit, haben Versicherte Anspruch, die das 35. Lebensjahr vollendet haben und zwar jedes zweite Jahr. Einmal jährlich hat der Versicherte Anspruch auf eine Untersuchung zur Früherkennung von Krebserkrankungen, Frauen vom Beginn des 20. Lebensjahr, Männer vom Beginn des 45. Lebensjahr an (§ 25 SGB V). Versicherte Kinder haben bis zur Vollendung des sechsten Lebensjahres Anspruch auf Untersuchungen zur Früherkennung von Krankheiten, die ihre körperliche oder geistige Entwicklung in nicht geringfügigem Maß gefährden.

Einen Anspruch auf Krankenbehandlung hat der Versicherte, wenn sie notwendig ist, um eine Krankheit zu erkennen, zu heilen, ihre Verschlimmerung zu verhüten oder Krankheitsbeschwerden zu lindern. Die Krankenbehandlung umfaßt die (zahn-)-ärztliche Behandlung, Versorgung mit Arznei-, Verband-, Heil- und Hilfsmitteln, die häusliche Pflege- und Haushaltshilfe, die Krankenhausbehandlung sowie medizinische und ergänzende Leistungen zur Rehabilitation. Dem Grundsatz entsprechend, daß der Versicherte in erster Linie für seine Gesundheit selbstverantwortlich ist, sieht das Gesetz in vielen Fällen (etwa bei Zahnersatz, Arznei- und Verbandmittel, Krankenhausbehandlung) eine Kostenbeteiligung des Versicherten vor.

Eine Krankenhausbehandlung kann vollstationär, teilstationär, vor- und nachstationär sowie ambulant erbracht werden. Sie umfaßt im Rahmen des Versorgungsauftrages des Krankenhauses alle Leistungen, die im Einzelfall für die medizinische Versorgung des Versicherten im Krankenhaus notwendig ist, insbesondere ärztliche Behandlung, Krankenpflege, Unterkunft und Verpflegung (§ 39 Abs. 1 SGB V). Unter vorstationärer Behandlung versteht der Gesetzgeber die Behandlung von Versicherten ohne Unterkunft und Verpflegung, um die Erforderlichkeit einer vollstationären Behandlung zu klären oder diese vorzubereiten. Eine nachstationäre Behandlung erfolgt im Anschluß an eine vollstationäre Behandlung zur Sicherstellung oder Festigung des Behandlungserfolges (§ 111a SGB V). Darüber hinaus wird Krankenhäusern aufgrund des Gesundheitsstrukturgesetzes auch das ambulante Operieren gestattet (§ 115b SGB V).

Bei Arbeitsunfähigkeit infolge Krankheit haben Versicherte Anspruch auf Krankengeld (§ 44 SGB V). Der Anspruch entsteht von dem Tag an, der auf den Tag der ärztlichen Feststellung der Arbeitsunfähigkeit folgt. Dem Arbeitgeber ist die Arbeitsunfähigkeit unverzüglich zu melden und innerhalb von drei Tagen eine ärztliche Arbeitsunfähigkeitsbescheinigung vorzulegen, soweit Tarifverträge keine andere Regelung treffen. In aller Regel tritt bei einem Beschäftigungsverhältnis zunächst eine sechswöchige Entgeltfortzahlung durch den Arbeitgeber ein, sei es nach den Bestimmungen des Bürgerlichen Gesetzbuches, des Gesetzes über die Fortzahlung des Arbeitsentgelts im Krankheitsfall (Entgeltfortzahlungsgesetz) oder aufgrund tarifvertraglicher Regelungen (zum Beispiel § 37 BAT). Die Höhe des Krankengeldes beträgt 80% des erzielten regelmäßigen Arbeitsentgelts und wird ohne zeitliche Begrenzung gewährt, für den Fall der Arbeitsunfähigkeit wegen derselben Krankheit jedoch längstens 78 Wochen innerhalb von drei Jahren seit Beginn der Arbeitsunfähigkeit. Bei selbstverschuldeter Krankheit kann die Krankenkasse den Versicherten an den Kosten der Leistungen in angemessener Höhe beteiligen und das Krankengeld ganz oder teilweise versagen bzw. zurückfordern (§ 52 SGB V).

Beim Tod eines Versicherten zahlt die Krankenkasse einen Zuschuß zu den Bestattungskosten (Sterbegeld); er beträgt beim Tod eines Mitglieds 2100 DM, im Rahmen der Familienversicherung 1050 DM.

2.4.4.2 Unfallversicherung

Die Aufgabe der Unfallversicherung (Rechtsgrundlage unter anderem: Sozialgesetzbuch, Reichsversicherungsordnung, Unfallverhütungsvorschriften der Berufsgenossenschaften) besteht darin, Arbeitsunfälle zu verhüten und nach Eintritt eines Arbeitsunfalls den Verletzten, seine Angehörigen und Hinterbliebenen durch Förderungsmaßnahmen und Geldleistungen zu entschädigen.

Zum Zwecke der Verhütung von Arbeitsunfällen und Berufskrankheiten können die Träger der Unfallversicherung Unfallverhütungsvorschriften erlassen. In ihnen sind Bestimmungen über Einrichtungen und Verhalten am Arbeitsplatz enthalten, die sich an die Betriebe und die dort Beschäftigten wenden (siehe 2.3.5.1.8). Für die im Krankenhaus tätigen Personen hat der zuständige Träger der Unfallversicherung außer Unfallverhütungsvorschriften, die allgemein gelten, Sondervorschriften für besondere Tätigkeiten und Einrichtungen erarbeitet.

> Außer der Verhütung von Arbeitsunfällen bezweckt die Unfallversicherung den Schadensausgleich infolge von Arbeitsunfällen oder Berufskrankheiten.

Unter einem Unfall ist ein plötzlich von außen auf den Körper wirkendes Ereignis zu verstehen, durch das unfreiwillig eine Körperverletzung verursacht wird. Zu den Arbeitsunfällen zählen nicht nur die Unfälle, die den Versicherten bei der Ausübung der versicherten Tätigkeit treffen, sondern auch solche, die ihm auf dem Weg vom oder zum Ort seiner Tätigkeit zustoßen. Auch diejenigen Unfälle, die auf dem Weg von und zu einer Heilbehandlung oder zum Abheben des Arbeitsentgeltes bei einem Geldinstitut eintreten (Wegeunfall), sind Arbeitsunfälle ebenso wie Unfälle beim Umgang mit Arbeitsgerät.

> Dem Unfall gleichgestellt ist die durch allmähliche Entwicklung gesundheitsschädlicher Einflüsse entstehende Berufskrankheit.

Berufskrankheiten sind Krankheiten, die sich ein Versicherter bei den in der Reichsversicherungsordnung (§§ 539, 540, 543–545 RVO) genannten Tätigkeiten zuzieht und die in der Berufskrankheitenverordnung vom 20.06.1968 mit späteren Änderungen aufgeführt sind.

Unter diese Berufskrankheiten fallen beispielsweise Infektionskrankheiten, wenn sie bei Personen auftreten, die in Krankenhäusern, Heil- und Pflegeanstalten, Entbindungsheimen, in Einrichtungen des öffentlichen Gesundheitsdienstes oder in Laboratorien beschäftigt sind und sich dort bei der Berufsarbeit infiziert haben. Ferner werden als Berufskrankheiten Schädigungen und Erkrankungen durch Röntgenstrahlen und andere in der jeweils gültigen Berufskrankheitenverordnung bezeichneten Ursachen anerkannt.

Jeder Unfall ist vom Unternehmer (= Krankenhausträger) anzuzeigen, worauf eine Untersuchung erfolgt, die nach Abschluß der Feststellungen mit dem Erlaß eines Bescheides durch den Unfallversicherungsträger beendet ist, soweit gegen den Bescheid nicht beim Sozialgericht Rechtsmittel eingelegt wird. Ein Bescheid des Versicherungsträgers ist immer dann negativ, wenn der Unfall vorsätzlich herbeigeführt worden ist; in diesem Fall besteht kein Anspruch auf Versicherungsleistung. Durch Fahrlässigkeit seitens des Verletzten wird dagegen der Versicherungsanspruch nicht ausgeschlossen.

Zu den *Leistungen*, die der Versicherungsträger dem Verletzten für die Dauer seiner Arbeitsunfähigkeit gewährt, zählt zunächst die Heilbehandlung. Sie umfaßt ärztliche Behandlung, Arznei-, Hilfsmittel und Pflege. Weiterhin erstrecken sich die Leistungen auf eine **Berufshilfe**.

Darunter sind Maßnahmen zu verstehen, die zur Wiedergewinnung der Fähigkeit führen, den bisherigen oder einen gleichwertigen Beruf oder eine entsprechende

Erwerbstätigkeit auszuüben. Auch die Ausbildung zu einem anderen zumutbaren Beruf fällt darunter sowie alle nachgeordneten Maßnahmen.

Ziel der Heilbehandlung und der Berufshilfe ist die Wiederherstellung der Arbeitsfähigkeit für die bisherige oder eine andere Tätigkeit.

Hat der Verletzte seine Erwerbsfähigkeit als Folge eine Arbeitsunfalls verloren, hat er einen Anspruch auf Rente. Die Höhe der Rente richtet sich nach dem Jahresarbeitsverdienst. Man unterscheidet je nach Grad der Minderung der Erwerbsfähigkeit die Vollrente und die Teilrente.

Führt der Arbeitsunfall zum Tode des Versicherten, so wird für die Hinterbliebenen ein Anspruch auf Sterbegeld begründet.

Der gesetzliche Unfallversicherungsschutz erstreckt sich auf verschiedene Personengruppen. Die größte Gruppe bilden die Arbeitnehmer und die ihnen gleichgestellten Personen.

So sind kraft Gesetzes alle aufgrund eines Arbeits-, Dienst-, oder Ausbildungsverhältnisses Beschäftigten ohne Rücksicht auf die Höhe des Arbeitseinkommens pflichtversichert.

Neben diesen und anderen schützt die Unfallversicherung auch diejenigen Personen, die im Interesse des Gemeinwohls tätig sind.

Hierzu gehören etwa die im Gesundheits- oder Veterinärwesen und in der Wohlfahrtspflege Beschäftigten sowie die Angehörigen des Deutschen Roten Kreuzes und des Technischen Hilfswerkes.

Bestimmte Personengruppen sind hinsichtlich der Unfälle im Rahmen eines Dienst- oder Arbeitsverhältnisses versicherungsfrei.

Das sind zum Beispiel die Beamten, für die beamtenrechtliche Unfallfürsorgevorschriften gelten, ferner Mutterhausschwestern und ähnliche Personen, soweit lebenslange Versorgung gewährleistet ist und auch gewisse freie Berufe im Gesundheitswesen.

Für bestimmte Personen besteht die Möglichkeit des freiwilligen Beitritts zur Unfallversicherung. Das trifft beispielsweise auf Unternehmer und deren im Unternehmen mittätigen Ehegatten zu.

Der Abschluß einer privaten Unfall- oder Haftpflichtversicherung entbindet nicht von der gesetzlichen Unfallversicherung, die eine Pflichtversicherung ist.

Träger der gesetzlichen Unfallversicherung sind in der Regel die Berufsgenossenschaften. Berufsgenossenschaften sind Zusammenschlüsse von Arbeitgebern, die anstelle des einzelnen Arbeitgebers nach Eintritt eines Arbeitsunfalls Entschädigungen gewähren und die branchenmäßig für bestimmte Berufszweige gebildet werden.

So gibt es etwa die Berufsgenossenschaft für Gesundheitsdienst und Wohlfahrtspflege in Hamburg. Daneben bestehen Gemeindeunfallverbände, Feuerwehrunfallversicherungskassen sowie andere besondere Einrichtungen (= Eigenunfallversicherung).

Die Träger der Unfallversicherungen sind Körperschaften des öffentlichen Rechts und stehen unter staatlicher Aufsicht. Sie beraten ihre Mitglieder und überwachen die Durchführung etwa der Unfallverhütungsvorschriften.

Die Finanzierung der Unfallversicherungen erfolgt im wesentlichen durch die Beiträge, die allein von den Unternehmern getragen werden. Die Höhe der Beiträge wird so bemessen, daß der Geschäftsaufwand des Versicherungsträgers im letzten Jahr gedeckt wird.

2.4.4.3 Rentenversicherung

Das Rentenrecht der Arbeiter, Angestellten und Knappschaftsversicherten regelt ab dem 01.01.1992 das Sozialgesetzbuch – SGB – VI. Die Neugestaltung der gesetzlichen Rentenversicherung soll unter anderem den geänderten ökonomischen, demographischen und sozialen Rahmenbedingungen Rechnung tragen, wobei auch die besonderen Gegebenheiten durch die Wiedervereinigung zu berücksichtigen waren. Am bisherigen Prinzip der Lohn- und Beitragsbezogenheit der Rente hält der Gesetzgeber fest. Desweiteren wird in Einzelbestimmungen die Tendenz festgesetzt, den sozialen Schutz der Bevölkerung bei Beeinträchtigung der Erwerbstätigkeit oder bei Alter in der gesetzlichen Rentenversicherung zu verwirklichen.

> Voraussetzung für die Leistungen der Rentenversicherung sind die Beiträge, die ein Versicherter zwangsweise als Pflichtversicherter oder freiwillig entrichtet.

Personen, die gegen Arbeitsentgelt oder zu ihrer Berufsausbildung beschäftigt sind (abhängig Beschäftigte), unterliegen der Versicherungspflicht. Die bisherige Unterscheidung zwischen Arbeitern und Angestellten, betrifft lediglich die Zuordnung zum zuständigen Versicherungzweig, nicht aber die Versicherungspflicht als solche. Versicherungspflichtig sind grundsätzlich auch Mitglieder geistlicher Genossenschaften, Diakonissen und Angehörige ähnlicher Gemeinschaften während ihres Dienstes für die Gemeinschaft und während der Zeit der außerschulischen Ausbildung (§ 1 SGB VI).
 Eine Versicherungspflicht kraft Gesetzes besteht für bestimmte selbständig Tätige, beispielsweise für Lehrer, Erzieher und Pflegepersonen, die in der Kranken-, Wochen-, Säuglings- oder Kinderpflege tätig sind und im Zusammenhang mit ihrer selbständigen Tätigkeit keinen versicherungspflichtigen Arbeitnehmer beschäftigen. Versicherungspflichtig sind auch selbständige Hebammen und Entbindungspfleger (§ 2 SGB VI). Desweiteren besteht die Möglichkeit für Selbständige, auf eigenen Antrag eine Pflichtversicherung aufzunehmen.
 Von der Versicherungspflicht ausgenommen sind in der Regel solche Personen, die bereits eine ausreichend gesicherte Versorgung haben. Dazu zählen Beamte aber auch Diakonissen und Angehörige ähnlicher Gemeinschaften, wenn ihnen eine Versorgung bei verminderter Erwerbstätigkeit und im Alter nach entsprechenden Regeln der Gemeinschaft gesichert ist (§ 5 SGB VI). Unter bestimmten Voraussetzungen kann auf Antrag eine Befreiung von der Versicherungspflicht gewährt werden.
 Die Mittel zur Durchführung der Rentenversicherung werden durch **Beiträge** der Versicherten und der Arbeitgeber sowie durch Zuschüsse des Bundes aufgebracht. Die Beitragshöhe wird zukünftig für jedes Jahr durch eine Rechtsverordnung der Bundesregierung mit Zustimmung des Bundesrates für das darauf folgende Jahr festgelegt. Der Beitragssatz in der gesetzlichen Rentenversicherung der Arbeiter und Angestellten wird in Prozenten ausgewiesen. Beitragsbemessungsgrundlage für Pflichtversicherte ist grundsätzlich das Arbeitsentgelt bzw. das Arbeitseinkommen, soweit es eine von der Bundesregierung im Verordnungswege festgelegte Beitragsbemessungsgrenze nicht überschreitet.
 Die Pflichtbeiträge der abhängig Beschäftigten sind im allgemeinen von dem Versicherten und dem Arbeitgeber je zur Hälfte zu tragen. In bestimmten Fällen trägt allerdings der Arbeitgeber die Beiträge allein. Für Diakonissen und Angehörige

ähnlicher Gemeinschaften, deren monatliches Arbeitsentgelt 40% der monatlichen Bezugsgröße nicht übersteigt, ist die Gemeinschaft beitragsverpflichtet.

Die Entrichtung der Rentenversicherungsbeiträge erfolgt im Lohnabzugsverfahren durch Einziehung seitens des Krankenversicherungsträgers oder durch die unmittelbare Beitragszahlung an den zuständigen Rentenversicherungsträger durch den Beitragsverpflichteten.

Für Arbeiter und selbständig Tätige sind in der Regel die Landesversicherungsanstalten zuständig, für Angestellte die Bundesversicherungsanstalt für Angestellte in Berlin. Es handelt sich bei diesen Institutionen um die **Träger der Rentenversicherung**, die als Körperschaften des öffentlichen Rechts unter staatlicher Aufsicht stehen. Sie sind für die Erfüllung der Aufgaben der Rentenversicherung zuständig (§ 125 SGB VI).

Der *Leistungsumfang* der Rentenversicherungsträger ist vielfältig. Dazu zählen die medizinischen und berufsfördernden Leistungen zur Rehabilitation, die grundsätzlich Vorrang vor Rentenleistungen haben (§ 9 SGB VI). Sie werden vor allem Versicherten erbracht, deren Erwerbsfähigkeit wegen Krankheit erheblich gemindert ist und bei denen Aussicht auf Besserung durch die Maßnahmen besteht.

Die versicherungsrechtlichen Voraussetzungen der Leistungen regelt das Gesetz ebenso wie deren Umfang. Gleiches gilt für die Rentenarten. Renten werden geleistet wegen Alters zum Beispiel als Regelaltersrente, und Altersrente für Frauen, wegen verminderter Erwerbsfähigkeit in Form der Berufsunfähigkeitsrente oder der Erwerbsunfähigkeitsrente und wegen Todes als Witwen- oder Witwerrente, Erziehungsrente und Waisenrente (§ 33 SGB VI).

Anspruch auf Regelaltersrente haben Versicherte, die das 65. Lebensjahr vollendet und die allgemeine Wartezeit (fünf Jahre) erfüllt haben. Versicherte Frauen haben Anspruch auf Altersrente, wenn sie das 60. Lebensjahr vollendet, nach Vollendung des 40. Lebensjahr mehr als zehn Jahre Pflichtbeitragszeiten und die Wartezeit von fünfzehn Jahre erfüllt haben (§ 39 SGB VI).

Anspruch auf Berufsunfähigkeitsrente haben Versicherte bis zur Vollendung des 65. Lebensjahres, wenn sie berufsunfähig sind, in den letzten fünf Jahren vor Eintritt der Berufsunfähigkeit drei Jahre Pflichtbeitragszeiten haben und die allgemeine Wartezeit (in der Regel fünf Jahre) erfüllt haben. Ähnliches gilt für die Erwerbsunfähigkeitsrente.

Die Renten wegen Todes sind unter den Voraussetzungen der §§ 46–49 SGB VI zu erbringen.

2.4.4.4 Pflegeversicherung

Angesichts der hohen Zahl pflegebedürftiger älterer Menschen, die ganz überwiegend ambulant und stationär versorgt werden, wurden Konzepte zur Einführung einer Pflegeversicherung als fünfte Säule der Sozialversicherung vorgelegt. Ein Gesetzesentwurf der Bundesregierung sieht ähnlich der Krankenversicherung eine Beitragserhebung je hälftig zu Lasten der Arbeitgeber und Arbeitnehmer vor. Zum Ausgleich des Arbeitgeberanteils ist eine Senkung der Lohn- und Gehaltszahlung an den zehn bundeseinheitlichen Feiertagen vorgesehen; wahlweise soll der Arbeitnehmer sich zu Beginn eines jeden Jahres auch für den Verzicht auf zwei Urlaubstage entscheiden können (die Opposition besteht auf nur einem Urlaubstag). Mit einem neuen Gesetz über die Zahlung des Arbeitsentgelts an Feiertagen und im Krankheitsfall (Entgeltfortzahlungsgesetz) wird weiterhin vorgesehen, die Entgeltfortzahlung im Krankheitsfall für alle Arbeitnehmer, also Arbeiter, Angestellte und zu ihrer Berufsausbildung Beschäftigten, gemeinsam bis zur Dauer von sechs Wochen festzulegen.

Im März 1994 wurde im Vermittlungsausschuß von Bundesrat und Bundestag zum Entwurf der Bundesregierung einstimmig ein Kompromiß gefunden, der die Einführung der Pflegeversicherung zum 01.01.1995 vorsieht. Ab diesem Zeitpunkt sollen zunächst nur Beiträge erhoben werden, die grundsätzlich von Arbeitgeber und Arbeitnehmer je zur Hälfte zu tragen sind. Um den Arbeitgebern einen Ausgleich für ihre Beitragsbelastung zu schaffen, soll ein Feiertag gestrichen werden. In denjenigen Bundesländern, die dazu nicht bereit sind, müssen die Arbeitnehmer den Betrag alleine aufbringen. Leistungen aus der Pflegeversicherung sollen vom 01.04.1995 an gewährt werden und zwar zunächst nur für die häusliche Pflege. Mit den Leistungen bei stationärer Pflege soll erst ab dem 01.07.1996 begonnen werden.

2.4.4.5 Arbeitslosenversicherung

Der Überblick über das Sozialversicherungswesen soll abgeschlossen werden mit einer kurzen Darstellung der Arbeitslosenversicherung auf der Grundlage des Arbeitsförderungsgesetz (AFG) vom 25.06.1969 mit zahlreichen späteren Änderungen. Das Arbeitsförderungsgesetz sieht neben der Förderung der beruflichen Bildung und der Arbeitsförderung auch die Sicherung vor und bei Arbeitslosigkeit vor. Der Personenkreis, der im Rahmen der Arbeitslosenversicherung Leistungsansprüche geltend machen kann, ist infolge der Zweckrichtung weiter gefaßt als in den übrigen Einrichtungen der sozialen Sicherung.

Die *Leistungen* aus der Arbeitslosenversicherung sind grundsätzlich an die Beitragspflicht geknüpft.

Der beitragspflichtige Personenkreis ist im wesentlichen mit dem identisch, der auch in der sozialen Krankenversicherung versicherungspflichtig ist.

Die Beitragspflicht erstreckt sich daher in erster Linie auf Arbeitnehmer (Arbeiter und Angestellte), die zu ihrer Berufsausbildung Beschäftigen sowie deren Arbeitgeber je zur Hälfte.

Von der Beitragspflicht befreit sind im wesentlichen die Nebenbeschäftigten, die Beamten, die zu oder während ihrer Ausbildung Tätigen (zum Beispiel Praktikanten) sowie Ruhegehaltsempfänger.

Die Leistungen an Arbeitslose aus der Arbeitslosenversicherung bestehen hauptsächlich in der Gewährung eines Arbeitlosengeldes oder einer Arbeitslosenhilfe.

Anspruch auf Arbeitslosengeld bis längstens zur Vollendung des 65. Lebensjahres hat, wer arbeitslos ist, der Arbeitsvermittlung zur Verfügung steht, die Anwartschaftszeit erfüllt, sich beim Arbeitsamt arbeitslos gemeldet und Arbeitslosengeld beantragt hat. Arbeitslos ist eine Arbeitnehmer, der vorübergehend nicht in einem Beschäftigungsverhältnis steht; als arbeitslos gilt auch, wer nicht mehr als 18 Stunden wöchentlich arbeitet (§ 100ff. AFG).

Der Arbeitsvermittlung steht der Arbeitslose nach § 103 AFG zur Verfügung, wenn er eine zumutbare, die Beitragspflicht begründete Beschäftigung ausüben kann und darf, dazu auch bereit und für das Arbeitsamt täglich zur Vorsprache erreichbar ist.

Die Anwartschaft hat erfüllt, wer in der Rahmenfrist (drei Jahre) vor der Arbeitslosenmeldung wenigstens 360 Kalendertage in einer die Beitragspflicht begründenten Beschäftigung gestanden hat.

Das steuerfreie Arbeitslosengeld beträgt 60%, bei Arbeitnehmern mit mindestens einem Kind 67% des vorherigen durchschnittlichen wöchentlichen Nettoarbeitsentgelts.

Besteht eine Anspruch auf Arbeitslosengeld nicht, etwa weil die Anwartschaft nicht erfüllt ist, oder nicht mehr, so kann unter bestimmten Voraussetzungen Arbeitslosenhilfe gewährt werden. Sie ist niedriger als das Arbeitslosengeld.

Die Arbeitlosenhilfe (§ 134ff. AFG) setzt ebenfalls Arbeitslosigkeit, Verfügbarkeit, Arbeitslosenmeldung und Antragsstellung voraus. Während es jedoch beim Arbeitslosengeld auf die Erfüllung einer Anwartschaft ankommt, setzt die Gewährung der Arbeitslosenhilfe voraus, daß innerhalb eines Jahres vor der Arbeitslosenmeldung Arbeitslosengeld bezogen oder mindestens 150 Kalendertage einer entlohnten Beschäftigung nachgegangen wurde. Verschiedene Sonderbestimmungen tragen Einzelfällen Rechnung.

Soweit die oben genannten Voraussetzungen vorliegen, wird Arbeitslosenhilfe jedoch nur dann gewährt, wenn Bedürftigkeit gegeben ist. Bedürftig ist der Arbeitslose, der seinen Lebensunterhalt nicht auf andere Weise als durch die Arbeitslosenhilfe bestreiten kann. Bei der Prüfung der Bedürftigkeit wird auch berücksichtigt das Einkommen der unterhaltsverpflichteten Angehörigen sowie deren Vermögen, soweit es bestimmte Freibeträge überschreitet.

Die Arbeitslosenhilfe beträgt 53% bei Arbeitnehmern, mit mindestens einem Kind 57% des gewöhnlichen Nettoarbeitsentgelts.

Während des Bezuges von Leistungen aus der Arbeitslosenversicherung ist der Arbeitslose für den Krankheitsfall krankenversichert, und zwar in der Regel bei der bisherigen Krankenkasse, sonst bei einer Allgemeinen Ortskrankenkasse.

Der Leistungsempfänger ist auch gegen Unfall versichert und zwar dann, wenn er auf Veranlassung des Arbeitsamtes dieses oder andere Stellen aufsucht. Der Unfallversicherungsschutz umfaßt auch die Teilnehmer an Maßnahmen der beruflichen Fortbildung und Umschulung. Bei Überweisungen der Geldleistungen auf ein Konto ist der Arbeitslose auf dem ersten Weg zum Geldinstitut und zurück jeweils nach der Überweisung der Leistungen unfallversichert.

Versicherungsträger ist die Bundesanstalt für Arbeit mit Sitz in Nürnberg. Die Mittel zur Erfüllung der Aufgaben der Bundesanstalt sowie der einzelnen Arbeitsämter werden im allgemeinen durch die *Beiträge* aufgebracht, die von den beitragspflichtigen Arbeitnehmern und Arbeitgebern getragen werden.

2.5 Bundessozialhilfegesetz – ein Überblick

In das System der sozialen Sicherheit gehört neben dem Sozialversicherungswesen gleichfalls das Sozialhilferecht, wie es im Sozialgesetzbuch zum Ausdruck kommt, und zwar im § 9 SGB I.

> Danach hat derjenige, der nicht in der Lage ist, seinen Lebensunterhalt aus eigenen Kräften zu bestreiten oder in besonderen Lebenslagen sich selbst zu helfen, und auch von anderer Seite keine ausreichende Hilfe erhält, ein Recht auf persönliche und wirtschaftliche Hilfe, die seinem besonderen Bedarf entspricht, ihn zur Selbsthilfe befähigt, die Teilnahme am Leben in der Gemeinschaft ermöglicht und die Führung eines menschenwürdigen Lebens sichert.

2.5.1 Allgemeines

Wenngleich in der vorstehenden Bestimmung des Sozialgesetzbuches der Anspruch auf Sozialhilfe neu formuliert wurde, so ist doch festzuhalten, daß der Begriff der Sozialhilfe erstmals durch das Bundessozialhilfegesetz (BSHG) geprägt wurde und an die Stelle des Begriffs der „öffentlichen Fürsorge" trat, der im Grundgesetz bei der Aufteilung der Gesetzgebungszuständigkeit zwischen Bund und Länder in Art. 74 Nr. 7 GG erwähnt ist, wonach dem Bund insoweit die konkurrierende Gesetzgebung zusteht.

Mit dem Bundessozialhilfegesetz hat der Bund von seinem Gesetzgebungsrecht Gebrauch gemacht und damit zugleich die Sozialpflichtigkeit des Staates aus Art. 20 Abs. 1 GG konkretisiert.

Die im Bundessozialhilfegesetz und jetzt auch umfassend im Sozialgesetzbuch vorgenommene Formulierung des Sozialhilfebegriffs anstelle des Begriffs der öffentlichen Fürsorge macht einen Wandel in der Aufgabenstellung der Fürsorge deutlich.

> Während die öffentliche Fürsorge früher lediglich die Aufgabe hatte, den Hilfsbedürftigen den notwendigen Lebensbedarf zu gewähren, soll die Sozialhilfe darüber hinaus den Menschen in seiner ganzen sozialen Persönlichkeit erfassen; sie knüpft daher in § 1 Abs. 2 BSHG ebenso wie in § 9 SGB I auch an das Grundrecht der Menschenwürde an.

Dieser Leitsatz von der Unantastbarkeit der Menschenwürde, in Verbindung mit dem Grundgedanken des sozialen Rechtsstaats, Art. 20 GG, soll die Abwendung der Sozialhilfe, die zum Teil als persönliche Hilfe unabhängig von den jeweiligen Einkommens- und Vermögensverhältnissen gewährt wird, von der früheren Armenfürsorge deutlich machen.

Zugleich aber wird im Bundessozialhilfegesetz auch der Grundsatz des Nachrangs der Sozialhilfe und der individuellen Bemessung der Hilfe nach Lage des Einzelfalls deutlich formuliert (§ 2 BSHG). So erhält eine Sozialhilfe nicht, wer sich selbst helfen kann oder wer die erforderliche Hilfe von anderen, besonders von Angehörigen oder von Trägern anderer Sozialleistungen erhält.

2.5.2 Arten der Sozialhilfe

Die Sozialhilfe wird in erster Linie in Form einer persönlichen Hilfe gewährt, es folgen Geld- oder Sachleistungen. Die Vorrangstellung der persönlichen Hilfe soll zum Ausdruck bringen, daß sich der Sozialhilfeträger zu allererst um den Menschen selbst kümmern soll, wobei meist eine Beratung über das zweckmäßige Verhalten in einer bestimmten Lebenssituation eine wichtige Rolle spielt. Vielmals ist erst nach einer eingehenden Beratung mit dem Hilfesuchenden erkennbar, welche Form der Hilfe im Einzelfall vorzuziehen ist. Sind die Voraussetzungen, an die das Bundessozialhilfegesetz die Hilfegewährung knüpft, gegeben, so besteht ein Rechtsanspruch auf die Sozialhilfe (§ 4 BSHG, § 9 SGB I). Dabei soll die Sozialhilfe vorbeugend gewährt werden, wenn eine drohende Notlage abgewendet werden kann, doch auch nachgehend, wenn es zur Sicherung der Wirksamkeit einer gewährten Hilfe geboten ist (§ 6 BSHG).

Im Rahmen der Sozialhilfe ist zu unterscheiden die Hilfe zum Lebensunterhalt von der Hilfe in besonderen Lebenslagen (§ 1 Abs. 1 BSHG).

2.5.2.1 Hilfe zum Lebensunterhalt

> Die Hilfe zum Lebensunterhalt ist dem zu gewähren, der seinen notwendigen Lebensunterhalt nicht oder nicht ausreichend aus eigenen Kräften und Mitteln, insbesondere aus seinem Einkommen und Vermögen, beschaffen kann (§ 11 Abs. 1 BSHG).

Der notwendige Lebensunterhalt umfaßt nach § 12 Abs. 1 BSHG besonders Ernährung, Unterhalt, Kleidung, Körperpflege, Hausrat, Heizung und persönliche Bedürfnisse des täglichen Lebens, zu denen im vertretbarem Umfang auch Beziehungen zur Umwelt und eine Teilnahme am kulturellen Leben gehören.

Als Hilfeleistungen sieht das Bundessozialhilfegesetz die Hilfe zur Arbeit, §§ 18 ff. BSHG, sowie laufende und einmalige Leistungen und – bei einer Unterbringung in einer Anstalt oder einem Heim – ein Taschengeld vor, §§ 21 ff. BSHG. Die laufenden Leistungen zum Lebensunterhalt werden nach Regelsätzen gewährt, die durch Rechtsverordnungen im einzelnen festgelegt werden. In bestimmten Sonderfällen ist über den Regelbedarf hinaus ein Mehrbedarf von 20% anzuerkennen. Das gilt beispielsweise für Personen, die das 60. Lebensjahr vollendet haben, für Personen unter 60 Jahren, die erwerbsunfähig sind, wie auch für Schwangere vom Beginn des sechsten Schwangerschaftsmonats.

Weigert sich der Hilfesuchende, zumutbare Arbeit zu leisten, so hat er keinen Anspruch auf Hilfe zum Lebensunterhalt (§ 25 Abs. 1 BSHG). Mit dieser Bestimmung soll dem mangelnden Selbsthilfebestreben eines Hilfesuchenden begegnet werden.

2.5.2.2 Hilfe in besonderen Lebenslagen

Neben der Hilfe zum Lebensunterhalt enthält das Bundessozialhilfegesetz einen weitgefächerten Katalog von Hilfsmaßnahmen in besonderen Lebenslagen. Nur einige sollen angeführt werden; beispielsweise

- die vorbeugende Gesundheitshilfe, § 36 BSHG. Voraussetzung für die Gewährung dieser Hilfe ist, daß nach ärztlichem Urteil eine Erkrankung oder ein sonstiger Gesundheitsschaden einzutreten droht. Die Hilfe besteht in der Regel in erforderlichen Erholungskuren besonders für Kinder, Jugendliche, alte Menschen aber auch für Mütter in geeigneten Erholungsheimen. Selbstverständlich gehören auch Vorsorgeuntersuchungen zur vorbeugenden Gesundheitshilfe;
- die Krankenhilfe, § 37 BSHG; sie wird Kranken gewährt und umfaßt ärztliche und zahnärztliche Behandlung, Versorgung mit Arzneimitteln, Verbandsmitteln, Krankenhausbehandlung und andere zur Genesung, Besserung oder Linderung der Krankheitsfolgen erforderlichen Leistungen. Von der vorbeugenden Gesundheitshilfe unterscheidet sie sich dadurch, daß die Krankheit bereits eingetreten sein muß, während sie bei der vorbeugenden Gesundheitshilfe nur zu drohen braucht. Leistungen der Krankenversicherungen gehen der Krankenhilfe vor;
- die Hilfe bei Schwangerschaft oder Sterilisation (§ 37a BSHG);
- die Hilfe zur Familienplanung, die sich sowohl in der Übernahme der Kosten notwendiger ärztlicher Beratung, Untersuchung und Verordnungen als auch ärztlich verordneter empfängnisverhütender Mittel ausdrückt (§ 37b BSGH). Die Höhe des Bedarfs an empfängnisverhütenden Mitteln ist nicht unter medizinischen Aspekten vom Arzt, sondern unter sozialhilferechtlichen Gesichtspunkten vom Sozialhilfeträger zu entscheiden (OLG Hamburg, NJW 1991, 941);
- die Hilfe für werdende Mütter und Wöchnerinnen, § 38 BSHG; sie umfaßt ärztliche Betreuung und Hilfe sowie Hebammenhilfe, Versorgung mit Arznei- und Heilmitteln, Entbindungspflege in

> einer Anstalt oder einem Heim. Diese Leistungen sollen nach Maß und Form den Leistungen der gesetzlichen Krankenversicherung entsprechen;
> - die Eingliederungshilfe für Behinderte, § 39ff. BSHG; Personen, die nicht nur vorübergehend körperlich, geistig oder seelisch wesentlich behindert oder von einer derartigen Behinderung bedroht sind, muß Eingliederungshilfe geleistet werden, ansonsten kann sie gewährt werden. Die gesetzlich vorgesehenen Eingliederungshilfen für den genannten Personenkreis können zusammengefaßt als medizinische, berufliche und soziale Maßnahmen bezeichnet werden. Alle Maßnahmen sind eng miteinander verflochten, wobei gewisse Schwerpunkte im Verlaufe des Rehabilitationsprozesses wechseln können. Zur Durchführung der einzelnen Maßnahmen stellt der Träger der Sozialhilfe einen Gesamtplan auf, wobei eine Mitwirkung nicht nur des Behinderten, sondern auch des behandelnden Arztes, des Gesundheitsamts, eines Landesarztes, des Jugendamts und der Dienststellen der Bundesanstalt für Arbeit vorgesehen ist (§ 46 BSHG).

Abschließend gehören zu den Hilfen in besonderen Lebenslagen die Blindenhilfe, die Hilfe zur Pflege, die Hilfe zur Weiterführung des Haushalts, Hilfe zur Überwindung besonderer sozialer Schwierigkeiten und die Altenhilfe.

2.5.2.3 Träger der Sozialhilfe

> Die Sozialhilfe wird von örtlichen Trägern und überörtlichen Trägern gewährt. Örtliche Träger sind die kreisfreien Städte und Landkreise; die überörtlichen Träger werden von den Ländern bestimmt.

Nach dem Grundsatz des Nachrangs der Sozialhilfe sollen die Sozialbehörden im Einzelfall keine Maßnahmen treffen oder Leistungen gewähren, wenn Hilfe durch Einrichtungen der freien Wohlfahrtspflege gewährleistet ist. Mit diesen sollen die Sozialhilfeträger zusammenarbeiten; sie können ihnen Aufgaben übertragen und ihre Einrichtungen, Heime, Pflegeanstalten und so weiter in Anspruch nehmen.

Die Spitzenverbände der freien Wohlfahrtspflege sind: „Deutscher Caritasverband", „Diakonisches Werk", „Zentralwohlfahrtsstelle der Juden in Deutschland", sowie der „Hauptausschuß für Arbeiterwohlfahrt", das „Deutsche Rote Kreuz" und der „Deutsche Paritätische Wohlfahrtsverband".

Damit soll der Überblick über das Sozialhilferecht abgeschlossen sein, der wegen der Vielfalt der gesetzlichen Regelungen keinen Anspruch auf Vollständigkeit erhebt. Im Einzelfall bedarf es eines Nachlesens der Spezialliteratur.

2.6 Verhütung und Bekämpfung übertragbarer Krankheiten

Nach Art. 74 Nr. 19 GG hat der Bund für Maßnahmen gegen gemeingefährliche und übertragbare Krankheiten, den Verkehr mit Arzneien, Heil- und Betäubungsmitteln sowie mit Giften die konkurrierende Gesetzgebung.

2.6.1 Bundesseuchengesetz

Der Bund hat seine Gesetzgebungskompetenz wahrgenommen und mit dem Bundesseuchengesetz (BSeuchG) in der Fassung vom 18. 12. 1979 mit späteren Änderungen eine grundlegende Regelung über die Verhütung und Bekämpfung übertragbarer Krankheiten beim Menschen geschaffen.

Einen guten Überblick über den Inhalt des Bundesseuchengesetzes gibt die dem Gesetzestext vorangestellte Inhaltsübersicht.

Im ersten Abschnitt enthält das Gesetz Definitionen von Begriffen, die im Verlaufe der gesetzlichen Bestimmungen immer wiederkehren.

So sind übertragbare Krankheiten im Sinne des Bundesseuchengesetzes definiert als durch Krankheitserreger verursachte Krankheiten, die unmittelbar oder mittelbar auf den Menschen übertragen werden können.

- Krank im Sinne dieses Gesetzes ist eine Person, die an einer übertragbaren Krankheit erkrankt ist.
- Krankheitsverdächtig ist eine Person, bei der Erscheinungen bestehen, welche das Vorliegen einer bestimmten übertragbaren Krankheit vermuten lassen.
- Ansteckungsverdächtig ist eine Person, von der anzunehmen ist, daß sie Erreger einer übertragbaren Krankheit (Krankheitserreger) aufgenommen hat, ohne krank, krankheitsverdächtig oder Ausscheider zu sein.
- Ausscheider wiederum ist eine Person, von der anzunehmen ist, daß sie Krankheitserreger ausscheidet, ohne krank oder krankheitsverdächtig zu sein.
- Ausscheidungsverdächtig ist eine Person, von der anzunehmen ist, daß sie Krankheitserreger ausscheidet, ohne krank oder krankheitsverdächtig zu sein.

Die beiden nachfolgenden Abschnitte zwei und drei des Bundesseuchengesetzes enthalten einen Katalog von Erkrankungen, die eine Meldepflicht begründen. Aber nicht nur das Vorliegen einer Erkrankung, sondern bereits der darauf zielende Verdacht sowie der Tod infolge einer der im Gesetz aufgezählten Krankheiten können zur Anzeige verpflichten.

Im einzelnen gilt gemäß § 3 Bundesseuchengesetz folgendes:

§ 3 (1) Zu melden ist der Krankheitsverdacht, die Erkrankung sowie der Tod an:

1. Botulismus
2. Cholera
3. Enteritis infectiosa a) Salmonellose b) übrige Formen einschließlich mikrobiell bedingter Lebensmittelvergiftung
4. Fleckfieber
5. Lepra
6. Milzbrand
7. Ornithose
8. Paratyphus A, B und C
9. Pest
10. Pocken
11. Poliomyelitis
12. Rückfallfieber
13. Shigellenruhr
14. Tollwut
15. Tularämie
16. Typhus abdominalis
17. virusbedingtem hämorrhagischem Fieber

2.6 Verhütung und Bekämpfung übertragbarer Krankheiten

§ 3 (2) Zu melden ist die Erkrankung sowie der Tod an:

1. angeborener
   a) Zytomegalie
   b) Listeriose
   c) Lues
   d) Toxoplasmose
   e) Rötelnembryopathie
2. Brucellose
3. Diphtherie
4. Gelbfieber
5. Leptospirose
   a) Weilsche Krankheit
   b) übrige Formen
6. Malaria
7. Meningitis/Enzephalitis
   a) Meningokokken-Meningitis
   b) anderen bakterielle Meningitiden
   c) Virus-Meningoenzeophalitis
   d) übrige Formen
8. Q-Fieber
9. Rotz
10. Trachom
11. Tuberkulose (aktive Form)
    a) der Atmungsorgane
    b) der übrigen Organe
12. Virushepatitis
    a) Hepatitis A
    b) Hepatitis B
    c) nicht bestimmbare und übrige Formen
13. anaerober Wundinfektion
    a) Gasbrand/Gasödem
    b) Tetanus

§ 3 (3) Zu melden ist der Tod an:

1. Influenza
2. Keuchhusten
3. Masern
4. Puerperalsepsis
5. Scharlach

§ 3 (4) Zu melden ist jeder Ausscheider von:

1. Choleravibrionen
2. Salmonellen
   a) Salmonellen typhi
   b) Salmonellen paratyphi A, B und C
3. Shigellen

§ 3 (5) Zu melden ist die Verletzung eines Menschen durch ein tollwutkrankes oder -verdächtiges Tier sowie die Berührung eines solchen Tieres oder Tierkörpers.

Die Meldepflicht obliegt in nachstehender Reihenfolge:

1. dem behandelnden oder sonst hinzugezogenen Arzt,
2. jeder sonstigen mit der Behandlung oder Pflege des Betroffenen berufsmäßig beschäftigten Person,
3. der hinzugezogenen Hebamme,
4. dem Familienoberhaupt.

In Krankenhäusern oder Entbindungsheimen trifft die Meldepflicht den leitenden Arzt bzw. den leitenden Abteilungsarzt.

Die Meldung muß gerichtet sein an das für den Aufenthalt des Betroffenen zuständigen Gesundheitsamt und muß unverzüglich spätestens innerhalb von 24 Stunden nach Kenntniserlangung erstattet sein (§ 5 BSeuchG). Ausscheider sind verpflichtet, jeden Wohnungs- und Arbeitsstättenwechsel unverzüglich dem bisher zuständigen Gesundheitsamt anzuzeigen. Bei Aufnahme in Krankenanstalten ist der Ausscheider verpflichtet, dem behandelnden Arzt mitzuteilen, daß er Ausscheider ist. Ist der Kranke, Krankheitsverdächtige oder Ausscheider nicht volljährig, trifft die Mitteilungspflicht den Sorgeberechtigten; im Falle einer Betreuung trifft diese Pflicht den Betreuer, soweit die Sorge für die Person des Ausscheiders zu seinem Aufgabenkreis gehört. Die Aufnahme in ein Krankenhaus sowie die Entlassung sind ebenfalls dem zuständigen Gesundheitsamt mitzuteilen.

Treten durch Krankheitserreger verursachte Erkrankungen in Krankenhäusern, Entbindungsheimen, Säuglingsheimen, Säuglingsstätten oder Einrichtungen zur vorübergehenden Unterbringung von Säuglingen nicht nur vereinzelt auf (Ausbruch), so sind diese Erkrankungen unverzüglich als Ausbruch zu melden, es sei denn, daß die Erkrankten schon vor der Aufnahme an diesen Krankheiten erkrankt oder verdächtig waren (§ 8 BSeuchG).

Die Vorschriften zur Verhütung übertragbarer Krankheiten sind im 4. Abschnitt des Bundesseuchengesetzes enthalten. Zu den Verhütungsmaßnahmen zählt das Gesetz die Schutzimpfungen sowie Tätigkeits- und Beschäftigungsverbote im Verkehr mit Krankheitserregern.

Vorangestellt ist diesen besonderen Maßnahmen eine Generalklausel (§ 10 BSeuchG), mit der die zuständige Behörde ermächtigt wird, die notwendige Gefahrenabwehr zum Schutze des einzelnen oder der Allgemeinheit zu treffen, wenn Tatsachen festgestellt werden, die zum Auftreten einer übertragbaren Krankheit führen können, oder wenn anzunehmen ist, daß solche Tatsachen vorliegen. Die Ermächtigung erstreckt sich darauf, daß Beauftragte der zuständigen Behörde und des Gesundheitsamts zur Durchführung von Ermittlungen und zur Überwachung der angeordneten Maßnahmen berechtigt sind, Grundstücke, Räume, Anlagen und Einrichtungen sowie Fahrzeuge aller Art zu betreten und diese sowie sonstige Gegenstände zu untersuchen oder Proben zur Untersuchung zu fordern oder zu entnehmen. Derjenige, gegen den bzw. dessen Besitz sich die Maßnahmen richten, ist zur Mitwirkung verpflichtet, insbesondere zur Auskunftserteilung, aber auch zur Duldung ärztlicher Untersuchungen, Röntgenuntersuchungen, Blutentnahmen, Abstrichen von Haut und Schleimhäuten. Schließlich muß der persönlich Betroffene Vorladungen des Gesundheitsamts nachkommen und das erforderliche Untersuchungsmaterial auf Verlangen bereitstellen.

Um die Verhütungsmaßnahmen ungehindert durchführen zu können, schränkt das Bundesseuchengesetz folgende Grundrechte ein: die körperliche Unversehrtheit und die Freiheit der Person (Art. 2 Abs. 2 GG), die Freizügigkeit (Art. 11 Abs. 1 GG), die

Versammlungsfreiheit (Art. 8 GG) und die Unverletzlichkeit der Wohnung (Art. 13 Abs. 1 GG). Diese Grundrechtseinschränkungen gelten in gleicher Weise auch, wenn Gegenstände (also nicht Personen) mit Erregern meldepflichtiger übertragbarer Krankheiten behaftet sind oder wenn das anzunehmen und dadurch eine Verbreitung der Krankheit zu befürchten ist und deshalb Maßnahmen zur Gefahrenabwehr notwendig werden. Eine solche Maßnahme kann beispielsweise in der Vernichtung des Gegenstandes bestehen, wobei die zuständige Behörde jedoch vor der Anordnung immer eine Interessenabwägung im Verhältnis zum Wert des Gegenstandes vorzunehmen hat. Müssen Gegenstände entseucht, entwest oder entrattet werden, so kann die Benutzung oder die Benutzung der Räume, in denen sich die Gegenstände befinden, untersagt werden, bis die Maßnahme durchgeführt ist (§ 10a BSeuchG). Bei behördlich angeordneten Entseuchungen, Entwesungen oder Entrattungen dürfen ausnahmslos nur Mittel und Verfahren angewandt werden, die vom Bundesgesundheitsamt bzw. von der Biologischen Bundesanstalt für Land- und Forstwirtschaft geprüft und in einer zu veröffentlichenden Liste aufgenommen sind (§ 10c BSeuchG).

Schließlich enthalten die allgemeinen Vorschriften zur Verhütung übertragbarer Krankheiten noch Bestimmungen über die hygienische Überwachung des Trink- und Brauchwassers in Lebensmittelbetrieben (§ 11 BSeuchG) sowie über die Bekämpfung tierischer Schädlinge, von denen Seuchengefahren ausgehen können (§ 13 BSeuchG).

2.6.1.1 Schutzimpfungen

Hinsichtlich der Schutzimpfungen sieht das Bundesseuchengesetz vor, daß der Bundesminister für Gesundheit mit Zustimmung des Bundesrates Rechtsverordnungen erlassen kann, aufgrund derer Schutzimpfungen für bedrohte Teile der Bevölkerung durchzuführen sind, wenn eine übertragbare Krankheit in bösartiger Form auftritt oder mit ihrer epidemischen Verbreitung zu rechnen ist.

Insoweit kann das Grundrecht der körperlichen Unversehrtheit eingeschränkt werden (§ 14 BSeuchG). Eine Freistellung von der Impfpflicht soll bestehen, wenn der ansonsten Impfpflichtige nach ärztlichem Zeugnis ohne Gefahr für sein Leben oder seine Gesundheit nicht geimpft werden kann.

Solange der Bundesminister keine Rechtsverordnung erläßt, kann dies durch die Landesregierungen geschehen, die ihrerseits diese Kompetenz auf die obersten Landesgesundheitsbehörden delegieren können.

Die obersten Landesgesundheitsbehörden können zum Schutze der Gesundheit auch Impfungen öffentlich empfehlen und bestimmen, daß die Gesundheitsämter in öffentlichen Terminen unentgeltliche Schutzimpfungen gegen bestimmte übertragbare Krankheiten durchführen (§ 14 Abs. 3, 4 BSeuchG). Zu derartigen Krankheiten zählen die Diphterie, die übertragbare Kinderlähmung, Tbc, Wundstarrkrampf und die Röteln. Auch wenn Schutzimpfungen öffentlich empfohlen werden, erfolgt die Beteiligung auf freiwilliger Basis.

> Jede Impfung ist vom impfenden Arzt in ein Impfbuch einzutragen oder, falls das Impfbuch nicht vorgelegt wird, durch eine Impfbescheinigung zu attestieren. Das Impfbuch erhält der Geimpfte bei der ersten Impfeintragung unentgeltlich von der zuständigen Behörde; das Impfbuch muß einem bundeseinheitlichen Muster entsprechen.

Zu den Regelungen über die Schutzimpfungen nach dem Bundesseuchengesetz gehören gleichfalls die im siebten Abschnitt des Gesetzes enthaltenen Bestimmungen über die Entschädigungen bei Impfschäden. Gemäß § 51 BSeuchG erhält derjenige, der durch eine Impfung, die entweder gesetzlich vorgeschrieben oder aufgrund des Bundesseuchengesetzes angeordnet oder von einer zuständigen Behörde öffentlich empfohlen und in ihrem Bereich vorgenomen oder aufgrund der Verordnung zur Ausführung der Internationalen Gesundheitsvorschriften durchgeführt worden ist, einen Impfschaden erlitten hat, wegen der gesundheitlichen und wirtschaftlichen Folgen des Impfschadens auf Antrag Versorgung in entsprechender Anwendung der Vorschriften des Bundesversorgungsgesetzes, soweit das Bundesseuchengesetz nichts anderes bestimmt. Gleiches gilt für die Hinterbliebenen eines Impfgeschädigten. Als Impfschaden ist der über das übliche Ausmaß einer Impfreaktion hinausgehende Gesundheitsschaden zu verstehen (§ 55 BSeuchG).

2.6.1.2 Tätigkeits- und Beschäftigungsverbote beim Verkehr mit Lebensmitteln

Zum Zwecke der Verhütung übertragbarer Krankheiten bestimmt das Bundesseuchengesetz neben den Schutzimpfungen weiter, daß bestimmte Personen beim gewerbsmäßigen Herstellen, Behandeln oder Inverkehrbringen von Lebensmitteln, die im Bundesseuchengesetz namentlich aufgezählt sind (z. B. Eiprodukte, Erzeugnisse aus Fischen und fischähnlichen Tieren, Feinkostsalate, Kartoffelsalate etc., Fleisch und Fleischerzeugnisse, Milch und Milcherzeugnisse, Säuglings- und Kleinkindnahrung), nicht tätig oder beschäftigt werden dürfen, wenn sie dabei mit diesen in Berührung kommen. Gleiches gilt für Personen, wenn sie in Küchen unter anderem von Krankenhäusern, Säuglings- und Kinderheimen oder von sonstigen Einrichtungen mit oder zur Gemeinschaftsverpflegung angestellt sind, wie etwa Diätassistenten.

Derartige Tätigkeits- und Beschäftigungsverbote gelten gemäß § 17 BSeuchG für Personen, die

1. an Cholera, Enteritis infectiosa, Paratyphus, Shigellenruhr, Typhus abdominalis oder Virushepatitis erkrankt oder dessen verdächtig sind;
2. an ansteckungsfähiger Tuberkulose der Atmungsorgane, an Scharlach oder an Hautkrankheiten, deren Erreger über Lebensmittel übertragen werden können, erkrankt sind;
3. Choleravibrionen, Salmonellen oder Shigellen ausscheiden.

Grundsätzlich gilt, daß die oben bezeichneten Tätigkeiten erstmalig nur dann ausgeübt werden dürfen, wenn durch ein Zeugnis, das nicht älter als sechs Wochen sein darf, nachgewiesen worden ist, daß die ebenfalls oben bezeichneten Hinderungsgründe nicht bestehen. Das Zeugnis des Gesundheitsamtes ist dem Arbeitgeber zu erbringen. In bestimmten Fällen sind Wiederholungsuntersuchungen erforderlich.

Wird ein Beschäftigungsverbot von der zuständigen Behörde verfügt, und erleidet der Betroffene dadurch einen Verdienstausfall, so hat er Anspruch auf Entschädigung in Geld (§ 49 BSeuchG). Auszahlungspflichtig ist für längstens sechs Wochen der Arbeitgeber, der jedoch die ausgezahlten Beträge auf Antrag von der Behörde erstattet erhält. Darüber hinaus zahlt die zuständige Behörde auf Antrag unmittelbar. Die Entschädigung gilt als Entgelt, so daß der Betroffene auch während dieser Zeit versichert bleibt (§ 49a, b BSeuchG).

2.6.1.3 Arbeiten und Verkehr mit Krankheitserregern

Für bestimmte Tätigkeiten sieht das Bundesseuchengesetz ebenfalls als Verhütungsmaßnahme die Erlaubniserteilung vor. Dies gilt nach § 19 BSeuchG für Personen, die

> 1. a) vermehrungsfähige Erreger von Chagaskrankheit, Cholera, Coccidiodomykose, Lepra, Milzbrand, Ornithose, Paratyphus, Pest, Toxoplasmose, Tuberkulose, Tularämie oder Typhus;
> b) vermehrungsfähige Erreger von auf den Menschen übertragbaren Viruskrankheiten (ausgenommen Maul- und Klauenseuche);
> c) vermehrungsfähige Brucellen, Coxiellen, Leptospiren, Plasmoiden oder Rickettsien;
> 2. vermehrungsfähige Erreger anderer auf den Menschen übertragbarer Krankheiten, einschließlich der Geschlechtskrankheiten (ausgenommen Rotz),

einführen, ausführen, sonst in den Geltungsbereich oder aus dem Geltungsbereich dieses Gesetzes verbringen, aufbewahren, abgeben oder mit ihnen arbeiten wollen.

Als Arbeiten mit Krankheitserregern sind insbesondere anzusehen:

- Versuche mit vermehrungsfähigen Krankheitserregern,
- mikrobiologische und serologische Untersuchungen zur Feststellung übertragbarer Krankheiten,
- Fortzüchtung von Krankheitserregern.

Im übrigen regelt das Bundesseuchengesetz das weitere Verfahren zur Erlaubniserteilung, die Rücknahme einer Erlaubnis sowie den Personenkreis, der keiner Erlaubnis bedarf.

2.6.1.4 Bekämpfung übertragbarer Krankheiten

Der fünfte Abschnitt des Bundesseuchengesetzes enthält Vorschriften zur Bekämpfung übertragbarer Krankheiten. Im einzelnen befassen sich die Bestimmungen mit der Behandlung übertragbarer Krankheiten, mit Ermittlungen durch die Gesundheitsbehörden sowie mit Schutzmaßnahmen.

Behandlung

Die Behandlung von Personen, die an einer meldepflichtigen übertragbaren Krankheit erkrankt oder dessen verdächtig sind, und die Behandlung von Ausscheidern steht nur dem Arzt und Zahnarzt im Rahmen der berufsmäßigen Ausübung der Heil- bzw. Zahnheilkunde zu. Ein Heilpraktiker, der eine Erkrankung oder den Verdacht einer Erkrankung an einer übertragbaren Krankheit feststellt, darf bis zur Übernahme der Behandlung durch einen Arzt nur Maßnahmen zur Linderung einleiten (§ 30 BSeuchG).

Ermittlungen

Das Gesundheitsamt hat die notwendigen Ermittlungen anzustellen, insbesondere über Art, Ursache, Ansteckungsquelle und Ausbreitung der Krankheit, wenn sich ergibt oder anzunehmen ist, daß jemand – auch ein Verstorbener – krank, krankheitsverdächtig, ansteckungsverdächtig, Ausscheider oder ausscheidungsverdächtig ist bzw. war. Beim Auftreten von Cholera, Gelbfieber, Pest oder Pocken haben die zuständigen obersten Landesbehörden sofort das Bundesgesundheitsamt zu benachrichtigen.

Damit die Ermittlungen wirkungsvoll sind, sieht das Bundesseuchengesetz vor, daß den Ermittlungspersonen Zutritt zu den oben genannten Personen sowie Besichtigung der von diesen Personen benutzten Räume und Gegenstände gestattet ist. Weiterhin ist geregelt, daß die Kranken, Krankheits- und Ansteckungsverdächtigen, Ausscheider und Ausscheidungsverdächtigen zur Duldung von Untersuchungen verpflichtet sind. Blutentnahmen aus der Vene und Rektalabstriche dürfen nur von Ärzten vorgenommen werden, und auch die Entnahme von Mageninhalt oder Galle, von Rückenmarks- oder Gehirnflüssigkeit sowie alle operativen Eingriffe und solche, die eine allgemeine Betäubung erfordern, dürfen nur von Ärzten und mit Einwilligung des Betroffenen, gegebenenfalls des Betreuers, ausgeführt werden.

Die mit der Ermittlung Beauftragten des Gesundheitsamtes sind berechtigt, das notwendige Untersuchungsmaterial zu entnehmen. Dabei haben die Kranken und Krankheitsverdächtigen usw. sowie die zur Meldung verpflichteten Personen die Entnahme zu dulden, gegebenfalls auch Auskunft zu erteilen und Vorladungen des Gesundheitsamtes zu befolgen.

Schließlich sind die Ärzte des Gesundheitsamtes berechtigt, Untersuchungen an Leichen, die mit Krankheitserregern behaftet sind oder dessen verdächtig sind, vorzunehmen, wobei sich die Untersuchung auf besondere Anordnung hin auch auf die innere Leichenschau erstrecken kann. Mit den genannten Maßnahmen werden die Grundrechte der Unverletzlichkeit der Wohnung und der körperlichen Unversehrtheit eingeschränkt.

Schutzmaßnahmen

Soweit und solange es zur Verhinderung der Verbreitung übertragbarer Krankheiten erforderlich ist, kann die Behörde Schutzmaßnahmen anordnen (§ 34 BSeuchG). Dazu gehören Beschränkungen und Verbote von Veranstaltungen in Theatern, Versammlungsräumen, Vergnügungs- und Gaststätten, Abhalten von Massenveranstaltungen, Märkten, Tagungen, Volksfesten und Sportveranstaltungen sowie das Schließen von Badeanstalten. Heilbehandlungen dürfen allerdings nicht angeordnet werden.

Kranke, Krankheits- und Ansteckungsverdächtige, Ausscheider und Ausscheidungsverdächtige können einer Beobachtung unterworfen werden. Der unter Beobachtung Stehende muß die erforderlichen Untersuchungen dulden und den Weisungen des Gesundheitsamtes Folge leisten (§ 36 BSeuchG). Hinzu tritt die Verpflichtung, Zutritt zur Wohnung zu gestatten, Befragungen zu beantworten, Auskünfte über den Gesundheitszustand zu geben und im Falle des Wohnungs- und Arbeitsplatzwechsels Anzeige an das zuständige Gesundheitsamt zu erstatten.

Neben das Recht der Beobachtung tritt das der Absonderung. Die zuständige Behörde hat Personen, die an Cholera, Pest, Pocken oder an virusbedingtem hämorrhagischem Fieber erkrankt sind, unverzüglich in einem Krankenhaus oder eine für diese Krankheiten geeigneten Absonderungseinrichtung abzusondern (§ 37 BSeuchG). Sonstige Kranke, Krankheits- und Ansteckungsverdächtige sowie Ausscheider können abgesondert werden, Ausscheider jedoch nur, wenn sie andere Schutzmaßnahmen nicht befolgen, befolgen können oder befolgen würden und dadurch ihre Umgebung gefährden. Kommt der Betroffene den seine Absonderung betreffenden Anordnungen nicht nach oder ist anzunehmen, daß er ihnen nicht genügend Folge leistet, so ist er zwangsweise in einem abgeschlossenen Krankenhaus oder in einem abgeschlossenen Teil eines Krankenhauses abzusondern. Die zwangsweise Absonderung ist regelmäßig nur aufgrund eines begründeten richterlichen Beschlusses möglich, wobei der Betroffene zwar zu hören ist, allerdings kann diese Anhörung nach § 5 Abs. 2 des Gesetzes über das gerichtliche Verfahren bei Freiheitsentziehung unterbleiben. Nach diesem Gesetz darf die Unterbringung in einer geschlossenen Krankenanstalt nur nach Anhörung eines ärztlichen Sachverständigen angeordnet werden. Die Behörde, die den Antrag auf Unterbringung stellt, soll ihrem Antrag ein ärztliches Gutachten beifügen.

Für den Fall der Absonderung oder zwangsweisen Unterbringung regelt das Bundesseuchengesetz die Art und Weise der Verbindung mit der Außenwelt und bestimmt den Personenkreis, der außer Arzt und Pflegepersonal Zutritt zu dem Untergebrachten hat. Ferner wird den Gemeinden oder Gemeindeverbänden auferlegt, für den Impfschutz der behandelnden Ärzte, Schwestern oder des sonstigen Personals Sorge zu tragen und für die notwendigen Absonderungseinrichtungen und Transportmittel Vorsorge zu treffen.

2.6.1.5 *Schutz vor Verbreitung übertragbarer Krankheiten*

Zum Schutz vor Entstehung und Verbreitung übertragbarer Krankheiten sind im sechsten Abschnitt des Bundesseuchengesetzes besondere Regelungen getroffen worden, die alle öffentlichen und privaten, dem allgemein- und berufsbildenden Unterricht dienenden Schulen betreffen. Diesen Schulen sind gleichgestellt die Schülerheime, Schullandheime, Säuglingsheime, Kinderheime, Kindertagesstätten, Ferienlager usw.

In diesen Einrichtungen dürfen Lehrer, zur Vorbereitung auf den Beruf des Lehrers tätige Personen, Schüler, Schulbedienstete und in Schulgebäuden wohnende Personen, die an ansteckender Borkenflechte (Impetigo contagiosa), Diphterie, Enteritis infectiosa, Keuchhusten, Krätze, Mumps, Masern, Meningitis/Enzephalitis, Milzbrand, Ornithose, Paratyphus, Pocken, Poliomyelitis, Q-Fieber, Röteln, Scharlach, Shigellenruhr, ansteckungsfähiger Tuberkulose der Atmungsorgane, Tularämie, Typhus abdominalis, virusbedingtem hämorrhagischem Fieber, Virushepatitis oder Windpocken erkrankt oder dessen verdächtig oder die verlaust sind, die dem Schulbetrieb dienenden Räume nicht betreten, Einrichtungen der Schule nicht benutzen und an Veranstaltungen der Schule nicht teilnehmen, bis nach dem Urteil des behandelnden Arztes oder des Gesundheitsamtes eine Weiterverbreitung der Krankheit oder der Verlausung durch sie nicht mehr zu befürchten ist.

In bestimmten Fällen kann die zuständige Behörde auf Vorschlag des Gesundheitsamtes auch die Schließung von Schulen oder Schulklassen verfügen.

Ein näher bezeichneter Personenkreis (zum Beispiel Lehrer, Schulbedienstete) ist verpflichtet, vor Aufnahme der Tätigkeit und jährlich einmal durch Vorlage von

Zeugnissen des Gesundheitsamts der zuständigen Behörde nachzuweisen, daß bei ihnen keine ansteckungsfähige Tuberkulose der Atmungsorgane vorliegt.

Wie bereits erwähnt, sieht das Bundesseuchengesetz im siebten Abschnitt Entschädigungsleistungen vor. Neben den Impfgeschädigten und denjenigen, die infolge des § 17 BSeuchG unter einem Tätigkeitsverbot stehen, erhält eine Entschädigung in Geld auch, wer als Ausscheider, Ausscheidungsverdächtiger und Ansteckungsverdächtiger aufgrund des Bundesseuchengesetzes Verboten in der Ausübung seiner bisherigen Tätigkeit unterliegt oder unterworfen wird und dadurch einen Verdienstausfall erleidet. Die Höhe der Entschädigungsleistung ist im einzelnen geregelt.

Die abschließenden Abschnitte des Bundesseuchengesetzes enthalten Kostenregelungen, Straf- und Bußgeldvorschriften sowie Übergangs- und Schlußbestimmungen.

2.6.2 Laborberichtsverordnung

Zur Erfassung von Aids-Fällen wurde aufgrund des § 7 Abs. 1 BSeuchG eine Verordnung über die Berichtspflicht für positive HIV-Bestätigungstests (Laborberichtsverordnung vom 18.12.1987) mit Wirkung vom 01.01.1988 erlassen. Diese Rechtsverordnung soll insbesondere die Voraussetzungen zur Beurteilung der epidemischen Lage in der Bundesrepublik Deutschland schaffen. So ist derjenige, der als behandelnder oder sonst hinzugezogener Arzt Bestätigungstests zum Nachweis von Antikörpern gegen HIV durchführt oder durch Untersuchungsverfahren den gesicherten Nachweis von HIV, von HIV-Antigenen oder von HIV-Nukleinsäure in von Menschen gewonnenem Untersuchungsmaterial erbringt, verpflichtet, die positiven Ergebnisse dem zentralen Aids-Infektionsregister beim Bundesgesundheitsamt (BGA) zu melden. Diese Pflicht trifft gleichermaßen die Leiter von Medizinaluntersuchungsämtern oder sonstigen öffentlichen oder privaten Untersuchungstellen.

Die Berichte sind auf einem vom Bundesgesundheitsamt herausgegebenen Formular abzugeben. Sie müssen Name und Anschrift des Berichtenden, Monat und Jahr des Eingangs des Untersuchungsmaterials sowie die Art des Untersuchungsverfahrens enthalten.

Die Berichte dürfen nicht den Namen der untersuchten Person enthalten, sie sollen jedoch Angaben machen zum Alter, Geschlecht und Wohnsitz (nur nach den ersten beiden Ziffern der Postleitzahl) der untersuchten Person sowie über Anlaß der Untersuchung, die mögliche Übertragungsweise und das vorliegende Krankheitsbild und schließlich darüber, ob die untersuchte Person schon als HIV-positiv bekannt war.

Die Berichte sind monatlich zu erstellen. Verstöße gegen die Bestimmungen der Laborberichtsverordnung stellen Ordnungswidrigkeiten dar und können entsprechend geahndet werden.

2.6.3 Gesetz zur Bekämpfung der Geschlechtskrankheiten

Die Geschlechtskrankheiten haben unter den übertragbaren Krankheiten mit dem Gesetz zur Bekämpfung der Geschlechtskrankheiten vom 23.07.1953 mit späteren Änderungen eine Spezialregelung gegenüber dem Bundesseuchengesetz erfahren.

Ähnlich dem Bundesseuchengesetz stellt das Gesetz zur Bekämpfung der Geschlechtskrankheiten den übrigen Vorschriften Begriffsbestimmungen voran. Danach sind Geschlechtskrankheiten im Sinne des Gesetzes:

- Syphilis (Lues),
- weicher Schanker (Ulcus molle),
- Tripper (Gonorrhö),
- venerische Lymphknotenentzündung (Lymphogranulaomatosis inguinalis Nicolas und Favre)

ohne Rücksicht darauf, an welchen Körperteilen die Krankheitserscheinungen auftreten.

Aids zählt nicht zu den Geschlechtskrankheiten im Sinne des Geschlechtskrankheitengesetzes. Wie das Bundesverfassungsgericht feststellt, gibt dagegen das Bundesseuchengesetz Möglichkeiten, wie etwa die Untersuchung Aids-verdächtiger Personen (BVerfG, MedR 1987, 285). Darüber hinaus ist es möglich, Aids-verdächtige Personen nach dem Bundesseuchengesetz zur Untersuchung vorzuladen, ihnen zwangsweise Blut zu entnehmen, Berufsverbote für Strichjungen und Prostituierte zu verhängen und Aids-infizierte Personen im Falle eines unverantwortlichen Verhaltens notfalls in Quarantäne zu nehmen.

Zur Bekämpfung der genannten Geschlechtskrankheiten sieht das Gesetz Maßnahmen zur Verhütung, Feststellung, Erkennung und Heilung der Erkrankung sowie die vorbeugende und nachgehende Gesundheitsfürsorge vor.

Zur Durchführung dieser Maßnahmen spricht das Gesetz eine Einschränkung der Grundrechte auf körperliche Unversehrtheit (Art. 2 Abs. 2 Satz 1 GG) und auf Freiheit der Person (Art. 2 Abs. 2 Satz 2 GG) aus.

Die Wahrnehmung der Aufgaben ist den Gesundheitsämtern aufgetragen, ohne jedoch die Aufgaben der Sozialhilfeträger und Jugendämter zu berühren.

Den Geschlechtskranken treffen so weitreichende und tiefgreifende Verpflichtungen, wie sie das Bundesseuchengesetz für die an übertragbaren Krankheiten Erkrankten oder der Erkrankung Verdächtigen nicht kennt.

So ist derjenige, der an einer Geschlechtskrankheit leidet und dies weiß oder den Umständen nach annehmen muß, verpflichtet, sich unverzüglich von einem in Deutschland bestallten oder zugelassenen Arzt untersuchen und bis zur Beseitigung der Ansteckungsgefahr behandeln zu lassen sowie sich den notwendigen Nachuntersuchungen zu unterziehen; außerdem hat er sich auf Anordnung des Gesundheitsamtes in ein geeignetes Krankenhaus zu begeben, wenn die Einweisung zur Verhütung der Ansteckung erforderlich ist oder der Betroffene sich der ordnungsgemäßen Durchführung der Behandlung entzogen hat.

Weiterhin obliegt dem Geschlechtskranken sowie solchen Personen, die dringend verdächtig sind, geschlechtskrank zu sein und Geschlechtskrankheiten weiterzuverbreiten, die Pflicht, dem Gesundheitsamt auf Verlangen, gegebenenfalls wiederholt, ein Zeugnis eines in Deutschland bestallten oder zugelassenen Arztes über ihren Gesundheitszustand vorzulegen. Das Gesundheitsamt kann in begründeten Fällen die Untersuchung in der Beratungsstelle oder bei einem bestimmten Arzt anordnen und bei unklarem Befund oder der Gefahr einer Verschleierung, die Beobachtung in einem geeigneten Krankenhaus verfügen.

Auf Vorschlag des Gesundheitsamtes kann die zuständige Behörde einem Geschlechtskranken während der Zeit seiner Erkrankung die Berufsausübung untersagen, wenn wegen der Art der Beschäftigung eine erhöhte Ansteckungsgefahr besteht oder wenn der ärztlichen Anordnung, den Beruf bis zur Behebung der Ansteckungsgefahr nicht auszuüben, keine Folge geleistet wird.

Bei Vorliegen besonderer Verhältnisse kann die Landesregierung anordnen, daß Personen, deren Lebensumstände eine erhöhte Ansteckungsgefahr für sie und andere mit sich bringen, auf syphilitische Serumreaktionen ihres Blutes zu untersuchen sind.

Ferner hat sich jeder, der an einer Geschlechtskrankheit leidet, des Geschlechtsverkehrs zu enthalten, und zwar so lange, bis die Krankheit nach ärztlichem Urteil nicht mehr übertragbar ist.

Will jemand, der geschlechtskrank ist oder zu irgendeiner Zeit an Syphilis gelitten hat, die Ehe eingehen, so ist er verpflichtet, sich vor Bestellung des Aufgebotes ein Eheunbedenklichkeitszeugnis erteilen zu lassen. Wird ein solches Zeugnis nicht erteilt, muß der Betroffene vor Eingehung der Ehe den anderen Teil von seiner Krankheit in Kenntnis setzen, andernfalls macht er sich strafbar.

Geschlechtskranke Personen und solche, die früher an Syphilis erkrankt waren, dürfen kein Blut spenden. Wer ein geschlechtskrankes Kind in Pflege gibt, muß den Pflegeeltern vor Beginn der Pflege von der Krankheit des Kindes Mitteilung machen.

Eine Frau, die geschlechtskrank ist, darf kein fremdes Kind stillen und ihre Milch nicht abgeben.

Ein an Tripper erkranktes Kind darf von einer anderen Person als der Mutter nur dann gestillt werden, wenn diese zuvor durch einen Arzt über die Krankheit des Kindes und die gebotenen Vorsichtsmaßnahmen unterwiesen wurde. Ist das Kind an Syphilis erkrankt, so darf es nur durch die Mutter gestillt werden.

Bei Verstößen gegen die vorstehenden Bestimmungen droht Freiheits- oder Geldstrafe. Will eine Frau ein fremdes Kind stillen, so muß sie durch ein ärztliches Zeugnis nachweisen, daß sie nicht geschlechtskrank ist. Wer ein Kind von einer anderen Person als der Mutter stillen lassen will, muß sich davon überzeugen, daß die Stillende im Besitz eines derartigen ärztlichen Zeugnisses ist.

Diesen Pflichten der Geschlechtskranken und krankheitsverdächtigen Personen entsprechen die Vorschriften über die Behandlung der Kranken und Pflichten der Ärzte.

Ausnahmslos ist die Untersuchung auf Geschlechtskrankheiten und Krankheiten oder Leiden der Geschlechtsorgane sowie ihre Behandlung nur den in Deutschland bestallten oder zugelassenen Ärzten gestattet. Wer ohne Berechtigung eine geschlechtskranke Person oder eine solche, die von Krankheiten oder Leiden der Geschlechtsorgane befallen ist, behandelt, muß mit Freiheitsstrafe bis zu einem Jahr oder mit Geldstrafe rechnen.

Dies gilt auch für den, der

- Geschlechtskrankheiten anders als aufgrund eigener Untersuchungen behandelt (Fernbehandlung);
- in Vorträgen, Schriften, Rundbriefen, Abbildungen oder Darstellungen sowie durch Rundfunk oder Film Ratschläge zur Selbstbehandlung erteilt;
- sich zu einer Behandlung von Geschlechtskrankheiten und Krankheiten oder Leiden der Geschlechtsorgane durch Vorträge, Verbreitung von Schriften, Briefen, Abbildungen oder Darstellungen sowie durch Rundfunk oder Film, wenn auch in verschleierter Weise, anerbietet, soweit es sich dabei nicht um den üblichen Hinweis eines Arztes auf die Ausübung seines Berufes handelt.

Nicht unter Strafe gestellt sind Vorträge, Verbreitung von Schriften, Briefen oder Abbildungen, Filme und Darstellungen, die der Aufklärung und Belehrung über Geschlechtskrankheiten, insbesondere über deren Erscheinungsformen, dienen. Jedem

Arzt, der die Untersuchung oder Behandlung eines Geschlechtskranken übernimmt, obliegt die Durchführung nach den Grundsätzen der wissenschaftlichen Erkenntnis. Er ist außerdem verpflichtet, über die Behandlung genaue Aufzeichnungen zu führen. Dem Geschlechtskranken oder -krankheitsverdächtigen hat der Arzt über die Krankheit, die Übertragungsgefahr sowie die dem Kranken auferlegten Pflichten und Folgen ihrer Nichterfüllung aufzuklären und zu unterrichten. Bei Minderjährigen soll der behandelnde Arzt außerdem die Erziehungsberechtigten unterrichten und belehren, wenn dies notwendig erscheint und keine anderen schwerwiegenden Gründe entgegenstehen. Gleiches gilt bei Betreuten für die Unterrichtung und Belehrung des Betreuers bei entsprechendem Aufgabenkreis. Im Rahmen der Belehrung händigt der Arzt dem Betroffenen ein amtliches Merkblatt aus, dessen Empfang mit der erfolgten Belehrung schriftlich zu bestätigen ist.

Zu den Zwecken der Statistik ist jeder Fall einer ansteckungsfähigen Erkrankung an einer Geschlechtskrankheit von dem behandelnden oder sonst hinzugezogenen Arzt unverzüglich ohne Nennung des Namens und der Anschrift des Erkrankten dem Gesundheitsamt zu melden, in dessen Bezirk der Arzt seine Tätigkeit ausübt. Die Meldung muß enthalten:

- Geburtsdatum, Geschlecht und Familienstand des Erkrankten;
- Art der Erkrankung;
- Beratung oder Behandlung der jetzigen Erkrankung durch einen anderen Arzt;
- Zahl und Art früherer Erkrankungen an einer Geschlechtskrankheit.

Neben dieser, zu Zwecken einer Bundesstatistik erfolgenden nichtnamentlichen Meldung, besteht die Pflicht des behandelnden Arztes zur namentlichen Meldung eines Geschlechtskranken an das Gesundheitsamt, wenn der Kranke

- sich weigert, die vom Arzt verordnete Behandlung zu beginnen oder fortzusetzen, sie ohne triftigen Grund unterbricht oder sich der vom Arzt verordneten Nachuntersuchung entzieht;
- nach der Überzeugung des Arztes durch seine Lebensweise oder seine allgemeinen Lebensumstände eine ernste Gefahr der Übertragung auf andere bildet;
- offensichtlich falsche Angaben über die Ansteckungsquelle oder über die durch ihn gefährdeten Personen macht oder
- das 18. Lebensjahr noch nicht vollendet hat und sittlich gefährdet erscheint, sofern der Arzt nicht überzeugt ist, daß die Sorgeberechtigten für eine ordnungsgemäße Behandlung und Betreuung sorgen.

Über diese Meldepflicht hinaus muß der Arzt, der eine Geschlechtskrankheit festgestellt hat, in zumutbarer Weise mutmaßliche Ansteckungsquellen ermitteln, wobei ihm der Patient behilflich sein soll. Wird eine Ansteckungsquelle oder eine als gefährdet bekanntgegebene Person ermittelt, so muß der Arzt auf die ärztliche Beobachtung oder Behandlung dieser Person hinwirken. Falls sie nicht erreichbar ist oder der Aufforderung nachweislich nicht nachkommt, ist der Arzt zur Meldung an das Gesundheitsamt verpflichtet, wenn die Gefahr einer Weiterverbreitung oder Unterlassung einer notwendigen Behandlung besteht. Dies gilt insbesondere bei Personen, bei denen der Verdacht auf Geschlechtsverkehr mit häufig wechselnden Partnern begründet ist.

Bei der Bekämpfung der Geschlechtskrankheiten haben die Gesundheitsämter mit den Fürsorgeverbänden, Jugendämtern, Versicherungsträgern und Einrichtungen der freien Wohlfahrtspflege zusammenzuarbeiten. Den Gesundheitsämtern ist aufgetragen, Maßnahmen zu treffen, um geschlechtskranke Personen und solche, die im Verdacht der Erkrankung und Weiterverbreitung stehen nicht nur festzustellen, sondern im besonderen Maße gesundheitsfürsorgerisch zu beraten und zu betreuen. Dazu richten die Gesundheitsämter Beratungsstellen ein, die auch durch Arbeitsgemeinschaften in Zusammenarbeit mit Versicherungsträgern und Organen der öffentlichen und privaten Fürsorge eingerichtet und unterhalten werden können.

Außer der gesundheitsfürsorgerischen Tätigkeit haben die Gesundheitsämter die Aufgabe, die Bevölkerung, insbesondere die ältere Jugend in Schulen, Betrieben und Vereinigungen, über das Wesen und die Gefahren der Geschlechtskrankheiten aufzuklären und zu belehren.

Zur Durchsetzung bestimmter gesetzlicher Vorschriften können verwaltungsrechtliche Zwangsmittel entsprechend den landesrechtlichen Vorschriften angewendet werden. In bestimmten Fällen kann das Gesundheitsamt durch die zuständige Verwaltungsbehörde Geschlechtskranke oder -krankheitsverdächtige vorführen lassen. Wer den Anordnungen des Gesundheitsamtes keine Folge leistet, kann festgenommen werden und ist spätestens am Tage der Festnahme dem Amtsgericht mit dem Antrag auf zwangsweise Einweisung in ein Krankenhaus vorzuführen. Verläßt ein Zwangseingewiesener das Krankenhaus ohne ärztliche Erlaubnis, so kann er auf Antrag des Gesundheitsamtes mit Freiheits- oder Geldstrafe bestraft werden.

Haben Polizeibehörden Personen in Verwahrung oder vorläufig festgenommen, bei denen der Verdacht einer Geschlechtskrankheit und der Weiterverbreitung einer solchen besteht, so sind diese vor ihrer Freilassung dem Gesundheitsamt zur Untersuchung vorzuführen. Ärztliche Eingriffe, die mit erheblicher Gefahr für Leben oder Gesundheit des Kranken verbunden sind, dürfen nur mit dessen Einwilligung vorgenommen werden. Bei welchen Eingriffen diese Voraussetzungen vorliegen bestimmt die 2. Verordnung zur Durchführung des Gesetzes zur Bekämpfung der Geschlechtskrankheiten.

Danach ist unter anderem eine Einwilligung erforderlich bei einer Entnahme von Rückenmarks- oder Gehirnflüssigkeit sowie bei allen Eingriffen, die eine allgemeine Betäubung erfordern.

Die 1. Durchführungsverordnung enthält Bestimmungen über die Art und Weise der Ausstellung ärztlicher Zeugnisse, über Erfassung und namentliche Meldung von Geschlechtskrankheiten.

In seinen abschließenden Abschnitten trifft das Gesetz zur Bekämpfung der Geschlechtskrankheiten noch Kostenregelungen sowie Bestimmungen über Heilmittel und Krankenhausbehandlung und setzt schließlich noch Ordnungswidrigkeiten fest.

2.6.4 Internationale Gesundheitsvorschriften

Zum Schutze gegen die Verbreitung von Seuchen durch den zwischenstaatlichen Personen-, Gepäck- und Frachtverkehr sind internationale Gesundheitsvorschriften (IGV, vom 25.07.1969 in der Fassung vom 10.04.1975) vereinbart und für die Bundesrepublik Deutschland durch Gesetz vom 01.07.1971 übernommen worden. Sie regeln unter anderem Gesundheitsmaßnahmen bei Ein- und Ausreisen, Gesundheitspässe, die Gesundheitsorganisation in Häfen und Flughäfen sowie gegenseitige Mitteilungspflichten und Auskünfte in Epidemiefällen. Dienstverordnungen, die in Ausführung des Gesetzes erlassen wurden, erweitern den Seuchenschutz.

2.6.5 Hygienerecht

Ein bundeseinheitliches Hygienerecht besteht in unserer Rechtsordnung nicht. In Teilbereichen der Gesetzgebung finden sich jedoch mehrfach Regelungen, denen allgemein hygienische Bedeutung zukommt.

2.6.5.1 Zuordnung hygienerechtlicher Vorschriften

Hygienerechtliche Einzelbestimmungen finden sich beispielsweise im Bundesseuchengesetz (§§ 8, 11), im Geschlechtskrankheitengesetz (§ 23), im Lebensmittel- und Bedarfsgegenständegesetz (§ 10), in den Landeskrankenhausgesetzen und den Vorschriften der Hygieneverordnungen der Länder sowie nicht zuletzt in zahlreichen Unfallverhütungsvorschriften, Sicherheitsregeln und Merkblättern der Berufsgenossenschaften.

Die Aufzählung dieser bei weitem nicht abschließenden hygienerechtlich relevanten Einzelvorschriften zeigt, daß unsere Rechtsordnung kein bundeseinheitliches Hygienerecht kennt. Der Versuch einer Zuordnung einzelner, aus Teilbereichen der Bundesbeziehungsweise Landesgesetzgebung gegriffener Hygienevorschriften läßt allenfalls die Feststellung zu, daß diese Regelungen überwiegend dem Recht der Arbeitssicherheit bzw. dem Gesundheitsschutzrecht im weiteren Sinne zuzurechnen sind.

Dies gilt ohne Zweifel auch für die „Richtlinie für die Erkennung, Verhütung und Bekämpfung von Krankenhausinfektionen", herausgegeben und fortgeschrieben vom Bundesgesundheitsamt (BGA). Diese Richtlinie, der eine Reihe von Anlagen für besondere Sachgebiete folgte – zum Beispiel die Anforderungen der Hygiene an Schleusen im Krankenhaus, an die funktionelle und bauliche Gestaltung von OP-Abteilungen und die Richtlinie über die Anforderungen der Hygiene an die Aufbereitung von Medizinprodukten, um nur einige zu nennen –, enthält ihrem sachlichen Inhalt nach Empfehlungen an private und öffentliche Personen und Einrichtungen.

Bei der Richtlinie handelt es sich weder um ein Gesetz noch um eine Rechtsverordnung; sie stellt weder einen Verwaltungsakt im Sinne des Verwaltungsverfahrensrechts dar, noch hat sie den Charakter einer Verwaltungsvorschrift. Durch die Richtlinie wird nicht von Staats wegen ein bestimmtes Verhalten ge- oder verboten. Die Richtlinie soll vielmehr in erster Linie durch ihre innere Überzeugungskraft und Richtigkeit – möglichst auf der Grundlage einer großen Akzeptanz in Fachkreisen – auf das Verhalten der Beteiligten einwirken. Insbesondere soll sie den im Krankenhaus Tätigen und Verantwortlichen sowie den zuständigen Landesbehörden die Feststellung erleichtern, was in der Krankenhaushygiene getan beziehungsweise unterlassen werden muß, welches Verhalten gesundheitlich bedenklich ist und wann die Grenzen des sachlich und rechtlich Zulässigen überschritten sind.

Die Überschreitung der Grenzen des Zulässigen kann allerdings Schadensersatzforderungen von Geschädigten, strafrechtliche Maßnahmen und verwaltungsmäßige Eingriffe bis hin zur Schließung des Krankenhauses, gegebenenfalls auch den Entzug der Approbation des verantwortlichen Arztes zur Folge haben.

Neben der Zuordnung der Hygienevorschriften zum Arbeitssicherheitsrecht einerseits und zum Gesundheitsschutzrecht andererseits läßt sich eine weitere Feststellung treffen. Die einzelnen Hygienevorschriften befassen sich grundsätzlich nicht mit Rechtsfolgeaussagen im Falle eines Hygienezwischenfalls, d. h. sie besitzen keinen etwa für die zivilrechtliche Beurteilung eines Haftungsanspruches spezifischen Aussagewert. Dies ist auch nicht erforderlich, da die im Bürgerlichen Gesetzbuch (BGB) niedergelegten allgemeinen Haftungsregeln ausreichen. Ähnliches gilt für die strafrechtliche Beurteilung von Hygienezwischenfällen, in welchen Bereichen des Krankenhauses oder der Arztpraxis sie auch immer vorkommen mögen.

Die in den letzten Jahren zahlreicher gewordene Rechtsprechung zu Hygienezwischenfällen im Krankenhaus und in der ärztlichen Praxis zeigt, daß bislang Pflege- und Behandlungsfehler, Organisationsfehler und -mängel, Aufklärungsmängel, aber auch baulich-funktionelle Mängel sowie – im Zusammenhang mit Blutkonserven – Produktfehler als Hauptursachen schadensersatzbegründend in Erscheinung getreten sind. Abgesehen von der Haftung wegen fehlender Risikoaufklärung und der Produktfehlerhaftung wendet die Rechtsprechung bei mangelnder oder fehlender Hygienebeachtung die für ärztliche Behandlungsfehler entwickelten Haftungs- und Beweisgrundsätze an.

Hinsichtlich der Beweissituation bedeutet dies, daß die Gerichte bei Vorliegen eines groben Hygienefehlers eine Umkehr der Beweislast zugunsten des geschädigten Patienten zulassen. So stellt beispielsweise eine unterlassene Händedesinfektion vor einer Kniegelenkspunktion (OLG Schleswig, NJW 1990, 77) oder bei einer periartikulären Injektion (OLG Karlsruhe, Hyg. + Med. 1991, 131) einen Verstoß gegen Hygienestandards und damit einen groben Behandlungsfehler dar. Dies führt im Haftungsverfahren dazu, daß nicht der Patient nachweisen muß, daß ein ärztliches/pflegerisches Fehlverhalten zu der Schädigung geführt hat; vielmehr muß der auf Schadensersatz in Anspruchgenommene nachweisen, daß ein ihm unterlaufener Hygienefehler nicht für die Gesundheitsbeeinträchtigung ursächlich war.

Als grobe Behandlungsfehler im Bereich der Hygiene, die nicht nur zivilrechtlich sondern auch strafrechtlich bedeutsam sein können, dürften anzusehen sein:

- Unterlassen der Händedesinfektion,
- Unterlassen der Hautdesinfektion,
- Vertauschen von Desinfektionsmitteln,
- Verwechseln der Indikation,
- Tränken der Desinfektionsmatte der Intensivstation bzw. des OP mit reinem Wasser,
- Unterlassen einer Zwischendesinfektion bei Patientenwechsel,
- mangelnde oder unterlassene Desinfektion des Narkosegerätes,
- Unterlassen des Handschuhwechsels bei verschiedenen Operationen,
- Weitertragen des Handschuhs trotz Perforation,
- unterlassene Desinfektion der Klimaanlage,
- Verzicht auf bisherige erfolgreiche Desinfektionsmaßnahmen, ohne daß dazu zwingende Gründe vorhanden sind,
- Nichteinhaltung eines Desinfektionsplanes,
- Nichtbeachtung von Rezeptur- und Einnahmevorschriften,
- Mißachtung von Bedienungsanweisungen,
- Vernachlässigung von Wartungs- und Pflegevorschriften.

Der Vorwurf eines groben Hygienefehlers kann vermieden werden, wenn eine entsprechende Sorgfalt an den Tag gelegt wird. Die Rechtsprechung ihrerseits setzt erhöhte Anforderung an die Sorgfaltspflichten im Hygienebereich, und zwar an alle Beteiligten: die Ärzte, das nachgeordnete nichtärztliche Personal und die Krankenhausträger.

> Nach Auffassung der Gerichte ist den erhöhten Sorgfaltsanforderungen nur dann genüge getan, wenn Maßnahmen zur Keimfreiheit nicht nur eben ausreichen, sondern „die Pflegebedingungen nach dem Stand der Hygiene in jeder Hinsicht befriedigen" (BGH, NJW 1971, 241).

Ist beispielsweise im Einzelfall strittig, welches Maß an Vorsicht nötig ist, um eine Infektion zu verhüten, so ist grundsätzlich die größere Vorsichtsmaßnahme zu treffen. So gebietet die äußerste Sorgfalt, alle zumutbaren Maßnahmen zu ergreifen, um beispielsweise Angehörige von Risikogruppen von einer Teilnahme an Blutspenden auszuschließen. Wird dies verabsäumt, kann es zur Haftung des Krankenhausträgers führen, wenn eine HIV-kontaminierte Blutkonserve im Krankenhaus selbst gewonnen und einem Patienten übertragen wurde (BGH, NJW 1991, 1948). Weiter muß der Krankenhausträger durch geeignete Maßnahmen einer Verunreinigung des zur Desinfektion verwendeten Alkohols vorbeugen.

„Daß zur Krankenbehandlung bestimmte Chemikalien „zufällig" mit anderen, sie zersetzenden Stoffen vermischt werden, darf im Krankenhaus nicht vorkommen" (BGH, NJW 1978, 1683). Ähnliches gilt für die Verabreichung einer insterilen Infusionsflüssigkeit, für die das Gericht den Krankenhausträger wegen eines Organisationsverschuldens verantwortlich sah (BGH, NJW 1982, 699).

Kann der Krankenhausträger aus sachlichen und persönlichen Gründen dem geschuldeten Hygienestand nicht nachkommen, ist er grundsätzlich verpflichtet, darauf hinzuweisen (BGH, NJW 1971, 241; OLG Köln, NJW 1978, 1690). Bei Vornahme von Injektionen sind Ärzte und nachgeordnetes nichtärztliches Personal verpflichtet, den Anforderungen an die Händedesinfektion mit äußerster Sorgfalt nachzukommen, andernfalls eine Haftung für eingetretene Schäden nicht auszuschließen ist (OLG Düsseldorf, NJW 1988, 2307). Zur Beachtung der aseptischen Kautelen gehört nicht nur die Händedesinfektion, sondern auch die Desinfektion der Einstichstelle (OLG Köln, Urteil vom 1. 6. 1981) und je nach Umständen das Tragen von Handschuhen und Schutzkleidung (OLG Karlsruhe, Hyg. + Med. 1991, 131). Auch die Ablage einer Spritze samt Kanüle auf der nicht sterilen Nierenschale entspricht nicht den Anforderungen an die Sterilität (OLG Schleswig, NJW 1990, 773).

Kommt es jedoch trotz Beachtung der gebotenen Sorgfalt zu einer Keimübertragung, die aus einem *hygienisch nicht beherrschbaren Bereich* resultiert, ist eine vertrags- und rechtswidrige Gesundheitsverletzung zu verneinen. In einem solchen Fall, beispielsweise bei einer Infizierung der Operationswunde durch einen Keimträger aus dem Operationsteam, zählt die Wundinfektion zu den Krankheitsrisiken des Patienten. Da dem Laien geläufig, besteht auch keine Aufklärungspflicht über ein allgemeines Wundinfektionsrisiko (BGH, NJW 1991, 1541).

Um einer haftungsrechtlichen Inanspruchnahme wegen eines hygienerelevanten Fehlverhaltens vorzubeugen ist deshalb erforderlich:

- Aufstellung klarer Dienstanweisungen und Kompetenzregeln,
- Einhaltung von Hygieneregeln, die Bestandteil der ärztlichen bzw. gesundheitsfachberuflichen Aus- und Weiterbildung sind,

- Einhaltung des Desinfektions- und Hygieneplanes für Räume und Geräte,
- Beachtung der neuesten gesicherten Erkenntnisse von Wissenschaft und Technik,
- Einhaltung der verschiedenen Arten der Desinfektionen, wie etwa Hände-, Flächen- und Instrumentendesinfektion,
- Beachtung der Anweisungen des verantwortlichen Arztes bzw. der verantwortlichen Hygienefachkraft.

Vor allem im letzeren Bereich dürfte das Bestehen der bereits erwähnten Hygienerichtlinien des Bundesgesundheitsamtes von entscheidender Bedeutung sein.

2.6.5.2 Zuständigkeiten nach den Richtlinien des Bundesgesundheitsamtes

Die Verpflichtung dafür, daß es im Krankenhaus nicht zu Infektionen mit einer übertragbaren Krankheit kommt, trifft zunächst den Krankenhausträger. Dieser hat im Rahmen seiner Verkehrssicherungspflichten Sorge zu tragen, daß die Hygiene ausreichend beachtet wird. Als beratendes Gremium steht ihm die in den BGA-Richtlinien vorgesehene Hygienekommission zur Verfügung, deren Vorsitzender der ärztliche Leiter des Krankenhauses ist. Dieser Kommission sollen nach den Richtlinien unter anderem angehören:

- der Krankenhaushygieniker,
- der Hygienebeauftragte,
- die Hygienefachkräfte.

Die Funktion eines derartigen Gremiums als beratendes Organ läßt jedoch die letzte Entscheidungskompetenz beim Krankenhausträger. Dies folgt unter anderem auch aus § 137 SGB X, wonach Krankenhäuser sowie Vorsorge- und Rehabilitationseinrichtungen zu Maßnahmen der Qualitätssicherung in der stationären Versorgung verpflichtet sind. Gegenstand der Qualitätssicherung ist ohne Zweifel auch die Krankenhaushygiene.
Neben dem Patienteninteresse gebietet es deshalb ebenso das wohlverstandene Eigeninteresse des Krankenhausträgers, daß die Aufgabenverteilung, d. h. Organisation und Durchführung der Krankenhaushygiene, klar geregelt und belegbar ist.
So wird zutreffend die Auffassung vertreten, daß sich der Verantwortungsbereich des ärztlichen Leiters von der organisatorischen Einteilung verschiedener Krankenhausbereiche nach hygienischen Gesichtspunkten über konkrete Maßnahmen zur Desinfektion der OP-Räume bis zur hygienisch einwandfreien Wäscheversorgung erstreckt; dies geschieht auf der Basis der Festlegung personeller Verantwortungsbereiche nach dem Prinzip der Delegation. Mit dieser Delegation geht jedoch keine Enthaftung einher. Es ist anerkannt, daß fahrlässig im strafrechtlichen Sinne auch der handelt, der das fehlerhafte Handeln eines anderen nicht verhindert, obwohl ihm dies bei Beachtung der von ihm zu verlangenden Sorgfalt möglich gewesen wäre. Demgemäß liegt ein für eine Körperverletzung oder den Tod eines Patienten ursächliches Verschulden bereits dann vor, wenn die betreffende Person die ihr obliegende Organisations-, Aufsichts- und Überwachungspflichten nicht erfüllt, obwohl ihr diese Verpflichtung bekannt war und zu deren Ausübung sie auch nach den äußeren Umständen und ihrer Persönlichkeit imstande gewesen wäre.

Problematisch ist in diesem Zusammenhang die Stellung des Krankenhaushygienikers. Nach den Richtlinien des Bundesgesundheitsamtes hat er neben der Beratung der Ärzte Maßnahmen zur Erkennung, Verhütung und Bekämpfung von Krankenhausinfektionen vorzuschlagen beziehungsweise durchzuführen, sowie die Fortbildung des Personals in Fragen der Krankenhaushygiene zu übernehmen.

Des weiteren soll der Hygieniker gegenüber dem ihm unterstellten Personal, insbesondere den Hygieneschwestern/-pflegern, Desinfektoren etc. weisungsbefugt sein. Nicht so eindeutig ist die Weisungsbefugnis gegenüber den Ärzten und dem Pflegepersonal geregelt, obwohl er verpflichtet ist, „Anweisungen zur Verhütung von Krankenhausinfektionen für den Pflege- und ärztlichen Bereich" zu erteilen und gegebenenfalls auch durchzusetzen.

Aus dieser Regelung folgt, daß der Hygieniker jedenfalls für fahrlässiges Verhalten sowohl bei der Beratung als auch bei der Durchführung von Verhütungs- und Bekämpfungsmaßnahmen haftet wie er auch insoweit haftet, als seine fehlerhaften Anweisungen von Ärzten und Pflegekräften durchgeführt werden. Waren die Anweisungen korrekt, handelt jedoch der Angewiesene schuldhaft fehlerhaft, so gilt für dessen strafrechtliche Verantwortlichkeit bzw. zivilrechtliche Haftung das dort Gesagte. Fehlerhaftes Verhalten ist dabei dann anzunehmen, wenn die Maßnahmen im Bereich der Krankenhaushygiene nicht nach bestem Wissen und Können gemäß dem neuesten Stand der Regeln der Wissenschaft vorgenommen werden.

Soweit ein Krankenhaushygieniker nicht hauptamtlich beschäftigt wird, soll nach den BGA-Richtlinien in jedem Krankenhaus oder in jeder selbständigen Abteilung mindestens ein Hygienebeauftragter bestimmt werden. Dieser Beauftragte sollte dann in einem umschriebenen, ihm zugewiesenen Krankenhausbereich für die Erkennung, Verhütung und Bekämpfung von Krankenhausinfektionen zuständig sein, weitgehend ähnlich ausgestattet mit den gleichen Befugnissen wie beim Krankenhaushygieniker aufgezeigt. Denkbar ist weiterhin die Inanspruchnahme fachlicher Beratung durch externe Hygieneinstute anstelle eines hauptamtlich beschäftigten Krankenhaushygienikers. Deren Aufgabenstellung, ebenso wie die daraus resultierenden Rechte und Pflichten, ergeben sich in erster Linie aus der vertraglichen Gestaltung des Beratungs- und Geschäftsbesorgungsvertrages.

Einige Bundesländer (Berlin, Bremen, Nordrhein-Westfalen) haben in den letzten Jahren Krankenhaushygieneverordnungen erlassen, andere (Hessen, Saarland) sind auf dem Wege dazu. Ermächtigungsgrundlage sind entsprechende Vorschriften der Landeskrankenhausgesetze. Mit den Verordnungen wurde landesspezifisch der Wesensgehalt der BGA-Richtlinie in verbindliches Recht umgesetzt.

2.6.5.3 Verhütung der Übertragung von HIV

In Krankenhaus und Praxis spielen bei der Verhütung der Übertragung von HIV der Schutz vor Kontamination und vor Verletzungen ebenso wie die sichere Dekontamination und Entsorgung eine entscheidende Rolle. In der fachlichen Literatur zur Aids-Prophylaxe besteht überwiegend Konsens, daß keine besonderen hygienischen Maßnahmen erforderlich sind, daß aber auf einer strikten Einhaltung anerkannter Hygieneregeln zu bestehen ist (vergleiche Anhang D, „Aids und HIV-Infektionen" – Informationen für Mitarbeiter/innen im Gesundheitsbereich).

In der Regel wird zwischen allgemeinen und spezifischen Hygienemaßnahmen unterschieden.

Zu den **allgemeinen Hygienemaßnahmen** zählen in erster Linie der Schutz vor Verletzungen, um eine Kontamination mit Blut zu unterbinden; dazu gehört auch eine sachgerechte Entsorgung von Blut, Spritzen, Kanülen etc. Weiter ist Schutzkleidung bei allen Tätigkeiten zu tragen, bei denen mit dem Verspritzen von Blut oder Körperflüssigkeiten zu rechnen ist; gegebenenfalls sind Gesichtsmasken und Augenschutz zu tragen, um einer Schleimhautexposition von Mund, Nase und Augen vorzubeugen, beispielsweise bei Intubation, Absaugen beatmeter Patienten, Endoskopie oder Sputumgewinnung. Schließlich ist auf die erforderliche Dekontamination von Instrumenten, Flächen sowie der Hände und Haut hinzuweisen.

Im Rahmen der **speziellen Hygienemaßnahmen** wird beispielsweise das Tragen feuchtigkeitsundurchlässiger Schutzkleidung in all den Bereichen notwendig sein, in denen eine Durchfeuchtung der Kleidung nicht auszuschließen ist. Für die Entbindungsabteilung ist es wichtig, Lochialsekret und Plazenta wie Blut zu behandeln und beim Umgang mit dem Kind entsprechende Schutzmaßnahmen einzuhalten, bis sämtliches Blut entfernt ist. Die Indikation für die Verfütterung von Ammenmilch ist streng zu stellen; HIV-positive Ammen sind auszuschließen; es darf nicht pasteurisierte Ammenmilch verabreicht werden. Bei HIV-positiven Müttern müssen Spontan- wie Schnittentbindungen unter Isolierbedingungen erfolgen. Zur Reanimation sind auf den Stationen, den Funktionsbereichen, auch in den Intensivpflegebereichen Mundstücke und Beatmungsbeutel leicht erreichbar vorzuhalten. Beim Endoskopieren ist die strikte Einhaltung aller hygienischen Maßnahmen zur Verhütung einer Infektion über das Endoskop von Patient zu Patient sowie einer Kontamination des Personals unbedingt zu fordern.

Über Einzelmaßnahmen sollten sich die Angehörigen der Berufe im Gesundheitswesen an Hand der Fachliteratur ebenso wie durch Teilnahme an Informations- und Weiterbildungsmaßnahmen kundig machen.

2.7 Arznei- und Betäubungsmittelrecht

2.7.1 Arzneimittelrecht

Das Arzneimittelrecht wurde im Jahre 1976 durch das Gesetz zur Neuordnung des Arzneimittelrechts umfassend neugestaltet. Damit wurde das Arzneimittelgesetz aus dem Jahre 1961 abgelöst, das den Mißbrauch von Medikamenten ebenso ausschließen sollte wie eine mögliche Schädigung von Patienten durch Arzneimittel. Die Absicht des Gesetzgebers war es, mit der Neuordnung den Verbraucher künftig besser vor schädlichen Arzneimitteln zu schützen.

Ein Kernstück des Gesetzes über den Verkehr mit Arzneimitteln (Arzneimittelgesetz – AMG) ist die im Jahre 1990 novellierte Zulassungspflicht für alle Arzneien, die an die Stelle des bis dahin geltenden Registrierverfahrens trat. Mit einer Fülle weiterer Bestimmungen, erhöhte der Gesetzgeber durch eine Verschärfung der Anforderungen an die Arzneimittel, der Herstellung, Zulassung, Abgabe, Kontrolle, Einfuhr und der Straf- und Bußgeldvorschriften die Arzneimittelsicherheit. Die wesentlichen Vorschriften, mit denen der Gesetzgeber sein gestecktes Ziel erreichen wollte, sollen im folgenden schwerpunktmäßig angesprochen werden; demjenigen, der seine Kenntnisse vertiefen will, sei die Hinzuziehung des Gesetzestextes empfohlen.

2.7.1.1 Gesetzessystematik

Das Arzneimittelgesetz gliedert sich in 19 Abschnitte. Die wesentlichen Vorschriften befassen sich mit den Anforderungen an Arzneimittel, den Voraussetzungen zur Herstellererlaubnis, der Zulassung von Arzneimitteln, der Registrierung homöopathischer Arzneimittel, dem Schutz des Menschen bei der klinischen Prüfung, der Abgabebedingungen von Arzneimitteln, der Sicherung und Qualitätskontrolle, der Beobachtung und Auswertung von Arzneimittelrisiken wie auch der Haftung für Arzneimittelschäden.

2.7.1.2 Begriffsbestimmungen

In § 1 AMG wird zunächst der Zweck des Gesetzes erläutert, nämlich im Interesse einer ordnungsgemäßen Arzneimittelversorgung von Mensch und Tier, für die Sicherheit im Verkehr mit Arzneimitteln, insbesondere für die Qualität, Wirksamkeit und Unbedenklichkeit der Arzneimittel zu sorgen.

Einen weiten Raum nehmen dann schließlich die Begriffsbestimmungen ein, von denen hier nur einige wiedergegeben werden können.

Hinsichtlich der Arzneimittel unterscheidet das Arzneimittelgesetz die echten Arzneimittel von denjenigen, die nur als solche gelten, also den fiktiven Arzneimitteln.

Die *echten Arzneimittel* sind nach § 2 Abs. 1 AMG Stoffe und Zubereitungen aus Stoffen, die dazu bestimmt sind, durch Anwendung am oder im menschlichen oder tierischen Körper:

1. Krankheiten, Leiden, Körperschäden oder krankhafte Beschwerden zu heilen, lindern, verhüten oder zu erkennen;
2. die Beschaffenheit, den Zustand oder die Funktionen des Körpers oder seelische Zustände erkennen zu lassen;
3. vom menschlichen oder tierischen Körper erzeugte Wirkstoffe oder Körperflüssigkeiten zu ersetzen;
4. Krankheitserreger, Parasiten oder körperfremde Stoffe abzuwehren, zu beseitigen oder unschädlich zu machen oder
5. die Beschaffenheit, den Zustand oder die Funktion des Körpers oder seelische Zustände zu beeinflussen.

Bestimmte Gegenstände, die keine echten Arzneimittel sind, gelten jedoch nach § 2 Abs. 2 AMG als solche (*fiktive Arzneimittel*). Das sind:

1. Gegenstände, die ein Arzneimittel nach Abs. 1 enthalten oder auf die ein Arzneimittel nach Abs. 1 aufgebracht ist und die dazu bestimmt sind, dauernd oder vorübergehend mit dem menschlichen oder tierischen Körper in Berührung gebracht zu werden.

a) Ärztliche, zahn- oder tierärztliche Instrumente, soweit sie zur einmaligen Anwendung bestimmt sind und aus deren Kennzeichnung hervorgeht, daß sie einem Verfahren zur Verminderung der Keimzahl unterzogen worden sind.
2. Gegenstände, die ohne Gegenstände nach Nummer 1 oder 1a zu sein, dazu bestimmt sind, zu den in Abs. 1 Nr. 2 oder 5 bezeichneten Zwecken in den menschlichen oder tierischen Körper dauernd oder vorübergehend eingebracht werden, ausgenommen ärztliche, zahnärztliche oder tierärztliche Instrumente.
3. Verbandsstoffe und chirurgisches Nahtmaterial, soweit sie nicht Gegenstände der Nummer 1 oder 2 sind.
4. Stoffe und Zubereitungen aus Stoffen, die, auch im Zusammenwirken mit anderen Stoffen oder Zubereitungen aus Stoffen, dazu bestimmt sind, ohne am oder im menschlichen oder tierischen Körper angewendet werden:
   a) die Beschaffenheit, den Zustand oder die Funktionen des Körpers erkennen zu lassen oder der Erkennung von Krankheitserregern zu dienen;
   b) Krankheitserreger oder Parasiten zu bekämpfen, ausgenommen solche, die dazu bestimmt sind, der Bekämpfung von Mikroorganismen einschließlich Viren bei Bedarfsgegenständen zu dienen.

Von den echten und fiktiven Arzneimitteln grenzt das Gesetz dann weiter solche Erzeugnisse ab, die *keine Arzneimittel* sind. Nach § 2 Abs. 3 AMG gehören hierzu:

1. Lebensmittel im Sinne des § 1 des Lebensmittel- und Bedarfsgegenständegesetzes (LMBG);
2. Tabakerzeugnisse im Sinne des § 3 LMBG;
3. kosmetische Mittel im Sinne des § 4 LMBG;
4. Stoffe und Zubereitungen aus Stoffen, die ausschließlich dazu bestimmt sind, äußerlich am Tier zur Reinigung oder Pflege oder zur Beeinflussung des Aussehens oder des Körpergeruchs angewendet zu werden, soweit ihnen keine Stoffe oder Zubereitungen aus Stoffen zugesetzt sind, die vom Verkehr außerhalb der Apotheke ausgeschlossen sind;
5. Gegenstände zur Körperpflege im Sinne des § 5 LMBG;
6. Futtermittel, Zusatzstoffe und Vormischungen im Sinne des § 2 Futtermittelgesetzes.

Neben dem Arzneimittelbegriff im § 2 AMG enthält das Gesetz die Definition des Stoffbegriffs (§ 3 AMG) und sonstige Begriffsbestimmungen (§ 4 AMG).

Stoffe im Sinne des Arzneimittelgesetzes sind (§ 3 AMG):

1. chemische Elemente und Verbindungen sowie deren natürlich vorkommende Gemische und Lösungen;
2. Pflanzen, Pflanzenteile und Pflanzenbestandteile in bearbeitetem oder unbearbeitetem Zustand;
3. Tierkörper, auch lebende Tiere, sowie Körperteile, -bestandteile und Stoffwechselprodukte von Mensch oder Tier in bearbeitetem oder unbearbeitetem Zustand;
4. Mikroorganismen einschließlich Viren sowie deren Bestandteile oder Stoffwechselprodukte.

Aus der Vielzahl der sonstigen – insgesamt 18 – Begriffsbestimmungen sollen nur folgende herausgegriffen werden (§ 4 AMG):

- **Fertigarzneimittel** sind Arzneimittel, die im voraus hergestellt und in einer zur Abgabe an den Verbraucher bestimmten Packung in den Verkehr gebracht werden. Der Begriff „Fertigarzneimittel" tritt an die Stelle der „Arzneimittelspezialität" nach dem Arzneimittelgesetz 1961.
- *Sera* sind Arzneimittel im Sinne des § 2 Abs. 1 AMG, die aus Blut, Organen, Organteilen oder Organsekreten gesunder, kranker, krankgewesener oder immunisatorisch vorbehandelter Lebewesen gewonnen werden, spezifische Antikörper enthalten und dazu bestimmt sind, wegen dieser Antikörper angewendet zu werden.
- *Impfstoffe* sind Arzneimittel im Sinne des § 2 Abs. 1 AMG, die Antigene enthalten und die dazu bestimmt sind, bei Mensch oder Tier zur Erzeugung von spezifischen Abwehr- und Schutzstoffen angewendet zu werden.

Weiterhin sind definiert: Testallergene, Testsera, Testantigene, radioaktive Arzneimittel, Verbandsstoffe, Arzneimittelvormischungen und einiges mehr (§ 4 AMG).

2.7.1.3 Anforderungen an die Arzneimittel

In den Vorschriften der §§ 5–12 AMG befaßt sich der Gesetzgeber mit den Anforderungen an die Arzneimittel. Hier werden insbesondere Verbote für ganz bestimmte Arzneimittel ausgesprochen. So ist es etwa nach § 5 AMG verboten, bedenkliche Arzneimittel in den Verkehr zu bringen. Bedenklich sind Arzneimittel, bei denen nach dem jeweiligen Stand der wissenschaftlichen Erkenntnis der begründete Verdacht besteht, daß sie bei bestimmungsgemäßen Gebrauch schädliche Wirkungen haben, die über ein den Erkenntnissen der medizinischen Wissenschaft vertretbares Maß hinausgehen. Darüber hinaus ist es verboten, radioaktive Arzneimittel oder solche, bei deren Herstellung ionisierende Strahlen verwendet worden sind, in den Verkehr zu bringen, es sei denn, daß dies durch eine Rechtsverordnung zugelassen ist.

Schließlich bestehen weitere Verbote, vor allem zum Schutze vor Täuschung (§ 8 AMG). Es dürfen beispielsweise keine Arzneimittel hergestellt oder in den Verkehr gebracht werden, die

- durch Abweichung von anerkannten pharmazeutischen Regeln in ihrer Qualität nicht unerheblich gemindert sind oder
- mit irreführender Bezeichnung, Angabe oder Aufmachung versehen sind.

Auch ist es verboten, Arzneimittel in den Verkehr zu bringen, deren Verfallsdatum abgelaufen ist.

Zum Schutze des Verbrauchers sind an die Kennzeichnung der Fertigarzneimittel erhöhte Anforderungen gestellt (§ 10 AMG). Sie dürfen zum Beispiel nur in den Verkehr gebracht werden, wenn auf den Behältnissen oder auf den äußeren Umhüllungen in deutlich lesbarer Schrift, in deutscher Sprache und auf dauerhafte Weise Angaben enthalten sind über:

> 1. Name oder Firma und Anschrift des pharmazeutischen Unternehmens,
> 2. Bezeichnung des Arzneimittels,
> 3. Zulassungsnummer (Abkürzung: „Zul-Nr."),
> 4. Chargenbezeichnung (Abkürzung: „Ch.-B."),
> 5. Darreichungsform,
> 6. Inhalt nach Gewicht, Rauminhalt oder Stückzahl,
> 7. Art der Anwendung,
> 8. wirksame Bestandteile nach Art und Menge,
> 9. Verfallsdatum mit dem Hinweis „verwendbar bis",
> 10. Hinweis auf Verschreibungspflicht oder Apothekenpflicht,
> 11. bei Mustern der Hinweis „Unverkäufliches Muster".

Bei Sera ist auch die Art der Lebewesens, aus dem sie gewonnen sind, bei Virusimpfstoffen das Wirtssystem, das zur Virenvermehrung gedient hat, anzugeben.

Zusätzliche Kennzeichnungen erfordern Arzneimittel, die in das Register für homöopathische Arzneimittel eingetragen werden, sowie solche, die zur Anwendung bei Tieren bestimmt sind (§ 10 Abs. 3, 4 AMG).

Neben der Kennzeichnung muß auch die Packungsbeilage von Fertigarzneimitteln verschärften Erfordernissen Rechnung tragen: es muß eine umfassende, in deutscher Sprache abgefaßte und deutlich lesbare „Gebrauchsinformation" beigefügt sein (§ 11 AMG). Für den (Zahn-, Tier-) Arzt, Apotheker und bei nicht verschreibungspflichtigen Arzneimitteln auch für Personen, die die (Zahn-)heilkunde berufsmässig ausüben, muß der pharmazeutische Unternehmer eine sogenannte Fachinformation zur Verfügung stellen (§ 11a AMG).

2.7.1.4 Herstellung von Arzneimitteln (Erlaubniszwang)

Der dritte Abschnitt des Arzneimittelgesetzes (§§ 13–20 AMG) befaßt sich eingehend mit den Voraussetzungen für die Herstellung von Arzneimitteln. Generell gilt, daß für die Herstellung von Arzneimitteln, Testsera, Testantigenen und chirurgischem Nahtmaterial die Erlaubnis der zuständigen Behörde erforderlich ist, wenn die Herstellung gewerbs- oder berufsmäßig erfolgt. Von dieser Erlaubnispflicht sind einige Berufsgruppen ausgenommen, wie beispielsweise der Inhaber einer Apotheke für die Herstellung von Arzneimitteln im Rahmen des üblichen Apothekenbetriebes, der Träger eines Krankenhauses, soweit er nach dem Apothekengesetz Arzneimittel abgeben darf, sowie in gewissem Umfang der Groß- und Einzelhändler und auch Impfanstalten (§ 13 AMG).

Die Erlaubniserteilung zur Arzneimittelherstellung ist an enge, vom Gesetzgeber aufgestellte Anforderungen gebunden; sie sind im einzelnen in § 15 AMG aufgeführt und gehen in erster Linie von dem Erfordernis einer entsprechenden Sachkenntnis aus.

Die Entscheidung über die Erlaubniserteilung trifft die zuständige Behörde des Landes, in dem die Betriebsstätte des Herstellers liegt oder liegen soll. Bei Sera, Impfstoffen, Testallergenen, Testsera und Testantigenen ergeht die Entscheidung im Einvernehmen mit der zuständigen Bundesoberbehörde (das ist das Bundesgesundheitsamt, § 13 Abs. 4 AMG). Die Herstellungserlaubnis kann beschränkt ergehen (§ 16 AMG) und ist zurückzunehmen, wenn nachträglich ein Grund zur Versagung der Erlaubniserteilung bekannt wird (§ 18 AMG). Der Inhaber der Erlaubnis muß jeden

Wechsel in der Person des Herstellungs-, Kontroll- oder Vertriebsleiters sowie jede wesentliche Änderung der Räume und Einrichtungen der in der Erlaubnis bestimmten Betriebsstätten vorher anzeigen (§ 20 AMG).

2.7.1.5 Zulassung der Arzneimittel (Zulassungspflicht)

Die Vorschriften über die Zulassung von Arzneimitteln stellt – wie bereits einleitend betont – das Kernstück der Neuordnung des Arzneimittelrechts dar. Es ist im vierten Abschnitt des Arzneimittelgesetzes (§§ 21 ff. AMG) geregelt und ersetzt das frühere mehr formelle Registrierungsverfahren des Arzneimittelgesetzes von 1961. Zu dieser Neuregelung zwangen insbesondere das vermehrte Auftreten von Nebenwirkungen neuer Arzneimittel, wie es in der Contergankatastrophe sichtbar wurde, das Ansteigen des Arzneimittelverbrauchs um 400% seit 1961 und die Normengebung der Europäischen Union.

Der Zulassung sind Fertigarzneimittel und in gewissem Umfang Tierarzneimittel unterworfen. Das Zulassungsverfahren ist detailliert in den §§ 22 ff. AMG geregelt. Danach muß der Antragssteller unter anderem darlegen die Bezeichnung des Arzneimittels, dessen Bestandteile nach Art und Menge, die Darreichungsform, die Wirkungen, Anwendungsgebiete, Gegenanzeigen, Nebenwirkungen, Wechselwirkungen mit anderen Mitteln, die Dauer der Anwendung und auch die Methoden zur Qualitätskontrolle. Weiter sind dem Antrag in der Regel beizufügen Ergebnisse analytischer Prüfungen, pharmakologisch-toxischer Prüfungen und klinischer Prüfungen und in gewissen Fällen auch Sachverständigengutachten (§ 24 AMG).

Der Antrag auf Zulassung darf nur abgelehnt werden, wenn die vorgelegten Unterlagen unvollständig sind, das Arzneimittel nicht nach dem jeweiligen gesicherten Stand der wissenschaftlichen Erkenntnis ausreichend geprüft worden ist oder nicht die nach den anerkannten pharmazeutischen Regeln angemessene Qualität aufweist, wenn dem Arzneimittel die vom Antragsteller angegeben therapeutische Wirksamkeit fehlt oder diese nach dem jeweiligen gesicherten Stand der wissenschaftlichen Erkenntnis vom Antragsteller unzureichend begründet ist, wenn der Verdacht besteht, daß das Arzneimittel bei bestimmungsgemäßen Gebrauch schädliche, nicht vertretbare Wirkungen entfaltet, wenn die angegebene Wartezeit (Definition in § 4 Abs. 12 AMG) nicht ausreicht oder wenn das Inverkehrbringen des Arzneimittels gegen gesetzliche Vorschriften verstoßen würde (§ 25 Abs. 2 AMG).

Das Bundesgesundheitsamt kann die Zulassung mit Auflagen verbinden, solche aber auch nachträglich anordnen (§ 28 AMG). Unter bestimmten Voraussetzungen ist die Zulassung zurückzunehmen bzw. zu widerrufen, vor allem, wenn sich herausstellt, daß dem Arzneimittel die therapeutische Wirkung fehlt (§ 30 AMG). Vorschriften über Erlöschen der Erlaubnis, Kosten und Bekanntmachungen runden das Zulassungsverfahren ab.

Entsprechend den Arzneimittelrichtlinien der Europäischen Union kann die Zulassung für genetisch hergestellte Arzneimittel, also Präparate, die Humaninsulin, Interferon oder Blutgerinnungsfaktoren enthalten, nicht allein beim Institut für Arzneimittel des Bundesgesundheitsamtes beantragt werden; der Antrag muß vielmehr in allen Mitgliedsstaaten gleichzeitig gestellt und der Kommission der Europäischen Union gemeldet werden. Die Zulassungsbehörde eines der Mitgliedsstaaten übernimmt die Rolle des Berichterstatters und Koordinators des Zulassungsverfahren.

2.7.1.6 Homöopathische Arzneimittel (Registrierung)

Eine Sonderregelung haben homöopathische Arzneimittel erfahren, die nicht verschreibungspflichtig sind (5. Abschnitt, §§ 38, 39 AMG). Sie unterliegen nicht der Zulassungs-, sondern lediglich einer Registrierpflicht. Jedoch ist das Verfahren weitgehend dem Zulassungsverfahren angeglichen, wenngleich auf Angaben über Wirkungen und Anwendungsgebiete sowie auf Unterlagen und Gutachten über die pharmakologisch-toxigologische und klinische Prüfung verzichtet wird. Andererseits dürfen registrierte homöopathische Arzneimittel auf den Behältnissen oder äußeren Umhüllungen keine Angaben über Anwendungsgebiete tragen (§ 10 Abs. 4 AMG). Das Recht des pharmazeutischen Unternehmens, statt der Registrierung die Zulassung zu beantragen, bleibt unberührt.

2.7.1.7 Schutz des Menschen bei der klinischen Prüfung

Nachdem der Gesetzgeber als Voraussetzung für die Zulassung eines Arzneimittel neben der pharmakologisch-toxigologischen Prüfung auch eine klinische Prüfung aufgestellt hat, geht er ersichtlich davon aus, daß die Unbedenklichkeit und Wirksamkeit von Arzneimitteln, die zur Anwendung am Menschen bestimmt sind, nicht nur in Laboratorien, sondern auch unmittelbar am Menschen erprobt werden. Demementsprechend war es nur konsequent, daß Vorsorge für den Schutz der Menschen getroffen wurde, die sich zum klinischen Versuch zur Verfügung stellen (7. Abschnitt, §§ 40–42 AMG). Dabei hatte der Gesetzgeber unterschiedliche Interessenssphären zu beachten. Einerseits mußte der Schutz des Probanden so wirksam sein, daß Schäden, gleich welcher Art, nicht auftreten konnten, andererseits mußte er den Anforderungen an die Bedingungen der klinischen Prüfung entsprechen, die ohne ein gewisses Risiko für den Probanden nicht durchführbar ist. Das Gesetz hat in Abwägung der Interessen des einzelnen an seinem Schutz bei der freiwillig übernommenen Rolle der Versuchsperson und den Interessen der Allgemeinheit an der Entwicklung wirksamer Arzneimittel ein gewisses noch vertretbares Risiko des Probanden in Kauf genommen und seinen Schutz entsprechend gestaltet. Dabei hat er sowohl die gesundheitlichen als auch die materiellen Belange berücksichtigt.

In gesundheitlicher Hinsicht unterscheidet der Gesetzgeber zwischen der klinischen Erprobung an Personen, die nicht an einer Krankheit leiden, zu deren Behebung das zu prüfende Arzneimittel angewendet zu werden bestimmt ist (für Minderjährige gelten zusätzliche Vorschriften), und deren Prüfung an kranken Menschen, deren Krankheit zu beheben das in Prüfung stehende Arzneimittel dienen soll (§§ 40, 41 AMG). Wegen des Umfangs der einzelnen Zulässigkeitsvoraussetzungen soll an dieser Stelle auf die gesetzlichen Vorschriften im einzelnen verwiesen werden.

2.7.1.8 Abgabe von Arzneimitteln

Im 8. Abschnitt (§§ 43–53 AMG) regelt das Arzneimittelgesetz die Abgabe von Arzneimitteln. Teilweise geben die dort zu findenden Bestimmungen allerdings nur einen Rahmen, der durch Rechtsverordnungen ausgefüllt werden kann und auch schon wurde.

Danach ist zu unterscheiden zwischen:

- Arzneimitteln, die apothekenpflichtig sind (§ 43 AMG),
- Arzneimitteln, die verschreibungspflichtig sind (§ 48 AMG),
- Arzneimitteln, die frei verkäuflich sind (§ 44 AMG).

(Besondere Vorschriften gelten für Betäubungsmittel nach dem Betäubungsmittelgesetz, siehe 2.7.2).

Grundsätzlich sind die Apotheken diejenigen Stellen, an denen Arzneimittel für Patienten bereitgehalten und vertrieben werden. Ausnahmen von der Apothekenpflicht bestimmt § 44 AMG, wonach für den Verkehr außerhalb der Apotheken zum Beispiel freigegeben sind: Arzneimittel, die zu anderem Zweck als zur Beseitigung oder Linderung von Krankheiten, Leiden, Körperschäden oder krankhaften Beschwerden zu dienen bestimmt sind, weiterhin natürliche und künstliche Heilwasser sowie deren Salze sowie Tabletten und Pastillen, Heilerde, Bademoore, Pflaster, Brandbinden etc. Erweitert wurde die Liste der apothekenfreien Arzneimittel durch die Verordnung über die Zulassung von Arzneimitteln für den Verkehr außerhalb der Apotheke vom 19. 09. 1969 mit späteren Änderungen (Rechtsgrundlage § 45 AMG).

Mit dieser Rechtsverordnung korrespondiert die Verordnung über den Ausschluß von Arzneimitteln vom Verkehr außerhalb der Apotheke, ebenfalls vom 19. 09. 1969 mit späteren Änderungen. Diese Verordnung soll Arzneimittel vom freien Verkehr außerhalb der Apotheke ausschließen, soweit auch bei bestimmungsgemäßen oder gewohnheitsgemäßem Gebrauch eine unmittelbare oder mittelbare Gefährdung der Gesundheit von Mensch und Tier zu befürchten ist.

Ist die Abgabe von Arzneimitteln aufgrund des Arzneimittelgesetzes oder der vorstehenden Rechtsverordnung Apotheken vorbehalten, so bestehen für den Apotheker einschränkende Verpflichtungen zum Beispiel dadurch, daß er Arzneimittel nur nach Vorlage einer ärztlichen, zahnärztlichen oder tierärztlichen Verschreibung an den Verbraucher abgeben darf (verschreibungspflichtige Arzneimittel, § 48 AMG). Welche Arzneimittel im einzelnen verschreibungspflichtig sind, regelt sich nach der Verordnung über verschreibungspflichtige Arzneimittel vom 31. 10. 1977 mit zahlreichen späteren Änderungen und Ergänzungen.

Daneben gibt es eine automatische Verschreibungspflicht für Arzneimittel, die Stoffe in der medizinischen Wissenschaft nicht allgemein bekannter Wirkungen oder Zubereitungen enthalten (§ 49 AMG). Näheres regelt auch hier eine Rechtsverordnung vom 09. 06. 1980.

Die Verschreibung von Arzneimitteln erfordert folgende Angaben:
1. Name, Berufsbezeichnung und Anschrift des verschreibenden Arztes, Zahn- oder Tierarztes;
2. Datum der Ausfertigung;
3. Name der Person, für die das Arzneimittel bestimmt ist (bei Tierarzneimittel: Name des Tierhalters und Tierart);
4. abzugebende Menge des verschriebenen Arzneimittels;
5. Gebrauchsanweisung bei Arzneimitteln, die in der Apotheke hergestellt werden;
6. Gültigkeit der Verschreibung (ohne Vermerk: längstens 6 Monate);
7. eigenhändige Unterschrift des Verschreibenden.

Verschreibungspflichtige Arzneimittel dürfen in dringenden Fällen ausnahmsweise auf fernmündliche Bestellung des Arztes abgegeben werden, wenn sich der Apotheker Gewißheit über den Besteller verschafft hat, etwa durch Gegenruf.

Die wiederholte Abgabe verschreibungspflichtiger Arzneimittel ist nur bei entsprechendem Vermerk zulässig; ergibt sich aus diesem nicht eindeutig die Zahl der Wiederholungen, so darf nur einmal wiederholt abgegeben werden.

Enthält die Verschreibung keine Angabe über die Menge, so gilt die kleinste Packung als verschrieben.

Fehlen Angaben über Ausfertigungsdatum oder Gebrauchsanweisung für Arzneimittel, die in der Apotheke hergestellt werden sollen, so kann der Apotheker die Verschreibung sachgerecht ergänzen, wenn ein dringender Fall vorliegt und eine Rücksprache mit dem Arzt nicht möglich ist. Ist die Verschreibung für den Bedarf einer Krankenanstalt, den Praxisbedarf oder zu Händen eines Arztes, Zahn- oder Tierarztes ausgeschrieben, so genügt an Stelle der Benennung der Person, für die das Arzneimittel bestimmt ist, ein Hinweis auf den allgemeinen Verwendungszweck.

Abschließend ist noch auf das Verbot der Selbstbedienung (§ 52 AMG) hinzuweisen, das für Arzneimittel grundsätzlich gilt. Ausnahmen bestehen jedoch für Fertigarzneimittel, die im Reisegewerbe abgegeben werden dürfen, die zur Verhütung der Schwangerschaft oder von Geschlechtskrankheiten beim Menschen bestimmt und zum Verkehr außerhalb der Apotheken freigegeben sind und die ausschließlich zum äußeren Gebrauch bestimmte Desinfektionsmittel sind.

2.7.1.9 Sicherung, Qualitätskontrolle und Überwachung

Als Maßnahmen zur Sicherung und Qualitätskontrolle der Arzneimittel sieht das Arzneimittelgesetz (9. Abschnitt, §§ 54, 55 AMG) den Erlaß von Betriebsverordnungen für Betriebe und Einrichtungen vor, die Arzneimittel herstellen oder in den Verkehr bringen. Deren Inhalt kann sich beziehen unter anderem auf Anforderungen an das Personal, auf Beschaffenheit, Größe und Einrichtung der Räume, auf die Beschaffenheit der Behältnisse, aber auch auf Anforderungen an die Hygiene. Aus Sicherungs- und Qualitätsgründen dürfen Arzneimittel schließlich nur hergestellt und an den Verbraucher gegeben werden, wenn die in ihnen enthaltenen Stoffe und ihre Darreichungsformen den für sie geltenden Regeln des Arzneibuches entsprechen (§ 55 Abs. 3 AMG). Das Arzneibuch ist eine Sammlung anerkannter pharmazeutischer Regeln über die Qualität, Prüfung, Lagerung, Abgabe und Bezeichnung von Arzneimitteln; darüber hinaus enthält es Anforderungen an die Beschaffenheit von Behältnissen und Umhüllungen (§ 55 Abs. 1 AMG).

Die Überwachungsvorschriften enthält der 11. Abschnitt mit den §§ 64–69 Arzneimittelgesetz.

Sie bestimmen unter anderem, daß Betriebe und Einrichtungen, in denen Arzneimittel hergestellt, geprüft, gelagert, verpackt und in den Verkehr gebracht werden, der Überwachung durch die zuständige Behörde unterliegen. Diese kann Sachverständige hinzuziehen. Soweit es sich um Sera, Impfstoffe, Testallergene, Testsera und Testantigene handelt, soll der Sachverständige Angehöriger der Bundesoberbehörde (Paul-Ehrlich-Institut) sein. Überwacht werden sollen die Einhaltung der Vorschriften des Arzneimittelgesetzes sowie der Werbung auf dem Gebiet des Heilwesens und des Apothekenwesens. Die mit der Überwachung Beauftragten haben Zutrittsrecht zu

Räumen und Grundstücken, Einsichtsrecht in Unterlagen, ein Auskunftsrecht und das Recht, Proben zu nehmen, soweit erforderlich. Derjenige, der der Überwachung unterliegt, ist zur Duldung und Mitwirkung verpflichtet (§ 66 AMG).

Zuständig für die Überwachungsdurchführung sind in aller Regel die Länder, soweit nicht im Einzelfall dem Bundesgesundheitsamt die Überwachung übertragen ist. Die zuständigen Behörden haben bei festgestellten Verstößen Anordnungen zur Beseitigung zu treffen, sie können in bestimmten Fällen auch das Inverkehrbringen von Arzneimitteln untersagen, deren Rückruf anordnen und diese sicherstellen (§ 69 AMG).

2.7.1.10 Beobachtung, Sammlung und Auswertung von Arzneimittelrisiken

Zur Verhütung einer unmittelbaren oder mittelbaren Gefährdung der Gesundheit von Mensch und Tier hat das Bundesgesundheitsamt die bei der Anwendung von Arzneimitteln auftretenden Risiken, insbesondere Nebenwirkungen, Wechselwirkungen mit anderen Mitteln, Gegenanzeigen und Verfälschungen zentral zu erfassen, auszuwerten und die zu ergreifenden Maßnahmen zu koordinieren. Dabei wirkt sie mit den Dienststellen der Weltgesundheitsorganisation (WHO), den Arzneimittelbehörden anderer Länder, den Gesundheits- und Veterinärbehörden der Länder sowie mit anderen Stellen zusammen, die bei der Durchführung ihrer Aufgaben Arzneimittelrisiken erfassen (§ 62 AMG). In einem sogenannten Stufenplan (§ 63 AMG) werden die Zusammenarbeit der beteiligten Behörden und Stellen auf den verschiedenen Gefahrenstufen und die Einschaltung der pharmazeutischen Unternehmer näher geregelt. In diesem Rahmen ist es die Aufgabe des pharmazeutischen Unternehmers, einen Stufenplanbeauftragten zu bestellen (§ 63a AMG).

2.7.1.11 Haftung für Arzneimittelschäden

Mit dem materiellen Zulassungsverfahren und gleichfalls mit der Anordnung über die Beobachtung, Sammlung und Auswertung von Arzneimittelrisiken hat der Gesetzgeber eine doppelte Kontrolle geschaffen, um Zahl und Schwere von Arzneimittelschäden herabzusetzen. Dennoch war er sich bewußt, daß solche Schäden – etwa wie die durch die Anwendung des Contergans verursachten – auch in Zukunft nicht unvermeidbar sind.

Aus diesen Gründen gibt das Gesetz (17. Abschnitt, §§ 84–94 AMG) den durch Arzneimittelgebrauch Geschädigten unter gewissen Umständen Schadensersatzansprüche auch in den Fällen, in denen ein Verschulden des pharmazeutischen Unternehmens, der das Arzneimittel in den Verkehr gebracht hat, nicht festgestellt werden kann (sogenannte Gefährdungshaftung). Andererseits besteht ein öffentliches Interesse daran, daß durch eine solche Gefährdungshaftung pharmazeutische Betriebe nicht in ihrer Existenz bedroht oder gar vernichtet werden, wodurch die Arzneimittelversorgung gefährdet wäre. Zu Abwendung derartiger Gefahren wird den pharmazeutischen Unternehmen eine Deckungsvorsorge vorgeschrieben, die nur durch eine Haftpflichtversicherung oder Gewährleistungsverpflichtung eines Kreditinstitutes erbracht werden kann (§ 94 AMG).

Die *Gefährdungshaftung* umfaßt nach § 84 AMG alle Fälle, in denen infolge der Anwendung eines zum Gebrauch bei Menschen bestimmten Arzneimittels, das im Geltungsbereich des Gesetzes an den Verbraucher abgegeben wurde und der Pflicht zur Zulassung unterliegt oder durch Rechtsverordnung von der Zulassung befreit wurde, ein Mensch getötet oder der Körper oder die Gesundheit eines Menschen nicht unerheblich verletzt worden ist. Die Haftung löst eine Schadensersatzpflicht des pharmazeutischen Unternehmers aus, der das Arzneimittel in den Verkehr gebracht hat. Voraussetzung für den Eintritt der Ersatzpflicht ist, daß das Arzneimittel bei bestimmungsgemäßen Gebrauch medizinsch nicht vertretbare schädliche Wirkungen hat, die ihre Ursache im Bereich der Entwicklung oder Herstellung haben, oder daß der Schaden infolge einer nicht den Erkenntnissen der medizinischen Wissenschaft entsprechenden Kennzeichnung oder Gebrauchsinformation eingetreten ist.

Bei Mitverschulden des Verbrauchers mindert sich die Ersatzpflicht (§ 254 BGB). Weitere Vorschriften bestimmen den Umfang der Ersatzpflicht bei Tötung (§ 86 AMG) und bei Körperverletzung (§ 87 AMG), setzen Höchstbeträge für die Haftpflicht fest und treffen Regelungen für die Ersatzleistungen in Form von Geldrenten (§ 89 AMG). Der Schadensersatzanspruch verjährt in drei Jahren (§ 90 AMG).

Von der vorstehenden Haftungsproblematik zu unterscheiden ist die Frage der zivil- und strafrechtlichen Verantwortlichkeit für Arzneimittelschäden, die im Zusammenhang mit dem Zulassungsverfahren entstanden sind. Hierzu begnügt sich das Gesetz an etwas versteckter Stelle (§ 25 Abs. 10 AMG) mit der Feststellung, daß die Zulassung die zivil- und strafrechtliche Verantwortlichkeit des pharmazeutischen Unternehmers unberührt läßt. Grund und Umfang einer möglichen Haftung regeln sich jedoch wieder nach den §§ 84ff. AMG.

Abschließend enthält das Arzneimittelgesetz einen umfangreichen Katalog an Straf- und Bußgeldvorschriften (§§ 95–98 AMG); Ordnungswidrigkeiten können mit einer Geldbuße bis zu 50000 DM geahndet werden.

2.7.1.12 Wiederaufbereitung von Einmalartikeln

Mit der Neufassung des Arzneimittelgesetzes wurden im Jahre 1987 auch sogenannte Einmalartikel in den Katalog der fiktiven Arzneimittel (§ 2 Abs. 2 AMG) aufgenommen (siehe 2.7.1.2). Es stellt sich die Frage, welche Konsequenzen daraus für die in Krankenhäusern und Arztpraxen – häufig aus Kostengründen – praktizierte Wiederaufbereitung von Einmalartikeln zu ziehen sind.

Wer bestimmt die Funktion als „Einmalartikel" ?

Zunächst liegt die Frage nahe, wer die Funktion eines Gegenstandes als Einmalartikel festlegt.

Soweit ersichtlich, gibt die bestehende Rechtsordnung auf diese Frage keine Antwort. Dies gilt insbesondere auch für das Arzneimittelgesetz, dem ansonsten umfangreiche Begriffsbestimmungen zu entnehmen sind (vergleiche § 4 AMG).

Die Einmalartikel haben nur insoweit Eingang in das Arzneimittelgesetz gefunden, als sie ab dem 01. 01. 1988 als Arzneimittel gelten (§ 2 Abs. 2 Nr. 1a AMG) und somit den Vorschriften des Arzneimittelgesetzes ebenso unterliegen wie die schon bisher vom

§ 2 Abs. 2 AMG erfaßten Gegenstände, Stoffe und Zubereitungen. Die einzige Aussage, die damit dem Arzneimittelgesetz zu entnehmen ist, besteht folglich darin, daß (zahn-, tier-) ärztliche Instrumente, soweit sie nur zur einmaligen Anwendung bestimmt sind (und aus der Kennzeichnung hervorgeht, daß sie einem Verfahren zur Verminderung der Keimzahl unterzogen worden sind), als Arzneimittel gelten. Juristisch gesehen handelt es sich hierbei um eine Fiktion: Einmalartikel sind zwar keine echten Arzneimittel, sie werden vom Gesetzgeber „nur" so behandelt und den echten Arzneimitteln (§ 2 Abs. 1 AMG) in ihrer rechtlichen Behandlung weitgehend gleichgestellt. Dies gilt insbesondere hinsichtlich der arzneimittelrechtlichen Qualitäts-, Herstellungs- und Überwachungsvorschriften. Darin liegt zweifelsohne ein zu begrüßender Fortschritt, zumal damit zugleich das für Arzneimittel im Sinne des Arzneimittelgesetzes bestehende Verbot greift, bedenkliche Einmalartikel in Verkehr zu bringen (§ 5 AMG).

Die Unterwerfung der Einmalartikel unter die Vorschriften des Arzneimittelgesetzes löst dennoch nicht die eingangs gestellte Frage, wer die Funktion der (zahn-, tier-) ärztlichen Instrumente als Einmalartikel bestimmt. Die Formulierung des § 2 Abs. 1 Nr. 1a AMG: „Instrumente, soweit sie zur einmaligen Anwendung bestimmt sind", läßt sowohl eine objektivierte wie aber auch subjektivierte Auslegung zu. De facto dürfte die Zweckbestimmung „zur einmaligen Verwendung" jedoch beim Hersteller liegen, also subjektiv getroffen werden und dann in die Gebrauchsanweisung des entsprechenden Artikels eingehen. An dieser Beurteilung ändert auch die Tatsache nichts, daß ab 01. 01. 1988 auf Einmalartikel im Sinne des Arzneimittelgesetzes die Bestimmungen der Betriebsverordnung für pharmazeutische Unternehmer Anwendung finden. Mit diesen Vorschriften werden zwar wünschenswerte Sicherheits- und Überwachungsanforderungen auch für Einmalartikel ausgesprochen, ohne jedoch Anforderungen an die Voraussetzungen der Zweckbestimmung als Artikel „zur einmaligen Anwendung" zu enthalten. Aussagen zu Einwegartikeln sind allerdings der Bundesgesundheitsamts-Richtlinie über Anforderungen der Hygiene an die Aufbereitung von Medizinprodukten aus dem Jahre 1992 zu entnehmen. Danach „ist wünschenswert, daß jeder Hersteller nur solche Medizinprodukte als zur Einmalverwendung erklärt, bei denen bestimmte Anforderungen an eine Verwendung nach Aufarbeitung nicht erfüllt werden können, und angibt, aus welchen Gründen eine Aufbereitung nicht möglich ist".

Zur rechtlichen Verantwortung bei Zwischenfällen mit Einmalartikeln

Einmalartikel, die medizinisch-technische Geräte darstellen, unterliegen (noch) den Bestimmungen der Medizingeräteverordnung (MedGV). Daraus resultiert:

1. für den Anwender,
   - daß medizinisch-technische Geräte der Gruppen 1, 3, und 4 nur von Personen angewendet werden dürfen, die aufgrund ihrer Ausbildung oder ihrer Kenntnisse und praktischen Erfahrungen die Gewähr für eine sachgerechte Handhabung bieten (§ 16 Abs. 3 MedGV), und
   - sich der Anwender vor der Anwendung von der Funktionssicherheit und dem ordnungsgemäßen Zustand des Gerätes zu überzeugen hat (§ 16 Abs. 4 MedGV);

2. für den Hersteller,
   - daß er eine Gebrauchsanweisung in deutscher Sprache mitzuliefern hat, in der die notwendigen Angaben über Verwendungszweck, Funktionsweise, Kombinationsmöglichkeiten mit anderen Geräten, Reinigung, Desinfektion, Sterilisation, Zusammenbau, Funktionsprüfung sowie Wartung des Gerätes enthalten sind (§ 4 Abs. 1 MedGV). Diese Vorschrift gilt jedoch nicht für Geräte der Gruppe 4 ((§ 2 MedGV), die ohne Kenntnis einer Gebrauchsanweisung fachgerecht gehandhabt werden können.

Rechtslage bei Erstanwendung von Einmalartikeln

Kommt der Anwender von Einmalartikeln bei deren Erstanwendung rechtswidrig und schuldhaft den genannten Verpflichtungen nicht nach und führt diese Pflichtverletzung zu einem Schaden (Personen-/Vermögensschaden) beim Patienten, so kann dadurch eine Haftung des Anwenders begründet werden. Entsprechendes gilt für den Hersteller bei ansonsten sachgemäßer Handhabung des Einmalartikels durch den Anwender. Darüber hinaus ist eine Haftung des Herstellers nach den Grundsätzen der Produzentenhaftung nicht ausgeschlossen. (Eine Gefährdungshaftung nach § 84 AMG entfällt, da Einmalartikel im Sinne des § 2 Abs. 2 Nr. 1a AMG gemäß § 21 Abs. 1 AMG keiner Zulassungspflicht unterliegen.) Allerdings stellt dies keine Besonderheit für den Einmalartikel dar; die Produzentenhaftung kann grundsätzlich bei Produktmängeln in Form von Konstruktions-, Fabrikations- und Instruktionsfehlern greifen.

Rechtslage bei Wiederverwendung von Einmalartikeln

Problematisch wird die rechtliche Beurteilung, wenn sich ein den Patienten schädigender Zwischenfall nach einer Wiederaufbereitung (Schritte der Dekontamination an kontaminierten Materialien, Gütern oder Geräten) oder Resterilisation (wiederholte Sterilisation eines Materials, Gutes oder Gerätes, einschließlich noch nicht benutzter Geräte) des als Einmalartikel gekennzeichneten Gegenstandes, also bei Wiederverwendung, ereignet.

Zunächst stellt sich die Frage, ob sich für den Anwender eine Wiederaufbereitung von Einmalartikeln schon deshalb verbietet, weil diese – etwa in der Gebrauchsanweisung – ausdrücklich als Artikel zur einmaligen Verwendung bezeichnet sind. Dies ist meines Erachtens zu verneinen. Auch das Arzneimittelgesetz verbietet die Wiederverwendung von Einwegartikeln nicht. Zwar wird die Auffassung vertreten, die Wiederaufbereitung sei ein Herstellen im Sinne des Arzneimittelgesetzes und deshalb nicht gesetzeskonform, solange Qualitätssicherungssysteme fehlen. Diese Argumentation übersieht jedoch, daß sich das Arzneimittelgesetz an den Ersthersteller wendet, wie sich meiner Auffassung nach aus der Gesetzessystematik ergibt. Der Bereich der Handhabung steriler Einmalartikel beim Anwender ist durch das Arzneimittelgesetz nicht erfaßt. (Allerdings darf nicht übersehen werden, daß beispielsweise in Berlin im Verordnungsweg (Infektionsverhütungs-Verordnung vom 18.2.1990) die Wiederaufbereitung von sterilen Einwegartikeln untersagt ist; im Einzelfall muß deshalb das jeweilige Landesrecht zur Prüfung mit herangezogen werden.)

Ein Verbot der Wiederverwendung ergibt sich darüber hinaus auch nicht aus der früher erwähnten Bundesgesundheitsamts-Richtlinie ebensowenig wie aus bestehenden Normen, abgesehen davon, daß Richtlinie wie Norm nicht rechtsverbindlich sind.

> Damit kommt jedoch nicht zum Ausdruck, daß Einmalartikel – entgegen ihrer Zweckbestimmung – bedenkenlos wiederverwendet werden könnten.

Nach den genannten Vorschriften der Medizingeräteverordnung (§ 6 Abs. 4) hat der Anwender medizinisch-technischer Geräte, also auch der Einmalartikel, Sorge für den ordnungsgemäßen Zustand und die Funktionssicherheit zu tragen. Funktionssicherheit bedeutet für den Fall der Wiederaufbereitung, daß beispielsweise die Qualität des Artikels nicht beeinträchtigt ist, keine Kontamination vorliegt und Keimfreiheit besteht. Dabei sind an den Anwender bei der Wiederaufbereitung von Einmalartikeln gerade wegen dieser Einschränkung in der Verwendung besondere Sorgfaltsanforderungen aus medizinscher und hygienischer Sicht zu stellen, so daß eine Gefährdung der Patienten ausgeschlossen ist. Insoweit kommt der Bundesgesundheitsamts-Richtlinie über die Anforderungen der Hygiene an die Aufbereitung von Medizinprodukten Bedeutung zu; sie dürfte im Zweifelsfall Auslegungsmaßstab für die bei Wiederaufbereitung erforderlichen Sorgfaltsanforderungen sein, die wiederum von Produkt zu Produkt unterschiedlich sein können. Dazu kann im Einzelfall auch eine Aufklärungspflicht des Patienten nicht auszuschließen sein.

> Werden die Sorgfaltsanforderungen nicht eingehalten, können bei einem Zwischenfall Schadensersatzansprüche des Patienten wegen vertraglicher Pflichtverletzung oder aus unerlaubter Handlung gegen den Anwender begründet sein. In diesem Falle scheiden auch Rückgriffsansprüche gegen den Hersteller aus, da die Verantwortung für die Wiederaufbereitung allein beim Anwender liegt.

Anders kann die rechtliche Beurteilung ausfallen, wenn für die Schädigung des Patienten nicht eine fehlerhafte Wiederaufbereitung des Einmalartikels ursächlich war, sondern nachweislich beispielsweise ein Materialfehler. Es könnte bei Vorliegen der Voraussetzungen der – von der Rechtsprechung entwickelten – Grundsätze der Produzentenhaftung sowie nach dem Produkthaftungsgesetz, eine Ersatzpflicht des Herstellers greifen. In diesem Zusammenhang allerdings dürfte die Beweissituation entscheidend sein.

Zur Beweissituation

Für die Haftung des Arztes und des nachgeordneten nichtärztlichen Personals hat die Medizingeräteverordnung hinsichtlich der Beweislast insoweit eine entscheidende Änderung mit sich gebracht, als im Falle eines durch Medizingeräteeinsatzes – und damit auch der Einmalartikel – verursachten Schadens vor allem den Anwender die volle Beweislast bezüglich der Einhaltung der erforderlichen Sorgfalt trifft.

Demgegenüber dürfte für den Hersteller im Falle der Wiederverwendung eines als Einmalartikel deklarierten Gegenstandes mit dessen Einbeziehung in das Arzneimittelgesetz und die Betriebsverordnung für pharmazeutische Unternehmer möglicherweise eine Beweiserleichterung verbunden sein, da sich der Hersteller auf entsprechende – auch behördliche – Kontrollen seines Einmalartikels berufen kann.

Schlußfolgerungen

Die Wiederaufbereitung von Einmalartikeln ist gesetzlich nicht ausgeschlossen. Ein Verbot folgt insbesondere nicht durch das Arzneimittelgesetz. Wird ein Einmalartikel nach Wiederaufbereitung weiterverwendet, liegt jedoch die Verantwortung in erster Linie beim Anwender. Im Schadensfall bei Wiederverwendung entfällt nicht ohne weiteres jedwede Haftung des Herstellers; im Einzelfall dürfte wegen der Beweissituation ein Anspruch des geschädigten Patienten bzw. Anwenders gegen den Hersteller eher scheitern.

Nach derzeitiger Rechtslage muß es im wohlverstandenen Eigeninteresse des Anwenders liegen, aus Haftungsgründen erhöhte Sorgfalt bei der Wiederverwendung von aufbereitetem Einmalmaterial walten zu lassen. Eine besondere Aufgabe kommt in diesem Zusammenhang den Gesundheitsämtern im Rahmen ihrer Aufsichtspflicht zu. Kostengesichtspunkte führen selbstverständlich nicht zu einer Enthaftung des Anwenders im Schadensfall.

2.7.1.13 Arzneimittel-Warnhinweisverordnung

Für Arzneimittel im Sinne des § 2 Abs. 1 und Abs. 2 Nr. 1 AMG (siehe 2.7.1.2), die dazu bestimmt sind, in einer zur Abgabe an den Verbraucher bestimmten Packung gegeben zu werden und die Äthanol zur inneren Anwendung beim Menschen enthalten, sofern sie beispielsweise Injektionslösungen, Infusionslösungen, Munddesinfektionsmittel oder Rachendesinfektionsmittel sind, oder die Tartrazin zur Anwendung beim Menschen enthalten, gilt die Arzneimittel-Warnhinweisverordnung.

Derartige Arzneimittel müssen auf den Behältnissen und äußeren Umhüllungen dauerhaft und in leicht lesbarer Schrift Warnhinweise auf Äthanol oder Tartrazin enthalten. Bei Äthanol ist in jedem Fall eine Information über den Alkoholpromilleanteil erforderlich, je nach Höhe dieses Anteils auch ein Hinweis, die Packungsbeilage zu beachten. Ähnliches gilt für Arzneimittel mit Tartrazin.

Wer gegen diese Verordnung verstößt, begeht eine Ordnungswidrigkeit und kann mit einer Geldbuße belegt werden.

2.7.1.14 Arzneimittelgesetz und zukünftiges Medizinproduktegesetz

Das beabsichtigte Medizinproduktegesetz (E-MPG) wird maßgeblich auch das derzeitige Arzneimittelgesetz beeinflussen. Dies gilt beispielsweise für die aktiven implantierbaren Medizinprodukte, die jetzt noch dem Regelbereich des Arzneimittelgesetzes und der Medizingeräteverordnung unterliegen, mit Inkrafttreten des Medizinproduktegesetzes jedoch in dessen Zuständigkeitbereich fallen werden. Ähnliches trifft auf Produkte zu wie etwa Verbandsstoffe, Zahnfüllungswerkstoffe, Implantate und mit arzneilich wirkenden Stoffen beschichtete Katheder. Anwendbar bleibt das Arzneimittelgesetz für Stoffe und Zubereitungen aus Stoffen, die Arzneimittel im Sinne des § 2 Abs. 1 AMG und dazu bestimmt sind, durch ein Medizinprodukt verabreicht zu werden (E § 2 Abs. 2 MPG), wie etwa das Insulin, das mit einer Medikamentenpumpe verabreicht wird. Weiterhin unterliegt dem Arzneimittelgesetz ein Medizinprodukt, das mit einem Arzneimittel im Sinne des § 2 Abs. 1 AMG als eine feste Einheit, die ausschließlich zur Verwendung in dieser Kombination bestimmt und deren Medizinprodukt zur einmaligen Anwendung bestimmt ist, in den Verkehr gebracht wird; diese Regelung trifft beispielsweise eine Fertigspritze, deren Spritzkörper zur einmaligen Verwendung bestimmt ist.

Voraussetzungen, unter denen ein Medizinprodukt zur einmaligen Anwendung bestimmt ist, stellt das Medizinproduktegesetz nicht auf. Auch zur Aufhellung der Problematik einer Aufbereitung, insbesondere von Einmalartikeln, trägt das Gesetz meiner Meinung nach wenig bei. Zwar gelten die den Hersteller nach dem Gesetz obliegenden Verpflichtungen auch für die Personen, die ein Medizinprodukt aufbereiten; andererseits aber wird ein als neu aufbereitetes Medizinprodukt ausschließlich unter der Definition des Inverkehrbringens genannt; das aber wiederum soll der Zeitpunkt der erstmaligen Abgabe eines Medizinprodukts an einen anderen sein. Es spricht einiges dafür, daß der Gesetzentwurf – ähnlich dem Arzneimittelgesetz – das Aufbereiten nicht dem Herstellen gleichstellt. Damit würde das unter 2.7.1.12 zur Wiederaufbereitung Gesagte gelten.

2.7.2 Betäubungsmittelgesetz nebst Rechtsverordnungen

Das Betäubungsmittelrecht ist im wesentlichen geprägt durch das Gesetz über den Verkehr mit Betäubungsmitteln (Betäubungsmittelgesetz – BtMG) vom 01. 03. 1994 sowie der Verordnung über das Verschreiben, die Abgabe und den Nachweis des Verbleibs von Betäubungsmitteln (Betäubungsmittel-Verschreibungsverordnung – BtMVV vom 16. 09. 1993).

Die nachstehenden Ausführungen befassen sich überblickartig im wesentlichen mit denjenigen Vorschriften, die sich auf den verwaltungsrechtlichen Teil des Betäubungsmittelgesetzes sowie auf die Verschreibung von Betäubungsmitteln beziehen.

2.7.2.1 Begriffsbestimmungen

Das Betäubungsmittelgesetz unterscheidet zwischen Stoffen, Zubereitungen und ausgenommenen Zubereitungen. Die Begriffsdefinition enthält § 2 BtMG.

Gemäß § 1 BtMG sind Stoffe und Zubereitungen Betäubungsmittel im Sinne des Betäubungsmittelgesetzes; sie sind in den Anlagen I - III zum Betäubungsmittelgesetz aufgeführt.

Danach sind zu unterscheiden

- nicht verkehrsfähige Betäubungsmittel (Anlage I),
- verkehrsfähige, aber nicht verschreibungsfähige Betäubungsmittel (Anlage II),
- verkehrsfähige und verschreibungsfähige Betäubungsmittel (Anlage III).

Die Aufteilung der Stoffe und Zubereitungen legt in erster Linie die Bedeutung der erfaßten Drogen für die medizinische Nutzanwendung fest.

Durch Rechtsverordnung können die Anlagen ergänzt werden, wenn sich bei einzelnen Betäubungsmitteln eine besondere Gefährlichkeit oder ein Suchtpotential ergibt, vor allem durch mißbräuchliche Verwendung.

2.7.2.2 Erlaubnispflicht

> Grundsätzlich, daß heißt von Ausnahmen abgesehen, besteht eine Erlaubnispflicht für den Verkehr mit Betäubungsmitteln.

Diese Pflicht besagt, daß derjenige, der Betäubungsmittel anbauen, herstellen, mit ihnen Handel treiben, sie einführen, ausführen, abgeben, veräußern, sonst in den Verkehr bringen, erwerben oder ausgenommene Zubereitungen herstellen will, der Erlaubnis des Bundesgesundheitsamts (BGA) bedarf. Eine Erlaubnis bedarf nicht, wer im Rahmen des Betriebs einer öffentlichen Apotheke oder einer Krankenhausapotheke in den Anlagen II oder III bezeichnete Betäubungsmittel herstellt oder erwirbt oder in Anlage III bezeichnete Betäubungsmittel auf Grund (tier-, zahn-) ärztlicher Verschreibung abgibt. Ähnliches gilt für den Betrieb einer tierärztlichen Hausapotheke. Im übrigen werden weitere Ausnahmen von der Erlaubnispflicht durch § 4 BtMG geregelt.

Wer keiner Erlaubnis bedarf, aber am Betäubungsmittelverkehr teilnehmen will, muß dies dem Bundesgesundheitsamt zuvor anzeigen. Die Anzeigevoraussetzungen bestimmt § 4 Abs. 3 BtMG. Unter bestimmten Voraussetzungen, etwa Bedenken hinsichtlich der Person des Antragstellers, der Räumlichkeiten seiner Betriebsstätten oder ähnliches, kann die Erlaubnis versagt werden.

2.7.2.3 Melde- und Empfangsbestätigungspflicht

Im dritten Abschnitt des Betäubungsmittelgesetzes sind unter anderem Einfuhr, Ausfuhr, Durchfuhr sowie Abgabe und Erwerb von Betäubungsmitteln geregelt (§§ 11, 12 BtMG). Einzelheiten beschreibt die Betäubungsmittelaußenhandelsverordnung. Zur Abgabe von Betäubungsmitteln wird bestimmt, daß sie nur an Personen und Personenvereinigungen erfolgen darf, die im Besitz einer Erwerbserlaubnis oder Betreiber einer Apotheke oder tierärztlichen Hausapotheke sind.

Der Abgebende hat dem Bundesgesundheitsamt unverzüglich (das heißt ohne schuldhaftes Zögern) jede einzelne Abgabe unter Angabe des Erwerbers und der Art und Menge des Betäubungsmittels zu melden. Der Erwerber muß dem Abgebenden den Empfang des Betäubungsmittels bestätigen. Gewisse Ausnahmen, zum Beispiel bei der Abgabe aufgrund ärztlicher, zahnärztlicher oder tierärztlicher Verschreibung im Rahmen des Apothekenbetriebes, läßt der Gesetzgeber für verkehrs- und verschreibungsfähige Betäubungsmittel zu (§ 12 Abs. 3 BtMG).

Durch Rechtsverordnung kann das Melde- und Empfangsbestätigungsverfahren, insbesondere hinsichtlich Form, Inhalt, Abgabe und Aufbewahrung der zu verwendenden Formblätter, geregelt werden.

Mit diesen Bestimmungen wird die Regelung der Lagerbuchführung nach § 5 BtMG alter Fassung ersetzt durch eine Melde- und Empfangsbestätigungpflicht.

Wer am Betäubungsmittelverkehr teilnimmt, muß außerdem besondere Sicherungsvorkehrungen treffen, um unbefugte Entnahmen zu verhindern, zum Beispiel durch Aufbewahrung in einem speziell abschließbaren Betäubungsmittelschrank (§ 15 BtMG). Soweit erforderlich kann das Bundesgesundheitsamt bestimmte Sicherungsmaßnahmen anordnen.

Der Eigentümer von nicht mehr verkehrsfähigen Betäubungsmitteln hat diese auf eigene Kosten zu vernichten. Dem Vernichtungsvorgang müssen zwei Zeugen beiwohnen (§ 16 BtMG). Über jeden Zugang und Abgang muß der Erlaubnisinhaber für jede Betriebsstätte und jedes Betäubungsmittel fortlaufende Aufzeichnungen führen, deren Inhalt § 17 BtMG regelt. Diese Aufzeichnungen oder Rechnungsdurchschriften sind drei Jahre lang gesondert aufzubewahren. Schließlich müssen Überwachungsmaßnahmen (§ 22 BtMG) sowie Probenahmen (§ 23 BtMG) geduldet werden. Darüberhinaus bestehen bestimmte Mitwirkungspflichten (§ 24 BtMG), etwa in Form von Auskunftserteilungen, Gestattung der Einsichtnahme in Unterlagen sowie des Zutritts in Gebäude oder Räume und ähnliches.

2.7.2.4 Verschreibungspflicht

Die Verschreibung und Abgabe von Betäubungsmitteln auf Verschreibung regelt § 13 BtMG in Verbindung mit der Betäubungsmittel-Verschreibungsverordnung.
Verkehrs- und verschreibungsfähige Betäubungsmittel (Anlage III zu § 1 Abs. 1 BtMG) dürfen nur von Ärzten, Zahnärzten und Tierärzten verschrieben werden. Die Verschreibung ist nur gestattet, wenn die Anwendung des Betäubungsmittels am oder im menschlichen oder tierischen Körper begründet ist. Nicht begründet ist die Anwendung insbesondere dann, wenn der beabsichtigte Zweck auf andere Weise erreicht werden kann. Gleiches gilt für die Verabreichung im Rahmen einer ärztlichen, zahnärztlichen oder tierärztlichen Behandlung sowie für die Überlassung an einen anderen zum unmittelbaren Verbrauch .

> Die verschriebenen Betäubungsmittel dürfen nur im Rahmen des Betriebes einer Apotheke und gegen Vorlage der Verschreibung abgegeben werden.

Einzelheiten der Verschreibung sind auf Grundlage des § 13 Abs. 3 BtMG in der Betäubungsmittel-Verschreibungsverordnung geregelt. Als Verschreibungsgrundsatz (§ 1 BtMVV) gilt: Die verkehrs- und verschreibungsfähigen Betäubungsmittel (Anlage III BtMG) dürfen nur als Zubereitungen verschrieben werden. Die Betäubungsmittel-Verschreibungsverordnung gilt auch für Salze und Molekülverbindungen der Betäubungsmittel.
Der Verschreibungsgrundsatz findet seine Konkretisierung und Modifizierung durch die Festlegung der zu verschreibenden Höchstmengen sowie die Verschreibungsbeschränkung auf Bestimmungszwecke, Gehalt und Darreichungsform einzelner Betäubungsmittel. Dabei unterscheidet die Betäubungsmittel-Verschreibungsverordnung zwischen der Verschreibung des Arztes für einen Patienten und der Verschreibung für seinen Praxisbedarf sowie die Verschreibung für den Stationsbedarf im Krankenhaus (§ 2 BtMVV). Unter Beachtung der Regeln der ärztlichen Kunst darf der Arzt auch zur Substitution zugelassene Betäubungsmittel (zum Beispiel Lexomethadon) zur Behandlung von Betäubungsmittelabhängigkeit verschreiben (§ 2a BtMVV).
In begründeten Einzelfällen und unter Wahrung der erforderlichen Sicherheit des Betäubungsmittelverkehrs darf der Arzt für einen Patienten in Dauerbehandlung sowohl Höchstmengen für bestimmte Betäubungsmittel überschreiten als auch mehr als ein Betäubungsmittel am Tag verschreiben (§ 2 Abs. 2 BtMVV). Eine derartige Verschreibung ist der zuständigen Landesbehörde innerhalb von drei Tagen schriftlich anzuzeigen.

Vorschriften ähnlich formulierten Inhalts regeln die Verschreibungsinhalte für den Zahnarzt einschließlich seiner Tätigkeit als leitender Stations- oder Belegarzt (§ 3 BtMVV) sowie für den Tierarzt (auch als leitender Stationsarzt § 4 BtMVV).

2.7.2.5 Betäubungsmittelrezept

Betäubungsmittel dürfen ausschließlich auf einem dreiteiligen Formblatt (Betäubungsmittelrezept) verschrieben werden (§ 5 BtMVV). Die Formblätter werden auf Anforderung vom Bundesgesundheitsamt an den einzelnen Arzt (Zahnarzt oder Tierarzt) ausgegeben. Sie sind nur für den Beantragenden bestimmt und dürfen nur im Vertretungsfall übertragen werden. Nicht verwendete *Betäubungsmittelrezepte* sind bei der Aufgabe der ärztlichen Tätigkeit an das Bundesgesundheitsamt zurückzugeben. Die Rezepte sind vom Arzt gegen Entwendung zu sichern; Verluste sind unter Angabe der Rezeptnummer dem Bundesgesundheitsamt unverzüglich anzuzeigen.

Das dreiteilige Formblatt ist wie folgt zu verwenden: Teil I und II des auszufertigenden Betäubungsmittelrezepts ist zur Vorlage in einer Apotheke bestimmt, Teil III verbleibt beim Arzt, Zahn- oder Tierarzt, an den das Betäubungsmittelrezept ausgegeben wurde.

Der beim Arzt verbleibende Teil III ist, nach Ausstellungsdaten geordnet, drei Jahre aufzubewahren; gleiches gilt für die Teile I und II bei fehlerhaft ausgefertigten Rezepten (§ 5 BtMVV).

Die erforderlichen Angaben auf dem Betäubungsmittelrezept richten sich nach § 6 BtMVV.

Ähnliche Regelungen gelten für den *Betäubungsmittelanforderungsschein* bei Verschreibungen von Betäubungsmitteln für den Stationsbedarf (§ 6a BtMVV).

2.7.2.6 Abgabe von Betäubungsmitteln

Nach § 7 BtMVV dürfen Betäubungsmittel unter anderem nicht abgegeben werden, wenn das Rezept in der vorliegenden Form für den Abgebenden erkennbar nicht ausgestellt werden durfte oder wenn das Rezept älter als sieben Tage ist.

Der Abgebende hat auf der Rückseite des Teiles I des Betäubungsmittelrezeptes anzugeben:

1. Namen oder Firma und Anschrift der Apotheke sowie die dem Apothekenleiter zugewiesene BGA-Nummer,
2. Abgabedatum und
3. Namenszeichen des Abgebenden.

Für das Verschreiben des Bedarfs an Betäubungsmitteln für Einrichtungen des Rettungsdienstes gelten die Vorschriften über das Verschreiben für den Stationsbedarfs (§ 8a BtMVV). Der Träger oder der Durchführende des Rettungsdienstes hat einen Arzt damit zu beauftragen, die benötigten Betäubungsmittel zu verschreiben. Teil I der Betäubungsmittelrezepte und Betäubungsmittelanforderungsscheine ist vom Apotheker nach Abgabedatum geordnet drei Jahre aufzubewahren; Teil II ist zur Verrechnung bestimmt.

2.7.2.7 Nachweis über den Verbleib und Bestand der Betäubungsmittel

Die Führung von Karteikarten, Betäubungsmittelbüchern und Betäubungsmittelanforderungsscheinen nach amtlichen Formblättern zum Nachweis über Verbleib und Bestand von Betäubungsmitteln regelt § 9 BtMVV. So sind zum Beispiel auf den Karteikarten oder in den Betäubungsmittelbüchern über jeden Zu- und Abgang dauerhaft anzugeben:

1. Datum des Zugangs oder des Abgangs,
2. zugegangene oder abgegangene Menge und der sich daraus am Ende eines Kalendermonats ergebende Bestand; bei Stoffen und nicht abgeteilten Zubereitungen die Gewichtsmenge in Gramm oder Milligramm, bei abgeteilten Zubereitungen die Stückzahl; bei flüssigen Zubereitungen, die in den in Absatz 1 Nr. 3 oder Nr. 4 genannten Einrichtungen im Rahmen einer Behandlung angewendet werden, die Menge auch in Millilitern,
3. Name oder Firma und Anschrift des Lieferers oder des Empfängers oder die sonstige Herkunft oder der sonstige Verbleib,
4. in Apotheken im Falle der Abgabe auf Verschreibung in Krankenhäusern und Tierkliniken im Falle des Erwerbs auf Verschreibung der Name und die Anschrift des verschreibenden Arztes, Zahnarztes oder Tierarztes und die Nummer des Betäubungsmittelrezeptes.

Die Eintragungen über Zugänge, Abgänge und Bestände der Betäubungsmittel sind in den Karteikarten oder Betäubungsmittelbüchern

1. von dem Apotheker für die von ihm geleitete Apotheke,
2. von dem verscheibungsberechtigten Arzt, Zahnarzt oder Tierarzt für den Praxis- oder Stationsbedarf

am Ende eines jeden Kalendermonats zu prüfen. Sofern sich der Bestand geändert hat, sind das Namenszeichen und das Prüfdatum anzubringen.
In den Einrichtungen des Rettungsdienstes obliegt die Aufzeichnungspflicht dem jeweiligen behandelnden Arzt (§ 8a Abs. 3 BtMVV).
Karteikarten und Betäubungsmittelbücher sind drei Jahre, von der letzten Eintragung an gerechnet, aufzubewahren. Bei einem Wechsel in der Leitung einer Einrichtung haben die betreffenden Personen das Datum der Übergabe sowie den übergebenen Bestand zu vermerken und durch ihre Unterschrift zu bestätigen.
Bestimmungen über Straftaten (§ 10 BtMVV), Ordnungswidrigkeiten (§ 11 BtMVV), und Übergangsbestimmungen beschließen die Betäubungsmittelverschreibungsverordnung.

2.7.3 Gesetz über das Apothekenwesen

Der Betrieb einer Apotheke ist nach dem Gesetz über das Apothekenwesen vom 15. 10. 1980 mit späteren Änderungen von der Erteilung einer Erlaubnis abhängig. Die Erlaubnis ist auf Antrag zu erteilen, wenn der Antragsteller gesetzlich vorgeschriebene Voraussetzungen in seiner Person erfüllt.

So muß der Antragsteller unter anderem Deutscher und voll geschäftsfähig sein;er muß die deutsche Approbation als Apotheker sowie die für den Betrieb einer Apotheke erforderliche Zuverlässigkeit besitzen.

Ist die Erlaubnis erteilt, darf die Apotheke erst in Betrieb genommen werden, wenn die Räumlichkeiten von der zuständigen Gesundheitsbehörde abgenommen worden sind.

Die Erlaubnis verpflichtet den Apotheker zur persönlichen Leitung in eigener Verantwortung. Eine Apothekenverpachtung ist nur in einigen gesetzlich bestimmten Ausnahmefällen zulässig. Nach dem Tode eines Erlaubnisinhabers dürfen die Erben die Apotheke längstens zwölf Monate durch einen genehmigten Apotheker verwalten lassen.

Zum Betrieb einer Krankenhausapotheke ist dem Träger der Krankenanstalt auf Antrag die Erlaubnis zu erteilen, wenn der Krankenhausträger einen Apotheker angestellt hat, der die persönlichen Voraussetzungen erfüllt, die eine Erlaubniserteilung erfordert. Außerdem sind vom Träger der Krankenanstalt die nach der Apothekenbetriebsordnung vom 09. 02. 1987 für eine Krankenhausapotheke vorgesehenen Räumlichkeit nachzuweisen.

Die Erlaubnis zum Betrieb einer Krankenhausapotheke berechtigt zur Abgabe von Arzneimitteln an Stationen oder andere Teileinheiten des Krankenhauses nur aufgrund einer Verschreibung im Einzelfall oder aufgrund einer schriftlichen Anforderung. Bei einer derartigen Abgabe sind die Arzneimittel vor dem Zugriff Unbefugter zu schützen.

Alle Apotheken – auch die Krankenhausapotheke – unterstehen der behördlichen Aufsicht. Die mit der Überwachung beauftragten Personen sind berechtigt, die dem Apothekenbetrieb dienenden Räume zu betreten, Besichtigungen vorzunehmen, Proben zu entnehmen und vorläufige Anordnungen zur Gewährleistung eines ordnungsgemäßen Apothekenbetriebes zu erteilen. Die Befolgung der getroffenen Anordnungen kann erforderlichenfalls mit Zwangsmitteln durchgesetzt werden.

Die Erlaubnisinhaber und die in Krankenhausapotheken angestellten Apotheker sind verpflichtet, die mit der Aufsicht beauftragten Personen nach Kräften in ihrer Arbeit zu unterstützen.

Zum Zwecke der einwandfreien Herstellung, Prüfung, Aufbewahrung und Abgabe von Arzneimitteln und Gewährleistung eines ordnungsgemäßen Apothekenbetriebes ist aufgrund der in § 21 des Apothekengesetzes ausgesprochenen Ermächtigung die bereits angeführte Apothekenbetriebsordnung erlassen worden.

Im wesentlichen enthält sie Bestimmungen über Personal, Räume und Einrichtungen.

So dürfen pharmazeutische Tätigkeiten nur vom pharmazeutischen Personal ausgeübt werden; das sind Apotheker, Personen in der Ausbildung zum Apotheker, pharmazeutische-technische Assistenten und Personen, die sich in dieser Ausbildung befinden.

Für die Betriebsräume wird bestimmt, das sie nach Lage, Größe und Einrichtungen so beschaffen sein müssen, daß ein ordnungsgemäßer Apothekenbetrieb gewährleistet ist. Die Grundfläche der Betriebsräume muß insgesamt 110 qm betragen, wobei die Räume so angeordnet sein sollen, daß jeder Raum ohne Verlassen der Apotheke zugänglich ist. Eine Apotheke muß wenigstens aus einer Offizin, einem Laboratorium, zwei Vorratsräumen und einem Nachtdienstzimmer bestehen.

2.8 Lebensmittelrecht

Das Lebensmittelrecht wird durch zahlreiche Gesetze und Verordnungen bestimmt.
   Dazu gehören beispielsweise das Fleischbeschaugesetz mit Durchführungsverordnungen, das Brotgesetz, die Gesetze und Verordnungen für Milch und Milcherzeugnisse, die Lebensmittel- und Bedarfsgegenständeverordnung, das Weingesetz nebst Verordnungen, um nur einige Regelungen aufzuzählen.
   Als zentrales Dachgesetz gilt das Gesetz über den Verkehr mit Lebensmitteln, Tabakerzeugnissen, kosmetischen Mitteln und sonstigen Bedarfsgegenständen, Lebensmittel- und Bedarfsgegenständegesetz (LMBG), vom 02. 07. 1993, das seinerseits den entsprechenden Richtlinien der Europäischen Union Rechnung trägt und deren Anforderungen in nationales Recht umsetzt.
   Es enthält allgemeine Gebote und Verbote, Vorschriften über die Überwachung sowie Straf- und Bußgeldvorschriften. Zahlreiche Ermächtigungen sollen es dem Verordnungsgeber ermöglichen, ausgedehnte Spezialregelungen zu treffen. Trotz mannigfacher Neuerungen bleibt aber der Grundgedanke des Gesetzes der Schutz der menschlichen Gesundheit und Sicherung vor Täuschung der Verbraucher.

2.8.1 Lebensmittel

Während § 11 des früheren Lebensmittelgesetzes (LMG) alle Stoffe, die zum Essen, Trinken und Kauen bestimmt sind, als Lebensmittel definierte und hiervon nur Stoffe ausnahm, die überwiegend zur Beseitigung, Linderung oder Verhütung von Krankheiten bestimmt sind, geht das neue Gesetz zwar nach wie vor von der Zweckbestimmung zum Verzehr aus, nimmt aber – weitergehend – alle Stoffe aus, die überwiegend dazu bestimmt sind, zu anderen Zwecken als zur Ernährung und zum Genuß verzehrt zu werden.

> So sind nach § 1 des Lebensmittel- und Bedarfsgegenständegesetzes (LMBG) Lebensmittel im Sinne dieses Gesetzes alle Stoffe, die dazu bestimmt sind, in unverändertem, zubereitetem oder verarbeitetem Zustand von Menschen verzehrt zu werden; ausgenommen sind Stoffe, die überwiegend dazu bestimmt sind, zu anderen Zwecken als zur Ernährung oder zum Genuß verzehrt zu werden.

Den Lebensmitteln stehen gleich ihre Umhüllungen, Überzüge oder sonstige Umschließungen, die dazu bestimmt sind, mitverzehrt zu werden.
   Mit dieser Formulierung übernimmt das Gesetz im wesentlichen die bisherige – vom Lebensmittel- und Bedarfsgegenständegesetz abweichende – im Arzneimittelgesetz, § 1 Abs. 3, vorgenommene Abgrenzung. Für die Abgrenzung von Lebensmitteln und Arzneimitteln kommt es nur noch auf den Lebensmittelbegriff des Lebensmittel- und Bedarfsgegenständegesetzes an.
   Die Änderung der Begriffsbestimmung sollte bezwecken, daß die Erzeugnisse der sogenannten grauen Zone wie zum Beispiel Tonika, Schlankheits- und Entwöhnungsmittel oder Ovulationshemmer, Arzneimittel sind, wenn im übrigen die Voraussetzungen des Arzneimittelbegriffs vorliegen. (Weitere Änderungen, insbesondere Abgrenzungen mit Anpassungen sind mit der Verabschiedung des Medizinproduktegesetzes zu erwarten).

2.8.2 Tabakerzeugnisse

Nicht mehr den Lebensmitteln gleichgestellt sind die Tabakerzeugnisse; diese unterliegen einer Sonderregelung.

> Tabakerzeugnisse sind nach § 3 Abs. 1 LMBG aus Rohtabak oder unter Verwendung von Rohtabak hergestellte Erzeugnisse, die zum Rauchen, Kauen oder Schnupfen bestimmt sind.

Den Tabakerzeugnissen stehen nach § 3 Abs. 2 LMBG gewisse Waren gleich, etwa Zigarettenpapier, Kunstumblätter oder sonstige mit dem Tabakerzeugnis fest verbundene Bestandteile mit Ausnahme von Zigarettenmundstücken sowie Rauchfiltern, aber auch dem Rohtabak oder Tabakerzeugnissen ähnliche Waren, soweit sie zum Rauchen, Kauen oder Schnupfen bestimmt sind.

2.8.3 Kosmetika

Früher wurden kosmetische Mittel den Bedarfsgegenständen zugerechnet. Im neuen Recht sind die kosmetischen Mittel gesondert geregelt. Begrifflich besteht folgender Unterschied: es wird allein auf die Zweckbestimmung zur Reinigung, Pflege oder zur Beeinflussung des Aussehens oder des Körpergeruchs abgestellt, soweit die Mittel äußerlich angewendet werden; innerlich anzuwendende Mittel sind keine Kosmetika. Die überwiegende Bestimmung zur Linderung oder Beseitigung von Krankheiten, Leiden oder Beschwerden weist das „kosmetische" Mittel dem Arzneimittelrecht zu.

> So sind nach § 4 LMBG kosmetische Mittel Stoffe oder Zubereitungen aus Stoffen, die dazu bestimmt sind, äußerlich am Menschen oder in seiner Mundhöhle zur Reinigung, Pflege oder zur Beeinflussung des Aussehens oder des Körpergeruchs oder zur Vermittlung von Geruchseindrücken angewendet zu werden, es sei denn, daß sie überwiegend dazu bestimmt sind, Krankheiten, Leiden, Körperschäden oder krankhafte Beschwerden zu lindern oder zu beseitigen.

Den kosmetischen Mitteln stehen Stoffe oder Zubereitungen aus Stoffen zur Reinigung oder Pflege von Zahnersatz gleich.
    Stoffe oder Zubereitungen aus Stoffen, die zur Beeinflussung der Körperformen bestimmt sind, gelten nicht als kosmetische Mittel.

2.8.4 Bedarfsgegenstände

Die Vorschriften des Lebensmittel- und Bedarfsgegenständegesetzes treffen auch Regelungen über Bedarfsgegenstände. Welche Gegenstände im einzelnen zu den Bedarfsgegenständen zählen, darüber gibt ein Katalog Auskunft, der im neuen Recht wesentlich erweitert wurde (§ 5 Abs. 1 Ziff. 1–9 LMBG).

> Danach sind Bedarfsgegenstände etwa Gegenstände, die dazu bestimmt sind, beim Herstellen, Behandeln, Inverkehrbringen oder beim Verzehr von Lebensmitteln ver-

> wendet zu werden und dabei mit Lebensmitteln in Berührung zu kommen oder auf diese einzuwirken; dann die Reinigungs-, Pflege- und Imprägnierungsmittel, die für den häuslichen Bedarf bestimmt sind, Mittel zur Insektenvertilgung in Räumen, ausschließlich Pflanzenschutzmittel im Sinne des Pflanzenschutzgesetzes; weiterhin Spielwaren und Scherzartikel.

Keine Bedarfsgegenstände im Sinne des Lebensmittel- und Bedarfsgegenständegesetzes sind diejenigen Gegenstände, die nach dem Arzneimittelgesetz als Arzneimittel gelten.

Für alle bisher genannten Mittel, Stoffe oder Gegenstände hat das Lebensmittel- und Bedarfsgegenständegesetz Vorschriften aufgestellt, die dem menschlichen Gesundheitsschutz dienen.

2.8.5 Zusatzstoffe

> Zusatzstoffe sind solche Stoffe, die dazu bestimmt sind, Lebensmitteln zur Beeinflussung ihrer Beschaffenheit oder zur Erzielung bestimmter Eigenschaften oder Wirkungen zugesetzt zu werden mit Ausnahme von Stoffen natürlicher Herkunft (§ 2 LMBG).

Gewisse Stoffe, wie beispielsweise Mineralstoffe und Spurenelemente, Aminosäuren und einiges mehr stellt der Gesetzgeber Zusatzstoffen gleich.

2.8.6 *Verkehr mit Lebensmitteln*

Im Verkehr mit Lebensmitteln ist es zum Schutz der Gesundheit verboten, Lebensmittel für andere derart herzustellen oder zu behandeln, daß ihr Verzehr geeignet ist, die Gesundheit zu schädigen (§ 8 LMBG). In diesem Zusammenhang ist auf die Verbotsbestimmungen zu achten, die für die Verwendung von Zusatzstoffen aufgestellt sind. Unter gewissen Voraussetzungen, insbesondere bei diätetischen Erfordernissen kann die Verwendung von Zusatzstoffen jedoch zugelassen werden.

Über die bereits in § 8 LMBG genannten Verbote hinaus ist aufgrund einer Ermächtigung die Möglichkeit gegeben, im Verordnungswege vorbeugend gegen mögliche Gesundheitsschädigungen tätig zu werden (§ 9 LMBG). Entsprechend dieser Zielsetzung kann die Verwendung bestimmter Stoffe verboten oder beschränkt und die Anwendung bestimmter Verfahren vorgeschrieben werden. Die Herstellung bestimmter Lebensmittel kann überhaupt verboten oder von einer Genehmigung abhängig gemacht werden. Warnhinweise sowie Sicherungsvorkehrungen können getroffen werden. Besonders erwähnenswert ist die Ermächtigung, nach der das Inverkehrbringen von Lebensmitteln verboten oder beschränkt werden kann, die einer Einwirkung durch radioaktive Stoffe oder durch Verunreinigung der Luft, des Wassers oder des Bodens ausgesetzt werden. Eine bedeutsame Vorschrift zum Schutze der Gesundheit ist die Ermächtigung für Hygienevorschriften (§ 10 LMBG). Die zu erlassenden Bestimmungen sollen, soweit es erforderlich ist, um der Gefahr einer ekelerregenden oder sonst nachteiligen Beeinflussung von Lebensmitteln durch Mikroorganismen, Verunreinigungen, Gerüche, Temperaturen, Witterungseinflüsse oder Behandlungs- oder Zubereitungsverfahren vorzubeugen, eine einwandfreie Beschaffenheit der Lebensmittel von ihrer Herstellung bis zur Abgabe an den Verbraucher sicherstellen.

Des weiteren dürfen Lebensmittel grundsätzlich nicht bestrahlt werden, es sei denn, es liegt eine entsprechende Zulassungsermächtigung vor (§ 13 LMBG).

Dem Schutz der Gesundheit dient schließlich auch das Verbot, zum Verzehr nicht geeignete Lebensmittel ohne ausreichende Kenntlichmachung in den Verkehr zu bringen; dem steht gleich das Inverkehrbringen von Lebensmitteln unter irreführender Bezeichnung, Angabe oder Aufmachung. Auch ist eine gesundheitsbezogene Werbung untersagt (§ 18 LMBG) etwa mit Aussagen, die sich auf die Beseitung, Linderung oder Verhütung von Krankheiten beziehen oder Hinweise auf ärztliche Empfehlungen oder Gutachten enthalten.

Um derartigen Täuschungen vorzubeugen, können ebenfalls Rechtsverordnungen erlassen werden.

2.8.7 Verkehr mit Tabakerzeugnissen

Wie im Verkehr mit Lebensmitteln gilt der Grundgedanke des Gesundheitsschutzes auch für den Verkehr mit Tabakerzeugnissen.

Der Gesundheitsschutz erstreckt sich hier auf ein Verwendungsverbot nicht zugelassener Stoffe, auf die Festsetzung von Höchstmengen für den Gehalt an bestimmten Rauchinhaltsstoffen sowie auf die Anordnung von Warnhinweisen. Wesentlich sind die Werbebeschränkungen und insbesondere das generelle Verbot der Werbung in Rundfunk und Fernsehen; dieses generelle Verbot gilt jedoch nicht für eine Werbung auf Plakaten, obwohl diese Art der Werbung nicht weniger wirksam ist.

2.8.8 Verkehr mit Kosmetika

Die kosmetischen Mittel unterliegen ebenfalls zum Schutz der Gesundheit bestimmten Herstellungs- und Verkehrsverboten. Verboten ist nach dem neuen Recht insbesondere, bei der Herstellung und Behandlung von kosmetischen Mitteln nicht ausdrücklich zugelassene Stoffe zu verwenden, die der Verschreibungspflicht nach dem Arzneimittelgesetz unterliegen, und so hergestellte und behandelte kosmetische Mittel in den Verkehr zu bringen.

Das für kosmetische Mittel ebenfalls geltende Irreführungsverbot besagt, daß irreführende Bezeichnungen, Angaben, Aufmachungen und Darstellungen untersagt sind.

Gesetzliche Beispiele einer Irreführung sind: die Behauptung nicht zutreffender oder wissenschaftlich nicht hinreichend gesicherter Wirkungen; das Hervorrufen des Eindrucks, daß ein Erfolg mit Sicherheit erwartet werden kann; zur Täuschung geeignete Angaben über die Vorbildung, Befähigung oder Erfolge des Herstellers; über die Herkunft, die Menge oder das Gewicht, über den Zeitpunkt der Herstellung oder Abpackung, über die Haltbarkeit oder über sonstige wertbestimmende Umstände. Auch hier ist der Verordnungsgeber ermächtigt, weitere Angaben vorzuschreiben; insbesondere können Gebrauchsanweisungen vorgeschrieben werden.

2.8.9 Verkehr mit Bedarfsgegenständen

Die Verbote, die im Verkehr mit Bedarfsgegenständen zum Schutze der Gesundheit aufgestellt sind, sollen verhindern, daß beim bestimmungsgemäßen Gebrauch der

Gegenstände durch deren stoffliche Zusammensetzung, insbesondere durch toxikologisch wirksame Stoffe oder durch Verunreinigung die Gesundheit geschädigt wird.

Hier ist zum Beispiel zu denken an die Verwendung von Holz- oder Bambusstäbchen, Drähten oder Metallstiften, die bei der Herstellung von Schaschlik oder ähnlichen Gerichten benutzt werden, oder aber auch an das Einarbeiten derartiger Gegenstände in Eis- oder Bonbonlutscher, Marzipanfiguren und anderer Süßwaren.

Besonders herauszustellen ist das Verbot, Reinigungs- und Pflegemittel sowie Spielwaren derart in den Verkehr zu bringen, daß sie mit Lebensmitteln verwechselt werden können.

Damit kann und soll beispielsweise der gefährlichen Unsitte Einhalt geboten werden, Reinigungsmittel mit Zitronenabbildungen in den Verkehr zu bringen.

Um anderen Gefährdungen der Gesundheit durch Bedarfgegenstände vorzubeugen, ist auch hier der Verordnungsgeber ermächtigt, Rechtsverordnungen zu erlassen. Auf diesen Ermächtigungen beruht zum Beispiel die Bedarfgegenständeverordnung aus dem Jahre 1992, die ihrerseits wiederum entsprechende EU-Richtlinien zum Gesundheitsschutz umsetzt.

Um zu gewährleisten, daß die Verbote zum Schutze der Gesundheit und zur Sicherung der Verbraucher vor Täuschungen beachtet werden, ist eine behördliche Überwachung vorgesehen. Die Behörden, zum Beispiel Ordnungsämter, Gesundheitsämter, Lebensmittel-, Veterinär- und Medizinaluntersuchungsanstalten, haben sich durch regelmäßige Überprüfungen und Probenahmen davon zu überzeugen, daß die Vorschriften über den Verkehr mit Lebensmitteln, Tabakerzeugnissen, kosmetischen Mitteln und Bedarfsgegenständen eingehalten werden. Erforderlichenfalls sind Beauftragte der Behörden oder – bei Gefahr im Verzug – auch Beamte der Polizei berechtigt, Grundstücke und Betriebsräume zu betreten. Das Grundrecht der Unverletzlichkeit der Wohnung (Art. 13 GG) ist insoweit eingeschränkt.

In den abschließenden Straf- und Bußgeldvorschriften des Lebensmittel- und Bedarfsgegenständegesetzes besteht die wesentliche Neuerung zum früheren Lebensmittelrecht in der Änderung der Strafbestimmungen (Regelhöchststrafe zwei Jahre Freiheitsstrafe) und in der Einführung von Bußgeldtatbeständen.

2.9 Gesundheitsrecht und Gesundheitsdienst

2.9.1 Gesundheitsrecht

Die vorstehenden Gesetze und Verordnungen, die das Seuchen- und Hygienerecht, Impfrecht, die Überwachung des Verkehrs mit Arznei- und Betäubungsmitteln, das Giftrecht sowie das Lebensmittelrecht betreffen, gehören zu denjenigen Rechtsvorschriften, die die normative Grundlage des öffentlichen Gesundheitswesens bilden. Eng damit verbunden sind die Bestimmungen über die Kranken- und Unfallversicherungen und über den gesundheitlichen Arbeits- und Strahlenschutz. Zusammenfassend kann gesagt werden, daß alle die genannten Rechtsnormen dem Gesundheitsrecht im weitesten Sinne zuzurechnen sind.

Die Gesetzgebung auf dem Gebiet des Gesundheitsrechts hat der Verfassungsgeber der konkurrierenden Gesetzgebung zugeordnet, Art. 72, 74 GG. Denn Gegenstände der konkurrierenden Gesetzgebung, die dem Gesundheitsrecht angehören, sind:

- die öffentliche Fürsorge, Art. 74 Nr. 7 GG;
- die Maßnahmen gegen gemeingefährliche und übertragbare Krankheiten bei Menschen und Tieren, die Zulassung zu ärztlichen und anderen Heilberufen und zum Heilgewerbe, der Verkehr mit Arzneien, Heil- und Betäubungsmitteln und Giften, Art. 74 Nr. 19 GG;
- der Schutz beim Verkehr mit Lebens- und Genußmitteln, Bedarfsgegenständen, Futtermitteln, sowie der Pflanzen- und Tierschutz, Art. 74 Nr. 20 GG.

Außerdem gehören in diesen Bereich wegen der engen Verflechtung mit dem Gesundheitsrecht die Maßnahmen auf dem Gebiet

- des Schutzes gegen Gefahren, die bei Freiwerden von Kernenergie oder durch ionisierende Strahlen ergehen, Art. 74 Nr. 11 a GG, sowie
- des Arbeitsrechts, insbesondere des Arbeitsschutzes und der Sozialversicherungen, Art. 74 Nr. 12 GG.

Die Zuweisung dieser Gegenstände zur konkurrierenden Gesetzgebung erklärt, daß sowohl bundes- als auch landesrechtliche Regelungen im Bereich des Gesundheitswesen zu beachten sind. Denn solange und soweit der Bund von seinem Gesetzgebungsrecht keinen Gebrauch gemacht hat, gelten die auf diesem Gebiet erlassenen Gesetze der Länder, bei denen im Rahmen der konkurrienden Gesetzgebung ja die vorrangige Zuständigkeit liegt.

2.9.2 Gesundheitsdienst

Uneingeschränkt dem Landesrecht vorbehalten ist jedoch – bezogen auf das Landesgebiet – der Bereich des sogenannten öffentlichen Gesundheitsdienstes.

> Der öffentliche Gesundheitsdienst umfaßt das Handeln (Organisation und Aufgaben) der Verwaltung der kreisfreien Städte und Landkreise, sowie der Länder mit ihren Untergliederungen, das dem gesundheitlichen Schutz der Gemeinschaft und des einzelnen Bürgers dient beziehungsweise dienen soll.

Mithin ist also unter dem öffentlichen Gesundheitsdienst die Durchführung der zum öffentlichen Gesundheitswesen erlassenen Rechtsnormen durch die zuständigen Behörden und deren verwaltungsrechtliche und -technische Organisation zu verstehen.

2.9.2.1 Gesundheitsdienst auf Kreisebene

Auf der unteren Verwaltungsebene hat das auch heute noch geltende Gesetz über die Vereinheitlichung des Gesundheitswesens vom 03. 07. 1934 mit seinen drei Durchführungsverordnungen aus dem Jahre 1935 eine grundlegende organisatorische Ordnung des öffentlichen Gesundheitswesens geschaffen. Das ehemals als Reichsgesetz erlassene Gesetz gilt heute als landesrechtliche Regelung.

Nach dem Gesetz sind zum Zwecke der einheitlichen Durchführung des öffentlichen Gesundheitdienstes in den kreisfreien Städten und den Landkreisen Gesundheitsämter einzurichten.

Ihrem Rang nach waren die Gesundheitsämter früher staatliche Behörden. Die Veränderungen der staatsrechtlichen Verhältnisse nach dem zweiten Weltkrieg brachten teilweise auch Veränderungen in der Zuordnung der Gesundheitsämter.

So blieben beispielsweise im Land Baden-Württemberg die Gesundheitsämter staatliche Behörden, die zum Geschäftsbereich des Ministers für Arbeit, Gesundheit und Sozialordnung gehören. Demgegenüber wurden in Nordrhein-Westfalen die Gesundheitsämter Dienststellen der kreisfreien Städte und Landkreise aufgrund des Gesetzes über die Eingliederung staatlicher Sonderbehörden in die Kreis- und Stadtverwaltungen vom 30. 04. 1948. Ähnlich erfolgte die Zuordnung der Gesundheitsämter in anderen Bundesländern.

Leiter des Gesundheitsamtes ist ein Amtsarzt, dessen Stellung durch eine Dienstordnung (erste und zweite Durchführungsverordnung) bestimmt wird.

Die Aufgabentätigkeit der Gesundheitsämter ist in § 3 des Gesetzes festgelegt. Danach obliegt ihnen die Durchführung der folgenden ärztlichen Aufgaben:

- Gesundheitsaufsicht,
- Erbpflege einschließlich Eheberatung,
- gesundheitliche Volksbelehrung,
- Schulgesundheitspflege,
- Mutter- und Kindberatung,
- Fürsorge für Tuberkulose, Geschlechtskranke, körperlich Behinderte, Sieche und Süchtige.

Weiterhin sind sie zur ärztlichen Mitwirkung bei Maßnahmen zur Förderung der Körperpflege und Leibesübungen ebenso verpflichtet wie zur Durchführung amts-, gerichts- und vertrauensärztlicher Tätigkeit, soweit sie durch Landesrecht den Amtsärzten übertragen ist (im einzelnen vergleiche die 3. Durchführungsverordnung). Krankenhäuser, Heil- und Pflegeanstalten, Heime der geschlossenen und halbgeschlossenen Fürsorge, Kur- und Badeanstalten und ähnliche Einrichtungen bleiben in der Verwaltung der bisherigen Träger.

Die im Gesetz über die Vereinheitlichung des Gesundheitswesens nur global genannten Aufgabenbereiche erfahren durch die einzelnen Durchführungsverordnungen (DVO) nähere Ausgestaltungen.

So wird in der *1. Durchführungsverordnung* der Aufgabenbereich der Gesundheitsaufsicht dahingehend konkretisiert, daß die Gesundheitsämter besonders bei der Bekämpfung der übertragbaren Krankheiten durch Ermittlungen über Art, Stand und Ursache der Krankheit mitzuwirken haben. Ebenso obliegen den Gesundheitsämtern die ärztlichen Aufgaben auf dem Gebiet der Lebensmittelaufsicht und Gewerbeüberwachung.

Zur Schulgesundheitspflege wird bestimmt, daß jedes Kind vorsorglich hinsichtlich seiner körperlichen und geistigen Gesundheit laufend überwacht wird; allerdings gehört die ärztliche Behandlung nicht zum Aufgabenbereich der Gesundheitsämter. Auf dem Fürsorgegebiet der Tuberkulose beschränkt sich die Tätigkeit des Gesundheitsamtes auf Maßnahmen zur Ermittlung Tuberkulosekranker und im Einzelfall auf die Feststellung der Art der Erkrankung und die Notwendigkeit von Maßnahmen zur Verhütung und Weiterverbreitung.

Bei der Bekämpfung der Geschlechtskrankheiten hat das Gesundheitsamt die ihm durch das Gesetz zur Bekämpfung der Geschlechtskrankheiten auferlegten Aufgaben

> wahrzunehmen (siehe 2.6.3). Eine Heilbehandlung im Gesundheitsamt findet nicht statt.

Den Kampf gegen Rauschgiftsucht, besonders gegen den Alkohol- und Drogenmißbrauch, hat das Gesundheitsamt dadurch zu unterstützen, daß es den Verbänden, die sich mit der Fürsorge für Süchtige befassen, die ärztlich-wissenschaftlichen Grundlagen für ihre Fürsorgemaßnahmen gibt.

Außer der Konkretisierung der Einzelaufgaben legt die 1. Durchführungsverordnung in organisatorischen Bestimmungen den Sitz der Gesundheitsämter und ihre Besetzung mit Ärzten fest.

Danach ist der Amtsarzt als Leiter des Gesundheitsamtes Beamter; dies gilt in der Regel auch für seinen Stellvertreter. Dem Amtsarzt sind je nach Größe und Bevölkerungszahl des Bezirks weitere haupt- oder nebenamtlich tätige Ärzte zur Erledigung der ärztlichen Aufgaben zur Seite zu stellen. Außerdem sind – je nach Bedürfnis – Hilfskräfte wie Gesundheitsaufseher, Gesundheitspflegerinnen, technische Assistentinnen, Schwestern und Helferinnen sowie Bürokräfte zu beschäftigen. Schließlich wird bestimmt, daß die erforderlichen Räume und Einrichtungen zur Verfügung stehen müssen.

Die **2. Durchführungsverordnung** regelt generell die Aufgaben und Stellung des Gesundheitsamtes. Nach § 1 der 2. Durchführungsverordnung hat das Gesundheitsamt insbesondere

- die gesundheitlichen Verhältnisse des Bezirkes zu beobachten;
- die Durchführung der Gesundheitsgesetzgebung zu überwachen;
- sich auf Erfordern der zuständigen Behörden in Angelegenheiten des Gesundheitswesen gutachterlich zu äußern und ihnen Vorschläge zur Abstellung von Mängeln und zur Förderung der Volksgesundheit zu unterbreiten;
- die für die Durchführung der gesundheitlichen Für- und Vorsorge erforderlichen Untersuchungen und Feststellungen vorzunehmen;
- amtliche Zeugnisse in allen Fällen auszustellen, in denen die Beibringung eines amtsärztlichen Zeugnisses vorgeschrieben ist.

Außerdem muß sich das Gesundheitsamt über den Gesundheitszustand in seinem Bezirk, insbesondere über die klimatischen, Boden-, Luft-, Trinkwasser-, Wohnungs-, Erwerbs- und sonstigen Lebensverhältnissen der Bevölkerung laufend unterrichten.

Zum Zwecke der amtlichen Besichtigung dürfen Ärzte des Gesundheitsamtes alle der Aufsicht des Gesundheitsamtes unterstellten Anstalten, Anlagen, Räume und Örtlichkeiten betreten. Es muß sichergestellt sein, daß die für die gesundheitsamtlichen Ermittlungen und Feststellungen erforderlichen physikalischen, chemischen und mikroskopischen Untersuchungen zweckmäßig ausgeführt werden können. Untersuchungen schwieriger Art, insbesondere solche, die ein Laboratorium erfordern, können die Gesundheitsämter aufgrund von Verträgen mit Kranken- und Untersuchungsanstalten dort vornehmen lassen. Größere Ämter sollen jedoch über eigene Laboratorien und Röntgenuntersuchungsstellen verfügen.

In weiteren Vorschriften der 2. Durchführungsverordnung ist die Einrichtung und Aufgabenstellung von Bezirks- und Hauptstellen einzelner Gesundheitsämter, ebenso wie die Zusammenarbeit zwischen Gesundheitsämtern und Gemeinden geregelt. Außerdem werden Regelungen für die Ärzte des Gesundheitsamtes getroffen.

Die *3. Durchführungsverordnung* ist die umfangreichste der Durchführungsverordnungen. Dies resultiert daraus, daß hier in äußerst detaillierter Weise das Tätigwerden der Gesundheitsämter in den verschiedenen Aufgabengebieten geregelt wird.

Zunächst wird das Gesundheitsamt verpflichtet, Listen über diejenigen Personen zu führen, die in seinem Bezirk selbständig oder in abhängiger Stellung Behandlung, Pflege oder gesundheitliche Fürsorge am Menschen ausüben, die Leichenschau betätigen oder die Entkeimung von Wohnungen und Gegenständen vornehmen. Die Listenführung ist Grundlage für die Durchführung der dem Gesundheitsamt übertragenen Aufgaben.

Dazu gehört die Beaufsichtigung des Geschäftsbetriebes in den selbständigen Apotheken, Zweigapotheken und Krankenhausapotheken (Dispensieranstalten). Die Überwachung erstreckt sich nicht nur auf Ordnung und Sauberkeit in den Apotheken, sondern auch auf die Feststellung, ob die auf dem Gebiet des Apothekenwesens tätigen Personen im Besitz der behördlichen Erlaubnis sind. Im übrigen überprüft der Amtsarzt bei seiner Musterung die Ausbildung der Apothekerpraktikanten und führt im Auftrage der Aufsichtsbehörde mit einer zweiten Person Prüfungen des Personals für Krankenhausapotheken durch.

Weiterhin hat das Gesundheitsamt darüber zu wachen, daß die Bestimmungen über den Verkehr mit Arzneimitteln sowie über den Handel mit Giften außerhalb der Apotheken beobachtet werden. Auch hier hat der Amtsarzt diejenigen Personen zu prüfen, die um Genehmigung zum Handel mit Giften nachsuchen. Über die Prüfung hat er ein Zeugnis zu erstellen.

Der Aufsicht des Amtarztes unterstehen auch die Hebammen und Entbindungspfleger des Bezirks, die sich vor Beginn ihrer Berufstätigkeit persönlich beim Amtsarzt zu melden haben. Anstaltshebammen und -entbindungspfleger haben sich vor Antritt ihrer Berufstätigkeit unter Vorlage ihrer staatlichen Anerkennung als Hebamme/Entbindungspfleger und eines Ausweises der betreffenden Anstalt über ihre Anstellung beim Amtsarzt zu melden. Die Überwachung der Hebammen/Entbindungspfleger erstreckt sich auf die gesamte Berufstätigkeit und die Instandhaltung der Geräte, die regelmäßig nachzuprüfen sind. Mindestens alle drei Jahre hat der Amtsarzt die Hebammen/Entbindungspfleger seines Bezirkes nachzuprüfen.

Bei allen Angehörigen der Berufe im Gesundheitswesen hat das Gesundheitsamt zu prüfen, ob sie die Berechtigung zur Führung der Berufsbezeichnung besitzen. Das gesamte nachgeordnete nichtärztliche Personal des Bezirks untersteht, unbeschadet der Dienstaufsicht des Arbeitgebers, in seiner Berufstätigkeit der Aufsicht des Gesundheitsamtes.

Durch Ortsbesichtigungen sind unter Beteiligung der örtlichen Kommunalbehörden die einzelnen Ortschaften des Bezirks in gewissen Abständen auf die gesundheitlichen Verhältnisse zu überprüfen.

Außerdem hat das Gesundheitsamt allen Verhältnissen, die für die Reinerhaltung des Bodens und der Luft in Betracht kommen, seine Aufmerksamkeit zuzuwenden, insbesondere muß es auf die Beschaffung auszureichenden und hygienisch einwandfreien Trink- und Brauchwassers hinwirken und vor allem anstreben, daß mangelhafte und nicht genügend gegen Verunreinigungen geschützte Trinkwasseranlagen beseitigt und an ihrer Stelle zweckmäßige Einzel- und Zentralanlagen errichtet werden.

Bei der Überwachung des Verkehrs mit Lebensmitteln und Bedarfsgegenständen durch die zuständigen Behörden soll das Gesundheitsamt diese unterstützen; dies gilt vor allem für den Verkehr mit Milch und Fleisch.

> Besondere Aufmerksamkeit hat das Gesundheitsamt der Abfallbeseitigung und Reinhaltung von Gewässern zu widmen.

Weiterhin kommt dem Gesundheitsamt mit der Bekämpfung übertragbarer Krankheiten eine außerordentlich wichtige Tätigkeit zu. Die Vorschriften, die das Tätigwerden des Gesundheitsamtes auf diesem Gebiet regelt, korrespondieren mit den seuchenrechtlichen Bestimmugen und ergänzen sie insoweit. So hat das Gesundheitsamt das Auftreten und den Verlauf der übertragbaren Krankheiten zu verfolgen und schon bei drohender Gefahr geeignete Abwehrmaßnahmen anzuregen. Sobald der Amtsarzt Kenntnis von dem Ausbruch einer übertragbaren Krankheit erhält, muß er unverzüglich die erforderlichen Ermittlungen vornehmen oder vornehmen lassen. Zur Vorbereitung einer Seuchenbekämpfung und Verhütung übertragbarer Krankheiten dient den Gesundheitsämtern vor allem die Überwachung des Trink- und Brauchwassers sowie die Aufsicht über eine ordnungsgemäße Abfallbeseitigung.

Weitere Beaufsichtigungstätigkeiten obliegen den Gesundheitsämtern in der Gewerbehygiene, die sie in Zusammenarbeit mit den Sonderbehörden zu überwachen haben.

Darüber hinaus hat das Gesundheitsamt die nichtstaatlichen Anstalten zur Behandlung der Pflege von Kranken, Siechen oder körperlich Behinderten sowie die Einrichtungen zur Ersten Hilfe in gesundheitsaufsichtlicher Hinsicht zu überwachen. Der Amtsarzt hat diese Anstalten mindestens jährlich einmal abwechselnd im Sommer und Winter unter Zuziehung des leitenden Arztes und eines Vertreters der Krankenhausverwaltung eingehend zu besichtigen. Bei der Musterung ist festzustellen, ob jedes Haus seine besondere Aufgabe erfüllt, die Vorschriften über Anstellung von Ärzten und Medizinalassistenten eingehalten werden, die Krankengeschichten ordnungsgemäß geführt und aufbewahrt und die Bestimmungen über die Beschäftigung des Pflegepersonals beachtet sind. Befindet sich in einer Anstalt eine Schule für Kranken- und Kinderkrankenschwestern, so hat der Amtsarzt darauf zu achten, daß die Ausbildung der Schüler den Vorschriften entspricht und nicht unter einer allzu starken Ausdehnung ihrer praktischen Arbeit leidet. Im übrigen ist auch ein Augenmerk auf die Unterbringung, Dienst- und Freizeiteinteilung der Schwestern zu legen. Auch Einrichtungen der Entbindungs-, Operations- und Röntgenabteilungen, sowie der Laboratorien unterliegen ebenso der Nachprüfung wie der Krankenhausapothekenbetrieb, das Leichenhaus und die Einrichtung für die Leichenöffnungen.

> Die staatlichen Anstalten unterstehen der Aufsicht des Gesundheitsamtes nur auf besondere Weisung.

Schließlich ist noch auf die Aufgabenerfüllung im Rahmen der Gesundheitshilfe hinzuweisen. Hier sind neben den Vorschriften zur gesundheitlichen Beaufsichtigung von Schulen, Waisenhäusern, Kindergärten und ähnlicher Einrichtungen in erster Linie die Maßnahmen zur Schulgesundheitspflege zu erwähnen, zu denen Reihenuntersuchungen, vor allem bei Einschulung und Entlassung, ebenso gehören wie schulärztliche Sprechstunden für Eltern, Schüler und Lehrer, Beratung der Lehrer in Fragen der Gesundheitspflege und letztlich auch die Mitarbeit bei der Bekämpfung übertragbarer Krankheiten in Schulen.

Zu nennen sind in diesem Zusammenhang noch die Bekämpfung des Geburtenrückganges, die Mütterberatung sowie die Säuglings- und Kleinkinderfürsorge, Maßnahmen die ebenfalls der Gesundheitshilfe zuzurechnen sind.

In den nachfolgenden Abschnitten enthält die 3. Durchführungsverordnung noch Einzelheiten über die Tuberkulosebekämpfung und -fürsorge, über die Fürsorge für Körperbehinderte sowie Maßnahmen zur Alkohol- und Rauschmittelbekämpfung und Überwachung der Prostitution. Schließlich sind noch die Aufgaben des Gesundheitsamtes in Zusammenhang mit dem Unfallrettungs- und Krankenbeförderungswesen geregelt sowie abschließend die Aufgaben im Leichen-, Friedhofs- und Feuerbestattungswesen.

2.9.2.2 Gesundheitsdienst auf Landesebene

Während in der Regel auf der unteren Verwaltungsebene – in den Landkreisen und kreisfreien Städten – die Durchführung des Gesundheitsdienstes den Gesundheitsämtern obliegt, sind auf Landesebene die Aufgaben des Gesundheitswesens den Ministerien übertragen.

Bei den Ministerien sind die Aufgaben regelmäßig in einer Abteilung mit der Bezeichnung „Gesundheit" unter Leitung eines Ministerialdirigenten zusammengefaßt. Die Aufgabentätigkeit dieser Ministerien besteht zum einen in der Beobachtung der gesundheitlichen Situation der Bevölkerung sowie darin, rechtzeitig die notwendigen Maßnahmen zur Abwendung gesundheitlicher Gefahren zu ergreifen. Hierzu können die Ministerien unter anderem Gesetzesentwürfe erarbeiten, die von der Landesregierung in den Landtag eingebracht werden und von ihm als Landesgesetze beschlossen werden können, um allen Landesbürgern den erforderlichen gesetzlichen Gesundheitsschutz und die notwendige Gesundheitssicherung zu geben. Zum anderen obliegt den Ministerien als oberster Aufsichtsbehörde aber auch die Fachaufsicht über die zum Gesundheitsdienst gehörenden Ämter.

Hier sind etwa zu nennen: Gesundheitsämter, Medizinaluntersuchungsämter, chemische Untersuchungsämter, Heilberufskammern und alle Vereinigungen, die sich mit gesundheitlichen Aufgaben befassen, sowie Angelegenheiten aller Heilberufe, Medizinalstatistik, Krankenhauswesen, Seuchenbekämpfung, allgemeine und soziale Hygiene, Gesundheitsfürsorge, Gifte, Arzneimittel-, Apothekenwesen, Lebensmittelwesen und ziviler Bevölkerungsschutz. (Ergänzend sei hier angemerkt, daß die Fachaufsicht in den einzelnen Ländern auch anderen als den oben genannten Ministerien zustehen kann.)

Im wesentlichen üben auch die bei den Regierungspräsidenten beziehungsweise in den Bezirksregierungen der Länder eingerichteten Medizinaldezernate Gesundheitsaufsicht aus.

Der Aufsicht unterliegen z. B. die gesamten Einrichtungen des öffentlichen Gesundheitsdienstes auf der unteren Verwaltungsebene, insbesondere die Gesundheitsämter und Medizinaluntersuchungsämter; darüber hinaus überwacht das Medizinaldezernat mit Unterstützung der Gesundheitsämter den Verkehr mit Arzneimitteln und Giftstoffen, vor allem in Form regelmäßiger Besichtigungen der Apotheken; ebenso unterliegen die kommunalen Krankenhäuser der Gesundheitsaufsicht durch das Medizinaldezernat.

Treten überörtliche Krankheiten auf, so erteilt das Medizinalderzernat die zur Bekämpfung und Verhinderung der Weiterverbreitung notwendigen Maßnahmen und vollzieht ebenso die Durchführung der auf dem Gebiet des Gesundheitswesens gegebenen ministeriellen Weisungen.

Schließlich ist noch die Wahrnehmung des Prüfungswesens unter anderem der Krankenschwestern, Kinderkrankenschwestern, Krankenpfleger, Krankenpflegehelfer (-innen), Hebammen, Entbindungspfleger, technischen Assistenten in der Medizin, Masseure, medizinischen Bademeister, Sozialarbeiter/-innen und Desinfektoren zu nennen.

(Auch an dieser Stelle ist darauf hinzuweisen, daß die Zuständigkeiten landesrechtlich abweichend geregelt sein können.)

2.9.2.3 Gesundheitsdienst auf Bundesebene

Auf Bundesebene ist für das Gesundheitswesen das Bundesministerium für Gesundheit (BMG) zuständig. Es umfaßt die Abteilungen zentrale Verwaltung, Grundsatz- und Planungsabteilung sowie internationale Beziehungen, Gesundheitsversorgung und Krankenversicherung, Gesundheitsvorsorge und Krankheitsbekämpfung, Verbraucherschutz und Veterinärmedizin.

Auf dem Gebiet des Gesundheitswesens steht die Gesundheitssicherung des Menschen im Vordergrund, insbesondere die Gesundheitsvorsorge. Ziel der Gesundheitspolitik muß die Schaffung der Voraussetzungen dafür sein, daß alle Bürger, unabhängig von ihrer wirtschaftlichen und sozialen Lage, die gleichen Chancen zur Erhaltung und Wiederherstellung der Gesundheit erhalten, durch Ausbau der Vorsorge, Früherkennung, Behandlung und Rehabilitation, entsprechend dem jeweiligen Erkenntnisstand der Wissenschaft.

Das Bundesministerium für Gesundheit kann diesen Forderungen durch Vorbereitung von Gesetzesentwürfen gerecht werden.

So liegt auch das Schwergewicht der Aufgaben des Ministeriums auf dem Gebiet der vorbereitenden Gesetzgebung, der Aufklärung des Verbrauchers über die geltenden Rechtsvorschriften sowie auf der Mitwirkung bei Maßnahmen, die sich auf die Situation im Gesundheitswesen auswirken können.

Hierzu zählt vor allem die Zurverfügungstellung von finanziellen Mitteln für die Grundlagenforschung, soweit diese für die Gesundheitsgesetzgebung und -politik von Bedeutung ist.

Zum Geschäftsbereich des Ministeriums gehört das bereits mehrfach erwähnte Bundesgesundheitsamt in Berlin-Dahlem. Es führt als Bundesoberbehörde Forschungen und Unersuchungen auf dem Gebiet des öffentlichen Gesundheitswesens durch und erstattet Gutachten. Zu seinem Aufgabenbereich gehören ferner unter anderem die Rauschgiftbekämpfung, die Überwachung des Verkehrs mit Betäubungsmitteln, die Analyse der Bedingungen für Entstehen und Verbreitung von Zivilisationskrankheiten sowie die Entwicklung von Verfahren zur Gesundheitsvorsorge.

Folgende Einrichtungen gehören zum Bundesgesundheitsamt:

- Robert-Koch-Institut mit dem Aufgabenbereich Virologie, Bakteriologie, Biochemie und Zytologie;
- Institut für Wasser-, Boden- und Lufthygiene, für allgemeine Hygiene, Trink- und Betriebswasserschutz, Abwasser und Gewässerschutz, Reinhaltung der Luft und Strahlenschutz;
- Max-von-Pettenkofer-Institut für öffentliches Gesundheitswesen, Toxikologie, Chemie der Lebensmittel und Bedarfsgegenstände, Ernährungsmedizin und Ernährungsphysiologie;

2.9 Gesundheitsrecht und Gesundheitsdienst

- Institut für Sozialmedizin und Epidemiologie mit den Abteilungen Sozialmedizin, Epidemiologie und diagnostische Technik;
- Institut für Veterinärmedizin (Robert-von-Ostertag-Institut) mit den Abteilungen Lebensmittelhygiene, Zoonosen- und Tierseuchenforschung, Arzneimittel-, Tierernährung- und Rückstandsforschung;
- Institut für Arzneimittel mit sieben Abteilungen der Bereiche Pharmazie und Medizin sowie der Bundesopiumstelle und das AIDS-Zentrum.

Hinweis:
Als Folge des Skandals um HIV-kontaminierte Blutkonserven im Jahre 1993 wurde das Bundesgesundheitsamt aufgelöst und die Errichtung von Bundesinstituten und deren Aufgabenstellung mit Wirkung vom 01.07.1994 neu geregelt. Das Gesetz über die Neuordnung zentraler Einrichtungen des Gesundheitswesens (Gesundheitseinrichtungen-Neuordnungs-Gesetz – GNG) wurde deutlich nach Manuskripterstellung im Bundesgesetzblatt am 30.06.1994 veröffentlicht.

Aufgrund dieses Gesetzes bestehen die Nachfolgeeinrichtungen des Bundesgesundheitsamtes zum einen in dem „Bundesinstitut für Arzneimittel und Medizinprodukte (BtM)", zum anderen in dem „Bundesinstitut für gesundheitlichen Verbraucherschutz und Veterinärmedizin" sowie schließlich in dem „Bundesinstitut für Infektionskrankheiten und nicht übertragbare Krankheiten" – Robert-Koch-Institut. Die Institute sind jeweils dem Geschäftsbereich des Bundesministeriums für Gesundheit zugeordnet, die beiden Erstgenannten als selbständige Bundesoberbehörden. Das Institut für Wasser-, Boden- und Lufthygiene wurde in das Umweltbundesamt eingegliedert.

Der Neugliederung entspricht eine Neuverteilung der ehemals BGA-Aufgaben, die sich vor allem im Betäubungsmittelrecht und Arzneimittelrecht, dem Recht der Lebensmittel- und Bedarfsgegenstände sowie des Genrechts, aber auch des Seuchenrechts und der Laborberichtsverordnung auswirkt.

Soweit vorstehend dort von Aufgaben des Bundesgesundheitsamtes die Rede war, besteht nunmehr eine – im Einzelfall unterschiedliche – Zuständigkeit der genannten Bundesinstitute.

Die Bundeszentrale für gesundheitliche Aufklärung mit Sitz in Köln-Merheim gehört ebenfalls zum Geschäftsbereich des Ministeriums für Gesundheit. Im Interesse der Erhaltung und Förderung der menschlichen Gesundheit stellt diese Anstalt insbesondere Grundsätze und Richtlinien für die praktische Gesundheitserziehung, Ausbildung und Fortbildung der auf diesem Gebiet und für die Aufklärung tätigen Personen auf.

Als zum Geschäftsbereich des Ministeriums gehörig sind noch das Deutsche Institut für medizinische Dokumentation und Information in Köln sowie die Bundesprüfstelle für jugendgefährdende Schriften in Bonn-Bad Godesberg, das Institut „Arzneimittel in der Krankenversicherung" in Bonn und schließlich das Paul-Ehrlich-Institut in Frankfurt am Main zu nennen.

Das Paul-Ehrlich-Institut ist als selbständige Bundesoberbehörde insbesondere mit der Prüfung und Zulassung von Sera und Impfstoffen sowie mit der Überwachung des Verkehrs mit diesen Stoffen und mit entsprechenden Forschungen beauftragt. Die gesetzlichen Voraussetzungen zur Einrichtung einer derartigen Bundesprüfstelle sind mit dem Arzneimittelgesetz geschaffen worden.

Das Deutsche Institut für medizinische Dokumentation und Information hat die Aufgabe, in- und ausländische Literatur und sonstige Informationen auf dem

Gesamtgebiet der Medizin und ihrer Randgebiete zu erfassen, auszuwerten, zu speichern und der fachlich interessierten Öffentlichkeit bekannt zu machen; außerdem fördert das Institut die Aus- und Fortbildung von Personal für die medizinische Dokumentation und Information.

2.9.2.4 Gesundheitsdienst auf internationaler Ebene

Fragen des Gesundheitswesens, die von internationaler Bedeutung sind, werden von der Weltgesundheitsorganisation (WHO für World Health Organization) bearbeitet. Die WHO ist eine der Sonderorganisationen der Vereinten Nationen und konstituierte sich am 07. 04. 1948 als Nachfolgeorganisation des 1907 gegründeten Internationalen Gesundheitsamtes in Paris und der 1921 entstandenen Hygienekommission des Völkerbundes in Genf. Ziel der WHO ist der Schutz und die Förderung der Gesundheit der Völker aller Länder.

> Dabei ist „die Gesundheit ein Zustand des vollständigen körperlichen, geistigen und sozialen Wohlergehens und nicht nur das Fehlen von Krankheit oder Pflegebedürftigkeit".

Ebenso wie die Hygienekommission des Völkerbundes befindet sich das Hauptquartier der WHO in Genf. Daneben bestehen Regionalbüros für Afrika in Brazzaville, für Amerika in Washington, für Europa in Kopenhagen, für den Ost-Mittelmeerraum in Alexandria, für Südostasien in Neu-Delhi und für den Westlichen Pazifik in Manila.

Die internationale Zusammenarbeit der in der WHO zusammengeschlossenen Staaten erfolgt insbesondere auf dem Gebiet der Organisation des Gesundheitsschutzes, der Seuchenbekämpfung und der Impfstoffherstellung. Darüber hinaus koordiniert die WHO soweit wie möglich Gesundheitsforschungen und trägt zur Weiterentwicklung einer dazu notwendigen internationalen Zusammenstellung von Fachausdrücken der Krankheiten und Todesursachen bei. Weiterhin unterstützt die WHO die jungen Staaten beim Aufbau nationaler Gesundheitsdienste, insbesondere durch die Ausbildung medizinischen Personals. Hierzu stellt sie Stipendien und Lehrkräfte zur Verfügung und unterstützt Ausbildungs- und Fortbildungslehrgänge sowie Unterrichtsstätten.

Die Unterstützung hinsichtlich des Aufbaus und der Weiterentwicklung des Gesundheitswesens beschränkt sich allerdings nicht nur auf die sogenannten Entwicklungsländer, sondern erstreckt sich auf alle Länder, die um den Rat der WHO nachsuchen.

Die Weltgesundheitsorganisation steht in ihrem Bestreben, den bestmöglichen Gesundheitszustand aller Völker herbeizuführen, nicht allein. Mit Fragen des Gesundheitswesens, die von internationaler Bedeutung und Tragweite sind, beschäftigt sich auf supranationaler Ebene auch der Europarat ebenso wie der Ausschuß für Umweltfragen, Volksgesundheit und Verbraucherschutz und der Ausschuß der Regionen beim Europäischen Parlament, die insbesondere zu dem Bereich Gesundheitswesen im europäischen Gesetzgebungsverfahren gehört werden müssen. Zu nennen bleibt abschließend noch die geplante europäische Agentur für Arzneimittel als zentrale Zulassungsinstitution für alle Staaten der Europäischen Union.

3 Berufskunde

Im Rahmen der Berufskunde sollen nach einem kurzen geschichtlichen Überblick vornehmlich die rechtlichen Grundlagen der Fachberufe im Gesundheitswesen dargestellt werden.

3.1 Geschichtliche Entwicklung der Krankenpflege

3.1.1 Pflege in Hospitälern

Die Pflege von Kranken und Hilfsbedürftigen war in früherer Zeit in erster Linie Aufgabe der Familienangehörigen. Dies resultierte daraus, daß die Behandlung Kranker hauptsächlich zu Hause erfolgte. In den Fällen allerdings, in denen aus besonderen Gründen die Kranken nicht in ihrer Unterbringung gepflegt und behandelt werden konnten, erfolgte Krankenpflege durch fremde Personen in sogenannten Hospitälern. Diese Hospitäler waren zunächst Einrichtungen in Klöstern. Hier führte der auf der christlichen Religion basierende Gedanke der Nächstenliebe und Barmherzigkeit zur Pflege der Kranken und Hilfsbedürftigen, die sonst keine Hilfe fanden. Hinzu kommt, daß gerade die Insassen der Klöster oftmals in erstaunlichem Umfang Kenntnis von der Heilkunde besaßen, weil sie nicht nur theologisch, sondern – soweit in der damaligen Zeit möglich – auch medizinisch gebildet waren. Sie sammelten, angeregt durch alte Überlieferungen, Heilkräuter, legten selbst Kräutergärten an und stellten Medikamente zusammen. Später entstanden auch weltliche Hospitalgemeinschaften, die sich ebenso wie die im Anschluß an die Kreuzzüge gebildeten ritterlichen und weltlichen Orden aus Barmherzigkeit der Krankenpflege annahmen. Allerdings muß angenommen werden, daß diese Pflege nicht so sehr in einer medizinischen Versorgung bestand, als vielmehr in der Unterstützung mit materiellen Gütern und in geistlichem Beistand. So wurde zwar der Pflegeberuf durch Jahrhunderte ausgeübt, ohne jedoch wirklich ein erlernter Beruf zu sein.

Von dieser mittelalterlichen Tradition ist die neuzeitliche Hospizbewegung zu unterscheiden. Der Begriff „Hospiz" steht heute für ein bestimmtes Konzept medizinischer, pflegerischer und spiritueller Fürsorge, eine bestimmte Einstellung zum Tod und die Fürsorge für den Sterbenden. Auch in Deutschland sind seit 1983 Hospize entstanden, deren Angebote sich vornehmlich an Menschen richten, die an Krebs oder Aids leiden, mit einer durchschnittlichen Lebenserwartung von höchstens sechs Monaten. In den Hospizen zentrieren sich die Dienste ganz um die Wünsche des Sterbenden und seiner Angehörigen; ihnen steht ein interdisziplinär arbeitendes Team von Fachleuten zur Verfügung, mindestens ein Arzt, Krankenpflegepersonal, Sozialarbeiter und Seelsorger. Ebenfalls werden freiwillige Helfer in die Hospizarbeit einbezogen.

> Vier Haupttypen von Hospizen werden unterschieden: das Hospiz als unabhängige stationäre und ambulante Einheit; das Hospiz als abhängige stationäre und ambulante, in eine Klinik eingebundene Einheit; das Hospiz als rein ambulant arbeitendes Team und das Beratungs-Team, das nach den Grundsätzen der Hospizbewegung arbeitet und hauptsächlich Institutionen bei der Fürsorge für betroffene Familien unterstützt.

3.1.2 Die Vincentinerinnen

Eine Ausbildung in der Krankenpflege, die bei den älteren Ordensgemeinschaften fehlte, ist erstmalig in Frankreich bei dem Orden der Barmherzigen Schwestern (Vincentinerinnen, nach Vincent von Paul 1581–1660) zu finden. Über die Ausbildung in der pflegerischen Tätigkeit hinaus wurden auch an die allgemeine Bildung wie Lesen und Schreiben Anforderungen an die Schwestern gestellt.

Von den Vincentinerinnen gingen durch ihr Wirken – wenn auch sehr viel später – Impulse auf Deutschland im Hinblick auf eine geordnete Krankenpflege aus. Zwischenzeitlich waren mehrfach Versuche unternommen worden, für eine bessere Ausbildung des Pflegepersonals zu sorgen, ohne daß die Versuche jedoch Erfolg gehabt hätten. So schlugen sowohl der Aufbau einer ersten Krankenwärterschule in Mannheim (1781) als auch die Errichtung einer Krankenpflegeschule in Berlin (1800) fehl. Als Gründe für das Scheitern des Aufbaus einer wirkungsvollen Krankenpflege sind zum einen die sozialen Vorurteile, aufgrund derer das Krankenpflegepersonal als sozial deklassiert angesehen wurde, zu nennen und zum anderen die schlechten Arbeitsbedingungen in der pflegerischen Tätigkeit.

Immerhin aber führte das Tätigsein der Vincentinerinnen auf deutschem Boden zur Gründung von unterschiedlichen Vereinen zur Armen- und Krankenpflege, die nicht nur geistlichen, sondern auch weltlichen Ursprungs waren, wobei diese Entwicklung nicht zuletzt durch die Choleraepidemie von 1832 gefördert wurde.

3.1.3 Theodor Fliedner

In diesem Stadium kommt dem Wirken des Pfarrers Theodor Fliedner (1800–1864) in Kaiserswerth besondere Bedeutung für den Fortgang in der Krankenpflege zu. Er gründete neben Vereinen für Gefangenenfürsorge das erste Diakonissenhaus. Hier wurde die Ausbildung der Schwestern in der Krankenpflege erstmals einem Arzt übertragen. Indem dieser für die reguläre Ausbildung in der krankenpflegerischen Technik sorgte, wurde die Schwester bewußt zur Krankenpflegerin als Helferin des Arztes erzogen. Neben dieser leiblichen Krankenpflege legte Fliedner Wert auf die geistliche Pflege des Kranken durch religiöse Gespräche und Vorlesen geistlicher Schriften. Während die Arbeit der Diakonissen vorerst auf das eigene Kaiserswerther Haus beschränkt blieb, übernahmen sie später dann auch Aufgaben in der Kindererziehung und der Gemeindepflege außerhalb. So breitete sich innerhalb kurzer Zeit die Krankenpflege durch Diakonissen in Deutschland bis hin ins Ausland aus. Soziale Vorurteile, wie sie früher bestanden, wurden den Diakonissen infolge ihrer umfassenden Ausbildung nicht mehr entgegengebracht; vielmehr erreichten sie Ansehen und Achtung in der Bevölkerung.

3.1.4 Florence Nightingale

Wenn noch die Ausbildung der Kaiserswerther Diakonissen ordens- und konfessionsgebunden war, so entwickelte sich, nachdem Kritik an der Ordens- und Konfessionsgebundenheit der Krankenpflege laut geworden war, alsbald eine nicht konfessionsgebundene Krankenpflege. Florence Nightingale (1820–1910), die im Krimkrieg die Pflege von Kranken und Verwundeten organisierte, war es, die den Standpunkt vertrat, daß nicht nur konfessionelle Einrichtungen die Krankenpflege auszuüben brauchten. Aus dieser Überlegung heraus konnte 1860 in London eine Krankenpflegeschule errichtet werden, der zwar auch eine Oberin vorstand, die aber eine ordens- und konfessionell unabhängige Einrichtung war. So gelang es in England, dem Krankenpflegeberuf auch außerhalb konfessioneller Vereinigungen zu einer geachteten Existenz mit geordneter Ausbildung zu verhelfen.

Aus der von Florence Nightingale ins Leben gerufenen Ausbildungsstätte für Krankenschwestern kam auch Pflegepersonal ins damalige Preußen. Auf diese Weise entstanden dann neben den vorhandenen Diakonissenhäusern Krankenpflegeschulen nach englischem Vorbild, in denen Pflegepersonal ohne Zugehörigkeit zu einer bestimmten Konfession ausgebildet wurde.

3.1.5 Henri Dunant und das Rote Kreuz

Die Weiterentwicklung des Krankenpflegewesens ist nicht ohne die Gründung des Roten Kreuzes und seiner Tätigkeit zu denken. Auf Veranlassung des Schweizers Henri Dunant (1828–1920) lud unter dem Eindruck der Schlacht von Solferino (1859) die Schweizer Regierung im Jahre 1864 interessierte Länder nach Genf ein, um über die Verbesserung des Loses der Verwundeten und Kranken der im Kriege stehenden Heere zu beraten. Die Beschlüsse dieser internationalen Versammlung wurden in der Genfer Konvention von 1864 festgelegt. In weiteren Übereinkünften von 1899, 1907 und 1929 wurden Maßnahmen zum Schutze der Verwundeten, der Kriegsgefangenen und der Zivilbevölkerung im Kriege beschlossen. Ihre Einrichtungen sind durch ein Rotes Kreuz auf weißem Grund kenntlich gemacht und vor Mißbrauch geschützt.

Die Wirksamkeit dieser Organisation zeigt sich bereits in den nach der Gründung alsbald folgenden Kriegen. Im Laufe der Zeit vergrößerte sich das Aufgabengebiet des Roten Kreuzes und umfaßt heute neben den ursprünglichen Aufgaben auch die Pflege und Betreuung besonders Hilfebedürftiger, Kinder und alter Menschen, den Krankentransport und das Rettungswesen zu Lande, zu Wasser und in der Luft in Kriegs- und Friedenszeiten, sowie die Ausbildung in der Krankenpflege und Erste Hilfe bei Unfällen und Katastrophen.

Zur Verfolgung ihrer Ziele ist es selbstverständlich, daß das Rote Kreuz auch Schulen zur Ausbildung der Pflegekräfte gegründet hat.

3.1.6 Agnes Karll

Eine der Schwestern, die ihre krankenpflegerische Ausbildung beim Roten Kreuz erhielt, war Agnes Karll (1868–1927). Sie gehörte den sogenannten freien Schwestern an, deren Zahl wegen des Anwachsens und ständig weiteren Ausbaus der Krankenanstalten stetig stieg. Im Unterschied zu den Schwestern, die Mutterhäusern angehörten, genossen die freien Schwestern nicht den besten Ruf. Auch fehlte diesen Schwestern, die überwiegend in der Privatpflege tätig waren, die soziale Sicherung, wie sie den Angehörigen der Mutterhäuser zukam.

Der Verdienst von Agnes Karll ist es, vor allem die sozialen Probleme der freien Schwestern einer breiten Öffentlichkeit aufgezeigt und deren Interesse geweckt zu haben. Auf Initiative von Agnes Karll kam es im Jahre 1903 dann in Zusammenarbeit mit den damals bestehenden Frauenverbänden in Berlin zur Gründung der Berufsorganisation der Krankenpflegerinnen Deutschlands. Diese Organisation gab ihren Mitgliedern ähnlich den konfessionellen Schwesternverbänden oder der Rot-Kreuz-Schwesternschaft soziale Sicherung durch die Möglichkeit zum Abschluß einer Versicherung zu angemessenen Bedingungen. Darüber hinaus beriet die Organisation die Mitglieder in Rechts- und Arbeitsfragen.

Später errichtete die Berufsorganisation ebenfalls Schulen, die der krankenpflegerischen Ausbildung dienten und an deren Schülerinnen höchste Anforderungen gestellt wurden.

3.1.7 Vereinheitlichung der Ausbildung

> Die Vielzahl der nunmehr bestehenden Schulen zur Ausbildung des Krankenpflegepersonals – jeder Verband hatte seine eigenen Ausbildungsstätten – machte es erforderlich, die Ausbildung in der Krankenpflege der privaten Initiative zu entziehen, zumal die infolge des medizinischen Fortschritts steigenden Anforderungen im krankenpflegerischen Beruf eine einheitliche Ausbildung notwendig erscheinen ließen. Nur durch eine einheitliche Ausbildung und Prüfung konnten die Voraussetzungen zu einer ordnungsgemäßen Ausbildung in der Krankenpflege geschaffen werden.

Einen ersten Schritt auf diesem Wege machte wiederum Agnes Karll, die mit Hilfe der immer mächtiger werdenden Frauenverbände sowie einflußreichen Persönlichkeiten bei der Reichsregierung im Jahre 1907 in Preußen die Verabschiedung der ersten einheitlichen Ausbildungs- und Prüfungsvorschriften erwirkte. So wurde zum Beispiel in Preußen nach einer einjährigen Ausbildungszeit – Agnes Karll hatte eine dreijährige Ausbildung gefordert – die Ablegung einer staatlichen Prüfung gefordert. Andere Bundesstaaten folgten dem Beispiel Preußens.

In der folgenden Zeit der Weimarer Republik wurde die soziale Stellung des Krankenpflegepersonals und deren Ausbildung weiter diskutiert. Aber erst die nationalsozialistische Zeit brachte eine reichseinheitliche Regelung des Berufsrechts im Zuge der Gleichschaltung der Schwesternverbände mit sich. Am 28. 09. 1938 wurde das Reichsgesetz zur Ordnung der Krankenpflege erlassen, in dem die Zulassung zur Ausbildung, der Ausbildungsgang und gewisse Fragen der gewerbsmäßigen Ausübung der Krankenpflege geregelt wurde. Eine Vielzahl von Verordnungen ergänzte diese Vorschriften.

Nach dem zweiten Weltkrieg brachte das Krankenpflegegesetz vom 15. 07. 1957 eine bundeseinheitliche Regelung der Zulassung zu den Berufen der Krankenschwester, des Krankenpflegers und der Kinderkrankenschwester. Änderungen erfolgten durch das

Krankenpflegegesetz vom 20. 09. 1965, das ferner auch die Zulassung zum Beruf der Krankenpflegehelferin und des Krankenpflegehelfers regelte. Ausbildungs- und Prüfungsordnungen vervollkommneten die bundeseinheitliche Regelung.

3.1.8 Europäische Regelungen

Das Gesetz über die Berufe in der Krankenpflege vom 04. 06. 1985, das das alte Krankenpflegegesetz von 1965 ablöste, ist im wesentlichen auf der Grundlage der Ausbildungsrichtlinien der Europäischen Gemeinschaft zu verstehen.
Am 25. 10. 1967 hatte die Bundesrepublik Deutschland in Straßburg gemeinsam mit den Mitgliedsstaaten des Europarats das europäische Übereinkommen über die theoretische und praktische Ausbildung von Krankenschwestern und Krankenpflegern unterzeichnet, in der Überzeugung – so die Präambel –, „daß der Abschluß eines regionalen Übereinkommens zur Harmonisierung der theoretischen und praktischen Ausbildung von Krankenschwestern und Krankenpflegern den sozialen Fortschritt fördern und eine hohe Qualifikation dieser Personen gewährleisten kann, die es ihnen ermöglicht, sich im Hoheitsgebiet der anderen Vertragsparteien gleichberechtigt mit deren Staatsangehörigen niederzulassen".
Mit Gesetz vom 13. 06. 1972 hatte der Bundestag mit Zustimmung des Bundesrats dem europäischen Übereinkommen von 1967 zugestimmt.
Die Aktionen im Bereich der Berufe des öffentlichen Gesundheitswesens hat der Rat der Europäischen Gemeinschaft daraufhin weiter fortgeführt und auf Vorschlag der EG-Kommission zwei Richtlinien erlassen:

1. über die gegenseitige Anerkennung der Diplome, Prüfungszeugnisse und sonstigen Befähigungsnachweise der Krankenschwestern und des Krankenpflegers, die für die allgemeine Pflege verantwortlich sind, und über Maßnahmen zur Erleichterung der tatsächlichen Ausübung des Niederlassungsrechts und des Rechts auf freien Dienstleistungsverkehr;
2. zur Koordinierung der Rechts- und Verwaltungsvorschriften für die Tätigkeiten der Krankenschwester und des Krankenpflegers, die für die allgemeine Pflege verantwortlich sind.

Ergänzend zu diesen Richtlinien hatte der Rat beschlossen, einen beratenden Ausschuß für die Ausbildung auf dem Gebiet der Krankenpflege einzusetzen.
Die genannten Richtlinien gelten sowohl für abhängig Beschäftigte als auch für freiberuflich Tätige, wobei die Kenntnis der Sprache des Aufnahmelandes keine Voraussetzung für die Zuwanderung ist. Es dürfte sich allerdings von selbst verstehen, daß die Mitgliedstaaten im Interesse des Berufsstandes und der Patienten gegebenenfalls darauf hinwirken können, daß die erforderlichen Sprachkenntnisse erworben werden.
Neben dem Grundsatz der gegenseitigen Anerkennung der Diplome werden in den Richtlinien auch die Voraussetzungen für die Ausübung in den Mitgliedsstaaten festgelegt, die für die Ausstellung der Diplome, Prüfungszeugnisse und sonstigen Befähigungsnachweise für in der allgemeinen Krankenpflege tätige Krankenschwestern und Krankenpfleger maßgebend sind. Dies ist Gegenstand der „Koordinierungsrichtlinie", in der unter Zugrundelegung qualitativer Kriterien die gemeinsame

Mindestausbildung bestimmt wird, die in den einzelnen Mitgliedsstaaten sichergestellt sein muß. Diese gemeinsame Mindestausbildung umfaßt eine zehnjährige allgemeine Schulbildung und eine spezielle Berufsausbildung von drei Jahren beziehungsweise 4600 Stunden.

Hierzu ist zu sagen, daß die in den verschiedenen einzelstaatlichen Rechtsvorschriften vorgeschriebene Dauer der Berufsausbildung zwei bis drei Jahre betrug. Generell wird zwar den Mitgliedsstaaten die Organisation der Ausbildung überlassen, es müssen jedoch gemeinsame Mindestnormen bei der Ausbildung beachtet werden. Die theoretische und praktische Ausbildung von drei Jahren beziehungsweise 4600 Stunden muß sich auf die Fächer erstrecken, die im Anhang zu der Richtlinie enthalten sind.

Außerdem muß diese theoretische und praktische Ausbildung in einem ausgewogenen Verhältnis zu der klinischen Krankenpflegeausbildung stehen und mit ihr koordiniert sein. Zur Gewährleistung eines vergleichbar anspruchsvollen Ausbildungsniveaus und daher zur Förderung qualitativer Kriterien wurde ein beratender Ausschuß für die Ausbildung in der Krankenpflege einesetzt, dem die Kommission große Bedeutung beimißt, vor allem, um die Ausbildung von Krankenschwestern und Krankenpflegern durch ständige Anpassung an die Fortschritte in diesem Bereich weiterzuentwickeln.

Die Diplome, Prüfungszeugnisse und sonstigen Befähigungsnachweise, für die die Richtlinie die gegenseitige Anerkennung vorsieht, sind in der Bundesrepublik Deutschland:

- ein von den zuständigen Behörden ausgestelltes Zeugnis über die staatliche Prüfung in der Krankenpflege sowie
- die Bescheinigung der zuständigen Behörden der Bundesrepublik Deutschland über die Gleichwertigkeit der nach dem 08.05.1945 von den zuständigen Behörden der Deutschen Demokratischen Republik ausgestellten Ausbildungsnachweise und der vorstehend aufgeführten Nachweise.

Den EG-Richtlinien trägt das Krankenpflegegesetz 1985 nebst der entsprechenden Ausbildungs- und Prüfungsverordnung Rechnung.

> Ähnlich den Krankenpflegeberufen bestehen heutzutage für die Mehrzahl der Berufe im Gesundheitswesen einheitliche Ausbildungs- und Prüfungsvorschriften, die vielfach auf Richtlinien der Europäischen Union zurückgehen.

3.2 Rechtsgrundlagen der Berufsausbildung

Im folgenden Abschnitt sollen die rechtlichen Grundlagen für Ausbildung und Prüfung in den wesentlichsten Berufen des Gesundheitswesens dargestellt werden. Änderungen zur früheren Rechtslage ergeben sich vor allem durch das Gesetz über den Beruf der Diätassistentin und des Diätassistenten und zur Änderung verschiedener Gesetze über den Zugang zu anderen Heilberufen (Heilberufsänderungsgesetz – HeilBÄndG vom 08.03.1994).

Mit diesem sogenannten Artikel-Gesetz wird zum einen die Ausbildung zum Diätassistenten aufgrund des Einigungsvertrages einer Rechtsvereinheitlichung unterzogen bei gleichzeitiger Vertiefung der Ausbildungsinhalte; zum anderen wird von dem

Angebot der Europäischen Union Gebrauch gemacht, den Berufen im Gesundheitswesen, insbesondere die Beschäftigungs- und Arbeitstherapeuten, die Logopäden, die Orthoptisten und Rettungsassistenten betreffend, mit einer Zugangsvoraussetzung von zehn Schuljahren die Freizügigkeit ohne Ergänzungslehrgänge oder -prüfungen innerhalb des Europäischen Binnenmarktes zu ermöglichen, sofern die Ausbildung mindestens drei Jahre umfaßt. Durch den von der Europäischen Union, ihren Mitgliedsstaaten und den EFTA-Staaten unterzeichneten Vertrag von Porto vom 02. 05. 1992 wird dies auf den Europäischen Wirtschaftsraum (EWR) erweitert.

(Soweit im folgenden die feminine Personenbezeichnung verwendet wird, ist stets auch die maskuline gemeint und umgekehrt.)

3.2.1 Gesetz über die Berufe in der Krankenpflege

Am 11. 06. 1985 wurde im Bundesgesetzblatt (BGBl I, 893 ff.) das Gesetz über die Berufe in der Krankenpflege (KrPflG) vom 04. 06. 1985 verkündet.

Das Gesetz löste mit Wirkung vom 01. 09. 1985 das bis dahin geltende Krankenpflegegesetz in den Fassungen von 1965 beziehungsweise 1981 ab. Unmittelbar nach Verkündung des Krankenpflegegesetzes 1985, also am 12. 06. 1985, trat bereits die Ermächtigungsgrundlage für die Verabschiedung einer Ausbildungs- und Prüfungsverordnung in Kraft (§ 11 KrPflG), die schließlich am 16. 10. 1985 verordnet wurde und nach Verkündung im Bundesgesetzblatt (BGBl I, 1973 ff.) am 23. 10. 1985 in Kraft trat. Mit der Verkündung des Krankenpflegegesetzes und der entsprechenden Ausbildungs- und Prüfungsverordnung (KrPflAPrV) 1985 hatte eine fast dreizehn Jahre anhaltende Diskussion – auch auf europäischer Ebene – ihren Abschluß gefunden, und zwar unter Berücksichtigung der EG-Richtlinien.

Wenn nachfolgend von den Berufen in der Krankenpflege die Rede ist, so handelt es sich um die Berufe: Krankenschwester, Krankenpfleger, Kinderkrankenschwester, Kinderkrankenpfleger, Krankenpflegehelferin und Krankenpflegehelfer.

3.2.1.1 Gesetzessystematik

Das Gesetz über die Berufe in der Krankenpflege gliedert sich in neun Abschnitte. Während sich der I. Abschnitt (§§ 1–3) mit dem Erlaubnisverfahren befaßt, widmet sich der II. Abschnitt (§§ 4–11) den Grundzügen der Ausbildung; sachliche Inhalte des Ausbildungsverhältnisses finden sich im III. Abschnitt (§§ 12–22), mit dem die einzige Vorschrift des VII. Abschnittes (§ 26) korrespondiert, in dem für die Ausbildung in den Krankenpflegeberufen die Anwendung des Berufsbildungsgesetzes (BBiG) ausgeschlossen wird.

Die Vorschriften der weiteren Abschnitte haben überwiegend verwaltungsrechtlichen Charakter und befassen sich mit der Erbringung von Dienstleistungen (IV. Abschnitt, § 23), Zuständigkeitsregelungen (V. Abschnitt, § 24), Bußgeldvorschriften (VI. Abschnitt, § 25) sowie mit Übergangs- und Schlußbestimmungen (VIII./IX. Abschnitt, §§ 31, 32). Eine dem Gesetz beigefügte Anlage gibt Auskunft über Diplome, Prüfungszeugnisse oder Befähigungsnachweise der übrigen EU-Mitgliedsstaaten im Bereich der Krankenpflege einschließlich der Staaten des Europäischen Wirtschaftsraumes.

Nachfolgend soll schwerpunktmäßig auf die Abschnitte eingegangen werden, die sich Ausbildungsfragen widmen (Abschnitte II, III und IV), wobei das Erlaubnisverfahren (Abschnitt I) nicht unberücksichtigt bleibt.

3.2.1.2 Grundzüge der Ausbildung in den Berufen der Krankenpflege

Zugang zur Ausbildung (§§ 6, 10 Abs. 3 KrPflG)

Auch das Krankenpflegegesetz von 1985 sieht ein Mindestalter von 17 Jahren für den Zugang zu den Ausbildungen in den Krankenpflegeberufen vor (§ 6).

Die gesundheitliche Eignung zur Berufsausbildung ist ebenso erforderlich. Neben Mindestalter und gesundheitlicher Eignung tritt als Zugangsvoraussetzung für die (Kinder-)krankenpflegeberufe eine abgeschlossene Schulausbildung. Diese kann alternativ in einem Realschulabschluß oder einer gleichwertigen Schulbildung bestehen (etwa 10. Schuljahr Gymnasium); dem Realschulabschluß ist eine andere abgeschlossene 10jährige Schulbildung gleichgestellt.

Ein Hauptschulabschluß oder eine gleichwertige Schulbildung genügt den schulischen Zulassungsvoraussetzungen ebenfalls, wenn entweder der erfolgreiche Besuch einer zweijährigen Pflegeschule oder der erfolgreiche Abschluß einer mindestens zweijährigen Berufsausbildung nachgewiesen werden kann.

Die vorstehenden schulischen Zulassungserfordernisse kann eine Erlaubnis als Krankenpflegehelfer(in) ersetzen. Zwar setzt die Zulassung für diese Ausbildung in aller Regel auch einen Hauptschulabschluß oder eine gleichwertige Schulbildung oder eine abgeschlossene Berufsausbildung voraus, jedoch kann die zuständige Behörde hiervon Ausnahmen zulassen (§ 10, Abs. 3 Ziff. 2).

Ausbildungsziel (§ 4 KrPflG)

Im Gegensatz zum Vorgänger des heutigen Krankenpflegegesetzes formuliert das neue Gesetz erstmalig sowohl für (Kinder-)krankenschwestern und -pfleger (§ 4 Abs. 1) als auch für Krankenpflegehelfer(innen) (§ 4 Abs. 2) sogenannte Ausbildungsziele; ein nicht abschließender Katalog listet besondere Ausbildungsinhalte auf.

(Tätigkeitsinhalte fanden sich schon in der zweiten Verordnung über die berufsmäßige Ausübung der Krankenpflege und die Errichtung von Krankenpflegeschulen vom 28.09.1938 sowie der Säuglings- und Kinderpflegeverordnung vom 15.11.1939; darüber hinaus auch im Europäischen Übereinkommen vom 25.10.1967. Hinzuweisen ist in diesem Zusammenhang ebenfalls auf die Pflege-Personalregelung und Personalbedarfsverordnung Psychiatrie; schließlich sind die Tätigkeitskataloge zu erwähnen, die von den Berufsverbänden erstellt wurden, etwa für die Pflege in der Psychiatrie, im Operationsdienst etc.).

> Für den erstgenannten Personenkreis besteht das Ausbildungsziel in der Erlangung von Kenntnissen, Fähigkeiten und Fertigkeiten zur verantwortlichen Mitwirkung bei der Verhütung, Erkennung und Heilung von Krankheiten.
> Für den zweiten genannten Personenkreis ist als Ausbildungsziel die Erlangung von Kenntnissen, Fähigkeiten und Fertigkeiten für die Versorgung der Kranken, sowie die

damit verbundenen hauswirtschaftlichen und sonstigen Assistenzaufgaben in Stations-, Funktions- und sonstigen Bereichen des Gesundheitswesens genannt.

Insbesondere die beispielhaft aufgeführten Ausbildungsinhalte (§ 4 Abs. 1, Ziff. 1 bis 6), hier vor allem die Aussage, die Ausbildung solle vor allem gerichtet sein „auf die gewissenhafte Vorbereitung, Assistenz und Nachbereitung bei Maßnahmen der Diagnostik und Therapie" (§ 4 Abs. 1, Ziff. 2), führt zur Frage, ob hiermit eine Aussage zur Abgrenzung zwischen pflegerischer und ärztlicher Tätigkeit getroffen wurde. Diese Bedeutung ist der Formulierung des Ausbildungsziels sowie der Ausbildungsinhalte meines Erachtens jedoch nicht zuzulegen. Es ist auffallend, daß neben der Vorbereitung, Assistenz und Nachbereitung die **Durchführung** von Maßnahmen der Diagnostik und Therapie nicht genannt ist. Demnach ist beziehungsweise bleibt beispielsweise die Therapiemaßnahme als solche ausschließlich dem Arzt zugeordnet. Da andererseits die Mitwirkung bei der Heilung von Kranken als Ausbildungsziel genannt ist, kann geschlossen werden, daß Einzelmaßnahmen, auch wenn sie in den eigentlichen Aufgabenbereich des Arztes fallen, durch diesen delegiert werden können, selbst wenn es sich nicht um eine Vorbereitungs-, Assistenz- oder Nachbereitungsmaßnahme handelt. In welchem Umfang allerdings derartige Delegationen möglich sind, ist dem neuen Krankenpflegegesetz jedenfalls nicht zu entnehmen. Diese Problematik bleibt bestehen, wobei sich Lösungsmöglichkeiten nach dem Prinzip der Komplikationsschwere durchaus anbieten (siehe 2.1.6.7).

Dies dürfte auch für die Übertragung von Injektionen auf das Pflegepersonal zutreffen. Erstmals nämlich sind in einer Ausbildungs- und Prüfungsverordnung für die Berufe in der Krankenpflege im Rahmen der praktischen Ausbildung unter dem Stichwort „Pflegetechniken" die Injektionen genannt (Anlage 1 § 1 Abs. 1, Ziff. 8.7.3 KrPflAPrV).

Nicht genannt ist dagegen die Blutentnahme, woraus zu schließen ist, daß eine entsprechend praktische Unterweisung nicht erfolgen muß und damit eine Delegationsmöglichkeit durch den Arzt auf die Pflegeperson entfällt.

Ausbildungsstätte (§§ 5, 10 KrPflG)

Die Ausbildung zu den Berufen in der Krankenpflege erfolgt an staatlich anerkannten Krankenpflege- und Kinderkrankenpflegeschulen (§ 5) beziehungsweise an staatlich anerkannten Schulen für die Krankenpflegehilfe (§ 10).

In den (Kinder-)krankenpflegeschulen ist Unterricht und praktische Ausbildung zu vermitteln (§ 5 Abs. 1 Satz 3).

Im Rahmen des Unterrichts differenziert der Gesetzgeber – anders als nach altem Recht – zwischen theoretischem und praktischem Unterricht (§ 5 Abs. 1 Satz 2). Die Schule muß mit einem Krankenhaus verbunden sein, das die Durchführung der praktischen Ausbildung durch Krankenschwester/-pfleger gewährleistet und darüber hinaus über bestimmte Abteilungen verfügt (§ 5 Abs. 2, Ziff. 4a, b).

Wenn der Gesetzgeber bestimmt, daß neben der theoretischen und praktischen Unterweisung auch die praktische Ausbildung an den Schulen zu vermitteln ist und erst bei den Voraussetzungen der Anerkennung einer Schule als für die Ausbildung geeignet auf die innerbetriebliche Organisation der praktischen Ausbildung eingeht,

> so wird damit zum Ausdruck gebracht, daß die Schule auch für die unmittelbar praktische Ausbildung auf Station erstverantwortlich ist.

Diese Feststellung hat Auswirkungen unter anderem auf den Umfang der Sorgfalts-, Aufsichts- und Anleitungspflichten der Schule und wirft damit zugleich Fragen der Haftung bei Nichtbeachtung dieser genannten Pflichten auf.

Im Rahmen der praktischen Ausbildung werden vielfach sogenannte **Mentoren** eingesetzt. Diesen fällt die Aufgabe zu, anhand eines Ausbildungsrahmenplanes die Planung und Durchführung der praktischen Ausbildung für die ihnen zugeordneten Schüler zu übernehmen. Obwohl strukturell dem allgemeinen Pflegedienst zugeordnet, unterliegen sie den Weisungen der Krankenpflegeschule insoweit, als es sich um Fragen der Ausbildungstätigkeit handelt. Für die Anleitung und Begleitung der Schüler auf Station müssen sie partiell von ihrer pflegerischen Tätigkeit freigestellt werden. Neben der gezielten Anleitung und Begleitung kommt den Mentoren vor allem die Funktion der Ausbildungskontrolle und -überwachung im Rahmen der bei der Schule liegenden Gesamtverantwortung für die Ausbildung zu.

Bedeutsam für die Anerkennung als Ausbildungsstätte ist schließlich, daß in jedem Fall eine Unterrichtsschwester beziehungsweise ein Unterrichtspfleger in der Schulleitung vertreten sein muß beziehungsweise die Schule allein verantwortlich leiten kann (§ 5 Abs. 2 Ziff. 1).

> Aus der gesetzlichen Regelung folgt, daß ein Krankenhausträger nicht berechtigt ist, der Pflegedienstleitung Weisungsbefugnis über die leitende Unterrichtsschwester der Krankenpflegeschule zu erteilen (ArbG Frankfurt, Urteil vom 16. 01. 1990 unveröffentlicht).

Dies gilt auch, wenn die Schulleitung einer Unterichtsschwester gemeinsam mit einer leitenden Schwester obliegt. Das schließt denknotwendig aus, daß einer dem anderen übergeordnet wird. Zwar ist die Betriebsleitung der Schulleitung übergeordnet und weisungsbefugt. Insofern kann sie einem ihrer Mitglieder, etwa der Pflegedienstleitung, bestimmte Aufgaben übertragen, welche ihren Bereich berühren. Dabei ist sie jedoch nicht autonom, sondern an höherrangiges Recht gebunden und hat zu beachten, daß mit der Delegation keine Kompetenzkumulation eintritt, die anderen Vorschriften, in diesem Fall § 5 Abs. 2 Nr. 1 KrPflG, widerspricht.

Ausbildungsdauer (§ 5 Abs. 1 Satz 2, § 10 Abs. 1 Satz 1 KrPflG)

Die Ausbildung dauert – unabhängig vom Zeitpunkt der Prüfung – drei Jahre beziehungsweise bei Krankenpflegehelfer(-innen) ein Jahr.

Mit dieser Regelung wollte der Gesetzgeber die nach alter Rechtslage bestehende Rechtsunsicherheit ausräumen.

Dennoch bleiben verfassungsrechtliche Bedenken, die sich aus dem Grundsatz der Gleichbehandlung (Art. 3 GG) in Ansehung des § 14 Abs. 2 BBiG ergeben, wonach für auszubildende Jugendliche in der privaten Wirtschaft die Ausbildung mit dem Zeitpunkt der erfolgreichen Prüfung abschließt: Sachlich gerechtfertigte Gründe sind für eine durch das Krankenpflegegesetz 1985 von § 14 Abs. 2 BBiG abweichende Regelung meines Erachtens nicht ersichtlich. Wer eine Prüfung bestanden hat, erbringt damit den Nachweis der erfolgreichen Ausbildung. Eine Ausbildung oder zumindest die Beibehaltung des Schülerstatus über den Prüfungszeitraum hinaus, wie dies in der Konsequenz des neuen Krankenpflegegesetzes liegt, ist meines Erachtens auch denkgesetzlich ausgeschlossen.

Schließlich zwingt auch das europäische Recht nicht notwendig zu der im neuen Krankenpflegegesetz vorgesehenen Ausbildungsdauer. Die EG-Richtlinie 77/453 EWG verlangt entweder eine nach Jahren bestimmte oder eine nach Mindeststunden (4600) umrissene Ausbildungszeit, läßt also selbst eine Alternative zu. Die Mindeststundenzahl von 4600 Stunden schreibt der Gesetzgeber in seiner Ermächtigungsgrundlage für die Ausbildungs- und Prüfungsordnung vor. Damit ist den EG-Richtlinien genüge getan, so daß auch unter dem Gesichtspunkt der Harmonisierung keine sachlichen Gründe für die jetzige Regelung der Ausbildungsdauer angeführt werden können.

Ausbildungsverkürzung (§§ 7, 8, 10 Abs. 4, 28 KrPflG)

Wie schon nach altem Recht kann eine Krankenschwester/ein Krankenpfleger eine Verkürzung um 18 Monate bei der Ausbildung zur Kinderkrankenschwester/zum Kinderkrankenpfleger beantragen; dies gilt auch umgekehrt. Entschließt sich eine Hebamme oder ein Entbindungspfleger zur Ausbildung als (Kinder-)Krankenschwester/-pfleger, so wird diese Ausbildung auf Antrag um zwölf Monate gekürzt (§ 7 Ziff. 2).

Neu hingegen ist der Anrechnungsmodus für Krankenpflegehelfer(-innen). Eine Verkürzung der Ausbildung um sechs Monate zur (Kinder-)Krankenschwester/-pfleger kommt nur dann in Betracht, wenn der Antragsteller mindestens ein Jahr Tätigkeit in seinem Beruf nachweisen kann; hat er bereits eineinhalb Jahre in seinem Beruf gearbeitet, verkürzt sich die Ausbildung um zwölf Monate (§ 7 Ziff. 3). Auf die Ausbildung zum (Kinder-)Krankenpfleger ist auch die Sanitätsausbildung bei der Bundeswehr (Bundesgrenzschutz, Polizei) um höchstens ein Jahr anrechenbar, vorausgesetzt, die entsprechenden Prüfungen wurden mit Erfolg abgelegt (§ 8). Für die Ausbildung zum Krankenpfleger kann der vorstehend genannte Personenkreis eine Anrechnung bis zur vollen Ausbildungsdauer von einem Jahr beantragen (§ 10 Abs. 4 Satz 2).

Verkürzungsmöglichkeiten sieht das Krankenpflegegesetz erstmals auch für Umschüler(innen) mit abgeschlossener Ausbildung in einem medizinischen Assistenzberuf (zum Beispiel Arzthelfer, Masseur, technischer Assistent in der Medizin) vor und zwar generell um sechs Monate, nach mindestens dreijähriger Tätigkeit im erlernten Beruf um zwölf Monate (§ 28 Abs. 1).

Anrechnung von Ausbildungsunterbrechungen (§§ 9, 10 Abs. 5 KrPflG)

Unterbrechungen durch Urlaub oder Ferien werden bis zu sechs Wochen jährlich angerechnet (§ 9 Ziff. 1, § 10 Abs. 5 Ziff. 1). Hiermit wird vor allem den tariflichen Urlaubsregelungen Rechnung getragen, wobei jedoch noch einige Tage Spielraum bleiben.

Eine Anrechnung in der Ausbildung zur (Kinder-)Krankenschwester/ zum -pfleger ist – wie bisher – bis zur Gesamtdauer von zwölf Wochen, bei verkürzter Ausbildung (siehe vorstehend) bis zu höchstens vier Wochen je Ausbildungsjahr, bei Schwangerschaft und Krankheit möglich. Gleiches gilt aber auch bei Gründen, die von dem Schüler nicht zu vertreten sind, wie zum Beispiel notwendig werdende Kinderbetreuung, Tod eines nahen Familienangehörigen oder ähnliches. Bei Inanspruchnahme eines Erziehungsurlaubs nach Schwangerschaft verlängert sich das Ausbildungsverhältnis automatisch um die in Anspruch genommene Zeit (siehe 2.3.5.5).

Eine „Härteklausel" sieht die Möglichkeit vor, auch weitere Fehlzeiten auf Antrag anrechenbar zu berücksichtigen (§§ 9, 10 Ziff. 5).

Für Krankenpflegehelfer (-innen) gilt als anrechenbare Unterbrechungszeit aus den vorstehenden Gründen eine Gesamtdauer von vier Wochen (§ 10 Abs. 5 Ziff. 2).

3.2.1.3 Sachliche Inhalte des Ausbildungsverhältnisses (§§ 12 ff. KrPflG)

Die Vorschriften des III. Abschnittes, Ausbildungsverhältnis, sind weitgehend den entsprechenden Bestimmungen des Berufsbildungsgesetzes entlehnt.

Schriftlicher Ausbildungsvertrag (§ 12 KrPflG)

Gemäß § 12 KrPflG ist zwischen dem Träger der Ausbildung und demjenigen, der zur Ausbildung eingestellt wird, ein *schriftlicher* Ausbildungsvertrag abzuschließen.

Den Mindestinhalt des Ausbildungsvertrages bestimmt § 12 Abs. 2 KrPflG. Dazu gehört neben der Berufsbezeichnung, zu der ausgebildet wird, unter anderem der Beginn und die Dauer der Ausbildung, die Dauer der regelmäßigen täglichen oder wöchentlichen Ausbildungszeit, die Dauer der Probezeit, die Urlaubsdauer sowie Angaben über Zahlung und Höhe der Ausbildungsvergütung und nicht zuletzt die Voraussetzungen einer Kündigung des Ausbildungsverhältnisses.

Pflichten der Vertragsparteien (§§ 14, 15 KrPflG)

Die Pflichten der Vertragsparteien orientieren sich vornehmlich am Ausbildungsziel.

So liegt bei dem Ausbildungsträger organisatorisch die Verantwortung, daß das Ausbildungsziel in der vorgesehenen Ausbildungszeit erreicht werden kann (§ 14 Abs. 1 Ziff. 1); der Schüler beziehungsweise die Schülerin haben sich zu bemühen, diejenigen Kenntnisse, Fähigkeiten und Fertigkeiten zu erwerben, die erforderlich sind, um das Ausbildungsziel zu erreichen (§ 15). Hierzu wiederum muß der Ausbildungsträger dem Schüler/der Schülerin kostenlos die Ausbildungsmittel, Instrumente und Apparate zur Verfügung stellen (§ 14 Abs. 1 Ziff. 2). Kostenlos bedeutet in diesem Zusammenhang leihweise, d. h., daß die Ausbildungsmittel nach der Ausbildung zurückzugeben sind. Ob zu den Ausbildungsmitteln auch die zum Schulbesuch notwendigen Bücher gehören, ist umstritten. Für die Krankenpflegeausbildung ist dies vom Bundesarbeitsgericht allerdings bejaht worden, wobei diese Rechtsprechung jedoch nicht kritiklos blieb.

Bei Pflichtverstößen gegen die Erreichung des Ausbildungszieles durch den Ausbildungsträger sind Schadensersatzansprüche des Schülers/der Schülerin nicht ausgeschlossen, wie umgekehrt bei schwerwiegenden Pflichtverletzungen durch den Schüler/die Schülerin nach vorheriger Abmahnung eine außerordentliche Kündigung gerechtfertigt sein kann; dies insbesondere dann, wenn das Ausbildungsziel nicht mehr erreicht werden kann.

Probezeit (§ 17 KrPflG)

Eine bedeutende Neuerung enthielt das Krankenpflegegesetz 1985 mit der Probezeitregelung. Gemäß § 12 Ziff. 1 KrPflG beträgt die Probezeit für (Kinder)krankenschwestern/-pfleger nunmehr sechs Monate und für Krankenpflegehelfer(-innen) drei Monate (§ 17).

Mit dieser Regelung geht das neue Krankenpflegegesetz über den im Berufsbildungsgesetz (§ 13 BBiG) festgelegten Zeitraum von höchstens drei Monaten hinaus.

> Für die Probezeit nach dem Berufsbildungsgesetz ist anerkannt, daß sich diese – nicht das Ausbildungsverhältnis insgesamt – verlängern kann, wenn die Ausbildung während der Probezeit für eine nicht unverhältnismäßige Zeit, zum Beispiel durch Erkrankung des Auszubildenden, unterbrochen wird, und zwar um die Zeit der Unterbrechung. Es erscheint fraglich, ob entsprechende Vertragsklauseln im Ausbildungsvertrag nach dem Krankenpflegegesetz bei einer gesetzlich vorgeschriebenen Probezeit von sechs Monaten noch statthaft sind.

Eine Befristung des Probezeitverhältnisses allerdings ist unzulässig. Dies folgt daraus, daß der Gesetzgeber in § 19 KrPflG bestimmt, daß während der Probezeit das Ausbildungsverhältnis ohne Einhaltung einer Kündigungsfrist jederzeit – also bis zum letzten Tag der Probezeit – gekündigt werden kann, sowie weiterhin daraus, daß gemäß § 21 KrPflG zu Ungunsten der Schülerin/des Schülers hiervon nicht abgewichen werden darf. Somit ist ausnahmslos der Auspruch einer Kündigung auch während der Probezeit notwendig, wenn das Ausbildungsverhältnis über die Probezeit nicht fortgesetzt werden soll.

3.2.1.4 Ausschluß des Berufsbildungsgesetzes (§ 26 KrPflG)

Für die Ausbildung zu den im Krankenpflegegesetz geregelten Berufen soll das Berufsbildungsgesetz keine Anwendung finden (§ 26). In den Materialien zum Krankenpflegegesetz heißt es zur Begründung:

> „Die Ausbildung für die Berufe in der Krankenpflege werden durch das Gesetz im Rahmen der Gesetzgebungskompetenz des Bundes abschließend geregelt. Damit werden diese Ausbildungen als eigenständige Ausbildungen festgelegt. Es handelt sich bei den Krankenpflege- und Kinderkrankenpflegeschulen sowie Schulen für die Krankenpflegehilfe um Einrichtungen im Bereich der dual-betrieblichen Ausbildung nach dem Berufsbildungsgesetz einerseits und den schulischen Ausbildungsgängen andererseits."

Mit der Bestimmung des § 26 KrPflG sollte die über § 107 Abs. 1 BBiG bisher geltende subsidiäre Anwendung des Berufsbildungsgesetz mit den sich daraus ergebenden ständigen Rechtsunsicherheiten ausgeräumt werden.

Folgerichtig spricht der Gesetzgeber deshalb auch nicht von Auszubildenden in den Krankenpflegeberufen, sondern von Schülern beziehungsweise Schülerinnen. Andererseits handelt es sich – wie insbesondere die Abschnitte II und III darlegen – bei den Schülern um Personen, die zur Ausbildung eingestellt sind.

Damit stellt sich die Frage nach dem rechtlichen Status des Schülers/der Schülerin jedenfalls insoweit, als er für Mitwirkungs- beziehungsweise Mitbestimmungsrechte des Personal-/Betriebsrats von Bedeutung ist und damit auch den Ausbildungsträger tangiert, etwa bei Einstellungen, Kündigungen, oder auch der Vergabe und Festlegung allgemeiner Nutzungsbedingungen von Wohnungen, die vom Arbeitgeber dem Schüler zur Verfügung gestellt werden.

Die Verwendung des Begriffs „Schüler" sowie die Bestimmung der Nichtanwendung des Berufsbildungsgesetzes könnten den Schluß nahe legen, daß der „Schüler" aus dem betriebsverfassungsrechtlichen/personalvertretungsrechtlichen Bereich auszunehmen sei. Auch wenn für die Krankenpflegeausbildung nicht unmittelbar zu übertragen, könnte zur Stützung dieser Annahme eine Vorschrift aus dem Bundespersonalvertretungsgesetz (§ 9) angezogen werden, wonach Auszubildende definiert werden als Beschäftigte, die in einem Berufsausbildungsverhältnis nach dem Berufsbildungsgesetz stehen; das aber ist gerade nach § 26 KrPflG ausgeschlossen.

Unabhängig von der Begriffsverwendung „Schüler" steht dieser jedoch zweifelsfrei in einer – auch betrieblich ausgestalteten – Ausbildung zu einem Krankenpflegeberuf. Damit erfüllt der Schüler materiell die Voraussetzung, die ihn als Beschäftigten/Arbeitnehmer im Sinne des Betriebsverfassungsgesetzes als auch der Personalvertretungsgesetze der Länder einzuordnen haben (BAG, DB 1993, 741). Danach nämlich sind Arbeitnehmer/Beschäftigte „Personen, die sich in der Berufsausbildung befinden", und zwar ohne Rücksicht auf die Anwendbarkeit des Berufsbildungsgesetzes.

> Daraus resultiert, daß sich trotz der Bezeichnung „Schüler" die Mitwirkungs- beziehungsweise Mitbestimmungsrechte einer Personalvertretung auch auf ihn beziehen; dies ist zu beachten bei allen personellen und sozialen Angelegenheiten wie etwa bei Einstellungen (BAG, DB 1990, 1190), Kündigungen sowie dem Festlegen von materiellen Arbeitsbedingungen.

3.2.1.5 Erlaubnisverfahren (§§ 1–3 KrPflG)

Das Krankenpflegegesetz 1985 folgt dem, bei den übrigen bundesgesetzlichen Regelungen für Berufe im Gesundheitswesen bestehenden System, wonach der Zugang zum Beruf durch die Erteilung einer Erlaubnis der Führung der Berufsbezeichnung geregelt wird, deren Voraussetzungen im einzelnen festgelegt werden. Bei allen, durch das Gesetz erfaßten Berufen werden neben der Erfüllung der Ausbildungsvoraussetzungen persönliche Zuverlässigkeit sowie geistige und körperliche Eignung für die Ausübung des Berufs verlangt.

Danach besteht ein Rechtsanspruch auf Erteilung der Erlaubnis zur Führung der Berufsbezeichnung, wenn die entsprechende Ausbildungszeit absolviert und die staatliche Prüfung bestanden wurde sowie die persönlichen Voraussetzungen des § 2 Abs. 1 Ziff. 2, 3 KrPflG erfüllt sind. Als Berufsbezeichnung ist in den Katalog des § 1 Abs. 1 KrPflG neu aufgenommen worden der „Kinderkrankenpfleger". Verzichtet wurde dagegen auf die Einführung des Berufs einer Krankenschwester/eines Krankenpflegers für die Psychiatrie.

Die Voraussetzungen für eine Erlaubniserteilung an Angehörige im Sanitätsdienst der Bundeswehr, des Bundesgrenzschutzes oder einer Landespolizei regelt § 2 Abs. 2 KrPflG.

Weiterhin sieht das Gesetz im Hinblick auf die EG-Richtlinien die nach deutschem Recht geforderte Ableistung der vorgeschriebenen Ausbildungszeit sowie das Bestehen der staatlichen Prüfung als erfüllt an, „wenn ein Antragsteller, der Staatsangehöriger eines Mitgliedstaates der Europäischen Wirtschaftsgemeinschaft oder eines anderen Vertagsstaates des Abkommens über den Europäischen Wirtschaftsraum (EWR) ist, in einem anderen Staat der Europäischen Union eine Ausbildung als Krankenschwester oder Krankenpfleger, die für die allgemeine Pflege verantwortlich sind, abgeschlossen hat und dies durch Vorlage eines nach dem 28. 06. 1979 ausgestellten, in der Anlage zu diesem Gesetz aufgeführten Diploms, Prüfungszeugnisses oder sonstigen Befähigungsnachweises des betreffenden Mitgliedstaates nachweist".

Mit dieser Regelung soll die gegenseitige Anerkennung der Diplome, Prüfungszeugnisse und Befähigungsnachweise im EU- beziehungsweise EWR-Bereich verwirklicht werden. Auskunft über die anzuerkennenden Befähigungsnachweise gibt eine Gesetzesanlage, die bei Bedarf durch Rechtsverordnung geändert und den jeweiligen Verhältnissen neu angepaßt werden kann.

Die Rücknahme beziehungsweise den Widerruf einer Erlaubniserteilung regelt § 3 KrPflG, wobei von einer *Rücknahme* verwaltungsrechtlich dann gesprochen wird, wenn es sich um die Aufhebung eines – bei Erteilung – fehlerhaften Verwaltungsaktes (hier: Erlaubniserteilung) handelt, während unter einem *Widerruf* die Aufhebung eines – bei Erteilung – fehlerfreien Verwaltungsakts verstanden wird.

Als Ordnungswidrigkeit kann das Führen einer Berufsbezeichnung ohne Erlaubnis mit einer Geldbuße geahndet werden (§ 25 KrPflG). Eine Ausnahme von der Erlaubnispflicht enthält jedoch § 1 Abs. 2 KrPflG im Falle der Dienstleistungen von Krankenschwester und Krankenpfleger, die für die allgemeine Pflege verantwortlich sind, soweit sie die Staatsangehörigkeit eines EU-Mitgliedstaates besitzen. Allerdings muß dieser Personenkreis ein entsprechendes Diplomprüfungszeugnis oder sonstigen Befähigungsnachweis besitzen; die Ausübung der Dienstleistung ist anzeigepflichtig und darf nur vorübergehender Natur sein.

3.2.2 Ausbildungs- und Prüfungsverordnung für die Berufe der Krankenpflege

Auf der Grundlage des § 11 KrPflG wurde am 16. 10. 1985 die Ausbildungs- und Prüfungsverordnung für die Berufe in der Krankenpflege (KrPflAPrV) erlassen.

Diese Rechtsverordnung regelt die Mindestanforderungen an die dreijährige Ausbildung der (Kinder-)krankenschwestern und (Kinder-)krankenpfleger, an die einjährige Ausbildung der Krankenpflegehelfer(-innen), das jeweilige Verfahren der staatlichen Prüfungen, die amtlichen Muster für das Prüfungszeugnis sowie für die Urkunden über die Teilnahmebescheinigungen an Ausbildungsveranstaltungen und über die Erlaubniserteilung zur Führung der jeweiligen Berufsbezeichnung. Sie steht im Einklang mit den Forderungen des Europäischen Übereinkommens vom 25. 02. 1967 und der EG-Richtlinie vom 27. 07. 1977 zur Koordinierung der Rechts- und Verwaltungsvorschriften für die Tätigkeiten der Krankenschwestern und Krankenpfleger in der allgemeinen Pflege und hat – aus Gründen der Rechtseinheitlichkeit – auch die Kinderkrankenschwestern und -pfleger mit in ihren Geltungsbereich einbezogen, wenngleich dieser Personenkreis von den EG-Richtlinien ebensowenig erfaßt wurde wie die Krankenpflegehelfer(-innen). Letzteres hat zur Folge, daß Kinderkrankenschwestern/-pfleger zur Zeit noch keine Niederlassungsfreiheit in dem Europäischen Wirtschaftsraum genießen; sie ist jedoch von der Kommission beabsichtigt. Dies gilt auch für Krankenpflegehelfer(-innen), deren Niederlassungsfreiheit in dem Europäischen Wirtschaftsraum allerdings nicht angestrebt wird.

> Selbständige Pflegekräfte können von den Krankenkassen insbesondere zur Gewährung von häuslicher Krankenpflege, häuslicher Pflegehilfe und häuslicher Pflege im Vertragswege beauftragt werden (§ 132 SGB V).

3.2.2.1 Ausbildungsinhalte

Ausbildung (Kinder-)krankenpflege

Die dreijährige Ausbildung in der (Kinder-)krankenpflege gliedert sich in eine praktische Ausbildung von 3000 Stunden sowie in einen theoretischen und praktischen Unterricht von 1600 Stunden (§ 1 KrPflAPrV).

Die Aufgliederung der Stundenzahl auf den Unterricht und die praktische Ausbildung enthält eine Anlage zu § 1 Abs. 1 KrPflAPrV.

So entfallen im Unterrichtsteil auf	Stundenzahl
1. Berufs-, Gesetzes- und Staatsbürgerkunde	120
2. Hygiene und medizinische Mikrobiologie	120
3. Biologie, Anatomie und Physiologie	120
4. fachbezogene Physik und Chemie	40
5. Arzneimittellehre	60
6. allgemeine und spezielle Krankheitslehre einschließlich Vorsorge, Diagnostik, Therapie und Epidemiologie	360
7. Grundlagen der Psychologie, Soziologie und Pädagogik	100
8. Krankenpflege beziehungsweise Kinderkrankenpflege	480
9. Grundlagen der Rehabilitation	20
10. Einführung in die Organisation und Dokumentation im Krankenhaus	30
11. Sprache und Schrifttum	20
12. Erste Hilfe	30
zur Verteilung auf die Fächer 1 bis 12	100
	insgesamt 1600

Die praktische Ausbildung ist sowohl in der Erwachsenenkrankenpflege wie in der Kinderkrankenpflege in vier Bereiche gegliedert:

– Krankenpflege, praktische Ausbildung in	Stundenzahl
1. allgemeiner Medizin und medizinischen Fachgebieten einschließlich Pflege alter Menschen und Alterskrankheiten	900
2. allgemeiner Chirurgie und chirurgischen Fachgebieten	750
3. Gynäkologie oder Urologie, Wochen- und Neugeborenenpflege	350
4. Psychiatrie, Kinderkrankenpflege und Kinderheilkunde sowie Gemeindekrankenpflege (Hauskrankenpflege) oder entsprechenden Einrichtungen des Gesundheitswesens	400
zur Verteilung auf die einzelnen Bereiche	600
	insgesamt 3000

– Kinderkrankenpflege, praktische Ausbildung in	Stundenzahl
1. allgemeiner Pädiatrie einschließlich Infektionskrankheiten unter Berücksichtigung der verschiedenen Altersstufen einschließlich Frühgeborene und Neontologie	1230
2. Chirurgie und chirurgischen Fachgebieten	600
3. Neugeborenen- und Wochenpflege	220
4. Neuropädiatrie oder Kinder- und Jugendpsychiatrie, Gemeindekrankenpflege (Hauskrankenpflege) oder entsprechenden Einrichtungen des Gesundheitswesens	350
zur Verteilung auf die einzelnen Berufe	600
insgesamt	3000

In den jeweils vierten Bereichen sind bei der Verteilung der Gesamtstundenzahlen (400/350) die einzelnen Bereiche entsprechend ihrer Bedeutung und der organisatorischen Möglichkeiten der (Kinder-)krankenpflegeschulen angemessen zu berücksichtigen.

Während der Ausbildung zur (Kinder-)krankenschwester/zum (Kinder-)krankenpfleger ist zum zweiten und dritten Ausbildungsjahr Nachtdienst im Rahmen von 120 bis höchstens 160 Stunden unter Aufsicht einer examinierten Pflegekraft zu leisten (§ 1 Abs. 4 KrPflAPrV).

Ausbildung Krankenpflegehilfe

Die einjährige Ausbildung in der Krankenpflegehilfe umfaßt ebenfalls theoretischen und praktischen Unterricht (500 Stunden) und eine praktische Ausbildung (1100 Stunden); auch hier schlüsselt eine Anlage die Verteilung auf die einzelnen Unterrichtsfächer auf.

Die regelmäßige und erfolgreiche Teilnahme an den Ausbildungsveranstaltungen ist durch eine entsprechende Bescheinigung nachzuweisen (§ 1 Abs. 5 KrPflAPrV).

3.2.2.2 Prüfungsverfahren

Die Zulassung zur staatlichen Prüfung setzt zunächst einen Antrag des Prüflings voraus. Über diesen Antrag entscheidet der Vorsitzende des Prüfungsausschusses, der bei jeder (Kinder-)krankenpflegeschule gebildet ist. Die Zusammensetzung des Prüfungsausschusses regelt § 3 KrPflAPrV. Die Zulassung zur Prüfung ist zu erteilen, wenn die Geburtsurkunde oder ein Auszug aus dem elterlichen Familienbuch, bei Verheirateten die Heiratsurkunde oder ein Auszug aus dem für die Ehe geführten Familienbuch und die Bescheinigung über die Teilnahme an den Ausbildungsveranstaltungen nachgewiesen sind.

Die Zulassung sowie die Prüfungstermine sollen dem Prüfling spätestens vier Wochen vor Prüfungsbeginn schriftlich mitgeteilt werden (§ 4 Abs. 3 KrPflAPrV).

Die Staatliche Prüfung selbst gliedert sich für die (Kinder-)krankenschwestern und die (Kinder-)krankenpfleger in drei Abschnitte: einen schriftlichen, einen mündlichen und einen praktischen Teil; die Prüflinge für die Krankenpflege haben einen mündlichen und einen praktischen Prüfungsteil zu absolvieren (§ 2 KrPflAPrV).

Schriftliche Prüfung

Der schriftliche Teil der Prüfung erstreckt sich in der **Krankenpflege** auf folgende Fächer (§ 12 KrPflAPrV):

> 1. Krankenpflege in
>   a) innere Medizin und medizinische Fachgebiete
>   b) Chirurgie und chirurgische Fachgebiete
>   c) Gynäkologie und Geburtshilfe
>   d) Psychiatrie
> 2. Krankheitslehre in
>   a) innere Medizin und medizinische Fachgebiete
>   b) Chirurgie und chirurgische Fachgebiete
>   c) Gynäkologie und Geburtshilfe
>   d) Psychiatrie
> 3. Anatomie und Physiologie
> 4. Berufs-, Gesetzes- und Staatsbürgerkunde.

In jedem dieser Fächer hat der Prüfling in je einer Aufsichtsarbeit schriftlich gestellte Fragen zu beantworten. Die Aufsichtsarbeit in den Fächern eins und zwei dauert jeweils zwei Stunden, in den Fächern drei und vier je eine Stunde, und zwar an zwei aufeinanderfolgenden Tagen.

Die Aufgaben der Aufsichtsarbeit bestimmt der Vorsitzende des Prüfungsausschusses; die Benotung jeder Aufsichtsarbeit ist von mindestens zwei Fachprüfern vorzunehmen.

Im Benehmen – nicht notwendigerweise Einvernehmen – mit den Fachprüfern bildet der Vorsitzende die Prüfungsnote für die einzelne Arbeit. Bei der Bildung der Gesamtprüfungsnote für den schriftlichen Teil erfolgt eine in § 12 Abs. 3 KrPflAPrV bestimmte Gewichtung der einzelnen Prüfungsfächer.

Gleiches gilt für den schriftlichen Prüfungsteil in der **Kinderkrankenpflege,** der sich auf nachstehende Fächer erstreckt (§ 15 KrPflAPrV):

> 1. Kinderkrankenpflege in
>   a) Pädiatrie
>   b) Kinderchirurgie, Chirurgie und chirurgische Fachgebiete,
>   c) Kinder- und Jugendpsychiatrie,
>   d) Neugeborenen- und Wochenpflege;
> 2. Krankheitslehre in
>   a) Pädiatrie
>   b) Kinderchirurgie, Chirurgie und chirurgische Fachgebiete,
>   c) Kinder- und Jugendpsychiatrie,
>   d) Neugeborenen- und Wochenpflege;
> 3. Anatomie und Physiologie
> 4. Berufs-, Gesetzes- und Staatsbürgerkunde.

Mündliche Prüfung

Der mündliche Teil der Prüfung bezieht sich auf **Krankenpflege** bzw. Kinderkrankenpflege, Krankheitslehre bzw. Kinderkrankheitslehre im Kindesalter, Psychologie, Sozialmedizin, Rehabilitation und Hygiene.

Die Prüflinge können entweder einzeln oder in Gruppen bis zu fünf, die einzelnen Fächer sollen nicht länger als zehn Minuten geprüft werden.

Die Abnahme und Benotung der mündlichen Prüfung erfolgt durch einen Fachprüfer, wobei sich der Vorsitzende nicht nur in die Prüfung einschalten, sondern auch selbst prüfen kann. Die Gesamtnote bildet wiederum der Vorsitzende aus allen Einzelnoten der Fachprüfer mit deren Benehmen – nicht notwendigerweise Einvernehmen.

Ähnliches gilt für den mündlichen Prüfungsteil in der **Krankenpflegehilfe,** der sich auf folgende Fächer erstreckt:

1. Krankenpflege im Rahmen der Krankenpflegehilfe unter Einbeziehung der Krankheitslehre,
2. Anatomie, Physiologie und Hygiene,
3. Berufs-, Gesetzes- und Staatsbürgerkunde.

Praktische Prüfung

Der praktische Teil der Prüfung erstreckt sich auf die Krankenpflege beziehungsweise Kinderkrankenpflege bei einer Patientengruppe von höchstens vier Patienten (§§ 14, 17 KrPflAPrV). Die Aufgabe in diesem dritten Prüfungsabschnitt besteht in der Übernahme der pflegerischen Versorgung der Patienten im Stationsablauf (einschließlich der Pflegeplanung, der verwaltungsmäßigen Abwicklung und der zur Durchführung der Pflege erforderlichen Übergabe).

An der Auswahl der Patienten sind beteiligt: Die Patienten selbst (ihr Einvernehmen muß vorliegen), der für den Patienten verantwortliche Arzt, die Fachprüfer und die am Prüfungstag verantwortliche Pflegekraft. Nur ausnahmsweise ist ein simulierter Stationsablauf zugelassen (§ 14 Abs. 3, § 17 KrPflAPrV).

Die Abnahme und Benotung der Prüfung erfolgt durch zwei Fachprüfer. Die Endnote wird wiederum vom Vorsitzenden gebildet.

Gleiches gilt für die praktische Prüfung in der Krankenpflegehilfe (§ 19 KrPflAPrV), die sich auf die grundpflegerische Versorgung der Patienten erstreckt.

Benotung

Die Benotung der gesamten Prüfungsabschnitte erfolgt gemäß § 6 KrPflAPrV mit der Note „sehr gut" (1), wenn die Leistung den Anforderungen in besonderem Maße entspricht, über die Noten „gut" (2), „befriedigend" (3), „ausreichend" (4), „mangelhaft" (5) bis zu „ungenügend" (6), wenn die Leistung den Anforderungen nicht entspricht und selbst Grundkenntnisse so lückenhaft sind, daß die Mängel in absehbarer Zeit nicht behoben werden können.

Bewertung der Prüfung

Bestanden ist die Prüfung, wenn jeder der drei (beziehungsweise zwei in der Krankenpflegehilfe) Prüfungsteile mit „ausreichend" benotet wurde. Erhält ein Prüfling die Note „mangelhaft" oder „ungenügend", kann jeder Teil der Prüfung einmal wiederholt werden. Hat der Prüfling jedoch alle Teile oder den praktischen Teil der Prüfung zu wiederholen, so muß er vor einer Wiederholungsprüfung an einer weiteren Ausbildung teilnehmen, deren Dauer und Inhalt der Vorsitzende des Prüfungsausschusses bestimmt. Die weitere Ausbildung einschließlich der Prüfungszeit darf ein Jahr nicht überschreiten. Die Wiederholungsprüfung muß spätestens zwölf Monate nach der letzten Prüfung abgeschlossen sein (§ 7 KrPflAPrV).

Zeugnis

Über die bestandene staatliche Prüfung wird ein Zeugnis erteilt. Liegen die Voraussetzungen zur Erlaubniserteilung für die Führung der Berufsbezeichnung nach dem Krankenpflegegesetz vor (siehe 3.2.1.5), so stellt die zuständige Behörde die Erlaubnisurkunde aus.

3.2.3 Weiterbildungsmöglichkeiten

Nach erfolgreich abgeschlossener Prüfung besteht für das examinierte Pflegepersonal die Möglichkeit der Weiterbildung. Sie ist denkbar in Richtung der Funktionsdienste beispielsweise des Operationsdienstes, für die Intensivpflege, die Gemeindepflege, die Psychiatrie, Endoskopie und Anästhesie, ebenso zur Pflegedienstleitung oder zur Lehrerin für Krankenpflege.

Die Zuständigkeit gesetzlicher Regelungen zu Fragen der Weiterbildung liegt bei den Bundesländern. Hiervon ist zum Teil Gebrauch gemacht worden. Wo dies noch nicht der Fall ist, erfolgt die Weiterbildung häufig nach Mustern der Deutschen Krankenhausgesellschaft (DKG), teilweise nach Kriterien, wie sie durch die Berufsverbände erarbeitet wurden und schließlich auch nach Vorgaben der Kommission für Krankenhaushygiene des Bundesgesundheitsamtes, wie etwa für die Hygienefachkraft. In denjenigen Bundesländern, in denen die Weiterbildung landesrechtlich geregelt ist, wird in der Regel auch die Erlaubnis zur Führung der Berufsbezeichnung „Fachschwester für ..." erteilt.

Ausführliche Hinweise, insbesondere zu den Weiterbildungsinhalten der jeweiligen Fachbereiche sind bei den Berufsverbänden (DBfK, ADS), der Deutschen Krankenhausgesellschaft (DKG) und den jeweiligen Landesbehörden zum Beispiel den Regierungspräsidien oder zuständigen Ministerien zu erhalten.

Tarifvertraglichen Vorschriften, dem Arbeitsförderungsgesetz, den Bildungsurlaubsgesetzen der Länder und dem Steuerrecht sind Regelungen zu entnehmen, die sich mit unterstützenden Maßnahmen im Falle einer Fort- oder Weiterbildung befasssen.

Neue Perspektiven schließlich eröffnen sich auch durch eine fortschreitende Akademisierung der Pflege. Immer mehr Hochschulen bieten Pflegestudiengänge an, etwa in Bremen, Darmstadt, Frankfurt, Freiburg, Münster und Osnabrück. Noch orientieren sich diese Studiengänge weitgehend an erziehungs- und wirtschaftswissenschaftlichen Leitbildern. Forderungen nach einem eigenständigen Studiengang „Pflegewissenschaft" sind allerdings unüberhörbar.

3.2.4 Gesetz über den Beruf der Hebamme und des Entbindungspflegers

Ebenso wie für das Krankenpflegegesetz war für die Neuregelung des Hebammenrechts die Notwendigkeit einer Umsetzung entsprechender EG-Richlinien in innerstaatliches Recht ausschlaggebend. Zugleich sollte eine Anpassung an geänderte tatsächliche Gegebenheiten des Berufsbildes erfolgen. So ist der Begründung des Regierungsentwurfs (Drucksache 10/1064) zu entnehmen, daß sich in der Bundesrepublik Deutschland der Anteil der Klinikentbindungen von 30 Prozent im Jahre 1950 auf 99,3 Prozent im Jahre 1980 erhöht hat. Mit der gestiegenen Inanspruchnahme des Arztes büßte die Hebamme ihre „Monopolstellung" (Zitat Regierungsentwurf) ein.

Das jetzige Gesetz über den Beruf der Hebamme und des Entbindungspflegers (Hebammengesetz – HebG) vom 04.06.1985 mit späteren Änderungen löste das Hebammengesetz in den Fassungen von 1938 bis 1974 ab.

Eine wesentliche Neuerung brachte das Gesetz dadurch, daß es den bis dahin Frauen vorbehaltenen Beruf auch Männern eröffnete.

Aus diesem Grunde sieht das Hebammengesetz neben der Berufsbezeichnung „Hebamme" auch die des „Entbindungspflegers" vor (so schon § 18 der Ausbildungs- und Prüfungsverordnung aus dem Jahre 1981). Damit wird den verfassungsrechtlichen Grundsätzen der Gleichberechtigung und Berufsfreiheit Rechnung getragen. Im übrigen wird mit der Zulassung von Männern zum Beruf des Entbindungspflegers in der Bundesrepublik Deutschland eine Regelung geschaffen, wie sie in einigen europäischen Ländern wie Dänemark, Norwegen, Schweden, Finnland, Island, Niederlande und Großbritannien schon bestand.

3.2.4.1 Gesetzessystematik

Das Hebammengesetz gliedert sich in zehn Abschnitte. Während sich der I. Abschnitt (§§ 1–3) mit dem Erlaubnisverfahren befaßt, regelt der II. Abschnitt (§ 4) die Tätigkeitsbereiche. Den Grundzügen der Ausbildung widmet sich der III. Abschnitt (§§ 5–10), während die tatsächlichen Inhalte des Ausbildungsverhältnisses im IV. Abschnitt (§§ 11–21) geregelt werden, mit dem die einzige Vorschrift des VIII. Abschnitts (§ 26) korrespondiert, in dem für die Ausbildung zur Hebamme und dem Entbindungspfleger die Anwendung des Berufsbildungsgesetzes (BBiG) ausgeschlossen wird.

Die Vorschriften der weiteren Abschnitte haben überwiegend verwaltungsrechtlichen Charakter und befassen sich mit der Erbringung von Dienstleistungen (V. Abschnitt, §§ 22, 23), Zuständigkeitsüberlegungen (VI. Abschnitt, § 24), Bußgeldvorschriften (VII. Abschnitt, § 25) sowie mit Übergangs- und Schlußvorschriften (IX. und X. Abschnitt, §§ 27–33). Eine dem Gesetz beigefügte Anlage gibt Auskunft über Diplome, Prüfungszeugnisse oder Befähigungsnachweise der übrigen EU-Mitgliedsstaaten einschließlich der Staaten des Europäischen Wirtschaftsraumes.

3.2.4.2 Grundzüge der Ausbildung in den Berufen der Hebamme und des Entbindungspflegers

Wie schon die vorstehende Systematik des Hebammengesetzes zeigt, ist eine „Verwandtschaft" zum Krankenpflegegesetz unverkennbar. So kommt – wie auch bei den übrigen bundesgesetzlichen Regelungen für die Fachberufe im Gesundheitswesen – im Hebammengesetz entscheidendes Gewicht den Ausbildungsvorschriften sowie den Bestimmungen über die Erteilung der Erlaubnis zur Führung der Berufsbezeichnung zu.

Zugang zur Ausbildung (§ 7 HebG)

Im Vorgriff auf das Hebammengesetz 1985 waren die Zugangsvoraussetzungen zur Ausbildung bereits in der vorerwähnten Ausbildungs- und Prüfungsordnung von 1981 (§ 1 HebAPrV) neu geregelt worden. Diese Vorschrift wurde außer Kraft gesetzt und ist durch § 7 HebG ersetzt worden.

Danach werden für den Zugang zur Ausbildung ein Mindestalter von 17 Jahren, eine gesundheitliche Eignung zur Ausübung des Berufes sowie bestimmte schulische Voraussetzungen gefordert.

Während bis Ende 1982 als Vorbildung eine abgeschlossene Volksschulbildung genügte, wurden die Vorbildungsvoraussetzungen angehoben, und zwar mit der Forderung nach einem Realschulabschluß, einer gleichwertigen Schulbildung oder einer anderen abgeschlossenen zehnjährigen Schulbildung, einem Hauptschulabschluß mit Nachweis eines erfolgreichen Besuchs einer mindestens zweijährigen Pflegevorschule, dem erfolgreichen Abschluß einer mindestens zweijährigen Berufsausbildung oder der Erlaubnis als Krankenpflegehelfer(in).

Ausbildungsziel (§ 5 HebG)

Wie auch das Krankenpflegegesetz enthält das Hebammengesetz erstmals die Formulierung eines Ausbildungsziels.

> Die Ausbildung soll insbesondere dazu befähigen, Frauen während der Schwangerschaft, der Geburt und dem Wochenbett Rat zu erteilen und die notwendige Fürsorge zu gewähren, normale Geburten zu leiten, Komplikationen des Geburtsverlauf frühzeitig zu erkennen, Neugeborene zu versorgen, den Wochenbettverlauf zu überwachen und eine Dokumentation über den Geburtsverlauf anzufertigen.

Die Formulierung des Ausbildungsziels trägt insbesondere mit der Forderung nach Ausbildung in der Überwachung des Wochenbettverlaufs der Tatsache Rechnung, daß der Beruf der Wochenpflegerin entfällt. Ferner ergibt sich aus der Regelung des Ausbildungsziels in Verbindung mit der Definition der Geburtshilfe im Rahmen der vorbehaltenen Tätigkeiten die Feststellung, daß das Hebammengesetz nicht nur – wie etwa das Krankenpflegegesetz – den Schutz einer Berufsbezeichnung gewährleistet, sondern auch durch Bezeichnen der Tätigkeit diese von Tätigkeiten anderer Berufe genau abgrenzt. Insoweit ist einleuchtend, daß etwa die Verordnung zur Abgrenzung der Berufstätigkeit der Hebamme von der Krankenpflege in der Fassung von 1974 außer Kraft gesetzt wurde.

Ausbildungsstätte (§ 6 HebG)

Die Ausbildung der Hebammen und des Entbindungspflegers erfolgt in staatlich anerkannten Hebammenschulen an Krankenhäusern.

Durch die Worte „an Krankenhäusern" wird der enge Zusammenhang zwischen theoretischem und praktischem Unterricht einerseits und praktischer Ausbildung andererseits verdeutlicht.

Die staatliche Anerkennung einer Hebammenschule setzt – neben anderem – voraus, daß die Schule von einer Lehrhebamme oder einem Lehrentbindungspfleger allein oder gemeinsam mit einem Arzt (einer Ärztin) geleitet wird.

Bei den „Lehrhebammen" beziehungsweise „Lehrentbindungspflegern" handelt es sich um Personen, die die Befähigung zur Unterrichtung durch eine entsprechende Fort- oder Weiterbildung erworben haben, die gegebenenfalls durch Länderrecht geregelt sein kann.

Ausbildungsdauer (§ 6 HebG)

Die Ausbildung dauert, wie schon in der Ausbildungs- und Prüfungsordnung von 1981 vorgesehen, drei Jahre (früher zwei Jahre). Mit dem Hebammengesetz wird diese Regelung nunmehr auf eine gesetzliche Basis gestellt und außerdem bestimmt, daß die Ausbildungsdauer unabhängig vom Zeitpunkt der Prüfung drei Jahre beträgt (siehe zu den Bedenken: 3.2.1.2).

Ausbildungsverkürzung (§ 8 HebG)

Mit dem Krankenpflegegesetz korrespondiert die Regelung des Hebammengesetzes, wonach eine abgeschlossene Ausbildung als (Kinder-) Krankenschwester beziehungsweise -pfleger auf die Ausbildung zur Hebamme beziehungsweise zum Entbindungspfleger mit zwölf Monaten anzurechnen ist. Nach früherem Recht betrug die Anrechnungszeit nur sechs Monate.

Unterbrechungszeiten in der Ausbildung (§ 9 HebG)

Unterbrechungen durch Urlaub oder Ferien werden bis zu sechs Wochen jährlich angerechnet. Mit dieser Regelung, die der des Krankenpflegegesetzes entspricht, ist hiermit insbesondere tariflichen Urlaubsregelungen für die überwiegend an Krankenanstalten beschäftigten Hebammen beziehungsweise Entbindungspfleger Rechnung getragen. Ferner werden Krankheit, Schwangerschaft oder andere vom Schüler nicht zu vertretende Gründe als Unterbrechungstatbestände angesehen, und zwar bis zur Gesamtdauer von zwölf Wochen (bei verkürzter Ausbildung vier Wochen pro Ausbildungsjahr). Weitergehende Fehlzeiten können aufgrund einer „Härteklausel" berücksichtigt werden. Im übrigen gelten die Ausführungen zum Krankenpflegegesetz entsprechend.

Ausbildungsverhältnis (§§ 11–21 HebG)

Hinsichtlich der Vorschriften über das Ausbildungsverhältnis folgt das Hebammengesetz weitgehend den Regelungen im Krankenpflegegesetz (wichtige Ausnahme: Probezeit für Schüler in der Hebammenausbildung nur vier Monate).

> So entspricht der Status der Schüler an den Hebammenschulen dem der Kranken- und Kinderkrankenpflegeschüler und Schüler für Krankenpflegehilfe an den Krankenpflegeschulen. Insoweit wurde auch die Anwendung des Berufsbildungsgesetzes auf die Ausbildung zur Hebamme beziehungsweise zum Entbindungspfleger ausgeschlossen.

Um Wiederholungen zu vermeiden, sei in diesem Zusammenhang betreffend Ausbildungsverhältnis und Ausschluß des Berufsbildungsgesetzes auf die entsprechenden Ausführungen zum Krankenpflegegesetz verwiesen (siehe 3.2.1.4).

3.2.4.3 Erlaubnis zur Führung der Berufsbezeichnung und Niederlassungserlaubnis

Das Führen der Berufsbezeichnung „Hebamme" oder „Entbindungspfleger" ist erlaubnispflichtig. Es besteht ein Rechtsanspruch auf Erlaubniserteilung, wenn die entsprechende Ausbildungszeit absolviert, die staatliche Prüfung bestanden wurde und die persönlichen Voraussetzungen des § 2 Abs. 1 Ziff. 2, 3 HebG erfüllt sind. Im übrigen regeln weitere Bestimmungen die gegenseitige Anerkennung von entsprechenden Diplomen, Prüfungszeugnissen und Befähigungsnachweisen im EU-Bereich. Die Führung einer nach dem Hebammengesetz geschützten Berufsbezeichnung durch Personen, die keine Erlaubnis nach dem Gesetz besitzen, wird mit Bußgeld bedroht.

Mit Inkrafttreten des Hebammengesetzes 1985 steht jeder Hebamme (Entbindungspfleger) mit einer Berufserlaubnis eine Niederlassung als freiberuflich tätige Hebamme (Entbindungspfleger) offen. Dies ist eine Konsequenz, die aus der Zielsetzung des neuen Hebammenrechts folgt. Anders als das Hebammengesetz 1938 unterscheidet das neue Recht nicht mehr zwischen einer freiberuflichen Tätigkeit und einer Tätigkeit als angestellter Hebamme (Entbindungspfleger). Demzufolge hat der Gesetzgeber auf eine Niederlassungserlaubnis als Voraussetzung für eine freiberufliche Tätigkeit verzichtet, allerdings auch mit der Folge, daß die nach bisherigem Recht an die Niederlassungserlaubnis geknüpfte Gewährleistung eines Mindesteinkommens entfällt.

> Hebamme und Entbindungspfleger haben also künftig die Wahl zwischen angestellter Tätigkeit oder freiberuflicher Tätigkeit ohne Niederlassungserlaubnis.

3.2.4.4 Vorbehaltene Tätigkeiten

Den examinierten und zur Führung der Berufsbezeichnung berechtigten Hebammen und Entbindungshelfern ordnet der Gesetzgeber in § 4 HebG bestimmte Tätigkeiten zu.

So ist die Geburtshilfe – ausgenommen in Notfällen – allein Ärzten, Hebammen und Entbindungspflegern vorbehalten. Dabei sind die Ärzte verpflichtet, Sorge dafür zu tragen, daß bei einer Entbindung eine Hebamme oder ein Entbindungspfleger zugezogen wird. Geburtshilfe wird vom Gesetzgeber definiert als „Überwachung des Geburtsvorganges von Beginn der Wehen an, Hilfe bei der Geburt und Überwachung des Wochenbettverlaufs".

Diese Definition ist mit der Hinzunahme der Überwachung des Wochenbettverlaufs weitgehender als diejenige nach dem Hebammengesetz 1938.

In Konsequenz dieser Neuregelung ist letztlich der Beruf der Wochenpflegerin überflüssig geworden. Deshalb sieht das Hebammengesetz auch die Aufhebung der für dieses Berufsbild entsprechenden Verordnungen vor; an eine Neuregelung für diesen Beruf ist nicht gedacht. Allerdings gelten die aufgrund des bisherigen Rechts erteilten Anerkennungen als Wochenpflegerinnen fort.

3.2.5 Ausbildungs- und Prüfungsverordnung für Hebammen und Entbindungspfleger

Auf der Grundlage des § 10 HebG wurde am 16.03.1987 die Ausbildungs- und Prüfungsverordnung für Hebammen und Entbindungspfleger (HebAPrV) erlassen. Sie steht im Einklang mit der entsprechenden EG-Richtlinie aus dem Jahre 1980 und regelt den Inhalt der staatlichen Ausbildung, die Zulassungsbedingungen und sonstigen Verfahrensvoraussetzungen der staatlichen Prüfung.

3.2.5.1 Ausbildungsinhalte

Unter Zugrundelegung des in § 5 HebG formulierten Ausbildungsziels bestimmt § 1 HebAPrV zunächst den zeitlichen Umfang der Ausbildung, nämlich für den theoretischen und praktischen Unterricht 1600 Stunden, für die praktische Ausbildung 3000 Stunden. Von diesen Stundenzahlen kann nur mit Zustimmung der zuständigen Behörde ausnahmsweise abgewichen werden; dabei darf insbesondere das Ausbildungsziel nicht gefährdet werden.

Eine Anlage zu § 1 HebAPrV konkretisiert die Stundenverteilung während der dreijährigen Ausbildung wie folgt:

1. Jahr der Ausbildung:	Stundenzahl
– Theoretischer und praktischer Unterricht: Berufs-, Gesetzes- und Staatsbürgerkunde	70
Gesundheitslehre	60
Hygiene und Grundlagen der Mikrobiologie	60
Grundlagen für die Hebammentätigkeiten	160
Grundlagen für Psychologie, Soziologie und Pädagogik	50
Biologie, Anatomie und Physiologie	120
Allgemeine Krankheitslehre	40
Allgemeine Arzneimittellehre	20
Erste Hilfe	30
Einführung in Planung und Organisation im Krankenhaus	20

	Stundenzahl
Fachbezogene Physik	30
Fachbezogene Chemie	30
Sprache und Schrifttum	30
– Praktische Ausbildung:	
Praktische Ausbildung in der Entbindungsstation	160
auf der Wochenstation	160
auf der Neugeborenenstation	160
auf der operativen Station (chirurgische Pflege)	160
auf der nichtoperativen Station (allgemeine Pflegemaßnahmen)	160
2. und 3. Jahr der Ausbildung:	Stundenzahl
– Theoretischer und praktischer Unterricht:	
Berufs-, Gesetzes- und Staatsbürgerkunde	60
Menschliche Fortpflanzung, Schwangerschaft, Geburt und Wochenbett	120
Praktische Geburtshilfe	150
Pflege, Wartung und Anwendung geburtshilflicher Apparate und Instrumente	30
Schwangerschaftsbetreuung	80
Wochenpflege	50
Neugeborenen- und Säuglingspflege	50
Allgemeine Krankenpflege	50
Spezielle Krankenpflege	50
Grundlagen der Psychologie, Soziologie und Pädagogik	40
Grundlagen der Rehabilitation	20
Spezielle Krankheitslehre	120
Spezielle Arzneimittellehre	30
Organisation und Dokumentation im Krankenhaus	30
– Praktische Ausbildung:	
Praktische Ausbildung in der Entbindungsabteilung und in der Schwangerenberatung	1280
auf der Wochenstation	320
auf der Neugeborenenstation	320
in der Kinderklinik	160
im Operationssaal	120

Die regelmäßige und erfolgreiche Teilnahme an den vorgeschriebenen Ausbildungsveranstaltungen muß durch eine entsprechende Bescheinigung nachgewiesen werden.

3.2.5.2 Prüfungsverfahren

Die formellen Voraussetzungen für die Zulassung zur Prüfung entsprechen denjenigen der Ausbildungs- und Prüfungsverordnung für die Berufe in der Krankenpflege (siehe 3.2.2.2).

Wie auch dort gliedert sich die Prüfung für die Hebammen und Entbindungshelfer in drei Abschnitte: einen schriftlichen, einen mündlichen und einen praktischen Teil (§ 2 HebAPrV).

Schriftliche Prüfung

Der schriftliche Teil der Prüfung (§ 5 HebAPrV) erstreckt sich auf die Fächer

1. Geburtshilfe,
2. Anatomie und Physiologie,
3. Krankheitslehre,
4. Kinderheilkunde,
5. Berufs-, Gesetzes- und Staatsbürgerkunde.

Aus diesen Fächern ist je eine Aufsichtsarbeit zu fertige, und zwar in den Fächern 3, 4 und 5 in je 60 Minuten, im Fach 2 in 90 Minuten. Die Verteilung erfolgt auf zwei Tage.

Mündliche Prüfung

Der mündliche Teil der Prüfung (§ 6 HebAPrV) umfaßt die Fächer:

1. Geburtshilfe,
2. Kinderheilkunde,
3. Krankenpflege,
4. Gesundheitslehre und Hygiene.

Die Prüfung erfolgt einzeln oder in Gruppen bis zu fünf Personen; in einem Fach soll die Prüfung nicht länger als 20 Minuten dauern.

Praktische Prüfung

Der praktische Teil der Prüfung (§ 7 HebAPrV) erstreckt sich auf folgende Aufgaben:

1. Aufnahme einer Schwangeren und Dokumentation der erhobenen Befunde mit Erstellung eines Behandlungsplanes;
2. Durchführung einer Entbindung mit Arztversorgung des Neugeborenen und Dokumentation mit Einverständnis der Schwangeren;
3. eine praktische Pflegedemonstration an einem Säugling;
4. eine Fallbesprechung/Pflegedemonstration an einer Wöchnerin.

Der praktische Prüfungsteil soll für den Prüfling höchstens acht Stunden dauern; er kann auf zwei Tage verteilt werden.

Benotung

Die Benotung der jeweiligen Prüfungsteile erfolgt ähnlich der in der Krankenpflegeprüfung (siehe 3.2.2.2). Bestanden ist die Prüfung, wenn der schriftliche, der mündliche und der praktische Teil mit mindestens „ausreichend" benotet werden, wobei innerhalb der beiden ersten Prüfungsteile das Fach „Geburtshilfe" ebenfalls mit mindestens „ausreichend" benotet sein muß.

Bewertung der Prüfung

Die Voraussetzungen des Nichtbestehens entsprechen wiederum denjenigen in der Krankenpflegeprüfung, allerdings mit dem Unterschied, daß jeder Teil der Prüfung nicht nur einmal (so in der Krankenpflegeprüfung), sondern zweimal wiederholt werden kann (§ 10 Abs. 3 HebAPrV).

Zeugnis

Über die bestandene staatliche Prüfung wird ein Zeugnis erteilt. Liegen die Voraussetzungen zur Erlaubniserteilung für die Führung der Berufsbezeichnung nach dem Hebammengesetz vor, so stellt die zuständige Behörde die Erlaubnisurkunde aus.

3.2.6 Gesetz über technische Assistenten in der Medizin

Zu den auf dem Gebiet des Gesundheitswesens tätigen Berufen ist auch der Beruf der technischen Assistenten in der Medizin zu zählen. Es soll deshalb ein kurzer Überblick über Ausbildung und Tätigkeit gegeben werden.

Rechtsgrundlage für die Berufstätigkeit ist das Gesetz über technische Assistenten in der Medizin (MTA-Gesetz-MTAG) vom 02. 08. 1993.

3.2.6.1 Erlaubnispflicht

Nach § 1 dieses Gesetzes bedarf der Erlaubnis, wer eine Tätigkeit ausüben will unter der Berufsbezeichnung

1. „medizinisch-technische Laboratoriumsassistentin" oder „medizinisch-technischer Laboratoriumsassistent",
2. „medizinisch-technische Radiologieassistentin" oder „medizinisch-technischer Radiologieassistent",
3. „medizinisch-technische Assistentin für Funktionsdiagnostik" oder „medizinisch-technischer Assistent für Funktionsdiagnostik" oder
4. „veterinärmedizinisch-technische Assistentin" oder „veterinärmedizinisch-technischer Assistent".

Die Erlaubnis zur Führung der Berufsbezeichnung wird erteilt, wenn der Antragsteller

1. die vorgeschriebene Ausbildung abgeleistet und die staatliche Prüfung bestanden hat;
2. sich nicht eines Verhaltens schuldig gemacht hat, aus dem sich die Unzuverlässigkeit zur Ausübung des Berufs ergibt;

3. nicht wegen eines körperlichen Gebrechens, wegen Schwäche seiner geistigen oder körperlichen Kräfte oder wegen einer Sucht zur Ausübung des Berufs unfähig oder ungeeignet ist.

Eine außerhalb des Geltungsbereichs des Gesetzes erworbene abgeschlossene Ausbildung erfüllt die Voraussetzungen der Erlaubniserteilung auch dann, wenn die Gleichwertigkeit des Ausbildungsstandes anerkannt wird. Dies gilt insbesondere bei Diplomen innerhalb der Europäischen Union und des Europäischen Wirtschaftsraumes.

Im Rahmen der Übergangsvorschriften (§§ 13–15) wird geregelt, unter welchen Voraussetzungen die Erlaubnis zur Berufsbezeichnung erteilt wird, wenn die Ausbildung vor Inkrafttreten des Gesetzes begonnen wurde beziehungsweise welche Voraussetzungen vorliegen müssen, um auf Antrag die neue Berufsbezeichnung „Medizinisch-technische Assistentin für Funktionsdiagnostik" führen zu dürfen.

3.2.6.2 Grundzüge der Ausbildung technischer Assistenten in der Medizin

Das MTA-Gesetz folgt in seinem Aufbau und seiner Gesetzessystematik überwiegend dem Krankenpflegegesetz. Wesentliches Gewicht kommt den Ausbildungsvorschriften sowie den Regelungen über sogenannte vorbehaltene Tätigkeiten zu.

Zugang zur Ausbildung (§ 5 MTAG)

Der Zugang zur Ausbildung setzt zunächst einen Realschulabschluß, eine gleichwertige Ausbildung oder eine andere abgeschlossene zehnjährige Schulbildung, die den Hauptschulabschluß ersetzt, voraus; gleichgesetzt ist eine abgeschlossene Berufsausbildung von mindestens zweijähriger Dauer, der ein Hauptschulabschluß oder ein gleichwertiger Abschluß vorausging.

Weiterhin wird die gesundheitliche Eignung zur Berufsausübung gefordert.

Ausbildungsziel (§ 3 MTAG)

Die Ausbildungsziele sind je nach angestrebter Berufsbezeichnung unterschiedlich definiert. Wer den Beruf einer *medizinisch-technischen Laboratoriumsassistentin* anstrebt, soll durch die Ausbildung dazu befähigt sein, unter Anwendung geeigneter Verfahren labordiagnostische Untersuchungsgänge in der klinischen Chemie, der Hämatologie, der Immunologie, der Mikrobiologie sowie der Histologie und Zytologie durchzuführen.

Ausbildungsziel für die *medizinisch-technische Radiologieassistentin* ist die Durchführung erforderlicher Untersuchungsgänge in der radiologischen Diagnostik und anderen bildgebenden Verfahren sowie die Mitwirkung bei der Erkennung und Behandlung von Krankheiten in der Strahlentherapie und Nuklearmedizin.

Die *medizinisch-technische Assistentin für Funktionsdiagnostik* soll ausgebildet werden, um Untersuchungsgänge durchzuführen, die den Funktionszustand des zentralen, peripheren und vegetativen Nervensystems, der Sinnesorgane, der Muskulatur, des Herzens und der Blutgefäßdurchströmung sowie der Lunge darstellen.

Ziel der Ausbildung zur *veterinärmedizinisch-technischen Assistentin* ist es, labordiagnostische Untersuchungsgänge in der Lebensmittelanalytik, der Lebensmitteltoxikologie, der Spermatologie, der Hämatologie, Immunologie, Mikrobiologie etc. durchführen zu können.

Ausbildungstätte (§ 4 MTAG)

Die Ausbildung erfolgt an staatlich anerkannten Schulen für technische Assistenten in der Medizin. Dies können auch solche Schulen sein, die nicht an einem Krankenhaus eingerichtet sind; in diesem Fall ist die praktische Ausbildung im Rahmen einer Regelung mit einem Krankenhaus oder anderen geeigneten medizinischen Einrichtungen sicherzustellen.

Ausbildungsdauer (§ 4 MTAG)

Die Ausbildung technischer Assistenten in der Medizin dauert drei Jahre und besteht aus theoretischem und praktischem Unterricht sowie einer praktischen Ausbildung. Auf Antrag kann eine andere Ausbildung im Umfang ihrer Gleichwertigkeit auf die Dauer der Ausbildung angerechnet werden und damit zu einer Verkürzung der Regelausbildung führen (§ 7 Abs. 1 MTAG).

Innerhalb der praktischen Ausbildung sind die Schüler/innen für die Dauer von sechs Wochen in Krankenhäusern mit den dort notwendigen Arbeitsabläufen vertraut zu machen und in solchen Verrichtungen und Fertigkeiten der Krankenpflege praktisch zu unterweisen, die für die Berufstätigkeit von Bedeutung sind. Dieser krankenhausspezifische Ausbildungsteil gilt jedoch nicht für Schüler/innen in der veterinärmedizinisch-technischen Assistentenausbildung (§ 8 Abs. 3 MTAG).

Bestimmte Zeiten werden auf die Ausbildungsdauer angerechnet. Dies trifft für Ferien ebenso zu wie für Unterbrechungen durch Schwangerschaft, Krankheit oder aus anderen, vom Schüler nicht zu vertretenden Gründen und zwar bis zu einer Gesamtdauer von zwölf Wochen (bei verkürzter Ausbildung vier Wochen pro Ausbildungsjahr). Ähnlich dem Krankenpflegegesetz können weitergehenden Fehlzeiten aufgrund einer „Härteklausel" berücksichtigt werden.

3.2.6.3 Vorbehaltene Tätigkeiten (§ 9 MTAG)

Ähnlich dem Hebammengesetz regelt auch das MTA-Gesetz, welche Tätigkeiten im einzelnen den technischen Assistenten in der Medizin zugeordnet sind.

Auf dem Gebiet der Humanmedizin dürfen ausschließlich *medizinisch-technische Laboratoriumsassistenten* ausüben:

a) technische Aufarbeitungen des histologischen und zytologischen Untersuchungsmaterials, technische Beurteilung der Präparate auf ihre Brauchbarkeit zur ärztlichen Diagnostik,
b) Untersuchungsgänge in der morphologischen Hämarstaseologie,
c) Untersuchungsgänge in der klinischen Chemie,

d) Untersuchungsgänge in der Mikrobiologie, Parasitologie und Immunologie einschließlich Ergebnisstellung, Qualitäts- und Plausibilitätskontrolle für die Tätigkeiten b) – d).

Medizinisch-technischen Radiologieassistenten ist auf dem Gebiet der Humanmedizin vorbehalten:

a) die Durchführung der technischen Arbeiten und Beurteilung ihrer Qualität in der radiologischen Diagnostik und anderen bildgebenden Verfahren einschließlich Qualitätssicherung,
b) die technische Mitwirkung in der Strahlentherapie bei der Erstellung des Bestrahlungsplanes und dessen Reproduktion am Patienten einschließlich Qualitätssicherung,
c) die technische Mitwirkung in der nuklearmedizinischen Diagnostik und Therapie einschließlich Qualitätssicherung,
d) die Durchführung meßtechnischer Aufgaben in der Dosimetrie und im Strahlenschutz in der radiologischen Diagnostik, der Strahlentherapie und der Nuklearmedizin.

Medizinisch-technischen Assistenten für Funktionsdiagnostik sind in der Humanmedizin folgende Tätigkeiten zugeordnet:

a) Durchführung von Untersuchungsgängen in der Funktionsdiagnostik des Nervensystems und der Sinnesorgane,
b) Durchführung von Untersuchungsgängen in der Kardio-vastentären Funktionsdiagnostik,
c) Durchführung von Untersuchungsgängen in der pneumologischen Funktionsdiagnostik,

jeweils einschließlich Ergebnisstellung, Qualitäts- und Plausibilitätskontrolle

d) technische Mitwirkung im Rahmen der chirurgischen und invasiven Funktionsdiagnostik.

Auf dem Gebiet der Veterinärmedizin dürfen die nachstehenden Tätigkeiten nur von *veterinärmedizinisch-technischen Assistenten* ausgeübt werden:

a) technische Aufbereitung des histologischen und zytologischen Untersuchungsmaterials, sachliche Beurteilung der Präparate, ihre Brauchbarkeit zur ärztlichen Diagnose,
b) Durchführung von Untersuchungsgängen an Lebensmitteln tierischer Herkunft,
c) Durchführung von Untersuchungsgängen in der Spermatologie

jeweils einschließlich Ergebnisstellung, Qualitäts- und Plausibilitätskontrolle für b) und c).

Für alle Bereiche gilt, daß einerseits bestimmte Tätigkeiten einfacher Art von dem Vorbehalt der Zuweisung ausgenommen sind und daß andererseits Tätigkeiten, deren Ergebnisse der Erkennung einer Krankheit und der Beurteilung ihres Verlaufs dienen, nur auf (tier-, zahn-)ärztliche Anforderung oder auf Anforderung eines Heilpraktikers ausgeübt werden dürfen (§ 9 Abs. 3 MTAG).

Im übrigen bezeichnet § 10 MTAG einen Personenkreis, für den der Vorbehalt gemäß § 9 MTAG nicht gilt, beispielsweise für Ärzte, Heilpraktiker, Ausbildende und so weiter.

3.2.6.4 Anwendbarkeit des Berufsbildungsgesetzes

Ebenso wie im Rahmen des Krankenpflegegesetzes (siehe 3.2.1.4) stellt sich auch für die Schüler/innen in der Ausbildung zum technischen Assistenten in der Medizin die Frage nach ihrem rechtlichen Status. Diese Frage wirft sich zum einem deshalb auf, weil das MTA-Gesetz – im Gegensatz zum Krankenpflegegesetz – die Anwendung des Berufsbildungsgesetzes nicht ausdrücklich ausschließt, sondern auch deshalb, weil das MTA-Gesetz für die praktische Ausbildung eine sechswöchige Unterweisung in einem Krankenhaus vorsieht und damit möglicherweise Mitbestimmungsrechte des Betriebs-/ Personalrates des aufnehmenden Krankenhauses tangiert werden.

Die Rechtsprechung zum MTA-Gesetz 1971 sieht die Ausbildung des medizinisch-technischen Assistenten als schulische Ausbildung an (BAG, DB 1993, 742). Anders als die Ausbildung nach dem Krankenpflegegesetz – so das Bundesarbeitsgericht – gliedert sich die Ausbildung nach dem MTA-Gesetz nicht in theoretischen und praktischen Unterricht einerseits sowie praktische Ausbildung andererseits, sondern beschränkt sich ausschließlich auf theoretischen und praktischen Unterricht; auch die Verwendung des Begriffs „Unterricht" macht deutlich, daß es sich bei dem praktischen Teil nicht um eine betriebspraktische Ausbildung im Sinne einer dualen Ausbildung handelt.

Nach dieser Auffassung scheidet die Anwendung des Berufsbildungsgesetzes aus, da es sich bei der Ausbildung zum technischen Assistenten in der Medizin um ein außerhalb des Arbeitsrechts stehendes Schülerverhältnis handelt mit der weiteren Folge, daß MTA-Schüler/innen nicht zu der vom Betriebs-/Personalrat repräsentierten Belegschaft gehören.

> Dieser Auffassung der Rechtsprechung ist meiner Meinung nach auch nach dem MTA-Gesetz 1993 zuzustimmen. Zwar wurde die Ausbildung gegenüber der früheren Gesetzeslage um ein Jahr verlängert und auch ein praktischer Ausbildungsteil mit aufgenommen (§ 4 MTAG). Für die Annahme einer überwiegend schulischen Ausbildung spricht jedoch weiterhin, daß das Gesetz die Ausbildung staatlich anerkannten Schulen überläßt, die nicht notwendigerweise einer medizinischen Einrichtung angeschlossen sein müssen. Darüberhinaus wird – mit Ausnahme von sechs Wochen (§ 7 Abs. 3 MTAG) – die praktische Ausbildung eben an diesen Schulen vermittelt und nicht – wie im dualen System üblich – an einer betrieblichen Einrichtung.

3.2.6.5 Ausbildungs- und Prüfungsverordnung für technische Assistenten in der Medizin

Das MTA-Gesetz (§ 8 MTAG) sieht vor, daß Einzelteile der Ausbildung und Prüfung der technischen Assistenten in der Medizin in einer Ausbildungs- und Prüfungsverordnung zu regeln sind. Eine derartige Verordnung (MTA-APrV) liegt derzeit im Entwurf (E) vor.

Ausbildungsinhalt

Für alle vier Ausbildungszweige (Berufsbezeichnungen) nach E § 1 MTA-APrV sieht der Verordnungsentwurf während der dreijährigen Ausbildung theoretischen und praktischen Unterricht sowie eine praktische Ausbildung jeweils von insgesamt 4400 Stunden vor (E § 1 MTA-APrV).

Der Unterricht beziehungsweise die praktische Ausbildung (deren Stundenzahl jeweils in Klammen angegeben) umfaßt für medizinisch-technische Laboratoriumsassistenten 3170 Stunden (1230 Stunden), für medizinisch-technische Radiologieassistenten 2800 Stunden (1600 Stunden), für medizinisch-technische Assistenten für Funktionsdiagnostik 2370 (2030 Stunden) und veterinärmedizinisch-technische Assistenten 3170 (1230 Stunden). Über die Unterrichtsfächer und deren stundenzahlmäßigen Anteil geben umfangreiche Anlagen (zu E § 1 MTA-APrV) Auskunft; sie orientieren sich am unterschiedlichen Ausbildungsziel des jeweiligen Ausbildungszweiges gemäß § 3 MTAG.

Prüfungsvorschriften

Die staatliche Prüfung umfaßt in allen Ausbildungszweigen einen schriftlichen, einen mündlichen und einen praktischen Teil. Sie ist grundsätzlich an der Schule abzulegen, an der der Prüfling seine Ausbildung abschließt. An jeder Schule ist ein Prüfungsausschuß zu bilden.

Die Zulassung zur Prüfung setzt einen Antrag voraus, dem neben der Bescheinigung über die regelmäßige und erfolgreiche Teilnahme an den Ausbildungsveranstaltungen die Geburtsurkunde, bei Verheirateten die Heiratsurkunde beigefügt sein muß. Zulassung und Prüfungstermine sollen dem Prüfling spätestens vier Wochen vor Prüfungsbeginn mitgeteilt werden (E § 4 MTA-APrV).

Die Prüfung ist bestanden, wenn jeder Teil der Prüfung mindestens mit „ausreichend" benotet wird (E § 7 MTA-APrV). Ist dies nicht der Fall, können die schriftliche und mündliche Prüfung sowie jedes Fach der praktischen Prüfung einmal wiederholt werden, im letzteren Fall wird eine weitere Ausbildung von längstens einem Jahr vorausgesetzt.

Die Inhalte der einzelnen Prüfungsteile unterscheiden sich je nach angestrebter Berufsbezeichnung (E §§ 12ff. MTA-APrV).

Hat der Prüfling nach dreijähriger Ausbildung die staatliche Prüfung bestanden und liegen keine Gründe in seiner Person vor, aus der sich seine Unzuverlässigkeit, Unfähigkeit oder Ungeeignetheit zur Berufsausübung ergeben, wie beispielsweise Vorstrafen, körperliche Gebrechen, Schwäche der geistigen oder körperlichen Kräfte oder auch eine Sucht, so ist die Erlaubnis zur Führung der Berufsbezeichnung nach gesetzlichen Muster zu erteilen (§ 2 MTAG).

Sonderregelungen für Inhaber von Diplomen oder Prüfungszeugnissen aus anderen Mitgliedsstaaten der Europäischen Union beziehungsweise des Europäischen Wirtschaftsraumes (E § 26 MTA-APrV) schließen die Ausbildungs- und Prüfungsordnung ab.

3.2.7 Gesetz über den Beruf des pharmazeutisch-technischen Assistenten

Ein Überblick soll auch für den Beruf des pharmazeutisch-technischen Assistenten (PTA) genügen.

Rechtsgrundlage ist das Gesetz über den Beruf des pharmazeutisch-technischen Assistenten (PTAG) vom 18.03.1968 in Verbindung mit der Ausbildungs- und Prüfungsordnung vom 12.08.1969.

3.2.7.1 Erlaubnispflicht

Nach § 1 des Gesetzes bedarf der Erlaubnis, wer eine Tätigkeit unter der Berufsbezeichnung „pharmazeutisch-technischer Assistent" oder „pharmazeutisch-technische Assistentin" ausüben will. Die Erlaubnis wird gemäß § 2 PTAG erteilt, wenn der Antragsteller

1. das 18. Lebensjahr vollendet hat,
2. sich nicht eines Verhaltens schuldig gemacht hat, aus dem sich die Unzuverlässigkeit zur Ausübung des Berufs ergibt,
3. gesundheitlich geeignet ist,
4. nach einem zweijährigen Lehrgang und einer halbjährigen praktischen Ausbildung die staatliche Prüfung für pharmazeutisch-technische Assistenten bestanden hat.

3.2.7.2 Lehrgangsinhalt

Der zweijährige Lehrgang wird an einer staatlich anerkannten Lehranstalt durchgeführt. Der dort vermittelte theoretische Lehrstoff umfaßt unter anderem Fächer wie allgemeine und pharmazeutische Chemie, Botanik, Drogenkunde, Arzneispezialitätenkunde, allgemeine Hygiene, Erste Hilfe, Unfallverhütung, pharmazeutische Gesetzeskunde sowie allgemeinbildende Fächer. Zum Lehrgang zugelassen wird, wer eine abgeschlossene Realschulbildung oder eine andere gleichwertige Ausbildung nachweist.

Dem theoretischen Ausbildungsabschnitt schließt sich nach bestandener schriftlicher und mündlicher Prüfung eine praktische Ausbildungszeit an. Die praktische Ausbildung wird in Apotheken abgeleistet und erstreckt sich auf die pharmazeutische Tätigkeit des Apothekenbetriebes. Im Anschluß an diesen Ausbildungsabschnitt erfolgt dann die praktische Prüfung.

3.2.7.3 Prüfungsvorschriften

Einzelheiten der Prüfung regelt die Prüfungsordnung. Nach bestandener Prüfung ist die Erlaubnis zur Führung der Berufsbezeichnung zu erteilen.

Der/die pharmazeutisch-technische Assistent(in) ist befugt, in der Apotheke unter Aufsicht eines Apothekers nach den Bestimmungen der Apothekenbetriebsordnung pharmazeutische Tätigkeiten auszuüben. Zur Vertretung in der Apothekenleitung ist der/die pharmazeutisch-technische Assistent(in) nicht befugt.

3.2.8 Gesetz über den Beruf der Diätassistentin und des Diätassistenten

Rechtsgrundlage für den Beruf der Diätassistentin und des Diätassistenten ist das entsprechende Gesetz gemäß Artikel 1 des Heilberufsänderungsgesetzes vom 08. 03. 1994.

3.2.8.1 Erlaubnispflicht

Wer eine Tätigkeit unter der Bezeichnung „Diätassistent" oder „Diätassistentin" ausüben will, bedarf der Erlaubnis (§ 1 DiätAssG). Die Erlaubis wird erteilt, wenn der Antragsteller nach einer dreijährigen Ausbildung die staatliche Prüfung bestanden hat, die für die Ausübung des Berufs erforderliche Zuverlässigkeit besitzt und zur Ausübung körperlich und geistig fähig und geeignet ist (§ 2 DiätAssG). Eine nach den Regeln der Deutschen Demokratischen Republik (DDR) erteilte Erlaubnis behält ihre Wirksamkeit.

Hat der Antragsteller seine Ausbildung außerhalb der Bundesrepublik Deutschland abgeschlossen, muß die Gleichwertigkeit des Ausbildungsstandes anerkannt sein. Diese wird angenommen, wenn die Ausbildung in einem EU-Mitgliedsstaat oder einem Vertragsstaat des Abkommens über den Europäischen Wirtschaftsraum erfolgte (§ 2 Abs. 2 DiätAssG). Gegebenenfalls kann ein Anpassungslehrgang oder eine Eignungsprüfung erforderlich sein.

Zugang zur Ausbildung

Voraussetzung für den Zugang zur Ausbildung ist neben der gesundheitlichen Eignung zur Berufsausübung der Abschluß einer Realschule oder eine gleichwertige Ausbildung, eine andere abgeschlossene zehnjährige Schulbildung, die den Hauptschulabschluß erweitert, oder eine nach Hauptschulabschluß oder einem gleichwertigen Abschluß abgeschlossene Berufsausbildung von mindestens zweijähriger Dauer.

Ausbildungsdauer

Die Ausbildung dauert in der Regel drei Jahre und besteht aus theoretischem und praktischem Unterricht sowie einer praktischen Ausbildung. Auf die Dauer der Ausbildung werden Ferien sowie Unterbrechungen durch Schwangerschaft, Krankheit oder andere nicht zu vertretende Gründe bis zu einer Gesamtdauer von zwölf Wochen oder bei verkürzter Ausbildung bis zu höchstens vier Wochen je Ausbildungsjahr angerechnet. Darüberhinausgehende Fehlzeiten können berücksichtigt werden, wenn das Ausbildungsziel nicht gefährdet ist (Härteklausel, § 6 Abs. 1 DiätAssG).

Die Regelausbildungsdauer kann auf Antrag durch die zuständige Behörde verkürzt werden, wenn der Antragsteller bereits eine andere gleichwertige Ausbildung abgeschlossen hat und das Ausbildungsziel durch eine Verkürzung nicht gefährdet ist (§ 7 DiätAssG). Für Umschüler mit einer abgeschlossenen Ausbildung in einem medizinischen Fachberuf kann die Ausbildungsdauer um sechs Monate, nach mindestens dreijähriger Tätigkeit im erlernten Beruf um weitere sechs Monate verkürzt werden (§ 12 DiätAssG).

Ausbildungsstätte

Die Ausbildung wird durch staatlich anerkannte Schulen vermittelt und schließt mit einer staatlichen Prüfung ab. Im Rahmen der praktischen Ausbildung ist zu gewährleisten, daß die Schüler für die Dauer von sechs Wochen in Krankenhäusern mit den dort notwendigen Arbeitsabläufen vertraut gemacht und in solchen Verrichtungen und Fertigkeiten der Krankenpflege praktisch unterwiesen werden, die für die Berufsfähigkeit von Bedeutung sind (§ 8 Abs. 3 DiätAssG). Deshalb haben Schulen, die nicht an einem Krankenhaus eingerichtet sind, die praktische Ausbildung im Rahmen einer Regelung mit einem Krankenhaus oder anderen geeigneten medizinischen Einrichtungen sicherzustellen (§ 4 DiätAssG). '

Ausbildungsziel

Erstmals formuliert das Diätassistentengesetz – ähnlich den übrigen Rechtsgrundlagen der Berufe im Gesundheitswesen – ein Ausbildungsziel (§ 3 DiätAssG). Entsprechend der Aufgabenstellung des Berufs soll die Ausbildung insbesondere die Kenntnisse, Fähigkeiten und Fertigkeiten vermitteln, die zur eigenverantwortlichen Durchführung diättherapeutischer und ernährungsmedizinischer Maßnahmen auf ärztliche Anordnung wie dem Erstellen von Diätplänen, dem Planen, Berechnen und Herstellen wissenschaftlich anerkannter Diätformen befähigen. Weiterhin soll die Ausbildung zum Diätassistenten erreichen, bei der Prävention und Therapie von Krankheiten mitzuwirken und ernährungstherapeutische Beratungen und Schulungen durchzuführen.

3.2.8.2 Ausbildungsinhalte und Prüfung

Das Gesetz über den Beruf der Diätassistentin und des Diätassistenten sieht die Ermächtigung vor, in einer Ausbildungs- und Prüfungsverordnung die Mindestanforderungen an die Ausbildung sowie alles nähere über die staatliche Prüfung und die Erlaubnisurkunde zu regeln (§ 8 DiätAssG). Diese Ausbildung- und Prüfungsverordnung wird ihre Vorgängerin aus dem Jahr 1974 ablösen.

3.2.9 Gesetz über den Beruf der Rettungsassistentin und des Rettungsassistenten

Das Gesetz über den Beruf der Rettungsassistentin und des Rettungsassistenten (Rettungsassistentengesetz – RettAssG) vom 10. 07. 1989 mit späteren Änderungen ist die Rechtsgrundlage für die Berufsbezeichnung vorstehender Berufe.

Wie schon ein Gesetzesentwurf der Bundesregierung aus dem Jahre 1973 über den Beruf des Rettungssanitäters – der jedoch nicht verabschiedet wurde – enthält das Gesetz keine Tätigkeitsbeschreibung, sondern schützt lediglich die Berufsbezeichnung „Rettungsassistent(in)". Das Rettungsassistentengesetz folgt damit dem gleichen Regelungsmodell des Krankenpflegegesetzes: die Frage nach dem zulässigen Tätigkeitsbereich wird vom Gesetzgeber nicht definitiv beantwortet.

3.2.9.1 Erlaubnispflicht

Wie aus den vorstehenden Ausführungen folgt, bedarf derjenige, der die Berufsbezeichnung „Rettungsassistentin" oder „Rettungsassistent" führen will, der staatlichen Erlaubnis (§ 1 RettAssG).

Die Erlaubnis muß auf Antrag erteilt werden, wenn der Antragsteller an dem gesetzlich vorgeschriebenen Lehrgang teilgenommen, die staatliche Prüfung bestanden und eine praktische Tätigkeit erfolgreich abgeleistet hat (§ 2 Abs. 1 Ziff. 1 RettAssG). Des weiteren darf sich der Antragsteller nicht eines Verhaltens schuldig gemacht haben, aus dem sich die Unzuverlässigkeit zur Ausübung des Berufs ergibt (§ 2 Abs. 1 Ziff. 2 RettAssG), wie er auch geistig und körperlich zur Berufsausübung fähig und geeignet sein muß (§ 2 Abs. 1 Ziff. 3 RettAssG).

Hat ein Antragsteller außerhalb der Bundesrepublik Deutschland eine abgeschlossene Ausbildung erworben, so ist dem Antrag auf Führen der Berufsbezeichnung dann stattzugeben, wenn eine Gleichwertigkeit mit der Ausbildung nach deutschem Recht vorliegt (§ 2 Abs. 2 RettAssG). Dies wird angenommen, wenn eine Ausbildung in einem EU-Mitgliedsstaat oder Vertragsstaat des Abkommens über den Europäischen Wirtschaftsraum abgeschlossen wurde. Unter bestimmten Voraussetzungen kann ein Anpassungslehrgang oder eine Eignungsprüfung für den Antragsteller erforderlich sein.

3.2.9.2 Zugang zur Ausbildung

Zugang zur Ausbildung haben Personen, die das 18. Lebensjahr vollendet haben, gesundheitlich zur Berufsausübung geeignet sind und entweder einen Hauptschulabschluß, eine gleichwertige Schulbildung oder eine abgeschlossene Berufsausbildung nachweisen können (§ 5 RettAssG).

Die Ausbildung erfolgt an staatlich anerkannten Schulen für Rettungsassistenten und dauert, soweit sie in Vollzeitform durchgeführt wird, zwölf Monate. Der Ausbildungslehrgang besteht aus mindestens 1200 Stunden und teilt sich in theoretische und praktische Ausbildung,er schließt mit der staatlichen Prüfung ab (§ 4 RettAssG).

> Das **Ausbildungsziel** sieht der Gesetzgeber darin, daß die Ausbildung entsprechend der Aufgabenstellung des Berufs als Helfer des Arztes insbesondere dazu befähigen soll, am Notfallort bis zur Übernahme der Behandlung durch den Arzt lebensrettende Maßnahmen bei Notfallpatienten durchzuführen, die Transportfähigkeit solcher Patienten herzustellen, die lebenswichtigen Körperfunktionen während des Transports zu beachten und aufrechtzuerhalten sowie Kranke, Verletzte und sonstige hilfsbedürftige Personen, auch soweit sie nicht Notfallpatienten sind, unter sachgerechter Betreuung zu befördern (§ 3 RettAssG).

Bestimmte Zeiten werden auf die Dauer des Lehrgans angerechnet, wie etwa Ferien, Unterbrechungen durch Schwangerschaft, Krankheit oder aus anderen, von den Schülern nicht zu vertretenden Gründen bis zu einer Gesamtdauer von 120 Stunden oder von vier Wochen, wenn der Lehrgang in Vollzeitform durchgeführt wird (§ 6 RettAssG). Eine „Härteklausel" erlaubt in besonderen Fällen die Berücksichtigung darüber hinausgehender Fehlzeiten.

In vollem Umfang auf die Lehrgangsdauer ist ebenfalls eine erfolgreich abgeschlossene Ausbildung als Rettungssanitäter nach den im Jahre 1977 beschlossenen „Grundsätzen zur Ausbildung des Personals im Rettungsdienst" (520-Stunden-Programm) (§ 8 Abs. 2 RettAssG) anzurechnen.

Ohne Teilnahme an einem Lehrgang sind examinierte (Kinder)krankenschwestern (-pfleger) zur Prüfung zugelassen, wenn sie zuvor an einem Ergänzungslehrgang von mindestens 300 Stunden teilgenommen haben (§ 8 Abs. 3 RettAssG). Für Soldaten der Bundeswehr, Bundesgrenzschutzbeamte oder Polizeibeamte gilt ebenfalls eine Verkürzungsregelung, wenn sie entsprechende Sanitätsprüfungen erfolgreich abgelegt haben (§ 8 Abs. 4, 5 RettAssG). Ähnliches trifft für Ausbildungszeiten bei der Feuerwehr zu (§ 9 RettAssG).

Neben dem erfolgreichen Abschluß des Lehrgangs beziehungsweise Ergänzungslehrgangs setzt die Erlaubniserteilung die erfolgreiche Ableistung einer praktischen Tätigkeit voraus (§ 2 Abs. 1 Ziff. 1b RettAssG). Die praktische Tätigkeit umfaßt mindestens 1600 Stunden und dauert, sofern sie in Vollzeitform erfolgt, zwölf Monate. Diese praktische Tätigkeit kann ausschließlich an Einrichtungen des Rettungsdienstes erfolgen, die von der zuständigen Behörde zur Annahme von Praktikanten ermächtigt ist. Einzelheiten hierzu regelt § 7 Abs. 2 RettAssG.

Ebenso wie bestimmte Zeiten auf den Lehrgang anrechenbar beziehungsweise anzurechnen sind, trifft dies auch für die praktische Tätigkeit zu.

3.2.9.3 Ausbildungs- und Prüfungsverordnung für Rettungsassistenten

Mit Wirkung vom 08.11.1989 trat die Ausbildungs- und Prüfungsverordnung für Rettungsassistent/innen (RettAssAPrV) in Kraft. Ermächtigungsgrundlage der Verordnung ist § 10 RettAssG.

Lehrgangsinhalte (§ 1 RettAssAPrV)

Die konkreten Inhalte des Lehrgangs regelt eine Anlage zu § 1 RettAssAPrV. Danach ist zunächst ein 26wöchiger Unterricht in Theorie und Praxis erforderlich. In dieser Zeit sind allgemeine medizinische Grundlagen wie Anatomie und Physiologie, naturwissenschaftliche Grundlagen, allgemeine Krankheitslehre, Wissen über Arzneimittel und Hygienekenntnisse zu vermitteln (insgesamt 200 Stunden). Es schließt sich eine Unterweisung in allgemeiner und spezieller Notfallmedizin an (200 beziehungsweise 170 Stunden). Organisation und Einsatzstatistik (140 Stunden), Berufs-, Gesetzes- und Staatsbürgerkunde (60 Stunden) sowie eine Einführung in die theoretische und praktische Ausbildung im Krankenhaus (10 Stunden) runden den Lehrgangsinhalt ab. Während der ersten sechs Monate ist zusätzlich ein dreiwöchiges Einführungspraktikum im Rettungsdienst abzuleisten.

Weitere 14 Wochen dienen der theoretischen und praktischen Ausbildung im Krankenhaus in den Bereichen allgemeine Pflegestation (60 Stunden), Notaufnahme (60 Stunden), Operationsbereich – Anaesthesie – (180 Stunden) sowie Intensiv- oder Wachstation (120 Stunden).

Praktische Tätigkeit (§ 2 RettAssAPrV)

Innerhalb der praktischen Tätigkeit (1600 Stunden) sind die für die Berufsausübung wesentlichen Kenntnisse und Fertigkeiten durch praktischen Einsatz zu vermitteln. In mindestens 50 Unterrichtsstunden sind die in der theoretischen und praktischen Ausbildung erworbenen Kenntnisse zu vertiefen.

Eine Bescheinigung weist die erfolgreiche Ableistung der praktischen Tätigkeit nach; sie wird ausgestellt auf Grund eines vom Praktikanten geführten Berichtsheftes und nach Durchführung eines erfolgreichen Abschlußgespräches.

Die Ausbildungsinhalte des verkürzten Ergänzungslehrgangs für (Kinder-)Krankenpflegekräfte regelt Anlage 2 zu § 1 RettAssAPrV.

Prüfungsverfahren (§§ 4ff. RettAssAPrV)

Um zur Prüfung zugelassen zu werden, muß der Prüfling einen formellen Antrag stellen, dem eine Geburtsurkunde, die Bescheinigung über die regelmäßige und erfolgreiche Teilnahme an der theoretischen und praktischen Ausbildung und gegebenenfalls der Nachweis über die Anerkennung der bei der Feuerwehr erworbenen Ausbildung beigefügt ist.

Spätestens vier Wochen vor Prüfungsbeginn sollen dem Prüfling die Zulassung und die Prüfungstermine mitgeteilt werden.

Die Prüfung selbst gliedert sich in einen schriftlichen Prüfungsteil, der sich weitgehend auf die Stoffgebiete des theoretischen und praktischen Unterrichts bezieht, in einen mündlichen Prüfungsteil, in dem einzeln oder in Gruppen bis zu fünf Personen geprüft wird, und in einen praktischen Prüfungsteil, in dem der Prüfling am Beispiel von drei ausgewählten Fällen zu demonstrieren hat, daß er die Kenntnisse und Fertigkeiten gemäß dem Ausbildungsziel (§ 3 RettAssG) beherrscht.

Ist jeder der Prüfungsteile mit mindestens der Note „ausreichend" bewertet, ist die Prüfung bestanden. Jeder Teil der Prüfung kann einmal wiederholt werden, wenn die Note „ausreichend" nicht erzielt wurde.

Bei bestandener Prüfung stellt die zuständige Behörde die Erlaubnisurkunde nach gesetzlich vorgegebenem Muster aus.

3.2.10 Beruf der Orthoptistin und des Orthoptisten

Die Ausbildung zum Beruf der Orthoptistin/des Orthoptisten erfolgt nach dem Orthoptistengesetz (OrthoptG) vom 28. 11. 1989 mit späteren Änderungen sowie der entsprechenden Ausbildungs- und Prüfungsverordnung (OrthoptAPrV) vom 21. 03. 1990. Gesetz und Verordnung ähneln in Aufbau und Gesetzessystematik weitgehend dem Krankenpflegegesetz.

3.2.10.1 Voraussetzungen der Erlaubniserteilung

Dies gilt für die Erlaubniserteilung zur Führung der Berufsbezeichnung, für die Voraussetzungen zum Ausbildungszugang (gesundheitliche Eignung und Realschulabschluß beziehungsweise gleichwertige Ausbildung), die Dauer der Ausbildung (drei

Jahre mit theoretischem und praktischem Unterricht sowie einer praktischen Ausbildung), die Anrechnungsmöglichkeiten (Ferien, Schwangerschaft, Krankheit, Härteklausel) auf die Ausbildungsdauer und die Ausbildung an staatlich anerkannten Schulen für Orthoptisten an Krankenhäusern.

> Das **Ausbildungsziel** (§ 13) besteht in der den zukünftigen Berufsanforderungen entsprechenden Befähigung, insbesondere bei der Prävention, Diagnose und Therapie von Störungen des ein- und beidäugigen Sehens, bei Schielerkrankungen, Sehschwächen und Augenzittern mitzuwirken.

3.2.10.2 Ausbildungs- und Prüfungsverordnung

Einzelheiten der Ausbildung und Prüfung regelt die Ausbildungs- und Prüfungsverordnung nebst Anlagen.

Die dreijährige Ausbildung erfordert die Teilnahme an theoretischem und praktischem Unterricht sowie an einer praktischen Ausbildung.

Ausbildungsinhalte

Der theoretische und praktische Unterricht umfaßt insgesamt 1700 Stunden, die auf nachstehende Fächer wie folgt verteilt sind: allgemeine und spezielle Anatomie und Physiologie (100 beziehungsweise 180 Stunden), allgemeine Krankheitslehre und Kinderheilkunde (60 Stunden), Arzneimittel (40 Stunden), allgemeine Augenheilkunde (150 Stunden), Neuroophthalmologie (100 Stunden), Orthoptik und Pleoptik (400 Stunden), Augenbewegungsstörungen (250 Stunden), Physik, Optik, Brillenlehre (200 Stunden), Hygiene (60 Stunden) und Berufs-, Gesetzes- und Staatsbürgerkunde (60 Stunden); weitere 100 Stunden sind zur Verteilung auf die elf Fächer vorgesehen. Die praktische Ausbildung erfolgt in Anamnese- und Befunderhebung sowie Dokumentation, in Therapieplanung und -durchführung, in Neuroophthalmologie (einschließlich Perimetrie), Gesprächsführung und Beratung, Anwendung und Pflege orthoptischer und pleoptischer Geräte, Fotografie und in der Betreuung von Sehbehinderten und Kontaktlinsenträgern; sie umfaßt mindestens 2800 Stunden.

Über die regelmäßige und erfolgreiche Teilnahme am theoretischen und praktischen Unterricht sowie an der praktischen Ausbildung wird eine Bescheinigung ausgestellt, die gemeinsam mit dem Nachweis über eine Ausbildung in Erster Hilfe dem Antrag auf Zulassung zur Prüfung vorzulegen ist.

Die Zulassung sowie die Prüfungstermine sollen dem Prüfling spätestens vier Wochen vor Prüfungsbeginn schriftlich mitgeteilt werden, wobei der Prüfungstermin nicht früher als zwei Monate vor dem Ende der Ausbildung liegen soll.

Der Prüfungsausschuß besteht aus einem Medizinalbeamten der zuständigen Behörde oder einem von ihr mit dieser Aufgabe betrauten Arzt als Vorsitzenden, einem Beauftragen der Schulverwaltung und als Fachprüfer mindestens einem Arzt, einer an der Schule unterichtenden Orthoptistin und weiteren an der Schule tätigen Unterrichtskräften entsprechend den zu prüfenden Fächern.

Prüfungsinhalte

Die Prüfung selbst teilt sich in eine schriftliche, mündliche und praktische Prüfung.

Schriftliche Prüfung

Der schriftliche Prüfungsteil erstreckt sich innerhalb von drei Stunden auf die Fächer Anatomie und Physiologie der Augen sowie Augenbewegungsstörungen, Orthoptik, Pleoptik und Neuroophthalmologie.

Mündliche Prüfung

Anatomie und Physiologie des Menschen, insbesondere des Sehsystems, allgemeine Augenheilkunde einschließlich Arzneimittel, Augenbewegungsstörungen, Orthoptik und Pleoptik, Neuroophthalmologie, Optik und Brillenlehre, allgemeine Hygiene und Gesundheitsvorsorge sowie Berufs-, Gesetzes- und Staatsbürgerkunde sind Inhalt der mündlichen Prüfung.

Praktische Prüfung

Im praktischen Teil der Prüfung (höchstens drei Stunden) sind unter Aufsicht zwei dem Prüfling unbekannte Patienten zu untersuchen. Dabei sollen auch die Kenntnisse in der Anwendung orthoptischer und pleoptischer Geräte nachgewiesen werden. Für einen dieser Patienten sind der Untersuchungsablauf, das Untersuchungsergebnis und der Behandlungsvorschlag vom Prüfling schriftlich niederzulegen.

Ergebnis der Prüfung

Für das Bestehen und die Wiederholungsmöglichkeit der Prüfung gilt das zum Krankenpflegegesetz Gesagte.

Liegen die Voraussetzungen des Orthoptistengesetzes für die Erlaubniserteilung zur Führung der Berufsbezeichnung vor, stellt die zuständige Behörde die Erlaubnisurkunde aus.

3.2.11 Gesetz über den Beruf der/des Beschäftigungs- und Arbeitstherapeutin/en

Rechtsgrundlage für die Ausbildung zum Beruf des Beschäftigungs- und Arbeitstherapeuten ist das Beschäftigungs- und Arbeitstherapeutengesetz (BeArbTG) vom 25.05.1976 sowie die entsprechende Ausbildungs- und Prüfungsordnung vom 23.03.1977 jeweils mit späteren Änderungen.

3.2.11.1 Erlaubnispflicht

Ebenso wie in den anderen Berufen des Gesundheitswesens ist auch die Tätigkeit unter der Bezeichnung „Beschäftigungs- und Arbeitstherapeut" erlaubnispflichtig. Die Erlaubnis wird auf Antrag erteilt, wenn nach einer dreijährigen Ausbildung an einer staatlich anerkannten Schule für Beschäftigungs- und Arbeitstherapeuten die Prüfung erfolgreich abgelegt wurde und keine Gründe in der Person des Antragstellers vorliegen, die entweder gegen seine Zuverlässigkeit oder Geeignetheit zur Berufsausübung sprechen. Der Zugang zur Ausbildung setzt eine abgeschlossene Realschulbildung, eine andere gleichwertige Ausbildung oder eine nach dem Hauptschulabschluß abgeschlossene Berufsausbildung von mindestens zweijähriger Dauer voraus.

Auf die Dauer der dreijährigen Ausbildung werden Unterbrechungen durch Ferien und im Falle von Schwangerschaft, Krankheit oder sonstigen, vom Auszubildenden nicht zu vertretende Unterbrechungszeiten bis zur Gesamtdauer von zwölf Wochen angerechnet.

Auch kann eine andere gleichwertige Ausbildung auf Antrag auf die Ausbildung nach dem Beschäftigungs- und Arbeitstherapeutengesetz angerechnet werden. So verkürzt sich beispielsweise die dreijährige Ausbildungszeit für examinierte Krankengymnasten (Physiotherapeuten) oder Erzieher um mindestens ein Jahr.

3.2.11.2 Ausbildungs- und Prüfungsordnung

Einzelheiten der Ausbildung sowie der Prüfung regelt die Ausbildungs- und Prüfungsordnung für Beschäftigungs- und Arbeitstherapeuten (BeArbThAPrO).

Die Ausbildung erfolgt durch theoretischen und praktischen Unterricht sowie eine praktische Ausbildung.

Ausbildungsinhalte

Der theoretische und praktische Unterricht umfaßt insgesamt 2360 Stunden, die sich auf folgende Fächer erstrecken (Stundenzahl in Klammern): Berufs-, Gesetzes- und Staatsbürgerkunde (60), Gesundheitslehre und Hygiene (60), Biologie, Anatomie und Physiologie (180), allgemeine Krankheitslehre (60), spezielle Krankheitslehre einschließlich diagnostischer, therapeutischer, präventiver und rehabilitativer Maßnahmen (260), Einführung in die Arzneimittellehre (20), Soziologie (40), Psychologie (100), Pädagogik und Sonderpädagogik (60), handwerkliche und gestalterische Techniken (800), Bewegungserziehung, Spiel und musische Gestaltung (100), Hilfen zur Bewältigung von Verrichtungen des täglichen Lebens des Kranken oder Behinderten (80), fachspezifische Behandlungstechniken, etwa in der Chirurgie, Orthopädie etc. (240), Sprache und Schrifttum (100), Grundlagen der Arbeitsmedizin (60), Einführung in die Arbeitswelt (40), Grundlagen der Arbeitstherapie (40) und spezielle arbeitstherapeutische Aufgaben (60). Die weitere praktische Ausbildung umfaßt insgesamt 1860 Stunden.

Für die erfolgreiche Teilnahme an den Ausbildungsveranstaltungen wird dem Auszubildenden eine Bescheinigung ausgestellt, die dem Antrag auf Zulassung zur Prüfung ebenso beigefügt werden muß wie die Geburtsurkunde beziehungsweise Heiratsurkunde und der Nachweis über eine mindestens 16stündige Ausbildung in Erster Hilfe.

Prüfungsinhalte

Die Prüfung gliedert sich in einen schriftlichen und einen praktischen Teil.

Schriftliche Prüfung

Im schriftlichen Teil der Prüfung sind in drei Aufsichtsarbeiten unterschiedlicher Dauer schriftlich gestellte Fragen aus nachstehenden Fächergruppen zu beantworten:
1. Biologie, Anatomie und Physiologie, allgemeine Krankheitslehre, spezielle Krankheitslehre;
2. Soziologie, Psychologie, Pädagogik und Sonderpädagogik;
3. Grundlagen der Arbeitsmedizin und der Arbeitstherapie sowie Berufs-, Staatsbürger- und Gesetzeskunde.

Praktische Prüfung

Die praktische Prüfung erstreckt sich auf die Fächer handwerkliche und gestalterische Techniken sowie auf angewandte Beschäftigungs- und Arbeitstherapie.

Ergebnis der Prüfung

Die Prüfung ist bestanden, wenn im schriftlichen Teil jede der drei Aufsichtsarbeiten und im praktischen Teil jede der beiden Prüfungsleistungen mindestens mit „ausreichend" benotet wurden. Eine zweimalige Wiederholung jeder Aufsichtsarbeit und jedes Faches der praktischen Prüfung ist möglich, wenn die Note „ausreichend" nicht erzielt wurde.

Zeugnis

Über die bestandene Prüfung wird ein Zeugnis und auf Antrag die Erlaubnisurkunde erteilt.
    Unter den im Gesetz genannten Voraussetzungen kann die Erlaubnis entweder zurückgenommen oder auch widerrufen werden.

3.2.12 Gesetz über die Berufe in der Physiotherapie

Zum 01. 06. 1994 soll das Gesetz über die Berufe in der Physiotherapie (Masseur- und Physiotherapeutengesetz – MPhG) in Kraft treten und das Gesetz über die Berufe des Masseurs, des Masseurs und medizinischer Bademeisters und des Krankengymnasten aus dem Jahre 1958 ablösen.
    Mit diesem Gesetz werden entsprechende Richtlinien des Rates der Europäischen Union in nationales Recht umgesetzt; zum anderen wird die durch den Einigungsver-

trag vom 31.08.1990 gebotene Rechtseinheit hinsichtlich der in den neuen Ländern noch bestehenden dreijährigen Physiotherapeutenausbildung der früheren DDR herbeigeführt. Aus diesen Gründen erscheint es dem Gesetzgeber sinnvoll, die Berufsbezeichnung „Krankengymnastin/Krankengymnast" durch die Berufsbezeichnung „Physiotherapeutin/Physiotherapeut" zu ersetzen, zumal letztere Berufsbezeichnung in einigen Mitgliedsstaaten der Europäischen Union üblich ist.

Die Ausbildung zum Beruf des Masseurs wird aufgegeben, an dessen Stelle soll nur noch zum Masseur und medizinischen Bademeister ausgebildet werden.

Diese Ausbildung war in der ehemaligen DDR unbekannt und soll für die neuen Bundesländer durch das Gesetz dort eingeführt werden. Der Gesetzgeber geht davon aus, daß sich dieser Ausbildungsgang an den in aller Regel in öffentlicher Trägerschaft fortgeführten Medizinischen Fachschulen etablieren wird, soweit nicht private Schulträger in den neuen Ländern diese hier erstmals mögliche Ausbildung übernehmen.

Der Gesetzesentwurf (Stand: 08.03.1994, Bundestagsdrucksache 12/6998) sieht folgendes vor:

3.2.12.1 Erlaubnispflicht

Wer eine der Berufsbezeichnungen nach dem Gesetzesentwurf (E) des Masseurs und Physiotherapeutengesetzes (MPhG) führen will, bedarf der Erlaubnis. Dem Antragsteller ist die Erlaubnis zu erteilen, wenn er die für die Berufsausübung erforderliche Zuverlässigkeit besitzt, zur Ausübung des Berufs körperlich wie geistig fähig und geeignet ist, die vorgeschriebene Ausbildung abgeleistet und die staatliche Prüfung bestanden hat (E § 2 MPhG).

Hat der Antragsteller außerhalb der Bundesrepublik Deutschland eine Ausbildung abgeschlossen, die mit der Ausbildung nach deutschem Recht gleichwertig ist, so ist dem Antrag zu entsprechen. Gleichwertigkeit der Ausbildung wird in der Regel angenommen, wenn eine Ausbildung in einem EU-Mitgliedsstaat oder Vertragsstaat des Abkommens über den Europäischen Wirtschaftsraums abgeschlossen wurde. Unter bestimmten Voraussetzungen kann ein Anpassungslehrgang oder eine Eignungsprüfung für den Antragsteller erforderlich sein.

Zulassungsvoraussetzungen

Das Gesetz unterscheidet die Zulassungsvoraussetzungen zur Ausbildung als Masseur und medizinischem Bademeister einerseits und als Physiotherapeut andererseits.

Die Vollendung des sechzehnten Lebensjahres, gesundheitliche Eignung zur Berufsausübung und der Hauptschulabschluß, eine gleichwertige Schulbildung oder eine abgeschlossene Berufsausbildung von mindestens einjähriger Dauer sind die Zulassungsvoraussetzungen für die Ausbildung zum *Masseur und medizinischen Bademeister* (E § 5 MPhG). Von dem Erfordernis der Vollendung des sechzehnten Lebensjahres können unter bestimmten Voraussetzungen Ausnahmen zugelassen werden.

Der Ausbildungszugang zum *Physiotherapeuten* erfordert neben der gesundheitlichen Eignung in der Regel die Vollendung des siebzehnten Lebensjahres, einen Realschulabschluß oder eine gleichwertige Ausbildung oder eine andere abgeschlossene zehnjährige Schulbildung, die den Hauptschulabschluß erweitert, oder eine abgeschlossene Berufsausbildung von mindestens zweijähriger Dauer nach einem Hauptschul- oder gleichwertigem Abschluß (E § 10 MPhG).

Ausbildungsdauer

Auch die Dauer der Ausbildung differenziert der Gesetzgeber nach den Berufsbildern.

Die Ausbildung zum *Masseur und medizinischen Bademeister* besteht aus einem zweijährigen Lehrgang, der theoretischen und praktischen Unterricht sowie eine praktische Ausbildung umfaßt und mit der staatlichen Prüfung abschließt. An diesem Lehrgang schließt sich eine praktische Tätigkeit von sechs Monaten an (E § 4 MPhG).

Unter bestimmten Voraussetzungen kann der zweijährige Lehrgang verkürzt werden, beispielsweise für Umschüler mit einer abgeschlossenen Ausbildung in einem medizinischen Fachberuf um sechs Monate (E § 18 MPhG).

Auf die Lehrgangsdauer werden Ferien ebenso angerechnet wie Unterbrechungen durch Schwangerschaft, Krankheit oder aus sonstigen nicht zu vertretenden Gründen bis zur Gesamtdauer von acht Wochen, bei verkürztem Lehrgang bis zu höchstens drei Wochen. Darüberhinausgehende Fehlzeiten können bei Vorliegen einer besonderen Härte soweit berücksichtigt werden, als das Ausbildungsziel durch die Anrechnung nicht gefährdet wird. Ähnliches gilt für die Anrechnung einer anderen gleichwertigen Ausbildung (E § 6 MPhG).

Die Ausbildung zum *Physiotherapeuten* dauert drei Jahre, bestehend aus theorethischem und praktischem Unterricht und einer praktischen Ausbildung (E § 9 MPhG).

Eine Verkürzung auf achtzehn Monate kann ein Antragsteller erwarten, der zuvor die Prüfung als Masseur und Bademeister erfolgreich abgelegt hat; weitere Verkürzungsmöglichkeiten regelt § 12 Abs. 1 MPhG (E).

Ferien und Unterbrechungen der Ausbildung werden bis zur Gesamtdauer von zwölf Wochen, bei verkürzter Ausbildung bis zu höchstens vier Wochen je Ausbildungsjahr angerechnet. Auch hier gilt eine "Härteklausel" (E § 11 MPhG).

Ausbildungsziele

Die Ausbildung zum *Masseur und medizinischen Bademeister* soll entsprechend der Aufgabenstellung des Berufs insbesondere dazu befähigen, durch Anwenden geeigneter Verfahren der physikalischen Therapie in Prävention, kurativer Medizin, Rehabilitation und im Kurwesen, Hilfen zur Heilung und Linderung, zur Wiederherstellung oder Verbesserung der Arbeits- und Erwerbstätigkeit, zu gesundheitförderndem Verhalten und zum Kurerfolg zu geben (E § 3 MPhG).

Entsprechend der Aufgabenstellung des *Physiotherapeuten* sieht der Gesetzgeber das Ausbildungsziel in der Befähigung, durch Anwenden geeigneter Verfahren der Physiotherapie in Prävention, kurativer Medizin, Rehabilitation und im Kurwesen, Hilfen zur Entwicklung, zum Erhalt oder zur Wiederherstellung aller Funktionen im somatischen und psychischen Bereich zu geben und bei nicht rückbildungsfähigen Körperbehinderungen Ersatzfunktionen zu schulen (E § 8 MPhG).

Ausbildungsstätten

Die Ausbildung zum Masseur und medizinischen Bademeister erfolgt an staatlich anerkannten Schulen (E § 4 Abs. 2 MPhG). Organisation und Struktur der Ausbildungseinrichtungen unterliegt der Zuständigkeit der Länder. Ähnliches gilt für die Ausbildung zum Physiotherapeuten. Allerdings haben hier diejenigen Schulen, die nicht an einem Krankenhaus eingerichtet sind, die praktische Ausbildung im Rahmen einer Regelung mit Krankenhäusern oder anderen geeigneten medizinischen Einrichtungen sicherzustellen (E § 9 MPhG). Die halbjährige praktische Tätigkeit des Masseurs und medizinischen Bademeisters dagegen erfolgt in Krankenhäusern oder ähnlich geeigneten Einrichtungen, die zur Annahme von Praktikanten ermächtigt sind und die eine Aufsicht durch einen Berufskollegen gewährleisten (E § 7 MPhG). Die Voraussetzungen einer Ermächtigung zur Annahme von Praktikanten regelt § 7 Abs. 2 MPhG (E).

> Aussagen zu Ausbildungsvergütungen enthält das Gesetz wegen der besonderen Ausbildungsstruktur nicht. Es steht jedoch etwaigen tarifvertraglichen Vereinbarungen über die Gewährung von Ausbildungsvergütungen nichts entgegen.

3.2.12.2 Übergangsvorschriften

Zahlreiche Übergangsvorschriften (E §§ 16 ff. MPhG) sollen einen nahtlosen Übergang vom alten zum neuen Recht der Berufsausbildung ab 01. 06. 1994 sicherstellen. So gilt eine nach altem Recht erteilte Erlaubnis als „Masseur/Masseurin und medizinischer Bademeister/medizinische Bademeisterin" weiter. Die Bezeichnung „Krankengymnast/Krankengymnastin" nach altem Recht soll entweder fortgeführt werden dürfen (E § 16 Abs. 4 MPhG), gilt aber auch als Erlaubnis zur Führung der Berufsbezeichnung „Physiotherapeut" (E § 16 Abs. 1 MPhG).

Eine Ausbildung in der Massage, in der Krankengymnastik oder als Physiotherapeut, die vor Inkrafttreten des Masseur- und Physiotherapeutengesetzes begonnen wurde, wird nach den bisher geltenden Vorschriften abgeschlossen; die darauf für die Berufsbezeichnungen resultierenden Folgerungen regeln die Übergangsvorschriften.

3.2.12.3 Ausbildungs- und Prüfungsverordnung

Auf der Grundlage des Masseur- und Physiotherapeutengesetzes ist eine entsprechende Ausbildungs- und Prüfungsverordnung zu erlassen. Diese muß die Mindestanforderungen an die Ausbildung, das Nähere über die staatliche Prüfung und die Erlaubnisurkunde regeln (E § 13 MPhG).

3.2.13 Gesetz über den Beruf der/des Logopädin/en

Rechtsgrundlage für den Zugang zum Beruf des Logopäden ist das Gesetz über den Beruf des Logopäden und der Logopädin vom 07. 05. 1980 mit entsprechenden Änderungen durch Artikel 3 des Heilberufsänderungsgesetzes.

3.2.13.1 Erlaubnispflicht

Wer eine Tätigkeit unter der Berufsbezeichnung „Logopäde" oder „Logopädin" ausüber will, bedarf der Erlaubnis (§ 1 LogG).
Die Erlaubnis wird erteilt, wenn der Antragsteller:

1. nach einer dreijährigen Ausbildung die staatliche Prüfung bestanden hat,
2. sich nicht eines Verhaltens schuldig gemacht hat, aus dem sich die Unzuverlässigkeit zur Ausübung des Berufs ergibt und
3. nicht wegen eines körperlichen Gebrechens, wegen Schwäche seiner geistigen oder körperlichen Kräfte oder wegen einer Sucht zur Ausübung des Berufs unfähig oder ungeeignet ist (§ 2 LogG).

Die Ausbildung erfolgt an staatlich anerkannten Schulen. Voraussetzung für den Zugang zur Ausbildung ist eine abgeschlossene Realschulausbildung, eine andere gleichwertige Ausbildung oder eine nach Hauptschulabschluß abgeschlossene Berufsausbildung von mindestens zweijähriger Dauer sowie die Vollendung des achtzehnten Lebensjahres. Von dem Erfordernis der Vollendung des achtzehnten Lebensjahres kann in besonderen Fällen abgesehen werden (§ 4 LogG).
Voraussetzungen einer Rücknahme beziehungsweise eines Widerrufs der Erlaubniserteilung sind in § 3 des Gesetzes geregelt.

3.2.13.2 Ausbildungs- und Prüfungsordnung

Die Anforderungen an die Ausbildung zum Logopäden sowie die Voraussetzungen der staatlichen Prüfung regelt im einzelnen die Ausbildungs- und Prüfungsordnung für Logopäden (LogAPrO) vom 01.01.1980.

Ausbildung

Die Ausbildung dauert drei Jahre und umfaßt einen theoretischen und praktischen Unterricht sowie eine praktische Ausbildung.
Die 1740 Stunden des Unterrichts verteilen sich auf Berufs-, Gesetzes- und Staatsbürgerkunde (60 Stunden), Anatomie und Physiologie (100), Pathologie (20), Hals-, Nasen-, Ohrenheilkunde (60), Pädiatrie und Neuropädiatrie (80), Kinder- und Jugendpsychiatrie (40), Neurologie und Psychiatrie (60), Kieferorthopädie, Kieferchirurgie (20), Phoniatrie (120), Aphasiologie (40), Andiologie und Pädandiologie (60), Elektro- und Hörgeräteakustik (20), Logopädie (480), Phonetik/Linguistik (80), Psychologie und klinische Psychologie (120), Soziologie (40), Pädagogik (60), Sonderpädagogik (80), Stimmbildung (100) und Sprecherziehung (100).
Einzelheiten der Unterrichtsinhalte sind der Anlage 1 zu § 1 Abs. 1 LogAPrO zu entnehmen. Gleiches gilt für die praktische Ausbildung, die insgesamt 2100 Stunden umfaßt und deren Inhalte und zeitliche Verteilung in Anlage 2 zu § 1 Abs. 1 LogAPrO geregelt sind.

Prüfung

Um zur Prüfung zugelassen zu werden, muß der Prüfling zum einen die regelmäßige und erfolgreiche Teilnahme an den Ausbildungsveranstaltungen nachweisen, zum anderen bedarf es der Vorlage der Geburtsurkunde oder der Heiratsurkunde bei Verheirateten, gegebenenfalls eines Auszuges aus dem Familienbuch. Darüberhinaus ist dem Antrag auf Prüfungszulassung eine Bescheinigung der Schule beizulegen, daß die Ausbildung nicht über die im Gesetz festgelegten Zeiten hinaus unterbrochen wurden und schließlich ist ein Nachweis über die Ausbildung in Erster Hilfe zu erbringen.

Die Prüfung, die vor dem Prüfungsausschuß der ausbildenden Schule abzulegen ist, untergliedert sich in einen schriftlichen, mündlichen und praktischen Teil (§ 2 LogAPrO).

Schriftliche Prüfung

Der schriftliche Prüfungsteil erstreckt sich auf die Fächer Logopädie, Phoniatrie einschließlich Hals-, Nasen-, Ohrenheilkunde, Andiologie und Pädandiologie, Neurologie und Psychiatrie sowie Berufs-, Gesetzes- und Staatsbürgerkunde. In den genannten Fächern sind in je einer Aufsichtsarbeit schriftlich gestellte Fragen zu beantworten; die Arbeiten dauern jeweils 90 Minuten und sind an zwei aufeinanderfolgenden Tagen zu erledigen (§ 5 LogAPrO).

Mündliche Prüfung

Der mündliche Prüfungsteil, der von mindestens drei Fachprüfern abgenommen wird, bezieht die Fächer Logopädie, Phoniatrie, Pädagogik und Sonderpädagogik, Psychologie und klinische Psychologie sowie Phonetik und Linguistik mit ein. Die Prüfung soll pro Fach nicht länger als 20 Minuten dauern. Die Prüflinge können einzeln oder in Gruppen bis zu fünf geprüft werden (§ 6 LogAPrO).

Praktische Prüfung

Der praktische Teil der Prüfung erstreckt sich auf die angewandte Logopädie; Einzelheiten regelt § 7 LogAPrO.

Jeder Teil der Prüfung kann zweimal wiederholt werden, wenn der Prüfling die Note „mangelhaft" oder „ungenügend" erhalten hat. Wurden alle Teile der Prüfung mit „mangelhaft" oder schlechter benotet, besteht die Wiederholungsmöglichkeit nur, wenn der Prüfling an einer weiteren Ausbildung teilgenommen hat, deren Dauer und Inhalt vom Vorsitzenden des Prüfungsausschusses bestimmt wird (§ 10 LogAPrO).

Hat der Prüfling die Prüfung bestanden, und liegen die weiteren Voraussetzungen des Gesetzes über den Beruf des Logopäden für die Erlaubniserteilung vor, so stellt die zuständige Behörde die Urkunde zur Führung der Berufsbezeichnung „Logopäde" aus.

3.2.14 Arzthelfer/in-Ausbildungsverordnung

Die Ausbildung zum Arzthelfer/zur Arzthelferin erfolgt nach einer entsprechenden Verordnung (Arzthelfer-Ausbildungsverordnung vom 10.12.1985 – ArztHAusbV), die auf Grund des § 25 Berufsbildungsgesetzes erlassen wurde.

Die Ausbildungsordnung regelt den praxisorientierten Teil der dualen (berufsschulischen neben betriebspraktischen) Berufsausbildung. Demgegenüber wird die Ausbildung in den Berufsschulen von den Bundesländern geregelt. Ausbildungsordnung und Rahmenlehrpläne der Länder für den Berufsschulunterricht werden vor Erlaß inhaltlich aufeinander abgestimmt.

Der Ausbildungsberuf des Arzthelfers/der Arzthelferin ist staatlich anerkannt. Damit ist die Grundlage für eine geordnete und einheitliche Berufsausbildung gelegt.

Die Ausbildung dauert drei Jahre. Im ersten Ausbildungsjahr ist eine berufsfeldbreite *Grundbildung* zu vermitteln; im zweiten und dritten Ausbildungsjahr erfolgt die berufliche *Fachbildung*.

Fertigkeiten und Kenntnisse, die als Gegenstand der Berufsausbildung mindestens zu vermitteln sind, beziehen sich auf:

1. Kenntnisse über das Gesundheitswesen und die ärztliche Praxis,
2. Arbeitsschutz, Arbeitshygiene, Umweltschutz und rationelle Energieverwendung,
3. Maßnahmen der Praxishygiene,
4. Anwenden und Pflegen medizinischer Instrumente, Geräte und Apparate,
5. Betreuen von Patienten in der ärztlichen Praxis,
6. Hilfeleistungen in Notfällen,
7. Mitwirken bei diagnostischen und therapeutischen Maßnahmen des Arztes,
8. Durchführen von Laborarbeiten einschließlich der Qualitätssicherung,
9. Umgehen mit Arzneimitteln, Sera, Impfstoffen sowie mit Heil- und Hilfsmitteln,
10. Anwenden von medizinischen Fachausdrücken und Grundkenntnissen über Krankheiten,
11. Anatomie, Physiologie und Pathologie,
12. Prävention, Prophylaxe und Rehabilitation,
13. Organisieren der Praxisabläufe einschließlich Textverarbeitung,
14. Durchführen des Abrechnungswesens,
15. Durchführen von Verwaltungsarbeiten,
16. Umgehen mit Bestimmungen der Sozialgesetzgebung.

Ein *Ausbildungsrahmenplan* dient der Anleitung und Hilfestellung für eine systematische, nach zeitlichen und sachlichen Gesichtspunkten gegliederte, sinnvolle Ausbildung in der Arztpraxis während der beruflichen Grundbildung und der beruflichen Fachbildung. Er ist Grundlage des *Ausbildungsplans,* den der Ausbilder für den Auszubildenden zu erstellen hat.

Der Auszubildende hat in Form eines Berichtshefts einen Ausbildungsnachweis zu führen, den der Ausbilder regelmäßig durchzusehen hat. Dem Auszubildenden ist Gelegenheit zu geben, das Berichtsheft während der Ausbildungszeit zu führen.

Vor dem Ende des zweiten Ausbildungsjahres ist eine *Zwischenprüfung* durchzuführen, um den Stand der Ausbildung festzustellen. Der schriftlichen maximal zweistündigen Prüfung sind praxisbezogene Fälle oder Aufgaben aus den Prüfungsgebieten a) Gesundheitswesen, b) Praxishygiene, c) Apparate- und Instrumentenkunde, d) Anatomie und Physiologie, e) Praxisorganisation und f) Sozialgesetzgebung zugrunde zu legen.

Die *Abschlußprüfung* orientiert sich an denjenigen Gegenständen, die während der dreijährigen Ausbildungszeit nach der Ausbildungsverordnung vermittelt worden sind sowie dem für die Berufsausbildung wesentlichen Berufsschulstoff. Sie ist in den Prüfungsfächern Medizin, Verwaltung sowie Wirtschafts- und Sozialkunde schriftlich und im Prüfungsfach „Praktische Übungen" mündlich durchzuführen.

Zum Bestehen der Abschlußprüfung müssen im Gesamtergebnis – hier haben die Prüfungsfächer Medizin und Verwaltung das doppelte Gewicht gegenüber den anderen Prüfungsfächern – und im Durchschnitt der Prüfungsergebnisse für Medizin und Verwaltung mindestens „ausreichende" Leistungen erbracht werden.

3.2.15 Entwurf eines Altenpflegegesetzes

Nachdem in einigen Bundesländern Ausbildungsordnungen für die Altenpflege mit zum Teil sehr unterschiedlichen Regelungen existieren, legte die Bundesregierung im Jahre 1990 den Entwurf eines Gesetzes über die Berufe in der Altenpflege (Altenpflegegesetz – AltPflG) als bundesrechtliche Grundlage für eine bundeseinheitliche Ausbildung in der Altenpflege vor.

Der Aufbau des Gesetzentwurfes (Bundestags-Drucksache 11/8012, bislang noch nicht verabschiedet und in Kraft getreten) folgt dem des Krankenpflegegesetzes. Auch die Bestimmungen über die Dauer der Regelausbildung von drei Jahren, die Zulassungsvoraussetzungen, den Schutz der Berufsbezeichnung, die Gestaltung des Ausbildungsverhältnisses und den Anspruch auf Ausbildungsvergütung folgen weitgehend diesem Vorbild. Ziel der Ausbildung soll sein, älteren Menschen zu helfen, die körperliche, geistige und seelische Gesundheit zu fördern, zu erhalten und wiederzuerlangen. Im Rahmen dieser Zielsetzung soll die Altenpflege ein breitgefächertes Hilfsangebot persönlicher Beratung, Betreuung und Pflege in stationären und teilstationären Einrichtungen im ambulanten Pflegedienst und in offenen und sonstigen Einrichtungen eröffnen. Diesem ganzheitlichen Anspruch entsprechend sieht der Gesetzesentwurf eine umfassende Ausbildung mit medizinisch-pflegerischen und sozial-pflegerischen Inhalten vor. Die für die Aufgaben der Altenpflege erforderlichen Kenntnisse und Fertigkeiten sollen in einer überwiegend praktischen Ausbildung in staatlich anerkannten Altenpflegeschulen und mit diesen verbundenen Einrichtungen erworben werden. Die theoretische Ausbildung soll neben der medizinisch-pflegerischen vor allem eine psychosoziale und pädagogische Kompetenz herbeiführen.

> Solange das Altenpflegegesetz nicht verabschiedet und in Kraft getreten ist, bleibt es bei den länderspezifischen Ausbildungsordnungen. Insoweit ist die Ausbildung zum Altenpflegeberuf als Berufsausbildung im Sinne des Berufsbildungsgesetzes jedenfalls dann anzusehen, wenn die praktische Ausbildung überwiegt (BAG, DB 1991, 101). In diesem Fall ist eine angemessene Ausbildungsvergütung unabdingbar (§ 611 BGB). Solange es an tariflichen Regelungen für die Ausbildungsvergütung in der Altenpflege fehlt, kann für deren Höhe auf den Ausbildungstarifvertrag für Schüler/innen in der Krankenpflegehilfe zurückgegriffen werden.

3.2.16 Heimpersonalverordnung

Eine für Funktion und Tätigkeit erforderliche persönliche und fachliche Eignung setzt die Verordnung über personelle Anforderungen für Heime vom 19.07.1993 (HeimPersV) voraus.

Nur von Fachkräften oder unter deren angemessener Beteiligung dürfen betreuende Tätigkeiten vorgenommen werden. Hierbei muß mindestens einer, bei mehr als zwanzig nicht pflegebedürftigen Bewohnern oder mehr als vier pflegebedürftigen Bewohnern mindestens jeder zweite weitere Beschäftigte eine Fachkraft sein. In Heimen mit pflegebedürftigen Bewohnern muß auch bei Nachtwachen mindestens eine Fachkraft ständig anwesend sein. Fachkräfte im Sinne der Verordnung sind solche, die über eine abgeschlossene Berufsausbildung verfügen, die Kenntnisse und Fähigkeiten zur selbständigen und eigenverantwortlichen Wahrnehmung der von ihnen ausgeübten Funktion und Tätigkeit vermittelt. Dazu zählen beispielsweise nicht Altenpflegehelfer/-innen, Krankenpflegehelfer/innen oder vergleichbare Hilfskräfte.

Besondere Qualifikationen werden beim Heimleiter und dem Leiter des Pflegedienstes vorausgesetzt.

> Als Heimleiter/in ist fachlich geeignet, wer eine Ausbildung zu einer Fachkraft im Gesundheits- oder Sozialwesen oder in einem kaufmännischen Beruf oder in der öffentlichen Verwaltung mit staatlich anerkanntem Abschluß nachweisen kann und durch eine mindestens zweijährige hauptberufliche Tätigkeit in einem Heim oder in einer vergleichbaren Einrichtung die weiteren für eine Heimleitung erforderlichen Kenntnisse und Fähigkeiten erworben hat. Hierzu dürften insbesondere auch die Kenntnisse über das Heimgesetz vom 23.03.1990 sowie die Verordnung über die Mitwirkung der Bewohner von Heimen in Angelegenheiten des Heimbetriebes (HeimMitwirkungsV) vom 16.07.1992 zählen.

Schließlich dürfen in der Person des Heimleiters/der Heimleiterin keine Tatsachen vorliegen, die auf eine Ungeeignetheit schließen lassen, etwa eine rechtskräftige Verurteilung wegen einer Straftat gegen das Leben, die sexuelle Selbstbestimmung oder die persönliche Freiheit, wegen vorsätzlicher Körperverletzung, Erpressung, Urkundenfälschung, Untreue, Diebstahls, Unterschlagung, Betrugs oder Hehlerei.

Ähnliche fachliche und persönliche Voraussetzungen – mit Ausnahme kaufmännischer Kenntnisse – werden ebenfalls von der Leiterin/dem Leiter des Pflegedienstes verlangt.

3.2.17 Sonstige Berufe im Gesundheitswesen

Neben den vorstehend erörterten Berufen existieren weitere gesundheits- und sozialpflegerische Berufe, die abschließend, ohne näher auf sie einzugehen, nur aufgeführt werden sollen, um das Bild abzurunden. Hierzu gehören unter anderem die Sozialarbeiter, die Gemeindeschwestern und – pfleger, die Assistenten in der Zytologie, die Desinfektoren und Schädlingsbekämpfer, die Präparatoren und Sektionsgehilfen, der Pharmakant, der Gesundheitsaufseher und der Chirurgiemechaniker als Beruf nach der Handwerksordnung.

Alle diese Berufe, deren Ausübung und Anerkennung besonderen staatlichen Regelungen unterliegen, tragen dazu bei, das Gesundheitswesen und die Wohlfahrtspflege so wirkungsvoll wie möglich zu gestalten.

3.3 Persönlichkeiten in der Medizin

Zum Abschluß der Berufskunde soll in der gebotenen Kürze auf die Lebensdaten und das Wirken der Persönlichkeiten in der neuzeitlichen Medizin hingewiesen werden.
Die Reihenfolge der Darstellung richtet sich nach der geschichtlichen Abfolge.

Anthony van Leeuwenhoek (1632–1723)

Holländischer Glasschleifer, baute das erste brauchbare Mikroskop (3000 bis 10000fache Vergrößerung, heute bis 150000fache Vergrößerung durch Elektronenmikroskope); eröffnete den Blick in die Welt der Mikroorganismen.

Edward Jenner (1749–1823)

Englischer Landarzt; nach seinen Beobachtungen erkrankten Bauern und Melker nur selten oder ganz schwach an Pocken. Jenner folgerte, daß dieser Personenkreis mit Kuhpocken infiziert und damit gegen Pocken immun war. 1796 praktischer Versuch durch Impfung eines achtjährigen Jungen mit Kuhpockenviren und anschließende Infizierung mit Pockenviren; das Kind erkrankte nicht, es stellte sich dessen Immunität und damit die Richtigkeit der Überlegungen Jenners heraus; danach in England systematischer Aufbau der Pockenschutzimpfung. In Deutschland wurde die Pflicht zur Pockenschutzimpfung 1874 gesetzlich verankert; zwischenzeitlich wurde in der Bundesrepublik Deutschland die Pflicht zur Pockenschutzimpfung aufgehoben.

Ignaz Semmelweis (1818–1865)

Österreichisch-ungarischer Arzt (Gynäkologe); beobachtete, daß zahlreiche Mütter an „Kindbettfieber" starben, vor allem, wenn Studenten als „Geburtshelfer" eingesetzt waren; führte dies darauf zurück, daß die Studenten nach einer Leichensektion ohne anschließende Desinfektion der Hände Leichengift auf die Mütter übertrugen. Er versuchte deshalb 1847 die Händedesinfektion mit Chlorwasser einzuführen; wurde mit seiner Forderung: „Du sollst mit reinen Händen waschen" Wegbereiter der Non-Infektion.

Max von Pettenkofer (1818–1901)

Professor in München, Inhaber des ersten Lehrstuhls für Hygiene in Deutschland. Er entwickelte die sogenannte „Bodentheorie" aufgrund seiner Beobachtung, daß immer dann, wenn sich der Grundwasserspiegel in München senkte, Seuchen wie Typhus, Cholera und Ruhr zunahmen; daraus folgerte er Gefahrenquellen für das Trinkwasser im Grundwasser. Der wissenschaftliche Nachweis, daß Mikroorganismen Ursache von Infektionskrankheiten sind, gelang später Robert Koch.

Louis Pasteuer (1822–1895)

Französischer Chemiker und Biologe; erkannte, daß Gärungs- und Fäulnisprozeß durch Mikroorganismen bewirkt werden, deren Abtötung durch Erhitzen oder plötzliches Abkühlen die Gärung unterbricht; durch ihn erste Hinweise auf Abtötung der Mikroorganismen auch durch chemische Mittel (Karbolsäure) oder physikalische Verfahren (die nach ihm benannte Pasteurisierung); arbeitet lange mit Robert Koch zusammen und entwickelte die Schutzimpfung gegen Tollwut und Milzbrand; erwarb sich Verdienste bei der Bekämpfung von Seidenraupenepidemien.

Lord Lister (1824–1912)

Englischer Professor der Chirurgie; bekämpfte die Wundinfektion mit chemischen Mitteln; setzte zur Desinfektion der Operations-Luft Phenol (Carbolzerstäuber) ein und behandelte Operationstücher und Verbände mit Carbol; damit führte er - im Anschluß an Semmelweis – endgültig die Antisepsis (= gegen die Fäulnis gerichtet; Asepsis = Verhinderung des Eindringens von Erregern in das Wundbett, Keimfreiheit) ein; zur Händedesinfektion verlangte er Verwendung von Carbol oder Chlor.

Alfred Nobel (1833–1896)

Schwedischer Chemiker und Geschäftsmann; erfand das Dynamit und die Sprengstoffgelatine; erwarb das Patent für Sprengstofftechnik; verfügte 1885 testamentarisch, daß sein Vermögen zur Nobelstiftung wurde und die Zinsen jährlich für folgende Preise verwendet werden sollten:

– Nobelpreis für Chemie,
– Nobelpreis für Physik,
– Nobelpreis für Physiologie und Medizin,
– Friedensnobelpreis

Robert Koch (1843–1910)

Kreisarzt in Wollstein (Posen); führte eine Landarztpraxis mit Labor und betrieb dort nebenbei bakterielle Studien über Tierseuchen, insbesondere den Milzbrand. Er beschäftigte sich mit Wundinfektion, vor allem mit den Bakterien, die die Wundinfektion hervorrufen; sein großes Verdienst ist die Entwicklung einer einwandfreien Methodik zur Identifizierung von Infektionserregern; arbeitete mit Pasteur und Lister zusammen; ging 1880 an das Gesundheitsamt nach Berlin; entdeckte nach langwierigen

Untersuchungen 1882 den Tuberkelbazillus; bekämpfte in Indien die Cholera, in Südost-Afrika die Schlafkrankheit, auf Java die Malaria; 1885 wurde er der erste Direktor des neugegründeten Hygieneinstitutes in Berlin; erhielt 1905 den Nobelpreis.

Emil von Behring (1854–1917)

In Westpreußen geboren; Ausbildung als Militärarzt; wandte sich frühzeitig der Bakteriologie zu; wurde als Assistent von Robert Koch an das Hygieneinstitut nach Berlin berufen; später (1895) Leiter des Hygieneinstituts in Marburg/Lahn; entwickelte die ersten Heilseren gegen Diphterie und Tetanus und gilt neben Pasteuer als Mitbegründer der Immunitätslehre.

Paul Ehrlich (1854–1915)

In Schlesien geboren; Studium der Medizin; Mitarbeiter von Robert Koch in Berlin mit eigenem Labor zur farblichen Sichtbarmachung von Bazillen; 1896 Leiter des Instituts für Serumforschung in Steglitz; 1899 Direktor des Instituts für experimentelle Therapie in Frankfurt; Bekämpfung des Syphiliserregers mit Arsen, später (1910) mit dem von ihm entwickelten und hergestellten chemotherapeutischen Mittel „Salvarsan"; Begründer der Chemotherapie; 1908 Nobelpreis für seine Immunitätsforschung.

Sir Alexander Fleming (1881–1955)

Englischer Bakteriologe, London, entdeckte 1928/1929 das Penicilin, das die lange Reihe der sogenannten Antibiotika eröffnete; diese aus bestimmten Bakterien und Pilzen natürlich gewonnenen oder synthetisch hergestellten antibiotischen Arzneistoffe haben nachhaltig am Fortschritt bei der modernen Behandlung der Infektionskrankheiten mitgewirkt; Nobelpreisträger 1945.

Gehard Domagk (1895–1964)

Deutscher Chemiker, Wuppertal-Eberfeld, forschte auf den von Paul Ehrlich gewiesenen Bahnen weiter und fand 1932 die Sulfonamide zur Behandlung bakterieller Infektionen; Nobelpreisträger 1939.

Jonas E. Salk (1914)

Amerikanischer Professor (Bakteriologe); entwickelte – 1950 bis 1952 war die größte Kinderlähmungsepidemie in Amerika – einen Infektionsimpfstoff gegen Kinderlähmung (heute ist die Schluckimpfung gebräulich mit einem von Albert Sabin entwickelten Serum); 1962 Direktor des nach ihm benannten Salk-Instituts für biologische Studien in Kalifornien; widmete sich dort der Krebsforschung.

Anhang

Anhang A: Muster eines Nottestaments

_____ den _____

NIEDERSCHRIFT

Über die Errichtung eines Dreizeugen-Testaments gem. § 2250 BGB

Anwesend: 1. Herr/Frau/Frl. _____
(Vor- und Zuname des Patienten, bei Frauen auch Geburtsname)

geb. am _____ in _____

wohnhaft: _____

z. Z. (Name des Krankenhauses), Stat. _____

ausgewiesen durch Personalausweis Nr. _____
oder: den nachstehenden Zeugen persönlich bekannt

2. Die Zeugen:

1. _____
(Vor- und Zuname, ggf. Geburtsname, Geburtsdatum, Wohnanschrift)

2. _____

3. _____

Herr/Frau/Frl. _____ erklärt, daß er/sie ein Dreizeugen-Testament errichten wolle.

Gegen die anwesenden Zeugen liegen Ausschließungsgründe sowie Gründe für ein Mitwirkungsverbot gemäß § 6 Abs. 1 Nr. 1 bis 3, §§ 7, 26 Abs. 2 Nr. 2–5, § 27 Beurkundungsgesetz nicht vor.

Nach Erklärung des Arztes―――――――― ist die Besorgnis begründet, daß mit dem Ableben des/der―――――――― eher zu rechnen ist, als die Errichtung eines notariellen Testaments möglich sein wird. Gegen die Testierfähigkeit des Erblassers bestehen keine Bedenken.

Der Erblasser ist von der Bestimmung des § 2252 BGB (Gültigkeitsdauer des Nottestaments) in Kenntnis gesetzt worden.

Herr/Frau/Frl.―――――――― gab als letzten Willen folgende mündliche Erklärung ab:
(Text)

*) Der Erblasser wünscht, daß dieses Testament beim Amtsgericht―――――――― verwahrt wird und der Hinterlegungsschein ihm (bzw. an:)―――――――― übersandt wird.

*) Der Erblasser wünscht, daß dieses Testament in der Verwaltung des Krankenhauses verwahrt wird.

Vorstehende Niederschrift wurde dem Erblasser wörtlich vorgelesen, von ihm genehmigt und von ihm sowie von den drei Zeugen, die während der ganzen Verhandlung ununterbrochen zugegen waren, eigenhändig unterschrieben:

Unterschriften:

――――――――――――――――――
(Vor- und Zuname des Erblassers)

(Zeugen):　――――――――――――――――――
(Vor- und Zuname)

――――――――――――――――――

――――――――――――――――――

Der Erblasser erklärt, daß er nicht mehr schreiben kann; die Zeugen sind von der Richtigkeit dieser Tatsache überzeugt.

Unterschriften:

――――――――――――――――――
(Vor- und Zuname des Zeugen)

――――――――――――――――――

――――――――――――――――――

*) Nichtzutreffendes bitte streichen

Anhang B: Stellungnahme der Arbeitsgemeinschaft Deutscher Schwesternverbände (ADS) und des Deutschen Berufsverbandes für Krankenpflege e. V. (DBfK) zur Vornahme von Injektionen, Infusionen, Transfusionen und Blutentnahmen durch das Krankenpflegepersonal

Die Unsicherheit der Pflegenden bezogen auf die Durchführung von Injektionen jeder Art macht eine erneute differenzierte Stellungnahme der o. g. Berufsverbände zu diesem Thema notwendig. Die folgenden Ausführungen sollen dem Krankenpflegepersonal [1]) als Argumentations- und Entscheidungshilfe dienen.

Grundsätzliche Empfehlung

Injektionen, Infusionen, Transfusionen und Blutentnahmen sind Tätigkeiten, die der Feststellung, Heilung oder Linderung von Krankheiten, Leiden oder Körperschäden dienen. Sie gehören in das Gebiet der Heilkunde und damit in erster Linie zum Aufgaben- und Verantwortungsbereich der Ärztin/des Arztes. [2,3])

Der Aufgaben- und Verantwortungsbereich der Krankenschwester [1]) umfaßt in erster Linie die selbständige, geplante Krankenpflege [4]). Außerdem obliegt ihr die Durchführung der im Rahmen der Behandlungspflege ärztlich angeordneten Maßnahmen der Diagnostik und Therapie. In diesem Rahmen ist auch die Delegation von Injektionen möglich, wenn dazu die Einwilligung des Patienten sowie der Krankenschwester [1]) vorliegt.

Grundsätzlich soll die Anordnung von Injektionen schriftlich und ausschließlich an solche dreijährig ausgebildeten Krankenpflegepersonen [1]) erfolgen, die für die jeweilige Aufgabe qualifizierte Kenntnisse, Fähigkeiten und Fertigkeiten nachweisen. Im übrigen ist zu prüfen, ob durch die Wirkung des Medikamentes das perönliche Tätigwerden des Arztes [3]) erforderlich ist.

Die Durchführungsverantwortung liegt in jedem Fall bei der Krankenschwester, [1]) die deshalb auch eine persönlich nicht zu verantwortende Maßnahme ablehnen kann, ohne arbeitsrechtliche Nachteile befürchten zu müssen.

Da die Durchführung von Injektionen ein erhöhtes Risiko in zivil- und strafrechtlicher Hinsicht darstellt, wird empfohlen, sich zu vergewissern, ob eine ausreichende Absicherung durch den Träger gewährleistet ist.

ADS und DBfK empfehlen im einzelnen:

1. Injektionen

Subkutane und intramuskuläre Injektionen gehören zum Tätigkeitsbereich der Krankenschwestern. [1])

Der Arzt [3]) kann ihnen die Verabreichung dieser Injektionen generell übertragen, wenn er sich von ihren Kenntnissen, Fähigkeiten und Fertigkeiten überzeugt hat. Es muß jeweils eine schriftliche ärztliche Anordnung vorliegen, aus der Angaben über die Person des Patienten, Name und Dosis des Medikamentes sowie Art und Zeitpunkt der Injektion eindeutig hervorgehen.

Ferner müssen die beauftragten Krankenschwestern[1]) über Wirkungen und Nebenwirkungen des Medikamentes sowie mögliche Komplikationen und Zwischenfälle unterrichtet werden.

Intravenöse Injektionen sind grundsätzlich ärztliche Tätigkeiten. Sie gehören üblicherweise nicht zum Aufgabenbereich der Krankenpflegepersonen,[1]) weil diese weder die notwendigen pharmakologischen Kenntnisse haben noch bei unvorhergesehenen Reaktionen selbständig ein Gegenmittel verordnen und verabreichen dürfen.

Daher ist ihre Durchführung außerhalb des ärztlichen Verantwortungsbereiches nur in extremsten Notsituationen vertretbar.

Auch nach Auffassung der Bundesärztekammer[2]) kann die Durchführung einer intravenösen Injektion nur einer Krankenschwester[1]) persönlich übertragen werden, die für diese Aufgabe besonders ausgebildet wurde und entsprechende Kenntnisse, Fähigkeiten und Fertigkeiten nachweist.

Bei der Entscheidung, ob die intravenöse Injektion einer Krankenschwester[1]) übertragen werden bzw. ob sie selbst die Durchführung verantworten kann, sind in besonderem Maße der Gesamtzustand des Patienten, der Schwierigkeitsgrad der Durchführung sowie Wirkung und Gefährlichkeit des Medikamentes zu bedenken.

2. Infusionen

Das Anlegen von Infusionen ist ausschließlich ärztliche Aufgabe. Der Wechsel von Infusionslösungen bei liegendem Infusionssystem darf nur aufgrund schriftlicher ärztlicher Anordnung von Krankenschwestern[1]) vorgenommen werden. Die Hinzugabe von Medikamenten sowie besondere Anordnungen zur Durchlaufgeschwindigkeit müssen ärztlicherseits dokumentiert sowie auf der Infusionsflasche vermerkt werden. Entsprechendes gilt für die Verwendung von Perfusoren und Infusomaten. Injektionen in den Infusionsschlauch mit direktem Venenzugang sind i.v.-Injektionen gleichzusetzen.

3. Einspritzungen in implantierte und sonstige liegende Kathetersysteme

Einspritzungen in Katheter mit unmittelbarem Zugang in die herznahen Venen, das arterielle System, den Periduralraum, das Ventrikelsystem, den Peritonealraum oder ähnliche Körperhöhlen „erfordern das Tätigwerden des Arztes selbst,[5]) da geringfügige Veränderungen der Lage des Katheters schwerste Komplikationen nach sich ziehen können. Entsprechendes gilt für implantierte Ports oder Shunts."

Bezüglich der Medikamentenwirkung hat das zu i.v.-Injektionen Gesagte hier besondere Gültigkeit.

4. Transfusionen

Entsprechend den Richtlinien der Bundesärztekammer ist die Übertragung von Blut und Blutbestandteilen eine ärztliche Maßnahme, die nicht delegiert werden darf.[2]) Jede Transfusion muß von dem Arzt[3]) angelegt werden, der für die sorgfältige Vorbereitung und Durchführung verantwortlich ist. Der ABO-Identitätstest (Bedside-Test) ist vom Arzt[3]) am Krankenbett durchzuführen und entsprechend zu dokumentieren. Der Arzt[3]) muß die Identität des Patienten mit den die Konserve begleitenden Personalangaben überprüfen und auch das Welchseln jeder nachfolgenden Transfusion selbst übernehmen.

5. Blutentnahmen

Die Blutentnahme ist ein Eingriff, der zum Verantwortungs- sowie Aufgabenbereich des Arztes[3]) gehört. Soweit es sich um die Gewinnung von Kapillarblut bzw. Venenblut handelt, kann sie in den Tätigkeitskatalog der Krankenschwester[1]) aufgenommen werden, wenn sichergestellt ist, daß die Punktionstechnik eingeübt und Kenntnisse über besonders zu beachtende Umstände vermittelt wurden.

Die Venenpunktion darf von der Krankenschwester[1]) ausschließlich zum Zwecke der Blutentnahme durchgeführt werden.

6. Auswirkung auf die Stellenpläne

Soll die umfassende Pflege der Kranken gewährleistet werden, müssen bei Übernahme ärztlicher Tätigkeiten durch das Krankenpflegepersonal[1]) entsprechende Berechnungen im pflegerischen Stellenplan erfolgen.

7. Auswirkung auf die Ausbildung

Innerhalb der dreijährigen Ausbildung zur Krankenschwester[1]) müssen theoretische Kenntnisse über Vorbereitung, Durchführung und Überwachung von Injektionen, Infusionen, Transfusionen und Blutentnahmen vermittelt werden. Im Rahmen der praktischen Ausbildung können Krankenpflegeschülerinnen/ -schüler und Kinderkrankenpflegeschülerinnen/-schüler unter unmittelbarer Aufsicht und Anleitung eines Arztes[3]) bzw. einer dazu ausdrücklich befugten Krankenschwester[1]) subkutane und intramuskuläre Injektionen sowie Blutentnahmen vornehmen. Die Durchführungsverantwortung trägt die anleitende Person.

8. Auswirkung auf die Weiterbildung

Fachkrankenschwestern für Anästhesie- und Intensivpflege bzw. Krankenschwestern[1]) mit besonderer Qualifikation für die Tätigkeit in der Dialyse können unter der Voraussetzung der dokumentierten ärztlichen Anordnung und persönlichem Auftrag mit der Durchführung von intravenösen Injektionen, dem Anlegen von Infusionen sowie Einspritzungen in unter 3. genannten Katheter- und Shuntsysteme betraut werden.

Jedoch sollen diese Tätigkeiten auf die Arbeit im Anästhesie-, Intensiv- bzw. Dialysebereich beschränkt bleiben.

Hannover, April 1989

Arbeitsgemeinschaft Deutscher
Schwesternverbände (ADS)

Deutscher Berufsverband
für Krankenpflege e. V. (DBfK)

Anmerkungen

[1]) Mit den Begriffen „Krankenschwester" bzw. „dreijährig ausgebildetes Krankenpflegepersonal" sind jeweils alle durch § 1 Abs. 1, Ziff. 1 u. 2 KrPflG geschützten Berufsbezeichnungen „Krankenschwester", „Krankenpfleger", „Kinderkrankenschwester", „Kinderkrankenpfleger" gemeint.

[2]) Injektionen, Infusionen und Blutentnahmen durch das Krankenpflegepersonal – beschlossen vom Vorstand der Bundesärztekammer am 18.04.1980 (*Deutsches Ärzteblatt* vom 03.07.1980).

Die Aufgabe des Krankenpflegepersonals (Krankenschwester, Krankenpfleger, Kinderkrankenschwester, Krankenpflegehelferin, Krankenpflegehelfer) ist die Krankenpflege. Unter Berücksichtigung dieser Zuständigkeit sind für die Durchführung von Injektionen, Infusionen und Blutentnahmen folgende Hinweise zu beachten:

1 Dem Arzt obliegen in eigener Verantwortung alle diagnostischen und therapeutischen Entscheidungen für den Patienten.
   Dem Krankenpflegepersonal obliegt die umfassende Krankenpflege (Grund- und Behandlungspflege) des Patienten.
2 Injektionen, Infusionen, Blutentnahmen und Bluttransfusionen sind Aufgaben des Arztes. Zum Aufgabenbereich von Krankenschwestern, Krankenpflegern und Kinderkrankenschwestern gehören die Vorbereitung dieser Maßnahmen und die im Zusammenhang mit den Maßnahmen notwendige Beobachtung der Patienten.
   Wenn der Arzt die Durchführung von Maßnahmen seines Aufgabenbereiches im Rahmen der Behandlungspflege auf Krankenpflegepersonen überträgt, müssen folgende Voraussetzungen erfüllt sein:
2.1 Der Arzt muß sorgfältig prüfen und danach entscheiden, welche Maßnahmen die Krankenpflegepersonen durchführen sollen.
   Das Anlegen und Wechseln von Blutkonserven darf er nicht übertragen. Der Arzt muß im übrigen auf eine Übertragung verzichten, wenn auf einem zu verabreichenden Medikament sein persönliches Tätigwerden gefordert wird.
2.2 Der Arzt darf nur Krankenschwestern, Krankenpfleger und Kinderkrankenschwestern und unter diesen nur solche beauftragen, die für die jeweils zu übernehmende Aufgabe qualifizierte Kenntnisse, Fertigkeiten und Fähigkeiten nachweisen. Für die Durchführung von intramuskulären und intravenösen Injektionen, Infusionen und Blutentnahmen muß die Qualifikation der Krankenpflegepersonen durch einen Arzt festgestellt und durch den leitenden Abteilungsarzt schriftlich bestätigt worden sein; die Anerkennung einer erfolgreich durchlaufenen Weiterbildung in der Intensivpflege ersetzt diese Bestätigung. Die allgemeine Überwachungs- und Beaufsichtigungspflicht des Arztes bleibt unberührt.
2.3 Der Arzt darf die Durchführung von intravenösen Injektionen, Infusionen und Blutentnahmen nur ad personam an die einzelne Krankenpflegeperson übertragen; die Durchführung von subkutanen und intramuskulären

Injektionen kann er generell auf die nach 2.2. qualifizierten Krankenpflegepersonen übertragen.

2.4 Der Arzt hat für jeden Patienten Anordnungen über die Durchführung von Injektionen, Infusionen und Blutentnahmen zu treffen. Dabei hat er den Gesamtzustand des Patienten, den Schwierigkeitsgrad der Verrichtung und ggf. die Wirkung und Gefährlichkeit des zu verabreichenden Medikamentes zu berücksichtigen; über mögliche Nebenwirkungen und Gefahren hat der Arzt die Krankenschwester, den Krankenpfleger oder die Kinderkrankenschwester zu informieren. Der Arzt muß selbst tätig werden, wenn Umstände erkennbar sind, die die zu verabreichende Injektion durch den Arzt selbst erforderlich machen.

2.5 Die ärztliche Anordnung ist schriftlich festzuhalten und vom Arzt abzuzeichnen. Dabei ist der Patient namentlich zu benennen sowie das zu verabreichende Medikament, dessen Menge, Art und Zeitpunkt der Verabreichung zu bestimmen.

3 Soweit Krankenschwestern, Krankenpfleger und Kinderkrankenschwestern unter den in 2. genannten Voraussetzungen Injektionen, Infusionen und Blutentnahmen durchführen, obliegt dem Arzt die Anordnungsverantwortung, den Krankenpflegepersonen die Durchführungsverantwortung.

4 Intravenöse Injektionen und Infusionen dürfen nur unter unmittelbarer Aufsicht und Anleitung eines Arztes erlernt werden. Die Durchführungsverantwortung trägt der anleitende Arzt.

5 (Kinder-)Krankenpflegeschüler(innen) dürfen nur zum Zwecke ihrer Ausbildung unter unmittelbarer Aufsicht und Anleitung eines Arztes oder einer Krankenpflegeperson, die unter den Voraussetzungen und im Rahmen von 2. und 3. tätig wird, subkutane und intramuskuläre Injektionen sowie venöse Blutentnahmen durchführen. Die Durchführungsverantwortung trägt die anleitende Person.

6 Krankenpflegehelferinnen und Krankenpflegehelfer im Krankenhaus dürfen nach gründlicher praktischer Berufserfahrung und entsprechender Unterweisung subkutane Injektionen durchführen; die 2. und 3. gelten entsprechend.

[3]) § 2 Abs. 5 der Bundesärzteordnung vom 14.10.1977 (BGBl. IS. 1886): „Ausübung des ärztlichen Berufs ist die Ausübung der Heilkunde unter der Berufsbezeichnung ‚Arzt' oder ‚Ärztin'."

[4]) § 4, 1 KrPflG: Die Ausbildung für Krankenschwestern und Krankenpfleger und für Kinderkrankenschwestern und Kinderkrankenpfleger soll die Kenntnisse, Fähigkeiten und Fertigkeiten zur verantwortlichen Mitwirkung bei der Verhütung, Erkennung und Heilung von Krankheiten vermitteln (Ausbildungsziel). Die Ausbildung soll insbesondere gerichtet sein auf die

1. sach- und fachkundige, umfassende, geplante Pflege des Patienten,
2. gewissenhafte Vorbereitung, Assistenz und Nachbereitung bei Maßnahmen der Diagnostik und Therapie,

3. Anregung und Anleitung zu gesundheitsforderndem Verhalten,
4. Beobachtung des körperlichen und seelischen Zustandes des Patienten und der Umstände, die seine Gesundheit beeinflussen, sowie die Weitergabe dieser Beobachtungen an die an der Diagnostik, Therapie und Pflege Beteiligten,
5. Einleitung lebensnotwendiger Sofortmaßnahmen bis zum Eintreffen der Ärztin oder des Arztes,
6. Erledigung von Verwaltungsaufgaben, soweit sie in unmittelbarem Zusammenhang mit den Pflegemaßnahmen stehen.

[5]) Schreiben der Bundesärztekammer vom 12.11.1986: „... auch bei entsprechender Ausbildung darf die Durchführung einer Injektion einem ausgebildeten nichtärztlichen Mitarbeiter dann nicht übertragen werden, wenn die Tätigkeit im konkreten Fall das Tätigwerden des Arztes selbst erfordert, der Eingriff also so schwierig ist, daß er ärztliches Handeln und Können voraussetzt. Bei der Injektion eines Lokalanästhetikums in einen liegenden Periduralkatheter dürften diese Voraussetzungen unzweifelhaft gegeben sein, da bereits eine leichte Verschiebung des Periduralkatheters zu erheblichen Komplikationen führen kann."

Anhang C: Richtlinien für die Sterbehilfe (Bundesärztekammer) [1]

I. Einleitung

Zu den Pflichten des Arztes, das Leben zu erhalten, die Gesundheit zu schützen und wiederherzustellen sowie Leiden zu lindern, gehört auch, dem Sterbenden bis zu seinem Tode zu helfen. Die Hilfe besteht in Behandlung, Beistand und Pflege.

II. Behandlung

a) Bei der Behandlung ist nach angemessener Aufklärung der Wille des *urteilsfähigen* Patienten zu respektieren, auch wenn er sich nicht mit der von dem Arzt für geboten angesehenen Therapie deckt.

b) Beim *bewußtlosen* oder sonst *urteilsunfähigen* Patienten sind die im wohlverstandenen Interesse des Kranken medizinisch erforderlichen Behandlungsmaßnahmen unter dem Gesichtspunkt einer Geschäftsführung ohne Auftrag durchzuführen. Hinweise auf den mutmaßlichen Willen des Patienten sind dabei zu berücksichtigen. Dem Patienten nahestehende Personen müssen angehört werden; rechtlich aber liegt die letzte Entscheidung beim Arzt, es sei denn, daß nach den Vorschriften des Bürgerlichen Gesetzbuches ein Pfleger zu bestellen und dessen Einwilligung einzuholen ist. Ist der Patient unmündig oder entmündigt, so darf die Behandlung nicht gegen den Willen der Eltern oder des Vormundes eingeschränkt oder abgebrochen werden.

c) Bestehen bei einem *dem Tode nahen Kranken oder Verletzten* Aussichten auf Besserung, setzt der Arzt diejenigen Behandlungsmaßnahmen ein, die der möglichen Heilung und Linderung des Leidens dienen.

d) Beim *Sterbenden, einem dem Tode nahen Erkrankten oder Verletzten,*
– bei dem das Grundleiden mit infauster Prognose einen irreversiblen Verlauf genommen hat und
– der kein bewußtes und umweltbezogenes Leben mit eigener Persönlichkeitsgestaltung wird führen können, lindert der Arzt die Beschwerden. Er ist aber nicht verpflichtet, alle der Lebensverlängerung dienenden therapeutischen Möglichkeiten einzusetzen.

III. Beistand

Der Arzt steht einem dem Tode nahen Kranken, Verletzten oder sterbenden Patienten, mit dem ein Kontakt möglich ist, auch menschlich bei.

---

[1] Sonderdruck aus *Deutsches Ärzteblatt – Ärztliche Mitteilungen*, 76. Jahrgang/Heft 14, S. 957–960/5. April 1979/Postverlagsort Köln.

IV. Pflege

Der dem Tode nahe Kranke, Verletzte und der sterbende Patient haben einen Anspruch auf die ihren Umständen entsprechende und in der gegebenen Situation mögliche Pflege. Der Sterbende hat einen Anspruch auf eine menschenwürdige Unterbringung und Betreuung.

Kommentar zu den Richtlinien für die Sterbehilfe

Zu den Aufgaben des Arztes gehört auch die Sterbehilfe; sie ist das Bemühen, dem Sterbenden so beizustehen, daß er in Würde zu sterben vermag.

Solche Sterbehilfe ist nicht nur ein medizinisches, sondern auch ein ethisches und juristisches Problem.

I. Ärztliche Überlegungen

Der von einer tödlichen Krankheit oder von einer lebensgefährlichen äußeren Gewalteinwirkung betroffene Mensch ist nicht notwendigerweise ein Sterbender.

Er ist ein in Todesgefahr Schwebender, und es versteht sich von selbst, daß stets die Lebenserhaltung und wenn möglich die Heilung anzustreben ist.

In solchen Fällen hat der Arzt diejenigen Hilfsmittel einzusetzen, die ihm zur Verfügung stehen und geboten erscheinen.

1. a) Die Sterbehilfe betrifft den im Sterben liegenden Menschen. Ein Sterbender ist ein Kranker oder Verletzter, bei dem der Arzt aufgrund einer Reihe klinischer Zeichen zur Überzeugung kommt, daß die Krankheit irreversibel oder die traumatische Schädigung infaust verläuft und der Tod in kurzer Zeit eintreten wird. In solchen Fällen kann der Arzt auf weitere, technisch eventuell noch mögliche Maßnahmen verzichten.

    b) Die ärztliche Hilfe endet beim Eintritt des Todes, der nach dem Stand der medizinischen Wissenschaft mit dem Hirntod gleichzusetzen ist.

2. Sterbehilfe ist die Beschränkung auf eine Linderung von Beschwerden bei gleichzeitigem Verzicht auf lebensverlängernde Maßnahmen beim Todkranken.

    Sie umfaßt die Unterlassung oder das Nichtfortsetzen von Medikation sowie von technischen Maßnahmen, zum Beispiel Beatmung, Sauerstoffzufuhr, Bluttransfusion, Hämodialyse, künstliche Ernährung.

3. Die gezielte Lebensverkürzung durch künstliche Eingriffe in die restlichen Lebensvorgänge, um das Eintreten des Todes zu beschleunigen, ist nach dem Strafgesetzbuch strafbare vorsätzliche Tötung (§ 212 StGB).

    Sie bleibt gemäß § 216 StGB strafbar, selbst wenn sie auf Verlangen des Patienten erfolgt.

    Ärztlich ist die Sterbehilfe begründet, wenn ein Hinausschieben des Todes für den Sterbenden eine nichtzumutbare Verlängerung des Leidens bedeutet und das Grundleiden mit infauster Prognose einen irreversiblen Verlauf angenommen hat.

II. Ethische Gesichtspunkte

Diese Richtlinien sind von dem Grundgedanken geleitet, daß es die primäre Verpflichtung des Arztes ist, dem Patienten in jeder möglichen Weise helfend beizustehen. Während des Lebens ist die Hilfe, die er leisten kann, ausgerichtet auf die Erhaltung und Verlängerung des Lebens. Beim Sterbenden hängt die bestmögliche Hilfe von einer Anzahl von Gegebenheiten ab, deren angemessene Würdigung und Abwägung den Arzt vor schwere Entscheidungen stellen kann. Der Arzt hat in seine Überlegungen unter anderem

- die Persönlichkeit oder den ausgesprochenen oder mutmaßlichen Willen des Patienten,
- seine Belastbarkeit durch Schmerzen und Verstümmelung,
- die Zumutbarkeit medizinischer Eingriffe,
- die Verfügbarkeit therapeutischer Mittel,
- die Einstellung der menschlichen und gesellschaftlichen Umgebung einzubeziehen.

Der Sterbeprozeß beginnt, wenn die elementaren körperlichen Lebensfunktionen erheblich beeinträchtigt sind oder völlig ausfallen. Sind diese Lebensgrundlagen derart betroffen, daß jegliche Fähigkeit entfällt, Subjekt oder Träger eigener Handlungen zu sein, d.h. sein Leben selbst zu bestimmen, und steht der Tod wegen lebensgefährdender Komplikationen bevor, so ist dem Arzt ein breiter Ermessensspielraum für sein Handeln zuzugestehen. Diese Richtlinien können dem Arzt seine Entscheidung nicht abnehmen, sollen sie ihm aber nach Möglichkeit erleichtern.

III. Rechtliche Beurteilung

Die Sterbehilfe beruht auf der Verpflichtung des Arztes, bei der Übernahme der Behandlung eines Patienten alles in seinen Kräften Stehende zu unternehmen, um Gesundheit und Leben des Kranken zu fördern und zu bewahren.

Diese Pflicht wird als Garantenpflicht des Arztes bezeichnet. Der Arzt, welcher passive Sterbehilfe leistet, könnte zivil- oder strafrechtlich verantwortlich werden, wenn er dadurch seine Garantenpflicht verletzt.

Deshalb muß der Arzt wissen, in welcher Weise diese Pflicht einerseits dem urteilsfähigen, bei vollem Bewußtsein befindlichen Patienten und andererseits dem bewußtlosen Patienten gegenüber besteht.

1. Der Wille des urteilsfähigen Patienten, der über die Erkrankung, deren Behandlung und die damit verbundenen Risiken aufgeklärt worden ist, bindet den Arzt. Weil der urteilsfähige Patient darüber zu entscheiden hat, ob er behandelt werden will, kann er die Behandlung abbrechen lassen. Unter diesen Umständen entfällt die rechtliche Grundlage zur Behandlung mit denjenigen Maßnahmen, welche der Patient nicht mehr wünscht.

   In diesem Fall darf sich der Arzt – dem Wunsch des Patienten entsprechend – darauf beschränken, nur noch leidenmildernde Mittel zu geben oder eine in anderer Weise beschränkte Behandlung durchzuführen, ohne daß er deswegen

rechtlich verantwortlich wird. Es gilt der Grundsatz: „Voluntas aegroti suprema lex esto".
2. Ist der tödlich erkrankte Patient nicht mehr urteilsfähig und deswegen nicht in der Lage, seinen Willen zu äußern (wie z. B. der Bewußtlose), so wird die Pflicht des Arztes zivilrechtlich nach den Regeln der „Geschäftsführung ohne Auftrag" bestimmt, wobei die Vorschriften über die Bestellung eines Pflegers zu beachten sind (§ 1910 BGB). Die Heilbemühungen sind dann entsprechend dem mutmaßlichen Willen des Patienten auszuführen. Dieser Wille ist nicht einfach als auf bloße Verlängerung von Schmerzen und Leiden zielend anzusehen. Vielmehr kann der Respekt vor der Persönlichkeit des Sterbenden die Anwendung medizinischer Maßnahmen als nicht mehr angezeigt erscheinen lassen.

Ist diese Voraussetzung gegeben, so kann sich der Arzt strafrechtlich auf einen der „Geschäftsführung ohne Auftrag" entsprechenden Rechtfertigungsgrund berufen.
3. Eine frühere schriftliche Erklärung, worin der Patient auf jede künstliche Lebensverlängerung verzichtet, kann für die Ermittlung seines Willens ein gewichtiges Indiz abgeben. Entscheidend ist jedoch der gegenwärtige mutmaßliche Wille, der nur aufgrund einer sorgfältigen Abwägung aller Umstände des Falles gefunden werden kann. Verbindlich ist die frühere Erklärung schon deshalb nicht, weil sie zu jeder Zeit rückgängig gemacht werden kann.

Somit muß stets danach gefragt werden, ob der Patient die Erklärung im gegenwärtigen Augenblick vernünftigerweise widerrufen würde oder nicht.
4. Dem Patienten nahestehende Personen sind anzuhören (nahestehende Personen sind in der Regel, doch nicht ausschließlich, die nächsten Verwandten des Patienten).

Die letzte Entscheidung liegt rechtlich allerdings beim Arzt, soweit nicht ein Pfleger zu bestellen ist. Ist der Patient unmündig oder entmündigt, so darf die Behandlung nicht gegen den Willen der Eltern oder des Vormundes eingeschränkt oder abgebrochen werden.

Anhang D: „Aids und HIV-Infektion" – Informationen für Mitarbeiter/innen im Gesundheitsbereich (aus: Broschüre des Bundesgesundheitsministeriums)

HIV-Infektion durch die Haut?

Aus den USA wurde im Frühsommer 1987 über 3 Krankenschwestern berichtet, die während ihrer Tätigkeit HIV-infiziert wurden, ohne daß eine Nadelstichverletzung vorgekommen und ohne daß ein außerberuflicher Infektionsweg erkennbar gewesen wäre. Diese Fälle wurden in der Fach- und Laienpresse danach intensiv diskutiert. In den Orginalberichten wurde ein Blut-Haut-Kontakt als wahrscheinlicher Infektionsweg angegeben. In einem Fall war es zu einer intensiven Blutkontamination der rissigen und nicht durch Handschuhe geschützten Hände während einer arteriellen Punktion gekommen. Erst nach 20 Minuten wurde das Blut abgewaschen. Im zweiten Fall war Blut aus einem Blutseparator über die ungeschützten Hände und Unterarme gelaufen, die unverletzt schienen. In dem Bericht wird jedoch spekuliert, daß HIV möglicherweise durch die Berührung einer dermatitischen Läsion am Ohr mit den Blutbenetzten Fingern übertragen wurde. Im dritten Fall spritzte Blut aus einem Vakuumröhrchen unter Druck in Gesicht und Mund. Diese Schwester verletzte sich 2 Monate später an einer Kanüle, mit der sie bei einem Drogenabhängigen mit unbekannten HIV-Status Blut abgenommen hatte.

Die Antikörper gegen HIV wurden bei einer Untersuchung 9 Monate nach dem ersten Zwischenfall erstmals entdeckt. Die Infektion ist deshalb nicht eindeutig einem bestimmten Ereignis zuzuordnen. Angesichts der sehr großen Zahl solcher Expositionen und der wenigen dokumentierten Fälle von HIV-Infektionen kann man sagen, daß es sich hierbei in der Praxis um ein geringeres Risiko handeln muß.

Auch die Gefahr, über Schleimhautexpositionen mit HIV-haltigem Blut infiziert zu werden, ist offenbar sehr gering. Über 200 Fälle, die von den CDC (amerikanische Gesundheitsbehörde, s. unten) dokumentiert und untersucht wurden, ergaben keine Infektion dadurch. Aus Deutschland wurde von einem Fall berichtet, wo ein Aids-Patient in suizidaler Absicht aus dem Fenster eines Krankenhauses gesprungen war. Im Rahmen der Wiederbelebungsmaßnahmen führten 3 Krankenschwestern auch eine Mund-zu-Mund-Beatmung bei dem Patienten durch. Bei allen 3 kam es dabei zum Kontakt von Blut mit der Mundschleimhaut. Bei keiner der 3 Schwestern führte dies zu einer Infektion.

Das Risiko, sich durch andere hämatogen übertragbare Erreger (Hepatitis-B-Virus, Hepatitis-Non-A-non-B-Virus o.a.) anzustecken, ist sehr viel größer.

Infektionsrisiko für medizinisches Personal:
Nadelstichverletzungen sind riskant...

Es gibt ein wichtiges und gesichertes Risiko der HIV-Infektion für medizinisches Personal: die Verletzungen an Kanülen oder ähnlichen scharfen Gegenständen. Jeder Mitarbeiter weiß, daß solche Ereignisse auch bei großer Sorgfalt immer wieder auftreten. Inzwischen liegen Ergebnisse mehrerer Untersuchungen vor, in denen Angehörige des medizinischen Personals, die sich Nadelstichverletzungen mit HIV-kontaminierten Nadeln zugezogen hatten, nachuntersucht wurden. Das Infektionsrisiko wird nach diesen Studien als unter 1 % liegend angegeben. Dies liegt weit unter den entsprechenden Zahlen, z. B. für Hepatitis-B, trotzdem sollte angesichts der fehlenden aktiven oder passiven Impfprophylaxe und der immensen Folgen im Einzelfall diese Zahl nicht unterbewertet werden.

... und weitgehend vermeidbar

Im Zusammenhang mit Nadelstichverletzungen ist ganz dringend auf ihre weitestgehende Vermeidbarkeit hinzuweisen!

Ein Großteil dieser Verletzungen entsteht dann, wenn versucht wird, die Nadel nach der Punktion wieder in die Plastikumhüllung zurückzuschieben. Dies muß auf jeden Fall unterbleiben. Immer wieder kommt es auch zu Unfällen durch den nicht sachgemäßen Umgang mit Abfall, z. B. Nadelstichverletzungen und Schnittwunden durch Nadeln und andere scharfe Gegenstände, die in dafür ungeeignete Behälter (z. B. Plastikabfallsäcke) gegeben wurden. In diesem Zusammenhang muß auch auf die Gefährdung des Reinigungs- und Entsorgungspersonals hingewiesen werden, die durch diese Art von Sorglosigkeit entsteht. Es gibt Untersuchungen darüber, daß die Hepatitis-B-Durchseuchung des Putzpersonals besonders hoch ist.

Konsequenz: Handschuhe bei jedem Blutkontakt

Angesichts der Vielzahl hämatogen übertragbarer Krankheiten kann es bei möglichem Blutkontakt nur eine einzige Konsequenz geben: Handschuhe anziehen bei jedem Kontakt mit Patientenblut. Blut ist immer als potentiell infektiös zu betrachten. Dies gilt grundsätzlich immer, nicht nur, wenn der Infektionsstatus eines Patienten bekannt ist.

Man sieht dem Patienten weder an, ob er HIV-positiv ist, noch, ob andere Krankheiten vorliegen. Entsprechende Labortests stehen nicht immer zur Verfügung, die Ergebnisse sind nicht in jedem Fall aussagekräftig. Gerade bei frischen Infektionen fällt ein HIV-Antikörpertest negativ aus. Eine generelle HIV-Antikörpertestung aller Patienten bei der Aufnahme in ein Krankenhaus ist problematisch und sehr umstritten. Grundsätzlich kann ein HIV-Antikörpertest nur mit der Einwilligung des Patienten durchgeführt werden.

Selbst eine generelle Testung würde die Notwendigkeit von Schutzmaßnahmen gegen hämatogene Übertragungen nicht überflüssig machen; im Gegenteil würden negative Testergebnisse eher ein falsches Sicherheitsgefühl schaffen. Weite Bereiche der Akutversorgung können auf Laboruntersuchungen ohnehin nicht zurückgreifen.

Andere HIV-Übertragungsmöglichkeiten?

Es gibt inzwischen und über längere Zeiträume angelegte Untersuchungen an Familienmitgliedern und anderen Personen, die mit HIV-Infizierten im selben Haushalt leben. Nirgends ergab sich ein Hinweis auf weitere, bisher nicht bekannte Übertragungswege außerhalb des bekannten sexuellen Weges, der Übertragung durch Blut und Blutprodukte bzw. von einer HIV-Infizierten Mutter auf ihr Kind im Mutterleib, bei der Geburt oder beim Stillen.

Die Empfehlung, bei Kontakt mit der Mundschleimhaut von Patienten (z. B. bei der Zahnpflege) Handschuhe zu tragen, entspricht allgemeinem Hygienestandard und resultiert nicht aus einem besonderen HIV-Infektionsrisiko. Die Übertragung von HIV durch Speichel wird heutzutage als praktisch nicht möglich betrachtet. Im Speichel wurden nur geringe HIV-Konzentrationen und außerdem HIV-inaktivierende Stoffe gefunden.

Die Broschüre gibt auch Auskunft über die psychische Betreuung von Aids-Patienten und HIV-Infizierten.

Anhang E:

Patiententestament

Das Patiententestament geht zurück auf: **Dr. Wilhelm Uhlenbruck.** Erstveröffentlichung: **Neue Juristische Wochenschrift** Heft 12, 1978

I. Personalien

Vor- und Zuname: _____ Geburtsdatum: _____

Straße/Nr.: _____ Telefon: _____

PLZ/Wohnort: _____

Blutgruppe: _____ Rh _____ Rh-Formel _____

II. Anamnestische Angaben
(Notwendige Einzelheiten finden sich gegebenenfalls auf einem angehängten Zusatzblatt)

1. Wichtige Vorerkrankungen _____

2. Tetanusschutzimpfungen

   Präparat _____ Dosis _____ Datum _____

3. Sonstige Impfungen

   Präparat _____ Dosis _____ Datum _____

4. Kontraindikationen / Empfindlichkeiten / Allergien

   _____

5. Toleranz hinsichtlich Narkotika:

   a) Tablettengewöhnung   Art _____

   b) Alkoholgewöhnung   leicht / mittelmäßig / stark

   c) Sonstige Suchtkrankheiten   Art _____

III. Besondere Hinweise

1. Zu benachrichtigen und über meinen Zustand aufzuklären sind:

   _____

2. Auskünfte durch den behandelnden Arzt dürfen erteilt werden an:

   _____

3. Es sind folgende Personen durch nachstehende Unterschrift ausdrücklich bevollmächtigt, zu medizinisch indizierten Eingriffen für mich die Zustimmung zu erteilen oder eine solche zu verweigern:

   _____

Verlag Klaus Vahle · Postfach 41 0644 · 1000 Berlin 41 — Alle Rechte beim Verlag. Nachdruck nur mit schriftlicher Genehmigung.

IV.

Unabhängig vorstehender Ermächtigung Dritter, zu dringend indizierten ärztlichen Eingriffen im Falle meiner Bewußtlosigkeit oder Bewußtseinstrübung für mich die notwendige Zustimmung zu erteilen, erkläre ich hiermit, nachdem ich mich über die medizinische Situation und rechtliche Bedeutung einer solchen Erklärung ausführlich informiert habe, daß ich im Falle **irreversibler Bewußtlosigkeit**, wahrscheinlicher **schwerer Dauerschädigung des Gehirns** (Decerebration) oder des **dauernden Ausfalls lebenswichtiger Funktionen meines Körpers** oder bei **infauster Prognose** hinsichtlich meiner Erkrankung mit einer **Intensivtherapie** oder **Reanimation nicht einverstanden bin**.
Für den Fall, daß durch eine solche ärztliche Maßnahme nicht mehr erreicht werden kann als eine Verlängerung des Sterbevorganges oder eine Verlängerung des Leidens, **verweigere ich hiermit ausdrücklich die Zustimmung** zu irgendwie gearteten ärztlichen Eingriffen, zumal wenn sie mit erheblichen Schmerzen verbunden sind.

V.

Sollten Diagnose und Prognose von mindestens zwei Fachärzten ungeachtet der Möglichkeit einer Fehldiagnose ergeben, daß meine Krankheit **zum Tode führen** und mir nach aller Vorraussicht **große Schmerzen** bereiten wird, so wünsche ich keine weiteren diagnostischen Eingriffe und **keine Verlängerung meines Lebens** mit den Mitteln der Intensivtherapie. Sollte ich eine Hirnverletzung oder eine Gehirnerkrankung haben, durch die meine normalen geistigen Funktionen schwerwiegend und irreparabel geschädigt worden sind, so bitte ich um **Einstellung der Therapie**, sobald durch mindestens zwei Fachärzte festgestellt wird, daß ich künftig nicht mehr in der Lage sein werde, ein **menschenwürdiges Dasein** zu führen.

VI.

Vorstehende Erklärungen stellen keinen allgemeinen Verzicht auf die mir vertraglich zustehende ärztliche Behandlung dar. **Sie beschränken vielmehr meine Einwilligung in die ärztliche Heilbehandlung auf eine Linderung von Leiden und Beschwerden** für den Fall, daß ein Hinausschieben des Todes für mich eine nicht zumutbare Verlängerung des Leidens bedeuten würde und das Grundleiden mit infauster Prognose einen irreversiblen Verlauf genommen hat. Wenn ich die Ärzte bitte, das Recht auf einen mir gemäßen Tod zu achten, so heißt das nicht, daß ich damit die ärztliche Hilfe und Behandlung in der Form ausreichender Medikation und Leidensminderung ablehne.
Vielmehr setze ich mein Vertrauen in eine vom Arzt anzuordnende schmerzlindernde Medikation, auch wenn sie zur Bewußtseinsausschaltung oder wegen ihrer - vom Arzt nicht beabsichtigten - Nebenwirkungen zu einem früheren Ableben führen sollte.

VII.

Zur eigenen Absicherung sei meinen Ärzten empfohlen, dieses Patiententestament zu den Krankenunterlagen zu nehmen und im Krankenblatt zu vermerken, daß eine Intensivtherapie oder Reanimation angesichts des Befundes nur noch der **nutzlosen Sterbensverlängerung** gedient hätte.

VIII.

Für den Fall des klinischen Todes und der Berücksichtigung meines vorstehend geäußerten Willens bin ich mit der **Entnahme von Organen - nicht - einverstanden**, soweit sie dazu dient, ein anderes Leben zu retten oder zu erhalten.

| Ort | Datum | Unterschrift |

Diese Willenserklärung wurde erneuert:

| Ort | Datum | Unterschrift |

| Ort | Datum | Unterschrift |

Verlag Klaus Vahle · Postfach 41 0644 · 1000 Berlin 41 — Alle Rechte beim Verlag. Nachdruck nur mit schriftlicher Genehmigung.

Genehmigter Nachdruck. Originalformular DIN A4 zweiseitig.

Anhang F: Richtlinien zur Aufklärung der Krankenhauspatienten über vorgesehene ärztliche Maßnahmen

2. veränderte Auflage, Stand 1986 (Aus: Deutsche Krankenhaus Gesellschaft)

I. Vorbemerkung (Inhalt der Richtlinien)

Nach ständiger Rechtsprechung wird jeder ärztliche Eingriff in die körperliche Unversehrtheit als tatbestandsmäßige Körperverletzung angesehen. Er ist grundsätzlich nur dann rechtmäßig, wenn der Patient über den Eingriff aufgeklärt worden ist, nach erfolgter Aufklärung in den Eingriff eingewilligt hat und der Eingriff fachgerecht durchgeführt worden ist. Einer Einwilligung bedarf es nicht, wenn der Eingriff zur Abwendung einer drohenden Gefahr für den Patienten sofort durchgeführt werden muß und eine vorherige Einwilligung wegen der körperlichen oder geistigen Verfassung des Patienten nicht zu erlangen war.

Als Voraussetzung für eine rechtswirksame Einwilligung ist der Patient – soweit er nicht darauf verzichtet – über Ziel, Tragweite, Notwendigkeit und Dringlichkeit, Art und Verlauf einer ärztlichen Untersuchungs- oder Behandlungsmaßnahme sowie damit verbundenen Risiken aufzuklären.

Der Patient muß einerseits Kenntnis seiner Erkrankung und ihrer Gefahren, andererseits Kenntnis der Behandlung und ihrer unvermeidbaren Folgen haben, um sachgemäß abwägen und sich entscheiden zu können.

Da das Aufklärungsgespräch und die Einwilligung des Patienten von rechtserheblicher Bedeutung sind, ist insoweit eine Dokumentation unverzichtbar.

Jeder Krankenhausträger hat dafür Sorge zu tragen, daß die von der Rechtsprechung entwickelten Grundsätze zur Aufklärung der Patienten vor der Durchführung ärztlicher Untersuchungs- oder Behandlungsmaßnahmen beachtet werden. Jeder Arzt muß sein Aufklärungsgespräch an den Anforderungen dieser Rechtsprechung ausrichten.

Im folgenden Abschnitt II sind deswegen diese Anforderungen der Rechtsprechung in den wesentlichen Grundzügen in Form von Leitsätzen zusammengefaßt. Die diesen Leitsätzen zugrunde liegende Rechtsprechung des Bundesgerichtshofs und – soweit einschlägige Urteile des BGH nicht vorliegen – der Oberlandesgerichte sind auszugsweise im Abschnitt IV als Hilfestellung für den Arzt zur Durchführung des Aufklärungsgesprächs im Einzelfall zusammengefaßt. Abschnitt III enthält eine Aufzählung organisatorischer Maßnahmen, die zur Sicherstellung einer ausreichenden Aufklärung von Patienten im Krankenhaus vor der Durchführung ärztlicher Untersuchungs- und Behandlungsmaßnahmen erforderlich sind.

Die „Sicherungsaufklärung" (Aufklärung nach einer ärztlichen Untersuchungs- und Behandlungsmaßnahme zur Gewährleistung des Behandlungserfolges bzw. der Vermeidung von Gesundheitsschäden) und die „Diagnoseaufklärung" (Aufklärung des Patienten über Art und Schwere seines Leidens unabhängig von der Einwilligung in einen diagnostischen oder therapeutischen Eingriff) sind nicht Gegenstand dieser Richtlinie. Das gleiche gilt für die Besonderheiten der Aufklärung im Rahmen einer Zwangsbehandlung (insbesondere bei Unterbringung in einer psychiatrischen Anstalt).

II. Leitsätze zum Aufklärungsgespräch:

1. Das Aufklärungsgespräch muß durch den Arzt erfolgen; es darf nicht an nichtärztliches Dienstpersonal delegiert werden. Der Arzt, der eine ärztliche Untersuchungs- oder Behandlungsmaßnahme durchführt, muß nicht mehr aufklären, wenn diese Aufklärung bereits durch einen anderen Arzt erfolgt ist; er muß sich jedoch hierüber Klarheit verschaffen.

2. Die Aufklärung muß individuell in einem Gespräch mit dem Patienten erfolgen. Das Aufklärungsgespräch kann nicht durch Formulare ersetzt werden. Formulare dienen nur der Vorbereitung und der Dokumentation des erfolgten Gesprächs.

3. Der Arzt muß den Patienten über die Grundzüge der vorgesehenen Untersuchung oder Behandlung aufklären, nicht jedoch über Einzelheiten. Dabei sind die Anforderungen an den Umfang der Aufklärung abhängig von der Dringlichkeit des Eingriffs sowie vom Bildungs- und Wissensstand des Patienten.

4. Über Risiken, die mit der Eigenart eines Eingriffs spezifisch verbunden sind (typische Risiken), ist unabhängig von der Komplikationsrate aufzuklären; bei anderen Risiken (atypische Risiken) ist die Aufklärung abhängig von der Komplikationsrate.

5. Stehen mehrere wissenschaftlich anerkannte Methoden ernsthaft zur Erwägung, so muß die Aufklärung auch diese alternativen Untersuchungs- und Behandlungsmöglichkeiten sowie deren Risiken umfassen.
   Das gilt nicht, wenn sich die gewählte Methode im Bereich der wissenschaftlich anerkannten Therapie hält und die zur Wahl stehende ebenfalls anerkannte Behandlungsmöglichkeit kein ins Gewicht fallendes geringeres Risiko verspricht.

6. Die Aufklärung muß zu einem Zeitpunkt erfolgen, in dem der Patient noch in vollem Besitz seiner Erkenntnis- und Entscheidungsfähigkeit ist; ihm muß eine Überlegungsfrist verbleiben, sofern die Dringlichkeit der Maßnahmen dies zuläßt.

7. Die Aufklärung muß in einer für den Patienten behutsamen und verständlichen Weise erfolgen. Im persönlichen Gespräch soll der Arzt sich bemühen, die Information dem individuellen Auffassungsvermögen sowie dem Wissensstand des Patienten anzupassen und sich zugleich davon überzeugen, daß dieser sie versteht.
   Wenn die Einwilligung des Patienten in eine mit Gefahren verbundene Untersuchungs- oder Behandlungsmaßnahme nur dadurch zu erreichen ist, daß ihn der Arzt auf die Art und Bedeutung seiner Erkrankung hinweist, so darf der Arzt auch bei schweren Erkrankungen davor grundsätzlich nicht zurückschrecken. Im übrigen ist er jedoch nicht zu einer restlosen und schonungslosen Aufklärung über die Natur des Leidens verpflichtet, sondern muß die Gebote der Menschlichkeit beachten und das körperliche und seelische Befinden seines Patienten bei der Erteilung seiner Auskünfte berücksichtigen.

8. Die von einem Patienten aufgrund der Aufklärung gegebene Einwilligung deckt nur solche Eingriffe ab, die Gegenstand des Aufklärungsgesprächs gewesen sind. Ist für den Arzt vorhersehbar, daß möglicherweise ein operativer Eingriff auf weitere Bereiche ausgedehnt werden muß, so ist der Patient hierüber vor dem Eingriff aufzuklären.

Stellt sich erst während einer Operation heraus, daß ein weitergehender Eingriff erforderlich ist, muß der Arzt die Risiken einer Unterbrechung der Operation gegenüber den Risiken der Durchführung des erweiterten Eingriffs abwägen und danach seine Entscheidung über eine Operationsunterbrechung zum Zwecke der Einholung der Einwilligung des Patienten treffen.

9. Bei Minderjährigen ist die Einwilligung zum Eingriff im Regelfall von den Eltern oder sonstigen Sorgeberechtigten oder von deren Beauftragten einzuholen.

Jugendliche unter 18 Jahren haben jedoch ausnahmsweise die Befugnis zur Einwilligung, wenn sie hinreichend reif sind, die Bedeutung und Tragweite des Eingriffs und seiner Gestattung zu ermessen*).

In jedem Fall sind aber auch die Kinder und Jugendlichen in groben Zügen über den vorgesehenen Eingriff und dessen Verlauf zu informieren, wenn und soweit sie in der Lage sind, die ärztlichen Maßnahmen zu verstehen.

Entsprechendes gilt für die Aufklärung bei geschäftsunfähigen oder beschränkt geschäftsfähigen volljährigen Patienten.

10. Psychisch bzw. geistig Kranke sind in groben Zügen über den vorgesehenen Eingriff und dessen Verlauf zu informieren, wenn und soweit sie in der Lage sind, die Bedeutung und Tragweite zu verstehen.

11. Bei bewußtlosen Patienten hat der Arzt diejenigen medizinischen Maßnahmen durchzuführen, die im Interesse des Patienten zur Herstellung seiner Gesundheit erforderlich sind (mutmaßliche Einwilligung). Zur Erforschung des wirklichen oder mutmaßlichen Willens des Patienten kann sich ein Gespräch mit den ihm besonders nahestehenden Personen empfehlen; auch schriftlich vom Patienten abgegebene Erklärungen können ein Indiz für seinen mutmaßlichen Willen sein. Bei Suizidpatienten ist aus dem Suizidversuch kein mutmaßlicher Wille auf Unterlassen einer ärztlichen Hilfeleistung abzuleiten.

Sobald und soweit die Einwilligungsfähigkeit des Patienten wieder vorliegt, ist zur Fortsetzung der Behandlung seine Einwilligung einzuholen.

12. Gibt der Patient deutlich zu erkennen, daß er eine Aufklärung nicht wünscht (Aufklärungsverzicht), so kann diese unterbleiben.

III. Organisatorische Maßnahmen:

1. Der ärztliche Leiter ist dem Krankenhausträger gegenüber verantworlich, daß in Zusammenarbeit mit den leitenden Ärzten des Krankenhauses sichergestellt wird, daß alle im Krankenhaus tätigen Ärzte über die ihnen im Zusammenhang mit der Aufklärung auferlegten Pflichten entsprechend diesen Richtlinien unterrichtet sind.

2. Der ärztliche Leiter hat zusammen mit den leitenden Ärzten der Krankenhausabteilung (Chefärzte und Belegärzte) festzulegen, in welcher Abteilung die Aufklärung über Untersuchungs- und Behandlungsmaßnahmen durchzuführen ist, wenn sich ein Patient gleichzeitig oder nacheinander in der Behandlung mehrerer Abteilungen befindet, sofern nicht ohnehin in jedem Fach eine Aufklärung erfolgen muß.

---

*) Einwilligungsfähigkeit ist nicht gleichzusetzen mit Geschäftsfähigkeit im Sinne des Bürgerlichen Gesetzbuches.

3. Jeder leitende Abteilungsarzt hat für seine Abteilung die ordnungsgemäße Durchführung der Aufklärung sicherzustellen, insbesondere festzulegen, welcher Arzt die Aufklärung durchzuführen hat. Dabei ist darauf zu achten, daß auch vor einzelnen mit zusätzlichen Gefahren verbundenen Eingriffen eine Aufklärung zu erfolgen hat, wenn sie nicht bereits Gegenstand eines früheren Aufklärungsgesprächs gewesen sind; dies gilt auch für diagnostische Eingriffe.

4. Unabhängig von den Ziffern 2 und 3 hat sich jeder Arzt, der nicht selbst aufklärt, davon zu überzeugen, daß eine ordnungsgemäße Aufklärung stattgefunden hat.

5. Der leitende Abteilungsarzt hat sicherzustellen, daß die Tatsache der Aufklärung und der wesentliche Inhalt des Aufklärungsgesprächs ordnungsgemäß dokumentiert sind. Die Tatsache der Aufklärung, ihr Zeitpunkt sowie der wesentliche Inhalt des Aufklärungsgesprächs sollen in der Krankengeschichte vermerkt werden. Der Patient soll in einer schriftlichen Einwilligungserklärung durch Unterschrift die erfolgte Aufklärung, einen eventuellen Aufklärungsverzicht und den wesentlichen Inhalt der Aufklärung bestätigen. Das Aufklärungsgespräch kann nicht durch eine formularmäßige Einwilligungserklärung ersetzt werden.

Literatur

Barth T (1990) Datenschutz im Krankenhaus (Deutsche Krankenhausgesellschaft, Verlagsgesellschaft November 1990)
Bockelmann P (1968) Strafrecht des Arztes. Thieme, Stuttgart
Bockelmann P (1973) Tod, Todeszeitbestimmung und Grenzen der Behandlungspflicht. Bayerisches Ärzteblatt, S 728
Bohle T (1990) Haftung für Suizid während stationärer Krankenhausbehandlung. MedR 6:298ff.
Böhme H (1981) Die Zulässigkeit der Delegation ärztlicher Tätigkeiten auf nicht ärztliches Personal. DKZ, Heft 1 (Beihefter)
Böhme H (1983) Rechtsunsicherheit des Endoskopiepersonals. Krankenpflege 2:64ff.
Bulla GA, Buchner H (1981) Mutterschutzgesetz. Kommentar, 5. Aufl. Beck, München
Cadmus M (1982) Zivilrechtliche Haftung des nachgeordneten ärztlichen Dienstes. Minerva, München
Ehlers APF (1991) Die Sektion zwischen individuell erklärter Einwilligung und Allgemeinen Geschäftsbedingungen in Krankenhausaufnahmeverträgen. MedR 5:227ff.
Eser A (1985) Sterbewille und ärztliche Verantwortung. MedR 1:6ff.
Eser A, Lutterotti M von, Sporken P, (Hrsg) (1989) Lexikon Medizin, Ethik, Recht. Herder, Freiburg i. Br.
Exner M, Vogel F, Gregori G (Loseblattsammlung. Stand 1989) Hygienische Aspekte zur HIV-Infektion in Krankenhaus und ärztlicher Praxis. In: Infektions-Kontrollmappe, Hygiene und Medizin. mhp Verlag, Wiesbaden
Fahrenhorst I (1992) Beweislast im Arzthaftungsprozeß. ZRP 2:60ff.
Fritsche P (1993) Der Arzt und seine Verpflichtung zur Sterbehilfe. MedR 4:126ff.
Gorgaß B, Ahnefeld FW (1993) Rettungsassistent und Rettungssanitäter, 3. Aufl. Springer, Berlin Heidelberg New York
Gründel J (1985) Sterbehilfe aus ethischer Sicht. MedR 1:2ff.
Hahn B (1981) Zulässigkeit und Grenzen der Delegierung ärztlicher Aufgaben. NJW:1977–1984
Hanack E-W (1975) 1977ff. Euthanasie in strafrechtlicher Sicht. In: Hiersche H-D (Hrsg) Euthanasie, Probleme der Sterbehilfe. Eine interdisziplinäre Stellungnahme. Piper, München
Harsdorf H, Raps W (1986) Krankenpflegegesetz und Ausbildungs- und Prüfungsverordnung für die Berufe in der Krankenpflege, Kommentar. Heymann, Köln
Heinze M, Jung H (1985) Die haftungsrechtliche Eigenverantwortlichkeit des Krankenpflegepersonals in Abgrenzung zur ärztlichen Tätigkeit. MedR 2:62ff.
Helle J (1993) Patienteneinwilligung und Zwang bei der Heilbehandlung untergebrachter psychisch Kranker. MedR 4:134ff.
Hiersche H-D, Hirsch G, Graf-Baumann T (Hrsg) (1990) Rechtliche Fragen der Organtransplantation (Schriftenreihe Medizinrecht). Springer, Berlin Heidelberg New York Tokyo
Hueck A (1980) Kündigungsschutzgesetz, Kommentar, 6. Aufl. Beck, München
Jakobs P (1990) I.V.-Injektionen durch das Krankenpflegepersonal – erlaubt oder verboten? 2. Aufl. Bibliomed, Melsungen
Kern B-R, Laufs A (1983) Die ärztliche Aufklärungspflicht. Springer, Berlin Heidelberg New York
Kurtenbach H, Golombek G, Siebers H (1986) Krankenpflegegesetz mit Ausbildungs- und Prüfungsverordnung für die Berufe in der Krankenpflege. Kohlhammer, Köln
Lackner K (1989) Strafgesetzbuch mit Erläuterungen, 18. Aufl. Beck, München
Laufs A (1987) Die Entwicklung des Arztrechts 1986/1987. NJW 24:1449ff.

Laufs A, Mars H (1987) AIDS – Antworten auf Rechtsfragen aus der Praxis. MedR 6:282ff.
Lippert H-D (1985) Die neue Medizingeräteverordnung, DMW 38:1469ff.
Maunz T, Zippelius R (1988) Deutsches Staatsrecht. 27. Aufl. Beck, München
Model O, Creifelds C, Lichtenberger G (1992) Staatsbürger-Taschenbuch, 26. Aufl. Beck, München
Opderbecke HW, Weißauer W (1984) Ärztliche Dokumentation und Pflegedokumentation. MedR 2:211ff.
Palandt O (1989) Bürgerliches Gesetzbuch, Kommentar, 48. Aufl. Beck, München
Peter J (1993) „Schlüsselgewalt" bei Arzt- und Krankenhausverträgen. NJW 31:1949ff.
Rieger H-J (1988) Verantwortung der Krankenhausärzte und des Krankenhausträgers bei Personalmangel. DMW 9:357
Rieger H-J (1990) Ablehnung der Durchführung intravenöser Injektionen durch das Krankenpflegepersonal DMW 115:1530ff.
Schaub G (1987) Arbeitsrechts-Handbuch, 6. Aufl. Beck, München
Schneider A (1976) Rechtsprobleme der Transsexualität. Frankfurt: Lang, Frankfurt am Main
Schneider A (1980) Die Einwilligung des Patienten zum Heileingriff – hier: intramuskuläre Injektion durch das Pflegepersonal. DKZ 10:638ff.
Schneider A (1980) Der Anspruch des Patienten auf Herausgabe und Einsichtnahme in ärztliche Unterlagen. DKZ 3:174ff.
Schneider A (1983) Der Anspruch des Patienten auf Einsichtnahme in psychiatrische Krankenunterlagen. DKZ 7:406ff.
Schneider A (1984, 1985) Zur Verantwortlichkeit des operierenden Arztes und des Pflegepersonals: I. Verantwortlichkeit während der Operation. DKZ 12/1984:773ff. II. Verantwortlichkeit in der postoperativen Phase. DKZ 1/1985:64ff.
Schneider A (1985) Das Gesetz über die Berufe in der Krankenpflege. DMW 36:1387ff.
Schneider A (1985) Das Gesetz über den Beruf der Hebamme und des Entbindungspflegers. DMW 42:1626ff.
Schneider A (1986) Juristische Aspekte der Krankenhaushygiene. Krankenhaushygiene und Infektionsverhütung 6:177ff.
Schneider A (1987) Die neue Verordnung über die Sicherheit medizinisch-technischer Geräte. Hygiene und Medizin 3:117ff.
Schneider A (1987) Zur Delegation von Injektionen an nicht hinreichend qualifiziertes Personal. DKZ 11:778ff.
Schneider A (1988) Die Wiederaufbereitung von Einmal-Artikeln – ein nicht nur medizinisch-hygienisches Problem. MedR 14:166ff.
Schneider A (1991) Zum Mitbestimmungsrecht des Betriebsrates bei Dienstplanänderungen. Krankenpflege 2:79ff.
Schneider A (1991) BAG-Urteil zu Bereitschaftsdiensten. Krankenpflege 2:83ff.
Schneider A (1994) Die Teilfixierung eines Patienten. Pflege Z (vormals DKZ) 3:181ff.
Schneider A (1994) Mutterschutz bei infektionsgefährlichen Arbeiten. Teil I: Die Voraussetzungen für ein Beschäftigungsverbot bei arbeitsplatzbedingter Infektionsgefahr, Hygiene + Medizin 3:155ff. Teil II: Voraussetzung für die Zulässigkeit der Frage nach einer Schwangerschaft an eine Bewerberin bei infektionsgefährlicher Arbeit. Hygiene + Medizin 4:223ff.
Schreiber HL, Wolfslast G (1992) Ein Entwurf für ein Transplantationsgesetz. MedR 4:189ff.
Schulz HA (1987) Die Notwendigkeit für ein eigenständiges Medicalproduktegesetz in Deutschland. Hygiene und Medizin 3:252
Solbach G, Solbach T (1988) Zur Frage der Aufklärung der Patienten bei Blutentnahmen (AIDS). MedR 5:241f.
Spann W (1983) Das „Patiententestament". MedR 1:13ff.
Uhlenbruck W (1978) Der Patientenbrief – die privatautonome Gestaltung des Rechts auf einen menschenwürdigen Tod. NJW 12:566ff.
Werner HP (1986) Wiederaufbereitung von Einmal-Artikeln? Weder ein absolutes Nein, noch ein naives Ja. Hygiene und Medizin 11:426ff.
Zmarlik (1985) Jugendarbeitsschutzgesetz, Kommentar, 3. Aufl. Vahlen, München

Sachverzeichnis

A

Abgeordneter   27ff., 52
- Europa-   52f.
Abmahnung   138, 252
Absonderung   194f.
Adenauer, Konrad   13, 14
Aids   98f., 104, 119, 196, 197
- Antikörperaustestung   98f., 135
- Erkrankung   139
- Infektionsregister   196
- Prophylaxe   205f.
- Tests, heimliche   99
- Zentrum   238
Altenhilfe   187
Altenpflege   1, 290f.
- Gesetz   290f.
Altersversicherung   174
Altersversorgung   167, 181f.
Ältestenrat   31
Amtsarzt   231, 232f.
Anenzephalie   60
Angestellter   131, 133, 177, 181, 183
Angestelltenversicherung   181
- Träger der   182
Anordnungsverantwortung   87
Anpassungslehrgang   275, 277, 284
Anscheinsbeweis   90
Ansteckungsverdächtiger   189ff., 194
Anstiftung   102
Antisepsis   293
Apotheke   209, 210, 213, 222ff., 226, 235, 274
- Haus-   222
- Krankenhaus-   222, 226, 235
Apothekenbetriebsordnung   226, 274
Apothekenhelfer   170
Apothekenwesen   214, 225f., 235
Arbeit   127
- selbständige   127f.
- unselbständige   127f.
Arbeiter   131, 177, 181ff.
Arbeitgeber   127, 128ff., 133, 141, 152, 155f., 162f., 173, 176, 180, 182f., 235

Arbeitnehmer   127ff., 133ff., 155, 173, 176, 180, 182f.
- Pflichten des   133ff.
Arbeitnehmereigenschaft   131
Arbeitnehmerschutzrecht   128, 141ff., 156ff., 172f.
Arbeitsamt   172, 183, 184
Arbeitsbereitschaft   158
Arbeitsförderungsgesetz   174, 183
Arbeitsgemeinschaft deutscher
   Schwesternverbände   26, 84, 85, 260
Arbeitsgericht   128, 137, 140
Arbeitsgerichtsbarkeit   8
Arbeitslosengeld   165, 169, 183f.
Arbeitslosenhilfe   165, 169, 183f.
Arbeitslosenversicherung   169, 174, 183f.
- Beiträge zur   183
- Träger der   184
Arbeitspapiere   140
Arbeitspflicht   133f.
Arbeitsplatzschutzgesetz   172
Arbeitsrecht   25, 127ff., 232
- individuelles   130ff., 135
- kollektives   129f., 135
Arbeitsschutz   141, 144, 145, 159f., 231
- Mittel   173
- Regeln   173
Arbeitsstättenverordnung   142, 163
Arbeitstherapeut   1, 118, 170, 247, 281ff.
Arbeitsunfähigkeit   176, 178, 179
Arbeitsverhältnis   127, 130f., 137
- Beendigung des   136ff.
- Befristung des   132, 136
Arbeitsvertrag   130f., 133
Arbeitsverweigerung   88
Arbeitszeit   133, 156, 159ff.
- an Krankenpflegeanstalten   157ff.
- an Sonn- und Feiertagen   157, 162
Arbeitszeitgesetz   128, 159ff.
Arbeitszeitordnung   128, 156ff.
Arbeitszeitschutz   156, 159ff.
- für Jugendliche   157f.
Arzneibuch   214
Arzneimittel   37, 145, 206ff., 220, 227, 229, 231

Sachverzeichnis

Arzneimittel, apothekenpflichtige 209, 213
- bedenkliche 209
- echte 207
- Fertig- 209, 211
- fiktive 207f., 217
- freiverkäufliche 213
- homöopathische 207, 212
- radioaktive 209
- verschreibungspflichtige 213f., 230
Arzneimittelgesetz 117, 148, 150, 206ff., 220f., 229
Arzneimittelrecht 206ff.
Arzneimittelrisiko 207, 215
Arzneimittelschäden 215f.
Arzneimittel-Warnhinweisverordnung 220
Arzthelfer 1, 84, 86, 118, 157, 170, 251, 289f.
- Tier- 1, 118
- Zahn- 1, 118
Ärztlicher Direktor 81
Arztvertrag 68
Asepsis 293
Assistenzarzt 81
Assistent 1, 74
- Diät- 1, 74, 118, 170, 191, 246, 275ff.
- in der Zytologie 291
- pharmazeutisch-technischer 1, 118, 170, 226, 274ff.
- technischer in der Medizin 1, 74, 84, 86, 118, 147, 155, 170, 234, 238, 251, 268ff.
- veterinärmedizinisch-technischer 168ff.
Asyl 47
Atomgesetz 151
Aufbewahrungsfrist 93, 153, 154, 155
Aufbewahrungspflicht 152, 153, 154, 155, 225
Aufbewahrungszeit 93, 153, 154, 155, 225
Aufhebungsvertrag 136
Aufklärung 97f., 112
- Diagnose 97
- Risiko 97
- Umfang der 97f.
- Verlaufs- 97
Aufklärungspflicht 97f., 203
Aufsichtspflicht 81f., 93, 204, 220, 251
Auftragsangelegenheiten 41
Ausbildender 132
Ausbildung 244, 248ff., 274, 285, 289
- duale 253, 272, 289
- praktische 249, 257, 262, 265, 273, 274, 275, 277f., 280f., 282, 285, 287
- schulische 253, 272
- theoretische 274, 277, 280
Ausbildungsmittel 132, 252
Ausbildungsstätte 250, 253, 257, 263, 270f., 276, 282, 286, 287

Ausbildungsvergütung 132, 252, 286, 290
Ausbildungsverhältnis 132f., 135, 252, 264
Ausbildungsvertrag 132, 252, 253
Ausbildungszeit 248f., 252, 254, 263, 270, 275, 279f., 289
Ausbildungsziel 132, 151, 248, 252, 262, 265, 269, 276, 277, 280, 285
Ausführungsverordnung 7
Aushilfsarbeitsverhältnis 132
Ausscheider 188, 190, 193, 194f.
Ausscheidungsverdächtiger 188, 194f., 196
Ausschuß 31
- der Regionen 53
- fakultativer 31
- obligatorischer 31
Auszubildender 132, 253f.
Autonomie 31
AVR 129f.

B

BAT 129f., 133, 136, 157
Bauartzulassung 145, 154
Bedarfsgegenstände(n) 228f., 230
- Verkehr mit 230f.
Befähigungsnachweis 246, 247, 255, 264
Begehungsdelikt 95
Behandlung 120
- ambulante 120
- stationäre 120
Behandlungsfehler 83, 85, 106, 202
- grober 82, 89
Behandlungsvertrag 91, 98, 125
Behinderung 62
- geistige 62, 63
- körperliche 62, 63
- seelische 62, 63
Behring, Emil von 294
Beihilfe 102f.
Beiname 68
Bekenntnisfreiheit 44
Belegarzt 76, 81, 224
Beratungskonzept 107f.
Bereitschaftsdienst 133, 135, 158, 161
Berufe im Gesundheitswesen 1, 57, 241ff.
- sozialpflegerische 1
Berufsausbildung 46, 181, 183, 246ff.
- des Altenpflegers 290
- des Apothekenhelfers 170
- des Arzthelfers 170, 289f.
- des Beschäftigungs- und Arbeitstherapeuten 170, 281ff.
- des Diätassistenten 170, 246, 275ff.
- des Entbindungspflegers 170, 261ff.
- der Hebamme 170, 261ff.

- der (Kinder)krankenschwester 170, 247ff.
- des Krankenpflegehelfers 170, 247ff., 257
- des Krankenpflegers 170, 247ff.
- des Logopäden 170, 286ff.
- des Masseurs und medizinischen Bademeisters 170, 283ff.
- des Orthoptisten 170, 279ff.
- des pharmazeutisch-technischen Assistenten 170, 274ff.
- des Physiotherapeuten 170, 283ff.
- des Rettungsassistenten 276ff.
- des technischen Assistenten in der Medizin 170, 268ff.
- des veterinärmedizinisch-technischen Assistenten 268ff.

Berufsausbildungsverhältnis 132f., 167, 170
Berufsbezeichnung 117, 252, 254, 273, 276, 281, 290
Berufsbildungsgesetz 252, 253f., 261, 264, 272, 289f.
Berufsfreiheit 46
Berufsgenossenschaft 123, 155, 173, 177, 178, 201
- für den Gesundheitsdienst 156, 180
Berufshilfe 179
Berufskrankheit 123, 156, 164, 177, 179
Berufskunde 241ff.
Berufsunfähigkeit 136, 176
Besatzungsstatut 12, 13
Besatzungszone 10ff.
Beschäftigungstherapeut 1, 118, 170, 247, 281ff.
Beschäftigungsverbot(e) 162, 163f., 168, 190, 192
- absolutes 171
- generelle 163f., 165
- individuelle 164f.
Betäubungsmittel(n) 37, 187, 221ff., 231
- Abgabe von 221
- Anforderungsschein für 224f.
- nicht verkehrsfähige 221
- nicht verschreibungsfähige 221
- verkehrsfähige 221, 222
- verschreibungsfähige 221, 222
- -Verschreibungsverordnung 223
Betäubungsmittelbücher 225
Betäubungsmittelgesetz 221ff.
Betäubungsmittelrecht 206
Betäubungsmittelrezept 224f
Betreuer 62ff., 99, 190, 199
Betreuung 62ff., 72, 99, 190
Betriebspartner 129, 130
Betriebsrat 130, 158, 172, 173, 253, 272
Betriebsvereinbarung 128, 130, 135, 161
Betriebsverfassungsgesetz 130, 158

Beweislast 89f., 94, 147, 219
Beweislastumkehr 89f., 94, 126
Billigkeit 5f.
bizonale Behörden 11
Bizone 12
Blindenhilfe 185
Blutentnahme 84ff., 98, 104, 140f., 147, 190, 194, 249
Blutprobe 127
Briefgeheimnis 45
Bundesangestelltentarifvertrag 129f., 133, 136, 157
Bundesanstalt für Arbeit 184, 187
Bundesaufsicht 33
Bundesgesetzblatt 14, 35, 39
Bundesgesundheitsamt(s) 191, 196, 215, 222, 224, 238, 260
- Richtlinien des 201, 204f., 217
Bundeskanzler 14, 30, 31, 32, 34, 35f.
Bundesknappschaft 177, 181
Bundesminister 14, 34, 35
Bundespräsident 14, 30, 32, 34f.
Bundesrat 14, 17, 30, 32, 37, 38, 181, 183, 191
Bundesratslösung 32
Bundesregierung 14, 30, 31, 33, 35f., 37, 181, 182
Bundesrepublik 10ff.
Bundesseuchengesetz 43, 45, 46, 123, 188ff., 191, 201
Bundessozialhilfegesetz 184ff.
Bundesstaat 13, 18ff., 22., 50
Bundestag 14, 27, 30ff., 34, 35, 37f., 183
Bundestagsabgeordneter 27ff.
Bundestagspräsident 31, 32, 34, 36
Bundesversammlung 14, 30, 34
Bundesversicherungsanstalt 166, 182
Bundesvolk 30
Bürgerinitiativen 24
Bürgerliches Gesetzbuch 9, 57ff., 202
Bürgermeistertestament 71
Bürgermeisterverfassung 41
Bürgerrechte 42

C

Caritas Schwestern 130, 131
Chefarzt 81
Chemikaliengesetz 151

D

Daseinsvorsorge 22
Daten 125

Sachverzeichnis

Daten, personenbezogene 125
- Patienten 125
- - Verarbeitungsverbot 125
Datenschutz 117, 122, 125f.
Datenschutzbeauftragter 173
Dekubitus 77, 91, 110
Delegation 83ff., 93, 134, 148, 204, 249, 250
Deliktsfähigkeit 65f.
Demokratie 20f.
- bürgerliche 21
- mittelbare 21, 23
- parlamentarische 30
- repräsentative 21, 22, 30
- unmittelbare 21
- Volks- 21
Desinfektion 74, 77, 145, 156, 204, 218
- Flächen- 204
- Hände- 74, 204
- Haut- 74, 204
- Instrumenten- 204
- Plan- 204
Desinfektor 74, 205, 238, 291
Deutsche Demokratische Republik 15ff., 20, 29, 275, 284
Deutsche Krankenhausgesellschaft 84, 147, 260
Deutsche Wirtschaftkommission 12
Deutsche Zentralverwaltungen 12
Deutscher Berufsverband für Krankenpflege 26, 260
Deutscher Bund 19
Deutscher Caritasverband 26, 187
Deutscher Paritätischer Wohlfartsverband 187
Deutsches Reich 15, 19, 32
Deutsches Rotes Kreuz 26, 180, 187
Diakonisches Werk 26, 187
Diakonissen 131, 177, 181, 242, 243
Dialyse 88
Dienstverhältnis 137f.
Diktatur 19
Direktionsrecht 135
Direktmandat 28
Dokumentation 83, 90ff.
- ärztliche 89, 91, 92
- gesetzliche 91
- Pflege- 92
Dokumentationspflicht 90, 91f., 146
- des Pflegepersonals 92f.
Domagk, Gerhard 294
Dosimeter 153
Dosisleistung 153, 154
Dreizeugentestament 71f.
Dunant, Henri 243
Durchführungsverantwortung 87
Durchführungsverordnung 7

E

Ehe 5, 44, 67ff., 198
Ehefähigkeit 66, 67
Ehemündigkeit 63, 66, 67
Ehename 60, 67
Eheschließung 67, 136
Ehrlich, Paul 294
Eignungsprüfung 275, 277, 284
Eingliederungshilfe 187
Einheitsstaat 20
Einigungsvertrag 16ff., 33, 107, 159, 246, 283f.
Einmalartikel 216ff., 221
- Wiederaufbereitung 246ff., 221
Einnistung 107
Einsichtsfähigkeit 96, 121
Einsichtsrecht 94, 120
Einspruchsgesetze 38ff.
Einwegspritzen 144
Einwilligung 5, 63, 68, 69, 78, 96f., 112, 121, 125, 194, 200
- datenrechtliche 121
- mutmaßliche 96f., 111, 113, 122
Einwilligungsfähigkeit 64, 121ff.
Empfangsbestätigungspflicht 222
Endoskopie 88, 206, 260
Enqueterecht 31
Entbindung(s) 163, 164, 165f.
- Geld 166
- Pfleger 118, 170, 181, 235, 238, 251, 261ff.
Entgeltfortzahlung(s) 178
- -gesetz 178, 182
Entlastungsbeweis 51, 78f., 90
Entmündigung 62
Entrattung 191
Entschädigung 5, 192, 196
Entseuchung 191
Entwesung 191
Erbe 69
Erbfall 58
Erbfolge 69
- gesetzliche 69f.
- gewillkürte 70f.
Erblasser 58, 69, 72
Erfolgswert 27
Erfüllungsgehilfe 74, 77, 111
Ergänzungslehrgang 278
Ergänzungsuntersuchung 171
Erlaubnis
- zur Führung der Berufsbezeichnung 254, 260, 261, 264, 268, 274f., 277, 279f., 282, 284, 287
- zum Verkehr mit Betäubungsmitteln 222

Erlaubniserteilung 193, 225
- zur Arzneimittelherstellung 210f.
Erlaubnispflicht 222
Erlaubnisrücknahme 193, 255, 287
Erlaubniszwang 210
Ermächtigung 6
Ersatzkasse 166, 177
Erstuntersuchung 171
Erwerbsfähigkeit 180, 182
Erwerbsunfähigkeit 136, 176
Erziehungsgeld
Europäische Atomgemeinschaft 48
Europäische einheitliche Akte 49
Europäische Gemeinschaft 19, 48
Europäische Kommission 19, 51ff., 211
Europäische politische Zusammenarbeit 48
Europäische Richtlinien 54, 148, 159, 227, 245f.
- für Arzneimittel 211
- für Lebensmittel und Bedarfsgegenstände 227
- zum Gesundheitsschutz 231
Europäische Union 18, 19, 32, 33, 36, 48ff., 211, 247, 269, 273, 275, 277, 284
- Ausschuß für Angelegenheiten der 31
Europäische Wirtschaftsgemeinschaft 48
Europäischer Binnenmarkt 48ff., 53
Europäischer Gerichtshof 54f.
Europäischer Rat 49, 52
Europäischer Wirtschaftsraum 48, 247, 252, 269, 273, 275, 277, 284
Europäisches Parlament 41, 49, 51, 52f., 240
Europarat 54f., 116, 240, 245
Euthanasie 44, 110ff.
Executive 14, 22, 24

F

Fahrlässigkeit 74, 77, 101, 134, 179
- grobe 134
- leichte 134
- mittlere 134
- normale 134
Familienname 60, 67f., 70
Famuli 85
Fehlgeburt 59, 163
Fernmeldegeheimnis 45, 47
Finanzgerichtsbarkeit 9
Fixierung 64, 74, 83
- Betreuter 64
Fleming, Alexander 294
Fliedner, Theodor 242

Föderalistisches Prinzip 14, 20, 32
Fortbildung 260
Fraktion 29, 31, 37, 38
Fraktionsdisziplin 29
Fraktionszwang 29
Frankfurter Dokumente 13
Freistellungsanspruch 80, 135
Freizügigkeit 45, 191
Friedenspflicht 129
Fristenlösung 18, 106f., 200
Frühgeburt 58, 164
Funktionärstaat 27
Funktionsdienste 75, 88, 260
Fürsorgepflicht 79, 135, 141, 171

G

Garantenstellung 95, 113
Geburt(s) 47, 57f., 105
- Anzeige 58, 59
- Beginn der 57
- - Hilfe 98, 265
- - Name 58, 60, 67
- - Vollendung der 57
Gefahrenschutz 141ff.
Gefahrgeneigtheit 134
Gefahrstoffverordnung 151, 164
Geheimnis 117, 119f.
Gehirntod 58
Gemeinde 7, 39, 41, 234
Gemeindeverbände 39f., 41
Gemeindeverfassung 41
Generaldirektion 51
Genfer Konvention 243
Gerätebuch 146, 150
Gerechtigkeit 4, 22
Gerichtsbarkeit 8
- Arbeits- 8
- Finanz- 9
- freiwillige 8
- ordentliche 8
- Sozial- 8
- Verwaltungs- 8
Gesamtstaat 20
Geschäftsfähigkeit 57, 61f., 66
Geschäftsunfähigkeit 62, 65
Geschlechtskrankheiten 193, 196ff., 214, 233f.
Geschlechtskrankheitengesetz 44, 91, 117, 123, 196ff., 201
Geschlechtszugehörigkeit 58
Gesetze 6, 36ff.
- Einspruchs- 38ff.
- formell-materielle 6, 22

Gesetze, rein formelle 6
- rein materielle 6
- verfassungsändernde 38 ff.
- Zustimmungsbedürftige- 38 ff.
Gesetzesrecht 6f, 129
Gesetzgebung 18, 22, 32, 33, 36 ff.
- ausschließliche 37 f.
- konkurrierende 1, 37 f., 129, 185, 187, 231
- Rahmen- 37
Gesetzgebungsbeschluß 38
Gesetzgebungskompetenz 1, 37
Gesetzgebungsverfahren 31, 33, 36 ff.
Gesetzmäßigkeitsgrundsatz 21 f.
Gestaltungsrechte 3
Gestellungsvertrag 131
Gesundheitsamt 46, 187, 190, 194, 197, 199, 220, 231, 233 ff.
Gesundheitsaufsicht 233, 237 f.
Gesundheitsdienst 231, 232 ff., 238 ff.
- öffentlicher 232, 237
Gesundheits(fach)berufe 1, 18, 131, 246 ff.
Gesundheitsfürsorge 197
Gesundheitshilfe 197, 236
Gesundheitspflege 42, 118, 236
Gesundheitsrecht 231 ff.
Gesundheitsschutz 161 f., 201, 230
Gesundheitswesen 1, 53, 54, 231, 234, 237
- öffentliches 231
Gewalt 12
- elterliche 3, 65, 68, 69
- gesetzgebende 12, 22, 34
- rechtsprechende 12, 22, 43
- Verfassungsgebende 16
- vollziehende 12, 22, 34, 43
Gewaltenhäufung 21
Gewaltenteilung 21
Gewerbearzt 123, 173
Gewerbeaufsichtsamt 128, 157, 162, 167, 173
Gewerbeordnung 141 f.
Gewerkschaft 25, 129, 140
Gewohnheitsrecht 6, 8
Giftrecht 231 f.
Gleichgestellter 172
Gleichheitsgrundsatz 21, 44
Gliedstaaten 20
Grundgesetz 1, 8, 10, 13 ff., 18 ff., 30, 37 ff.
Grundrechte 3, 22, 42 ff., 190 f.

H

Haftung 57, 73 ff., 147, 202
- Arbeitnehmer- 134 ff.
- deliktische 73, 77 ff.
- Eigen- 76, 77
- Gefährdungs- 215, 216, 218
- gesamtschuldnerische 76
- Organ- 80 f.
- Produzenten- 218, 219
- vertragliche 73 ff.
- zivilrechtliche 73, 205
Handelsgesetzbuch 9
Handlungsfähigkeit 61
Hare-Niemeyer 28, 52
Hauptausschuß für Arbeiterwohlfahrt 187
Hauptfürsorgestelle 172, 173
Haushaltsplan 6, 31, 36, 53
Hebamme 75, 118, 164, 170, 181, 188, 235, 237, 251, 261 f., 265
Hebammengesetz 1, 261 ff.
Hebammenschule 263
Heilberufsänderungsgesetz 246 ff., 275, 286
Heileingriff 68, 95 f., 97 f.
- ärztlicher 95 f., 97 f.
- pflegerischer 95 f., 97 f.
Heilpädagoge 1
Heilpraktiker 119, 193
Heilpraktikergesetz 84 f.
Heim 186, 187, 190 f., 192, 233, 291
- Alten- 10, 28, 63, 70, 125, 142, 157, 160, 161, 162
- Entbindungs- 190
- Jugend- 160, 162
- Kinder- 158
- leitung 28, 291
- Pflege- 28, 70, 116, 125, 142, 157, 160, 161, 162
- Schwestern- 10
Heimpersonalverordnung 291
Heimvertrag 63
Hepatitisspflege 156
Heranwachsender 66
Herrenchiemseer Entwurf 13 f.
Herztod 58
Heuss, Theodor 14
Hilfe in besonderen Lebenslagen 185, 186 f.
- zum Lebensunterhalt 185, 186
HIV 104, 119, 196
- Antigene 196
- Kontamination 203, 205 f.
- Nukleinsäure 196
- Test 98, 135, 196
- Übertragung von 104, 196, 205 f.
Höchstarbeitszeit 156, 157 f.
Hospital 241 f.
Hospiz 241 f.
- bewegung 241 f.
Hygiene 139, 201 ff., 214, 237, 259
- Gewerbe- 236
- Krankenhaus- 201, 203 ff.
Hygienebeauftragter 204, 205
Hygienefachkraft 204, 260

Hygienefehler 202
Hygienekommission 204, 240
Hygienemaßnahmen 74, 93, 206
- allgemeine 206
- spezielle 206
Hygieneplan 203
Hygienerecht 201ff., 231
Hygienerichtlinien 201
Hygieneschwester, -pfleger 205
Hygienezwischenfall 202

I

ICN 26
Identitätstheorie 15
Immunität 29f., 52
Impfbuch 181
Impfpflicht 181
Impfrecht 231
Impfschaden 192
Impfstoffe 209
Impfungen 181f.
Indemnität 29f., 52
Indikation 18, 106
- embryopathische 106, 108
- ethische 106
- eugenische 106
- kriminologische 106, 108
- medizinische 106, 108
- Notlagen- 106
- soziale 106
Infektion(s) 98, 104, 135, 139, 204
- Aids 98, 104, 139
- Hepatitis- 98
- HIV- 104, 205
- Verhütung 203
- Wund- 203
Infusion 84ff., 93, 104, 139f., 147f.
Initiativrecht 31, 33, 36, 37, 51
Injektion 74, 84ff., 93, 104, 111, 139f., 147f., 203, 249
- intramuskuläre 85f.
- intravenöse 85f., 87
- subkutane 85f.
Injektionstechnik 84f.
Intensivpflege 88
Interpellationsrecht 31
In-vitro-Diagnostika 149

J

Jenner, Edward 292
Judikative 22
Jugendamt 65, 67, 187, 197, 199
Jugendarbeitsschutzgesetz 128, 156, 157f., 170ff.
Jugendhilfe 65, 175
Jugendlicher 65, 66, 81, 151, 157f., 170f.

K

Kabinett 35, 36
Kanzlerprinzip 35
Kapitulation 10
Karll, Agnes 243f.
Kaufvertrag 9, 10, 133
Kind 65, 168, 170f.
Kinderarbeit 170
Kindererziehungszeiten 169
Kinderkrankenpfleger 26, 247ff.
Kinderkrankenschwester 118, 147, 237, 247ff.
Kindestötung 57
Klausel 27
- Fünf-Prozent- 27, 52
- Sperr- 29, 52
Klinische Sektion 59
Knappschaftsversicherung 174, 181
Koalition 23
Koalitionsrecht 45
Koch, Robert 293f.
Kodezission 53
Kollektivvertrag 128
Kontrollbereich 153, 154
Kontrollrat 12
Körperdosis 153f.
Körperschaft 7, 39, 73, 180, 182
Körperverletzung 5, 77, 88, 95, 103f., 179, 204, 216
Kosmetika 208, 228
- Verkehr mit 230
Krankenakte 92
Krankenblatt 121
Krankengeld 166, 169, 178
Krankengymnast 118, 157, 283f., 286
Krankenhausaufnahmevertrag 74ff., 90, 125
- aufgespaltener 76f.
- mit Arztzusatzvertrag 77
- totaler 74ff.
Krankenhaushygieniker 205
Krankenhausinfektion 205
Krankenhauspforte 119, 123
Krankenhausunterlagen 91ff.
- Einsichtsrecht in- 93
- Herausgabeanspruch auf- 94
Krankenhilfe 186
Krankenkassen 176, 184
Krankenpflegeberufe 1, 84, 170, 237, 247ff.

Krankenpflegegesetz 1, 6, 7, 84, 132f., 247ff., 272
Krankenpflegehelfer/in 118, 147, 170, 238, 247ff.
Krankenpfleger 118, 147, 170, 238, 245, 247ff.
Krankenpflegeschule 242f., 248f.
Krankenschwester 118, 147, 170, 238, 245, 247ff.
Krankenversicherung 51, 165, 169, 174, 176ff., 231, 238
– Beiträge zur 176
– Träger der 177
Krankenwärterschule 242
Kranker 188, 190, 194
Krankheit(en) 37, 45, 104, 105, 187
– ansteckende 69
– Früherkennung von 17
– psychische 62, 63, 64
– übertragbare 37, 45, 187ff., 191, 192ff., 204, 235f.
Krankheitserreger 151, 188, 190, 193
Krankheitsverdächtiger 188, 190, 195
Kündigung 132, 137ff., 252f.
– Änderungs- 88, 135, 137
– außerordentliche (fristlose) 132, 137f., 172, 252
– Beendigungs- 137
– ordentliche 136, 138f., 172
Kündigungsfrist 129, 131f., 136, 137, 138
Kündigungsgründe 137f., 139ff.
– betriebsbedingte 140f.
– krankheitsbedingte 139
– personenbedingte 139
– verhaltensbedingte 139f.
Kündigungsrecht 3
Kündigungsschutz 140, 166f.
– der Schwangeren 140, 163, 166f.
– des Schwerbehinderten 172
Kündigungsschutzgesetz 139ff.
Kündigungsschutzklage 137, 140, 167
Kündigungsverbot 167, 172

L

Laborberichtsverordnung 196
Landesverfassung 8, 11f., 20, 47
Landesversicherungsanstalt 182
Landkreise 41, 232, 237
Landschaftsverbände 41
Lebendgeburt 57, 163
Lebensmittel(n) 22, 208, 227ff.
– Verkehr mit 229f.
Lebensmittelrecht 227ff., 231

Lebensmittel- und Bedarfsgegenständegesetz 201, 227ff.
Leeuwenhoek, Anthony van 292
Legislative 14, 22, 52
Lehrentbindungspfleger 263
Lehrer/in für Krankenpflege 260
Lehrhebamme 263
Leibesfrucht 57, 62, 65, 107, 153
Leichenöffnung 59
Leichenschau 194, 235
Lister, Lord 293f.
Logopäde 1, 118, 247, 286ff.
Londoner Außenministerkonferenz 13

M

Maastrichter Vertrag 19, 32, 33, 49, 50, 53
Magistratsverfassung 41
Mandat(-s) 27ff.
– Direkt- 28f.
– Überhang- 28
– verlust 29
Masseur 118, 157, 170, 238, 251, 283ff.
Masseur- und Physiotherapeutengesetz 283ff.
Max-von-Pettenkofer-Institut 238
Medizinaluntersuchungsamt 231, 237
Medizingeräteverordnung 75, 91, 142ff., 148, 150, 217f.
Medizinischer Bademeister 118, 157, 170, 238, 251, 283ff.
Medizinisch-technische Geräte 143ff., 149, 217f.
Medizinprodukt(e) 148f., 201, 220f.
– aktive 149
– Aufbereitung der 201
– energetischbetriebene 149f.
– implantierbare 149, 220
– mit Meßfunktion 150
Medizinproduktebuch 150
Medizinproduktegesetz 148ff., 220f.
Mehrarbeit 164
Mehrheitswahl 28
Mehrlingsgeburten 58, 164, 169
Meinungsfreiheit 21, 44, 47
Meldepflicht 10, 59, 61, 123, 188, 190, 199, 222
– namentliche 199, 200
– nichtnamentliche 199
Menschenrechte 22, 42, 43, 55
Menschenwürde 43, 83, 112, 185
Mentor 250
Minderjähriger 62, 65, 81f., 97, 121, 136, 162, 199, 212
Ministerrat 51

Mißtrauensvotum   36, 52
- konstruktives   36
Mitarbeitervertretung   130
Mittäterschaft   102
Mitverschulden   134, 216
Mitwirkungsverweigerung   109, 140
Monarchie   19
Montesquieu   22
Mutterhaus   241
Mutterschaftsgeld   162, 165, 166f., 169
- Zuschuß   162, 166f.
Mutterschutzfrist   163, 165, 168
Mutterschutzgesetz   60, 128, 140, 157, 162ff., 176

N

Nachtarbeit   151, 164
Nachtdienst   80
- Organisation des   80
Nachtruhe   164
Nachtzeit   161
Nachuntersuchung   171, 197
Namensrecht   60f.
NATO   17, 20
Neurose   63
Nidation   107
Niederlassungsfreiheit   245, 256, 264
Nightingale, Florence   243
Nobel, Alfred   293
Nothilfe   100
Notstand   95, 100
- rechtfertigender   95, 100, 124
Notwehr   78, 95, 99f.

O

Observanz   6, 8
Opposition   23, 35
Organe   31
- fakultatives   31
- obligatorisches   31
Organentnahme   58f., 60
Organisationsverschulden   79f., 90
Orthoptisten   170, 247, 279ff.
Orthoptistengesetz   1, 279ff.
Ortsdosis   153ff.
Ortsdosisleistung   153f.
Ortskrankenkasse   177, 184

P

Parlament   6, 27, 30, 33, 35, 36
- Landes-   33

Parlamentarischer Rat   13f., 16
Partei   22f., 28
- Oppositions-   23
- Regierungs-   23
Parteiengesetz   22
Parteifähigkeit   61
Pasteur, Louis   293
Patientenanwalt   116
Patientenbrief   115
Patientenvertreter   51
Paul-Ehrlich-Institut   214, 239
Pausenregelung   158, 160
Person
- juristische   10, 57, 58, 131
- natürliche   57, 58, 131
Personalrat   130, 158, 172f., 254, 272
Personalvertretungsgesetz   130
Personendosis   153f.
Personensorge   60, 68, 100, 121, 168
Personenstandsfälschung   117
Personenstandsgesetz   9, 57f.
Personenwahl   29
Petitionsausschuß   31, 53
Petitionsrecht   31, 37
Petitionsüberweisungsrecht   31, 47
Pettenkofer, Max von   292f.
Pflege   92, 236, 241f
- allgemeine   92, 254, 255
- Behandlungs-   92
- Grund-   92
- häusliche   183, 253
- in der Psychiatrie   246, 258
- Kranken-   26
- spezielle   92
- stationäre   183
Pflegebericht   120
Pflegedienstleitung   80f., 92, 133, 250, 260, 291f.
Pflegedokumentation   92
Pflege-Personalregelung   92, 248
Pfleger   65, 111
Pflegetechniken   84, 249
Pflegeversicherung   174, 182f.
Pflegschaft   65
- Abwesenheits-   65
- Ergänzungs-   65
- Gebrechlichkeits-   62
Pflichtaufgaben   41
- gesetzliche   41
- nach Weisung   41
Pflichtversicherter   177, 181
Pflichtversicherung   177, 180f.
Physiotherapeut   118, 157, 170, 283f.
Physiotherapie
- Berufe in der   1, 283ff.
Pockenschutzimpfung   292

Potsdamer Konferenz 10
Präambel 18
Privatrecht 9f.
Probearbeitsverhältnis 132
Probezeit 131f., 252, 253, 264
Prozeßordnung
- Straf- 7
- Zivil- 7
Prüfung 132
- klinische 212
- staatliche 257ff., 266ff., 273, 276, 279, 280f., 282f., 288
Psychose 63
- endogene 63
- exogene 63
Punktion 84, 86, 98
- Venen- 84, 98

Q

Qualitätskontrolle 207, 211, 214
Qualitätssicherung 94, 204, 214
Qualitätssicherungssystem 218

R

Rat der Europäischen Union 51ff.
Ratsverfassung 41
- norddeutsche 41
- süddeutsche 41
Recht 2ff.
- bürgerliches 2, 8, 9, 73, 128
- objektives 2
- öffentliches 8, 9f., 44, 73, 128, 141, 162
- positives 8
- privates 8, 44, 162
- subjektives 2f.
- ungeschriebenes 128
Rechte
- absolute 3
- höchstpersönliche 3
- relative 3
- übertragbare 3
Rechtfertigungsgrund 78, 96f., 101, 99
Rechtsfähigkeit 57ff., 61
Rechtsidee 4
Rechtsmacht 2
Rechtsordnung 2, 5f.
Rechtsquellen 6ff.
- des Arbeitsrechts 128ff.
Rechtssicherheit 6
Rechtsstaatlichkeit 21f.
Rechtsverordnung 6f.
Rechtswidrigkeit 77f., 94, 95ff., 101, 105, 107

Registrierung 211
- homöopathischer Arzneimittel 207, 212
Rehabilitation 182, 259
Reichspräsident 34
Reichsrat 32
Reichsversicherungsordnung 165, 173, 174, 178
Rente 180
- Alters- 182
- Berufsunfähigkeits- 182
- Erwerbsunfähigkeits- 182
- Erziehungs- 182
- Regelalters- 182
- Teil- 180
- Voll- 180
- Waisen- 182
- Witwen- 182
Rentenversicherung 181f.
- Beiträge zur 181f.
- Träger der 181
Republik 19
Ressortprinzip 36
Rettungsassistent 118, 247, 276ff.
Rettungsassistentengesetz 1, 276ff.
Rettungsdienst 224, 225, 243
Richtlinienpolitik 36
Robert-Koch-Institut 238
Robert-von-Ostertag-Insitut 239
Römische Verträge 48, 54
Röntgenbehandlung 155
Röntgeneinrichtung 152f, 154
Röntgengeräte 152f., 154
Röntgennachweisheft 154
Röntgenstrahlen 152, 153f., 179
Röntgenuntersuchung 153, 190
Röntgenverordnung 91, 93, 148, 154f.
Rotes Kreuz 243
Rückgriffsanspruch 135
Rufbereitschaft 161
Ruhepause 158, 160
Ruhezeit 158, 160f.
- Mindest- 158

S

Salk, Jonas E. 294
Sanitätsausbildung 251
Satzung(s) 7
- Autonomie 7
- öffentlich-rechtliche 7
- privatrechtliche 7
Schaden 77, 218
- immaterieller 77, 125
- materieller 77
- Nichtvermögens- 77, 125
- Vermögens- 77

Schadensersatz 65, 73, 77, 125f., 134, 201, 215, 252
Schadensersatzpflicht 73ff., 216
Schichtarbeit 161
Schlüsselgewalt 68
Schmerzensgeld 73, 77, 98f
Schmuck 156
Schuld 94, 100f.
Schuldausschließungsgründe 100f.
Schuldfähigkeit 100f.
Schülerstatus 252f., 264, 272
Schutzausrüstung 152, 156, 164
Schutzimpfungen 190, 191f.
Schutzkleidung 15, 154, 203, 206,
Schwangerschaft 58, 136, 153, 163f.
Schwangerschaftsabbruch 18, 44, 57, 69, 97, 107ff., 121
- Mitwirkung beim 109, 140
Schweigepflicht 93, 117ff., 134
Schwerbehindertengesetz 128, 140, 172
Schwerbehinderter 172
Schwester 131
- Caritas- 26, 131
- DRK- 26, 131
- freie 243
- Gemeinde- 291
- Ordens- 26, 131
Sechsmächtekonferenz 13
Seetestament 71
Selbstbestimmungsrecht 94, 99
- des Patienten 99, 105, 111f.
- der Schwangeren 107
Selbsttötung 83, 102, 105, 110, 114
Selbstverwaltung 7, 41, 43
Selbstverwaltungsangelegenheiten 41
Semmelweiss, Ignaz 292
Senatslösung 32
Serum 209, 210
Seuchenrecht 231
Sicherheitsbeauftragter 173
Sittengesetz 5, 43
Sittlichkeit 4, 6
Sorgfaltspflicht(en) 74ff., 88, 147, 202f., 204, 250
- des Arztes 106
- der Funktionsdienste 75
- der Hebammen 75
- des Krankenhausträgers 78f.
- der Pflegekräfte 74f., 106
Souveränitätsvertrag 17
Sozialarbeiter/-in 1, 238, 241
Sozialcharta 55
Sozialgericht 179
Sozialgesetzbuch 65, 174ff., 178
Sozialhilfe 175, 184, 185ff.
- Träger der 187, 197

Sozialhilfe
- Recht 184
- Wesen 41
Sozialpartner 129
Sozialstaatlichkeit 22, 174
Sozialversicherung 136, 163, 174ff., 232
Sozialversicherungswesen 174, 184f.
Sperrbereich 152
Spritzenschein 88
Staatenbund 19
Staatenbündnis 20
Staatenstaat 19
Staatenverbindung 19f.
- staatsrechtliche 19
- völkerrechtliche 19
Staatsangehörigkeit 46f., 49, 61
Staatsbürgerkunde 1f.
Staatsbürgerschaft 28
Staatsgewalt 1, 4, 10, 19, 21, 30, 39
Staatsrecht 9, 10
Staatsvertrag 16
- erster 16
- zweiter 17
Staatswesen 1
Stationsleitung 80
Sterbegeld 177, 180
Sterbehilfe 44, 109ff.
- aktive 114f.
- indirekte 112
- passive 113f.
Sterilisation 63, 145, 218
Stiftung 7, 74
Stillzeit 165
Störstrahler 150f., 154
Stoffe 208, 220, 225
- gefährliche 151, 164
- ionisierende 151f.
- radioaktive 151ff., 229
Strafgesetzbuch 94ff.
Strafmündigkeit 66
Strafrecht 2, 9
Straftat 94f.
- versuchte 103
- vollendete 103
Strahlen 152
- radioaktive 152f.
Strahlenbelastung 152f.
Strahlenexposition 153
Strahlenschutz 151ff., 231
Strahlenschutzbeauftragter 152f., 154f., 173
Strahlenschutzverantwortlicher 152f., 154f.
Strahlenschutzverordnung 91, 93, 148, 149, 150, 151ff.
Suizid 82f.
- Versuch 82f.

T

Tabakerzeugnisse(n) 208, 228
- Verkehr mit 230
Täterschaft 102f.
- mittelbare 102f.
Tätigkeiten
- vorbehaltene 264f., 270ff.
Tätigkeitsverbot 190, 192, 196
Tarifautonomie 25
Tarifparteien 25, 129
Tarifpolitik 25
Tarifvertrag 25, 128, 129f., 133, 136, 138, 162, 178
- Einzel- 128ff.
- Lohn-/Gehalts- 128ff.
- Mantel- 128ff., 157
- Rahmen- 128ff.
Tatbestandsmäßigkeit 94f.
Teilordnungslehre 15
Tendenzbetrieb 158
Testament 69ff., 80
- außerordentliches (Not-) 70, 71
- eigenhändiges 70f.
- öffentliches 70
- ordentliches 70
Testierfähigkeit 57, 63, 66, 72
Tod 58f., 60
- des Arbeitgebers 136
Todesanzeige 60
Todeseintritt 58f.
Totgeburt 60, 163
Tötung 106
- auf Verlangen 110, 114f.
- fahrlässige 106
Transfusion 84
- Blut- 98
- Eigenblut- 98
- Fremdblut- 98
Transplantation 58f.
Transsexualismus 58, 61
Treuepflicht 134, 135
Tuberkulosenbekämpfung 234, 236
Tuberkulosenpflege 156, 234

U

Überwachungsbereich 154
Unfall 179, 184
- Arbeits- 155, 179, 180
- Wege- 179, 184
Unfallrettungswesen 237
Unfallverhütungsvorschriften 145f., 149, 150, 156, 173, 178, 180, 201

Unfallversicherung 173, 174, 178ff., 231
- Beiträge zur 180
- Träger der 156, 179, 180
Unterbringung 64, 73, 93, 195
- öffentlich-rechtliche 99
- strafgerichtliche 99
- zivilrechtliche 64
- zwangsweise 195
unterlassene Hilfeleistung 94, 104f.
Unterlassungsdelikt 95
- echtes 95, 104f.
- unechtes 94
Untermaßverbot 108
Unterricht
- praktischer 257, 263, 265, 273, 275, 280, 282, 284, 287
- theoretischer 257, 263, 265, 273, 275, 280, 282, 284, 287
Unterrichtsschwester/-pfleger 250
Unverletzlichkeit der Wohnung 46, 191, 194
Unversehrtheit, körperliche 43f., 190, 191, 194, 197
Urlaub 129, 132, 251, 252
- Erholungs- 169
- Erziehungs- 132, 167, 168f., 252
- Zusatz- 172
Urlaubsdauer 129

V

Verbände 7, 22, 24ff.
- Arbeitgeber- 24f., 45, 129
- Arbeitnehmer- 25, 45
- Berufs- 22, 84, 260
- Fach- 25
- Frauen- 244
- Fürsorge- 200, 234
- Interessen- 22
- Mutterhaus- 26
- Schwestern- 26, 244
- Standes- 22
Verbrechen 103
Verein 10, 24, 45, 57, 58, 74
- bürgerlich-rechtlicher 23
- eingetragener 10
- zur Armen- und Krankenpflege 242
Vereinigungsfreiheit 45, 47
Verfassung 8, 15ff.
- der Länder 8
- im formellen Sinn 15
- im materiellen Sinn 15
Verfassungsausschuß 18
Verfassungskonvent 13f.

Vergehen 103
Verhältniswahlrecht 27ff., 52
Verjährung 73, 93
Verkehrssicherungspflicht 81f., 204
Verlobung 67
Vermittlungsausschuß 38ff., 53, 183
Vermögenssorge 68
Verordnungen 6f., 54
Verrichtungsgehilfe 78f.
Versammlungsfreiheit 45, 47, 191
Verschreibungsgrundsatz 223
Verschreibungspflicht 210
Verschulden 74, 76f., 204
– Fremd- 74
– Selbst- 76
– Übernahme 80, 87
Versicherungspflicht 176, 180, 181
Vertragsfreiheit 130
Vertrauensgrundsatz 87
Vertrauensmann
– für Schwerbehinderte 172
Verwaltungsgerichtsbarkeit 8
Verwaltungsleiter 81, 119
Verwirkung 47
Vincentinerinnen 242
Vincent von Paul 242
Volksabstimmung 30
Volksbegehr 30
Volksentscheid 30
Volksherrschaft 19
Volkskammer 16
Volksvertreter 27, 30, 34
Volljährigkeit 62, 66
Vormund 63, 65
Vormundschaft 65
Vormundschaftsgericht 60, 62, 63, 64, 65, 67
Vorname 60, 70
Vorsatz 74, 77, 101, 134, 167
Vorsorgeuntersuchung 171, 186

W

Wahl 27ff., 52
– Bundestags- 27ff., 63
– Europa- 52ff., 63
– Kommunal- 63
– Kreise- 28
– Landtags- 63
– Männer 27
– plebiszitäre 34
Wahlberechtigung 28
Wahlgesetz 14

Wahlgleichheit 21
Wahlrecht 27, 34, 47, 49
– aktives 28, 63, 66
– passives 28, 63, 66
Wahlsystem 27f., 52
Wahlvorgang 27f.
Wartezeit 182
Wechselschicht 161f.
Wehrbeauftragter 31
Wehrdienst 172
Wehrpflicht 44, 66, 172
Wehrübung 172
Weimarer Republik 21, 32, 244
– Reichsverfassung der 32, 34, 42
Weisungspflicht 92
– ärztliche 92
Weisungsrecht 33, 127f., 131, 135, 205
Weltgesundheitsorganisation (WHO) 116, 215, 240
Widerrechtlichkeit 77f.
Wiedervereinigung(s) 16f., 29
– Gebot 16
– Wille 16
Wille 62, 70, 126
– letzter 70
– mutmaßlicher 62, 96, 111, 113, 126
Wirtschaftkommission 12
– deutsche 12
– ständige 12
Wirtschaftsrat 12
Wochenarbeitszeit 156f.
Wöchnerin 163f.
Wohlfahrtspflege 41f., 180, 187, 199, 292
Wohnsitz 61

Z

Zählwert 27
Zentralverwaltungen 12
Zentralwohlfahrtsstelle der Juden in Deutschland 187
Zeuge 71f., 222
Zeugnis 79, 141, 260
– amtsärztliches 235
– des Arbeitgebers 141
– des Arztes 163, 191, 197, 198, 200
– Eheunbedenklichkeits- 198
– des Gesundheitsamtes 117, 192
– der Hebamme 163
– Prüfungs- 243, 245, 253, 262, 266, 271, 281
Zeugnisverweigerung 126f.
Zitierrecht 31

Zivildienstleistender 118
Zivilrecht 8, 73, 101
Zölibatsklausel 136
Zonenbefehlshaber 12
Zonenbeirat 12
Zonenkontrollrat 12
Zubereitungen 151, 208, 220, 225
Züchtigungsrecht 95, 100

Zulassungspflicht 211
– von Arzneimitteln 211
Zusatzstoffe 229
Zwei-plus-vier-Vertrag 17
Zweistaatentheorie 15
Zweitname 60
Zwitter 58

Springer-Verlag und Umwelt

Als internationaler wissenschaftlicher Verlag sind wir uns unserer besonderen Verpflichtung der Umwelt gegenüber bewußt und beziehen umweltorientierte Grundsätze in Unternehmensentscheidungen mit ein.

Von unseren Geschäftspartnern (Druckereien, Papierfabriken, Verpackungsherstellern usw.) verlangen wir, daß sie sowohl beim Herstellungsprozeß selbst als auch beim Einsatz der zur Verwendung kommenden Materialien ökologische Gesichtspunkte berücksichtigen.

Das für dieses Buch verwendete Papier ist aus chlorfrei bzw. chlorarm hergestelltem Zellstoff gefertigt und im pH-Wert neutral.

Druck: Mercedesdruck, Berlin
Verarbeitung: Buchbinderei Lüderitz & Bauer, Berlin

Alfred Schneider

Prüfungsfragen zur Rechts- und Berufskunde für die Fachberufe im Gesundheitswesen

Springer-Verlag
Berlin Heidelberg New York
London Paris Tokyo
Hong Kong Barcelona
Budapest

Fragen

1. Die Menschenrechte sind als unmittelbar geltendes Recht niedergelegt im
   a) Bürgerlichen Gesetzbuch
   b) Grundgesetz der Bundesrepublik Deutschland, Art. 20 ff.
   c) Charta der Vereinten Nationen
   d) Strafgesetzbuch
   e) Grundgesetz der Bundesrepublik Deutschland, Art. 1–19

2. Das Frankfurter Dokument III enthält
   a) die Beauftragung der Ministerpräsidenten mit der Überprüfung der damals bestehenden innerdeutschen Landesgrenzen
   b) Leitsätze für ein zu erlassendes Besatzungsstatut
   c) die Einberufung einer verfassungsgebenden Nationalversammlung

3. Der Parlamentarische Rat
   a) wählt den Bundesrat
   b) wählt die Bundesversammlung
   c) legte fest, daß die Bundesrepublik Deutschland ein demokratischer, freiheitlicher Rechtsstaat ist
   d) verabschiedete das Grundgesetz der Bundesrepublik Deutschland
   e) schlägt dem Bundespräsidenten den Bundeskanzler vor
   f) schlägt dem Bundeskanzler die Bundesminister vor

4. Das Grundgesetz ist vom Parlamentarischen Rat angenommen worden am
   a) 8. Mai 1949
   b) 12. Mai 1949
   c) 23. Mai 1949
   d) 24. Mai 1949

5. Das Besatzungsstatut wurde aufgehoben am
   a) 23. Mai 1949
   b) 24. Mai 1949
   c) 7. September 1949
   d) 5. Mai 1955

6. Die Bundesrepublik erhielt ihre volle Souveränität
   a) mit der Verabschiedung des Grundgesetzes
   b) mit der Wahl des 1. Bundespräsidenten
   c) mit der Wahl des 1. Bundestages
   d) mit dem Inkrafttreten des Besatzungsstatuts
   e) mit der Aufhebung des Besatzungsstatuts
   f) mit dem Abschluss des 2 plus 4 Vertrages

7. Der erste Bundeskanzler nach dem 2. Weltkrieg war
   a) Theodor Heuss
   b) Konrad Adenauer
   c) Ludwig Erhardt
   d) Kurt Georg Kiesinger

8. Die Europäische Union ist
   a) ein Staatenbund
   b) ein Staatenstaat
   c) ein Staatenbündnis

9. Bei welchem der folgenden Staatenbündnisse handelt es sich um einen militärischen Zusammenschluß?
   a) Europäische Union
   b) GATT
   c) UNO
   d) NATO

10. Welche Staatsform hat die Bundesrepublik Deutschland?
   a) Absolute Monarchie
   b) Präsidialdemokratie
   c) Parlamentarische Demokratie
   d) Räterepublik

11. Träger der Staatsgewalt in einer Demokratie ist
   a) der Bundespräsident
   b) das Volk
   c) der Bundeskanzler
   d) der Bundestag

12. Die Bundesrepublik Deutschland ist eines Bundesstaat. Das bedeutet:
   a) Die Bundesländer haben einen Teil ihrer Souveränität an den Bund übertragen
   b) Alle Bundesländer haben in allen Bereichen die gleichen Gesetze

c) Die Bundesregierung hat bei Gesetzesänderungen der Länder beratende Funktion
   d) Jedes Bundesland hat seine eigene Vertretung im Ausland

13. Die im Grundgesetz verankerte Gewaltenteilung
   a) ist grundlegend für die Staatsform der Bundesrepublik als Bundesstaat
   b) beinhaltet die Trennung von gesetzgebender und vollziehender Gewalt und Rechtssprechung
   c) bedeutet, daß die Länder grundsätzlich unabhängig vom Bund Gesetze verabschieden können

14. Wer verkörpert die Exekutive auf Bundesebene?
   a) Allein der Bundeskanzler
   b) Der Bundespräsident
   c) Der Bundestag
   d) Die Bundesregierung

15. Der Bund hat folgende Gesetzgebungskompetenzen
   a) die ausschließliche und konkurrierende
   b) die ausschließliche und Rahmengesetzgebung
   c) die konkurrierende und Rahmengesetzgebung
   d) die ausschließliche, konkurrierende und Rahmengesetzgebung
   e) nur eine der genannten

16. Welche Regelung besteht in der Anwendung des Bundesrechts im Verhältnis zum Landesrecht?
   a) Bundesrecht bricht Landesrecht
   b) Bundesrecht beinhaltet Landesrecht
   c) Landesrecht vor Bundesrecht
   d) Länder machen Vorschlag für Bundesrecht

17. Das Recht auf Gesetzesinitiative auf Bundesebene hat/haben
   a) die Bundesversammlung
   b) der Bundesrat
   c) der Bundespräsident
   d) die Bundesregierung
   e) mindestens 33 Mitglieder des Bundestages
   f) mindestens die Hälfte der Mitglieder des Bundestages
   g) ausschließlich die Gesamtheit der Mitglieder des Bundestages

18. Als konkurrierende Gesetzgebung werden bezeichnet
   a) den wirtschaftlichen Wettbewerb regelnde Gesetzeswerke
   b) die Bereiche, in denen die Länder Gesetzgebungsbefugnisse haben, solange der Bund von seinem Gesetzgebungsrecht keinen Gebrauch macht
   c) die Bereiche, in denen sowohl die Länder als auch die Gemeinden zum Erlaß von Rechtsvorschriften befugt sind

19. Verfassungsändernde Gesetze bedingen im Bundestag
   a) die dreiviertel Mehrheit
   b) die zweidrittel Mehrheit
   c) die absolute Mehrheit

20. Letzter Schritt im Gesetzgebungsverfahren und damit die Möglichkeit des Inkrafttretens zum vorgesehenen Zeitpunkt ist die
   a) letzte Abstimmung im Deutschen Bundestag
   b) Verkündung im Bundesgesetzblatt
   c) Ausfertigung/Unterzeichnung des Gesetzes durch den Bundespräsidenten
   d) Gegenzeichnung durch den zuständigen Minister und den Bundeskanzler

21. Die sogenannte Bundesratslösung besagt, daß die Mitglieder des Bundesrats
   a) vom Landesvolk gewählt werden
   b) von den Landesparlamenten gwählt werden
   c) von den Landesparlamenten delegiert werden
   d) von den Landesregierungen bestellt werden

22. Die Mitglieder des Bundesrates sind bei ihren Beschlüssen
   a) allein ihrem Gewissen verantwortlich
   b) verpflichtet, sich an die Richtlinien ihrer Partei zu halten
   c) verpflichtet, sich an die Instruktionen der entsendenden Landesregierung zu halten
   d) verpflichtet, sich an die Weisungen der regierenden Bundestagsfraktion zu halten

23. Der Bundesrat setzt sich zusammen aus
   a) den Ministerpräsidenten der Länder
   b) den Mitgliedern der einzelnen Länderregierungen
   c) den Regierungspräsidenten
   d) den Landtagsabgeordneten

24. Der Deutsche Bundestag
   a) ist oberstes Gesetzgebungsorgan der Bundesrepublik Deutschland
   b) wird alle 5 Jahre direkt vom deutschen Volk gewählt
   c) kontrolliert die Regierung
   d) hat in der Regel 656 Abgeordnete
   e) hat in der Regel eine Legislaturperiode von 4 Jahren

25. Aufgaben des Parlaments sind
   a) die Wahl der Bundesminister
   b) die Wahl des Bundeskanzler
   c) die Rechtsprechung
   d) die Verabschiedung neuer Gesetze

26. Das Interpellationsrecht des Bundestages bedeutet
   a) das Recht, Untersuchungsausschüsse zu bilden
   b) Petitionen an die zuständigen Ausschüsse verweisen zu können
   c) Auskünfte von der Bundesregierung verlangen zu können
   d) die Anwesenheit von Regierungsmitgliedern verlangen zu können

27. Das Recht zur Auflösung des Bundestages steht zu
   a) dem Bundeskanzler
   b) dem Bundestagspräsidenten
   c) dem Bundestag selbst
   d) dem Bundespräsidenten

28. Zu den fakultativen Ausschüssen/Organen des Bundestages zählt/zählen
   a) der Wehrbeauftragte
   b) der Verteidigungsausschuß
   c) der Auswärtige Ausschuß
   d) der Untersuchungsausschuß

29. Als Hilfsorgan des Bundestages nimmt/nehmen Kontrollfunktionen im Bundeswehrbereich wahr
   a) der Bundesverteidigungminister
   b) die Verteidigungsexperten der Bundestagsfraktionen
   c) die jeweiligen Standortkommandeure
   d) der Wehrbeauftragte
   e) Ein solches Hilfsorgan existiert nicht

30. Was versteht man unter „Fünfprozent-Klausel" (Sperrklausel)?
   a) Daß jeder Bürger mindestens fünf Prozent seines Einkommens als Steuern abgeben muß

b) Eine Sperrklausel, die verhindert, daß Parteien, die weniger als fünf Prozent der abgegebenen Zweitstimmen erhielten, in die Parlamente kommen
c) Daß ein Wahlvorschlag für eine neue Partei von fünf Prozent der Wahlberechtigten unterschrieben sein muß
d) Die erforderliche Zahl von Abgeordneten, die bei Abstimmung unbedingt anwesend sein müssen

31. Der Bundeskanzler wird
a) vom Bundestag gewählt
b) vom Bundesrat gewählt
c) von der Bundesversammlung gewählt
d) von den Bundesministern gewählt
e) im Rahmen der Bundestagswahl gewählt
f) nicht gewählt, sondern lediglich nur immer ernannt

32. Wer bestimmt in der Bundesrepublik Deutschland die Richtlinien der Politik?
a) Der Bundeskanzler
b) Jeder Bundesminister in seinem Ressort
c) Der Bundespräsident
d) Die Bundestagsfraktionen der Regierungsparteien

33. Die Bundesminister werden
a) von der Bundesversammlung gewählt
b) vom Bundestag gewählt
c) vom Bundesrat gewählt
d) vom Bundeskanzler ernannt
e) vom Bundespräsidenten ernannt
f) vom Bundestagspräsidenten ernannt
g) vom Bundeskanzler vorgeschlagen
h) vom Bundespräsidenten vorgeschlagen

34. Wer wählt den Bundespräsidenten?
a) Der Bundestag
b) Die Bundesregierung
c) Der Bundesrat
d) Die Bundesversammlung

35. Wielange dauert die Amtszeit des Bundespräsidenten?
a) 3 Jahre
b) 4 Jahre
c) 5 Jahre
d) 6 Jahre

36. Ein Bundestagsabgeordneter ist laut Grundgesetz bei seiner Stimmabgabe verantwortlich

a) dem Bundespräsidenten
b) seinen Wählern
c) seinem Gewissen
d) seinen Parteifreunden

37. Den Bundespräsidenten vertritt während seiner Abwesenheit

a) der Bundesratspräsident
b) der Bundestagspräsident
c) der Bundeskanzler
d) der Alterspräsident des Deutschen Bundestages

38. Folgende Artikel des Grundgesetzes dürfen in ihrem Wesensgehalt nicht angetastet werden

a) die Grundrechte
b) die Artikel über das Finanzwesen
c) die Artikel über den Bundespräsidenten
d) die Artikel über die Bundesregierung

39. Artikel 1-19 des Grundgesetzes enthalten

a) die Präambel
b) die Grundrechte
c) Bestimmungen über Bund und Länder
d) Bestimmungen über die Rechtsprechung

40. Berechtigt, Abgeordnete des Bundestages zu wählen, ist

a) jede Person, die sich am Wahltag in der Bundesrepublik aufhält
b) jeder Deutsche, der das 18. Lebensjahr vollendet hat und nicht vom Wahlrecht ausgeschlossen ist
c) jeder deutsche Bürger, der vor der Wahl eine Woche ohne Unterbrechung im Wahlgebiet gewohnt hat

41. Das im Grundgesetz verankerte Recht der Immunität bewahrt den Bundestagsabgeordneten

a) grundsätzlich vor strafrechtlicher Verfolgung
b) vor Angriffen in Presse, Rundfunk und Fernsehen
c) vor Zwischenrufen bei Reden in Parlament
d) vor Parteiausschluß bei Verstoß gegen die Fraktionsdisziplin

42. Das passive Wahlrecht beginnt mit Vollendung des

a) 21. Lebensjahres
b) 25. Lebensjahres
c) 18. Lebensjahres

43. Die Geburt eines Kindes muß gemeldet werden

   a) beim Gesundheitsamt
   b) beim Einwohnermeldeamt
   c) beim Standesamt des Geburtsortes
   d) beim Standesamt der Eltern

44. Die Geburt eines Kindes ist dem Standesamt zu melden

   a) nach dem Personenstandsgesetz
   b) nach den Bundesmeldevorschriften
   c) nach der Reichsmeldeordnung
   d) nach dem Ordnungsbehördengesetz
   e) nach den Bestimmungen des Bürgerlichen Gesetzbuches

45. Zu einer Geburt

   a) muß grundsätzlich eine Hebamme gerufen werden
   b) muß einer Hebamme nur zugezogen werden, wenn kein Arzt anwesend ist
   c) kann auch eine erfahrene Krankenschwester an Stelle einer Hebamme zugezogen werden
   d) kann auf Wunsch der Gebärenden auf Zuziehung einer Hebamme verzichtet werden

46. Der Tod eines Menschen ist zu melden

   a) beim Gesundheitsamt
   b) beim Einwohnermeldeamt
   c) beim Standesamt des Geburtsortes
   d) beim Standesamt des Ortes, an dem der Tod eintrat

47. Die Meldung von Sterbefällen nach dem Personenstandsgesetz hat zu erfolgen

   a) innerhalb von 24 Stunden
   b) innerhalb des folgenden Werktages
   c) innerhalb von 7 Tagen
   d) beim zuständigen Gesundheitsamt
   e) beim zuständigen Standesamt
   f) bei der zuständigen Friedhofsverwaltung

48. Eine Totgeburt ist zu melden

   a) an dem auf den Tag der Geburt folgenden Werktag
   b) innerhalb von 8 Tagen
   c) innerhalb von 24 Stunden
   d) sofort

49. Fehlgeburten sind zu melden

a) beim Standesamt
b) beim Gesundheitsamt
c) bei der Staatsanwaltschaft
d) an keine dieser Stellen

50. Eine Fehlgeburt liegt vor, wenn die totgeborene Frucht weniger wiegt als

a) 1500 g
b) 2000 g
c) 1000 g
d) 500 g

51. Eine Person in der Bundesrepublik Deutschland wird rechtsfähig

a) mit 14 Jahren
b) mit 18 Jahren
c) mit 21 Jahren
d) mit Vollendung der Geburt

52. Eine Person in der Bundesrepublik Deutschland ist voll geschäftsfähig

a) mit 7 Jahren
b) mit 14 Jahren
c) mit 18 Jahren
d) mit 21 Jahren

53. Die beschränkte Testierfähigkeit bedeutet

a) nur ein eigenhändiges Testament errichten zu können
b) nur ein öffentliches Testament errichten zu können
c) nur ein Dreizeugentestament errichten zu können
d) nur ein ordentliches Testament errichten zu können

54. Ein öffentliches Testament kann errichtet werden

a) von jeder rechtsfähigen Person
b) von jeder geschäftsfähigen Person
c) mit Vollendung des 16. Lebensjahres
d) mit Vollendung des 18. Lebensjahres

55. Für die Wirksamkeit eines eigenhändigen Testaments ist zwingend Voraussetzung

a) Unterschrift mit Vor- und Familiennamen
b) Zeitangabe
c) Ortsangabe
d) Schriftform

56. Für welchen Zeitraum hat das „Dreizeugentestament" (BGB § 2252) Gültigkeit?

    a) 4 Wochen
    b) 3 Monate
    c) 6 Monate
    d) 1 Jahr
    e) unbefristet

57. Wieviele Zeugen müssen bei der Errichtung eines Nottestaments anwesend sein?

    a) 1 Zeuge
    b) 2 Zeugen
    c) 2 Zeugen, einer davon ein Notar
    d) 3 Zeugen

58. Das Personensorgerecht als Teil der elterlichen Gewalt beinhaltet

    a) die Beaufsichtigungspflicht
    b) die Erziehungspflicht
    c) das Recht der Bestimmung des Aufenthaltsortes bei minderjährigen Kindern

59. Der Umfang einer vertraglichen Haftung auf Schadensersatz umfaßt

    a) Vermögensschaden
    b) Schmerzensgeld
    c) Unterhalt für berechtigte Angehörige

60. Zwischen welchen Parteien wird ein sogenannter „totaler" Krankenhausaufnahmevertrag geschlossen?

    a) Patient und Versicherung
    b) Patient und Belegarzt
    c) Patient und Krankenhausträger

61. Wie alt muß ein Jugendlicher sein, um strafrechtlich zur Verantwortung gezogen werden zu können?

    a) 7 Jahre
    b) 12 Jahre
    c) 14 Jahre
    d) 18 Jahre

62. Strafrechtlichen Bestimmungen unterliegt die

    a) Schweigepflicht
    b) Haftpflicht

c) unterlassene Hilfeleistung
d) Wehrpflicht

63. Zur Hilfeleistung bei Unglücksfällen hat der Gesetzgeber verpflicht

a) jeden Bürger
b) jeden im Staatsdienst Tätigen
c) die Mitglieder von Hilfsorganisationen
d) die Angehörigen der Berufe im Gesundheitswesen

64. Wann verstoßen Sie gegen § 221 StGB?

a) Beim Verlassen des Patienten in hilfloser Lage (Aussetzung)
b) Bei fahrlässiger Körperverletzung
c) Beim Verstoß gegen die Schweigepflicht
d) Bei Unterlassung von Hilfeleistungen

65. Die Schweigepflicht darf gebrochen werden

a) nach dem Tode des Geheimnisgeschützten
b) gegenüber allen Personen, die ihrerseits unter Schweigepflicht stehen
c) wenn der Geheimnisgeschützte es nicht erfährt
d) wenn der Geheimnisgeschützte eingewilligt hat

66. Die Offenbarung eines Geheimnisses nach § 203 StGB ist strafbar

a) wenn der Geheimnisgeschützte eingewilligt hat
b) wenn damit ein geplantes Verbrechen verhindert werden soll
c) wenn sie gegenüber dem nächsten Angehörigen geschieht
d) wenn sie in einer Mitteilung an den behandelnden Arzt zu Therapiezwecken erfolgt

67. Eine rechtswidrige Körperverletzung durch eine Injektion liegt nicht vor, wenn

a) eine Anordnung des Arztes vorliegt
b) der Patient seine Einwilligung gibt
c) die Injektion fachgerecht ausgeführt wird
d) die Angehörigen des Patienten einwilligen

68. In einem Tarifvertrag sind der Lohntarif und der Manteltarif festgelegt. Welche Angabe/n ist/sind im Lohntarif aufgeführt, auf die der Arbeitnehmer Anspruch haben kann?

a) Überstundenregelung
b) Kündigungsfristen
c) Begrenzung der wöchentlichen Arbeitszeit
d) Ortszuschlag

69. In einem Tarifvertrag sind der Lohntarif und der Manteltarif festgelegt. Welche Angabe/n ist/sind im Manteltarif festgelegt?
   a) Tätigkeitsmerkmale
   b) Kindergeldzuschlag
   c) Jährlicher Urlaubsanspruch
   d) Gründe für Sonderurlaub
   e) Nacht- und Bereitschaftsvergütung

70. Auf welche Institutionen bzw. Betriebe ist das Betriebsverfassungsgesetz bzw. das Personalvertretungsgesetz nicht anwendbar?
   a) Banken
   b) Religionsgemeinschaften
   c) Von den Kirchen betriebene karitative Einrichtungen
   d) Niederlassungen ausländischer Unternehmen

71. Die Fürsorgepflicht des Arbeitgebers besteht in/im
   a) Schutz für Leben und Gesundheit des Arbeitnehmers
   b) Rücksicht auf Anstand und gute Sitte
   c) gleichmäßiger Behandlung aller Beschäftigen
   d) Entlohnung
   e) Förderung des Betriebsinteresses
   f) Bestimmung des Ortes und der Zeit der Dienstleistung des Arbeitnehmers

72. Ein Ausbildungsverhältnis kann beendet werden
   a) bei groben Vergehen des Auszubildenden
   b) durch Zeitablauf (Beendigung des Ausbildungsverhältnisses)
   c) innerhalb der Probezeit
   d) keinesfalls nach Ablauf der Probezeit
   e) vom Arbeitgeber nur mit dem Einverständnis der Eltern, solange der Auszubildende noch minderjährig ist
   f) vom Arbeitgeber jederzeit unter Einhaltung der Kündigungsfrist

73. Die Kündigungsfristen für eine Krankenschwester in einem städtischen Krankenhaus sind geregelt im
   a) Bürgerlichen Gesetzbuch (BGB)
   b) Grundgesetz (GG)
   c) Kündigungsschutzgesetz
   d) Bundesangestelltentarifvertrag (BAT)

74. Die Ruhepausen für Jugendliche müssen mindestens betragen
   a) 30 Minuten, bei einer Arbeitszeit von mehr als 4.5 bis zu 6 Stunden
   b) 30 Minuten, bei einer Arbeitszeit von mehr als 4 bis zu 6.5 Stunden

c) 30 Minuten, bei einer Arbeitszeit von mehr als 6 Stunden
d) 60 Minuten, bei einer Arbeitszeit von mehr als 6 Stunden
e) 60 Minuten, bei einer Arbeitszeit von mehr als 8 Stunden

75. Die Einhaltung der Arbeitschutzbestimmungen wird kontrolliert durch

a) die Berufsgenossenschaften
b) die Gesundheitsämter
c) die Krankenkassen
d) die Gewerkschaften

76. Das Mutterschutzgesetz bestimmt, daß

a) die Mutter bis zu 6 Wochen nach der Entbindung nicht beschäftigt werden darf
b) die werdende Mutter zu achtstündiger Nachtruhe verpflichtet ist
c) der werdenden Mutter während der Schutzfristen gekündigt werden kann
d) der Mutter Gelegenheit zum Stillen des Säuglings gegeben werden muß

77. Welche Verpflichtungen bestehen für einen Arbeitnehmer, der arbeitsunfähig geworden ist?

a) dem Arbeitgeber innerhalb von 2 Tagen eine „ärztliche Arbeitsunfähigkeitsbescheinigung" vorzulegen
b) den Arbeitgeber unverzüglich zu informieren und innerhalb von 3 Tagen eine „ärztliche Arbeitsunfähigkeitsbescheinigung" vorzulegen
c) dem Arbeitgeber innerhalb von 3 Tagen eine ärztliche Bescheinigung vorzulegen, aus der die Art der Erkrankung hervorgeht
d) den Arbeitgeber regelmäßig über den Krankheitszustand zu informieren

78. Von welcher Aufsichtsbehörde werden die Auflagen des Mutterschutzgesetzes überwacht?

a) Ordnungsamt
b) Gewerbeaufsichtsamt
c) Arbeitsamt
d) Gesundheitsamt

79. Zu den gesetzlichen Sozialversicherungen gehören

a) Haftpflichtversicherung
b) Krankenversicherung
c) Lebensversicherung
d) Unfallversicherung

e) Rentenversicherung
f) Rechtsschutzversicherung

80. Leistungen der Rentenversicherung sind
   a) Sicherung bei Berufsunfähigkeit
   b) Sicherung bei Erwerbsunfähigkeit
   c) Sicherung bei Arbeitslosigkeit
   d) Sicherung bei Krankheitsfall

81. Was gehört nicht zu den Leistungen der gesetzlichen Krankenkassen?
   a) Entgeltfortzahlung
   b) Unterhaltshilfe
   c) Krankengeld
   d) Sterbegeld

82. Für welche Versicherung muß der Arbeitgeber den vollen Betrag leisten?
   a) Rentenversicherung
   b) Krankenversicherung
   c) Unfallversicherung
   d) Arbeitslosenversicherung
   e) Pflegeversicherung

83. Die Herausgabe von Unfallverhütungsvorschriften erfolgt durch
   a) die Versicherungsgesellschaften
   b) die Bundesanstalt für Arbeit in Nürnberg
   c) die Gewerkschaften
   d) die Gesundheitsämter
   e) die Berufsgenossenschaften

84. Für das Bundessozialhilfegesetz (BSHG) trifft zu
   a) Es sieht Hilfe zum Lebensunterhalt und Hilfe in besonderen Lebenslagen vor
   b) Es sieht keine Leistungen an Ausländer vor
   c) Es garantiert jedem Bedüftigen einen Anspruch auf Leistungen
   d) Träger der Sozialhilfe ist der Bund
   e) Träger der Sozialhilfe sind die kreisfreien Städte und Landkreise

85. Der Bedürftige hat Anspruch auf Hilfe zum Lebensunterhalt. Wer ist der Träger der Sozialhilfe?
   a) Die Krankenkasse
   b) Die kommunale Sozialbehörde

c) Die Berufsgenossenschaft
d) Das Gesundheitsamt

86. Träger der Rentenversicherung für Arbeiter ist
a) die Landesversicherunganstalt
b) die Berufsgenossenschaft
c) die Bundesanstalt für Arbeit
d) die Gewerkschaft

87. Durch das Bundesseuchengesetz sind folgende Grundrechtsartikel eingeschränkt
a) Artikel 1 – Menschenwürde
b) Artikel 13 – Unverletzlichkeit der Wohnung
c) Artikel 8 – Versammlungsfreiheit

88. Geschlechtskrankheiten im Sinne des Geschlechtskrankheitengesetzes ist/sind nicht
a) Lues
b) Ulcus molle
c) Gonorrhö
d) Trichomoniasis

89. Das Bundesgesetz zur Verhütung und Bekämpfung der Geschlechtskrankheiten sieht vor
a) eine geschlechtskranke Frau darf kein fremdes Kind stillen
b) Untersuchung und Behandlung von Geschlechtskrankheiten ist Ärzten und Heilpraktikern erlaubt
c) Geschlechtskranke haben sich des Geschlechtsverkehr zu enthalten
d) jeder Geschlechtskranke wird mit Name und Krankheit dem Gesundheitsamt angegeben

90. Bei welchen Krankheiten muß sich der Kranke aufgrund einer gesetzlichen Bestimmung behandeln lassen?
a) Bei Geschlechtskrankheiten im Sinne des Gesetzes zur Verhütung und Bekämpfung der Geschlechtskrankheiten
b) Bei allen meldepflichtigen Infektionskrankheiten
c) Bei allen Infektionskrankheiten
d) Bei Aids

91. Die eingeschränkte Meldung einer Geschlechtskrankheit nach dem Geschlechtskrankheitengesetz darf nicht enthalten
a) Geburtsdatum, Geschlecht und Familienstand des Erkrankten
b) Name und Anschrift des Erkrankten
c) Art der Erkrankung

92. In welchem Gesetz finden sich Bestimmungen über das Stillen geschlechtskranker Kinder durch Ammen?
 a) Bundesseuchengesetz
 b) Reichsimpfgesetz
 c) Gesetz zur Verhütung und Bekämpfung der Geschlechtskrankheiten
 d) Reichsmeldeordnung

93. Vorschriften über die Führung eines Impfbuches enthält
 a) das Bundesseuchengesetz
 b) das Gesetz zur Verhütung und Bekämpfung der Geschlechtskrankheiten
 c) das Arzneimittelgesetz

94. Ausscheider von Erregern übertragbarer Krankheiten müssen dem Gesundheitsamt melden
 a) Heirat
 b) Arbeitsplatzwechsel
 c) Verschlimmerung des Allgemeinzustands
 d) Arztwechsel
 e) Krankenkassenwechsel
 f) Wohnungswechsel

95. Personen mit Verdacht auf welche Krankheit/-en müssen nach § 37 des Bundesseuchengesetzes in einem Krankenhaus abgesondert werden
 a) Lungentuberkulose
 b) Meningokokkenmeningitis
 c) Diphterie
 d) Cholera

96. Krank – im Sinne des Bundesseuchengesetzes – ist eine Person
 a) die unter Erscheinungen erkrankt ist, die das Vorliegen einer bestimmten übertragbaren Krankheit vermuten lassen
 b) die an einer übertragbaren Krankheit erkrankt ist
 c) die keine Krankheitssymptome aufweist, aber dauernd oder zeitweilig Krankheitserreger ausscheidet

97. In welcher Zeit muß eine Infektionskrankheit gemeldet werden?
 a) Innerhalb von 24 Stunden nach Kenntniserlangung
 b) Bei Beginn der Behandlung
 c) Am Tag der Ansteckung
 d) In der nächstfolgenden Woche

98. Entschädigungsansprüche bei Impfschäden ergeben sich aus dem
a) Bundessozialhilfegesetz
b) Geschlechtskrankheitengesetz
c) Bundesseuchengesetz

99. Aufgrund welchen Gesetzes werden freiwillige Impfungen durchgeführt?
a) Reichsimpfgesetz
b) Bundessozialhilfegesetz
c) Bundesseuchengesetz
d) Gesetz zur Verhütung und Bekämpfung von Geschlechtskrankheiten

100. Aufgaben des Bundesgesundheitsamtes
a) Führung des zentralen Aids-Infektionsregisters
b) Fachaufsicht über die Gesundheitsämter
c) Fachaufsicht über die Medizinaluntersuchungsämter
d) Aufsicht über den Betäubungsmittelverkehr
e) Fachaufsicht über die chemischen Untersuchungsämter

101. Welche Impfungen werden von den Gesundheitsämtern für das 1. Lebensjahr empfohlen und unentgeltlich vorgenommen?
a) Rötelschutzimpfung
b) Diphterieschutzimpfung
c) Poliomyelitisschutzimpfung
d) Tetanusschutzimpfung
e) Masernschutzimpfung
f) Scharlachschutzimpfung

102. Welcher Bereich gehört nicht zu den Aufgaben der Gesundheitsämter?
a) Schutz des Berufsgeheimnisses
b) Seuchenbekämpfung
c) Öffentliche Hygiene
d) Sozialhygiene

103. Wie viele Monate bzw. Jahre müssen nach dem Betäubungsmittelgesetz die Karteikarten oder die BTM-Bücher nach der letzten Eintragung aufbewahrt werden?
a) 6 Monate
b) 12 Monate
c) 2 Jahre
d) 3 Jahre

e) 5 Jahre
f) 10 Jahre

104. Wo müssen Betäubungsmittel aufbewahrt werden
   a) in der Krankenhausapotheke
   b) im Medikamentenschrank
   c) in einem gesonderten Schrank im Arztzimmer
   d) in einem speziellen abschließbaren BTM-Schrank

105. Welche Einrichtung hat die Aufgabe, den Betäubungsmittelverkehr in der Bundesrepublik Deutschland zu überwachen?
   a) Bundeszentrale für gesundheitliche Aufklärung
   b) Bundesgesundheitsrat
   c) Bundesgesundheitsamt
   d) Bundesregierung

106. Die Aufbewahrungsfrist von Aufzeichnungen über die Behandlung mit radioaktiven Stoffen beträgt
   a) 10 Jahre
   b) 20 Jahre
   c) 30 Jahre

107. Die Aufbewahrungsfrist von Aufzeichnungen über Röntgenuntersuchungen beträgt
   a) 10 Jahre
   b) 20 Jahre
   c) 30 Jahre

108. Rechtsgrundlage der Ausbildungs- und Prüfungsverordnung für Krankenschwester und Krankenpfleger ist
   a) das Berufsbildungsgesetz
   b) das Krankenpflegegesetz
   c) das Jugendarbeitsschutzgesetz

109. Das Krankenpflegegesetz ist
   a) ein Landesgesetz
   b) ein Bundesgesetz
   c) eine Bestimmung der EU
   d) ein Bestimmung des Internationalen Roten Kreuzes

110. Was wird durch das KrPflG (Krankenpflegegesetz) geschützt?
   a) Berufsausbildung
   b) Berufsordnung

c) Berufsausübung
   d) Berufsbezeichnung
   e) Berufszulassung

111. In welcher internationalen Organisation haben sich die Krankenschwestern und Krankenpfleger zusammengeschlossen?
   a) UNO
   b) UNESCO
   c) WHO
   d) IRK
   e) ICN

112. Die internationalen Grundregeln zur Berufsethik in der Krankenpflege wurden festgelegt von:
   a) dem internationalen Komitee des Roten Kreuzes
   b) dem Weltbund der Krankenschwestern
   c) der Weltgesundheitsorganisation
   d) Agnes Karll

113. Welche/r deutsche/n Schwesternverband/verbände ist/sind im ICN (International Council of Nursing) vertreten?
   a) DRK (Deutsches Rotes Kreuz)
   b) DBfK (Deutscher Berufsverband für Krankenpflege)
   c) Freier katholischer Berufsverband für Krankenpflege
   d) Kaiserswerther Verband deutscher Diakonissenmutterhäuser

114. Welche Verbände gehören nicht zu den freien Wohlfartsverbänden?
   a) Johanniterorden
   b) Bundesverband der Arbeiterwohlfahrt e.V.
   c) Deutscher Caritasverband e.V.
   d) Zentralwohlfahrtsstelle der Juden in Deutschland e.V.
   e) Deutsche Schwesterngemeinschaft e.V.

115. Wann wurde das Rote Kreuz gegründet?
   a) 1848
   b) 1864
   c) 1871
   d) 1914

116. Die „Genfer Konventionen" sind
   a) ethische Grundsatzempfehlungen der Schwesternverbände
   b) internationale Rechtsverträge auf die Einhaltung von Grundsätzen der Menschlichkeit bei bewaffneten Konflikten
   c) internationale Abkommen zum Austausch von Schwesternschülerinnen
   d) Schutzbestimmungen für das Krankenpflegepersonal beim Auftreten von Epidemien

117. Florence Nightingale organisierte die Pflege von Kranken und Verwundeten
   a) im Krimkrieg (1854–1855)
   b) in der Schlacht von Solferino (1859)
   c) in russischen Gefangenenlagern des 1. Weltkrieges
   d) während des Boxeraufstandes

118. Wer gründete das erste Diakonisssenhaus?
   a) Agnes Karll
   b) die Vincentinerinnen
   c) Theodor Fliedner

119. Wann wurden die ersten einheitlichen Ausbildungs- und Prüfungsvorschriften für das Pflegepersonal erwirkt?
   a) 1907
   b) 1938
   c) 1957

120. Wer deckte die Ursachen des Kindbettfiebers auf?
   a) Thomas Sydenham
   b) Theodor Fliedner
   c) Ignas Semmelweis
   d) Robert Koch

121. Wer entdeckte das Penicillin?
   a) Theodor Fliedner
   b) Robert Koch
   c) Alexander Fleming
   d) Gerhard Domagk

122. Wer entdeckte erstmals den Tuberkelbazillus?
   a) Alfred Nobel
   b) Lord Lister
   c) Robert Koch

123. Welches Gericht ist zuständig bei Streitigkeiten mit der Krankenkasse?
- a) Arbeitsgericht
- b) Finanzgericht
- c) Sozialgericht
- d) Landgericht

Lösungen

Frage	Lösung	Abschnitt
1	e	1.10.2
2	b	1.7
3	c/d	1.7
4	a	1.7
5	d	1.7
6	f	1.9.3
7	b	1.8
8	a	1.10.1.1/1.11
9	d	1.10.1.1
10	c	1.10.1.1
11	b	1.10.1.1
12	a	1.10.1.1
13	b	1.10.1.1
14	d	1.10.1.6
15	e	1.10.1.7
16	a	1.10.1.7
17	b/d/e	1.10.1.7
18	b	1.10.1.7
19	b	1.10.1.7
20	b	1.10.1.7
21	d	1.10.1.6
22	c	1.10.1.6
23	b	1.10.1.6
24	a/c/d/e	1.10.1.6
25	b/d	1.10.1.6
26	c	1.10.1.6
27	d	1.10.1.6
28	d	1.10.1.6
29	d	1.10.1.6
30	b	1.10.1.4

Frage	Lösung	Abschnitt
31	a	1.10.1.6
32	a	1.10.1.6
33	e/g	1.10.1.6
34	d	1.10.1.6
35	c	1.10.1.6
36	c	1.10.1.5
37	a	1.10.1.6
38	a	1.10.1.7
39	b	1.10.2
40	b	1.10.1.4
41	a	1.10.1.5
42	c	1.10.1.4
43	c	2.1.1.1
44	a	2.1.1.1
45	a	3.2.4.4
46	d	2.1.1.1
47	b/e	2.1.1.1
48	a	2.1.1.1
49	d	2.1.1.1
50	d	2.1.1.1
51	d	2.1.1
52	c	2.1.2.1
53	b	2.1.5
54	c	2.1.5
55	d	2.1.5
56	b	2.1.5
57	d	2.1.5
58	a/b/c	2.1.4
59	a	2.1.6.1/2.1.6.2
60	c	2.1.6.1

Frage	Lösung	Abschnitt	Frage	Lösung	Abschnitt
61	c	2.1.2.3	96	b	2.6.1
62	a/c	2.2.6.2/2.2.6.8	97	a	2.6.1
63	a	2.2.6.2	98	c	2.6.1.1
64	a	2.2.6.3	99	c	2.6.1.1
65	d	2.2.6.8	100	a/d	2.6.1/2.7.2.3
66	c	2.2.6.8			
67	b	2.2.6.1	101	b/c/d	2.6.1.1
68	a/d	2.3.3	102	a	2.9.2.1
69	a/c/d	2.3.3	103	d	2.7.2.7
70	b/c	2.3.3	104	d	2.7.2.3
			105	c	2.7.2
71	a/b/c	2.3.4.3	106	c	2.3.5.1.6
72	a/b/c	2.3.4.4	107	a	2.3.5.1.7
73	d	2.3.3/2.3.4.4	108	b	1.4.1/3.2.1
74	a/d	2.3.5.2	109	b	1.4.1/3.2.1
75	a	2.3.6	110	d	3.2.1.5
76	d	2.3.5.4			
77	b	2.4.4.1	111	e	1.10.1.3
78	b	2.3.5.4/2.3.6	112	b	1.10.1.3
79	b/d/e	2.4.1	113	b	1.10.1.3
80	a/b	2.4.4.3	114	a/e	2.5.2.3
			115	b	3.1.5
81	a	2.4.4.1	116	b	3.1.5
82	c	2.4.4.2	117	a	3.1.4
83	e	2.3.5.1.8	118	c	3.1.3
84	a/c/e	2.5/2.5.2	119	a	3.1.7
85	b	2.5.2.3	120	c	3.3
86	a	2.4.4.3			
87	b/c	2.6.1	121	c	3.3
88	d	2.6.3	122	c	3.3
89	a/c	2.6.3	123	c	1.5
90	a	2.6.3			
91	a	2.6.3			
92	c	2.6.3			
93	a	2.6.1.1			
94	b/f	2.6.1.4			
95	d	2.6.1.4			